EL ARTE
DE CETRERIA

EL ARTE
DE CETRERIA

AUTOR:
FELIX RODRIGUEZ DE LA FUENTE

LIBRERIA NORIEGA

MEXICO

ISBN 968-18-2226-9

A MARCELLE GENEVIÈVE PARMENTIER

EL ARTE DE CETRERIA

(Prólogo para la segunda edición)

Son muchas las razones que me obligan a considerar el Arte de Cetrería como a mi obra más querida. La primera estriba en la naturaleza misma de los halcones, aves hermosas y nobles que, indudablemente, cambiaron el panorama de mi vida. Porque cada día estoy más convencido que fueron las aves de presa quienes me hicieron abandonar cualquier otra preocupación para dedicarme por entero al estudio de los seres vivos. Y no podía haber criaturas más perfectas para actuar de embajadoras del gran mundo zoológico en el modesto pero siempre sensible y curioso universo del autor de estas líneas. Las muchas horas pasadas con un halcón sobre el puño, mirando en sus ojos profundos y misteriosos, admirando sus líneas de incomparable armonía y tratando de bucear en su psiquismo para ganar su confianza, me hicieron comprender la grandeza de la Vida y, sobre todo, me permitieron aferrarme a lo que por aquel entonces sólo era una sospecha de mi temeraria curiosidad intelectual: el hecho de que entre los animales y el hombre puede haber una distancia abismal, pero resulta indudable de que existe una similitud profunda. El territorio, la jerarquía, la agresividad, el cooperativismo, el altruismo, la nobleza no son pecados o virtudes exclusivamente humanás. Todos los matices de nuestro comportamiento estaban esbozados ya en el mundo de las criaturas que llamamos inferiores.

Y al ganar la amistad de una criatura salvaje que volaba libremente para volver con espontaneidad a mi mano, conquisté también algo mucho más importante: el respeto a la libertad de todos los seres vivos y la repugnancia más profunda ante todo lo que signifique dar muerte a un animal mediante los procedimientos ventajosos y poco deportivos empleados, todavía por desgracia, por tantos y tantos seres humanos que están a punto de terminar con especies enteras sobre la faz de nuestro planeta. Los halcones me trajeron el amor al estudio de la conducta animal, de las complejas interacciones ecológicas que determinan el equilibrio natural y en las que resultan verdadero fulcro los animales predadores y, finalmente, el más profundo espíritu proteccionista hacia todas las criaturas que comparten con nosotros esta nave sideral de roca y agua que llamamos tierra.

Y es precisamente este espíritu proteccionista el que me hace sospechar algún peligro en el libro que he escrito con tanto amor y del que se lanza ahora la segunda edición. Porque no cabe duda de que esta publicación puede resultar proselitista, en el sentido de aumentar el número de halconeros practicantes. A ellos, precisamente, está dedicado este prólogo, porque quiero hacer llegar a su conocimiento, como auténtico mensaje de urgencia, como verdadero SOS, la comunicación de que la cetrería puede desaparecer porque están desapareciendo los halcones. Y, no es la desaparición de mi deporte favorito lo que más me aterra, sino el hecho de que indirectamente los halconeros podamos contribuir al exterminio de un ave tan gloriosa como el halcón peregrino. Es preciso aclarar que las bajas ocasionadas por los cetreros en la población mundial de halcones peregrinos resultan absolutamente mínimas. Han sido los insecticidas letales, las sustancias que han ocasionado la desaparición de la mayor parte de los halcones peregrinos norteamericanos y europeos, hasta el punto de que hoy se considera a esta rapaz como una de las más amenazadas de desaparición total. La población mediterránea de halcones peregrinos no ha sufrido tanto por no haberse empleado el DDT con tanta profusión como en otros países europeos para el tratamiento de las plagas agrícolas, pero mucho nos tememos que el auge que están adquiriendo las fumigaciones indiscriminadas, pese a los pesimistas informes de los hombres de ciencia, acabe también con nuestros halcones como ocurrió con las grandes razas continentales de Europa y Norteamérica. Por estas razones el halconero debe pensar en otras aves, como el azor o el sacre, cuyas poblaciones son todavía abundantes para la práctica de su deporte. Y debe transformarse en el mejor guardián de los halcones peregrinos de su país. La ley de caza española prohíbe terminantemente la caza o captura de aves de presa nocturnas o diurnas en todo nuestro territorio nacional. En su reglamento se trata de buscar una fórmula para que los halconeros puedan capturar el número mínimo de aves que les permita practicar su deporte. Pero como los verdaderos causantes de la catástrofe ornitológica que supone la rarefacción de las aves de presa no son los practicantes del Arte de cetrería, sino quienes impulsan, seguramente pensando en sus beneficios personales, el empleo masivo de insecticidas o los que todavía dan muerte a las aves de presa pensando que ocasionan daño en sus cotos de caza, los halconeros deben ser auténticos guardianes de la naturaleza, que colaboren con las autoridades para evitar el exterminio de sus animales favoritos, auténticos reyes del espacio, sin cuya pervivencia resulta absolutamente imposible la práctica del más noble sistema cinegético.

Por otra parte, como ha quedado demostrado a escala internacional con mis experimentos en el aeropuerto de Barajas y la base militar conjunta de Torrejón de Ardoz, hoy los halcones peregrinos adiestrados son el único medio eficaz para expulsar las aves de los aeropuertos, evitando así su choque con los aviones a reacción. Y no deja de resultar maravilloso el hecho de que esta arma biológica nos haya permitido resolver este gravísimo problema dando muerte a muy pocas de las aves peligrosas, ya que es la simple presencia del halcón la que determina el abandono de las pistas por parte de las bandadas de sisones, gaviotas, estorninos u otros pájaros. Así hemos evitado el empleo de venenos que actúan por contacto ocasionando verdaderas catástrofes en la ornitofauna de regiones enteras.

El halconero moderno es un hombre de espíritu sensible, de conocimientos naturales profundos y de espíritu proteccionista sumamente arraigado. Estoy seguro de que los lectores de esta segunda edición del Arte de Cetrería se incorporarán amorosamente al gran ejército de los amantes de la naturaleza y los defensores de los seres vivos.

PRÓLOGO

POR
EL CONDE DE YEBES

Frecuentemente, al poner un prólogo a un libro, sea cual fuere el tema que aborde, el prologuista, a veces justificadamente, tiene a bien decir: "Este libro, etc., etc..." (en el etc. las consabidas palabras de elogio), para terminar, aproximadamente: "marca un jalón o llena un hueco inmenso en la bibliografía de tan interesante materia".

Pues bien, afirmo sin temor a equivocarme que jamás, en este trance de ponerle prólogo a un libro, encaja mejor que en el presente caso lo de "marca un jalón, etc., etc.", y decimos sin temor a equivocarnos puesto que este tema de la cetrería lleva innumerable número de años sin ser abordado en España.

Efectivamente, el lector verá si tengo razón o no al hacer esta afirmación, si consideramos que lo último que sobre cetrería se escribió en nuestra patria se remonta al siglo XVII, a base de un manuscrito atribuido a El Tostado, manuscrito indudablemente influenciado por lo que el Canciller Pedro López de Ayala escribiera con el título de "La Caza de las Aves", encontrándose en la prisión portuguesa de Ovides, hacia 1386.

A partir de entonces, nada, absolutamente nada, se ha vuelto a escribir sobre cetrería en nuestra patria hasta 1965, en que el Dr. Rodríguez de la Fuente, autoridad máxima e indiscutida sobre cetrería, da a luz este incomparable libro que nos honramos en prologar.

No muy abundante es en España la bibliografía que a cetrería se refiere. Empieza con el libro "De la Caza" del Príncipe D. Juan Manuel en el siglo XIV, que toma mucha técnica de la cetrería árabe. Posiblemente sus halconeros y los de su padre el Infante D. Manuel y los del rey Alfonso X El Sabio, habían aprendido las reglas del arte de los halconeros árabes.

Viene después el ya mencionado libro del Canciller Pedro López de Ayala, escrito hacia 1386, de conocimientos directos y profundos sobre el arte de la cetrería y que puede considerarse como el más insigne de nuestra literatura cetrera y que sirvió de inspiración a algunos autores que posteriormente cultivaron el tema, tal como D. Juan de Sahagún, halconero de D. Juan II de Castilla.

Más adelante, en 1556, mosén Juan Vallés, dedica su libro de "Acetrería y Montería" al Príncipe D. Carlos. Obra muy importante, aunque fuertemente influenciada por la del Canciller. Es la más extensa de las de cetrería y de las más comprensibles para los halconeros modernos.

Al cabo de poquísimos años, en 1565, aparece el magnífico tratado de D. Fadrique de Zúñiga y Sotomayor sobre la caza de las perdices con azor, que lleva por título "El libro de acetrería y caza de azor".

Más adelante, a mediados del siglo XVI, D. Juan Arias de Ávila Puertocarrero, conde de Puñónrostro, dedica al duque de Frías su "Discurso del Falcón esmerejón", pequeño libro interesantísimo sobre tan reducida ave.

Se atribuyen, por el mismo entonces, a Alvar Gómez de Castro unos libros de cetrería, que no son tales libros, sino apuntes criticados de los más famosos del medioevo, en particular el del Canciller ; asimismo, las glosas de D. Beltrán de la Cueva, duque de Alburquerque, al libro de Juan de Sahagún.

Finalmente, en el siglo XVII, el mencionado manuscrito atribuido al Tostado.

Y aquí se acaba el asunto hasta el presente año con la obra del Dr. Rodríguez de la Fuente.

A vuela pluma hemos trazado este esquema bibliográfico de la cetrería en nuestra patria por considerarlo obligado, ya que de este aspecto no se ocupa el autor del presente libro.

Hecho esto, hablemos un poco del mencionado autor.

Me pidió le pusiera este prólogo precisamente sobre un tema prácticamente desconocido para mí, a pesar de mi afición a todo cuanto a la caza atañe. Por ello, los rudimentos que sobre cetrería he adquirido los debo, exclusivamente, a algunos gratísimos ratos de conversación con el Dr. Rodríguez de la Fuente en los que éste contestaba a mis preguntas, frecuentemente infantiles, con la autoridad que le dan los quince años que a la cetrería lleva dedicados, entregándose a ella como a un verdadero rito y con una pasión sin precedentes.

Efectivamente, hace quince años intentó iniciarse en esta noble tarea. Si consideramos que en España en ese momento, de cetrería no había más información que los pocos libros clásicos reseñados, se comprenderá el esfuerzo y las dificultades que tuvo que superar. No olvidemos que habían transcurrido cientos de años desde la publicación de dichas obras, de considerable interés histórico, pero no suficientes en el aspecto práctico. Ningún compatriota, lógicamente, podía introducirle en el ejercicio de la cetrería. Por ello tuvo que recurrir a algunos clubs del extranjero y a lo que buenamente pudo estudiar de los mencionados clásicos, para lograr intentarlo en la práctica.

En este verdadero apostolado y desde aquellos días difíciles, ha tenido que recorrer un camino largo y nunca fácil y aprenderlo todo de una manera directa y personal y sin desfallecer ni desalentarse ante los lógicos fracasos.

Lo más admirable en el libro del Dr. Rodríguez de la Fuente es que en él se conjuga la práctica con la teoría más admirablemente expuesta. Y esto no es corriente en la vida. Es decir, que existe el práctico que en esa práctica acierta, pero que no sabe escribir y que, por lo tanto, carece de teoría, y viceversa, el teórico que llegada la hora de la verdad en la práctica, no sabe por dónde empezar.

Por la lectura de su libro he podido juzgar de sus inmensos conocimientos teóricos. En la realidad, en el campo y en la sierra, he sido testigo de su práctica formidable con hechos verdaderamente sorprendentes.

Estos hechos se refieren no solamente a la técnica venatoria propiamente dicha en sus dos fases principales, a saber: cetrería y halconería, sino además, y esto es de un valor inmenso, a todo cuanto con las nobles rapaces tiene que ver, desde la localización del nido, la incubación, la captura, la crianza, las costumbres y el aprendizaje. En fin, todo.

Tenemos la seguridad de que este apóstol de la cetrería que es el Dr. Rodríguez de la Fuente, conseguirá despertar en España, con la práctica de este apostolado y su maravilloso libro, dos cosas de la mayor importancia: una, la afición a esta técnica venatoria por parte de los amantes de la caza y la naturaleza ; otra, el respeto a la noble rapaz, ese respeto de que tan necesitada se encuentra en España. A buen seguro en lo sucesivo no se la perseguirá a sangre y fuego considerándola un ave dañina y despreciable, que es lo que en la actualidad y desde tiempo inmemorial viene sucediendo.

Con este libro, el que se sienta atraído por la cetrería aprenderá y podrá llegar a ser un buen halconero con extraordinaria facilidad, si es que en ello pone tesón, tal es la claridad y sencillez con que todo queda expuesto.

No nos queda más que terminar como empezábamos, a saber: afirmando que jamás un libro llenó tan bien un hueco, que más que hueco calificaríamos de abismo, en nuestra bibliografía venatoria.

PREFACIO DEL AUTOR

En el Norte de la provincia de Burgos, en el límite de la meseta, antes de que la severa orografía de Castilla se desplome hacia el mar por el fragoso escalón del sistema cantábrico, existe un anchuroso páramo: tierra rigurosa de pastores y de lobos, alta ruta de pájaros viajeros; fue la más fascinante escuela en los días de mi infancia.

Deambular por la llanura, acechar, descubrir nuevas formas y manifestaciones de la vida, era para mí un placer atávico, viejo y vital como la misma humanidad. En otoño, me pasaba los días tratando de sorprender a los patos salvajes. Y no para cazarlos, pues por aquel entonces no conocía yo el manejo de las armas. Era algo mucho más imperioso: quería verlos de cerca, saludarlos con mi mirada atónita; quizá, descubrir el secreto de su misteriosa atracción. Porque los patos salvajes siempre me han emocionado. Sus formaciones geométricas en el cielo de otoño, su tenso vuelo hacia las tierras de invernada, despertaban en mi espíritu indescriptibles nostalgias y ansias de nomadeo.

Ciertamente, mi situación no podía considerarse como normal, ni siquiera segura para un niño de 11 años: calado hasta los huesos por la fina lluvia, temblando de frío y ansiedad, entre los carrizos de una charca perdida en el páramo, a muchos kilómetros de mi casa, me sentía, sin embargo, el más feliz y triunfante de los mortales. Porque ellos estaban allí, a pocos metros de mi escondite, tan cerca que podía distinguir el verde metálico de sus cuellos y los anaranjados picos. Al fin, lo había conseguido. Tras media hora de arrastrarme por el suelo pedregoso, veía de cerca a mis admirados viajeros.

Lleno de júbilo, salté hacia adelante; grité. Y toda la bandada se puso en vuelo, con extraño clamor, salpicando mi rostro las gotas de agua proyectadas por sus alas. Entonces, un silbido creciente lo dominó todo. Una masa grisácea cayó como un proyectil hacia el centro de la bandada y chocó con uno de los patos, derribándolo en tierra, envuelto en una nubecilla de plumas.

Con asombro, me percaté de que aquel bólido mortífero era realmente un ave, que ascendía tan rauda e inesperadamente como había bajado.

Corrí hacia el abatido pato y tomé su cuerpo entre mis manos; era macizo, fuerte, pesado..., estaba muerto. Miré hacia el cielo, y allí, en lo alto, volaba en círculos el poderoso cazador, ya sólo un punto entre las nubes.

Absorto, apretando fuertemente su presa entre mis brazos, comprendí que había un ser superior a cuantos yo había imaginado: veloz, para herir como el rayo; fuerte, para quebrar de un golpe el vuelo del pato salvaje.

Solo, inmóvil, acepté con humildad el regalo que la naturaleza acababa de ofrecerme; ignorando que miles de años antes, un cazador del lejano neolítico recibiría en parecidas circunstancias la inspiración que le hizo concebir el más noble e increíble arte de caza: la Cetrería.

No fue fácil el camino que hubo de recorrer el niño solitario del páramo para resucitar arte tan sutil, en un país donde su práctica había desaparecido totalmente desde hacía más de un siglo. El relato de sus trabajos llenaría todo un libro. Pero no ha de ser este libro. Prefiero escribir aquí todo lo que hubiera necesitado saber, hace veinticinco años, para ahorrarme tantas fatigas y desvelos.

La práctica ininterrumpida de la caza con aves nobles, la lectura de casi todos los libros antiguos o modernos que se han escrito en el mundo, los viajes hasta los países donde la Cetrería se practica con más pureza, y sobre todo, mi gran amor a las aves de presa, me confieren la necesaria audacia para tocar un tema de tan vieja raigambre y alcurnia literaria.

Si futuros cetreros españoles encuentran en estas páginas los precisos conocimientos que exige la práctica correcta del arte de Cetrería, y si cuantos con su ayuda e infinita comprensión han hecho posible que esta obra vea la luz, hallan en mi esfuerzo todo el agradecimiento que deseo manifestarles, me consideraré plenamente satisfecho.

PRIMERA PARTE

PINCELADAS HISTÓRICAS

CON UN HALCÓN SOBRE EL PUÑO
A TRAVÉS DE CASTILLA

El viento del norte bate implacable los acantilados de la costa cantábrica y, sobre el estruendo de las olas, hace vibrar las cuerdas de escalada con música wagneriana. Al menos, tal le parecía al autor de estas páginas cuando, suspendido a más de cien metros sobre el abismo, trataba de sacar un halcón de la red en que se había prendido. En semejantes condiciones el trabajo es poco recomendable. Porque no sólo hay que dominar el vértigo, es preciso librarse del pico y las uñas de la rapaz y cogerla sin despeinar una sola de sus plumas. Sobre todo, cuando va a llegar a las manos de un rey, a las del último monarca halconero que queda sobre la faz de la tierra.

Los halcones peregrinos de España, nidificantes en los cantiles marítimos, conocidos por los árabes con el nombre de «Baharís» —que puede traducirse por marinos—, fueron apreciadísimos por sus halconeros y cantados por sus poetas.

Acaso un pájaro tan corpulento, tan valiente y veloz como el que estaba entre mis manos, fue elogiado por Abd al-Aziz ben Al-qabturnuh, en su bella poesía «La petición del halcón».

«¡Oh rey, cuyos poderes fueron altos y del más egregio rango! Tú, que adornaste mi cuello con el collar de tus favores, grandes como perlas y engarzados como perlas en el hilo, adorna ahora mi mano con un halcón.

Hónrame con uno de limpias alas, cuyo plumaje se haya combado en el viento del norte.

¡Con qué orgullo saldré con él al alba, jugando mi mano al viento, para tomar lo libre con lo encadenado!»

¿Cuántas aves como ésta constituyeron un presente entre los antiguos castellanos y los árabes? ¿Hasta dónde llegó el poder apaciguador de los halcones, para que en plena cruzada se hiciera una tregua, en la Batalla de Tolemaida, para negociar el rescate de un gerifalte del monarca francés Felipe Augusto, que se había posado en el interior del baluarte?

Complace pensar que el arte de Cetrería ha sido un vínculo de hermandad entre los hombres; que los halcones se han enviado mil veces como símbolos de paz y de amistad.

Y ésta era mi misión en aquella difícil escalada; capturar el más hermoso halcón de nuestras costas, ponerlo sobre mi puño y llevarlo hasta la lejana Arabia, como regalo de España al Monarca Saudita. Era como reencarnar a uno de aquellos antiguos halconeros castellanos, que recorrían países, pájaro al puño, para pregonar la belleza de nuestros halcones y la gentileza de nuestra tierra.

Pero, en mi viaje, en mi romántica y hermosa embajada había de seguir la gran ruta de la Cetrería; el camino por el que, con los guerreros del Islam, nos llegó este sistema cinegético. Porque la caza con halcones nació en Oriente y, aunque a través de Europa tuvimos alguna noticia de su práctica, fue a caballo de la expansión islámica como arribó a nuestra patria, entre los siglos IX y X.

Retornar con un halcón sobre el puño a la cuna de la Cetrería, era como pagar una vieja deuda; como un simbólico reconocimiento de todos los halconeros occidentales a quienes nos obsequiaron con la más hermosa de las artes.

La roja caperuza empenachada tranquilizó al halcón recién capturado, las suaves pihuelas de piel de perro lo sujetaron a mi guante y los cascabeles —bordón y prima— pusieron viejas melodías en sus nervudos tarsos. Erguido, orgulloso, sobre mi puño, el baharí hizo la primera etapa de nuestro viaje —desde el Cantábrico a Madrid— jalonada por hechos y anécdotas cetreras que matizan gran parte de nuestra historia.

Del norte de España nos han llegado, precisamente, las primeras noticias respecto a la práctica de la Cetrería en nuestra patria. Los obispos Severino y Ariulfo, refugiados en Asturias, hablan de sus azoreras en el siglo IX, y lo mismo hace Ordoño I, en 897, al confirmar el testamento de Alfonso el Casto. Y nos hablan de sus azoreras en vez de sus halconeras, porque la primera Cetrería que se practicó en España, traída, sin duda, por los visigodos, era la rudimentaria caza de bajo vuelo, ya que las tierras cubiertas de bosques, habitadas por las tribus germánicas, no se prestaban para el alto vuelo, y estos pueblos desconocían el uso de la caperuza, imprescindible para el manejo adecuado de los halcones.

Esta Cetrería nórdica que se practicó en toda Europa antes de la arribada árabe, debió ser asimilada a la cultura de estos pueblos en Europa Oriental, en tierras del Danubio, donde permanecieron algunos siglos en contacto con los nómadas que habitaban el Oeste y Centro de Asia.

El primer testimonio histórico de la caza con aves de presa, aparece en las ruinas de Korsabad, y representa a un hombre con una rapaz sobre el puño. Esta figura fue tallada, seguramente, hacia el año 1400 antes J. C. Pero todo parece indicar que no fue Persia la cuna de la Cetrería, ni ésta la fecha de su aparición.

Muchos siglos antes, un pueblo de nómadas pastores, a quienes los griegos dieron más tarde el nombre de Escitas, arrancaron a la naturaleza uno de los más formidables tributos con que se ha beneficiado la humanidad: la doma del caballo. Tal efemérides tuvo lugar, según los paleontólogos, hace unos 10.000 años, aproximadamente, en pleno neolítico. Y estos pastores montados tras de sus rebaños, también recién conquistados, debieron ver mu-

chas veces en la amplia estepa, el ataque del águila que les arrebataba sus recentales y la bajada fulminante del halcón sobre un ave recién levantada por sus ovejas. La rapaz y el hombre se fueron familiarizando paulatinamente.

Pero, además de la sencilla hipótesis que nos permite pensar en estos domadores de caballos como inventores de la Cetrería, existen algunos datos que justifican tal teoría; la irradiación de la Cetrería hacia Oriente, penetrando en la China y el Japón en los primeros siglos de nuestra era;[1] esta expansión hacia el sur, certificada por el bajorrelieve de Korsabad; y su posterior desplazamiento hacia Occidente —con las tribus germánicas— circunscriben una región situada al oeste de la cadena montañosa del Altai, entre los ríos Ural e Irtych, y al norte del Mar de Aral, habitada hoy por los kirguises.

Y estos kirguises, nómadas pastores, cuyas costumbres han variado muy poco desde el neolítico, siguen practicando la Cetrería con la máxima perfección, empleando no solamente halcones y accipíteres, sino también águilas. Por otra parte, esta es la zona más privilegiada de la tierra para las rapaces nobles; en ella se encuentran halcones gerifaltes, sacres, lanarios, peregrinos y varias especies de águilas. Parece ser que todas las circunstancias necesarias

[1] Según el príncipe Tonerino Siuwo, en su crónica del Japón, la cetrería llegó a este país en el año 235 de nuestra Era.

Bajorelieve hallado en las ruínas de Korsabad: el cazador de la derecha lleva una rapaz sobre el puño.

para la eclosión de esta ciencia se conjuntaron en las altiplanicies del centro de Asia.

Tras dejar el mar y las tierras cantábricas, que nos han sugerido el nacimiento de la Cetrería y su llegada a España, entramos en el corazón de Castilla la Vieja, atravesamos las yermas parameras de Masa y de la Lora. Aquí domaba potros el Conde Fernán González y en estas lomas y lagunas debió cazar perdices y patos con el famoso azor de la leyenda. Aquel azor y aquel caballo que tentaron la codicia del rey leonés Sancho Ordóñez, quien decidió adquirir «en gallardín» tan preciosos animales. Las cláusulas de la transación determinaban que cada día que pasara se iba doblando la cuantía de la deuda. Y, a tanto ascendió ésta que, cuando Fernán González envió emisarios a León en demanda de sus haberes, el Rey optó por concederle la independencia de sus tierras: el condado de Castilla.

Al dejar aquellas soledades, nos parecía escuchar la bella estrofa del romance:

«Llevaba Don Fernando un mudado azor
Non había en Castilla otro tal ni mejor.»

Y es que el cierzo del páramo templa las alas de los pájaros y el corazón de los hombres...

Penetramos en Vivar del Cid, junto al río Ubierna. Nada queda ya del solar Cidiano; ni una torre, ni un lienzo de la muralla. Sólo unos sauces bermejos matizan aquí y allá la serena orografía castellana. Pero el aliento del gigante épico aún perdura y trae a mi memoria de halconero los tristes versos del destierro.

«El Cid salió de Vivar para dirigirse a Burgos.
Y deja los sus palacios yermos y abandonados
de los sus ojos tan fuertemente llorando
volvía la cabeza y se estaba mirándolos
vió las puertas abiertas sin postigos ni candados
y las alcándaras vacías sin pieles y sin mantos
y sin halcones y sin azores mudados.»

Grande debió de ser el amor que el héroe profesaba a sus aves de caza. Porque el juglar no ha sabido encontrar matiz más doloroso para pintar la pena del castellano al abandonar sus tierras, que éste de contemplar las alcándaras vacías, inútiles y desmanteladas. El preciado azor de los Obarenes, el Borní del Valle de Losa, el Neblí y el gallardo Gavilán, habían sido puestos en libertad en la hora amarga del destierro. En la Edad Media, las aves nobles eran bienes inalienables como la espada, de las que jamás podía despojarse a un caballero ni como pago de su rescate.

Este afán de introducir al azor en los acontecimientos transcedentales del país y de sus héroes no fue privativo de los castellanos. En otro pueblo de conquistadores tan lejano y distinto como el mongólico, refiere una bella tradición que dos jóvenes príncipes, vencidos y desterrados, caminaban hambrientos y sin armas por el inhóspito desierto, donde habían de permanecer dos años. Cuando

Capitel románico de Santa María de l'Estany. (Barcelona.)

perdían ya las esperanzas de sobrevivir a tan dura prueba, vieron como un azor cazaba un gallo lira, cerca de ellos.

«Dios nos envía comida para esta noche» —dijo el más joven de los hermanos—. «Asustemos al azor, que no podrá llevarse la pesada presa, y la carne será nuestra.»

«Detente» —replicó el más prudente—, «Dios nos dará comida para dos años si sabemos ganarla. Ahuyentemos al azor, pero dulcemente, para que no se vaya demasiado lejos. Arranquemos nuestros cabellos y trencemos lazos que anudaremos a las alas del gallo salvaje. Cuando la rapaz retorne para terminar su festín, se prenderá en ellos. Y, si llegamos a adiestrarla, cazará para nosotros durante el destierro.»

Dos años más tarde los dos jóvenes regresaban a su tierra. Delante iba el prudente, Timoujin; sobre su puño izquierdo lleva a un hermoso azor. Este hombre, años más tarde, conmovería la faz del Asia con el nombre de Gengis-Kan.

Nuestro caminar nos lleva hasta el río Arlanza; dos hileras de chopos frondosos y unas aguas que cantan, día a día, la historia de Castilla. De su murmullo parece que se escapa el romance de los Infantes de Lara.

«Los siete Infantes hermanos
por fer placer a su tía
por aquese río Arlanza
cazando con aves íban.
Después que hubieron cazado

a Barbadillo volvían
entraron en una huerta
que de placer ende había
a sombra del arboleda
los Infantes se ponían.
El menor de los hermanos
que Don Gonzalo decían.
un azor tomó en su mano.
en el agua lo ponía
con sabor de lo alegrar
mucho regalo le hacía.»

¡Cómo nos conmueve a todos los azoreros este celo y amorosa delicadeza de D. Gonzalo para con su azor! Y qué sensibles son los azores al mimo y al regalo. Han pasado muchos siglos. pero el espíritu de los halconeros y el comportamiento de los pájaros sigue siendo el mismo. Podemos bucear a través de esta sensitiva compenetración hasta el fondo de las edades. hasta aquél amanecer en que el cazador neolítico trocó la rudeza por el halago, el golpe por la caricia.

Las damas. como la tía de los Infantes de Lara, debieron disfrutar mucho con esta caza espectacular y alegre. Aunque creo que consideraban al ave noble más como un adorno personal que como un arma. Era como una joya viva, palpitante y sensible. La más rica, la más encumbrada. podía llevar sobre su delicada mano con guante escarlata el más hermoso azor o el más blanco gerifalte. Tal parece el sentido de esta estrofa del poema de Alexandre.

«venía apuestamiente
Colectrix la Reyna
vestía preciosos pannos
de bona seda fina
açor en la su mano
que fué de la Marina.»

Cuando María de Médicis, hija de riquísimos banqueros florentinos, llegó a Francia para casarse con Enrique IV, iba precedida por un caballero que llevaba sobre el puño un bonito y exótico aleto.

Y continúa la preponderancia del azor en nuestra literatura. Los halcones, aunque ya se manejaban en tiempos de los Infantes, no habían alcanzado todo su esplendor. porque el empleo de la caperuza y las delicadas normas para su doma no habían sido dictadas todavía por el Gran Federico II, quien, según confiesa, las recogió de los halconeros árabes de Siria y Tierra Santa, exponiéndolas en su magna obra. no sólo de Cetrería sino de Ciencia. «De Arte venandi cum avibus». Al ascender al trono del Sacro Imperio Romano Germánico, en el año 1215, este apasionado cetrero, que llegó a decir que un día sin halconería era un día perdido, impregnó a la Corte alemana de sus aficiones y conocimientos.

El Príncipe D. Juan Manuel. en el Libro de la Caza, primer tratado español importante de Cetrería, nos transmite con verdadera precisión los progresos de la halconería

en España ; leemos en el capítulo IX: «Y aun dice D. Juan que oyó decir que la caza con halcones altaneros vino a Castilla después que el Santo Rey D. Fernando, que ganó Andalucía. casó con la Reina Doña Beatriz —en el año 1220— que antes de esto. dicen que no mataban la garza con halcones sino con azores. El primero que comenzó a matar la garza con halcones fue un hombre bueno que llamaban D. Rodrigo Gómez de Galicia. y las cazaba con halcones bornís, y los lanzaba cuando la garza estaba posada».

Con Doña Beatriz de Suavia debieron venir a España algunos caballeros de su séquito, conocedores de la más alta Cetrería. introducida en Alemania por Federico II pocos años antes. Los halconeros castellanos, ávidos de perfeccionar su arte. tomarían buena nota del estilo de los germánicos.

Pero. fue un siglo más tarde cuando el alto vuelo alcanzó en Castilla su más genuina expresión. Y fue otro caballero de origen alemán quien nos aportó tales prácticas. Sigamos leyendo en el Libro de la Caza: «Y dice Don Juan que oyó decir al Infante Don Juan y a Gonzalo Ruiz de Isla, que fue halconero mayor del Rey Don Alfonso y después del Rey Don Sancho, y a Pero López, un caballero que fue halconero del Infante D. Manuel. y a otros muchos halconeros, que en tiempo del Rey D. Alfonso, doce halcones o más eran un lance de grulla y que los lanzaban estando las grullas posadas. Y que las más veces las tomaban antes de que se levantaran o cuando iban muy bajas y antes de que viniesen a entrar en vuelo. Y que la tenía el halcón maestro hasta que llegaba el can y la sujetaba. Y si en aquella caída no la mataba, en adelante no iba ningún halcón en pos de ella. Y dice Don Juan que aun él, hasta que Don Ramón Durche vino a Castilla, que así las veía cazar, salvo que no lanzaban tantos halcones.... y en adelante comenzó D. Juan a cazar las grullas así como D. Ramón le enseñó e hizo halcones que mataban la grulla viniendo atravesadiza y alta».

Esta portentosa facultad de cazar en lo alto del cielo. propia y privativa de los halcones, el vigor y la audacia que les permiten matar a una presa tan fuerte y corpulenta como la grulla, precisan técnicas muy sutiles para ponerlas a punto. Durante siglos, estos procesos fueron secreto de Oriente, hasta que, a través de los caballeros alemanes imbuidos de la cultura árabe durante las cruzadas, y mediante nuestro largo contacto con los moros del Sur. fueron llegando a la península.

De este modo, cuando en el año 1386, el Canciller Pero López de Ayala escribe el «Libro de la Caza de las Aves», nuestro más sistemático y completo tratado de Cetrería, se ha creado ya en Castilla una alta escuela de halconería, con vida propia.

El Rey Pedro I de Castilla tenía halcones que abatían a la garza cuando estaba tan alta que, en la persecución, se perdían de vista entre las nubes. Y tuvo un baharí, llamado «Doncella», sin par en la caza de la altanería, como «Pristalejo», el mejor de los borníes, que era «de las Asturias de Santillana» y mataba dos pares de ánades mayores. Todo lo anotaba el Rey en su diario de caza.

ilustrado con doscientas miniaturas; diario que, de no haberse perdido, hubiera constituido el más apasionante relato de halconería.

La primera etapa de nuestro viaje toca ya a su fin; en Castilla la Nueva, la Castilla medioeval de la frontera, son menos los romances cetreros. Por aquí el Cid también cazaba, pero a golpe de lanza. Y hubo de llegar el Príncipe D. Juan Manuel para describir, ya en prosa didáctica, «qué cazas hay y qué lugares para las cazar en las tierras que D. Juan ha andado». El incansable Señor de Peñafiel, además de pelear con los moros, de entregarse a su obra literaria y traer desasosegado al Rey Alfonso XI, tuvo tiempo para recorrer palmo a palmo, describiendo sus riberas y veredas, los obispados de Cuenca, de Sigüenza, de Osma, de Palencia, de Burgos, de Calahorra, de León, de Salamanca, de Ávila, de Segovia, de Jaén, de Córdoba y los arzobispados de Toledo y de Sevilla. Y dice que «porque fuere más ligero de leer y de entender púsolo todo por obispados...». Pues, en el obispado de Cuenca, hollando sendas descritas por D. Juan Manuel, vadeando riachuelos por vados que él vadeó, capturamos el segundo baharí para el Rey de Arabia. Vivía en una roca enhiesta y rojiza; en una roca donde siempre han anidado los halcones y que el Príncipe no describió por que los halconeros de todos los tiempos han guardado en secreto el emplazamiento de sus nidos. No he de ser yo quien interrumpa la tradición.

Éste era un torzuelo —que en Cetrería quiere decir macho— y con el gran halcón del Cantábrico formó una bella copla [1] sobre mi brazo. La corpulencia del pájaro marítimo contrastaba con la austera reciedumbre del estepario. El uno cazaba pesados patos y aves marinas; el otro, agilísimas zuritas; eran como la fuerza y la elegancia.

En los flancos de sus caperuzas, delicada obra de artesanía, llevaban grabados los sables y la palmera, escudo saudita. Los penachos eran de pluma de avestruz, negros y brillantes y, en sus pihuelas, con hilo de oro, en caracteres e idioma árabe, se escribieron sus nombres: Relámpago y Estrella.

VOLANDO HACIA LA CUNA DE LA CETRERIA

No es nueva la trashumancia de halcones y halconeros hacia oriente. Muchos baharís, neblís y gerifaltes eran enviados en calidad de presentes o como objeto de simple comercio a los sultanes de Babilonia, de Palestina y a los reyes de Persia.

«Yo vi en París —escribe el Canciller— un mercader genovés, que decía que moraba y tenía su casa y mercaderías en Damasco, que es del dicho sultán de Babilonia, y tenía en París entonces hombres de Alemania que llevaban gerifaltes para el sultán: estaban los que yo vi en cuatro que ellos llaman cajas, y nosotros decimos acá varas, ochenta gerifaltes que eran todos roqueses, y decíame que le habían mandado ya otros tantos y, cuando allá llegaban, que tanto le daban y pagaban por el que moría en camino como por el que llegaba vivo. Y haría esto para que los mercaderes no dejasen de llevarle halcones, porque

[1] El Canciller Pero López de Ayala da el nombre de copla a una pareja de halcones. Sin duda, es un galicismo; de couple, pareja.

desde Noruega y la Alta Alemania, de donde los traían, a Damasco hay muy largo camino por tierra y por mar.»

¡Qué recia estampa la de aquellos hombres cargados de halcones para el sultán!; ¡qué arriesgadas andaduras durante la noche, a través de países, para privar a los nórdicos gerifaltes del sol Mediterráneo que les mata! Y qué alegría la del príncipe árabe al recibir en sus abrasadas tierras estas primicias del lejano Norte.

Pero, en el siglo XX, no es frecuente la estampa de un hombre subiendo a bordo de un moderno reactor con dos halcones sobre el puño. Tal vez, por esta razón, los fotógrafos abundaban en el aeropuerto, quizá, ésta fuera la causa del estupor que se pintó en el rostro de los pasajeros que llenaban la aeronave.

He de confesar que todo aquello me preocupaba muy poco; llevaba dos noches sin dormir, en el desvelar de mis preciados pájaros, para que soportaran el viaje tranquilos, y sólo pensaba en su comportamiento durante el vuelo.

Al despegar, cuando la enorme aceleración nos aplastó a todos contra el respaldo de los asientos, los dos baharíes se limitaron a inclinarse ligeramente para conservar el equilibrio. Durante la ascensión permanecieron tranquilos. Pero, de pronto, ambos comenzaron a temblar, se doblaron sus patas y se desplomaron inertes sobre mi guante.

Una rubia azafata dijo algo en inglés, con voz impersonal y sonrisa de anuncio dentrífico. Y me sentí preso en la enorme panza del avión, excesivamente confortable y aséptico. Anhelante, busqué un signo en el rostro de los viajeros, un síntoma en mí mismo que pudiera traducir el desfallecimiento de mis pájaros. Más, sólo percibí esa vaga protesta de los sentidos que se pone de manifiesto al subir en un ascensor potente.

¿Qué les sucedía a mis halcones? ¿A qué se debía su postración? Nunca he podido explicármelo de manera satisfactoria. Acaso, su altímetro biológico, mucho más delicado que el del hombre y que el del propio avión, había detectado los cuatro mil metros, altura crítica en el vuelo del peregrino —al sobrevenir el desmayo, nos encontrábamos a ese nivel, según se me informó posteriormente—. Pero tal percepción parece inverosímil en el interior de una cabina climatizada. Quizá, en aquellos momentos la ascensión era más acentuada y provocó el aplastamiento de los pájaros sobre mi guante.

Sea lo que fuere, estaba consternado y comprendí muy bien el espanto de aquellos viejos halconeros andariegos cuando después de capturar sus halcones en lejanas tierras y tras peligrosas escaladas, después de adiestrarlos y cubrir parte del penoso viaje, venían a morírseles en camino. ¡Cuántos hombres de todas las razas —de las viejas razas euroasiáticas— habrían sentido aquel pesar que me embargaba, inédito, sin embargo, en el siglo XX!

Por fortuna, los dos halcones comenzaron a recobrarse; lentamente, sus músculos recuperaron el tono, se fueron enderezando y terminaron por erguirse en su acostumbrada y gallarda postura.

Ya volábamos sobre el reino de Valencia; huertas, campiñas, caseríos, villas, y muchos caminos y carreteras rectas. Por allí debía estar Gandía, cuna de San Francisco de Borja. ¡Qué hermoso sacrificio el del gran Santo Cetrero al cubrirse los ojos para no ver a su neblí cuando iba a tomar la ligera garza! San Francisco de Borja consagró la Cetrería, la elevó hasta los cielos con su bella mortificación. Y el Señor debió contemplar gustoso los lances de altanería que su egregio halconero le dedicaba...

Las Baleares se veían desde los 10.000 metros como en esos mapas en relieve metidos en una vitrina. Nosotros íbamos sobre el cristal. Todos los accidentes orográficos estaban presentes a escala reducida. Llamaban particularmente la atención los altos cantiles que flanquean las Islas, reverberantes al sol de media mañana. En ellos anidan los baharíes más preciados. En la Edad Media eran celosamente guardados para los reyes y magnates aragoneses y valencianos. A veces, los piratas berberiscos saqueaban los nidos a la par que los poblados. Pero, Menorca se queda atrás y también sobrevolamos Cerdeña, la de los famosos halcones Sardos.

Ya se adivinan las costas de Italia, cuna del más grande halconero de todos los tiempos, el Emperador Federico II, que nació en Jesi, cerca de Ancona, y fue Rey de Nápoles y Sicilia, donde estableció su corte y pasó la mayor parte de su vida, a pesar de ser emperador del Sacro Imperio Romano Germánico y Rey de Jerusalén. Y en esta isla recibió el influjo de la civilización Greco-Islámica, transformándose, en plena Edad Media, en un hombre del Renacimiento. El Emperador estudió la astrología, la geometría y la historia natural, llegó a dominar varias lenguas y protegió la literatura. En torno a su corte apareció la primera escuela poética culta en lengua italiana. Su interés por toda clase de animales fue tan grande que fundó un gran

zoo en Palermo, donde tenía leones, tigres, leopardos, osos blancos y hasta una jirafa; seguramente, la primera que se conoció en Europa. Durante su reinado se permitieron las autopsias con finalidad experimental, prácticas que estaban absolutamente prohibidas en la Edad Media.

Estas medidas acarrearon al Emperador fama de escéptico y, por sus costumbres un tanto arabizadas —el buen monarca se bañaba, se perfumaba y disfrutaba de un magnífico harém— recibió el sobrenombre de «Sultán de Sicilia».

Pero la gran pasión de Federico II fue la Cetrería; arte al que dedicó la mayor parte de su tiempo y atención. Hizo traer a su corte numerosos halconeros árabes, fletó costosas expediciones al norte de Europa para capturar gerifaltes, estudió la anatomía y fisiología de las rapaces e intentó la incubación artificial. Las horas que no dedicaba a la caza las empleaba en la escritura de su gran libro «De Arte venandi cum avibus», la más completa y sistemática obra de Cetrería y Zoología que se ha escrito en la Edad Media. En ella, el Emperador describe minuciosamente la pneumaticidad de los huesos de las aves, la estructura de los pulmones, la glándula uropigeal y otros detalles anatómicos y fisiológicos desconocidos hasta entonces. La extensión del tratado es grande —el manuscrito de Mazarino ocupa 580 páginas— y está dividido en seis libros que contienen todas las técnicas y modalidades cetreras conocidas en aquel entonces, técnicas que no se han superado nunca.

El zarpazo del tren de aterrizaje en la pista de Fiumicino me saca de mis meditaciones.

¡Roma!

El aeropuerto es impresionante; los aviones que aquí hacen escala cubren toda la Rosa de los Vientos en un incesante trasiego de gentes que haría las delicias de un etnólogo. En esta moderna Babel mis empenachados halcones parecen anacrónicos. Sin embargo, en las huertas y campiñas que rodean al aeropuerto, quizá en lo que hoy son pistas de aterrizaje, volaron sus halcones los aguerridos Papas de la Edad Media y del Renacimiento. Por aquí cabalgaron ágiles cardenales cetreros, en la práctica del único deporte que ha llegado a entusiasmar a los Príncipes de la Iglesia. Pero esta pasión que embargó a los eclesiásticos por el arte de Cetrería tiene una larga y no siempre pacífica historia.

Ya en el siglo VI muchos prelados cazaban con halcones en toda Europa. Mas, entonces, el Papado no consideró el ejercicio de estos placeres compatible con la gravedad de su misión espiritual. Y en los Concilios de 506, 517 y 518, se prohibió la práctica de la Cetrería a los Ministros de la Iglesia. Las capitulares de Carlo Magno proscribieron también este esparcimiento cinegético. Pronto se olvida, sin embargo, el contenido de estas leyes y los clérigos se lanzan de nuevo con ardor, pájaro al puño a través de campos y de villas. La halconería es demasiado atractiva, demasiado hermosa para abandonarla. Nuevamente han de reunirse los concilios de París, en 1212; de Montpellier, en 1214 y de Pont-Audemer, en 1276, para condenar estas prácticas. El advenimiento de pontífices más

Relámpago y Estrella.

liberales en este sentido o, quizá, la elevada alcurnia y perfección que alcanzó la Cetrería a partir del siglo XIII, autoriza de nuevo el noble arte y le da entrada en el propio templo. El Deán de la Iglesia de Clermont, en Auvernia, tenía derecho a celebrar la misa con el halcón posado en una alcándara, a su izquierda, y podía asistir a las procesiones con el pájaro sobre el puño. En los siglos XIV y XV estos privilegios se extienden a toda la nobleza y clerecía; durante el oficio divino los seglares dejan sus halcones en las gradas del altar y en el lado de la epístola. El clero los coloca más cerca del Ara en el extremo del Evangelio. El tesorero de la Iglesia de Auserre llega a gozar del privilegio de asistir a la misa con el halcón sobre el puño.

Es comprensible que el sano y vigoroso esparcimiento conquistara al clero rural. Los abades fueron, sobre todo, magníficos halconeros, a quienes los reyes encomendaban muchas veces sus pájaros favoritos durante la muda, para que fueran cuidados en las apacibles y bien surtidas abadías. El Canciller Pedro López de Ayala dedica el Libro de la Caza «al muy honrado Padre y Señor D. Gonzalo de Mena, por la gracia de Dios Obispo de la muy noble ciudad de Burgos», a quien considera como la flor de los halconeros de Castilla, el más egregio y sabedor después del Príncipe D. Juan Manuel.

En Inglaterra, donde el uso de las aves nobles se reglamentó severamente, sólo el rey podía cazar con gerifaltes; los duques y alta nobleza con neblís y baharíes; los hidalgos con borníes y azores y los clérigos con gavilanes torzuelos. Los curas de Navarra fueron magníficos azoreros, que controlaban cada primavera los nidos del azor, tenidos por los mejores de España. El Papa León X, en fin, era tan aficionado a la caza con halcones que todos los días con buen o mal tiempo volaba sus pájaros y, en otoño, se trasladaba a la llanura de Viterbo, cerca de Roma, paraje ideal para el alto vuelo.

Desde Roma a Beirut el vuelo se desarrolla apaciblemente sobre la lámina tersa del mar; los halcones han notado menos la ascensión, aunque tiemblan ostensiblemente hacia los 4.000 metros. En el Mediterráneo Oriental, es difícil dirigir la mirada hacia una isla o una ribera sin que le vengan a uno a la memoria recuerdos halconeros. En Malta, los caballeros de San Juan entregaban cada año un halcón adiestrado al Emperador Carlos V, como simbólica renta. Y no era caprichosa esta predilección del Emperador; en otoño, los neblíes que bajan desde la Tundra Ártica, en fantásticas singladuras, hacen escala en la soleada isla para reponerse durante unos días de las fatigas del viaje. Van a las charcas y marismas del África, tras de los patos y zancudas. Estos grandes voladores pasan también sobre España, pero, en la pequeña isla, son más fáciles de capturar ya que se encuentran concentrados y llegan muy hambrientos, dispuestos a lanzarse sobre las palomas con que se les atrae a las trampas. De su valía puede darnos una idea el hecho de que por un magnífico gerifalte, que un redero presentó al Conde de Feria, éste

Momentos antes de emprender el viaje...

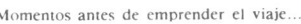

«Partida para la caza». (Del Tratado de Cetrería de Federico II de Prusia. 1194-1250.)

pagó cien escudos, mientras que el neblí del Conde de Orgaz, adquirido en su almoneda por el Duque de Medinaceli, valió quinientos escudos.

En Chipre, en Rodas y en Creta, también se tomaban halcones, pero éstos eran sacres, de los que cada otoño se portean desde las frías estepas Centroasiáticas a los desiertos de Egipto, el Sudán y Arabia.

En Beirut —que es como un Montecarlo de Oriente Medio, con un gran casino, cabarets, espectáculos y grandes hoteles donde los príncipes árabes y los hombres del petróleo gastan los dólares— permanecimos durante una noche. «Relámpago» y «Estrella» llamaron la atención en el hotel Phoenicia: fueron tan admirados como los halcones que pasaron por aquí, muchos siglos antes, sobre el puño de los caballeros cruzados. Pero, estaban ya tan cansados de mi brazo como mi brazo de ellos. Los tres dormimos profundamente.

Fue al día siguiente, volando sobre el Líbano, sobre Transjordania, sobre Siria y Tierra Santa, cuando me sentí verdaderamente emocionado. En aquellas lomas amarillentas, en aquellas vaguadas de pardos olivares, en torno a la cinta rabiosamente verde del Jordán, se libraron batallas, se firmaron treguas, acaecieron victorias y derrotas. Pero, sobre todo, tuvo lugar un estrecho contacto entre el mundo cristiano y el musulmán que duró más de dos siglos. Y de la mutua influencia entre ambas culturas se beneficiaron las artes, las ciencias y el comercio.

Aquella fue una guerra entre halconeros, en la que tanto los cruzados como los árabes aprovechaban los descansos entre batalla y batalla para entregarse a la caza de cetrería. Sin duda, surgió la emulación, la competencia entre los cazadores de ambos bandos. Los Reyes Cristianos deslumbraron a los Sultanes con la belleza de sus gerifaltes blancos procedentes de Islandia y Escandinavia, éstos sorprendieron a los occidentales con la perfección y sutileza de sus métodos para la doma.

Durante la batalla de Tolemaida, el monarca francés Felipe Augusto, que capitaneaba la tercera cruzada, perdió durante un vuelo su más preciado gerifalte que fue a posarse en el interior de la muralla. Para negociar su rescate se promovió una tregua y hubo de entregarse tal cantidad de oro a los sitiados que, al decir de las crónicas, hubiera bastado y aun sobrado para redimir a quinientos cristianos prisioneros. Y fue tan grande la fama que los gerifaltes de los reyes de Francia adquirieron en Oriente, que, dos siglos más tarde, cuando el sultán Bayaceto derrotó e hizo prisionero al duque de Nevers y a la flor de la caballería francesa, no admitió más rescate que doce gerifaltes blancos.

Durante la segunda cruzada, batalló contra los cristianos y, en ocasiones, fue su amigo el gran soldado y poeta Usama ben Munkid, autor del Kital-al-Ibtibar (enseñanza por el ejemplo), libro que puede considerarse como el primer tratado árabe de cetrería, aunque en él se describen, por cierto muy sugestivamente, cacerías de leones, entonces muy abundantes en Palestina; de gacelas, usando guepardos amaestrados; y las costumbres tradicionales del pueblo árabe. Pero Usama pone toda su pasión en el relato de sus halconerías, especialmente al hablar del «Yasur», un halcón neblí, propiedad de su padre que, ya anciano, dedicaba todo su tiempo a leer el Corán, ayunar y cazar con halcones. El «Yasur», que tenía el pecho tan ancho como el de un sacre, vivió trece años y de cada muda salía más fuerte y apercibido; cazaba por placer, sin necesidad de ser templado y era el comensal continuo del viejo Príncipe.

Una mañana, al regresar a la villa de Chaizar, Usama tropezó con un cortejo fúnebre; una larga hilera de lectores del Corán, de plañideras y de gentes del pueblo seguían al féretro.

—¿Ha muerto una princesa?, preguntó el guerrero.

—Ha muerto el «Yasur», que alegraba la vejez de tu padre, le respondieron.

El anciano señor había encargado para él una hermosa corona, y, ordenando darle tierra con toda ceremonia, quedó sumido en la más profunda melancolía.

Arabia se muestra ante mis ojos como algo completamente distinto a cuanto había imaginado. Desde Madrid veníamos sobrevolando una naturaleza domada, un paisaje caprichosamente parcelado por generaciones de agricultores, tatuado por el diseño geométrico de las carreteras, caminos y vías férreas, salpicado de pueblos y ciudades muy semejantes unas a otras, a vista de pájaro. Y, de pronto, penetramos en un mundo de pureza sideral, volamos sobre una inmensidad ocre, sin más huellas sobre su epidermis que las del viento y el sol implacable que han pulverizado las rocas hasta transformarlas en mares de arena y la de los escasos pero torrenciales aguaceros que han tallado en las montañas infinidad de secas torrenteras y vaguadas.

Pero la línea increíblemente recta de una vieja ruta de caravanas o el grupo de pústulas oscuras, a que se asemejan desde el aire las tiendas de los beduinos, denotan la presencia del hombre en esta naturaleza intacta. El árabe nómada —el 80 por ciento de la población total de Arabia— jamás ha tratado de someter al desierto; con absoluta sumisión se ha adaptado a sus imperativos; ha disfrutado de la caricia del Shamal, la fresca y vivificante brisa del norte, de los serenos atardeceres y del cielo purísimo; ha soportado el flagelo de la sed, de la luz cegadora y del tórrido Hamsin; ha marchado sin descanso tras de la parca lluvia que reverdece temporalmente al desierto y engorda a los rebaños. Y este habitat humano, el más inhóspito y grandioso en el que ha florecido una civilización, ha salvaguardado la homogeneidad étnica del pueblo árabe hasta tal punto que, en el Nedjd y el Asir, en el corazón de la península, cuesta trabajo distinguir a unos hombres de otros; le ha proporcionado el ardor guerrero que llevó a sus conquistadores a las riberas del Indo y del Guadalquivir; le ha inspirado su misticismo religioso y ha defendido, con una barrera infranqueable de arena y de sed, la pureza de unas costumbres maravillosamente adaptadas al medio desértico, cuyo origen se pierde en la noche de los tiempos.

El velo inmaculado de muselina, el amplio manto que el árabe porta con suprema gallardía constituyen el vestido más adecuado para defenderse de la deshidratación en este clima ávido de agua. La parda haima de fieltro, tejido con pelo de cabra, es el habitáculo más a propósito para hacer frente a los rigores del desierto. El eterno nomadeo, que templa el cuerpo y purifica el espíritu, es el único medio para sobrevivir en esta tierra calcinada. La austeridad, que constituye la más pura esencia de la religión Islámica, prepara al hombre para aceptar los parcos dones de esta tierra.

Del prodigioso proceso de adaptación forma parte la cetrería árabe. Porque la caza con halcones aquí es algo más que un mero deporte. El sacre, con el camello, el caballo, el asno y la cabra, es un animal sin cuyo concurso la vida del beduino resultaría mucho más difícil. En el desierto no sobra la carne. Los pastos son escasos y el ganado ha de conservarse para obtener leche, vestido, transporte y combustible. Sin embargo, en estos eriales existe una fauna cinegética, si no numerosa, siempre presente; hay antílopes, gacelas, liebres y varias especies de aves. Entre ellas descuella por su carne exquisita y su relativa abundancia la hubara; con un par de estos pájaros puede alimentarse toda una familia. Pero las avutardas hubaras son desconfiadas y muy difíciles de sorprender en las llanuras abiertas donde habitan.

El nómada pre-islámico, codicioso de incrementar su exigua dieta con la carne de las sabrosas aves, debió tratar de darlas caza por todos los medios. Pero difícilmente

El autor con Abdula Hababi, halconero de la corte Saudita, en Riyhad.

podría sorprenderlas a tiro de sus primitivas armas. Prestamente, levantaban el vuelo y eran demasiado rápidas para ser alcanzadas con un venablo. Sólo el sacre, el gran cazador del cielo, podría matarlas. Pero las avutardas tenían un recurso supremo para defenderse de su gran enemigo: inmovilizarse, aplastarse sobre el pedregal, y ocultarse a favor de su prodigioso mimetismo.

En la persecución de las astutas aves, el primitivo beduino y el sacre, ambos hambrientos y con la inteligencia agudizada en la lucha por la supervivencia, debieron de coincidir muchas veces. La bandada, asustada por un grupo de cazadores, se veía obligada a volar bajo el halcón que vigilaba desde lo alto y, abatiéndose como un rayo, capturaba una avutarda ante los asombrados nómadas. Al principio, estos espantarían a la rapaz para arrebatarle la carne. Pero el sacre comprendió pronto la ventaja de sobrevolar a sus colaboradores. Y los nómadas, para enardecer al halcón, aprendieron a arrancar un miembro de la presa y se lo arrojaron al aire, como su parte en el botín. Así nació una primitiva cetrería en la que el halcón, colaborador espontáneo, esperaba cada mañana la llegada de los cazadores para planear sobre ellos, vigilando la salida

23

Su Majestad el Rey Saud recibe los Baharíes de España.

de las avutardas. Los lazos entre la rapaz y el hombre se fueron estrechando y, un día, un halcón particularmente familiarizado con el grupo de nómadas, sería prendido sobre una presa y llevado a la haima.

El desierto había hecho un nuevo milagro; se había sellado el más hermoso pacto entre los poderosos cazadores de la tierra y del cielo. En esta alianza, por primera vez, la cadena y el látigo no tuvieron vigencia. Porque el halcón, que ha de volar libremente cada día para capturar la caza, no es un esclavo del hombre; es su amigo, su comensal. Y, de cada presa, recibe el bocado favorito; bocado que los halconeros medioevales, haciendo gala de deliciosa sensibilidad, llamaron «la cortesía». Sobre esta base de justicia y de equidad, en el desierto de Arabia o en la estepa asiática (seguramente en ambos parajes) se cumplieron las palabras del Señor: «Dominarás a los animales de la tierra, a los peces del mar y a las aves del cielo».

Ya en el aeropuerto de Riyhad, capital de la Arabia Saudí, puede uno percatarse de que este es un país de increíbles contrastes; junto a dos modernísimos reactores se agolpa una multitud cuyos vestidos, cuyos rostros y ademanes pertenecen a un pasado bíblico; junto a los asnos y los camellos marchan flamantes automóviles de último modelo; cerca de las antiguas fortalezas de rojizos adobes se alzan grandes edificios, de moderna planta, diseñados por arquitectos italianos y franceses.

Todo sigue siendo obra del desierto. El desierto que ha cristalizado esta raza y esta cultura, guardaba en sus entrañas un fabuloso tesoro: el petróleo. Y por obra y gracia de este prodigio se puede disfrutar en Arabia del encanto y serenidad de la Edad Media a la par que de las

comodidades y adelantos de la era atómica: el aire acondicionado, los transportes rápidos, las policlínicas, los grandes hoteles...

Y un palacio en cuyos jardines, entre surtidores de agua cristalina, y cascadas de azaleas, y de camelias de Shiraz, uno se olvida del tórrido desierto. Es el palacio real de Nasriya, donde vive su Majestad el Rey Saud.

Al penetrar en el salón del trono, formando parte del séquito español, al avanzar entre la doble fila de imponentes beduinos de la guardia real, me di cuenta de que se estaba cumpliendo un ciclo histórico. Era la ciencia de Federico II, el arte del Príncipe Don Juan Manuel, la pasión de Pedro I de Castilla, lo que llevaba sobre mi brazo. Los cascabeles de «Relámpago» y «Estrella» ponían una música simbólica en el memorable acto que se estaba celebrando. Y, emocionadamente, solemnemente, recorrimos los cien pasos de tapices de Boukhara, bajo la luz de doce grandes arañas de Murano, hasta llegar a las gradas del trono, donde, bajo el escudo de la palmera y los sables, bajo la inscripción del primer versículo del Corán, su Majestad Saud Ibn Abdul-Aziz, Rey de la Arabia Saudí y último monarca halconero de la tierra, tomó los nobles baharíes de mi brazo y los puso sobre el puño de Abdula Hababi, su halconero mayor. [1]

Hubo un sonoro aleteo y, en pleno «Victorial de los Arabes», los dos zahareños gentiles de Castilla, conquistados y amansados con la compleja y elaborada cetrería occidental, penetraron en la sencillísima y primigenia cetrería árabe. Tras un curso de diez siglos, el caudaloso río retornaba a su piedra manantía.

[1] El Rey Saud ha abdicado. El nuevo monarca, su hermano Faisal, mantiene en toda su pureza la caza de cetrería.

24

SEGUNDA PARTE

LAS AVES DE PRESA

De cada día vieron los hombres como, naturalmente, unas aves toman a otras, y se ceban y alimentan de ellas... Pero López de Ayala.

APARECEN LAS AVES

En los húmedos bosques del lejano período jurásico, extraños seres, mitad pájaro, mitad lagarto, se dejaban caer desde lo alto de los árboles para escapar de sus perseguidores. Sus torpes saltos no podían compararse con el vuelo sostenido de sus gigantescos parientes, los teronodones que, auténticos planeadores vivientes, surcaban el cielo apoyándose en alas membranosas de ocho metros de envergadura. Pero los pequeños saltadores habían iniciado ya el camino que llevaría a los vertebrados a la conquista del aire. Las antiquísimas y rudimentarias escamas que cubrían el cuerpo de los reptiles, desde hacía millones de años, se habían transformado en el más delicado y asombroso elemento de adaptación: la pluma.

En el año 1861, en la localidad alemana de Landenaltheim, apareció grabada en la .roca calcaria litográfica la huella del esqueleto y las plumas de una de aquellas primitivas aves. Su pico, armado de dientes, parece más bien la boca de un saurio. La larga cola, compuesta por numerosas vértebras, se asemeja a la de un lagarto. En las alas aparecen todavía dedos libres armados de uñas. Los científicos le dieron el nombre de Archeopteris. De este modo, el hombre ha tenido constancia de cómo se inició en los oscuros pantanos tan prodigiosa aventura de la vida.

La adaptación al vuelo fue imponiendo a la privilegiada estirpe otras transformaciones: la reducción de peso se consiguió con la formación de un esqueleto neumático; los grandes huesos son huecos, de fina arquitectura y están llenos de aire. Las extremidades anteriores, notablemente alargadas y diferenciadas, se han transformado en alas. Las grandes plumas remeras aumentan su superficie con un ligerísimo tejido resistente al aire. Las extremidades posteriores han de soportar por sí solas el peso del cuerpo durante la marcha.

Para dar un sólido punto de apoyo a las alas, el esqueleto torácico ha constituido por soldadura de las vértebras, las costillas, el esternón y la pelvis, un fuselaje rígido. Las plumas cobertoras proporcionan homogeneidad al conjunto y lo hacen aerodinámico. Las timoneras forman el aparato de dirección.

Dotadas de un organismo ligero, apoyándose en amplios

27

planos, las aves disfrutan de la necesaria flotabilidad para mantenerse en el aire, pero necesitan una poderosa musculatura que mueva las alas con la rapidez que exige la progresión en el medio aéreo. Los músculos pectorales, notablemente desarrollados, insertos en la gran quilla esternal, constituyen el adecuado motor.

El gran consumo de este aparato muscular, cuyas fibras han de contraerse a elevada frecuencia, en las aves de vuelo rápido, ha dado lugar a un acelerado metabolismo. El corazón late en algunos pájaros 400 veces por minuto. Con este ritmo la sangre se oxigena en los pulmones y aporta a los tejidos la necesaria cantidad de oxígeno y glucosa.

Esta perfección funcional ha ido todavía más lejos ; la oxidación de la glucosa, que proporciona la energía muscular, produce en los mamíferos elementos residuales tóxicos, que han de ser eliminados y dan lugar al cansancio y a las llamadas agujetas. En las aves, estos elementos se resintetizan, transformándose en nueva fuente de energía.

Tan intensas oxidaciones producen una elevadísima temperatura corporal, que ha de ser compensada mediante un eficaz sistema de refrigeración. El aire aspirado, antes de ingresar en los pulmones, recorre una serie de sacos situados en el seno de los tejidos, proporcionándoles el adecuado enfriamiento, y contribuye, por otra parte, a disminuir el peso del cuerpo.

En relación con este acelerado metabolismo, están las necesidades de aporte alimenticio. Algunos pájaros comen diariamente el equivalente al 80 % de su propio peso. El aparato digestivo, de intestino muy corto, produce muy pocas sustancias residuales y, en algunas especies, elimina las materias indigeribles en forma de pelotas, que se expulsan por vómito. El esófago posee una dilatación, el buche, en la que pueden almacenar una notable cantidad de comida.

El sentido más perfecto en las aves es el de la vista, seguido por el del equilibrio. El oído es normal ; se ha comprobado que algo inferior al del hombre. El tacto está localizado sobre todo en ciertas plumas de la base del pico. El gusto es apreciable y el olfato escasísimo. Como los seres humanos, las aves son «animales de vista» en contraposición a un gran grupo de mamíferos que son «animales de olfato». Por consiguiente, los lóbulos ópticos están muy desarrollados, así como el cerebelo, donde se elaboran las respuestas automáticas a los estímulos externos. Tal organización nerviosa ha recibido el nombre de cerebro óptico.

Dotadas de tan prodigioso organismo, las aves se han extendido por todo el orbe y han invadido todos los medios. En el seno de las aguas, con las alas transformadas en aletas natatorias, las acuáticas compiten en rapidez con los peces y se nutren a sus expensas. En tierra firme han aprendido a alimentarse de toda suerte de materias vegetales. La inagotable fuente de los insectos mantiene a otro gran grupo de pequeños pájaros, pero, sin duda alguna, las más perfectas de estas perfectísimas criaturas son aquellas que, necesitadas de una alimentación cárnea, la conquistan por sí mismas en las rutas del aire ; son las llamadas AVES DE PRESA.

LOS CAZADORES DEL ESPACIO

Sin embargo, no todos los pájaros armados de pico curvo y de garras aceradas poseen el arrojo y la destreza de un auténtico cazador. Algunos son perezosos comedores de inmundicias, muchos atrapan insectos o acechan pacientemente a los animalillos más torpes que se arrastran sobre la tierra. Sólo unos pocos son capaces de alcanzar a los seres dotados, como ellos mismos, de vuelo rápido. Estos campeones han dado inmerecida fama a sus torpes parientes, permaneciendo, mientras tanto, ignorados en sus tranquilos y solitarios dominios o perdidos en las listas de los libros científicos, entre solemnes apellidos latinos.

Antes de capturarlos en la naturaleza para ponerlos en nuestro puño, será preciso darles caza, no menos difícil, en los casilleros de los taxonomistas.

Para sistematizar el estudio de las numerosísimas especies de aves, los ornitólogos se vieron obligados a agruparlas en familias y éstas, a su vez, en órdenes. Reuniendo a todas aquellas que tienen el hábito común de alimentarse de carne u otras sustancias de origen animal, y algunas características estructurales similares, se ha formado el gran orden de las aves de presa, llamadas hoy *falconiformes*.

Para esta clasificación, los científicos han manejado profusamente pieles de aves cuidadosamente ordenadas en las estanterías de los museos. La forma del pico, la estructura del esqueleto y otros detalles anatómicos se han considerado de máxima importancia para crear una sistemática eminentemente morfológica. Por este camino se ha llegado a dividir el orden de las falconiformes en los subórdenes de *catartes* y *halcones*, estando a su vez dividido el suborden de los halcones en las familias de los *sagitáridos, accipítridos, pandiónidos* y *falcónidos*.

No voy a hacer hincapié en las enormes diferencias existentes entre algunas especies comprendidas en el orden de las aves de presa. Me remitiré a señalar que, en el propio suborden de los llamados halcones, se encasilla gente de procedencia tan diversa como el serpentario, comedor de culebras y lagartos de las llanuras africanas, más parecido a una grulla que a una rapaz, y el diminuto esmerejón, cazador incansable de pájaros vivos.

A los halconeros tal sistemática sólo podría traernos errores y confusiones. Nosotros manejamos a las aves de presa más perfectas desde tiempos inmemoriales y no las hemos estudiado en preparaciones mejor o peor conservadas, sino haciendo uso de todas sus facultades biológicas para proporcionarnos la caza. El carácter, la forma de vuelo, el sistema de combate tienen mucha más importancia que el color de las plumas. Siguiendo este criterio, vamos a adoptar una sencilla clasificación que agrupe a todas las rapaces utilizadas en nuestro arte, separándolas netamente de aquellas otras que no son susceptibles de adiestramiento: las aves aptas para la caza de cetrería son poseedoras de cualidades tan apreciables que, desde la Edad Media, se las ha dado el nombre de nobles. Aquellas que no pueden ser objeto de adiestramiento, las conocemos por el calificativo de innobles.

Tal denominación podría parecer caprichosa y ha llevado a ciertos estudiosos a pensar que se dio a los pájaros de

Falcónidas; alas medianamente largas, estrechas y puntiagudas; vuelo batido; rémige más larga, la segunda.

Accipítrinas: alas cortas, anchas y redondeadas: vuelo batido: rémige más larga, la cuarta.

Águilas, milanos, biteos, etc.: alas largas y anchas: vuelo a vela: rémige más larga, la cuarta.

cetrería el calificativo de nobles por ser manejados por más o menos encumbrados personajes. Nada más lejos de la realidad; en biología, a los tejidos, a los órganos y a las especies más diferenciadas se les da título de nobleza. De todo el orden de las falconiformes, las más perfectas, sin duda alguna, son las aves empleadas por los cetreros. Para dejar bien sentada nuestra antigua y, al parecer, romántica clasificación, vamos a hacer un somero estudio de las aves de presa en general.

La inmensa mayoría de las rapaces emplean, para trasladarse o cazar, un tipo de vuelo llamado «a vela». Para valerse de este sistema de locomoción, son imprescindibles dos cualidades: un notable desarrollo de la superficie alar y escaso peso específico. El más portentoso «stayer» es el buitre. Apoyándose en sus enormes alas, este comedor de carroña se deja elevar por las columnas ascendentes de aire, llamadas térmicas, hasta grandes alturas. Desde ellas, con su penetrante vista, puede descubrir el cadáver de un gran animal y, deslizándose en las corrientes aéreas, llegar a él

para devorarle. El esfuerzo que exige tal tipo de vuelo y, vamos a decir, de caza, es mínimo. La musculatura impulsora pectoral es pobre y de muy pocas exigencias. El cazador de cadáveres no precisa armas, por lo que sus uñas son romas y carece de la potente musculatura prensil. Tal organismo tiene escasas necesidades alimentarias, en cantidad y calidad; en efecto, los buitres son grandes ayunadores, se ha comprobado que comen una o dos veces por semana. Estas aves ocupan el estrato más inferior en el mundo de las rapaces, en aptitud para la caza. Creo que podemos darles, sin temor a ofenderlas, el calificativo de innobles.

Un gran número de especies se sirven del mismo tipo de vuelo que los buitres, pero, alimentándose de presas extraordinariamente variadas, además de la carroña, poseen un notable desarrollo del aparato de dirección en el vuelo. Mediante una larga y amplia cola y bien desarrolladas alas bastardas —reciben este nombre las plumas que, insertándose en el dedo libre de las aves, equivalente a nuestro pulgar, disfrutan de cierta movilidad— pueden imprimir a su vuelo una apreciable agilidad. Dejándose elevar, como los buitres, por las térmicas, vigilan el terreno de caza y tan pronto como descubren una pieza, cierran las alas y se dejan caer en picado sobre ella. La aceleración que les proporciona su propio peso, en esta prolongada caída, les da suficiente velocidad para perseguir a su víctima en vuelo horizontal o ascendente. Si fallan en la acometida y se termina este impulso de reserva, han de buscar otra térmica y escalar nuevamente sus altos espacios de observación. Las águilas, en sus diversas especies, emplean este primitivo sistema de caza. Dotadas de uñas notablemente desarrolladas y gran fuerza prensil, pueden matar desde un lagarto hasta una liebre o un cordero. Tal variedad de presas les pone a salvo de sus precarias facultades de persecución. En el peor de los casos les queda el recurso de hartarse de carroña como sus primos los buitres.

Los milanos, aguiluchos y ratoneros, a favor de un tamaño más reducido y cierta maniobrabilidad, dejándose llevar por las corrientes de aire, pueden cazar a ràs del suelo, calando en cortos y no excesivamente rápidos picados sobre pequeños roedores, reptiles y pájaros enfermos o desprevenidos. Todos ellos son también buenos ayunadores y nada exigentes en la calidad de la comida. No nos atrevemos a darles el título de nobles.

El vuelo más perfecto y diferenciado se ha llamado vuelo «a remo» y remeras a las aves capaces de ejercitarlo. En realidad, los pájaros no reman en el aire, en el estricto sentido de la palabra, sino que baten las alas de arriba a abajo, con una ligera inclinación de adelante a atrás. La forma de las alas, cóncava en su parte inferior y convexa en la superior, provista de un borde anterior rígido y de un borde posterior extraordinariamente flexible, determina la progresión.

Nosotros las llamaremos aves «de vuelo batido». Los pájaros que se valen de este sistema tienen las alas medianamente largas y estrechas, o bien cortas, anchas y redondeadas. Se comprende que un excesivo desarrollo de la superficie alar originaría una gran dificultad de movimientos. Para batir las alas con la necesaria frecuencia se precisa una poderosa musculatura pectoral, como decíamos anteriormente. Tales masas musculares consumen gran cantidad de glucosa que, en las aves de presa, se obtiene por transformación de las proteínas y la grasa acumuladas en sus víctimas.

Pero las presas que almacenan suficiente cantidad y elevada calidad de grasas y proteínas son, a su vez, excelentes voladoras. Las palomas, perdices, algunas zancudas, aves acuáticas, y otros muchos volátiles pequeños o medianos, son veloces y sabrosos pájaros, no sólo para el hombre sino también para los cazadores alados.

Dos notables familias de aves rapaces poseen la suficiente velocidad de vuelo y el adecuado sistema de caza para apoderarse habitualmente de estos apetecibles depósitos de glucógeno y no comer nunca de la carroña: las accipitrinas —género Accipiter—, cazadoras del bosque y de la espesura, y las falcónidas —género Falco—, reinas de los espacios abiertos.

A un pájaro que ha de volar entre árboles y matorrales de poco le servirían alas largas y afiladas. El azor y el gavilán, típicos representantes de los accipíteres, vuelan velozmente sirviéndose de alas cortas y redondeadas. Su larga cola les faculta para hacer toda clase de fintas, hasta volverse sobre sí mismos en plena velocidad. Al cazador de los bosques, donde los escondrijos y madrigueras abundan, no le basta con herir a sus presas; unos segundos y podrían desaparecer. El azor posee, proporcionalmente, las armas más poderosas de todas las aves de presa y, sin duda, es el pájaro más valiente y audaz de cuantos cazan sobre la faz de la tierra. Su fuerza le permite estrangular a liebres que le cuadruplican en peso. Montando guardia desde la rama de un árbol, se lanza a gran velocidad sobre la torcaz que cruza a su alcance o sobre el conejo alejado de su refugio. El gavilán, volando rápido y silencioso en el sotobosque, sorprende al malvís o a la charla con una pata todavía en el suelo. Estos acabados cazadores no sólo precisan unas alas proporcionadas y una musculatura eficaz, también han de estar dotados de un plumaje perfecto, deslizable y elástico. Cuidadosamente, ordenan y engrasan sus plumas siempre lustrosas y bien ensambladas. Acostumbrados a partir desde la rama de un árbol, codiciosos de grandes y veloces presas, valientes, hermosos y perfectamente armados, son inmejorables colaboradores del hombre para la caza. Saltando desde el inteligente observatorio, que es el puño del halconero, darán alcance en cualquier terreno a aves o mamíferos. Tales pájaros bien merecen el calificativo de nobles.

Las falcónidas viven y cazan en los espacios abiertos. Mediante un vuelo batido, enérgico, se remontan a gran altura para lanzarse sobre las presas. Su picado no es inerte como el de las aves veleras; no se limitan a cerrar las alas y dejarse caer, sino que, moviéndolas a alto ritmo, suman a su propia inercia una propulsión activa, que les proporciona una velocidad muy superior a la de cualquier criatura.

En el amplio cielo importa más la rapidez y resistencia que la agilidad. Los halcones, si bien disfrutan de apreciable maniobrabilidad, no pueden compararse con los accipíteres ni otras rapaces de menos alcurnia. La cola es relativamente corta y las alas largas, puntiagudas, accionadas por una poderosa musculatura pectoral. El plumaje, rígido y compacto, no tiene la flexibilidad del de los cazadores de la espesura, pero su simetría y perfección son notables.

Estos incansables voladores consumen gran cantidad de alimento, su metabolismo es más acelerado, incluso, que el de los accipíteres y están facultados, como ninguno, para dar caza a animales ricos en elementos nutritivos.

En la caza de cetrería, no sólo pueden partir del puño, en persecución directa, como los azores, sino que, por lo general, se les lanza antes de levantar la pieza para que tomen altura y se sitúen sobre el halconero y los perros, esperando su salida, para atacar en picado. Tal facultad les confiere una gran autonomía y alcance. Los halcones son las AVES NOBLES por excelencia.

Este somero estudio funcional nos ha llevado a determinar que en el mundo de las aves de presa existen dos categorías netamente distintas. La inferior está inte-

Las falcónidas, dotadas de alas largas y estrechas, pequeñas bastardas, y corta cola, están poco capacitadas para el vuelo acrobático.

grada por un gran número de rapaces, de vuelo lento y primitivo, formas y plumaje escasamente diferenciados, exiguas necesidades alimentarias y pocas cualidades para la caza. Se nutren de carroña o se han especializado en la captura de animales poco veloces. Las llamamos «aves innobles». La superior está compuesta por unas pocas especies, pertenecientes a dos familias, con características funcionales bastante cercanas. Son aves de vuelo de persecución rápido y batido, dotadas de formas aerodinámicas y plumaje perfectísimo. Sus necesidades alimentarias son muy elevadas y se hallan capacitadas para dar alcance y capturar presas veloces, muchas veces más grandes que ellas mismas. En ningún caso se alimentan de carroña: son las Aves de Cetrería o NOBLES.

Es cierto que, bajo el punto de vista estructural y seguramente filogénico, esta clasificación no es menos artificial que cualquiera de las preconizadas, pero así como aquéllas son de utilidad para los ornitólogos, ésta es imprescindible, por su sencillez, para los halconeros.

En biología, raramente se pueden establecer normas tajantes. El paso de unas formas a otras suele ser armónico y paulatino; lo mismo ocurre en cuanto a las funciones. No se puede negar que los accipíteres están dotados de un apreciable vuelo a vela, aunque no sea éste su habitual sistema de traslado. Los propios halcones pueden también abandonarse a las ascensionales térmicas. Algunas águilas se sirven de un vuelo de persecución cercano al de los accipíteres. Sobre estas peculiaridades, volveremos extensamente en los capítulos correspondientes (1).

(1) El profesor Charles G. Sibley, de la Universidad Americana de Cornell, realiza interesantes experiencias para dilucidar estos puntos todavía oscuros en la taxonomía de las aves. Basándose en el hecho, descubierto hace unos setenta años, de que las proteínas de cada especie animal son específicas y de que el grado de similitud entre las proteínas de dos especies distintas puede servir para expresar el grado de afinidad filogenética —grado de parentesco, en sentido evolucionista—, ha estudiado las proteínas componentes de la clara del huevo de numerosas especies de aves, separándolas mediante el método electroforético. Las gráficas obtenidas en sus investigaciones sobre el orden de las falconiformes (rapaces diurnas) indican que, así como las proteínas de los cóndores y zopilotes (catartes) son muy afines a las de las águilas y buitres del antiguo mundo, los halcones y cernícalos (falcónidas) difieren sensiblemente por sus proteínas de las restantes rapaces y quizás sea justificado formar con ellas un orden aparte. La afinidad anatómica y, sobre todo, funcional de los halcones y los accipíteres obedecería, pues, a un sencillo proceso de adaptación, lo que en biología se denomina un fenómeno de convergencia.

En lo que se refiere al carácter, nuestra clasificación no puede ser más precisa; los halcones y accipíteres jamás atacan al halconero y se mantienen erguidos, haciendo gala de su gallardía en todo momento. Por el contrario, las águilas son tan peligrosas que han de ser manejadas con careta de esgrima; su agresividad, siempre latente, hace su manejo desagradable y difícil. Encorvándose, erizando el plumaje, abriendo el pico, manifiestan su falta de nobleza, cuando el maestro se acerca a ellas para retirarles la caza.

AVES NOBLES

Observados nuestros pájaros, aunque a larga distancia, en la naturaleza, localizados en el libro de ornitología, hora es ya de penetrar en la halconera para contemplarlos de cerca y a nuestro gusto. Aquí vamos a estudiarlos pensando en su utilización como armas de caza, y emplearemos para designarlos los términos consagrados por siglos de uso en el Arte de Cetrería.

A la izquierda, descansando sobre una larga alcándara, convenientemente separados para que no se ataquen, se

Los accipíteres, mediante alas cortas y redondeadas, grandes bastardas, y cola muy desarrollada, disfrutan de extraordinaria agilidad en el vuelo

31

encuentran los accipíteres, para nosotros «aves de bajo vuelo». Son un azor y un gavilán; salvo el tamaño, sus formas y color se asemejan considerablemente.

A la derecha, erguidos, gallardos, conscientes de su gentil condición, nos contemplan los halcones: dos peregrinos y un sacre. Han sido atados más próximos; acostumbrados a cazar en compañía, tienen un alto concepto de la amistad y no existe peligro de combate. Los llamamos «aves de alto vuelo». Haciendo honor a su rango, vamos a describirlos primero.

Los peregrinos presentan una considerable diferencia de talla. Si los pesáramos, comprobaríamos que se aproxima al tercio. El más corpulento y robusto es el halcón; el más pequeño y delicado, el halcón torzuelo. Pero este giro requiere una explicación: en todas las aves nobles, la hembra es más grande que el macho y recibe el nombre de «prima». A éste se le llama «torzuelo». Sin embargo, cuando nos referimos a la hembra, decimos simplemente halcón; si se trata del macho, añadimos la palabra torzuelo.

Juan Vallés, en su libro de Cetrería y Montería, escrito en 1556, busca un origen a esta denominación, que transcribo, sin comentarios:

«Dice Crescentino que la causa porque a la hembra llaman prima y al macho torzuelo, es porque comúnmente nacen tres azores en cada muda, y porque el tercero que nace le llaman torzuelo o terzuero, que quiere decir tercero; y porque las hembras nacen primero, las llaman primas, y ésta es también la causa porque algunos cazadores llaman segunda a unos azores que son pequeños para prima y grandes para torzuelos, lo cual es falso, porque no hay más de prima y torzuelo.»

Los autores franceses pretenden encontrar la raíz de su «tiercelet» (torzuelo) en el tercio que se llevan con las primas.

Además de la diferencia de talla, los tres halcones tienen características comunes, privativas y distintivas de la familia, en las que interesa fijarnos con detenimiento.

La cabeza es redonda y relativamente grande. Los ojos, muy oscuros, están enmarcados por un pliegue de piel desnuda. El pico corto y fuerte presenta un saliente a cada lado en la mandíbula superior, «el diente» que encaja en una entalladura de la mandíbula inferior. Rodeando la base del pico aparece una zona de piel brillante y desnuda, llamada «cera», en la que se abren las «ventanas» nasales, redondas, con un tuberculito en el centro.

Las alas, plegadas, llegan muy cerca del borde de la cola y, a veces, se cruzan. La pluma remera más larga es la segunda o «cuchillo maestro».

Las patas de los halcones son cortas y fuertes, de tarsos o «zancos» desnudos. Las «manos» tienen los dedos largos y delgados. En atención a estos detalles anatómicos, los halconeros ingleses llaman a los halcones «long-winged» (largas alas) y los orientales «ojos oscuros».

Si comparamos un peregrino con el sacre, veremos que,

semejantes a primera vista, poseedores ambos de todas las cualidades citadas, difieren, sin embargo, en sus proporciones. El peregrino es más armónico, de cabeza más sólida, cola más corta, dedos más largos y plumaje más compacto. Se diría que es un prototipo del género falco. El sacre parece más ordinario, con el plumaje más fofo y las manos más cortas y gruesas; aunque algo más grande, no comunica la sensación de energía y vigor de su pariente.

Muy parecidos a él en la estructura son el gerifalte y el lanario, los otros dos grandes del género. Actualmente, los ornitólogos tienden a agruparlos estrechamente. Meinerzagen forma con ellos una sola especie, apellidada *rusticolus*, de la que piensa que no son más que razas territoriales. El ruso Dementiev, gran estudioso de las rapaces, los reúne en una superespecie, derivada de un antepasado común muy parecido al sacre.

Coincide absolutamente con esta moderna tendencia de la ciencia la opinión que el Canciller Pedro López de Ayala expone en su «Libro de la Caza de las Aves», escrito en el siglo XIV:

«Solamente al neblí y al baharí (peregrinos) llaman halcones gentiles porque tienen las manos grandes y los dedos largos y en sus talles son más gentiles ya que tienen las cabezas más firmes y más pequeñas, y las alas en las puntas mejor sacadas y las colas más cortas y más derechos en las espaldas y más apercibidos y más bravos y de mayor esfuerzo... Los gerifaltes y sacres y bornís (lanarios) son de otros talles y complexión en los cuerpos y las colas más largas y las cabezas grandes y las manos gruesas y los dedos más cortos y más gruesos y sufren mejor aunque les den más toscas viandas.»

Realmente, sorprende y maravilla la intuición y perfecto conocimiento de las aves del gran escritor medieval.

En los desiertos y praderas de Norteamérica vive el halcón de las praderas, semejante al lanario. En Asia meridional habita un halcón algo más pequeño que el peregrino, el halcón lagar, de escaso uso en Cetrería.

Los pequeños halcones: el halcón de Eleonor, el alcotán, el cernícalo y el esmerejón, recuerdan por su estructura a la estirpe de los *rusticolus*, de la que parecen representantes en miniatura. Sólo el esmerejón tiene verdadera utilidad en cetrería.

Los maestros medievales llamaban neblíes, baharíes y tagarotes, a razas distintas del halcón peregrino. Al lanario le designaban por borní o alfaneque, según fuera originario de Europa o Africa.

Volviendo a las aves de «bajo vuelo», observamos que su estructura es más esbelta, debido a la mayor longitud de las patas y de la cola. La cabeza es pequeña y alargada; el pico, sin diente; las ventanas nasales de forma oval, sin tubérculo aparente. Los ojos, de iris amarillo o rojizo, son tan llamativos que han llevado a los halconeros orientales a designar este género de pájaros por el nombre de «ojos amarillos». Los zancos son largos y desnudos. Las manos,

HALCONES

Cabeza redonda, ojos oscuros, parpados desnudos, ventanas nasales redondas y tuberculadas; pico corto con «diente».

ACCIPITERES

Cabeza alargada, ojos de iris amarillo o rojizo, ventanas nasales ovales, pico mediano y comprimido lateralmente.

AGUILAS

Cabeza grande y alargada, ojos de iris variable (generalmente claro), ventanas nasales ovales, pico alargado y alto.

más pequeñas, con las uñas interna y posterior o «llaves», muy desarrolladas. Las alas descienden muy poco sobre la larga cola, estando plegadas, y no se cruzan. La «rémige» más larga es la cuarta. Los ingleses les denominan por esto «short-winged» (cortas alas).

El gran favorito de los aficionados al «bajo vuelo» es el azor, representado en todo el hemisferio norte por numerosas razas. El cooper's hawk y el shikra son como sus reproducciones en tamaño mediano y pequeño, respectivamente. El gavilán, semejante a ellos, es de formas más esbeltas.

Entre las aves de «bajo vuelo», aunque no sea un accípiter, suele incluirse también al aleto, pequeña rapaz americana. Por su vuelo rápido y batido, merece también el título de ñoble.

Los antiguos halconeros persas y árabes mencionan en sus tratados una rapaz de alcurnia, el toghrol, desconocida en la cetrería occidental. Puede identificarse como una especie de águila-azor asiática, perteneciente al género *spizaetus*; es un pájaro de «bajo vuelo».

Las únicas águilas utilizadas en cetrería son la real y la perdicera. Para todos los efectos pueden considerarse como de «bajo vuelo».

ELECCIÓN DE LOS PÁJAROS

Realmente, las rapaces usadas en cetrería son tan variadas como para consagrarles una vida entera y no llegar a conocer bien a todas. Los magnates de otros tiempos, que tenían a su servicio numerosos y expertos halconeros, reunían equipos brillantísimos en los que se hallaban representadas casi todas las citadas especies. El Príncipe don Juan Manuel recomienda:

> «El menor número de aves que el señor ha de tener para hacer caza cumplida es de dieciocho; dos gerifaltes, cuatro neblíes, seis baharíes, un azor garcero, un azor anadero y un azor torzuelo perdicero; un borní, un gavilán y un esmerejón.»

Hoy, la cetrería ha pasado a ser un deporte personal. Han desaparecido los halconeros a sueldo y cada aficionado adiestra sus propios pájaros. Esta tendencia selecciona a los practicantes del noble arte y elimina cualquier atisbo de esnobismo o artificio. Sólo un auténtico entusiasta es capaz de llevar a buen término el entrenamiento de las aves nobles.

Por consiguiente, es muy importante saber elegir el pájaro del que se podrá sacar mejor partido, considerando que de esta decisión depende, muchas veces, el éxito o el fracaso en este género de caza.

Como norma rigurosa, todo halconero que sólo tenga a su alcance terrenos quebrados o llanuras cubiertas de bosque, debe dedicarse exclusivamente al «bajo vuelo». Solamente si tiene acceso diario a llanuras despejadas con pocos árboles o parajes ligeramente ondulados, puede practicar indistintamente el bajo o el alto vuelo.

En España, exceptuando el País Vasco, Asturias, Santander y Galicia, abundan las amplias áreas, ideales para la caza con halcones. Habremos de tener en cuenta, pues, otras consideraciones para decidirnos por un determinado género de pájaros. Nos haremos tres preguntas decisivas:

Primera. — ¿Cuál es más bonito y emocionante: el alto o el bajo vuelo? Respuesta: los dos. Pero echemos una mirada retrospectiva antes de aclarar mi personal opinión.

En el siglo XIV, el Príncipe don Juan Manuel escribe en su «Libro de las Aves»:

> «Los halcones matan la garza después que los azores la abandonan y por esto es más noble, y la manera como la matan la hace ser muy sabrosa y muy apuesta. También matan las ánades aguándolas muchas veces y montando y descendiendo e hiriendo muchos golpes, extraños y maravillosos, y los hombres toman muy gran placer; lo que con los azores no se hace. Porque no pueden tomar las ánades más que de un vuelo y muy cerca.»

No se puede negar que el Príncipe deja los pobrecitos azores muy mal parados. Dos siglos más tarde, Juan Vallés concede al azor la primacía entre todas las aves:

> «Entre todas las aves de caza, los azores y gavilanes son las más hermosas y gentiles y las más bien acondicionadas y que más amor toman con el hombre y las que más duran en su poder; y aún mucho más los azores que los gavilanes.»

Fadrique Zúñiga Sotomayor escribe en el año 1565, poco después que Vallés, el «Libro de Cetrería de Caza de Azor», obra cumbre del bajo vuelo y única escrita en España, acerca de este solo pájaro.

En Persia, cuna de la cetrería y uno de los últimos países donde se ha cultivado al gran estilo medieval, aparece en Teherán, en el año 1868, el «Baz-Name», o «Libro del Azor», de Teimur Mirza.

Modernamente, sobre todo, los autores ingleses reponen en la alcándara de honor a sus «long-winged» (largas alas), remitiendo al «matador» al oscuro rinconcito de la cocina [1] donde tantos años ha permanecido en la Edad Media.

¿Será la moda causante de estos altibajos de cotización cetrera? Tal vez, pero tratemos de no dejarnos influenciar por tan veleidosa deidad.

El «alto vuelo», tal como lo practicó don Juan Manuel, lanzando sus magníficos halcones a la garza real o la grulla que planeaban en lo alto del cielo, debió ser de una belleza que difícilmente puede imaginarse. La caza de perdices con azor, al estilo de Juan Vallés, acosándolas a caballo, ayudándose de numerosos perros, era de tal movilidad y emoción que llenó los últimos siglos de la cetrería española.

Hoy, sin llegar a tanta perfección, los incomparables lances de altanería, en los que el halcón se mantiene «pico a viento», a plomo sobre el perro de muestra, para acuchi-

[1] Se tenía al azor en la cocina para que en el bullicio de los sirvientes, se dulcificara su carácter.

34

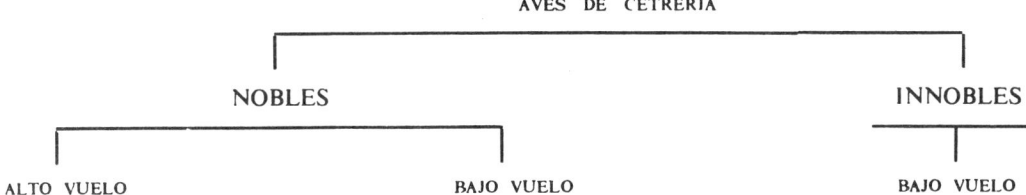

AVES DE CETRERÍA

NOBLES   INNOBLES

ALTO VUELO   BAJO VUELO   BAJO VUELO

Halcón peregrino (Falco peregrinus)   Azor (Accipiter gentilis)   Toghrol (género Spizaetus)
»   gerifalte (Falco rusticólus)   Gavilán (Accipiter nisus)   Águila perdicera (Hieraëtus fasciatus)
»   sacre (Falco cherrug)   Cooper's hawk (Accipiter cooperi)   Águila real (Aquila chrisaëtus)
»   lanario (Falco biarmicus)   Shikra (Accipiter badius)
»   de las praderas (Falco mexi   Gavilán negro (Accipiter melanoleucus)
     canus)
Halcón lagar (Falco jugger)
»   de Eleonor (Falco eleonoræ)
Alcotán (Falco subbuteo)
Esmerejón (Falco columbarius)
Cernícalo (Falco tinnunculus)

llar a pocos metros del halconero y derribar la perdiz de un solo golpe, puede colmar al espíritu más exigente. Pero, ¿qué diremos del temerario azor, que se dispara del puño como una flecha, agarra una gran liebre en plena carrera y aguanta los saltos y volteretas hasta conseguir la victoria?

A esta primera pregunta, sólo podría responder afirmando que, al igual que en antiguos tiempos, la inclinación por el halcón o el azor depende del gusto de cada uno. Los lances de altanería son largos y espectaculares; los de «bajo vuelo», cortos, casi instantáneos, pero llenos de inesperados sobresaltos y emociones.

Segunda. — ¿Cuál es más factible y fácil para el principiante? Sin ningún género de dudas, el «bajo vuelo». Los azores y gavilanes son más fáciles de adquirir, su entrenamiento puede realizarse en cualquier terreno, sirviendo para tal efecto hasta los parques públicos, en horas de relativa tranquilidad. Una vez adiestrados requieren menos tiempo y atenciones que los halcones, y se mantienen en plena forma cazando dos días a la semana. Los peregrinos han de ser cazados casi diariamente. Para su alimentación, el azor es mucho menos exigente, y, bien llevado, es mínimo el riesgo de perderle.

Tercera. — ¿Cuál es más práctico? Habré de responder también que el «bajo vuelo». Efectivamente, un buen azor puede cazar sin cansarse, toda una jornada, en cualquier tipo de terreno, capturando con igual destreza el pelo que la pluma. Aunque no sea la finalidad de nuestro arte llenar el morral, no cabe duda de que una buena percha anima al más remilgado de los halconeros que, en una forma u otra, no deja de ser un cazador.

Hace unos años, se recomendaba al principiante iniciarse en la cetrería con un azor. El consejo era muy acertado, porque la caza de conejos con este pájaro resultaba muy sencilla y de gran provecho. Después de la catástrofe originada por la mixomatosis, pocos vuelos fáciles quedan para los azoreros.

Me parece más acertado hacer mano con un cernícalo o con un alcotán. No ya pensando en cazar con ellos, sino, simplemente, en hacerles volar al señuelo, mantenerlos en buena salud e introducirlos en la caza de pájaros precapturados. Quien llegue a cubrir bien estas etapas con los pequeños halcones, encontrará fácil y familiar el manejo de los grandes.

Y para más adelante, otra recomendación me dicta mi experiencia: ordinariamente se caza más con un solo pájaro que con media docena. La mayor parte de los halconeros no tienen el suficiente tiempo libre ni encuentran tanta caza como para sobrepasar las posibilidades de un mediano halcón o azor. Si se poseen muchos, será preciso sacarlos en días alternos, con lo que su entrenamiento nunca llegará a ser perfecto y se puede acabar cayendo en la costumbre de ciertos halconeros que se limitan a volar sus aves al señuelo o a soltarles presas más o menos vivas desde una ingeniosa cajita mecánica. Esto es prostituir el más noble y bello de los deportes, cuyo único fin es la caza de especies salvajes en su medio ambiente.

Quien afronte el compromiso de privar de la libertad a un pájaro noble, debe de ser, exclusivamente, para proporcionarle una existencia activa, semejante a la que llevaba en la naturaleza y única que puede soportar. Un ave bien entrenada, cazada año tras año, puede vivir algunos lustros y llegar a ser nuestra mejor amiga. Un pobre pájaro cautivo, olvidado en su alcándara, a título meramente decorativo, morirá irremisiblemente a los pocos meses, no sé si de enfermedad o de tristeza.

La cetrería bien practicada es el más noble deporte de campo. En otro caso no pasa de ser un complicado y artificioso pasatiempo.

Gerifalte de Groenlandia mudado (foto Al. Webster).

Halcón peregrino mudado.

Halcón sacre pollo.

Halcón lanario mudado.

Esmerejón pollo.

Alcotán mudado.

TERCERA PARTE

ALTO VUELO

EL HALCÓN PEREGRINO EN LA NATURALEZA

«Llámanlos peregrinos, por comparación de los peregrinos y romeros que andan por todas las tierras y por todo el mundo, que así son los halcones gentiles o neblís o peregrinos, que todo el mundo andan y atraviesan con su volar partiendo de la tierra donde nacieron.»

(PEDRO LÓPEZ DE AYALA)

Si la perfección de un animal se estima según su capacidad para extenderse por el mundo y para sobrevivir en todos los climas y latitudes, el peregrino es el primero, después del hombre. Sus alas incansables han conquistado el orbe; su audacia y su nobleza, el corazón de los halconeros de todos los tiempos.

Ha compartido el trono con emperadores, ha sido embajador y rescate de príncipes, han cantado sus hazañas encumbrados poetas y escritores; ha contribuido a despertar el ingenio y la intuición humana.

Puede vivir complacido entre nosotros días, meses o años. Nunca se sabe cuándo va a llegar y menos aún el momento en que nos abandonará. Porque su hogar, su amor y su vida están en la naturaleza. En ella vamos a estudiar sus interesantes costumbres; si pretendemos traerlo algún día a nuestro mundo no será malo que nos trasladamos primero nosotros al suyo. Quien mejor lo conozca antes ganará su amistad.

En mi narración pretendo librarme lo más posible del frío estilo del libro de ciencia. Prefiero humanizar al pájaro que deshumanizar al lector. Sin embargo, he de describir los detalles morfológicos a la manera clásica. Soy el primero en lamentarlo.

En España habita durante todo el año el Falco peregrinus brookey, llamado baharí [1] por nuestros halconeros antiguos. En otoño e invierno nos visitan subespecies nórdicas a cuyos ejemplares, muy apreciados, se les dio el nombre de neblíes.

Para nuestro estudio he tomado como prototipo al baharí, tanto por estar más a nuestro alcance como por considerarlo el tipo medio entre las subespecies del peregrino que, por otra parte, difieren muy poco en sus costumbres, talla y color. Lo designaremos, indistintamente, con el nombre de baharí o peregrino.

MORFOLOGÍA

Cuando lo contemplamos por primera vez, la característica que más llama nuestra atención es la robustez. Erguido, apoyado sólidamente sobre sus grandes manos, corpulento, comunica una sensación de fuerza y de energía concentrada que lo distingue de cualquier otro pájaro de presa. La cabeza, redonda y sólida, el cuello corto y el tronco poderoso, constituyen un huso, al que se incorporan armoniosamente los fuertes muslos, dando lugar a una masa perfectamente aerodinámica. Las alas son finas y largas, terminadas en punta. Cuando están plegadas, llegan hasta el borde de la cola o muy cerca de él; ésta es corta, comparada con la de otros halcones. Las manos completan tan robusta constitución; son proporcionalmente las más grandes, vigorosas y bellas de todas las aves de presa. Los dedos largos y nervudos terminan en uñas fuertes y afiladas y están dotados en la región palmar de protuberancias redondeadas que facilitan la presa. El dedo posterior y el interno son los más cortos y están armados de uñas más poderosas. Los tarsos, desnudos, son cortos y gruesos. Las articulaciones, abultadas.

Viendo un peregrino de frente, parece cuadrado, rechoncho; de espalda, contrasta la anchura de los hombros con la estrechez del talle. Toda su anatomía está condicionada a la fuerza, la velocidad y la resistencia.

Los ejemplares pesados por el autor han oscilado entre 850 y 1.050 grs. las hembras, y entre 550 grs. y 700 grs. los machos. Con la edad, aumentan ligeramente de peso y disminuye, en cada muda, la longitud de sus plumas. Es notable esta mejora mecánica de la aptitud para el vuelo batido, a medida que, con los años, adquieren vigor y experiencia.

El color cambia completamente cuando el pájaro hace su primera muda. Los adultos, con escasas variantes indi-

[1] De la raíz árabe «bahara» que puede traducirse por marino o norteño: ambas condiciones cumple el baharí, nidificante frecuente en los cantiles marítimos y viajero nórdico para las latitudes de habla árabe.

viduales, presentan un tono general gris azulado, bastante uniforme en el dorso. La cabeza y la nuca son francamente oscuras. La espalda, la rabadilla y la cola, más claras, están surcadas por estrías horizontales poco aparentes.

El rostro es muy característico, enmarcado por dos manchas oscuras, llamadas bigotes, que descienden a los lados del pico hasta la garganta, resaltando sobre el fondo claro de ésta y de la parte superior del pecho o «babero».

El resto del pecho y el vientre, rojizos o rosados, están surcados por estrías horizontales negro-azuladas muy bien marcadas. Los flancos y los calzones, igualmente estriados, presentan un fondo más grisáceo.

El pico es corto, cónico, de base gruesa, con el diente bien marcado. Negro-azulado en la punta, se hace amarillo hacia la base, del mismo color que la cera, los tarsos y las manos, que llegan a presentar en los ejemplares adultos un tono anaranjado. Las ventanas nasales tienen muy bien desarrollado el tubérculo de las falcónidas y son redondas, de entrada amplia.

Los ojos, de iris castaño oscuro, indistinto de la negra pupila, están rodeados por un pliegue de piel desnuda de color amarillo oro o naranja. La mirada del peregrino, dulce y apacible, está dotada de una gran serenidad e inteligencia.

El color de los jóvenes es muy distinto; en ellos, son más frecuentes las variaciones individuales, dándose en la Edad Media gran importancia a estas diferencias. Los tratados clásicos abundan en consejos y descripciones acerca del fondo y la forma de las pintas que debe de tener un halcón. No `he podido apreciar diferencias en el carácter y aptitud para el adiestramiento o la caza que pudieran atribuirse a un color determinado. Es más, en el mismo nido aparecen pollos con notables variantes.

El tono predominante en todos los jóvenes baharíes es el pardo. El dorso, más oscuro, suele ser bastante uniforme, aunque puede presentar estrías claras u orladuras en las plumas. Es general la presencia de dos manchas rojizas en la nuca, que descienden oblicuamente desde los lados de la cabeza y del rostro. Los bigotes son aparentes, pero de matiz y extensión muy variables. Algunos pollos los presentan negros y amplios, ocupando netamente las mejillas y partes laterales de la garganta; en otros se reducen a dos líneas de color castaño oscuro.

El pecho, vientre y flancos son de un fondo ocráceo o rojizo, constelado de manchas en forma de lágrimas más oscuras. El babero no existe o es muy poco aparente. La cera y los párpados son gris azulados en los primeros meses. Las manos y los tarsos, amarillo verdosos.

De las múltiples variedades de color enumeradas por los tratados clásicos, voy a citar las extremas. Se llamaban halcones albos a los que presentan tonos generales claros aunque no sean necesariamente blancos. Se reputaba a estos ejemplares de tener excelente carácter, estar dotados de hermoso y resistente vuelo y, sobre todo, se «llevaba» este color entre sus egregios propietarios. A los pájaros de fondo oscuro, cubierto de numerosas y aparentes manchas, se les daba el nombre de «roqueses», considerando que eran muy duros para el adiestramiento, pero, una vez hechos,

valientes y fuertes como ninguno. He tenido baharíes albos y roqueses y no he podido apreciar las citadas diferencias.

Las plumas del baharí son recias, compactas y duras; el cañón grueso y las barbas de espesor apreciable. En el vuelo y en cualquier movimiento, producen un sonido típico de roce. Comparadas con las de otros halcones, son quizá poco elásticas, como corresponde a un ave que sólo caza en los espacios abiertos. Su brillo y simetría es causa de asombro entre las personas que ven por primera vez un peregrino. Las pequeñas cobertoras están siempre perfectamente ensambladas. Las rémiges secundarias y primarias, en perfecto orden. Toda la superficie del pájaro está cubierta de un polvillo azulado que le da un aspecto homogéneo y casi metálico. Este bólido viviente, alcanza su prodigiosa velocidad a favor de una potente musculatura impulsora, que se alberga en el tórax, convexo y poderoso, y mueve con la necesaria rapidez las alas largas y afiladas. Pero, en pleno picado, a favor de la enorme inercia, es su aerodinamismo y la perfección de su plumaje la que mantiene y acrecienta la penetración en el aire. De ahí la constancia y el cuidado con que el peregrino conserva sus plumas.

El cazador de los espacios abiertos queda definido, pues, como un poderoso motor, un perfecto aerodinamismo y una mortífera percusión. Tal es el baharí.

HABITAT

El baharí ama los espacios abiertos. Las llanuras cultivadas, las amplias vegas, los páramos y la llanura del mar son sus cazaderos favoritos. Si en estos parajes encuentra un posadero inaccesible donde descansar, atalayar, dormir y anidar, se establece definitivamente.

Si le ha hecho bello su género de vida, las exigencias de su sistema de caza lo llevan a instalarse en los lugares más hermosos e impresionantes. El cabo, que se adentra en el agitado mar y desafía con su imponente proa a las olas y a los vientos, está coronado por el peregrino.

En nuestras bravas costas cantábricas y mediterráneas, los altos cantiles son inmejorables atalayas desde las que otean el horizonte, como piratas, para lanzarse sobre las aves de paso, que, tras largas travesías, se dirigen a tierra. Los islotes cortados a pico son refugios inexpugnables. donde las nidadas quedan a salvo año tras año.

Los ríos que atraviesan nuestras llanuras, han tallado a lo largo de los siglos altas cortaduras, que dominan hermosos sotos y dilatadas vegas, ricas en caza de todo género. En su reverberante y perpendicular pared gustan asimismo de albergarse.

Los altos páramos de Castilla están flanqueados, en algunas zonas, por paredones escalonados que descienden hasta las cuencas inferiores. En estos abrigados riscos suelen instalarse también nuestros halcones; al alcance del árido cazadero superior, poblado de gangas, alcaravanes, sisones y calandrias, así como de las tierras bajas, donde las palomas son abundantes.

Las altas torres de los castillos en ruina, si son poco visitadas, pueden estar también ocupadas. Conozco una que, emplazada en el centro de un pueblo, parece absolutamente inadecuada. Sorprendido por la presencia de excrementos y plumadas bajo un torreón, permanecí a la espera y, ante mi sorpresa, después de ponerse el sol, apareció, furtivo, el altanero castellano y se instaló tranquilamente en un abrigado hueco.

Estos parajes propicios están siempre ocupados por halcones adultos. Los jóvenes, que llevan una vida errante, se aposentan donde pueden y no es raro que pernocten en el mismo suelo del páramo, sobre una pequeña piedra o mojón. A falta de zonas adecuadas, los halcones se establecen en cualquier parte. He encontrado parejas en terrenos extraordinariamente fragosos y abruptos de la cordillera cantábrica, y los he visto cazar precipitándose como rayos tras de las palomas en estrechas gargantas, de las que no me explico cómo podían salir con vida.

BIOLOGÍA

Cuando terminan la primera muda, los peregrinos se aparean, se instalan en un cortado y son aptos para la procreación. Generalmente un halcón joven, nómada, se siente atraído por otro de más edad y distinto sexo que, por haber perdido su pareja, se encuentra solo en su dominio.

El macho demuestra ser el auténtico propietario del feudo y cuando su hembra es capturada o muerta, se empareja a los pocos días con otra. Dispone de todos los posaderos del cortado y conduce a su nueva esposa a los profundos y abrigados, situándose él en los más altos y dominantes que, a veces, son fríos y poco confortables. Cuando se le captura, la hembra tarda mucho tiempo en aparearse de nuevo y, en ocasiones, abandona el cortado, atraída, sin duda, por otro solitario.

En estas áreas, dominadas por una pareja sedentaria, no puede instalarse ningún otro congénere, bien sea para aposentarse o para cazar. Su extensión suele estar determinada por la abundancia de caza. Si el terreno es favorable y las presas abundan, pueden localizarse de uno a tres kilómetros de distancia. En regiones menos afortunadas, llega hasta los cinco o muchísimos más.

Contrasta esta facilidad para emparejarse con la fidelidad que se profesan los halcones peregrinos. Visito cada primavera algunas parejas que se mantienen unidas desde hace diez años, constándome, por mis observaciones, que se trata de los mismos ejemplares.[1] Todo pone de manifiesto que el baharí siente horror a la soledad y adquiere gran apego al medio en que se desarrolla su vida. Instalado en una roca de su gusto, resulta muy difícil expulsarle.

Una de las familias que mejor conozco, habita en un hermoso cantil, en la ribera de un río solitario. Al visitarlos, hace dos años, descubrí con amarga sorpresa que había sido construido un teleférico, cuyas ruidosas vagonetas pasaban justamente sobre el emplazamiento del antiguo nido. Aquellos cangilones cargados de mineral, se deslizaban tan amenazadores y chirriantes por el alto cable, que di por segura la desaparición de mis peregrinos. Tristemente dirigí mis prismáticos hacia el viejo y abandonado nido; mi sor-

presa fue enorme. La hembra, tendida tranquilamente sobre los huevos, me miraba como a un viejo amigo, mientras el macho sentado en su acostumbrada atalaya, seguía con cómica atención el oscilante desfile de aquellos molestos ingenios.

La vida de los halcones sedentarios es sumamente metódica, regida por un horario y unas costumbres reglamentadas. Al amanecer el macho deja oír su llamada dulce y prolongada. Podría expresarse por ih,-ih,-ih!,-ih,-ih,-ih! La hembra contesta y antes de salir el sol proceden al meticuloso cuidado de su plumaje. Lo engrasan concienzudamente, extendiendo con la punta del pico el producto oleoso que extraen de la glándula uropigial, situada en la base de la cola. Esta operación les excita visiblemente, entregándose a ella con entusiasmo febril. Erizan las plumas de la cabeza, cierran los ojos y con movimientos rápidos y sistemáticos dan toques a todas las plumas, concediendo especial atención a las remiges y las caudales. De esa manera mantienen su brillo, elasticidad e impermeabilidad. Antes de abandonar el posadero devuelven por vía oral la «egagrópila» o bolita de plumas, huesos, córneas y otras materias indigeribles que, como todas las rapaces, expulsan al día siguiente de haber comido. Estas concreciones, del tamaño y la forma de un pequeño dátil, son llamadas «plumadas» por los halconeros. Apenas se asoma el sol en el horizonte abandonan sus posaderos y vuelan hacia el terreno de caza. En el aire, su silueta es característica. La cabeza, el tronco y la cola, de borde redondeado, constituyen un perfecto y sólido fuselaje. Las alas, estrechas y puntiagudas, baten con ritmo rápido, que recuerda el del pato salvaje.

El vuelo de crucero, el vuelo de caza y el vuelo a vela son los tres sistemas de progresión más destacados en el peregrino. En los grandes desplazamientos migratorios o en los traslados cotidianos del cortado al terreno de caza, emplea el vuelo de crucero; batiendo las alas unos instantes, las mantiene inmóviles a continuación, separadas del cuerpo, para progresar a favor del impulso adquirido. Con estos intervalos de propulsión y deslizamiento, adquiere una apreciable velocidad que puede mantener durante mucho tiempo.

El vuelo de caza es, sin duda, el más veloz que puede desarrollar un ave; bate las alas a alto ritmo y, al ganar velocidad, va reduciendo su superficie, superponiendo las rémiges, hasta transformarlas en dos afiladas aletas que mantiene paralelas y muy cerca del cuerpo. Alcanza la máxima velocidad y dramatismo cuando su trayectoria es oblicua o perpendicular. El peregrino es el rey del picado, dejándose caer como un bólido con alas pegadas al cuerpo, adquiere tal aceleración que difícilmente puede apreciar el ojo humano. Quien haya visto o adivinado el paso de su masa silbante no podrá olvidarlo mientras viva. No debe de ser fácil determinar exactamente estas tremendas velocidades; algunos observadores han comprobado, por métodos que desconozco, los 350 kms/hora. El ornitólogo americano Gillard eleva este récord a 480 kms/hora; de todos modos cualquier cifra es verosímil; el zumbido y aceleración con que el halcón cae, acreditan el cálculo más asombroso. Gobernándose con las cortas y recias alas

---

[1] Para tomar estos datos con toda exactitud coloco a los halcones zahareños, previa captura, anillas coloreadas, perfectamente identificables con prismáticos.

41

bastardas y la compacta cola, da muestras de tal agilidad que le he visto seguir y superar, en muchas ocasiones, las fintas y acrobacias de las palomas zuritas. Es imprescindible que para estas evoluciones disponga de una gran inercia inicial; en vuelo ordinario es un pésimo acróbata.

El vuelo a vela no es el fuerte del pesado baharí. Las alas estrechas, la cola corta y el plumaje compacto no son, precisamente, los atributos de un «stayer». Sin embargo, en los días soleados, cuando las corrientes térmicas alcanzan su máximo poder ascensional, puede vérsele «a toda vela» entregado a tan cómodo ejercicio. Irregulares y cortas batidas compensan la falta de facultades.

CAZA

Los jóvenes nómadas y los pasajeros cazan al azar, volando muy altos, a la busca de una presa cualquiera u oteando desde una atalaya de fortuna. Los halcones sedentarios conocen perfectamente la orografía de su coto, las costumbres e itinerarios de sus presas favoritas y sus desplazamientos a lo largo del año. «Gourmets», eligen aquellas más sabrosas y las atacan en los parajes más ventajosos. Por lo general, cazan en compañía, conjugando en este sistema la agilidad del macho y la potencia de la hembra, con resultados realmente eficaces.

Los he visto sobrevolar a gran altura la tenue línea de arbolado que crece a lo largo de los ríos en muchas de nuestras vegas y llanuras, esperando que una paloma saliera hacia las siembras o el bebedero. Divisada ésta, se lanzan con tanta velocidad como inteligencia. Mientras uno hace de batidor, cortando siempre la retirada de la presa hacia los árboles, el otro sobrevuela, esperando el momento para asestar, en una pasada, el golpe definitivo.

Difícilmente pueden dar caza a una presa posada en tierra y en modo alguno en el interior de un árbol o un matorral. El recurso supremo de sus víctimas es llegar a un refugio, antes de ser alcanzadas. En los picados muy rápidos, y a favor del viento, suelen matar golpeando con sus uñas posteriores. Con viento en contra o en persecuciones horizontales, agarran la presa con sus largos dedos y la llevan a tierra. Sirviéndose del pico —auténtico sacabocados— la rematan aplastando sus vértebras cervicales.

En ocasiones, sobrevuelan a los rebaños para dar caza a las presas levantadas por éstos. Más de un cazador ha asistido a la exhibición de un peregrino que le ha arrebatado una codorniz sin darle tiempo a encararse la escopeta. Cualquier aliado es bueno para él si le levanta la caza.

Sin embargo, los halcones no siempre atacan en picado. En los terrenos cubiertos y quebrados, emplean una técnica opuesta. Podría decirse; un picado al revés. Dejándose caer desde gran altura, adquieren la necesaria aceleración para volar a enorme velocidad, pegados a las copas de los árboles o siguiendo las sinuosidades del terreno. De pronto, apoyándose en el viento, a favor de su gran inercia, se disparan hacia arriba, en vuelo vertical, para chocar o agarrar a una presa que sólo les descubre en ese momento.

Es tan peculiar esta forma de ataque en los halcones acompañantes de las bandadas de torcaces migratorias, que, en las palomeras navarras de Echalar, se sirven de su te-rror a estas súbitas apariciones, para hacerlas descender y meterlas en las grandes redes. A tal efecto, cuando los bandos aparecen en el valle a relativa altura, funcionarios adiestrados lanzan desde unas torres paletas de madera de haya que, en su salida vertical y reverberante, engañan a las palomas, que las toman por halcones en vuelo de caza; aturdidas, se lanzan hacia el fondo del valle donde las esperan las redes.

Son muy variadas las aves atacadas por los peregrinos. Por lo general, prefieren aquéllas, dotadas de una fuerte masa muscular, como las palomas, sisones, acuáticas y algunas zancudas. Estos pájaros, todos de vuelo rápido, tienen las reservas de proteínas y grasa que necesitan los halcones para mantener a tono su elevado metabolismo.

He examinado muchos restos de sus comidas, en los nidos, al pie de los cortados y en los territorios de caza. He desmenuzado también infinidad de egagrópilas. Mis hallazgos han ido desde la pequeña golondrina y el velocísimo vencejo al sisón y el pato salvaje. Sin embargo, me complace poder escribir que todas mis observaciones han conducido a afirmar que el halcón peregrino no puede ni debe ser considerado como un ave dañina. [1]

El 75 % de los despojos pertenecen a palomas domésticas y salvajes. Otra gran parte está formada por estorninos, alondras, calandrias, túrdidos, pequeñas zancudas, etc. Los restos de insectívoros son mínimos, los de perdices rarísimos. Siendo la paloma una especie abundante, de fácil cría y causante de no despreciables daños en los sembrados, el peregrino es un freno que mantiene a raya lo que podría trasformarse en una plaga. No haré hincapié en los destrozos causados por los estorninos, ni en el acentuado granivorismo de las calandrias. Para tranquilidad de los defensores de las perdices a ultranza, puedo asegurar que los peregrinos salvajes cazan muy pocas de estas gallináceas y no porque no les gusten, sino porque no pueden. Un pájaro que nunca vuela en el cielo abierto, que siempre tiene el recurso de inmovilizarse en el suelo y desaparecer a favor de su mimetismo, no puede ser alcanzado por el halcón. Otra cosa es cuando éste caza para y con la colaboración del hombre.

Terminada la caza, ocupan el resto del día en bañarse, si hace buen tiempo, cuidar el plumaje y descansar en sus posaderos favoritos. En verano sestean en las frescas y sombreadas grietas, que nunca faltan en los cortados. En lo más crudo del invierno se solean en la caliente pared.

Los posaderos reservados para pasar la noche no son ocupados hasta después de ponerse el sol y antes de instalarse en ellos toman todo género de precauciones. Sobrevuelan el cortado y los alrededores y permanecen largo rato oteando desde una atalaya. Los «dormideros» suelen ser abrigados, muchas veces situados a mediana altura, donde temen ser sorprendidos.

Durante la noche, su sueño es ligero y basta cualquier ruido anormal para que vuelen inmediatamente. Sorprende la facilidad con que pueden evolucionar en plena oscuridad

---

[1] El halcón peregrino está protegido por la ley. Su caza, prohibida en toda época y en todo el territorio nacional.

y volver a posarse en otros refugios de su conveniencia.

REPRODUCCIÓN

En el claro cielo del mes de febrero —permítaseme la introducción poética— los baharíes dibujan el arabesco de sus increíbles acrobacias. Ante la mirada complacida de su consorte, que descansa en lo más alto del cantil, el ardoroso macho se remonta a las alturas, para descender como una flecha y casi tocarla en arrebatada y temeraria caricia. La soleada cortadura hace eco al pavoroso zumbido que acompaña al velocísimo Romeo y pone en fuga a la horda cenicienta de las grajas. Ingrávido, se remonta de nuevo, describe un círculo y, cual enojado Otelo, se lanza exterminador hacia los asustados córvidos. Atraviesa la bandada como la piedra que, disparada por la honda, golpea en la rama cargada de frutos y, ebrio de velocidad y amor, se remonta de nuevo, sin volverse a mirar a las víctimas de su pasajera ira.

La corpulenta y apacible Julieta corresponde a la exhibición con extrañas e invitadoras flexiones. Llamando suavemente, ahueca las plumas e inclina la cabeza hacia el suelo, extendiendo el azulado abanico de su cola. Perpendicular, raudo, en vuelo de caza, el amado desciende; se detiene de pronto y, en sonoro aleteo, se confunden en la suprema caricia.

Hasta primeros o mediados de marzo, la excitación amorosa mantiene a los peregrinos en continua actividad. Se persiguen gritando y se dan tal suerte de pasadas, que llevaron a ciertos observadores a afirmar que se fecundan en el aire. Jamás he podido comprobar tamaña fantasía. En estos ritos eróticos, el macho caza con increíble arrojo presas que, muchas veces, no le son habituales; las transporta unos momentos y las abandona en pleno vuelo. La hembra las recoge antes de que lleguen a tierra y en una pasada el macho se las vuelve a arrebatar, prolongándose así este juego que forma parte de las paradas nupciales. Por todos los medios, procura atraer a la futura madre hacia la oquedad o repisa que ha elegido para nido. Fingiendo deliciosa maternidad, se tiende, cual si estuviera incumbando, y la invita a aposentarse en el centro del nido.

El activísimo galán, además de entregarse a estos ritos de iniciación, mantiene a raya cualquier don Juan que pretenda turbar la paz de su feudo. Un hermoso atardecer de finales de febrero, contemplaba a una pareja de baharíes que, muy juntos, descansaban en la cúspide de su roca. De pronto el macho salió volando a tal velocidad que, a duras penas, pude seguir su trayectoria con mis prismáticos; esperaba ver aparecer en campo una paloma o una chova pero, era otro halcón el objeto de la persecución. Y se entregaron, al instante, a tan movido combate que me vi obligado a prescindir de los gemelos para observarles a simple vista.

Sólo dos puntos se percibían en lo alto del cielo y pronto terminaron por desaparecer. Habían transcurrido algunos minutos cuando un fuerte zumbido me hizo volver la cabeza. Agarrados, dando volteretas, descendían los dos combatientes, a tremenda velocidad, hasta precipitarse en un cañaveral. En tierra, siguió la contienda por unos segundos y, a juzgar por los gritos de dolor, uno de los dos debía de llevar la peor parte. El vencido se elevó al fin, pesadamente, perseguido por su implacable agresor que, pasada tras pasada, le expulsó de su territorio. La hembra, mientras tanto, ni siquiera se movió.

Sin embargo, aunque cada primavera se entregan los halcones con más o menos ardor a estas manifestaciones amorosas, no siempre conducen a la nidificación, que realizan sin una periodicidad apreciable. De las parejas que vengo observando desde el año 1953, la menos fecunda anidó solamente el año 1954, llegando a su total desarrollo tres pollos. Desde entonces, no ha vuelto a nidificar hasta la fecha, habiendo sido ocupada por una pareja de alimoches la oquedad que les servía de nido. No obstante, permanecen en el cortado y he presenciado muchas veces sus paradas nupciales. Por el contrario, tres parejas han criado todos los años. Y el término medio de anidación es de años alternos. En las estaciones que no cría, permanece la pareja en su cantón y durante los meses de marzo, abril y mayo visita el antiguo nido frecuentemente. Se echan en él, sobre todo la hembra que, a veces, es alimentada por el macho como en plena incubación. En Inglaterra, donde la escasez de reproducción en el peregrino ha alarmado a los ornitólogos, se ha comprobado que tal esterilidad está causada por ciertos insecticidas, que los peregrinos ingieren con las vísceras de sus presas, granívoras y herbívoras —contaminadas al comer vegetales «desinsectados»— Estos fármacos se acumulan en el organismo del halcón y lo incapacitan para la reproducción.

He notado que cuando un viejo macho, capturado o muerto, es sustituido por otro, la puesta es menos numerosa y generalmente depositada en lugares impropios. A veces, cuando se malogra una puesta, hacen otra de «sustitución», pero este proceder no es tan común como en otras aves. Pocas veces he encontrado hembras de peregrino incubando en el mes de mayo.

EL NIDO

Los peregrinos no realizan construcción alguna para albergar a su descendencia, verificando la puesta sobre la tierra o la roca desnuda, en una amplia y abrigada repisa u oquedad, situada en la parte alta del cantil, con un buen acceso.

En algunos cortados, sobre todo en los terrosos, de origen fluvial, no existen emplazamientos cómodos y se ven obligados a poner sus huevos en repisas y escalones inverosímiles. A veces, son tan estrechos o de plano tan inclinado que los huevos ruedan o los pollos se caen al poco tiempo de nacer. En tales nidos, las puestas se estropean sucesivamente y rara vez se salva más de un pollo. En cortados de estas características, hemos construido nidos artificiales, agrandando y ahuecando los existentes para darles una amplitud y protección ideales. Los halcones han llegado a aceptarlos y en todos los casos su descendencia ha sido más numerosa.

En algunas ocasiones, los cuervos, notables albañiles, construyen con palos y barro sus grandes y cómodos nidos, en el cortado de los baharíes. Éstos esperan tranquilamente a que terminen la obra y los expulsan tras algunas escaramuzas. En las resistentes y amplias plataformas pueden anidar durante algunos años consecutivos, hasta que las lluvias y los derrumbamientos los vuelvan a dejar sin albergue.

También aprovechan viejos nidos de córvidos o de rapaces en los grandes pinares. Me han hablado pastores y resineros de estos emplazamientos arbóreos, pero no he podido comprobarlo.

Durante el mes de marzo, la hembra pone de uno a cuatro huevos, generalmente tres, de color rojizo manchado, algo más pequeños que los de gallina. Inmediatamente comienza a incubar, permaneciendo echada sobre ellos día y noche. El macho caza para ella y le entrega las presas muy cerca del nido. Mientras come, le sustituye sobre los huevos para mantener la temperatura. Si se ausenta para bañarse y beber, permanece echado hasta su regreso. Cuando no caza para ella o monta guardia en una atalaya, se dedica a cortejar a las hembras inmaturas o se entrega a incruentos combates con otros maridos desocupados.

CRÍA DE LOS POLLOS

La incubación dura 35 días, al cabo de los cuales, los polluelos, pequeñísimos, desvalidos, cubiertos de blanco plumón, salen a la luz. Los primeros días, la madre los cubre solícita, sobre todo si el tiempo es frío, y los alimenta copiosamente con bocados elegidos de las presas que aporta el macho. Durante la primera semana apenas abandona el nido. Si se le expulsa, vuela en torno a él, para introducirse en cuanto pase el peligro.

A los quince días, los jóvenes están desconocidos. Grandes y gordos, se asemejan a bolas de algodón blanco grisáceo, animadas por unos ojos negros y brillantes. Entregados totalmente a su increíble crecimiento, dormitan, perezosos, la mayor parte del tiempo y sólo despiertan para hartarse con las suculentas presas que les llevan sus padres.

La hembra monta guardia en el punto más elevado del cantil y tan pronto como aparece el macho, con una presa, se la arrebata en pleno vuelo y la lleva al nido. Es notable su precisión para ejecutar esta operación y la actividad que desarrolla el pequeño macho; sin descanso se dirige una y otra vez al cazadero para abastecer a sus insaciables polluelos y a la propia hembra.

Ésta se reserva la delicada misión de desplumar y despedazar las piezas para alimentar a las crías. Ha llegado tan lejos la división del trabajo que, si la hembra muere, el macho sigue aportando comida, pero no se le ocurre desplumarla y despedazarla, y los jóvenes perecen de hambre en medio de cuantiosas provisiones.

Halcón peregrino, hembra, alimentando a sus polluelos, de tres semanas. En la última fotografía tienen ya cuatro semanas y pronto abandonarán el nido.

Tengo la creencia de que la gran diferencia de talla existente entre ambos sexos en las aves de presa nobles se debe, precisamente, a esta especialización. Cualquier halconero sabe que sus pájaros trabajan más y gastan más energías para comer una paloma que para cazarla; desplumarla, desgarrar sus músculos y articulaciones, romper sus huesos, son operaciones laboriosas y esforzadas. En consecuencia, las hembras, habiendo de despedazar un gran número de presas durante la cría, han ido adquiriendo de generación en generación la gran talla y recia complexión que ha terminado fijándose como carácter hereditario. Es elocuente que las rapaces insectívoras como los cernícalos y primillas y las carroñeras, en las que no existe este esfuerzo de desmembración, no presentan apreciable dimorfismo sexual; alcanza la máxima expresión esta diferencia en las rapaces exclusivamente ornitófagas.

Otra misión específica de la hembra es la defensa del nido contra cualquier intruso. La constancia, el valor y la decisión que muestra en todo momento son extraordinarios.

Apenas se acerca uno a 100 metros del cortado, cuando comienza a gritar alarmada y desafiante. Un kiak!... kiak!... kiak!... penetrante y repetido, pone en guardia a sus hijos; si son crecidos, se suman airados al griterío. Cuando se avanza más, el pájaro vuela y, describiendo círculos, pasa y repasa por encima del nido. Si se trepa a lo alto de la peña la irritada madre se lanza en picado, pero a 20 ó

50 metros, cambia de dirección, repitiendo estas amenazas mientras se permanece en la proximidad de los polluelos. Sin embargo nunca llegan a atacar al hombre, aunque descienda al propio nido y robe los jóvenes halcones. El macho acude también desde el terreno de caza en ayuda de la hembra pero sus ataques son, generalmente, menos constantes e impetuosos.

Si los intrusos son aves o mamíferos, la audacia y potencia de los baharíes se pone bien de manifiesto. Había montado mi tienda de campaña en una chopera del río Tirón, al pie de un enorme cortado, habitado por los halcones desde tiempos inmemoriales. Me dedicaba al estudio de los pollos que, después de abandonar el nido, permanecían en la roca, alimentados e instruidos por sus padres. Desde mi puesto de observación, tomaba datos. Y cuando los pájaros sesteaban en sombreados posaderos con los buches repletos, el macho comenzó a gritar desde su alto observatorio y, muy pronto se escuchó la potente y alarmada voz de la hembra. Escudriñé con mis prismáticos la pared rocosa, extendida un par de kilómetros a lo largo del río, hasta descubrir un gran pájaro de presa que, a media altura, paralelo al paredón, volaba hacia nosotros. Rabo a viento, a toda vela, se nos echaba encima por momentos; en seguida, descubrí que se trataba de un águila real. Abandoné los gemelos y, a simple vista, pude distinguir las grandes manchas blancas de sus alas y la base de su cola. La enorme rapaz, quizá por azar, se dirigía en línea recta hacia la roca de los peregrinos. Estaba aún a 200 metros, cuando éstos, gritando como diablos, se dispararon hacia el cielo y, al instante, describían amenazadores círculos sobre el peligroso intruso. Temiendo por la suerte de mis amigos, me disponía a salir de mi escondrijo y gritar, pero la valiente hembra había iniciado el ataque: perpendicular, descendió como un rayo, golpeando con tal fuerza a su enemiga, que pude percibir claramente el sonoro impacto. Plumas oscuras se extendieron por el aire, mientras el águila, demasiado tarde, proyectaba hacia el cielo sus enormes garras. El macho atacó entonces por debajo, obligándola a volverse de nuevo, a la vez que su compañera volvía a caer en tremenda cuchillada. Las subidas y las bajadas, los golpes y las fintas, se sucedían con tal rapidez que la pobre reina de las aves, olvidando su dignidad, buscó el abrigo de la arboleda que cobijaba mi vieja tienda de campaña. Mis peregrinos siguieron golpeándola entre los árboles haciéndola chocar repetidamente contra el tupido ramaje hasta que, extenuada, se dejó caer al suelo. Emocionado, salí de mi observatorio y, con los miembros entumecidos por la larga inmovilidad, rodé más que corrí, con la alegría del triunfo. La heráldica rapaz, a saltos y trompicones, huía delante de mí con las alas entreabiertas y colgantes, como un pobre pavo enloquecido. Trabajosamente, consiguió ponerse en vuelo, alejándose a ras de tierra, mientras los valientes halcones habían vuelto junto a sus hijos y todos a coro, entonaban el himno de la victoria.

A partir de la tercera semana los polluelos comienzan a cubrirse de plumas, con increíble rapidez. Las rémiges y caudales se alargan por días, a medida que las cobertoras crecen debajo del espeso plumón. En esta época denotan ya mayor actividad. Despedazan solos la comida, hacen pequeños desplazamientos, caminando con visibles precauciones a lo largo de la repisa que les sirve de nido. Abren las alas y distienden la graciosa colita adoptando posturas de halcones hechos y derechos. La inquietud y nerviosismo de los padres aumenta a medida que los pequeños crecen. Ahora el nido es muy fácil de descubrir; copos de plumón se extienden profusamente en sus alrededores, abundantes restos y plumas se amontonan al pie del cortado. Los imprudentes jóvenes se asoman curiosos en su agujero o cornisa y examinan detenidamente a todo visitante.

A las cuatro semanas, el plumón ha desaparecido en gran parte y el aspecto de los pollos es completamente distinto. Cubiertos por entero de plumas, dotados del característico brillo azulado, son aptos para emprender el vuelo. No obstante, se muestran sumamente prudentes y hasta temerosos, en sus primeros ensayos. Han pasado un mes luchando contra el terror al vacío; han vivido a unos centímetros del abismo, con la obsesión de no desplomarse y aplastarse como un mamífero cualquiera; han visto, quizá, caer a uno de sus hermanos y han de producirse diametrales cambios en la fisiología de su sistema nervioso para que acepten su nueva condición de seres del espacio.

Un pobre polluelo, nacido en la estrecha repisa de un cortado calizo, se veía obligado a trasladarse, cada mediodía, a una pequeña oquedad, que le proporcionaba un poco de sombra en la tórrida y reverberante yesera. La lentitud, el cuidado y el terror con que atravesaba la estrecha pasarela nos movieron a descender en una cordada y cavarle un anchuroso y sombreado refugio.

APRENDIZAJE Y EMANCIPACIÓN

Los machos, de desarrollo más precoz, son los primeros en dar el salto hasta la plataforma inmediata, estimulados por la madre que les ofrece una sabrosa presa. Envidiosas, terminan por saltar las hembras y así, poco a poco, obligados por el hambre, van dando los primeros vuelos.

Durante una semana permanecen posados en las inmediaciones del nido, dando escasos y cortos vuelos de una roca a otra. Gritan con aire triste en cuanto sus padres aparecen en el horizonte y éstos han de emplear toda clase de recursos para ejercitar a sus tímidos y perezosos retoños. Con una presa en las garras, pasan muy cerca de los pedigüeños, la dejan caer en el aire y la vuelven a recoger, hasta que el más audaz se decide a seguirles. Dejando caer la presa una y otra vez estimulan al inexperto pollito hasta que se decide a atraparla en vuelo. Sus hermanos aprenden la lección y pronto estas persecuciones y falsas cacerías les enardecen y ejercitan sus jóvenes alas. Las piezas muertas son pronto substituidas por otras, heridas, sobre las que los aprendices se lanzan con arrojo.

A las tres semanas de abandonar el nido, acompañan ya a sus padres en la caza y las fáciles piezas del mes de junio les van proporcionando un progresivo entrenamiento.

En esta época, hermosos y robustos, comienzan a dar muestras de independencia y atacan con la energía de la ignorancia a cuantas aves pasan a su alcance. Cada día gritan menos y se desplazan a grandes distancias para cazar por su cuenta o bañarse. La antigua pereza se ha transformado en suma inquietud. Se persiguen en acrobáticos vuelos, juegan y retozan en lo alto del cielo y parecen incansables.

Aún permanecen en el cortado otras dos o tres semanas hasta que un buen día, se alejan para no volver más.

La paz retorna al paterno cantil, las grajas y los cuervos vuelven a tener tranquilidad y los viejos halcones se reponen, con su plácida vida, del esfuerzo de la cría.

Los jóvenes baharíes vagan durante el primer año de una parte a otra, realizando desplazamientos migratorios hacia el sur cuando llega el otoño, para regresar en primavera y establecerse definitivamente después de la primera muda.

SUBESPECIES

No es sencilla la identificación de las distintas subespecies del peregrino, así como la delimitación de sus áreas territoriales. Porque, siendo el aislamiento geográfico y, por lo tanto, biológico la condición más importante para fijar los caracteres de las razas, es comprensible que estos viajeros incansables, salvando todas las fronteras naturales, mantengan una gran homogenidad específica.

No obstante, existe una diferencia apreciable entre los individuos más caracterizados de las razas nórdicas, mediterráneas y africanas. El Canciller los denominaba neblíes, baharíes y tagarotes, respectivamente.

A mediados de septiembre, comienzan a llegar los primeros pasajeros nórdicos. Los jóvenes halcones nacidos en tierras del norte de Europa y Asia se dirigen hacia el África o se detienen para invernar en nuestras soleadas llanuras. En sus desplazamientos acostumbran a acompañar a las bandadas de patos y de zancudas, a cuyas expensas se van alimentando durante el largo viaje. En invierno se detienen en las zonas habitadas por éstos y siguen cobrando su tributo hasta el retorno, que se realiza en primavera.

Estos peregrinos del Norte se caracterizan por su talla algo mayor que la del baharí; pueden pesar hasta 1.250 gramos. Sus continuos desplazamientos hacen de ellos grandes voladores y la corpulencia de sus presas habituales, patos, aves marinas, les ha conferido notable fuerza y arrojo. Su color es más claro; el fondo crema o rojizo puede ser en ellos casi blanco y el dorso tiende más al grisáceo que al castaño.

Sin embargo, muchos de los visitantes no presentan características tan acentuadas y se parecen bastante a nuestros halcones sedentarios. Todo indica que estos caracteres no aparecen de manera súbita y tajante, a partir de un cierto territorio o paralelo, sino que se van mostrando paulatinamente, matizados por notables variaciones individuales.

Los más nórdicos, muy corpulentos, fuertes y apercibidos, disfrutaron del máximo aprecio en la época de oro de nuestro arte. Se les dio el nombre de «doncellas» y el Canciller los describió de modo magistral:

«Hay halcones neblís que tienen lo blanco albísimo y abundante y lo demás como gris; son llamados en Francia halcones de «dames» que quiere decir halcones de dueñas y son muy hermosos, muy mansos de hacer y de muy buen talante. Tienen el plumaje muy bueno y no tan brozno como los otros plumajes y aun tienen las colas más largas y salen buenos garceros. A estos halcones, en Castilla, llaman los halconeros y cazadores doncellas; y en Francia «blanchantes».

En el mes de febrero del año 1955, capturé un pasajero, en la provincia de Valladolid, que era un vivo retrato del descrito por el Canciller. Corpulento, albísimo, se entregó con tanta dulzura que cada día me sorprendía con inesperados progresos; al mes, cazaba las primeras perdices y ha sido el mejor pájaro de altanería que he visto. Un año más tarde, se perdió, en época de celo.

Con las palomas torcaces, túrdidos y otros pájaros procedentes del Noreste, nos llegan otros halcones más pequeños y oscuros que difícilmente se distinguen de nuestros baharíes; proceden de Europa Oriental y Asia, y se instalan con las torcaces en nuestros encinares y pinares. Pedro López de Ayala los describió también con el nombre de zorzaleños: «Otros halcones neblís hay, que en su plumaje tienen una pinta menuda, delgada, ancha y amarillenta. A éstos llaman en Castilla zorzaleños, que quieren decir halcones pintados como zorzales y, generalmente, son halcones menudos muy bulliciosos y van mucho a las raleas...».

Los halcones del norte de Europa y éstos nor-orientales fueron los famosos neblíes de nuestros clásicos; nosotros seguiremos englobando a estas subespecies bajo el hermoso título, porque de ellos pudo decir el Canciller: «Y los halcones neblís en todas las tierras son llamados gentiles, que quiere decir hijosdalgo».

Los tagarotes eran halcones de pequeña talla y plumaje rojizo, procedentes de África, que disfrutaron de merecida fama por la velocidad y agilidad de su vuelo. Hoy día no son fáciles de adquirir y los autores ingleses, que tienen alguna práctica en su manejo, les llaman «barbary falcon». Podemos nosotros también designarles por «halcones de Berbería».

Para los efectos prácticos de la cetrería moderna, las diferencias de talla o carácter entre los representantes de las diversas subespecies del peregrino, son tan insignificantes y modificables por el factor individual, que su conocimiento interesa más bajo el punto de vista científico que puramente deportivo. Ya en el siglo XIV escribía el Príncipe Don Juan Manuel:

«... y dice Don Juan que sino porque de tiempo acá les llaman neblís y baharís y hacen entre ellos esta diferencia, que él por una naturaleza les juzgaría, ya que no halla entre ellos otra diferencia sino que los neblís son capturados andando bravos y los baharís son tomados en los nidos.»

Refiriéndose a los tagarotes el Canciller escribía a su vez:

«De los tagarotes no hacen mención aparte porque se les considera como baharís.»

Bajo el punto de vista ornitológico, en los neblíes pueden encuadrarse las razas que habitan en el norte de Europa y de Asia; el Falco peregrinus peregrinus y el Falco peregrinus leucogenis. Este último es concretamente el que el Canciller designa por doncella. Es raro que el Falco peregrinus pealei, halcón nidificante en el noroeste de América, llegara a manos de los halconeros medioevales, pero puede considerársele como un neblí. Todos estos pájaros son de gran talla, con las colas y las alas muy largas. El leucogenis es de tonos muy claros, con las manos sensiblemente más pequeñas y gruesas que el resto de los peregrinos. Los ejemplares inmaturos se parecen mucho en el color a un sacre joven de fase pálida.

El baharí está perfectamente reconocido como el Falco peregrinus brookey, de habitat estrictamente mediterráneo. En cuanto a los tagarotes, seguramente corresponden a las subespecies de Asia meridional y África, Falco peregrinus babilonicus y Falco peregrinator. Los halconeros árabes designan a estos pájaros con el nombre de Shahin, y son considerados como los halcones más rápidos del mundo. El Falco peregrinus barbarus, muy manejado por los maestros castellanos, es algo mayor que el shahin.

SUBESPECIES DEL HALCON PEREGRINO

A la izquierda, un torzuelo, pasajero, Neblí (Falco peregrinus leucogenis). A la derecha, una prima, niega, Baharí (Falco peregrinus brookey). Puede apreciarse el distinto color de las dos razas y la diferencia de talla entre los sexos.

CAPTURA DE HALCONES

En la edad de oro del arte de cetrería, existía un comercio perfectamente organizado de halcones y todo género de pájaros de caza. Tramperos profesionales los capturaban en todos los países y mercaderes especializados los hacían llegar a manos de los egregios compradores. Con el derrumbamiento de la complicada y perfectísima cetrería feudal fueron desapareciendo estos proveedores y hoy día gran parte de los halconeros capturan sus pájaros personalmente.

Esta faceta añade otro atractivo a nuestro deporte y exige del practicante consumado, no pocos conocimientos de ornitología y de trampeo.

El carácter, las facultades físicas, la aptitud para el adiestramiento y los métodos de éste, varían según la edad a que los halcones sean capturados. Desde la Edad Media, se viene utilizando una nomenclatura que, por sí sola, indica este dato tan interesante.

Los halcones capturados antes de abandonar el nido reciben el nombre de «niegos». Los que se toman dos semanas más tarde, cuando aún permanecen en la roca y son alimentados por sus padres, se llaman «roqueros». Cuando cazan ya por su cuenta, pero aún no han iniciado el viaje migratorio, se les designa por «gentiles». A partir de esta fecha, primeros de septiembre, y hasta que comienzan la primera muda, en el mes de marzo, se les da el nombre de «pasajeros». Capturados después de la primera muda se llaman «zahareños».

En general, a todos los halcones que conservan el plumaje rojizo de jóvenes, bien sean niegos, gentiles o pasajeros, se les dio el sobrenombre de «pollos». Modernamente, aceptando la designación gala, se les ha llamado «soros» y, en el ámbito internacional se les conoce por «halcones rojos». Yo acepto y empleo la primitiva designación de «pollos», por considerarla absolutamente apropiada.

A todos los pájaros capturados fuera del nido, en cualquier edad, se les da también el sobrenombre de «halcones del aire».

Cuando realizan la primera muda, los pájaros suelen

conservar alguna pluma de pollos, hasta que, en la segunda, adquieren la librea de adultos; a tales halcones se les llama «entremudados».

Esta terminología, consagrada por siglos de uso, facilita nuestra expresión y contribuye a mantener la lozanía y espíritu tradicional del noble arte.

CAPTURA DE NIEGOS

Los halcones niegos son los más utilizados por los halconeros modernos, tanto por su fácil captura como por las escasas complicaciones que presenta su adiestramiento. Para el principiante son los pájaros indicados, indispensables para hacer mano y poder enfrentarse más tarde con los halcones del aire. Bien llevados, resultan tan aptos para la caza como los pasajeros o zahareños, superándoles en seguridad y mansedumbre. A los bien entrenados se les llama «halcones reales».

Para capturarlos hay que empezar por localizar el nido, lo que es fácil si se conoce el lugar habitado por alguna pareja de zahareños. Tal zona, constituida por el terreno de caza y uno o varios riscos, cortaduras, castillos, en fin, lugares inaccesibles donde anidar, recibe en cetrería el nombre de «muda»

Basta acercarse a cien o doscientos metros del nido para que la hembra comience a gritar y describir círculos. En sus vuelos pasa por encima de él, dando una idea aproximada de la zona en que se halla emplazado.

Esta regla, que puede considerarse como general, tiene algunas excepciones: los halcones nidificantes en mudas muy visitadas no muestran ninguna excitación, acostumbrados a la presencia del hombre. Sólo en una ocasión vimos desaparecer sin protesta a la hembra de una muda solitaria.

Si se examina el cortado con prismáticos, debe estudiarse con detenimiento el tercio superior, donde generalmente suele encontrarse el nido. Los pollos crecidos se asoman en el borde de su refugio y gritan al unísono con su desconsolada madre.

La mancha blanca de los excrementos suele ser muy demostrativa, pero pueden engañar las que señalan las atalayas de los halcones adultos. En la vertical del nido se encuentran numerosos restos de presas, y en sus alrededores, sobre todo encima, abundantes copos de plumón.

En todo caso, una paciente espera, a buena distancia, prismáticos a punto, proporciona siempre un hermoso espectáculo y es el medio definitivo para localizar el nido. Tan pronto como la paz vuelve a su territorio, la celosa madre se posa junto a sus hijos y nos descubre el precioso secreto.

¡Cuánto he aprendido en las emocionantes esperas frente a los nidos de los baharíes!

En las deliciosas mañanas del mes de mayo, todo ojos hacia la luminosa cortadura, escuchando los incansables gritos de las grajas, que se callan de pronto y nos ponen en guardia ante la llegada del poderoso cazador. ¡Con qué renovada ilusión alentamos el ataque de la valiente hembra al cuervo carnicero, ladrón de huevos y de pollos! ¡Qué seguridad sentimos al retirarnos, dejando a nuestros pequeños amigos, esperados con tanta ilusión, bajo la tutela de sus valerosos padres! Las primeras lecciones prácticas, los balbuceos de una admiración que se transformará en amor intenso, se adquieren allí, bajo la cortadura solitaria, junto a la casa solariega de los incomparables peregrinos.

La captura de los pollos debe hacerse cuando estén lo más desarrollados posible, es decir, poco antes de emprender el vuelo. Cuanto más tiempo permanezcan junto a sus padres, en mejores condiciones llegarán a nuestro poder. Se puede sacar adelante a halconcitos tomados muy jóvenes, cubiertos totalmente de plumón, pero es tan laboriosa y cara su alimentación que resulta mucho más acertado encomendársela a sus propios padres; sin ninguna duda, superarán en esmero y cuidado al más meticuloso de los halconeros.

Teniendo en cuenta que la permanencia en el nido es de cuatro a cinco semanas después de la eclosión, es aconsejable tomarlos una semana antes de emprender el vuelo; estando muy bien emplumados, nos evitarán sustos y peligrosas persecuciones de roca en roca. A tal edad, han echado los 2/3 de las grandes plumas y las menudas son mucho más aparentes que el plumón. Cuando éste desaparezca totalmente, los pájaros emprenderán el vuelo.

Llegar hasta el nido y apoderarse de los pollos no presenta grandes dificultades, pero es absolutamente imprescindible estar provisto de todos y cada uno de los elementos necesarios. En caso contrario, una emocionante e inofensiva experiencia puede transformarse en verdadera tragedia.

En la mayor parte de las mudas, se puede llegar a lo alto del precipicio con toda tranquilidad; las cortaduras fluviales, los contrafuertes de los páramos y muchos cantiles marítimos son un brusco desnivel en plena llanura. El problema se reduce, por consiguiente, a colgarse hasta alcanzar el nido.

Terminada la faena, se trasladan los pájaros a la halconera, lo más rápidamente posible. Para este fin se utiliza una gran cesta rectangular de mimbre, con cuatro compartimentos, en los que cabe ampliamente un pollo. Interiormente, está revestida de arpillera para evitar las roturas de plumas y el exceso de luz que siempre causa debatidas. Asegurada la tapa, se lleva cómodamente entre dos personas. En cetrería, este recipiente se llama alcahaz.

En Inglaterra, Alemania, Suecia y otros muchos países, donde el halcón peregrino está protegido por la ley, es necesario solicitar un permiso oficial para capturar los pollos. Y sólo se concede autorización a los halconeros encuadrados en un club u organización legalmente reconocida. El número de jóvenes que se pueden retirar del nido nunca es superior a dos. Por otra parte, las autorizaciones son restringidas, de tal modo que los deportistas no significan un peligro para la especie.

En España, el halcón peregrino está protegido desde julio de 1964, los cazadores matan pocos, dadas las recatadas costumbres de estos pájaros. Más víctimas causan los practicantes de esa artimaña vil que es la caza de rapaces con búho y las organizaciones de alimañeros. Quienes escalen un cantil marítimo o realicen una cordada en un cortado fluvial —que ya se merecen todos mis respetos—, nunca deben capturar todos los pollos en un nido; si hay cuatro, pueden coger dos; y si hay dos o tres, solamente se apoderarán de uno.

Varias razones aconsejan seguir estas normas. En primer lugar, la más elemental sensibilidad se revela al privar a padres tan solícitos y valientes, como los halcones, de todos sus hijos. Creo que quitándoles uno o dos, se mitiga mucho el impacto. Por otra parte, si se robaran todos los pollos, es muy posible que la próxima primavera no volvieran a anidar. Y el halconero más exigente puede conformarse con una pareja de peregrinos; al principiante, le irá todo mucho mejor si sólo se hace cargo de uno. ¡Que nunca pueda hacerse responsables a los halconeros de la desaparición de esta hermosa especie!

CAPTURA DE ROQUEROS

Una o dos semanas después de abandonar el nido, los jóvenes roqueros se alimentan de presas que aportan sus padres y aún no les acompañan en la caza. A esta edad, son equiparables en todas sus condiciones a los niegos y capturarles no tiene ningún objeto. Una temporada más de libertad les proporcionará resistencia física y cierta experiencia de caza, muy de tener en cuenta en el momento de la introducción. No obstante, en algunas ocasiones, no hay más remedio que tomarlos en esta época, porque habiendo sido descubiertos por cazadores o alimañeros, serían fácil blanco para sus escopetas.

Estando habituados todavía a alimentarse de presas muertas, puede emplearse un sencillo procedimiento que me ha dado siempre inmejorables resultados. Se trata simplemente de una paloma recientemente sacrificada, rodeada de lazos de nylon. Han de observarse previamente los puntos accesibles del cortado donde los jóvenes acostumbran a comer; son pequeños picos o salientes materialmente cubiertos de plumas. En tales lugares, se colocarán las trampas.

ELEMENTOS DE LA TRAMPA

1.°) 3 palos sin descortezar, de olmo, avellano o cualquier árbol elástico y resistente. Tendrán 30 cm. de longitud por 1 cm. de espesor.

2.°) Una clavija de hierro de 30 cm. de longitud y sección circular de 2 cm. de diámetro. Estará taladrada en el extremo superior redondeado por un orificio de 3 mm. de diámetro.

3.°) Un carrete de nylón fino de unos 6 kg. de resistencia.

4.°) Un ovillo de cuerda delgada y resistente.

MONTAJE

Se unen firmemente los tres palos por sus extremos, sirviéndose de la cuerda. Para dar más firmeza a tal estructura pueden hacerse unas entalladuras. Resultará un triángulo equilátero. Figura 1.

Se atan a cada palo diez lazos corredizos de nylon, de 10 a 12 cm. de diámetro, de manera que queden orientados hacia el interior del triángulo.

Se cava, con una azadita o piolet, un hoyo en el suelo, de forma triangular, semejante a la de la estructura formada por los palitos. Ha de tener 5 cm. de profundidad.

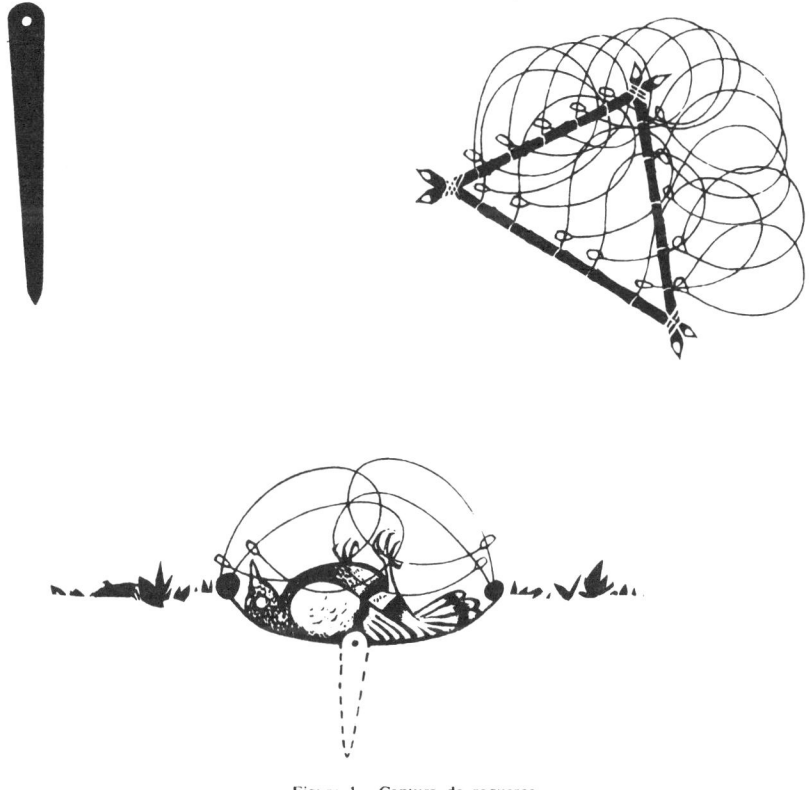

Figura 1. Captura de roqueros.

En el centro de dicho hoyo se incrusta la clavija, dejando sólo al descubierto un par de centímetros de su extremo superior romo, ocupado por el canalito. Se adapta perfectamente el triángulo de palos a la boca del hoyo, de modo que éstos no sobresalgan hacia el exterior sino que enrasen con el terreno.

Se ata firmemente el triángulo a la clavija, mediante una cuerda que va desde uno de los vértices al canalito de su extremo libre. Se sujeta la paloma al citado canalito, de modo que ocupe el centro del hoyo y su pecho y alas resulten bien visibles. Esta atadura se realiza anudando una cuerda a la base de las alas y, a su vez, a la clavija

Se termina el montaje de la trampa, extendiendo los lazos de todos los palitos sobre la paloma, de modo que la cubran perfectamente y queden orientados en todas las direcciones. Se camufla todo perfectamente, extendiendo algunas plumitas y, en el último momento, se abre el pecho de la paloma que, repito, habrá sido sacrificada recientemente para que la roja carne atraiga a los halcones.

Terminado el montaje, el halconero se retira al lugar alejado y seguro que se ha elegido como observatorio, prismáticos en mano.

Para que el procedimiento sea de la máxima eficacia, debe elegirse el emplazamiento, cavar el hoyo, construir el triángulo y dejarlo todo preparado, excepto la paloma, la víspera de actuar. Al amanecer, o antes si es posible, se montará el trebejo, para contar con las primeras horas del día, cuando los halcones acostumbran a comer. Si tuvieran el buche lleno, de poco servirían nuestras artimañas.

Hambrientos, después de la noche, recorren y sobrevuelan sus comederos, mientras sus padres están de caza. En cuanto uno descubre la paloma, se lanza sobre ella, tomándola por una presa olvidada el día anterior. Con el afanoso desplumar y comer, pronto se enreda en uno o varios lazos y, al tirar de él, el triángulo se le viene encima, con lo que cada movimiento le enlaza más y más.

Es imprescindibie acudir a toda prisa ; el pobre pájaro podría estrangularse o romperse algunas plumas. Con todo cuidado se le va librando de los lazos y siguiendo las instrucciones que doy más adelante, se le pone la caperuza, pihuelas y demás aparejos. Colocado en lugar seguro, puede montarse de nuevo la trampa.

Este sencillo procedimiento tiene la ventaja de que puede construirse con escasos elementos ; puede llevarse cómodamente en el morral y carece de complicados mecanismos de disparo. Sin embargo, sólo da buenos resultados para roqueros, porque cuando los halcones se habitúan a cazar por sí mismos, prestan muy poco o ninguna atención a las presas muertas. Si se pueden conseguir, recomiendo los lazos de crín de caballo trenzados, en lugar de nylon.

CAPTURA DE GENTILES

No se ha dado gratuitamente a los pájaros doctorados en la caza por sus propios padres, el nombre de gentiles.

Robustos, hermosos y audaces, conservan todavía el buen carácter de la juventud y están dotados de un vuelo rápido y resistente, reuniendo las ventajas del pasajero con las del niego. Ordinariamente, permanecen junto a sus padres un mes y medio. Debe intentarse su captura al mes de abandonar el nido. Sin embargo, esta regla no es fija y está determinada por el estado del tiempo, abundancia de caza, número de pollos, etc.... La norma que ha de seguir un halconero meticuloso es visitar sus gentiles con bastante frecuencia, observarlos largamente y comenzar su captura tan pronto como los vea cazar por sí mismos.

Estos incansables halcones atacan deportivamente a cuantas presas se ponen a su alcance. Tal espíritu de superación nos es muy útil para darles la oportunidad de hacerlo en nuestro provecho. Una paloma viva y ligeras variantes de la trampa para roqueros pueden ponerles, muy pronto, en nuestra halconera (figura 2).

Elementos de la trampa

1.°) Palitos, nylon y clavija idénticos a los de la trampa para roqueros.
2.°) Un cordel de 65 metros de cuerda trenzada. Es muy aconsejable la usada por los albañiles en sus plomadas. Debe estar teñida de un color neutro.
3.°) Una paloma viva, adulta y resistente, en plenas condiciones de vuelo.

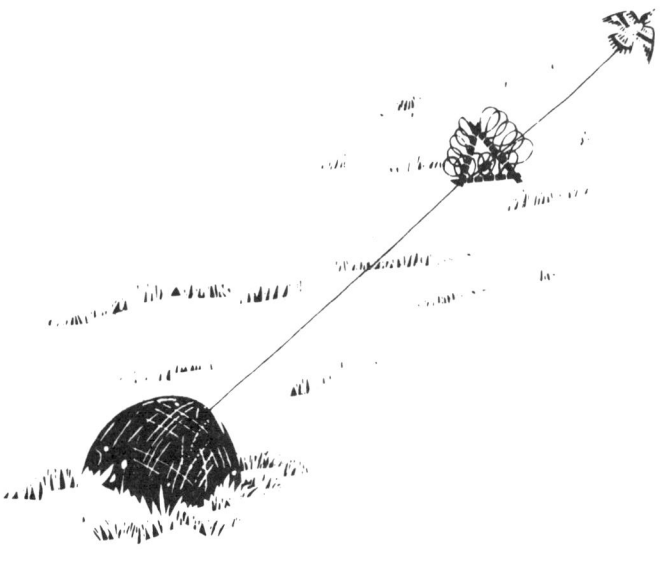

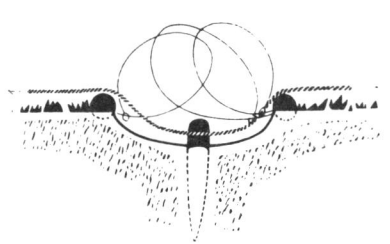

Figura 2. Captura de gentiles.

MONTAJE

Así como la trampa para roqueros se montaba en un comedero del cortado, ésta se dispondrá debajo del mismo y enfrente, de forma que pueda ser vista desde todos los posaderos de los halcones.

Habrá de elegirse un terreno plano y despejado; al pie de muchos cantiles, son frecuentes los prados y limpias rastrojeras. Se arrancará cualquier planta en la que pueda enredarse la larga cuerda.

Preparado el terreno, se construirá un puesto cómodo y perfectamente camuflado, con la abertura que sirve de mirilla orientada hacia el cortado y a unos 200 ó 300 metros del mismo. Ha de tenerse bien en cuenta que del perfecto clamuflaje de la obra depende el éxito de la operación. Si el terreno es llano y despejado, el puesto ha de ser necesariamente subterráneo, dándole la mínima elevación que nos permita vigilar la trampa. Si existen matorrales, arbolados, carrizos, etc..., el mimetismo se consigue con más facilidad.

A 40 metros aproximadamente frente a la mirilla, es decir, en la dirección del cortado, se monta la trampa descrita para los roqueros, pero sin sujetar la paloma.

Se pasa la larga cuerda de 65 metros por el canalito de la clavija, llevando un extremo hasta la mirilla del puesto; introduciéndole por ella, se sujeta a una estaquilla, clavada al efecto.

Al extremo libre se ata la fuerte paloma viva, que habrá de quedar, si todo se ha hecho correctamente, a unos 25 metros de los lazos. La paloma estará sujeta por una cuerdecita a cada pata, a modo de pihuelas que se anudan al extremo del trenzadillo.

Abandonado el volátil en el suelo, al tirar de la cuerda desde el interior del puesto, podrá obligársele a revolar cuantas veces se quiera. La cuerda que le sujeta pasa por encima de los palitos en la fosa de los lazos.

Terminado el montaje, el trampero se introduce lo antes posible en su cabaña, cierra bien la puerta y tirando suavemente de la cuerda que sujeta la paloma, le hace moverse de vez en cuando. Los tirones nunca serán tan bruscos que la lleven hasta los lazos. En el momento menos pensado, uno de los pollos se lanzará como una flecha y liará la presa inmediatamente. En ese preciso instante se debe recoger cuerda sin dureza, pero constantemente. En el ardor de la lucha, el halcón se deja arrastrar hasta el centro de los lazos, en cuyo momento debe de atarse la cuerda a la estaquilla. Luchando, desplumando o comiendo, terminará por enlazarse; lo que se percibe fácilmente por sus violentos movimientos. Entonces, ha de salirse del puesto y, con todas las precauciones, sacar el pollo de los lazos y colocarle los aparejos.

Cuando empleo este procedimiento de captura, acostumbro o construir el puesto muchos días antes de su empleo, lo que me permite ir mejorándolo y, sobre todo, habituar a su presencia a los halcones. Clavo en su interior un banco (de halcón) para colocar cómodamente al primer capturado y probar suerte el resto del día. En cada una de mis visitas, antes de retirarme, sujeto una paloma con una cuerda de cinco metros a una estaquilla, cerca del lugar que ocupará la trampa; corro el riesgo de que, al venir la noche, se la coma un zorro, pero, si los pollos llegan antes, se van acostumbrando a esta fácil caza y acaban por esperarme como a su proveedor.

REDES

Las redes, aunque más engorrosas y caras, se emplean profusamente para la captura de halcones. Existe un sistema que me ha dado buenos resultados para azores y está indicado también para la caza de gentiles. Su montaje es sencillo y no requiere construir puesto alguno (figura 3).

ELEMENTOS

1.º) 3 redes de 3 × 2 m. confeccionadas con tramilla, perlé, nylon o cuerda fina para redes de pesca. Los cuadros de la malla tendrán 7 cm. de lado. Para hacerlas invisibles, las redes estarán teñidas de negro o de acuerdo con el terreno.

2.º) 3 palos sin descortezar, de 2 m. de longitud y 2 ó 3 cm. de sección. Los de avellano son excelentes. En uno de los extremos deben de ser puntiagudos.

3.º) Una paloma viva, vigorosa, provista de pihuelas.

MONTAJE

Se clavan los tres palos en el suelo, eligiendo una superficie plana y limpia, en lugar visible para los halcones. Estarán a dos metros de distancia unos de otros, delimitando un triángulo equilátero.

A continuación se colocan las redes extendidas, colgándolas en la superficie interna de los palos. Esta operación se realiza perfectamente, practicando con una navaja incisiones oblicuas, de modo que se levante un saliente de corteza. En estas escotaduras, que deben estar a 20 cm. de distancia, se van introduciendo los hilos de la malla hasta que quede tensa y segura. Se repite el proceso con todas las redes y, así, se construye una cámara prismática con paredes de malla.

En el centro del recinto, antes de montar la última red, se ata la paloma por las pihuelas a una estaquilla sólidamente clavada a tal efecto. Para que la instalación sea perfecta, las redes deben estar fijadas de tal manera que, al lanzar con fuerza un morral o prenda de cabeza sobre

Figura 3.

una de ellas, se desprenda de los palos y lo envuelva.

Si un gentil descubre la paloma, pretenderá atraparla en una pasada y, antes de que sus garras puedan tocar la codiciada presa, se verá rodeado por la invisible red y, minutos más tarde, encaperuzado.

En la visita que el gran halconero inglés Ronald Stevens me hizo recientemente, entre los numerosos consejos útiles —fruto de más de cuarenta años de práctica ininterrumpida— que me dio, tengo ahora la oportunidad de describir su ingenioso sistema para el manejo de las redes:

Emplea dos redes iguales, de 7 metros de largo y 1,50 de alto; mediante una serie de palos finos las coloca verticales y paralelas, formando un callejón en el centro del cual ata la paloma viva. La separación entre las redes es la mínima que permite moverse libremente a la paloma sin tocarlas con la punta de sus alas. El montaje ha de hacerse de manera que al lanzar un objeto contra la red se derrumbe toda la instalación.

El famoso halconero considera muy importante que la red no esté tejida en cuadros sino en rombos, es decir, que todos los hilos que forman la trama no estén anudados en ángulos rectos sino agudos. De este modo, dice, la red envuelve mejor al pájaro.

La ventaja de este sistema estriba en que los halcones que se posan junto a la trampa —caso bastante común— en lugar de atacar en una pasada, no penetran en las que forman un recinto completo, porque ven la red. Por el contrario, en este callejón entran tranquilamente por sus aberturas laterales y, al trabar la paloma, o al ser espantados por el halconero que observa desde lejos, se enredan.

CAPTURA DE PASAJEROS Y ZAHAREÑOS

Mientras los halcones han vivido más o menos a expensas de sus padres, teníamos el punto de referencia de la roca donde nacieron para intentar su captura; iniciada la disolución de la familia y el viaje migratorio, habremos de localizar sus rutas y, sobre todo, aquellos puntos donde acostumbran a detenerse para cazar y reponer fuerzas.

Aunque los desplazamientos estacionales son realizados por los jóvenes y los adultos, los primeros son mucho más numerosos, y sólo a ellos damos el nombre de «pasajeros»; los adultos siguen llamándose «zahareños» aunque se capturen en paso.

Cuando los halcones mudan la pluma, en su segundo verano de vida, no sólo cambia su aspecto físico completamente, sino que también se modifica su temperamento. Tanto el organismo como el cerebro de un joven están en período de adaptación; la muda determina la cristalización de los estímulos adquiridos en reflejos difícilmente modificables. Por consiguiente, el pasajero es aún muy susceptible de adiestramiento y está dotado de considerable experiencia. Los que se capturan temprano, en septiembre u octubre, son excelentes pájaros, todavía de buen carácter; los tardíos, cogidos en la «repasa» de febrero son más difíciles, pero saben mucho de caza y pagan con creces el trabajo que exige su amansamiento; el Canciller les llama halcones de rapela», incorporando la denominación gala rapel» a nuestra terminología cetrera.

Los zahareños son los pájaros más difíciles de adiestrar y los que peor se adaptan a la cautividad. Y el mayor inconveniente de su manejo no es la dificultad que encierra su amansamiento, ni siquiera la frecuencia con que se pierden persiguiendo «raleas»[1], sino la gran modificación que implica para ellos el nuevo género de vida, causa de nostalgia y no pocos trastornos físicos. Han de transcurrir muchos meses y, a veces, años para que el zahareño se muestre tranquilo y satisfecho en la alcándara o el jardín, sin debatirse y pugnar por alcanzar su perdida libertad. La belleza de sus vuelos dio lugar al dicho francés: «Les haggards sont pour le plaisir des hommes»[2]. Su captura puede intentarse en los posaderos donde se albergan o en sus terrenos de caza.

Desde la Edad Media, se conocen algunos lugares privilegiados para el paso de peregrinos. En Holanda, la aldea de Walkensward, situada en el centro de una gran marisma, donde las palmípedas y zancudas se concentran en gran número y tras ellas, los halcones del norte de Europa, ha sido cuna de grandes halconeros, que se contrataban en todos los países. Estos profesionales tenían perfectamente organizada la captura de pasajeros y proveían con ellos a los grandes clubs de cetrería que, en el siglo XIX, se formaron en Inglaterra y en Francia. Hoy, la marisma ha sido desecada, las aves viajeras han desaparecido y con ellas los halcones y los halconeros profesionales. Los Países Bajos siguen, no obstante, bajo las grandes rutas de los migradores; cada otoño cogen magníficos pájaros los pocos aficionados que restan, herederos de la notable cetrería de Walkensward.

En Norteamérica, en ciertas playas e islas de Pensilvania, se concentran gran número de peregrinos en el otoño; el 15 de octubre de 1946, fueron capturados ocho pasajeros en una pequeña isla; y, en 5 km. de costa, se contaron ochenta, encontrándose constantemente en vuelo más de una docena. Los halconeros americanos acuden todos los otoños a esta privilegiada halconera para proveerse de sus «duck hawks» (halcones de los patos).

En España eran famosos los neblíes de las Rocinas, en Andalucía y los del campo portugués de Santarem. Hoy, se prenden algunos en las palomeras de Echalar, cuando entran en las grandes redes en compañía de las palomas.

En general, ha de buscarse a los pasajeros en las marismas y lagunas, consideradas como buenos pasos para acuáticas y zancudas, en los encinares de mucha torcaz y en las llanuras rodeadas de zonas quebradas o montañosas; en uno de estos llanos, el «Cantebón», situado al pie de los montes Obarenes, conté una mañana de octubre catorce esmerejones, en paso.

Los procedimientos de captura para pasajeros pueden ser móviles, es decir, fácilmente transportables y utilizables en el acto, «sobre la marcha»; o bien, fijos, cuando requieren ser montados de antemano en un lugar determinado.

En las halconerías de otoño, con pájaros de altanería,

[1] Se llaman raleas las aves dotadas de vuelo rápido y ágil que llevan muy lejos al halcón en las persecuciones, con peligro de pérdida.
[2] «Los zahareños están para el placer de los hombres.»

que vuelan sobre el halconero bastante tiempo, es frecuente la llegada de halcones salvajes atraídos por sus mansos congéneres. En el citado Cantebón y otros llanos de la Bureba, tan pronto como mi halcón Doncella se ponía en lo alto del cielo, acudía algún pasajero para acompañarlo en la caza. Muchas veces la ayuda del recién llegado era definitiva para meter mano a un sisón o una vieja perdiz. El «espontáneo» se iba muy sorprendido de la presa cuando nos acercábamos, al ver que su compañero de fortuna nos acogía tranquilamente. En estos casos, está perfectamente indicado el uso de los sistemas móviles para hacerse con estos entusiastas, que parecen desear la compañía del hombre.

En la Edad Media se empleaba el «señuelo volador» que puede dar tan buenos resultados hoy día (figura 4).

ELEMENTOS DE LA TRAMPA

1.°) Una falsa presa o señuelo; se construye mediante una esponja o pelota de trapo que, previamente enbadurnada en cola caliente, se cubre de plumas de perdiz o de paloma. Seco el pegamento, se cose un trapito rojo y se sujeta a este conjunto, que tendrá todo el aspecto de una presa a medio devorar, una docena de lazos de nylon o de crin de caballo trenzada, así como dos correítas de 20 cm. para atar este señuelo a los tarsos o pihuelas del halcón.

2.°) Un halcón torzuelo, el portaseñuelo, adiestrado para volar en tornos, si es posible a buena altura; ha de tener el pico convenientemente limado y las uñas enfundadas, para que no resulte peligroso. Se le portará encaperuzado como a cualquier otro pájaro de caza.

UTILIZACIÓN

Cuando acude un halcón salvaje, atraído por uno de los nuestros, se recoge a éste inmediatamente, lanzándole el señuelo. El recién llegado sobrevolará curioso sobre su compañero que come, excitando su agresividad y apetito. En ese momento, se fija la falsa presa a los tarsos del portaseñuelo y desencaperuzándole, se le pone en vuelo. El pasajero tardará muy poco en lanzarse sobre él para arrebatarle la suculenta presa; se enlazarán sus dedos y revoleteando, tirando uno por cada lado, descenderán a tierra, a donde debe acudirse a toda prisa, para evitar la pelea. Separados y encaperuzado el salvaje, se dará una buena recompensa al vapuleado portaseñuelo, que bien se lo ha ganado.

En Oriente se utiliza para este fin el halcón lagar, pájaro abundante, rústico y de escaso valor. Lo capturan con este exclusivo fin y no se toman la molestia de adiestrarlo completamente; se limitan a hacerlo volar pestañeado (1), con el señuelo atado directamente a los tarsos.

Los árabes del norte de África se sirven de un sistema más simple (fig. 5), que he probado con excelentes resultados. Se trata de una presa viva armada de lazos, que lanzan al halcón salvaje; siguiendo este principio, empleo el siguiente procedimiento:

ELEMENTOS

1.°) Una paloma fuerte y muy voladora, a ser posible zurita, a la que se arrancan tres plumas de cada ala y la cola, para hacer su vuelo más fácil y atractivo.

2.°) Un corselete como el de la figura 5, confeccionado de lona fina, a medida para la paloma que se va a emplear, provisto de dos grandes ojales para sacar las alas y de una docena de lazos de crin de caballo, trenzada o de nylon, bien sujetos mediante un doble nudo a la tela. El corselete se abrocha sobre el pecho mediante un cordón. Exteriormente, está cubierto de plumas del color de la paloma, sujetas por algunas puntadas. En la parte inferior y central, lleva sujeto un pequeño emerillón de pesca.

3.°) 10 metros de nylon fino, con una resistencia de 12 kilos, anudado por un extremo a un palito ligero y resistente de unos 30 cm. de longitud y

(1) Con los párpados semicerrados, mediante un punto que se anuda sobre la cabeza.

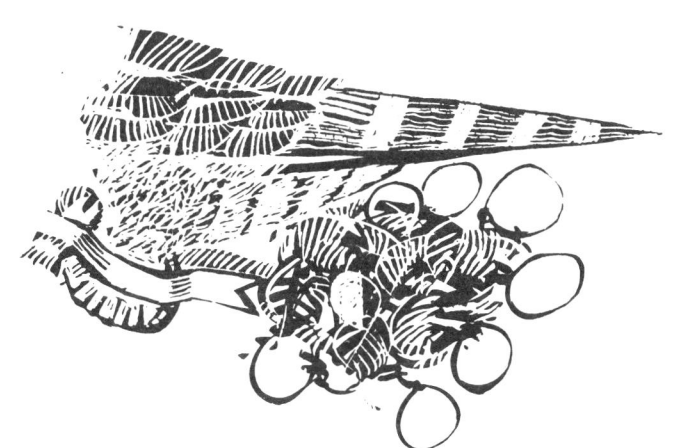

Figura 4.

medio cm. de grosor. En el extremo libre, llevará un mosquetoncito de pesca, para ser enganchado rápidamente al emerillón.

4.°) Una cestita de pesca dividida interiormente en dos compartimientos; en el mayor, se coloca la paloma con su corselete puesto; en el más pequeño, el rollito de nylon.

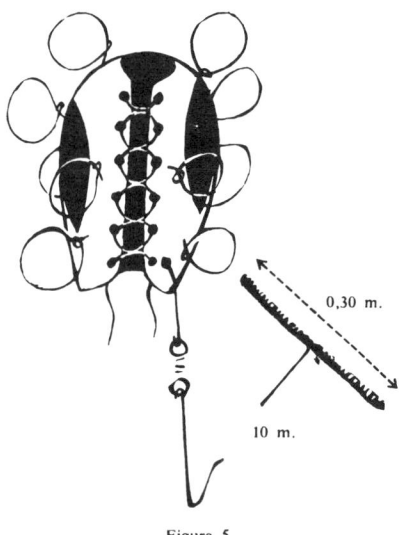

Figura 5.

UTILIZACIÓN

En las cacerías de otoño, se lleva siempre la cestita con la paloma encorsetada. Cuando un pasajero aparece en el cielo, se sujeta la tira de nylon al emerillón y se la pone en libertad, cuando el halcón esté lo suficientemente cerca.

Si es liada por el pasajero será transportada a cierta distancia. Debe esperarse un rato para que en sus intentos de comer se enlace, si ya no lo estaba. Al marchar hacia él, intentará huir o llevarse la presa, pero el largo nylon y el palito que va haciendo de ancla, le pondrá a nuestro alcance.

Los persas se sirven de una pequeña red cuadrada, que llaman «do gaza»[1], de 1,50 m. de lado, que sujetan en dos palos finos (fig. 6). Teimur Mirza recomienda llevarla siempre que se sale de caza y si se tiene la fortuna de sorprender a un halcón salvaje que acaba de hacer presa, se le ahuyenta suavemente para que no vaya demasiado lejos; entonces se monta la red delante de la presa, en la dirección en que desapareció el halcón. Al regresar para seguir comiendo debe enredarse y quedar al alcance del halconero.

En el año 1955, los halconeros del Jalifa del entonces protectorado español de Marruecos, capturaron cinco halcones, mediante el principio «do gaza», ligeramente modificado; en una playa clavaban tres cañas formando un ángulo cuyo vértice estaba enfilado al viento. Apoyaban en ellas, sirviéndose de pequeños resaltes, la «do gaza» sustentada por la sola presión del viento. En el interior y centro de este ángulo, ataban una paloma a «una de sus babuchas» enterrada en la arena. No precisa comentarios

Do Gaza, traducción, dos codos.

este procedimiento, cuyo buen resultado está probado por cinco capturas.

PROCEDIMIENTOS FIJOS

Cuando se tiene acceso a un paraje tranquilo, de mucho paso o se conoce la zona de caza de un zahareño, puede emplearse el sistema clásico, llamado «bow-net»[2] por los ingleses y consagrado por muchos años de uso con éxito, en las marismas de Walkensward (fig. 7).

En principio, se trata de llevar al halcón debajo de una red, montada en un bastidor metálico, que se abate sobre él a voluntad del cazador; del mismo modo que los niños cazan gorriones por el viejo sistema de hacer caer sobre ellos una criba.

Para tal efecto nos servimos de los siguientes elementos:

1.°) Una red circular de dos metros de diámetro sujeta al interior de un bastidor de varilla de hierro, articulado, de 1,50 m. de diámetro. La mitad del círculo se abatirá sobre la otra formando una charnela.

2.°) Una argolla o clavija perforada para clavar en tierra.

3.°) Media docena de clavijas con el extremo superior acodado.

4.°) Un arbolito o percha de unos tres metros.

5.°) Dos palomas; una muy fuerte, mejor zurita, provista de un braguero con su correspondiente emerillón. La otra, vulgar y corriente, armada de pihuelas.

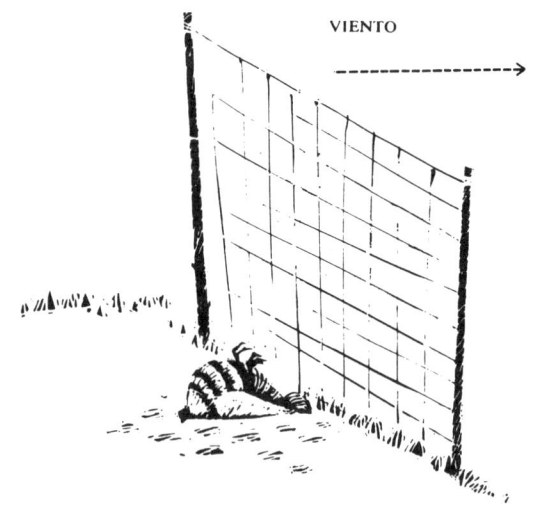

VIENTO

Figura 6.

MONTAJE

Debe comenzarse por construir un puesto, camuflado, cómodo, con la mirilla orientada hacia el norte o noreste, por donde es de esperar que aparezcan los pasajeros. A ras de tierra, tendrá una ventanita por donde entran «los mandos», y en el centro, una estaquita para atarlos.

Cuarenta metros delante y al frente, se instala la red en arco, sujetando una de sus mitades al suelo mediante las clavijas acodadas; la otra mitad se abate sobre ella de

[2] Red en arco.

forma que la red quede recogida entre las dos. Con hierba se camufla el aparato. Para hacerlo funcionar, se ata al arco abatible, en su tercio derecho, la cuerda de 40 m. que va al interior del puesto.

En el centro del círculo de terreno sobre el que se abatirá la red, se clava la argolla o clavija perforada. A unos 15 metros a la derecha del arco y a 50 del puesto, se planta firmemente la percha o arbolito, a cuya punta va atada la segunda cuerda, que va también al interior del puesto. Esta cuerda lleva pendiente a 4 ó 5 metros del extremo sujeto al arbolito, otra cuerdecita de 1,50 metros atada al emerillón de la paloma. Tirando y aflojando desde el puesto se debe elevar el volátil o bajarle al suelo a voluntad. En el lugar en que toca tierra, se construye un refugio, en forma de pequeña choza, donde puede esconderse con facilidad.

Veinte metros a la izquierda del arco se construye otro refugio, provisto de una puertecita, que se abra, con algún esfuerzo, hacia fuera. En su interior se coloca la segunda paloma, a cuyas pihuelas va atado el extremo de la tercera cuerda que, pasando por la argollita del centro de la red, va al interior del puesto.

UTILIZACIÓN

En el centro del puesto tenemos el mando número 1, que acciona la red; el número 2, a la izquierda, con el que movemos la paloma, el número 3, a la derecha, para sacar la paloma encerrada.

Tan pronto como el halcón aparece, atraído por nuestra paloma que sube y baja, la dejamos caer para que se oculte y tiramos del mando 3, sacando la encerrada, que será trabada. Aprovechando la lucha, arrastramos al atacante hacia la argollita y en ese momento tiramos brus-

camente del mando y la red caerá sobre el halcón. Antes de salir a recogerlo, debe atarse el extremo del mando a la estaquita, para que no se levante la red.

Los profesionales de Walkensward añadían algunos elementos a este armadijo, de sumo interés. Para delatar la presencia del halcón, empleaban una pareja de avisadores, picazas o alcaudones, convenientemente apiholados, junto a sus refugios. La excitación de estos curiosos e inteligentes pájaros les ponía en guardia.

Para atraer y dar confianza al pasajero, se servían de un halcón manso, al que hacían mover mediante otro mando.

Personalmente, empleo un gran duque vivo que me avisa perfectamente y atrae a cualquier rapaz. Lo sitúo entre el puesto y la paloma encerrada. Todos estos accesorios, sustituyendo el bastidor por el triángulo de lazos, mucho más sencillo, pueden conducir al mismo resultado.

Los zahareños pueden capturarse también mediante cepos automáticos de resorte. En tal caso los hago construir especialmente, rectangulares en lugar de circulares, porque se adaptan mejor a las repisas; el mecanismo es idéntico al de las ballestas para pajaritos, salvo el sistema de disparo, que ha de ser de presión o «placa». Las mandíbulas se forran de paño y goma para evitar las lesiones.

Localizado un posadero, se desciende en una cordada y se coloca el cepo, perfectamente disimulado con tierra del propio cortado. Mediante una cuerda fina y resistente se le mantiene sujeto a la cima del precipicio, para cobrar el halcón en caso de éxito o recuperar el cepo vacío.

Para capturar halcones del aire, han de tenerse a mano todos los arreos necesarios para aparejarles, cuya delicada operación se realizará siguiendo las instrucciones que indico más adelante.

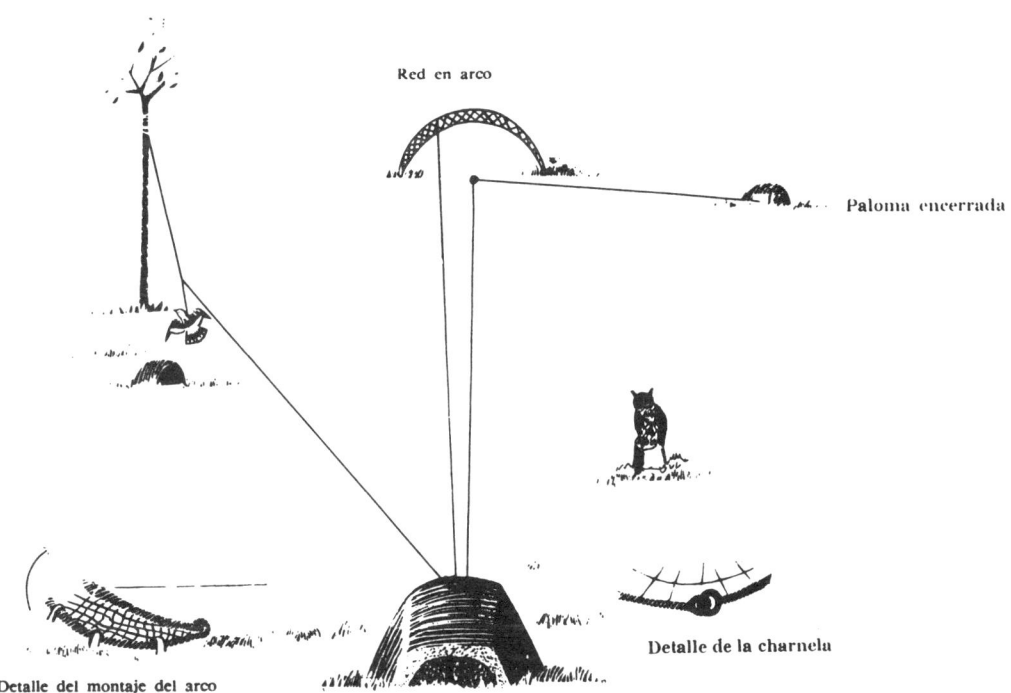

Red en arco

Paloma encerrada

Detalle del montaje del arco

Detalle de la charnela

Figura 7.

CRIANZA DE NIEGOS

Los halcones del aire, bien sean roqueros, gentiles o zahareños, llegan a nuestras manos en perfectas condiciones para comenzar el adiestramiento. Los niegos no han terminado todavía su desarrollo y ha de concedérseles una temporada de absoluta tranquilidad para que éste se complete.

Se han seguido dos tendencias para criar a los pollos; en la primera, se les mantiene cautivos, encerrados en una habitación más o menos grande, hasta el momento en que se les toma para comenzar su afeitado; tal es la crianza en cautividad. En la segunda, se procura imitar a la naturaleza, dejando a los pájaros libres para que ejerciten sus alas y lleven a término su crecimiento por el camino natural; ésta es la crianza campestre. Ambas escuelas tienen sus defensores y detractores, sus ventajas e inconvenientes; bien llevadas, creo que pueden conducir a idénticos resultados.

CRIANZA EN CAUTIVIDAD

Antes de recibir a los pollos que se van a criar «en chambre» es preciso preparar el departamento de la casa que se les va a ceder, o edificar, si no existe, una instalación especial para ellos, llamada «muda» por los antiguos halconeros, por servir también para estancia en la muda de la pluma. Fundamentalmente, ha de ser un cuarto bien ventilado, con una gran ventana orientada al sureste, para recibir el sol de la mañana; absolutamente protegido de la humedad y de las corrientes de aire.

Las mudas en las que «descaño» [1] mis niegos, tienen el frente de 2,50 m. de ancho y 1,60 de alto, totalmente abierto, provisto de barrotes de madera, cilíndricos, muy pulidos, con una separación adecuada para que no pueda escapar un pequeño halcón, como un cernícalo; están colocados verticalmente; así los pollos no pueden agarrarse a

[1] Descañar, en cetrería, es lo mismo que criar un pollo hasta que pierde los «cañones».

ellos y, apoyándose sobre la cola, estropear sus plumas en crecimiento. Se penetra por una puerta estrecha, lateral, después de pasar por una antecámara, que sirve de almacén. A un metro del suelo, la puerta está provista de una pequeña trampilla que permite observar el interior e introducir la mano. Para evitar disgustos, tiene una pequeña cerradura. El suelo es de cemento, ligeramente inclinado hacia el exterior, lo mismo que el tejado.

Ya que los pollos van a pasar tres o cuatro semanas, en las que se desarrollan tanto como un hombre en tres lustros, en el interior de la muda, es preciso ordenarla de tal modo que todo sea favorable a su tranquilidad y crecimiento. En el suelo, se deposita una gruesa capa de bálago u otro género de paja larga, de caña gruesa, seca y sin polvo. Un tronquito de madera de 20 cm. de alto y 15 de ancho o una gruesa piedra, se pondrá sobre la paja, para cada pollo. Una amplia tabla, la mesa, será colocada debajo de la trampilla. Las paredes han de estar totalmente desnudas, sin vigas, ventanitas o maderos que inviten a los niegos a subir en ellos, con quebranto de sus tiernas plumas y miembros. Si la ventana o frente de la muda está provista de una tela metálica, lo que no aconsejo, llevará interiormente una fuerte arpillera, bien clavada al marco, para que los pollos no puedan colgarse de la alambrada y destrozarse las plumas.

Todo listo y a punto, capturaremos nuestros jóvenes alumnos, lo que debe de hacerse poco antes de abandonar el nido, cuando tienen 2/3 de pluma, tal como he indicado antes, y, cuidadosamente, los introduciremos en su nueva casa. Si se han cogido por la tarde, se les empieza a dar de comer al día siguiente; si ha sido por la mañana, tendrán ya hambre al atardecer. En lo sucesivo, se deja la comida sobre la tabla, en tantas porciones como jóvenes hay, dos veces al día; de 6 a 7 de la mañana y de 6 a 7 de la tarde. Para el principiante no resulta fácil imaginarse la cantidad que ha de suministrar a sus voraces pupilos;

tampoco se pueden dar reglas fijas porque todos los pollos no comen lo mismo. Nada como la observación.

El primer día, en la comida de la mañana, se deja sobre la tabla una buena ración de alimento, equivalente a una paloma por individuo; a las dos o tres horas, se vuelven a visitar y se les quitan todos los restos. Al atardecer, se repite la operación y, entrada la noche, se vuelven a retirar los residuos. De este modo, se va dando con la cantidad adecuada, teniendo en cuenta que siempre ha de sobrar algo, ya que en caso contrario, nada nos demuestra que nuestros pollos no pasan hambre.

¿Qué comida es más conveniente para los jóvenes halcones?

He aquí una pregunta tan decisiva como fácil de contestar: la natural, es decir, la que les dan sus padres en la naturaleza: volátiles. Sin embargo, no es fácil, sobre todo para el halconero de la ciudad, encontrar gorriones, estorninos. jóvenes picazas, cercetas, codornices, tórtolas, palomas, mochuelos y toda la interminable lista que dan los autores clásicos en sus tratados y los halcones salvajes en sus nidos.

El halconero de la ciudad tiene un cómodo aunque no barato campo de caza: la pollería. Los cuellos y cabezas, las alas, las patas, los menudillos y restantes partes de los pollos, no muy jóvenes, y de las gallinas, no viejas, son excelentes. Los cuellos y cabezas de pato también son buenas, pero demasiado grasas, sólo han de darse de vez en cuando. Los pichones son mejores que las palomas y siempre ha de quitárseles la cabeza, el cuello y el buche, para evitar el contagio de una enfermedad buco-faríngea, «los güérmeces» o tricomoniasis.

Los conejos son de muy poco alimento y no deben usarse más que en los últimos días del descañado; la liebre es buena, pero sólo debe de darse de vez en cuando, pues tiene muy poca grasa; «las hueveras» de las gallinas, llenas de pequeñas yemas, machacadas y mezcladas con la comida, aumentan mucho su poder alimenticio. La carnicería no debe visitarse, a no ser que se pretenda destruir en dos semanas lo que la naturaleza ha construido en dos meses. Toda comida que demos a nuestros pájaros ha de ser siempre fresca, recientemente sacrificada y nunca pueden guardarse, aunque sea en la cámara frigorífica, los restos del almuerzo para la cena.

Los pollos y gallinas pueden contagiar a los halcones algunas enfermedades que afectan al tramo naso-faríngeo y a los ojos, del orden de coriza aviar; habrán de examinarse, pues, cuidadosamente la boca y ojos de los volátiles empleados para la nutrición y prescindir de ellos al menor síntoma de hinchazón o supuración. Últimamente han adquirido una frecuencia alarmante las enfermedades contagiadas por las cabezas y tramo digestivo de los pollos y gallinas. Por tanto, es aconsejable criar personalmente los volátiles para alimentar a los halcones, como indico en el epígrafe: Alimentación.

Las aves matadas a tiro pueden usarse, quitando bien los perdigones; dado lo difícil de la operación, es preferible prescindir de ellas, si se puede. El plomo, generalmente, es expulsado envuelto en la plumada, pero cuando se trata de perdigones que llevan tiempo incrustados en el cuerpo del volátil, dan lugar a sales de plomo, absorbibles y tóxicas para los halcones.

En cuanto a la actuación del halconero durante el descañado, hay dos tendencias: numerosos aficionados modernos acostumbran a pasar mucho tiempo con los pollos, acompañándolos durante la comida e, incluso, ofreciéndosela con su propia mano. En consecuencia, los jóvenes salen muy mansos de la muda y tan compenetrados con sus dueños que les hacen el alto honor de tomarles por sus propios padres, gritando y abriendo las alas aparatosamente cada vez que los ven. Toda la gallardía y nobleza que pueda tener un halcón desaparece en cuanto comienza a piar, con tal fuerza y tan desagradable acento que ensordece a su querido maestro y a toda la vecindad.

Para evitar que los halcones salgan piadores, siempre descaño mis pollos a la manera clásica:

Tras depositar los niegos en su lecho de bálago, cierro cuidadosamente la puerta y no me vuelven a ver más que cuando cruzo delante de la muda, pero nunca en su interior y mucho menos a la hora de comer. La primera semana, machaco los huesos de las alas y cuellos de pollo golpeándoles con el dorso de un cuchillo, para no vaciar la medula, muy rica en elementos nutritivos. Más adelante, les entrego la comida intacta ya que es muy importante que ejerciten, al desgarrarla, los músculos de sus patas, de sus espaldas y cuello; no debe olvidarse que las aves de presa trabajan más para comer que en cualquier otra actividad. Les introduzco la comida por la trampilla y sólo de noche, con una linterna, penetro en la cámara para retirar los restos.

Desde la mirilla o sentándome frente a la cámara, a una distancia prudencial, los observo largamente, tanto para sorprender a tiempo cualquier signo de enfermedad como para ir conociendo el carácter de mis futuros alumnos.

Mientras las plumas están en crecimiento, los jóvenes dormitan casi todo el día, tendidos cómodamente sobre el agradable bálago. Cuando están próximas a su longitud total comienzan a inquietarse, se tumban mucho menos y se abalanzan contra los barrotes. Entonces, debe ponerse una arpillera tensa, no muy tupida, para que pase el sol y el aire, clavada al frente de la muda. Tal pantalla, les tranquiliza absolutamente e impide la, de otro modo, inevitable rotura de las plumas.

A medida que van terminando el crecimiento, comen menos y, en la última semana, se les debe dar una sola comida al día, por la mañana. Así van perdiendo grasa, para el momento en que se les saque de la muda.

Antes de este acontecimiento les hago conocer el vivo, arrojándoles presas en su cámara durante cuatro, cinco días o más, si se trata de pájaros destinados a la caza de mano por mano. La víspera de darles sus primeras presas, se les pone la mitad de su ración ordinaria; a primera hora se echa por la trampilla una paloma sin plumas en un ala. Por lo general, sobre todo si han comido volátiles muertos, la atacan en el acto. Y, con coraje, pero sin peligro, tratan de disputársela. En ese momento, se les introduce una para cada excitado luchador; así, se separan y dan rienda suelta a su instinto. Por la noche, se retiran los restos y, al día siguiente, se les da media ración. Las segundas presas tienen ya más plumas y las terceras, siempre después de un día de media comida, deben soltárseles enteras.

Si se dispone de jóvenes chovas, picazas, perdices u otros pájaros medianos, es muy conveniente dárselos. A las primas que destino para grandes presas, les doy pollos y gallinas rojos o negros, que no dudan en atacar. De este modo, salen de la muda despiertos, maduros, habiendo tenido en su reducido mundo un aprendizaje semejante al que les hubieran dado sus padres en los dominios del cielo. Siempre hay un pollo que ataca antes que los demás y se lanza sin vacilar sobre todo lo que cae por la trampilla; será el pájaro del año. En cuanto a las víctimas que forzosamente hemos de sacrificar para despertar el instinto de nuestros futuros compañeros de caza, ningún falso sentimentalismo debe de empañar nuestra conciencia; damos a las pobrecitas la oportunidad de jugar un importante papel en la gran máquina biológica. En otro caso, hubieran perecido triste y prosaicamente en manos del pollero o la cocinera.

Los halcones descañados por este procedimiento son fuertes, bellos, valientes y jamás pían. Sin embargo, se muestran tan bravos e independientes como un pájaro del aire. He de decir que cuanto más salvaje es el halcón que saco de la muda, más le aprecio y, por lo general, suele ser mejor cazador. ¡Mi norma es hacer al niego zahareño y zahareño al niego!

CRIANZA CAMPESTRE

Este procedimiento de crianza, más natural, más arriesgado y, sobre todo, más divertido para los halcones y el halconero, era aconsejado ya por el Príncipe Don Juan Manuel:

«En esta tierra se toman los baharís en los nidos, y débenles tomar desde que son ya cerca del tiempo en que pueden volar. Y cuando les toman más pequeños, todo les impide más para la salud del cuerpo y para la fuerza. Y desde que los traen les deben de poner en casa muy luminosa... y cada vez que les den de comer débenles picar la carne delante en guisa que lo oigan ellos, y entiendan que los quieren cebar porque vengan a la tabla en que pican la carne cada vez que oigan picar en ella. Y desde que son en tiempo que pueden volar débenlos poner cada dos cascabeles y no pihuelas y débenlos dejar salir de casa y andar do quisieren y cuando quisieren darles de comer, piquen en la tabla que ellos vendrán todos a comer, así como suelen, y débenlos dejar así andar y albergar cada noche do quisieren, hasta que sean enjutos y haciendo así, son más recios y más sanos y toman el vuelo natural y vuelan por ello más y tienen mejor vuelo y más hermoso y desde que son bien enjutos débenles poner pihuelas y sus capirotes. Y dice Don Juan que en esta guisa les crió él muchas veces y los que así fueron criados, fueron más sanos y más recios y más ligeros de afeitar y más hermoso vuelo a cualquier caza en que los quisieran poner. Y los que fueron criados de otra guisa menguóles mucho de estas todas cosas y es cierto, que si alguno no les tomare, que ellos no se partirán de allí.»

Naturalmente, en los tiempos del Príncipe, no había niños con escopetas de aire comprimido, ni guardas y alimañeros subvencionados por cada par de patas y pico corvo, vengan de donde vengan. Hoy, la crianza campestre, sobre todo, cerca de las ciudades, tiene mucho riesgo y no es corriente que el aficionado poseedor de un valioso pollo, le dé unas vacaciones antes de comenzar el adiestramiento.

Mi experiencia en este sentido es muy leve porque acostumbro a capturar mis halcones, gentiles, es decir, con crianza campestre a cargo de sus padres. Sin embargo, en una ocasión, coloqué una gran hembra en una torreta situada en el extremo de una pequeña ciudad. Un buen día, tras pasarse mucho tiempo posada en el alfeizar de la ventana, voló al tejado de enfrente, para desaparecer más tarde, durante toda la jornada. Para atraerla, se me ocurrió atar un torzuelo mudado a un banco, sobre el tejado, cerca de una plataforma de madera, con comida. A la mañana siguiente, el pollo estaba muy satisfecho junto a su nuevo amigo y, en adelante, acudía puntualmente a sus comidas, a pesar de haber retirado al pobre torzuelo, que no resistía el sol de junio.

En Inglaterra algunos halconeros tienen la fortuna de vivir en un «cottage» alejado de la ciudad, y practican, cada año, la crianza campestre. Para mi descripción, me baso en la obra «Observations on Modern Falconry» de Ronald Stevens, a mi juicio, un autor con mucha experiencia sobre el peregrino.

Convenientemente alejada de la vivienda del halconero y de todo poblado, se construye una cabaña de 1,50 m. de altura, con el frente abierto y orientado al sureste. Toda la abertura se defiende mediante una puerta de alambre o de barrotes para que deje pasar el sol. En el interior, un buen lecho de bálago y un tronquito para cada pollo, completan la instalación.

En torno a la casita, se aisla una parcela de terreno, mediante una trinchera de 1.20 m. de anchura y 75 cm. de profundidad; su talud interno ha de ser suave; el exterior, perpendicular, infranqueable para un halcón joven. Totalmente rodeada por esta barrera, resultará como un corralito circular, de diez a quince metros de diámetro, de donde los pollos no podrán salir hasta que sean capaces de volar.

Frente a la puerta, se plantan algunos bancos, tantos como pollos haya, de 60 cm. de altura por 17 de diámetro. En su parte superior, llevan unas correítas para sujetar la comida.

Cuando falta una semana para que los pollos puedan volar, se les introduce en la cabaña, dejándoles sobre el bálago. Durante el día, la puerta permanece abierta; de noche, se cierra. La comida se deja en los tronquitos del interior. Pronto los jóvenes halcones inician sus primeros desplazamientos —que son pedestres—. Recorren su parcela, y terminan subiéndose sobre el techo de la cabaña donde permanecen gran parte del día; para facilitarles la ascensión, suele cubrirse de leña y de pacas de paja.

Desde este momento, se les pone la comida bien atada en los bancos exteriores, por la mañana y por la tarde, como he indicado para los halcones cautivos. Si se teme que durante la noche los pájaros puedan ser atacados por zorros u otras alimañas, debe cerrarse la puerta después de que se hayan recogido.

Cuando un pollo, invariablemente torzuelo, empieza a volar, va a posarse en los árboles próximos, desde donde contempla a sus hermanos, satisfecho de su aventura. Mas, en cuanto los ve comer, sus ansias viajeras se transforman en deseos de volar a toda prisa a la mesa común. Y así, poco a poco, va acostumbrándose a las idas y venidas, a medida que sus alas y su instinto de orientación se desarrollan.

Ya fuertes, vuelan muy lejos de la casa y, puntualmente, acuden a las horas de comer. El notable halconero inglés comenta con acierto la agradable sensación de sosiego con que puede contemplar el vuelo de sus alumnos, libre de la atención y emoción casi dolorosa con que se sigue a un pájaro en vuelo de caza.

Generalmente, a las cuatro semanas, uno de los pollos hace presa, tras de sus constantes ensayos de caza. El maestro sólo lo nota porque deja de venir a una comida. Inmediatamente, ha de prepararse todo para capturarle en su próxima aparición, así como a sus hermanos.[1] Para tal efecto, se emplea el «bow-net». El halconero se sitúa en el interior de la caseta con la puerta cerrada[2] y cuando un joven acude a comer, tira de la cuerda que dispara la trampa. Si los hermanos están alrededor, ha de esperarse a que se vayan; un susto colectivo no daría sino malos resultados con esta gente que empieza a menospreciar nuestra ayuda. También se emplea para la captura un lazo de crin trenzada, o de nylon. Si las trampas se montan unos días antes de que los pollos puedan volar, estarán completamente acostumbrados en lo sucesivo. Naturalmente, el bastidor o el lazo actúan sobre uno de los bancos en que acostumbran a comer los pollos. Solamente sobre él se colocará la carne el día de la captura.

Resumiendo, la crianza campestre se desarrolla en tres fases:

Primera: los pollos no vuelan, pero pueden tomar el aire y el sol; ha de procurarse por todos los medios que no salgan de su parcela.

Segunda: se inician los vuelos, que irán proporcionando a los alumnos la adecuada potencia en el ala. Ésta es la etapa más peligrosa; dejan aproximarse a la gente y se ponen al alcance de sus armas.

Tercera: los halcones, ya independientes y salvajes, vuelan durante todo el día, cubriendo enormes distancias; se fortalecen y adquieren alguna experiencia de caza. En esta época, raramente se pierden.

CRIANZA EN CAUTIVIDAD Y CAMPESTRE — COMPARACIONES

De la simple descripción de ambos procedimientos, se saca la conclusión de que la crianza campestre es mucho más complicada y de difícil realización, pero ¿merece la pena, en realidad, tal esfuerzo y riesgo? ¿Son superiores los halcones campestres a los cautivos? — Estudiemos el importante dilema con detenimiento.

1) *¿Qué pájaros vuelan mejor?*

Durante las cuatro semanas en que los pollos permanecen sueltos, ejercitan sus músculos y su aparato respiratorio exactamente como lo harían en el cortado donde nacieron; vuelan cuando tienen ganas y descansan cuando les apetece.

Los cautivos han de estar inactivos, pero no mucho tiempo, ya que, tan pronto como sus plumas se secan, comenzamos su entrenamiento. Y antes de esa época, vuelan muy poco en la naturaleza, sobre todo, en vuelos directos y rápidos de persecución, únicos que realmente musculan a los pájaros. Cuando los campestres están entregados aún a su anárquico entrenamiento, los cautivos comienzan a ser ejercitados con un razonable y progresivo sistema que les forma. Creo que en el mes de octubre, ningún halconero podría distinguir un halcón campestre de un cautivo, si éste ha sido entrenado diariamente.

2) *¿Cuáles matan mejor?*

Cuando los pollos siguen el natural aprendizaje, en compañía de sus padres, comienzan atacando a presas ya heridas y de muy poco vigor, que éstos les entregan.

Más tarde, son conducidos contra pájaros jóvenes e inexpertos o ya acuchillados por los halcones adultos; así se va consolidando su moral. El halcón campestre, abandonado a sus impulsos, sin la dirección de sus padres, ataca a cuantas presas pasan a su alcance, infructuosamente; deja unas por otras, y sus ataques jamás son coronados por el éxito, hasta que, tras su primera y única presa, es capturado por su maestro para comenzar el adiestramiento. El resultado es una falta de perseverancia en las persecuciones; defecto capital para la caza de mano por mano. También adquieren la costumbre de ir a raleas, es decir, empeñarse en la persecución más o menos decidida de una paloma u otro volátil, cuando deben esperar la salida de una perdiz; mal vicio para la caza de altanería.

El pollo cautivo sale de la muda —si se le han dado sus presas— con una moral y una seguridad en sí mismo fabulosas. Si el halconero tiene la sutileza y la suerte de no soltarle en el campo a malos lances, adquiere tal arrojo y perseverancia que le hacen superior en los «vuelos a vista» o de «mano por mano». Cuando se le enseña a hacer tornos y mantenerse sobre el halconero y los perros, suele subir, al principio, menos que los campestres, pero no abandona al maestro para perseguir a una presa fuera de lance. La primitiva ventaja en el vuelo del halcón cam-

---

[1] El lector habrá comprendido que los halcones campestres siguen viniendo a su cabaña exclusivamente para saciar el hambre. En cuanto aprenden a cazar por su cuenta, los retornos se hacen irregulares, hasta abandonar el terreno definitivamente. En la última semana de la crianza la observación ha de ser, pues, muy estrecha.

[2] Después de que los pollos vuelan, se sustituye la puerta de barrotes por una de madera (o una lona) para que no vean al halconero.

pestre, es compensada con los quince días de antelación con que el cautivo es introducido en las presas.

Para concluir, si el halconero pretende volar a sus pollos diariamente y conducirles así a una alta condición física, puede excusar el riesgo de la crianza campestre. Si dispone de una buena finca para este método y le falta tiempo para volar los pájaros a diario, encontrará grandes ventajas con alumnos que ya se han entrenado por su cuenta las horas que él no ha podido dedicarles. Las primas necesitan más la crianza campestre que los torzuelos; éstos son tan ligeros, que vuelan perfectamente a las pocas semanas de entrenamiento.

Los halcones pueden criarse también muy jóvenes, capturados pocos días después de salir del huevo.[1] En tal caso, no se les dejará en la muda, sino en una cesta, con paja, cubiertos con alguna ropa de lana, caliente y porosa, en los primeros días. Para alimentarlos, resultan muy prácticas unas pinzas quirúrgicas, con las que, en trocitos pequeños, se va metiendo la carne en su pico. Mientras estén creciendo se les da de comer en cuanto se les vacía el buche, cada dos o tres horas: pájaros con sus hígados, corazones y algunos huesecitos muy picados. Cuando empiezan a emplumar se rebajan las comidas a tres al día, con pluma abundante para que hagan sus egagrópilas. Una semana más tarde, puede llevárseles a la muda, donde comen solos; al principio, presas picadas y más tarde enteras. Para la crianza campestre, en este momento se les lleva a la cabaña.

[1] Sólo en caso de absoluta necesidad, como cuando los adultos han sido muertos, se tomarán los pollos tan temprano.

INSTALACIONES PARA LOS PÁJAROS

EQUIPO Y HERRAMENTAL DE CAZA

Los tratados comienzan a describir las instalaciones y útiles de cetrería por orden de importancia o, al menos, por orden de volumen y coste; primero, se habla de las halconeras y del jardín; luego, de las alcándaras y bancos; por fin, de los aparejos para el halcón, más reducidos y económicos. Me he tomado la libertad de invertir el orden clásico, para seguir una línea que me parece más didáctica.

Sabemos un poquito de rapaces en general, conocemos al halcón en la naturaleza, hemos aprendido a capturarle y a criarle, lo inmediato será saber las primeras manipulaciones que vamos a hacer con él: apiolarle o, si seguimos la nomenclatura francesa, más solemne, armarle. Describamos, pues, el equipo personal del halcón; sus vestiduras.

LAS PIHUELAS

Excepto en los momentos de vuelo, los halcones permanecen siempre atados; a los bancos, a las alcándaras o sujetos a la mano del cazador. Para tal objeto, llevan atadas a los zancos dos correítas de cuero, que sólo se quitan una vez al año al cambiarlas por otras nuevas. Para molestar lo menos posible durante el vuelo, habrán de ser lo más cortas, lo más estrechas y lo más ligeras posible; sin embargo, su longitud que, atendiendo a este solo extremo, podría ser mínima, está determinada por su misión principal: mantener al pájaro sujeto a la alcándara, con comodidad y sin riesgo. Una largura total de 22 cm. permite suficiente ligereza y seguridad en la alcándara.

Para su confección, se adquiere un buen pedazo de piel de perro; material ideal, ligero, fino y muy resistente, pero difícil de encontrar. En su defecto, puede emplearse el cuero curtido al cromo y convenientemente rebajado, si su grosor es excesivo. Éstas, u otras pieles, han de estirarse y engrasarse antes de dibujar el patrón y cortar. Como expresa la figura número 8 están perforadas por dos ojales B y C cerca del extremo A, que sirven para sujetar la pihuela al zanco; y por un tercer ojal D, para unirlas, mediante el tornillo, a la lonja. La anchura de las pihuelas es de 1 cm. y la distancia entre los extremos externos de los ojales B y C, de 65 mm.[1]

[1] Como norma general, la distancia entre los extremos internos de los ojales, debe ser igual al contorno del zanco del halcón, que puede tomarse con una cuerdecita. La longitud de cada ojal es algo mayor que la anchura de la pihuela.

Para colocarlas en los zancos del halcón, tras haber practicadó en un lapicero o palito, es preciso abatirle, como indico más adelante, e interpenetrar los ojales, según la figura 8, a, b, c. Se introduce el extremo A por el ojal C hasta la mitad del ojal B y el extremo D a través de ambos ojales, seguido del resto de la pihuela y, tensando convenientemente, se ajusta el nudo.

La polaina o rodete de pihuela que abraza al zanco no debe estar nunca prieto, sino holgado, deslizándose con facilidad de arriba a abajo. Algunos autores recomiendan que esta sección de la pihuela sea más ancha que el resto, constituyendo una polaina alta que cubre el corto tarso del halcón. No soy partidario de este ensanchamiento porque origina la molestia innecesaria de una superficie de contacto excesiva para sus piernas.

Durante el afeitado es conveniente poner al halcón unas pihuelas algo más largas y fuertes, para manejarle con facilidad y estar a salvo de los muchos picotazos con que pretende librarse de sus ataduras. Cuando el pájaro comienza a cazar se le viste con otras más delicadas y definitivas.

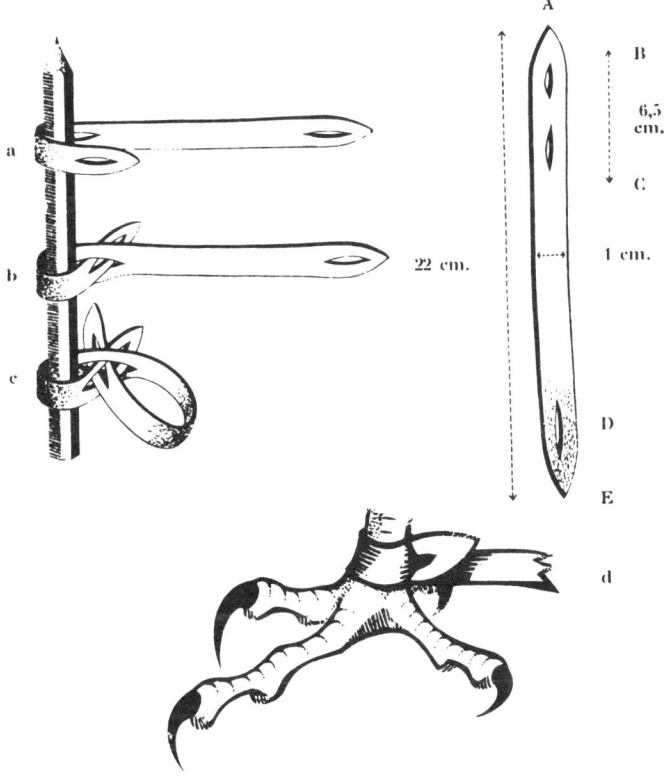

Figura 8.

oto 1. Halconera. Fachada principal con la sala de estar clínica y almacén.

Foto 2. Las mudas y el jardín.

TORNILLO

Antiguamente, cuando los halcones descansaban constantemente sobre el puño de un hombre o permanecían siempre a la vista de sus halconeros, la lonja pasaba directamente por los ojales de las pihuelas; hoy, que los pájaros permanecen la mayor parte del día y toda la noche solos, tal proceder sería imposible porque al dar vueltas sobre sí mismos —ejercicio al que son muy aficionados— se enredarían las pihuelas hasta transformarse en dos torníquetes. Para evitar este riesgo, se ha introducido en los aparejos el tornillo, doble anillo giratorio, del orden de los emerillones de pesca.

Teóricamente, habrá de girar a la perfección y estar compuesto de un anillo de tamaño adecuado para el paso de las pihuelas, 1 cm. de luz, y otro más pequeño para la lonja. En el comercio, no se encuentran tornillos de cetrería, pero los que forman parte de los mosquetones para perros, vendidos en todas las ferreterías, son fuertes y cumplen bien su misión; naturalmente, han de ser separados del mosquetón en sí. Figura 9.

LA LONJA

Una buena correa de buey, de 1,50 m. de longitud y 8 mm. de grosor, bien suavizada y adobada constituye una lonja para toda la vida, a salvo de los tirones del peregrino más titánico. En uno de sus extremos, debe estar provista de un tope o botón que, como indica la figura 10, se origina perforando tres dobleces de un extremo ensanchado con todo el resto de la lonja. Para evitar que el botón se rompa por este ojal, es muy importante hacerlo longitudinalmente y no de través. Las aristas deben redondearse para evitar que la lonja se enrede en el banco.

La lonja va unida a las pihuelas a través del tornillo, mediante dos procedimientos: uno, más seguro, porque si se rompe una pihuela, la otra no se sale y retiene al pájaro, empleado para la alcándara y el banco, y otro, que se deshace rápidamente, usado para la caza. Figura 10.

LOS CASCABELES

El distintivo del ave de cetrería, la divisa que le distingue del pájaro salvaje, son los cascabeles; su tintineo será la música más alegre y anhelada que pueda escuchar el halconero. Los buenos cascabeles de cetrería han de ser

igura

Figura

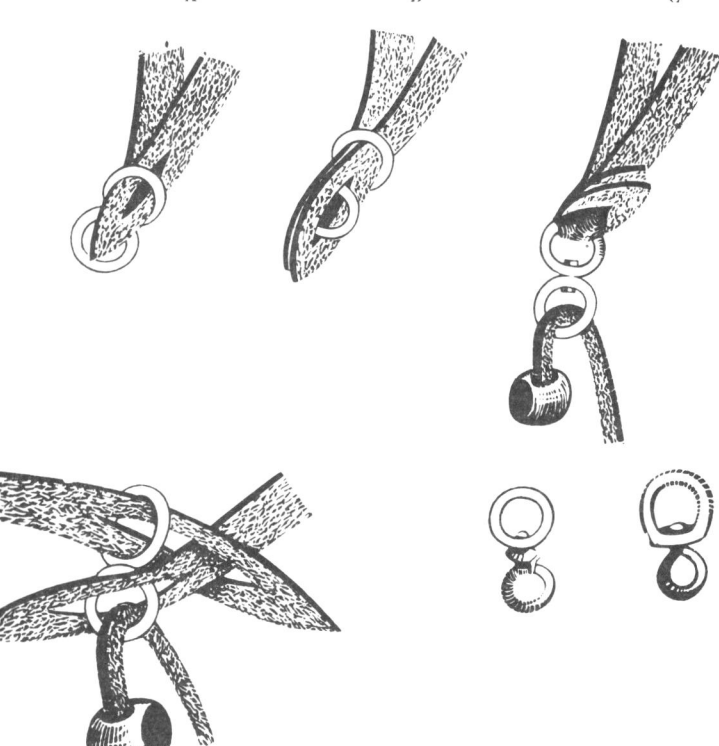

A, B, C, Trabazón para la halconera.
D, Trabazón de caza.

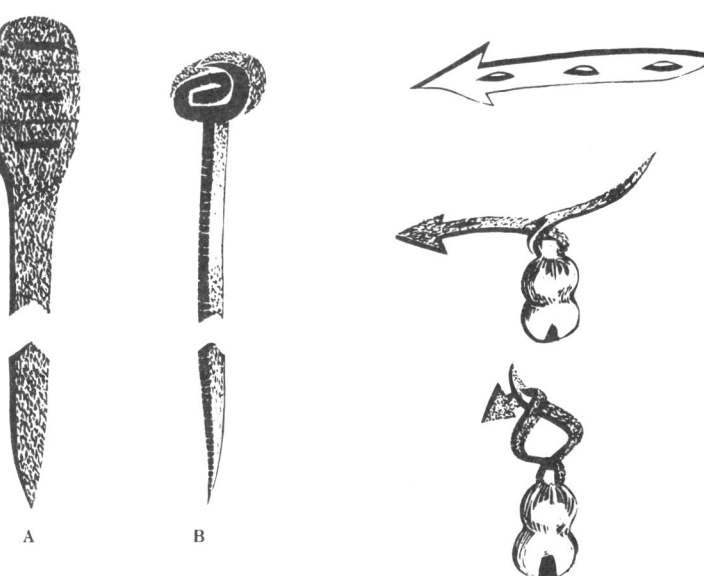

A, B, Lonja, confección del botón.
C, Portacascabel y cascabel pakistani.

ligeros y sonoros, como los que hoy se fabrican en la India y Pakistán, y en otro tiempo debían fundirse en toda Europa; tengo algunos procedentes de Austria, algo pesados, pero sonoros. En Holanda también se hacen cascabeles aceptables. A falta de otra cosa, han de buscarse en las ferreterías los mejores entre los que puedan ofrecernos, que siempre serán muy malos. De todos modos, nunca se apreciará su inferioridad hasta que se haya oído sonar un buen par de cascabeles pakistanís. El halconero norteamericano Al Webster me ha comunicado recientemente que en los Estados Unidos se fabrican buenos cascabeles de cetrería.

Cada halcón debe llevar dos cascabeles, uno en cada zanco; al decir del Príncipe Don Juan Manuel, «bordón y prima, para que hagan buena melodía». Su misión más importante es la de ayudarnos a localizar el pájaro cuando ha hecho presa fuera de nuestra vista o, tras una pérdida temporal, tratamos de dar con él. En los vuelos de altanería, nos indican por la intensidad de su tintineo la altura a que vuela el halcón; si el pájaro se pierde, llama la atención de los campesinos, que pueden indicarnos la dirección de su vuelo; el cazador de escopeta, siempre presto a disparar sobre cualquier ave mediana que cruce a su alcance, puede enterarse a tiempo de que la rapaz tiene dueño; si nuestra casa está cerca de la halconera o el jardín, oímos los movimientos y debatidas de nuestros halcones. Queda, pues, bien patente la necesidad de un buen par de cascabeles.

Se sujetan al tarso mediante una correíta, el portacascabeles, llamada correón por los antiguos cetreros, provista de dos ojales y un tope que se traba, por encima de la pihuela, como indica la figura 10.

LA CAPERUZA

Sin la pequeña cofia de cuero que cubre la cabeza del pájaro, privándole de la vista y tranquilizándole, sería difícilmente practicable el alto vuelo. Su remota invención, su introducción en Europa —por el propio emperador Federico II, según afirma en el libro «De Arte Venandi Cum Avibus»—, procedente de Oriente, destronó al azor, cazador a vista, y trajo al puño de los príncipes al halcón, caballero cubierto.[1]

Una buena caperuza[2] ha de ser amplia frente a los ojos, para no irritarles; ha de adaptarse perfectamente a la cabeza, de modo que el halcón no pueda quitársela; ha de impedir la entrada de luz lateral que tanto intranquiliza al pájaro a través de las costuras, le permitirá comer perfectamente y devolver la plumada; debe ponerse y quitarse con toda comodidad; el halconero podrá proporcionársela fácilmente o confeccionarla personalmente.

He utilizado cuatro modelos de caperuzas, unos mejores que otros; todos merecen la descripción.

[1] Antes de la introducción de la caperuza en el arte de cetrería, se pestañeaba a los pájaros durante la primera fase del adiestramiento. El pestañeo consistía en coserles los párpados mediante dos sencillos puntos, que se iban abriendo gradualmente. Posteriormente, se continuó empleando este sistema combinado con la caperuza. Hoy día, no siendo en algunos países de Oriente, se ha abandonado totalmente esta técnica complicada y no exenta de peligro.

[2] Al final de esta obra se incluyen diversos patrones para la confección de caperuzas.

CAPERUZA RÍGIDA

La caperuza clásica, llamada holandesa por haberse confeccionado en este país con el máximo de perfección por la familia de los Mollen —herederos de la cetrería tradicional europea— es perfecta en cuanto a solidez y belleza; confeccionada en cuero rígido, de varias piezas, moldeada sobre una horma, es indeformable. Se pone y se quita muy bien, cerrándose en torno al cuello mediante tirantes que accionan una corredera.[2] Tiene dos grandes inconvenientes; es muy pesada y dura y, aunque los sufridos halcones, que serían capaces de soportar un yelmo de acero, no la rehusan si no conocen otra, es humanitario librarles de ella; tiene demasiado estrecha la abertura para el pico; los pájaros comen con grandes dificultades encaperuzados en los primeros días del adiestramiento y difícilmente pueden devolver la plumada. Sin embargo, su belleza y clasicismo mantienen a la caperuza holandesa en el arsenal de todo halconero. Se confecciona en tipo rústico, sin adornos, para el adiestramiento y en tipo de lujo, empenachada con hermoso copete de lana y plumas, para la caza o la parada. En Alemania, en Austria y en Francia, quedan guarnicioneros que las hacen perfectamente, con un gran surtido de tallas para primas y torzuelos de las diversas especies.

CAPERUZA INDIA

Los halconeros orientales, menos diestros en la manufactura del cuero, venían empleando, desde tiempos lejanos, una caperuza rústica de cuero blando, modelada mediante tres costuras, sin necesidad de horma alguna. Dotada de una gran abertura para el pico, permite perfectamente la comida y la expulsión de la plumada. Es ligera, confortable e higiénica.

[2] Llamada «cerradero».

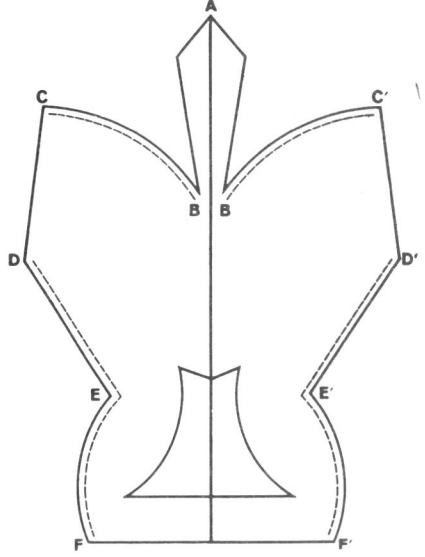

Figura 11. Caperuza India (talla de prima). Escala 1:2. Para darle forma, coser BC con B'C', detrás; y, a los lados, DE con EF y D'E' con E'F'. La lengüeta B, A, B' queda libre para facilitar el manejo.

67

No tiene más que un inconveniente: carece de cerradero. Y si la abertura para el cuello es demasiado amplia, el pájaro se la quita con facilidad; si es muy estrecha, resulta sumamente difícil introducirla. El término medio, indicado, sigue ocasionando cierta dificultad para encaperuzar. Por el contrario, es la más rápida y perfecta para desencaperuzar, detalle muy importante en la caza de mano por mano. No está adornada con penacho alguno, sino por un simple rabito para agarrarla, pero posee una rústica e innegable belleza.

El patrón de la figura número 11 pone al alcance de todo aficionado su confección. Conviene recortarle en hoja de lata o zinc, adaptándose perfectamente al dibujo y terminándole con el empleo de una lima. Es importante proveerse a tiempo de toda una escala de tamaños para las diferencias de talla individuales, sexuales y específicas. El material de elección para su confección es el box-calf, utilizado en zapatería. Cortadas, se dan unos puntos fuertes en los extremos, de modo que quede la parte pulimentada del cuero hacia el interior, para hacerlas más deslizables sobre las plumas; un buen guarnicionero debe de terminarlas, cosiéndolas «a media carne» para que no entre el más pequeño rayo de luz por las puntadas.

CAPERUZA ANGLO-INDIA

El único defecto de la caperuza india, su falta de cerradero, ha sido superado por los halconeros ingleses, incorporándole el sistema de la holandesa. (Figura 12.)

Con este aditamento, resulta inmejorable y ha sido rápidamente adoptada por todos los halconeros europeos. Provista de un bonito copete de tiritas de cuero o plumas, es muy atractiva. Resultará muy complicada la descripción de los cerraderos, correítas que actúan a través de tres ojales; nada como la observación de una caperuza confeccionada por un buen maestro.

CAPERUZA MARROQUÍ

El año 1955, me fue enviada desde Marruecos, por el aficionado don Antonio Martínez, una preciosa caperuza, confeccionada según el diseño de los halconeros del Jalifa, del, entonces, protectorado español de Marruecos. De una

Figura 12. Caperuza Anglo-india. Escala 1:2. Sólo lleva dos costuras laterales: DE, EF y D'E', E'F'. La parte de atrás queda abierta, accionada por el cerradero, que actúa, mediante los ojales a, b, c y a', b', c'. La pieza x, x' se pasa por los ojales y y', cosiendo, a continuación, todo su contorno constituye una lengüeta, en hoja de laurel, práctica para el manejo y decorativa.

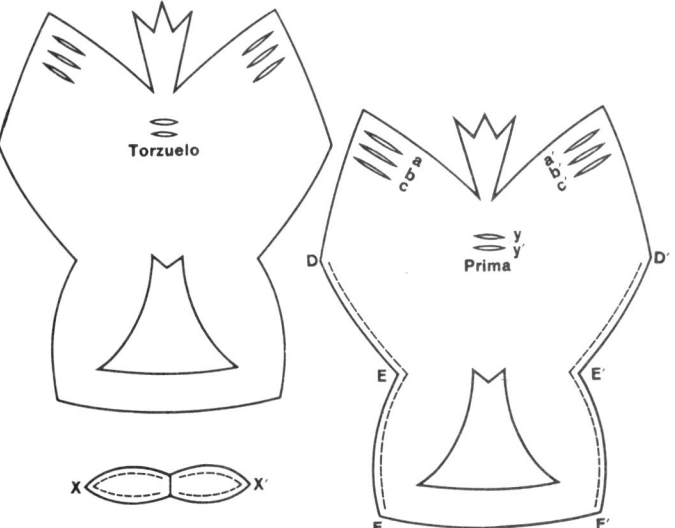

pieza, con sólo dos costuras, dotada de gran abertura para el pico, provista de un ribetito de badana para matar sus aristas, y muy abierta en la parte correspondiente a la nuca, adornada con un simple rabito de cuero, resulta tan práctica y bonita que puede equipararse a la anglo-india; enteramente confeccionable en casa, está representada en la figura 13 (talla para esmerejón prima, alcotán, cernícalo). Recientemente, he visto este mismo tipo de caperuza usado por los halconeros de Arabia Saudí.

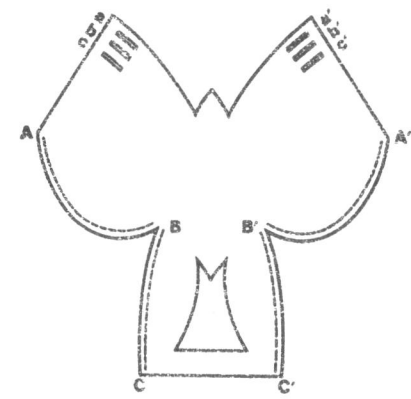

Figura 13. Caperuza Marroquí. Escala 1:2. Coser, «a media carne». AB con BC, y A'B' con B'C'.
a, b, c y a' b' c' son los ojales para los cerraderos.

Tanto las caperuzas hechas en casa como las compradas a los maestros más meticulosos, suelen herir a los pájaros en las comisuras del pico, región muy delicada y de espesor muy variable. A propio intento se cortan un poco justas de «piquera» para evitar una excesiva abertura que permitiría la visión al pájaro, defecto que no tiene solución. Corresponde al halconero ir limando poquito a poco los bordes hasta dejarlos perfectamente. Las aristas han de cortarse, en todo caso, en bisel en su cara interna.

El uso adecuado de la caperuza y su perfecto manejo es tan importante que llena toda una etapa del adiestramiento; no obstante, conviene dar ya unas normas preliminares.

Para encaperuzar, manteniendo el halcón sobre la mano izquierda, se toma la caperuza como indica la fotografía número 3 y, con decisión pero con dulzura, se le pone en la cabeza. Se cometen dos errores igualmente perjudiciales en esta maniobra: primero, «cazar» la cabeza del pájaro como se puede, con un golpe brusco que le atemoriza; segundo, todo lo contrario, la indecisión, el «que te cojo, que no te cojo»; y así el pájaro aprende a eludir el golpe de caperuza y se hace un mal caperuzero, lamentable vicio para un halcón. Sólo la experiencia conduce a la maestría en ésta y en todas las artes.

Una vez colocada la caperuza en la cabeza del pájaro, se aprieta el cerradero tirando de sus correítas más largas con el pulgar y el índice de la mano derecha y los dientes. (Fotografía 5.) Desencaperuzar no tiene ninguna dificultad; basta abrir el cerradero tirando de las correítas más cortas y desplazar la caperuza hacia adelante.

La más importante misión de la caperuza es mantener a los pájaros tranquilos en medio de los ambientes más diversos y de otro modo insoportables; inmóviles, ausen-

Foto 3.

Foto 4.

tes, se limitan a abrir las alas para guardar el equilibrio ; llevados en plena carrera, a pie, a caballo o en un coche en marcha. Por otra parte, evita que los halcones vean a las aves cuando se les lleva por el campo, ahorrándoles las energías que gastarían debatiéndose hacia ellas. Solamente cuando una pieza se levante a buen lance, el halconero los descubre para que la persigan. Naturalmente, en la hal-

conera, en el jardín o en otros lugares familiares y tranquilos, permanecen descubiertos.

Nunca se debe dejar un pájaro suelto con la caperuza puesta ; un movimiento involuntario podría ponerle en alas del viento, que lo llevaría muy lejos. Si esto ocurre, conviene silbar constantemente para que el asombrado halcón pueda orientarse en su vuelo a ciegas y posarse cerca del maestro.

Foto 5.

69

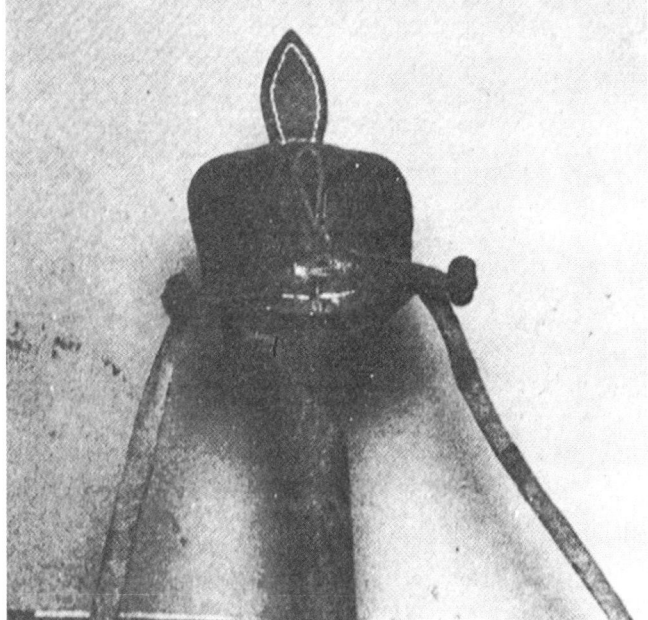

Caperuza ángloindia, vista por detrás. Detalle del cerradero.

LA LÚA

En cetrería, designamos con este nombre a un guantelete para la mano izquierda, usado para manejar los pájaros. Una buena lúa debe ser amplia, para quitarse y ponerse rápidamente; de dedos cortos y anchos, para evitar que se contraigan y retuerzan sus puntas, lo que es muy incómodo y feo. No conviene hacerla confeccionar en cuero muy grueso, ya que no se siente al pájaro y cansa mucho los dedos al sujetar las pihuelas. Basta reforzarla con un sobrecuero sobre el pulgar y el índice. Es muy práctico que lleve dos anillas bien cosidas, una bajo la base del pulgar, para anudar la lonja; la otra junto al pliegue del codo, para colgarla en la halconera. Tradicionalmente se adorna la lúa con una gran borla y una greca en torno al antebrazo, del mismo color que el flanco y el penacho de las caperuzas, divisa del equipo.

Los nuevos halconeros, haciendo gala de una elegancia muy encomiable, gustan de encargar sus lúas en ante y mantenerlas a salvo de toda mancha de grasa. El efecto es muy bonito, pero pronto la mano se empieza a endurecer con la sangre y jugos de la comida, resultando tan incómoda para el halcón como para su maestro. Acostumbro y recomiendo engrasar perfectamente toda la mano de la lúa con una buena manteca de cerdo sin sal, y repetir la operación tan pronto como comience a endurecerse. Ha de sobarse muy bien el cuero para que absorba toda la grasa y no manche las plumas del pájaro.

Los halconeros orientales acostumbran a llevar los pájaros sobre la mano derecha, desnuda, cubierta por un ligero guante o provistos de un brazalete de paño, a veces, ricamente adornado, que llaman «el dasty».

EL SEÑUELO

Un armadijo de cuero, relleno de pelote, cubierto con cuatro alas de volátil y dos pedazos de carne atados, constituye, nada menos, que el talismán de que nos servimos para atraer al halcón desde cualquier distancia visible. Mientras se lleva en el morral, si el pájaro que vuela en lo alto del cielo tiene hambre, podemos estar tan tranquilos como si lo tuviésemos en el puño. En saber emplear correctamente, y a tiempo, el señuelo, radica el éxito del buen halconero.

Los hombres que comenzaron a adiestrar halcones, debieron darse cuenta de la posibilidad de recuperar un pájaro manso y hambriento, mostrándole una presa muerta, atada al extremo de una cuerda, tanto para hacerla más visible, volteándola, como para impedir que se la llevara después de liarla. Este primitivo señuelo debió ser utilizado

Figura 14. CONFECCION DEL SEÑUELO: A, Armazón de alambre grueso. B, Relleno y terminado en cuero, con 4 orificios para las correítas. C, Terminado, con alas, correítas y lonja. Longitud aproximada, 23 cms. Anchura, 14 cms. Espesor, 5 cms.

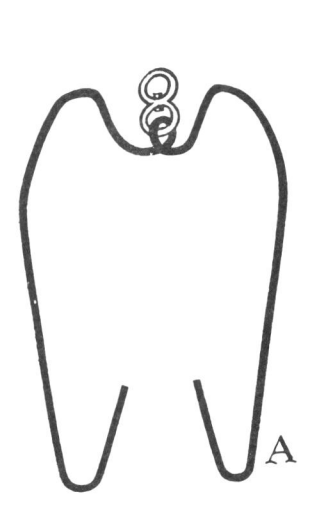
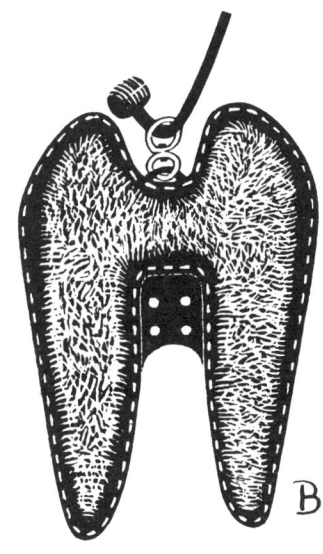

mucho tiempo, hasta que se sustituyó sólo por las alas de la presa, principalmente, por una ala seca y descarnada de un gran volátil, como una grulla, una garza o una cigüeña. Éste sigue siendo el señuelo usado por muchos orientales; sirviéndose del cúbito y el radio, perfecta y ligera armadura, para atar la carne y la cuerda de volteo. No cabe duda de que es visible y atractivo, pero en Europa no quedan ya tantas grullas como para ir matándolas para hacer señuelos. Los Occidentales utilizábamos el señuelo relleno desde la Edad Media; y, bien hecho, es perfecto.

Consta, como indica la figura (14), de una bolsa de cuero o badana, rellena de pelote y moldeada por un armazón de alambre grueso, provisto de un tornillo corriente de cetrería, para pasar una lonja de 1,50 m. En el centro se sujetan cuatro correítas en cada lado [1], destinadas a atar dos pedazos de carne. El conjunto tiene forma de herradura, no sé si porque en la Edad Media empleaban uno de estos hierros como armazón o porque tal figura se adapta perfectamente a las alas que lo guarnecen. Los hombros del señuelo son salientes, para evitar que los halcones, al liarle, se golpeen con el tornillo. Las alas, cosidas dos en cada cara, a la manera de la figura 14 C, serán previamente descarnadas, sin espolvorearlas jamás con sal, bórax u otro específico antipútrido. Para sujetarlas se dan las puntadas en torno a los huesos. Es conveniente que pertenezcan al género de volátiles que pensamos cazar con el pájaro. Imprescindible, si van a ser chovas.

Existe la tendencia de prescindir de los señuelos emplumados y sustituirlos por otros, forrados simplemente por un paño coloreado, generalmente rojo. Tal proceder tiene sus ventajas y creo que sus inconvenientes. Es cierto que el señuelo rojo es más limpio, dura más y, sobre todo, es muy visible en el campo, tanto para el halcón como para el halconero. También es verdad que los halcones aceptan como señuelo cualquier cosa sobre la que se les da de comer abundante y ricamente, pero no cabe duda de que el señuelo emplumado tiene sus indicaciones: los halcones pasajeros y zahareños entran perfectamente el primer día en un señuelo emplumado, que toman por una presa, mientras que se sienten sorprendidos y, muchas veces, asombrados por los señuelos de color. Estos pájaros, con experiencia propia, difícilmente llegan a encarnizarse en un señuelo tan artificial, siendo absolutamente imprescindible para no perderlos, que tengan tanta fe en su señuelo como en las propias presas y, a ser posible, más. Aquí descartamos, pues, el trapito rojo.

Los halcones que van a ser cebados en cuervos o chovas, pasan perfectamente a la presa si conocen un señuelo emplumado con alas negras, siendo muy difícil hacerles atacar a estos enemigos desusados si se les ha dado de comer en el tapete colorado. Sólo en la altanería, en la que los pájaros cazan presas naturales y nos sobrevuelan esperando la salida de éstas, el señuelo, que tiene una importancia menos decisiva, puede ser, si así se desea, rojo, amarillo, naranja o del color que se considere más visible y, quizá, de moda.

[1] Los ataderos.

EL SILBATO

El sabio ruso Paulov descubrió los llamados reflejos condicionados, haciendo sonar un timbre cada vez que daban de comer a un perro. El animalito, convenientemente hambreado, comenzaba a segregar jugos gástricos, en cuanto oía el timbrazo, aunque no viera delante la comida. Los halconeros venían haciendo lo mismo desde hacía muchos siglos, aunque sin preocuparse de los jugos digestivos. Cada vez que daban de comer a sus halcones sobre el señuelo, y siempre que se lo mostraban, emitían unas voces determinadas, que pronto identificaba el pájaro con la comida. Con ellas le atraían más tarde en el campo. Hoy hemos sustituido la llamada a viva voz por el sonido de un silbato; si resta personalidad y tipismo al reclamo, le hace más audible y nos libra de la ronquera a que nos conducirían particulares alumnos.

Se viene empleando el silbato de bola porque es muy penetrante y exige poco esfuerzo. Del alcance de nuestros pitidos, depende la distancia desde donde podamos atraer a un halcón.

No obstante, se debe llamar al halcón también a viva voz, emitiendo unas sílabas determinadas, sobre todo, cuando nos acercamos al pájaro sobre su presa, en el campo y cuando come en nuestro puño. Así aprende a reconocernos y se tranquiliza notablemente.

En la Edad Media emitían el grito ¡huchooo! y ¡huie! para llamar a los halcones; son tan buenos como puedan serlo otros, y por tradición, debemos seguir empleándolos.

Ha de tenerse muy en cuenta que el halcón más afecto a la llamada, que acude desde kilómetros al primer pitido, se hará sordo rápidamente, si no se le recompensa cada vez que se hace sonar el pito o se le llama de viva voz, y, aunque más tarde pretendamos corregir este defecto con un empleo más juicioso del reclamo, difícilmente recuperará la perdida fe.

EL MORRAL DEL HALCONERO

La caza de cetrería se practicó, a lo largo de siglos, a caballo y, aunque actualmente son pocos los halconeros montados, el morral de halconero se sigue confeccionando de acuerdo con las exigencias de un caballero. Si el principiante se dirige a cualquiera de los artesanos de Europa que todavía fabrican estas bolsas, recibirá un morral enorme, panzudo, de boca redonda y excesivamente alargado para un cómodo uso; al andar golpea sobre el muslo, a no ser que la abertura se coloque bajo la axila, en cuyo caso es de difícil manejo.

El morral de caza corriente y vulgar, con dos o tres departamentos y redecilla para las piezas, es perfecto para la cetrería a pie. Más que el morral en sí, interesa lo que se debe de llevar dentro, a saber: una buena navaja, unas pihuelas, tornillo, lonja y caperuza de repuesto. Un cordelillo de cincuenta o cien metros, el señuelo, la comida para el halcón en el interior de una bolsita de tela siempre muy limpia. El stock de repuestos puede permanecer meses encerrado en un departamento, pero únicamente con la práctica se sabe lo importante que es tener a mano una caperuza, cuando con la emoción de una presa desusada, en la loca carrera para socorrer al pájaro, hemos perdido la suya.

En los primeros días de caza con pasajeros y zahareños que, a veces, no quieren descender al señuelo, se debe llevar una presa viva, así como cuando cebamos a los niegos; para tal efecto el Canciller recomendaba «unas que dicen cajetas» que se hacían con lienzo y barbas de ballena. Una cestita de pesca, con el orificio tapado con tela, hace a la perfección el oficio de la «cajeta».

EL FIADOR

En las sesiones de adiestramiento, se comienza a volar los pájaros sujetos con un cordel, el fiador, que ha de ser fino, resistente y de unos cincuenta metros. Siempre empleo el trenzadillo usado por los albañiles para la plomada; es fuerte y sirve lo mismo para grandes que para pequeños halcones. Debe llevarse ya enrollado en una clavija de un metal ligero o a una pelota de madera, pesada.

HERRAMENTAL

Para cortar la comida de los pájaros, picarla cuando es necesario, para machacar los huesos que se dan a los pollos, es muy práctica una macheta de carnicero, así como un tajo de madera, siempre muy limpio y libre de partículas.

Un cuchillo o una buena navaja es también útil, y el instrumento más adecuado para picar la comida a los pollos muy jóvenes son unas buenas tijeras.

Para guardar la carne se precisa una fresquera; en una instalación modelo se aconseja una frigorífica.

Está absolutamente contraindicado meter la carne en bolsas de plástico o recipientes herméticos; una serie de bolsas de diferente tamaño, de tela, son muy prácticas para llevar las raciones de los halcones en el morral. Habrán de lavarse a diario.

El herramental copioso que los antiguos tratados aconsejaban para el tratamiento de las uñas y el pico de los pájaros, está descrito en los capítulos correspondientes.

HALCONERA

Armados los halcones, provistos de los aparejos con que vamos a manejarlos, podemos hablar ya de la instalación donde han de permanecer atados parte del día y toda la noche.

En la época de oro de nuestra cetrería, los pájaros sólo eran confinados en cámaras determinadas durante el período del descañado y de la muda, hasta tal punto que estas habitaciones no se llamaban halconeras sino «mudas». Durante la estación de caza convivían con sus dueños, estando colocadas las alcándaras en los lugares más confortables de los palacios y castillos. Aquellos halconeros de corazón no podían privarse ni un momento de la presencia de sus halcones favoritos y, hasta en la hora de acostarse, los trasladaban muy cerca de su propio lecho, como atestigua el Canciller:

«El halcón duerma en tu cámara o en la que tuviere cargo de cuidar de él..., yo siempre lo dejé cerca de mi cama si es halcón de que me pagué.»

Comparto, con alegría, el criterio de nuestros viejos maestros. Si hubiera de limitarme a encerrar mi halcón o mi azor —después de una dura jornada de caza, en la que hemos disfrutado y sufrido juntos—, en una apartada halconera para no volver a verle hasta el día siguiente, he de confesar que no practicaría la cetrería. Sería como abandonar a un buen amigo, invitado a mi casa, en un cuarto determinado y no dejarle salir más que a la hora de comer. ¿Puede haber algo que proporcione más compañía y serenidad que un viejo y hermoso azor, dormitando cerca de la chimenea, abriendo sus ojos admirables, entre curioso y placentero, cada vez que pasamos una página de nuestro libro? Los gestos de alegría, el aire de felicidad con que sabe agradecer la adecuada compañía son tan expresivos como las debatidas y desasosiego de los pájaros acostumbrados a permanecer solos la mayor parte del día.

Sin embargo, no es posible tener siempre a nuestros amigos cerca de nosotros; las ocupaciones nos lo impiden y, por otra parte, resultaría perjudicial para su salud. Las condiciones de habitalidad y las necesidades de confort, no son iguales para los halcones que para los hombres. Habremos de ceder, pues, una habitación a los pájaros, o bien. construir una edificación adecuada para ellos. Esta pieza recibe el nombre de halconera, dejando el clásico de muda para la cámara destinada al descañado y cambio de pluma.

Tanto si habilitamos un departamento de la casa, como si edificamos una instalación especial, habrán de reunir las condiciones que los pájaros necesitan y buscan en la propia naturaleza.

Una tarde del mes de diciembre, realizaba una cordada para colocar una trampa en el posadero de un zahareño; el viento helado, cargado de gotitas de lluvia, hacía insoportable el descenso. Con las manos agarrotadas, me deslicé por la cuerda hasta llegar al posadero, debajo de un extraplomo. La más agradable sensación se notaba en la abrigada oquedad; no hacía viento y una cámara de aire tibio, seco y acogedor me permitió trabajar con entera comodidad. Al terminar, temía abandonar el agradable refugio, para volver al rugiente y húmedo ventarrón que lo invadía todo. Desde entonces, cada vez que veo un pobre halcón atado en un jardín o en una halconera húmeda e inconfortable, me dan ganas de soltarle para que él, que sabe hacerlo tan bien, se busque un refugio más adecuado.

Sin embargo, las exigencias buscadas por el halcón en la naturaleza son muy fáciles de proporcionar: protección absoluta del viento, de la lluvia, de la humedad, aire constantemente renovado y temperatura ambiente. Una simple habitación con amplia ventana abierta, reune tales condiciones, pero el establecimiento ideal ha de tener unas características que he procurado reunir en la halconera donde actualmente guardo mis pájaros. (Fotografías 1 y 2.)

Consta de cuatro mudas orientadas al mediodía y una larga cámara en el lado opuesto. Los pájaros permanecen habitualmente en las mudas, sueltos durante el cambio de pluma y atados el resto del año. La gran habitación sirve de depósito para el herramental de caza y lugar de reunión.

Para dejar los pájaros durante la velada, está dotada de una larga alcándara.

Cada muda tiene el frente de 2,50 m. de ancho por 1,60 m. de alto, totalmente abierto, provisto de barrotes de madera, como una gran jaula, que dejan pasar perfectamente el aire pero impiden que un pájaro suelto se escape. Los barrotes, muy cepillados y pulidos, tienen 2 cm. de grosor y 4 cm. de separación. El frente de las mudas da directamente al césped donde se solean los pájaros. La profundidad es de 2,50 m. y la altura, en la pared del fondo, de 2,30 m. Se penetra por una puertecita lateral. El suelo es de cemento recubierto de arena.

En estas grandes jaulas, soleadas, ventiladas y secas, los pájaros hallan cubiertas sus necesidades higiénicas, pero hay otras que también les son imprescindibles. Como han de permanecer atados, pueden tener el deseo de trasladarse de lugar y esto les ocasiona debatidas y aleteos inútiles, con roturas de plumas. Tales percances se evitan con una adecuada ordenación del interior de la muda.

ALCÁNDARA

De una pared lateral a la otra, firmemente incrustado, va un travesaño de madera, la alcándara. En ella permanecen atados los pájaros y es absolutamente imprescindible que, por su forma y situación, les resulte atractiva y cómoda. Los halcones, en sus rocas, se posan en superficies planas, a propósito para sus grandes manos, repartiendo el peso en todos los dedos y apoyándose en la cola, fuerte y dura. Se dice que se sientan. El travesaño habrá de ser, pues, plano en su cara superior, aunque de bordes redondeados, y de una anchura de 10 cm., aproximadamente.

Como los pájaros se atan cortos, al extremo de las pihuelas, si intentan volar quedarán colgados, subiendo con dificultad y con el riesgo de enroscar sus ataduras en torno al travesaño. Se evita este accidente mediante una lona, que pende a ambos lados del travesaño, hasta 1,20 m., y tiene cosidas las dos hojas en la parte inferior, a la manera de las grandes toallas colectivas de los restaurantes. Así resulta un rollo que envuelven el travesaño y desciende hasta cerca del suelo.

En el rodete superior, donde los halcones apoyan las manos, la lona lleva superpuesta y cosida una badana, más suave y agradable para los pájaros, así como de mayor duración. Para atar la lonja en torno al travesaño, la lona va perforada, justamente a la altura del borde inferior de éste, en ambas hojas. Mis alcándaras de 2,50 m. llevan dos perforaciones, a un metro una de otra y 75 cm. de la pared, de tal forma se pueden atar dos peregrinos sin que se alcancen, ni rocen las paredes al mover las alas. (Fotografía 6.) Para que el rollo de lona se mantenga tenso, acostumbran a introducir en su seno inferior unas varillas de hierro pesadas. En mis halconeras he hecho colocar un segundo travesaño de igual tamaño al que sirve de alcándara a 1,20 m. por debajo de él; esto me permite tensar la lona cuando quiero, ya que en lugar de estar cosida en la parte inferior, se cierra mediante un cordón y una serie de ojales, por el mismo sistema que un zapato.

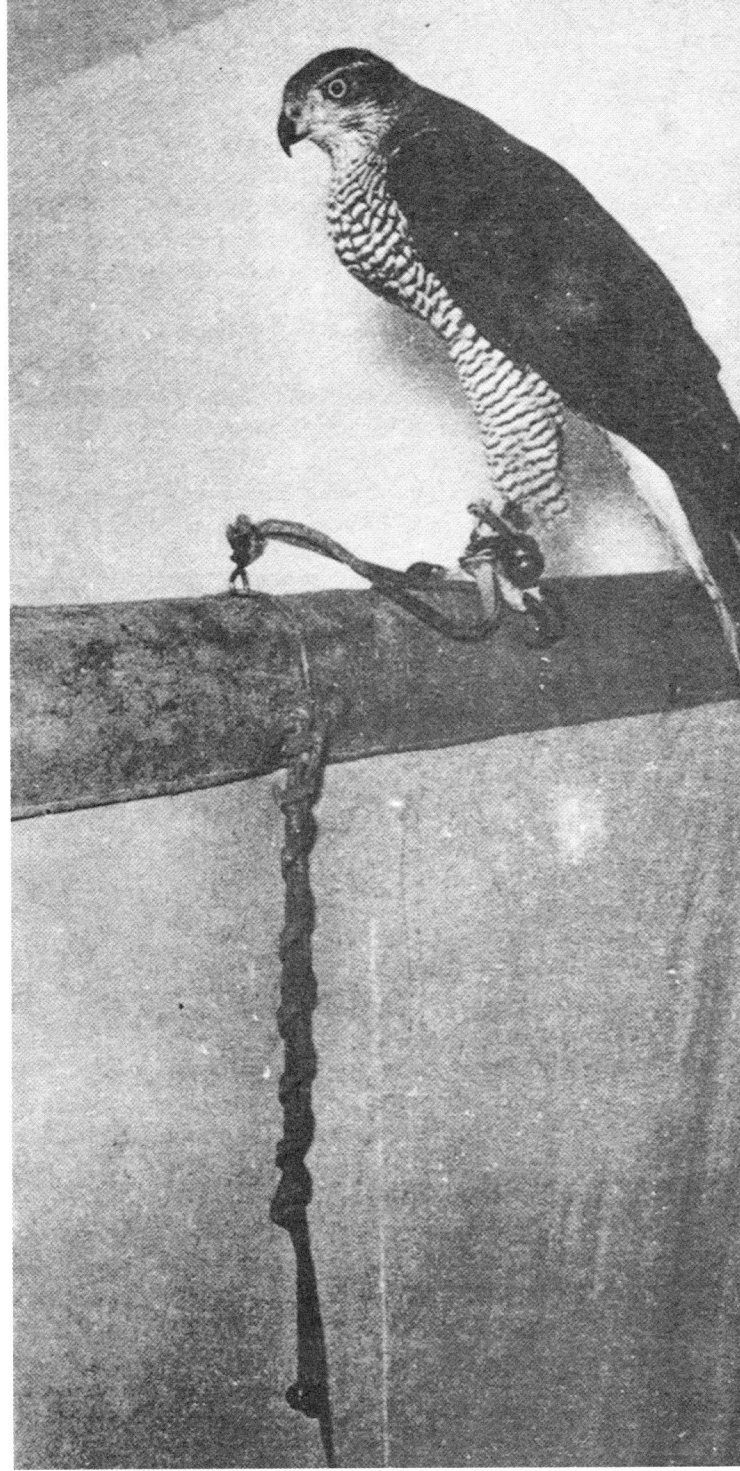

Foto 6. Azor en la alcándara. La lonja está enrollada para evitar que se enrede en las plumas del pájaro cuando se debate; el tornillo se mantiene en el centro del travesaño.

UBICACIÓN DE LA ALCÁNDARA EN LA MUDA

Con la alcándara perfectamente terminada, cómoda y confortable, podría sorprendernos el afán del halcón por irse a otro sitio, despreciando nuestra buena voluntad. Esta molesta actitud, en un pájaro ya manso, puede tener dos causas:

Primera: el halcón ve algo atractivo para posarse en las paredes de la cámara; una viga, un ingenioso adorno, una ventanita, serán tentaciones a las que no puede resistir; una y otra vez, se debatirá para alcanzarlas. En consecuencia el interior de la muda debe estar absolutamente desnudo y limpio.

73

Segunda: si desde la alcándara el pájaro ve el cielo, pugnará por volar hacia él, sobre todo si tiene hambre y aún no ha salido a cazar. La intranquilizadora visión podría evitarse mediante persianas o contraventanas, pero en este caso cortaríamos también la entrada de aire fresco y de sol.

En mis mudas he solucionado este contratiempo del modo siguiente: el frente abierto tiene 1,60 m. de altura como he indicado, el fondo 2,50 m. Esta diferencia de nivel me permite situar la alcándara en el centro de la muda a 1,50 m. de altura. Desde esta posición los pájaros no ven el cielo abierto delante de ellos, sino unos metros de césped. (Figura 15, fotografía 7.) Poco aficionados a posarse en un

Foto 7. Con las medidas indicadas, los pájaros no pueden ver el cielo, causa principal de sus debatidas.

sitio más bajo que el que ocupan, permanecen tranquilos en sus alcándaras, sin la irresistible tentación del cielo abierto, teatro de sus hazañas.

Aún necesitamos cubrir otro requisito. Los halcones mansos permanecen tranquilos a plena luz, pero si atáramos en estas condiciones a un pasajero o un zahareño recién cogidos, tratarían de escapar constante y violentamente. Tales alumnos han de tenerse en plena oscuridad, al principio, y en la penumbra más adelante, hasta habituarles poco a poco a la luz. Nuestras halconeras necesitan, pues, persianas y contraventanas para hacerlas oscuras cuando sea preciso. El suelo estará siempre limpio para ver bien el color de los excrementos y encontrar la plumada. Las paredes pintadas en tonos mates tranquilizan mucho a los pájaros.

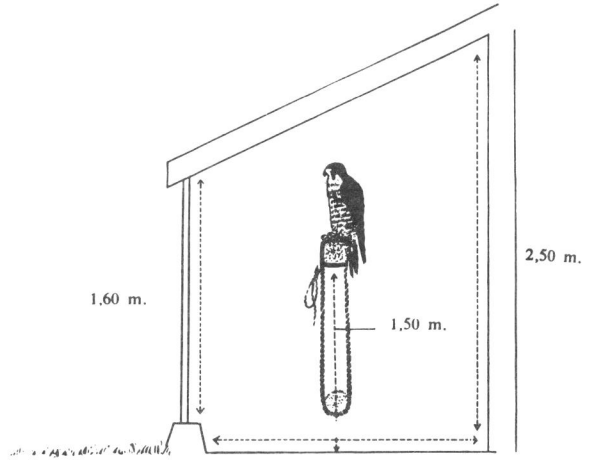

Figura 15. Posición de la alcándara en la muda para evitar las debatidas.

Estas halconeras abiertas estimulan el apetito de los halcones que, como en la naturaleza, se defienden de la baja temperatura, ingiriendo mayor cantidad de comida. Sin embargo, sólo son aptas para peregrinos trabajados, volados frecuentemente, en condiciones semejantes a las naturales. Los pájaros desentrenados, expuestos a todas las enfermedades y las pequeñas especies, como cernícalos, alcotanes y esmerejones, necesitan establecimientos caldeados.

Habiendo de estar libres de todo trasto y adorno las cámaras en que permanecen los pájaros, es conveniente destinar una habitación como almacén de los útiles. En una instalación especial, debe reservarse una amplia pieza, cómoda, caldeada y bien decorada, en contraste con las austeras mudas; en ella, tendrán lugar las agradables veladas del adiestramiento, las reuniones de antes y después de las cacerías y será, sin duda, el más íntimo lugar de descanso para el halconero. Si se dispone, además, un pequeño cuarto provisto de un lavabo y una mesita quirúrgica, la halconera será completa.

MODO DE ATAR LOS PÁJAROS EN LA ALCÁNDARA

Pasando la punta de la lonja por los orificios de la lona, de atrás hacia delante, de modo que el tornillo descanse sobre el centro del travesaño y el extremo del botón penda hacia delante, más corto que el extremo libre, se hace una simple lazada fuerte y firme, asegurándola mediante el tirabuzón expresado en la figura 16, para que el halcón no se enrede con la larga lonja en sus debatidas.

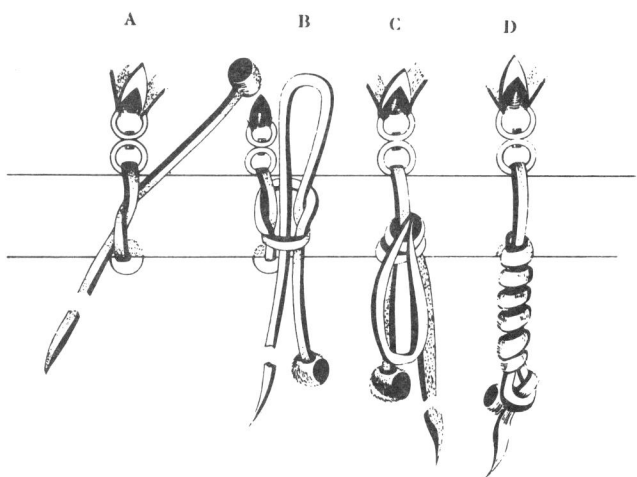

Figura 16. A, nudo sencillo. B, C, lazada. D, se enrosca el extremo de la lonja.

A pesar de los nudos adecuados y de los tornillos, algunas veces se enroscan las pihuelas, con las vueltas del pájaro. El riesgo puede evitarse sustituyendo la lonja por un mosquetón giratorio (figura 17 B), atornillado al travesaño. Sólo deben emplearse mosquetones especiales, construidos en miniatura de los de escalada y asegurados mediante una sección que se atornilla. Los mosquetones usados corrientemente para perros no deben emplearse jamás. Fotografía 8.

LAS ALCÁNDARAS PORTÁTILES

Los pájaros ya mansos y favoritos, que tanto nos deleita tener en nuestra propia casa o nos vemos obligados a trasladar en los desplazamientos de caza, necesitan además de sus útiles personales una alcándara desmontable. Sobre ella, se encontrarán familiarizados en cualquier lugar o habitación y estarán a salvo de su mayor enemigo: un posadero inadecuado.

En la figura 18, he dibujado la alcándara que yo uso, perfectamente desmontable. Envuelta en su lona ocupa menos que una maleta. Dejo al ingenio de cada aficionado las modificaciones que, sin duda, tenderán a mejorarla.

EL JARDÍN

Por muy confortable que sea la halconera y cómoda la alcándara, los halcones permanecerán en ella el menor tiempo posible; es decir, durante la noche, cuando llueve, nieva o hace mucho viento. En otro tiempo, aunque frío, estarán al aire libre, desde la mañana al anochecer. Se ha dado en llamar jardín a la instalación adecuada para este propósito, aunque no haya de tener, necesariamente, flores. Consta de tres elementos, de cuya afortunada conjunción depende, en gran parte, la felicidad de los pájaros: el césped, los bancos y el baño.

EL CÉSPED

Una parcela llana, de hierba tupida, bien regada, pero no encharcada ni húmeda, rodeada de un seto vivo para protegerla del viento y de la vista del mundo exterior, así como una alta valla de tela metálica que la ponga a salvo de perros, gatos, niños u otros seres peligrosos para los pájaros, es absolutamente apropiada para emplearla en cetrería. Será perfecta si cuenta con algunos árboles que proyecten buena sombra en el verano y dejen alguna zona soleada para el invierno. El reygrass, el trébol y, sobre todo, la grama, hierba muy tupida y aislante, están indicadas para los halcones.

BANCOS

En el césped los pájaros permanecen posados en unos bloques de madera, clavados al suelo, llamados bancos. Atados con cierta longitud de lonja, pueden descender a la hierba o permanecer en lo alto de su asiento, resarciéndose de la obligada inmovilidad de la alcándara. El banco rústico (figura 19) es un simple tronquito de árbol, de 20 cm. de altura por 15 cm. de diámetro, provisto de un vástago metálico de 40 cm. para clavar en tierra y anudar la lonja del pájaro.

Teniendo en cuenta que los halcones permanecen la mayor parte del día subidos en los bancos o tirando de su lonja para volar a otro sitio, se han hecho todo género de modificaciones a estas estructuras para impedir que se enreden los aparejos al vástago y para evitar una enfermedad que afecta las manos del peregrino: «los clavos». Si se ata la lonja directamente al eje metálico, aunque se haga un nudo amplio, un día u otro, se enrosca totalmente, con las vueltas, subidas y bajadas de un halcón inquieto y nos

Foto 8. Mosquetón giratorio; detalle de su fijación a la alcándara.

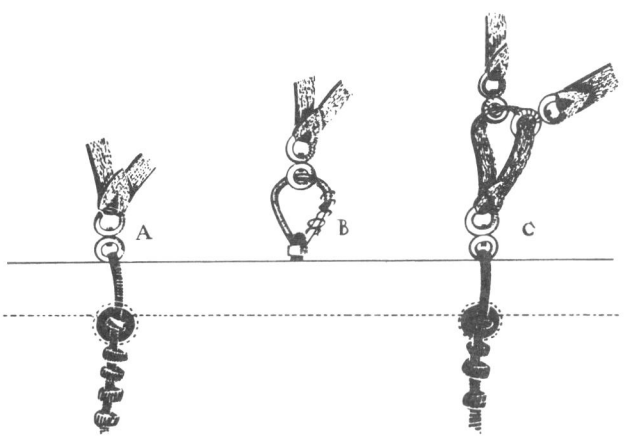

Figura 17.

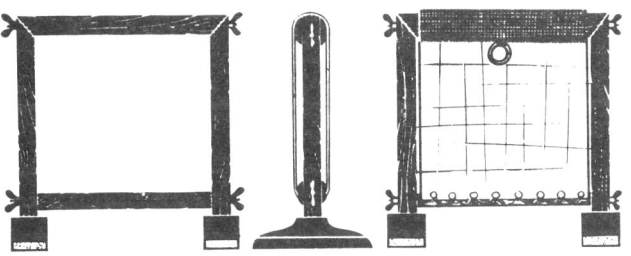

Figura 18. Alcándara desmontable.

75

lo encontramos aprisionado contra el hierro, jadeante y con las plumas de la cola destrozadas.

Este lamentable accidente se evita incorporando al vástago un anillo metálico y un disco, soldado al tercio superior (figura 19 B). Atando la lonja a este anillo, puede girar

Rústico   Con anillo   Giratorio

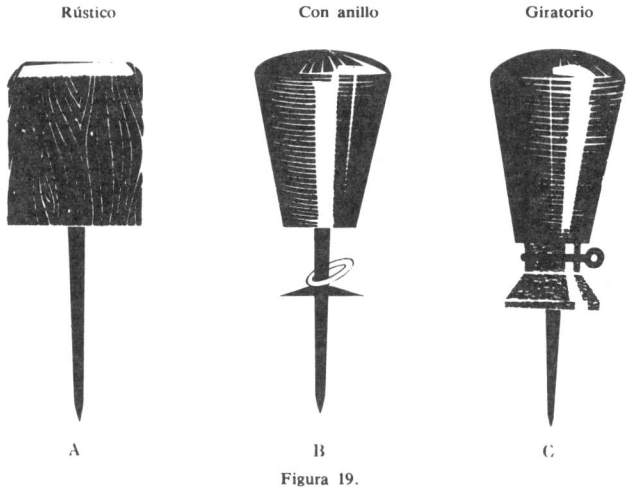

A   B   C

Figura 19.

perfectamente en todos los sentidos. Para que las pihuelas no contacten con el banco y las paredes laterales de éste no recojan los excrementos, se le ha dado forma troncocónica, con la base más amplia hacia arriba.

El summum de la perfección es el banco giratorio (figura 19 C), dotado en su tercio inferior de una sección rotatoria, provista de un anillito para anudar la lonja. No puedo dar detalles del mecanismo porque sólo empleo el banco de anillo, pero sospecho que, a la intemperie, no será

difícil que se deteriore, cese el giro y se enrede el halcón.

En cuanto a crear una superficie profiláctica para las manos del pájaro, existen dos tendencias: unos prefieren el banco más mullido, dotando su parte superior de un forro de badana o una sección de corcho; otros, por el contrario, tratan de hacerlo más duro, más estimulante y más natural, fijando un rodete de piedra.

Prefiero la madera desnuda, compacta, a ser posible de haya, sin grietas ni orificios que acumulen restos. Los forros de badana retienen la humedad y los de corcho se llenan muy pronto de grietas y se desmoronan. De cambiar de tendencia, pensaría en los de piedra, exclusivamente porque evitan el crecimiento exagerado de las uñas y son muy limpios. Pero no habiendo tenido ningún pájaro con clavos, si ha comido volátiles y ha cazado durante todo el año, aconsejo el sencillo y económico banco de madera. En otras condiciones, esta u otra enfermedad aparece tarde o temprano, a pesar de todos los mullidos. Porque la superficie en que el pájaro apoya sus manos sólo puede actuar como factor desencadenante de este mal, cuyo origen principal es la falta de sol, la alimentación inadecuada y la falta de ejercicio.

Las «tolleduras» [1] de los halcones, si se acumulan sobre la hierba la secan en poco tiempo, tardando bastante en reponerse. Sin embargo, en pequeñas dosis, estimulan su crecimiento; son, ni más ni menos, un abono nitrogenado. Por esta razón, y por higiene, conviene cambiar los bancos de sitio diariamente. Si no se cuenta con una parcela de suficiente tamaño, se clava cada banco en el centro de un círculo de 1/2 metro de diámetro, cubierto de arena. Fre-

[1] Excrementos.

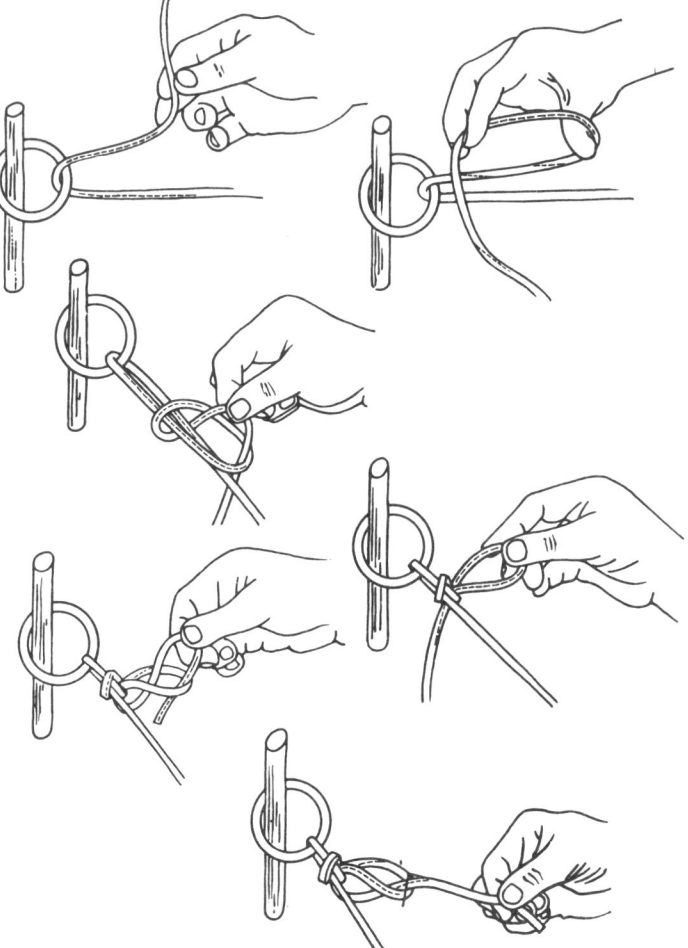

Figura 20. Nudo de halconero.

Foto 9.　　　　　　Tanto en invierno como en verano los halcones se introducen espontáneamente en su bañera.　　　　　　Foto 10.

cuentemente, se pasa ésta por un cedazo de malla gruesa, excelente medio para limpiarla.

Los pájaros se atan al anillo mediante el nudo de halconero, seguro y fácil de soltar, descrito en la figura 20, no dejándoles más de un metro de lonja ; con mayor distancia, las debatidas les hacen daño. Por consiguiente, cada pájaro necesita un círculo de tres metros de diámetro, medida que ha de respetarse cuidadosamente. Dos halcones cuyas lonjas se alcancen, no se atacan, pero pueden enredarse de tal forma que se lesionen gravemente.

En verano tomarán el sol en las primeras horas de la mañana y al atardecer ; el resto del día se les pone a la sombra y en cualquier momento en que se les observe jadeantes, con el pico abierto. Algunos halconeros acostumbran a dejar sus pájaros, durante el buen tiempo, a pasar la noche en el jardín. Prefiero meterlos en la halconera, porque he comprobado que el cambio de panorama les

satisface mucho, saltando alegres sobre mi puño cuando me acerco al anochecer para llevarlos a la alcándara. Por la mañana, les encanta, igualmente, salir de nuevo al jardín, recibiéndome a primera hora con gritos de alegría. Si de algo pecamos los halconeros modernos, sin duda, a nuestro pesar, es de permanecer poco tiempo con nuestros pájaros. Estos traslados cotidianos contribuyen en gran parte a acrecentar el apego que nos tienen los halcones. En cuanto las noches comienzan a refrescar es imprescindible ponerles a dormir en el interior. Durante el invierno los pájaros deben permanecer al sol todo el día, a ser posible junto a un muro que les preserve del viento.

BANCOS AMERICANOS

Existe una moderna tendencia, iniciada por los halconeros americanos, a construir bancos con un vástago muy alto, de 1,50 m. Los partidarios de este sistema aducen

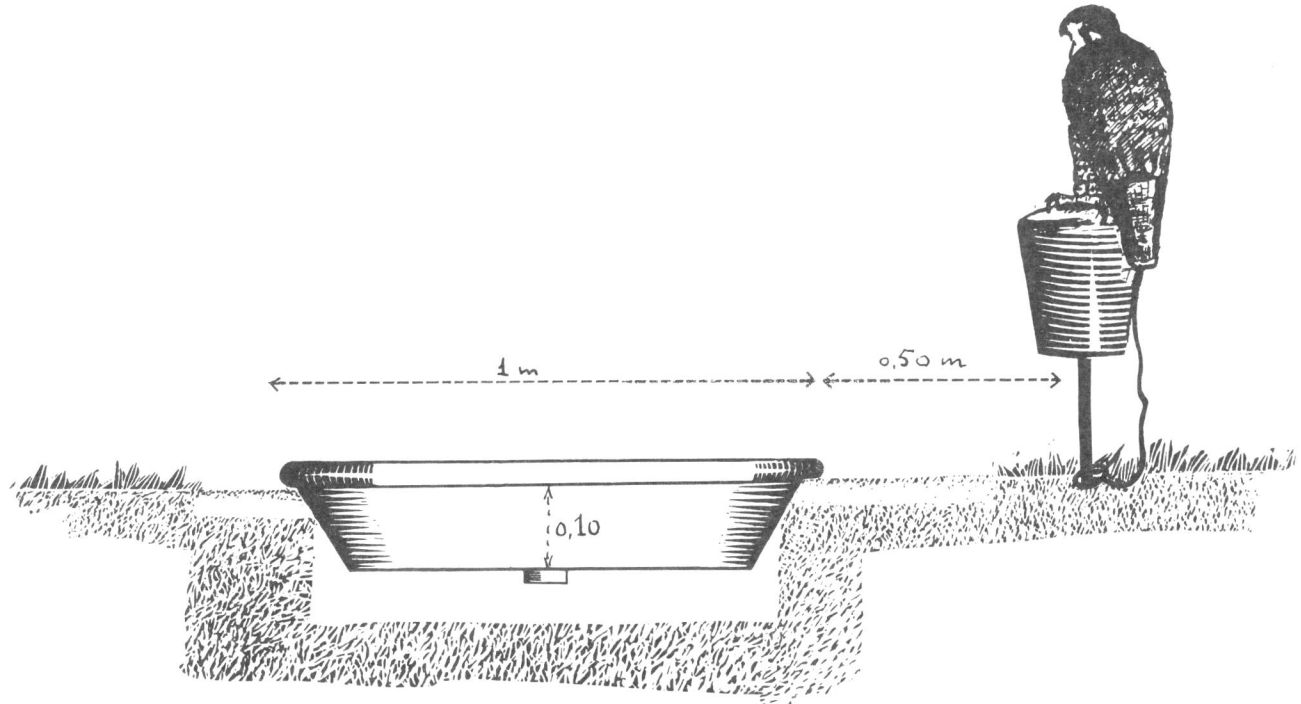

Figura 21. El baño.

77

que, en esta ventajosa posición, el halcón se encuentra más a gusto y, en consecuencia, se debate menos. Por otra parte, resultan más decorativos y es más agradable dirigirse a un pájaro situado a nuestra propia altura que al nivel de nuestra rodilla. El banco en sí es más reducido, un simple rodete de 10 ó 15 cm. de altura; sus bordes superiores han de estar muy redondeados para que la lonja se deslice bien al debatirse el pájaro. El anillo será de un metal ligero para evitar peso en los tarsos ya que no descansa en el suelo sino que pende a cierta altura. En las debatidas se desliza por el vástago hacia arriba, aminorando el tirón de la lonja.

EL BAÑO

Tómese una pluma despeinada, sucia, torcida, al parecer irreparable, sumérjase un rato en agua, agítese en todas las direcciones y póngase a secar al sol; a los veinte minutos la verán limpia, brillante y perfecta. Los halcones conocen estas virtudes del agua tan bien como nosotros y, en invierno o en verano, se introducen solazados en el reparador elemento. En la naturaleza, realizan, a veces, grandes desplazamientos para tomar el baño. He observado algunos halcones bañándose en ríos y lagunas muy alejados de sus posaderos.

En cetrería, se usan baños de barro, como una gran cazuela, de 10 cm. de profundidad y un diámetro mínimo de 1 m. En el centro, están perforados por un orificio de desagüe, provisto de su correspondiente tapón. Deben co-locarse en una zona soleada de la parcela en la que, previamente, se construye una caja (figura 21) para el más cómodo y rápido drenaje. En torno al recipiente, se dispone una franja de 25 cm. de arena. El banco en que se pone a los pájaros para que tomen el baño ha de clavarse a 1/2 m. del borde, para que no ensucien el agua con las tolleduras.

Hay halcones que gustan de bañarse más que otros; en general se les pone al baño dos o tres veces a la semana. Los pájaros nuevos, a veces con escasas aficiones acuáticas, se animan al contemplar las abluciones de un congénere. No debe ponérseles al baño cuando queda poco tiempo de sol y conviene, sin perder la periodicidad, aprovechar los días soleados. Cuando cazo por la mañana, acostumbro a bañar a los halcones después del vuelo. Tras el ejercicio, con el buche lleno, se entregan a su aseo con verdadero entusiasmo y descansan confortados el resto del día. No es preciso insistir en que el agua estará siempre muy limpia y será frecuentemente renovada.

Si se construye un baño especial, de cemento, conviene darle una rampa suave, hasta el centro, que tendrá la profundidad máxima. Los halcones no son aves acuáticas y tienen verdadero terror a las inmersiones bruscas.

Nunca se debe introducir en el baño a un pájaro a la fuerza; se escarmientan y luego no quieren bañarse. Los pasajeros y zahareños que tardan, a veces, en aceptar la bañera doméstica, pueden ser colocados en el borde de un arroyo o charquita clara, y en seguida se bañan.

Foto 11. El nudo de halconero reúne dos ventajas: es de toda seguridad y puede hacerse o soltarse con una sola mano.

ADIESTRAMIENTO DEL HALCÓN PEREGRINO, APLICABLE A TODAS LAS AVES DE ALTO VUELO

Sentado cómodamente sobre su alcándara, a menos de un metro de la mesa sobre la que tecleo en la máquina de escribir, mi halcón peregrino «Tizona», me observa tranquilo y soñoliento. Huecas las plumas, la pata levantada, indiferente a los que entran y salen, disfruta de la misma paz que debió tener, hace tres semanas, en su lejano e inaccesible cantil. El zahareño ha olvidado la fiereza de los primeros momentos. Su cuerpo ha perdido la tensión y sus ojos no están siempre alerta. El natural dulce y apacible de la especie se ha puesto de manifiesto y da la impresión de no añorar los años de libertad.

La primera etapa del adiestramiento ha sido coronada con éxito; el pájaro está «amansado», soporta la presencia de los seres humanos en casa y en el campo sin intentar huir. En la siguiente fase le haremos «señolero», es decir, le enseñaremos a acudir desde cualquier distancia al señuelo, para trabarle y comer sobre él. Musculado y asegurado por estos vuelos artificiales, habrá llegado el momento más natural, emocionante y difícil: «la introducción en la caza». En estas tres etapas se «afeita» o «hace» un halcón, según las expresiones clásicas.

Para no comenzar el adiestramiento de manera empírica, limitándonos a emplear unas normas multiseculares, analicemos el carácter del halcón peregrino; tratemos de conocer un poco su psicología. Así sabremos por qué empleamos tales reglas y cuándo conviene modificarlas.

El niego, que tomamos aún muy joven e introducimos en la muda, contentándonos con darle la comida a través de la trampilla, sin causarle nunca susto ni molestia alguna, huiría ante nosotros despavorido, si penetráramos en la cámara, poniéndonos de manifiesto el instinto innato, hereditario, de temor a la proximidad del hombre o de los grandes animales.[1]

En la naturaleza, cuando nos acercamos a un cortado habitado por pollos roqueros, los adultos se ponen inmediatamente en vuelo y, mediante sus gritos de alarma, estimulan su ancestral precaución ante el hombre. A la enseñanza paterna se sumará pronto la experiencia propia; desde sus altos cantiles o en sus vuelos, van observando que la proximidad del animal vertical es sinónimo de peligro. Si no sucumben antes de emprender el viaje de otoño, se habrán transformado ya en seres sumamente prudentes e inaccesibles.

El resultado de esa experiencia, la tendencia innata de desconfianza, han de ser abolidas, por el halconero, mediante el proceso del amansamiento.

Pero no todo nos es contrario, ni mucho menos, en el ánimo del pájaro salvaje. Es un ser de costumbres, como nosotros mismos. Se apega profundamente a su terreno de caza, a su posadero y a su pareja. En una palabra, es afectuoso, le molesta la soledad y los ambientes desconocidos. Aquí tenemos una gran arma; «acostumbrarle» a nosotros, afirmar esa piedra angular en la que se basa el comportamiento de todos los seres vivos: «la rutina». Que seamos a la vez su cazadero, su cantil y su pareja; que se encuentre molesto lejos de nuestro mundo, que debe llegar a ser el suyo.

Para explicarnos los sencillos procesos mentales de nuestros pájaros, volveremos a los famosos perros de Paulov; cuando les daba de comer, haciendo sonar al mismo tiempo un timbre, bastaban unas pocas sesiones para que, en cuanto se repetía el estímulo —toque del timbre— acudieran moviendo la cola y segregaran jugos gástricos, aunque no vieran la comida. Si no les engañaba, es decir, si a cada timbrazo obtenían la recompensa, el «reflejo condicionado» de alegría y buen apetito se instalaba de una manera firme. Ahora bien, si se ejercía el estímulo sin darles de comer, el reflejo iba debilitándose y llegaba un momento —mediante el suficiente número de engañosos timbrazos— en que tal sonido dejaba a los animales totalmente indiferentes.

En estos experimentos está el caballo de batalla de la cetrería. Para amansar a un pájaro hemos de abolir una serie de reflejos condicionados que nos son adversos, es decir, negativos. Para controlarlo, habremos de instalar otros que nos sean favorables, positivos. Desde hace muchos siglos los halconeros sabían cómo realizar este trabajo; hace menos de cincuenta años un médico nos enseñó por qué debía hacerse así.

AMANSAMIENTO

El amansamiento del halcón comienza en el momento en que tenemos el primer contacto con él; cuando li-

beramos al zahareño de las redes o lazos, o cuando tomamos al niego en la muda para apiolarle. Este primer acto del halconero es ya de suma importancia; si asustamos al niego, si lo tomamos de una manera violenta e inadecuada, instalaremos en su sencillo cerebro un reflejo de terror, —negativo— que tardaremos muchos días en abolir. Si extraemos al zahareño de la trampa con violencia y le mantenemos mucho tiempo sin caperuza, acrecentaremos su experiencia de miedo al hombre. Con todas las precauciones procedamos, pues, a dar el primer paso en el adiestramiento.

He podido observar perfectamente este extremo en la captura de mis zahareños. Hace algún tiempo, los prendía de día, mediante cepos colocados en sus posaderos; al izarlos hasta la cima del cortado y sacarlos de la trampa se imponía una maniobra laboriosa que los asustaba mucho.

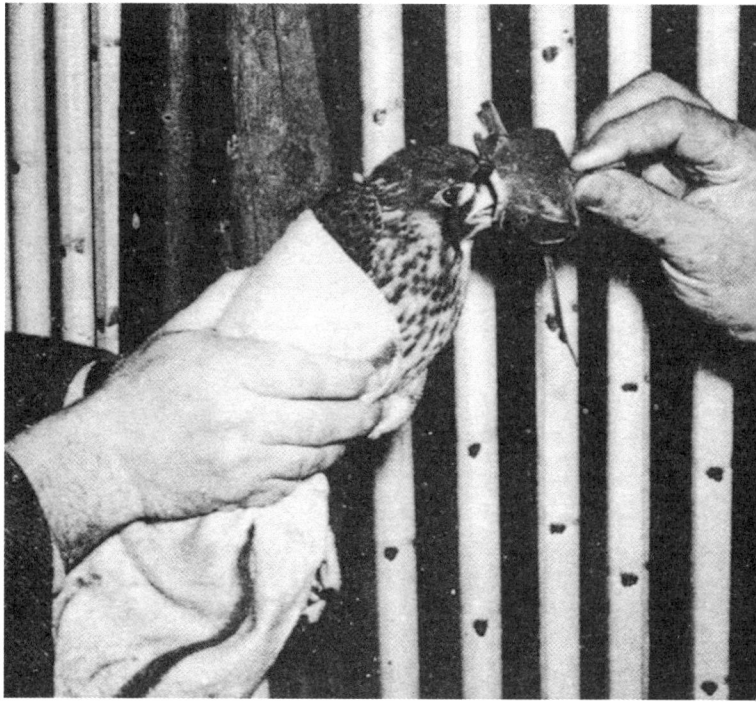

Foto 12.

Actualmente los capturo siempre durante la noche, tomando todas las precauciones para no atemorizarlos; rapidez y absoluto silencio mientras los armo, para que no identifiquen mi voz con la molesta manipulación.

La respuesta al amansamiento de mis primeros zahareños y de estos últimos, ha sido completamente distinta. «Los nocturnos» se comportan de manera tan dulce y familiar que han sorprendido a cuantos halconeros han tenido noticia de sus reacciones.

CÓMO SE SACA AL NIEGO DE LA MUDA

Por primera vez vamos a poner las manos sobre nuestros preciados peregrinos. Hemos permanecido horas y horas espiándoles por una mirilla o un descosido de la

---

[1] Otro es el caso de los pájaros criados desde la eclosión en estrecho contacto con el hombre. Éstos, según un proceso de impregnación, muy bien estudiado por el biólogo Konrad Lorenz, consideran a su cuidador como a su propia madre.

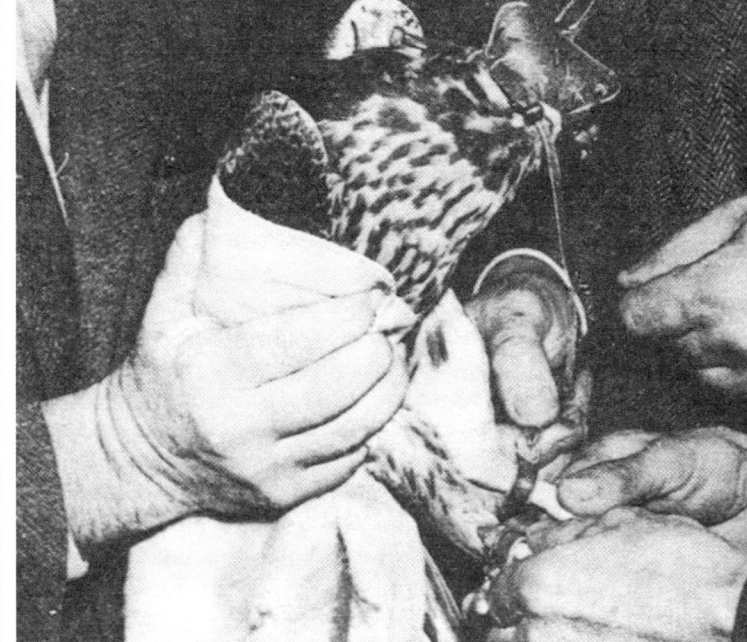

Foto 13.

Foto 14.

arpillera. Hemos seguido paso a paso su crecimiento y ya tenemos nuestro favorito. Nos deleita la potencia de aquella prima que despedaza la comida con fuerza y rompe los huesos como un «zahareño». Admiramos las líneas, la vivacidad y la audacia de ese torzuelo que se lanza primero a comer y nos mira desafiante cuando nos asomamos, furtivos, en la cámara. La impaciencia y el deseo de tener a nuestros halcones sobre el puño se ha hecho cada día más grande. Ha venido nuestro amigo, el aficionado más próximo, y con regocijo preparamos los aparejos y hablamos de las perdices que vamos a matar en septiembre.

Sobre una mesita todo está ordenado y a mano:

La caperuza, que ha de ser rústica y usada, para este primer momento. Con el arrascar y picar, el halcón novicio estropearía una nueva y no se encontraría cómodo al soportar su rigidez. Sin embargo, es imprescindible que esta primera caperuza sea del mismo estilo y características que las que llevará posteriormente en la caza o en la parada. Cambiar a un halcón el estilo de la caperuza le produce siempre grandes molestias, aunque la nueva sea más ligera que la que aceptó primeramente. He tenido halcones que, acostumbrados a la caperuza holandesa, se negaban a la india, mucho más confortable.

Las pihuelas habrán sido adobadas cuidadosamente, de modo que estén suaves, pero no han de manchar las manos de grasa, porque estropearían el plumaje de los pájaros. El tornillo y la lonja completarán los aparejos.

Son varias las razones, y de peso, por las que se saca a los pájaros en las primeras horas de la noche; penetrar en la cámara en pleno día, ocasionaría sustos y revuelos innecesarios y peligrosos para los jóvenes halcones que, durante mucho tiempo, asimilarían nuestra presencia a la persecución y la captura; a la luz diurna, muchos se debaten, incluso encaperuzados; durante la noche, el sueño los tranquiliza y les hace perder su primitiva fiereza; en las horas de velada se puede disfrutar de la paz y quietud aconsejables para el comienzo del afeitado.

Los pollos deben haber llegado ya a su total desarrollo, lo que se manifiesta por la perfección y brillo de las plu-

mas, la facilidad con que vuelan desde el suelo a los bancos y la pérdida del plumón que cubría sus cuerpos. Los músculos, huesos y articulaciones son ya fuertes, el carácter se está formando y podrán resistir el traumatismo físico y psíquico de los primeros días del amansamiento. La víspera, sólo les hemos dado media ración y sin huesos ni plumas, para que no tengan que devolver la plumada en estos momentos de excitación.

Algunos halconeros sacan sus niegos tan pronto como llegan a ofrecer este aspecto. Me parece más aconsejable darles una semana de descanso y, en todo caso, prefiero pecar por exceso que por defecto. Los primeros días de adiestramiento serán los únicos momentos dramáticos y desagradables para nuestros alumnos, que han de ser fuertes para adaptarse a la nueva vida. Sin embargo, no se ha de olvidar a los pollos en la cámara durante semanas. En esta época, sus músculos y aparato respiratorio necesitan el estímulo del ejercicio natural para su completo y normal desarrollo.

Hay una norma que no debe olvidarse nunca en cetrería; cuanto antes se saca un niego, si está bien desarrollado, cuanto más corto es su adiestramiento, si no es imperfecto, cuanto más pronto es introducido en la caza, si tiene fuelle y está musculado, más posibilidades se le ofrecen de volar con éxito.

Para sacar un halcón sin dificultades, el halconero precisa la ayuda de dos personas. Una tendrá la misión de sujetar el pájaro, la segunda mantendrá cogidas sus manos y el propio maestro colocará la caperuza, pihuelas y demás arreos. (Fotografía 14.)

Cerrada la noche y sin encender luz alguna, se penetra en la cámara silenciosamente, de uno en uno, abriendo la puerta lo menos posible y, si comunica con el exterior, protegiendo la abertura con una lona o arpillera. Cualquier rayo de luz podría motivar un revuelo, con posibles lesiones de articulaciones o de plumas.

Haciendo el menor ruido posible, se sitúan detrás de los bancos donde duermen los halcones. El halconero enciende la linterna iluminando al pollo que se desea coger, lo más cerca posible para deslumbrarlo y para que el ayudante se haga cargo de su situación. En el acto volverá a apagar. El ayudante lleva las manos hacia los flancos del pájaro hasta sentir suavemente el contacto de su cuerpo. inmediatamente aprieta con decisión y firmeza, pero sin excesiva fuerza. Sus manos deben calzar guantes finos de tela o mejor de gamuza para no estropear el plumaje.[1] La posición correcta para mantener al pájaro es la siguiente: los pulgares se apoyan en la espalda de éste, las palmas en los flancos y el resto de los dedos se oponen en el pecho. El borde superior de las manos debe estar a la altura de los hombros. De lo contrario el halcón sacará con suma facilidad un ala, lo que es siempre una molestia y un peligro.

Cogido el pollo y en la misma oscuridad, se sale en silencio de la cámara, y se le traslada a otra habitación oscura. En este lugar se debe proceder sin pérdida de tiempo a armar al halcón. Iluminándole muy de cerca con la linterna, se le coloca la caperuza cerrando sus tirantes (fotografías 12 y 13). Sólo entonces se encenderá la luz, prescindiendo de la linterna. Sujeto el pájaro como se ha indicado, interviene el segundo ayudante que coge las «manos» del halcón, manteniéndolas cerradas y separadas. (Fotografía 14). En tal posición, no puede hacer ningún daño con sus garras y si intenta picar los dedos del que le sujeta, se le pone delante del pico un guante de adiestramiento. Así inmovilizado, se procede a colocarle las pihuelas, comprobando que no le aprieten, se sujetan al doble anillo y se pasa por éste la lonja. En tales condiciones el alumno está listo para comenzar su adiestramiento. Y al ser colocado por el ayudante sobre el puño del halconero, se mantendrá erguido e inmóvil. En los primeros minutos conviene estarse quieto y en silencio, para que el halcón no se debata a ciegas.

Si los pollos han disfrutado de la crianza campestre, deben armarse con iguales precauciones, inmediatamente después de haber sido capturados. La víspera habrán recibido también media ración sin pluma. Estos pollos deben ser apiolados antes de ponerlos en la cabaña, pero las pihuelas no tendrán más que marcado, con dos agujeros en los extremos, el ojal para el tornillo; así se evita que se enganchen en una rama u otro obstáculo en sus andanzas. Sólo habrá que ponerles, pues, en el momento de la captura, la caperuza, la lonja y el tornillo.

Los halcones del aire se arman inmediatamente en el lugar de la captura, comenzando por ponerles la caperuza y siguiendo las mismas normas que para los niegos. Como estos pájaros, por lo general, han comido antes de ser capturados, es imprescindible que devuelvan la plumada en un lugar apartado y tranquilo, ya que, con la bravura de los primeros días, no lo harían en el puño, ni cerca de nosotros, sufriendo graves trastornos, si los restos que constituyen la plumada se almacenan y descomponen en el tubo digestivo. Para tal fin deben ser trasladados, lo antes posible, a una habitación absolutamente oscura y tranquila, en el centro de la cual se colocará una gruesa piedra o un banco de apartamento,[1] nunca una alcándara. Sobre la piedra o banco se deja el pájaro, cerrando toda luz antes de quitarle la caperuza, lo que se hará «a tientas» y sin brusquedad, para evitar debatidas. En silencio se sale de la habitación, donde el halcón permanecerá toda la noche y el día siguiente. Para sacarlo, en las primeras horas de la segunda noche, se penetrará de nuevo a oscuras, acercándose lo más posible al banco. Mediante el tacto se buscará la lonja extendida en el suelo en dirección a la puerta. Siguiendo ésta suavemente, se llega a las pihuelas y, a oscuras, sujetando éstas con la mano enguantada, se levanta el pájaro que para no caer permanecerá en equilibrio sobre el puño. Se recoge la lonja en torno al meñique y sólo en-

[1] En todo semejante a un banco común, salvo que carece de vástago y va adosado a una amplia plataforma de madera o zinc, para recoger los excrementos.

Foto 15. Posición correcta del halcón sobre el puño

[1] Cuando se tiene cierta práctica, lo más correcto es envolver al pollo con una gamuza, mediante un movimiento rápido y decisivo (foto 12).

82

tonces penetra un ayudante que, de cerca, deslumbra al halcón para ponerle la caperuza sin debatidas. Si la operación no se realiza con sumo cuidado, el zahareño se debatirá con gran fuerza y habrá de ser cogido como un pollo para encaperuzarle, lo que siempre le ocasiona quebrantos y un susto innecesario. En estas veinticuatro horas de soledad, devuelve la plumada y se calma notablemente.

Los autores ingleses acostumbran a apiolar a los jóvenes pollos recién capturados del nido, antes de que hayan terminado su desarrollo, permaneciendo en la cámara con las pihuelas puestas, durante las tres o cuatro semanas que dura éste. Tal proceder tiene sus ventajas e inconvenientes. Facilita la operación de sacarlos, pero produce a los jóvenes la molestia de sentir sus pihuelas durante los días de cámara y, al revolar, despeinan las plumas de su cola. Si se quiere seguir esta norma, debe apiolarse a los pollos en el momento en que se les captura, para evitarles la molestia de ser abatidos nuevamente, y las pihuelas sólo tendrán marcado con dos perforaciones el ojal del extremo; de este modo no se enganchan en sus correrías por la cámara. Al sacarlos, se hace la incisión para poner el tornillo.

CÓMO SE DESVELA A LOS HALCONES EN LOS PRIMEROS DÍAS DEL AMANSAMIENTO

Todos los tratados medioevales aconsejan privar del sueño a los halcones durante una temporada más o menos larga, para conseguir su rápida entrega y amansamiento. No cabe duda de que un pájaro que no caiga de la mano del halconero de día ni de noche, se amansa mucho antes que si permaneciera a su lado durante menos tiempo. Sin embargo, no es necesario usar del rigor preconizado por los viejos maestros. Ellos tenían sufridos profesionales que soportaban, turnándose, las exigencias de aquellos métodos exhaustivos.

La velada de la primera noche —después de sacar al zahareño del cuarto donde ha devuelto la plumada o al niego de su cámara— la considero de gran importancia. Porque, al cansarlos, debilitamos sus deseos de debatirse en la alcándara, quitarse la caperuza, morderse las pihuelas o hacer otros intentos de liberación que sólo pueden ocasionarles quebrantos. Las dos o tres noches sucesivas también se les debe portar un buen rato. Durante el día los ruidos, las conversaciones y la presencia de los humanos no les dejan descansar ni dormir.

Para hacer más agradable esta interesante fase del adiestramiento, preparo adecuadamente la habitación de la velada; una silla cómoda, con una mesita situada a su derecha, en la que deposito unos buenos pedazos de carne, así como unas plumas de paloma; otras sillas para mis amigos, café y unas botellas, para hacer honor al Canciller Pero López de Ayala que recomienda muy encarecidamente «que no falte el vino al falconero y a los que le ayudan».

Halcón al puño, de la manera correcta, es decir con la cola hacia el dorso de la mano, las pihuelas entre los dedos y la lonja enrollada al meñique (fotografía 15) me siento cómodamente y comienzo la charla con mis amigos. Por lo general, apenas hablo en voz alta, el pájaro se vuelve hacia mí y abre el pico amenazadoramente. La voz humana —estímulo en el reflejo condicionado de terror y de defensa— le ha puesto en guardia, pero, privado de la vista por la caperuza, no actúa en ningún sentido, ya que su cerebro óptico difícilmente reacciona si sus estímulos no le llegan por esta vía. Sólo puede mantenerse en guardia, inmóvil y con todos los recursos de su organismo en tensión. Seguimos charlando animadamente y, tras volverse repetidamente hacia unos y hacia otros, acaba por tranquilizarse y no hacer el menor aprecio a la voz humana. Hemos abolido ya un reflejo negativo.

Mientras tanto, comienzo a acariciarlo con una pluma de paloma.[2] Ante tal libertad reacciona salvajemente; de un picotazo intenta coger la pluma y destrozarla. Jamás había sido tocado y, en sus condiciones de tensión defensiva, cualquier contacto es sinónimo para él de peligro mortal. Pero, sigo acariciándolo; transcurridas unas horas, el «fris, fras» de mi pluma de paloma le deja también indiferente. Le hemos hecho perder otro recurso negativo.

CÓMO SE ACOSTUMBRA AL HALCÓN A COMER SOBRE EL PUÑO

En esta primera noche hay que tratar de obtener un verdadero triunfo sobre el pájaro; iniciar una experiencia positiva de tolerancia y acercamiento. Hemos de lograr que coma sobre nuestro puño.

Para ello todos los recursos son buenos, pero, personalmente, siempre sigo el mismo: hemos hablado hasta que el halcón no se asombre de nuestra voz; le he acariciado en el cuerpo, hasta que no tema mi contacto. Hay algo que todavía no he hecho; tocarle las manos. Y se las toco, precisamente, con un suculento pedazo de carne. Cuando baja la cabeza, airado, para asestar un tremendo picotazo ante esta nueva y desusada libertad, su pico topa con el sabroso agresor. Muchas veces, la ira le hace detenerse un momento, en el comienzo de un banquete que ya saborea, pero, tras algunos intentos, devora, golpe tras golpe, el pedazo de carne. Mientras lo hace, es absolutamente necesario emitir un sonido característico, que suele ser un chasqueo —tech... tech...—, con la lengua, semejante al que se emplea para animar a las caballerías. Entonces, todos se callan. En la oscuridad de la caperuza, en el placer de esta primera comida, después del ayuno de la víspera, el sonido se está fijando en su mente como el estímulo de nuestro primer reflejo condicionado positivo.

He tenido halcones que al día siguiente, en cuanto emito el primer «tech...», buscan vorazmente la comida sobre mi guante.

Si el pájaro no come en esta primera sesión, será necesario intentarlo en la segunda, pero siempre acaban por hacerlo. Después del primer triunfo, se sigue hablando, se le acaricia y, si hace buen tiempo, se da un paseo al aire libre. Al amanecer dejamos al pájaro. Y en esto ha de ponerse mucha atención; aconsejo con toda mi mejor vo-

---

[2] Nunca debe acariciarse al halcón con la mano o cualquier objeto áspero, porque pierde el polvillo y grasa de su plumaje.

luntad que el halcón duerma esa noche en el cuarto del halconero, sobre una alcándara. De este modo, si se debate encaperuzado, cosa rara, o, quitándose la caperuza, se tira de la alcándara, podremos socorrerlo para que vuelva a su sitio; mientras que, si está solo, puede perecer si no acierta a recobrar su posición erguida.

De no dormir en nuestro cuarto, jamás ha de ponérsele en una alcándara, sino atado a un banco en el interior de una halconera oscura, a punta de lonja; de este modo se evita que perezca colgado.

Al día siguiente, se toma el halcón sobre el puño, durante el mayor tiempo posible, paseándolo en el interior de la casa y al aire libre. Para acostumbrarlo a todo género de movimientos, he hecho construir una pequeña alcándara para llevarlo en automóvil en todos mis desplazamientos

La segunda noche, se le vuelve a desvelar unas horas y sin quitarle la caperuza, se le pone la carne entre los dedos, emitiendo el sonido característico; inmediatamente comenzará a comer, debiendo dársele un buen papo de carne magra de caballo, buey, liebre o conejo, sin huesos ni pelo alguno. Después de la comida, se le puede dejar sobre la alcándara, si duerme en la habitación del halconero, o, en su banco, si permanece en otro cuarto.

El tercer día, al tomarlo por la mañana, si ha gastado todo el papo, se le dan unas picadas, haciéndole el chasqueo correspondiente. Cada hora se le da un poco de comer repartiendo la gorga [1] que había de tomar una vez, a lo

[1] En cetrería, gorga o papo significa ración completa de comida para un ave de presa.

largo de todo el día. En las últimas sesiones, se inclinan hacia el guante tan pronto como oyen la señal y se muestran relajados, tranquilos, sacudiéndose con frecuencia; absolutamente ganados por el complejo: permanencia en el puño = seguridad; chasqueo característico = comida sabrosa. Si es posible, también conviene desvelarles un rato.

El cuarto día, se puede quitar la caperuza al halcón por primera vez, pero han de tomarse todas las precauciones para tan decisivo paso. Al cogerlo por la mañana, sólo le daremos —con el chasqueo— unas picaditas; y nada el resto del día. De noche, estando solos en una habitación, con una pequeña luz a nuestra espalda, tomamos el halcón, le ponemos un pedazo de carne grande, de unos cien gramos, bajo las manos y emitimos la señal; el pájaro buscará la comida anhelante. Cuando ha comenzado a tirar y aún tiene un pedazo de carne en el pico, abrimos cuidadosamente los cerraderos y desencaperuzamos. Por primera vez se nos muestra cara a cara. Desde la captura no había vuelto a ver el temido rostro del hombre, pero ahora difícilmente podrá identificarnos con el ser peligroso que él conocía en la naturaleza. Estamos demasiado cerca, a una distancia que no puede relacionar con su antigua experiencia. Los horizontes que contemplará más o menos tiempo antes de decidirse a comer le son absolutamente desconocidos; la luz baja suaviza los contornos y temorosos contrastes. Por si fuera poco, el chasqueo, el guante y la comida bajo sus manos constituyen ya un reflejo positivo ineludible; tranquilamente, después de contemplarnos con sus ojos profundos e insondables, inicia la comida como lo hacía estando encaperuzado. Entonces, podemos observarle

Foto 16. Halcón alfaneque comiendo en el puño.

a nuestro sabor; si es un zahareño, felicitándonos de nuestro primer triunfo.

Cuando va por la mitad de la comida, es preciso encaperuzarlo de nuevo; lentamente, pero deprisa; con mano firme, aunque liviana. Con un movimiento paulatino, se va interponiendo la caperuza entre la cabeza del pájaro y la comida, como si en su trayectoria para picar, fuera a encaperuzarse él mismo. Suavemente se le introduce la caperuza en el mejor momento. A continuación, seguirá comiendo, hasta terminar su ración. Si el encaperuzado fuera sinónimo de dejar de comer, tarde o temprano identificaría la caperuza con tal privación y nuestra imprescindible aliada se transformaría en un estímulo negativo. Terminada la comida, se le pasea un rato para dejarle en su alcándara o en su banco.

El quinto día, comerá de noche con algo más de luz y hemos de hablarle durante la comida, comenzar a mover paulatinamente las manos, haciéndonos acompañar por una persona que permanezca inmóvil y converse ininterrumpidamente. Antes de terminar, le ponemos la caperuza para que siga comiendo cubierto. Por este procedimiento, estamos instalando un nuevo reflejo en su mente: el halcón sólo nos ve cuando come, soportando al principio nuestra presencia por su voracidad. Pero, poco a poco, la asocia al placer de la nutrición. Para aumentar las ocasiones en que el pájaro puede vernos, durante los días sucesivos, se reparte la comida en varias sesiones, quitándole siempre la caperuza cuando ha comenzado a comer y poniéndosela antes de terminar. Durante los diez o quince primeros días, según el carácter del pájaro, se va aumentando la movilidad durante las comidas, se habla más, se le rodea de más personas, se le pasea comiendo y se introduce al perro, que permanece al principio inmóvil, tendido a nuestros pies. Todas estas lecciones se dan en casa, cada vez con más luz y, en los últimos días, con una ventana abierta.

Durante este tiempo, no se rebaja la cantidad de comida sino su poder nutritivo, empleando carnes poco fuertes, como la de conejo, o bien, lavando detenidamente en agua tibia la de vaca o caballo, que han de enjugarse perfectamente en un paño muy limpio. Tal régimen va acrecentando el apetito del pájaro y nos permite introducir un ingenioso truco: el «roedero».

Ha quedado bien sentado que el pájaro sólo debe vernos durante el transcurso de sus comidas; y se comprende que cuanto mayor sea la duración de éstas, más facilidades tendremos para ir introduciéndolo en el mundo sin que se asuste. Pero las carnes blandas son devoradas demasiado deprisa y ha de ponérsele pronto la caperuza. Sustituyendo estos alimentos, cuando tiene ya verdadera hambre, por un ala de gallina, un pie de liebre o un rabo de buey, tirará incesantemente, engolosinado con el correoso manjar, y nos permitirá mantenerlo desencaperuzado en todos los ambientes. En esta época, se le da ya de comer al aire libre, en locales públicos, en parques frecuentados, teniendo sumo cuidado en que no aparezca, al principio, nadie a nuestras espaldas. Más adelante comerá rodeado de gente. Tan pronto como notemos que levanta la cabeza y va a debatirse, le ponemos la caperuza.

El tiempo que tarda un halcón en tirar de su roedero en medio del mayor tumulto es muy variable; algunos niegos e incluso zahareños lo hacen a los ocho días, otros tardan quince. Todo depende del carácter del pájaro y, sobre todo, de la sutileza y constancia del halconero.

Durante los primeros días del amansamiento, el halcón debe dormir con la caperuza puesta; cuando come bien sin ella, se le quita por la noche, después de haber apagado la luz y, por la mañana, se le pone a oscuras.

Para amansar mis zahareños, los dejo en su alcándara a dos metros de mi cama, con una pequeña lucecita delante, que, mediante una pantallita, les envía la luz al rostro; así descansan toda la noche y, por la mañana, me acerco muy quedamente y, ofreciéndoles sobre el guante un pedazo de carne, les pongo la caperuza y les dejo continuar comiendo un ratito.

CÓMO SE ACOSTUMBRA AL HALCÓN A SALTAR AL PUÑO

Cuando los pájaros comen muy bien en la mano, todavía en el interior de la casa, les enseñamos a saltar al puño. Para ello, cuando están tirando de un buen trozo de carne, los dejamos en la alcándara o en el banco. Anudada la lonja al anillo del guante, les mostramos la comida a un palmo de distancia; al principio, estiran el cuello, se inclinan en todas las direcciones como si estuvieran pegados al posadero, pero acaban por saltar y, para compensar tal esfuerzo, les damos toda su gorga. En lo sucesivo, se va aumentando el número de saltos y la distancia, hasta que vuelen resueltamente a punta de lonja desde el suelo. En esta posición se debe insistir en hacerles saltar y no desde una altura.[1]

Cuando lo hacen muy bien dentro de la casa y están completamene encarnizados con el roedero, los sacamos al jardín y los acostumbramos al banco. ¡Ojo con esta maniobra! Aquí permanecerá la mayor parte de su vida y es preciso que tome cariño a este artefacto.

A una hora de la mañana en que el sol sea agradable, depositamos el halcón sobre el banco, anudamos su lonja al anillo y nos sentamos cómodamente a su alcance. El pájaro no habrá comido aún y, al sacarle, le habremos dado unas picadas sobre nuestro guante. Guardando un buen roedero en nuestra mano enguantada, le quitamos la caperuza; si se han llevado bien las cosas, tanto el niego como el zahareño reaccionan abriendo las alas felices para tomar el sol que tanto necesitan. ¡Atención e inmovilidad!; tan pronto como mire fijamente en una dirección y con su vaivén de cabeza nos indique que va a debatirse, le mostramos el roedero y emitimos la señal. El halcón salta a la mano y en ella le damos de roer un buen rato.

Día tras día vamos aumentando el tiempo de permanencia en el banco; nos mostramos de pie en lugar de sentados, en compañía del perro, dándole de vez en cuando unas picadas en el roedero después de llamarlo. Antes de que se inquiete; caperuza y a la alcándara.

Cuando se muestre bastante tranquilo, lo pondremos en

---

1 Cuando se resisten a saltar de frente, conviene colocar el puño lateralmente, apoyado en la alcándara, hasta que se hayan acostumbrado.

el banco del baño. Normalmente, el halcón se introduce en la bañera y se entrega a sus abluciones, feliz y solazado, subiéndose a continuación en el banco, para tomar el sol hasta secarse totalmente ; aún, puede olearse y entonces el placer del halconero será tan grande como el de su pájaro. Terminado el aseo, salto a la mano y roedero. Si a los diez minutos no se baña, se le debe retirar igualmente. Algunos pasajeros y zahareños rehusan, en los primeros días, el baño en el jardín y se les ha de llevar a una charca poco profunda y limpia o a un riachuelo en el campo.

Durante la etapa de amansamiento, se les acostumbra, así mismo, a la alcándara, poniéndolos en ella a plena luz y comprobando si pueden volver al travesaño cuando se debaten. Mientras no aprendan a hacerlo, no se les puede dejar solos en ella durante el día o la noche.

Toda esta etapa, puramente psicológica, es muy atractiva para el buen halconero ; adueñarse de la voluntad de un halcón, prever sus reacciones y encadenarlo con las firmes ligaduras de los reflejos condicionados, es del todo apasionante. Los niegos se entregan muy pronto, e indiferentes a cuanto les rodea, se dedican al placer de comer, tomar el sol, asearse y, en una palabra, de vivir. Parecen encontrar encanto en el adiestramiento y sus sencillas mentes están absolutamente abiertas a la enseñanza. Cumplimos una misión reservada en la naturaleza a sus padres y actuamos en favor de su predisposición biológica al aprendizaje. Los pasajeros y zahareños, más reservados, son también más inteligentes, aprenden muy pronto, pero pueden olvidar intencionadamente mucho antes. Un paso mal dado, una libertad por nuestra parte, darán al traste con todo lo conseguido ; con ellos, debemos ir más despacio y con toda cautela.

Me deleita, particularmente, el adiestramiento de los zahareños y he tenido muchos de estos pájaros, en ocasiones, muy viejos. Para amansarlos, viven en mi casa y recurro a toda clase de trucos ; en invierno, cuando comienzo a dejarles sin caperuza en la alcándara de mi cuarto de trabajo, si intentan debatirse, se la pongo y los saco a la terraza durante un buen rato. Cuando están huecos, muertos de frío, los vuelvo a meter y desencaperuzo ; al calor de la chimenea se sienten felices y pronto identifican la estancia en la alcándara con la buena temperatura y las debatidas con helarse de frío. A los pocos días permanecen tan tranquilos en mi cuarto como en su cortado ; se olean cada noche, cuando enciendo la luz, que toman por el sol. De día, me acompañan encaperuzados a todas partes, a pie o en automóvil y tiran de su roedero en los lugares más concurridos.

Hasta que los halcones duerman sin caperuza no se les debe dar huesos ni plumas y, a partir de ese momento no se les pondrá la caperuza hasta que hayan devuelto la plumada. Al dirigirnos por la mañana hacia la alcándara, lo haremos siempre llevando en el puño izquierdo un buen roedero y hablando al pájaro de la manera acostumbrada. En general, siempre que nos dirigimos hacia un halcón para tomarlo, bien esté en el banco o en cualquier sitio, hemos de tratar de que salte a nuestra mano para recibir un premio. De este modo, nos espera siempre con alegría

y durante el resto de su vida, se debatirá hacia nosotros tan pronto como nos oiga llegar.

El período de amansamiento es decisivo, todo el ulterior comportamiento del halcón depende de cómo se haya llevado. Podemos afirmar que un halcón está bien amansado cuando espera tranquilamente la caperuza y no intenta quitársela ; cuando no se asusta de los hombres, animales domésticos, automóviles, etc.... y cuando salta hacia nuestro puño tan pronto como le mostramos la comida. Para que este proceso se realice adecuadamente, es imprescindible reglar las gorgas del halcón de modo que tenga hambre durante todo el día, para que en cualquier momento en que desencaperucemos tenga ganas de roer y, desde el banco o la alcándara, salte hacia nosotros de «motu propio».

CÓMO SE DESAÍNA AL HALCÓN

Hemos observado ya, en la primera etapa del afeitado, que la piedra angular sobre la que cimentamos toda nuestra obra es el hambre del halcón. En ella se basan todos los estímulos de los reflejos que vamos instalando en su mente. Sin embargo, el grado de hambre de un pájaro es muy variable. Teniendo cierta experiencia, se puede apreciar este importantísimo detalle por el simple aspecto del halcón y palpándole el pecho y los muslos. Sin embargo, es difícil calibrar el grado de hambre por palpación, ya que no se acumula la grasa de reserva en torno a los músculos pectorales o a los muslos, sino, como en todas las aves, en el interior de la cavidad abdominal.

Generalmente, los pollos recién sacados de la muda y los pájaros del aire, inmediatamente después de ser capturados, tienen el pecho lleno, redondo, con la quilla esternal aparente pero muy poco marcada. El pájaro adiestrado, en estado de vuelo, debe presentar el pecho menos redondo, convexo, pero no excesivamente lleno. Antiguamente, se decía en todo el mundo : «pecho a la española», es decir, de la misma forma que los petos de las armaduras que inmortalizaron nuestros tercios. A la palpación se suman las reacciones del halcón, aún más demostrativas ; si se debate hacia nosotros cuando nos acercamos al banco, si salta al puño sin dudarlo, tiene hambre suficiente ; si nos espera imperturbable y tarda en decidirse a saltar, demuestra de una manera muy clara su inapetencia.

Más peligroso que pecar por exceso, es hacerlo por defecto ; ¡que no «baje» nunca el pájaro demasiado! El pecho ha de estar siempre convexo, jamás descarnado. Cuando un halcón está gordo, cuesta mucho desainarle, como decían los clásicos, por hacerles perder el saín o grasa. Sin embargo, cuando está en su punto, musculado, fuerte, pero sin reservas, como un atleta, puede adelgazar muy pronto, si se disminuye su ración y, entonces, es muy difícil engordarle. Los seres vivos pierden o acumulan grasa con relativa facilidad y sin riesgo alguno. El tejido muscular lo autoconsumen muy deprisa y tardan mucho en regenerarlo.

El complemento ideal para el halconero, el barómetro del hambre, es la balanza ; un aparato de pesar, mejor si no es de resorte, con una cruceta gruesa instalada de antemano y tarada, nos pone bien de manifiesto el estado del

Foto 17. En los vuelos al puño, el halconero ha de ponerse de perfil, con el brazo extendido hacia delante, para ofrecer un posadero despejado al pájaro.

Foto 18. Alfaneque pasajero volando a mano.

pájaro (fotografía 19). Si el principiante quiere que las cosas vayan bien ha de pesarlo diariamente.

¿Cuánto debe pesar un peregrino en vuelo? Unos más y otros menos; depende, como iremos viendo, de su carácter, apetito, época del año, tipo de presa, etc....

Por término medio, el 10 % menos que cuando lo sacamos de la muda o lo capturamos en el aire. En consecuencia, lo primero que hemos de hacer, en cuanto nuestro halcón recién encaperuzado se tiene firme en el puño, es ponerlo con todo cuidado sobre la balanza y anotar en la primera casilla de su diario el peso, del que, día tras día, habremos de ir reduciendo unos gramos hasta llegar a quitarle el 10 %. Un peregrino que pesa al capturarle 950 grs., volará, poco más o menos, con 855 grs.

CÓMO SE HACE SEÑOLERO AL HALCÓN

Dos condiciones son necesarias para comenzar las lecciones de señuelo: primera, que el pájaro esté amansado; segunda, que esté templado. Pero, analicemos el significado de estos conceptos.

El grado de mansedumbre de un halcón, alcanzado por la intensidad y el tiempo con que se le haya trabajado y matizado por su propio carácter, es muy variable. Para la introducción en el señuelo, basta con que el halcón tolere la presencia del halconero, de sus ayudantes y de sus perros en campo abierto, sin sustos ni debatidas que pudieran interferir el aprendizaje.

Prolongar innecesariamente la fase del amansamiento es contraproducente; se hacen perder al niego unos días preciosos para la introducción en la caza y se mantiene al zahareño malgastando sus mejores facultades. Los halcones excesivamente amansados, privados de iniciativa, apegados a los fáciles vuelos a la mano, entran mal en el señuelo y en la caza. El amansamiento ha de ser corto e intenso; ha de llegar necesariamente hasta el límite de la tolerancia, pero no es preciso que se prolongue hasta el del apego.

En cetrería, se llama «temple» a ese grado de hambre que debe tener el halcón para codiciar irresistiblemente la caza o la comida. Y el temple más recio que habrá soportado hasta el momento, es el de la víspera de la introducción en el señuelo.

Pero a este límite de hambre, que nunca se ha de acercar a un extremo peligroso para la salud, es preciso llegar paulatinamente, graduando las gorgas desde el primer día del amansamiento, administrando sabiamente carnes ligeras y roederos trabajosos. Un adelgazamiento súbito o ex-

Foto 19. Halcón peregrino en la balanza.

cesivo debilita al halcón sin aumentar su hambre. No es lo mismo para un pájaro estar «templado», es decir, apercibido, codicioso, que debilitado y famélico; lo primero se llama «hambre derecha» y el segundo estado, al que nunca se debe llegar, «hambre torcida».

En los zahareños tiene especial indicación este desainado paulatino. Estos pájaros, con un metabolismo muy acelerado, acostumbrados a nutrirse abundantemente de presas alcanzadas por ellos, comen con una avidez y una fuerza extraordinarias. Si se les abaja demasiado deprisa, pierden el apetito, desgarran la comida despacio, siendo muy difícil levantar su equilibrio digestivo. Ha de mantenérseles a toda costa, aunque se prolongue la fase del amansamiento, en «el hambre del campo».

Puede afirmarse, pues, que la dificultad del primer período del adiestramiento estriba más en este prudente y eficaz templado del pájaro que en el proceso psíquico propiamente dicho. Sería muy difícil fijar el peso que ha de tener un halcón para ser introducido en el señuelo o expresar con exactitud los indicios que manifiestan el acusado temple. Sólo los años de práctica nos llevan a la percepción de estos finos detalles que hacen de la cetrería un arte.

PRIMERA TERCIA DE SEÑUELO

El primer ejercicio de señuelo es de tal importancia que, muchas veces, de él depende el sucesivo apego del halcón a este imprescindible artefacto. Ha de buscarse un terreno despejado, sin cardos o arbustos donde pueda enredarse el fiador, situado, a ser posible, en el paraje donde se va a volar al pájaro sobre la caza. Naturalmente, se eligirá un día sin viento excesivo ni lluvia.

Se comienza por anudar el fiador a una clavija, que se introduce en el centro del terreno, o a una pelota de madera pesada —este último procedimiento tiene la ventaja de que si el halcón llega al límite del fiador, no sufre un tirón brusco, sino que, al arrastrar la madera, se mitiga el golpe del cordel—. A continuación, se sujetan en el señuelo dos sabrosos pedazos de comida, como las dos mitades de una paloma recién sacrificada, dos cuellos de pollo con sus correspondientes cabezas, o dos trozos de otro volátil, teniendo en cuenta que ha de ser la mejor comida que el pájaro haya catado desde el comienzo del adiestramiento. Ha de ponerse mucha atención al encarnar el señuelo, anudando muy bien la vianda, para que no se caiga durante el volteo, o el pájaro pueda arrancarla. Finalmente, se quita la lonja al halcón y se anuda el extremo libre del fiador al tornillo. A su vez, el perro es atado en un lugar bien visible pero lo suficientemente alejado para que no moleste al pájaro durante el vuelo.

El Príncipe Don Juan Manuel describe un procedimiento para la primera tercia de señuelo que, después de haberlo comparado con la mayor parte de los preconizados, considero inmejorable. A él vamos a atenernos en nuestro relato.

El halconero deja su halcón en el suelo y le quita la caperuza, como hacía en los saltos a la mano. Cuando el pájaro lo mira, esperando su acostumbrado roedero, le muestra el señuelo encarnado, cogido con su mano izquierda, sobre el que el halcón, siguiendo la costumbre adquirida, salta inmediatamente.

Ante el nuevo y desusado manjar, los halcones se encarnizan extraordinariamente, pero sólo se les deja dar unas picadas en este primer tiempo. Las necesarias para que se aperciban del sabor de la carne. Ostensiblemente, tirando del señuelo con la mano derecha y sujetando al halcón por las pihuelas con la izquierda, se le saca del señuelo y, cuando se debate hacia él, se tira el armadijo al suelo, a dos o tres metros delante del pájaro y a la derecha del halconero. En el acto, saltará sobre lo que ya considera su presa, la trabará y comenzará a tirar de la vianda con avidez. En este segundo tiempo, tampoco se le permite terminar su festín.

Interviene el ayudante que, cogiendo al pájaro por las pihuelas, lo saca del señuelo y se va con él, sobre el puño, viento abajo, unos diez o quince metros. Cuando llega a este punto se vuelve y levanta el puño, pico a viento, mientras el halconero voltea el señuelo, agarrándolo por el extremo de su lonja. Al mismo tiempo, y por primera vez, hace sonar el silbato.

Normalmente, el pájaro sale del puño del ayudante instantáneamente. Cuando viene volando por la mitad de su recorrido, el halconero lanza el señuelo unos metros delante y hacia su izquierda —si le dejara caer muy cerca y en su misma línea, los pasajeros y zahareños, al verse obligados a entrar en el terreno del hombre, se asustan y cambian súbitamente de dirección— para que pueda trabarlo en tierra. Sólo en este tercer tiempo el halcón puede comer su gorga correspondiente. Mientras lo hace, el halconero con el perro y cuantos le acompañan, andan a su alrededor, para que se vaya acostumbrando a soportar el acercamiento de los hombres.

Cuando está terminando se le saca nuevamente, pero sin brusquedad, como se hará en lo sucesivo, interponiendo un apetitoso pedazo de carne, sujeto con la mano enguantada, entre el pico del halcón y la vianda del señuelo; al tirar de la nueva comida, el pájaro apoya en el guante una de sus manos para desgarrarla. En ese momento, se hace una ligera y continuada presión hacia arriba, levantándole del señuelo. Ya sobre el puño, se le encaperuza dulcemente.

Si la primera tercia transcurre correctamente, el halcón vendrá siempre al señuelo antes de que caiga en tierra y se posará directamente sobre él, trabándolo con fuerza, cual si se tratara de una presa; en pocas palabras, será buen señolero. Para ello, repito, son imprescindibles los dos citados requisitos: «hambre derecha» y «mansedumbre».

Puede ocurrir que el halcón se quede indiferente al ver el señuelo sobre la mano de su maestro o en el suelo. Tal proceder suele ser causado por una absoluta falta de apetito. Será necesario, pues, insistir durante unos días más en el reglado de las gorgas.

Otras veces, el pájaro codicia el señuelo, pero al entrar en él se asombra y se aleja volando; los movimientos del halconero lo atemorizan y manifiesta muy claramente una lucha entre el buen apetito y el asombro. Tales halcones están todavía bravos y han de ser trabajados hasta que acepten tranquilamente la presencia de los hombres en el campo.

En algunos modernos tratados de cetrería —jamás en los clásicos— se aconseja utilizar el silbato en cuanto se comienza a dar de comer al pájaro en la mano y cada vez que se le muestra el roedero para que venga a él. Tal ejercicio es perfectamente inadecuado; el supremo recurso de que nos serviremos en el campo para recuperar a un halcón después del vuelo es el pitido y el señuelo, que en la mente del pájaro deben formar un solo concepto. Si malgastamos nuestro estímulo —el silbido— dando de comer al halcón unas picadas sobre un roedero mejor o peor, nunca tendrá la suficiente atracción para hacerle volver cuando está demasiado lejos.

Cada vez que un pájaro oye el silbato, ha de ver el señuelo y recibir sobre él su acostumbrada gorga. De esta manera, tendrá más fe en nuestra llamada que en cualquier otro estímulo natural.

También sugieren ciertos halconeros el comienzo de las lecciones de señuelo en el propio jardín, cerca del banco, echándoselo al pájaro una sola vez desde la primera sesión. De este modo, se consigue que se siente en él, en lo sucesivo, con la tranquilidad y parsimonia con que lo hace un gourmet en la mesa de un restaurante. Al sacar al halcón dos veces del señuelo durante esta primera sesión, en la que tiene mucha hambre y codicia la buena comida, que conoce por primera vez desde el comienzo del adiestramiento, se consigue encarnizarlo en él, considerándolo como una auténtica presa y no como un inmóvil y pasivo pasto.

Al darle esta lección en el campo, en el terreno de caza, tratamos de que identifique su presencia en este medio con la acción, desde el primer momento. En adelante, apenas se quita al pájaro la caperuza, mirará en todas las direcciones en busca del señuelo o de la presa, en lugar de erizarse tranquilamente para tomar el sol, como hacen los halcones que no son sacados al campo para trabajar.

La gorga que el pájaro recibe en la primera tercia será superior, como he dicho, a cualquiera de las que tomó desde el comienzo del adiestramiento, tanto en cantidad como en calidad. Pero no ha de ser completa; como decían los antiguos halconeros: «ha de quedar con sabor de comer», es decir, puede ingerir algo más de tres cuartos

Al día siguiente, el halcón es templado nuevamente, dándole de comer sólo un pequeño y duro roedero, bien emplumado, como un ala de paloma o de pollo joven, ofrecida a primera hora de la mañana.

SEGUNDA Y SUCESIVAS TERCIAS DEL SEÑUELO

Se habrá comprendido que estas lecciones se llaman tercias por hacerse en días alternativos. De este modo, los pájaros pueden recibir un buen premio en la jornada de su actuación y un recio temple en día de descanso. Parece ser que con esta periodicidad se fija mejor en su mente el reflejo condicionado.

En la segunda lección, el ayudante mantiene al halcón, pico a viento, como en el último vuelo de la sesión anterior, después de haberle atado al fiador. El halconero se sitúa de espaldas al viento (fotografía 20) y, tan pronto como el ayudante desencaperuza, comienza a voltear el señuelo, haciendo sonar el silbato. Cuando el pájaro viene

de camino, lo deja caer al suelo para que pueda trabarlo.

De ahora en adelante, el halcón comerá toda su gorga después del primer vuelo, siendo sacado con toda dulzura del señuelo cuando va a terminar.

En las tercias sucesivas se aumentan las distancias hasta que lo permite el fiador. Si éste tiene treinta metros, sujetándolo entre la posición que ocupa el ayudante y el halconero, se consiguen vuelos de doble distancia, sesenta metros, que son absolutamente suficientes. Distancias mayores ocasionan enganches y un peso excesivo del cordel.

Las normas aconsejables para las restantes lecciones de señuelo, todavía con fiador, son las siguientes:

1) Volar al pájaro pico a viento y al hilo del viento. En caso contrario no sale bien de la mano ni entra con facilidad en el señuelo.

Posición correcta del halconero y su ayudante para señolear el halcón. Foto 20.

2) No debe lanzarse el señuelo a tierra hasta que el halcón se halle sobre el ala, teniendo mucho cuidado en no hacerlo tan tarde que el pájaro se pase, porque se acabaría la cuerda y recibiría un golpe, con una pésima lección.

3) Ha de encarnarse siempre el señuelo con una comida sabrosa, limpia y caliente.

4) Se debe silbar siempre en el mismo tono y con el mismo ritmo, un poquito antes de lanzar el señuelo, mientras el pájaro viene por el aire y cuando comienza a comer. ¡Nada más!

5) El halcón no ha de ver nunca el señuelo, si no está lo suficientemente templado para volar hacia él.

6) A partir de la primera tercia, el halcón hará un solo vuelo por sesión.

Bastan cinco o seis tercias para que el halcón vuele con toda seguridad y reciedumbre hacia el señuelo. Durante estas lecciones, además de hacer al pájaro puramente señolero, es menester acostumbrarle a la llegada del hombre y de los perros, mientras come.

Con los zahareños este trabajo tiene especial importancia. Porque, acostumbrados a transportar sus presas en la naturaleza hasta un desplumadero seguro e inaccesible, tratan de llevarse el señuelo cada vez que el halconero se acerca a ellos. Y es imprescindible que pierdan esta mala costumbre, llamada en cetrería «llevar en mano», antes del vuelo en libertad.

Para ello, además de hacerles saltar muchas veces a la mano desde el suelo, como indicábamos en el amansamiento, es preciso andar a su alrededor cuando comen en el señuelo y agacharse de cuando en cuando, ofreciéndoles una picadita sabrosa de carne con la punta de los dedos. Nada como estos halagos para que se asienten y esperen al maestro con firmeza. Los autores franceses aconsejan «enjambar» al pájaro, es decir, andar por encima de él, pasándole las piernas muy cerca para que pierda todo temor. Los perros, los ayudantes, los gritos y toda suerte de movimientos, acompañarán al halcón durante la comida en el señuelo.

Es conveniente hacer degollar al halcón ciertos volátiles, como pollos o palomas, a vueltas del señuelo, es decir, encubiertamente. Que crea que mata al propio señuelo, poniéndole la presa debajo, con la cabeza entre los brazos del armadijo. De esta manera adquiere extraordinaria fe y no la pierde cuando comienza a cazar, ante el sabor de la sangre caliente, como ocurre si sólo come en el señuelo viandas más o menos frescas.

VUELO EN LIBERTAD

Se diría que es el momento de más emoción y, sobre todo, de más peligro. No cabe duda de que el principiante lleva el corazón en el puño, además de su halcón, en el día de esta prueba. Pero los pájaros no suelen perderse entonces, sino mucho más tarde, cuando el halconero se confía y descuida el ordenamiento de sus gorgas.

Es lógico que todo transcurra perfectamente; ningún halcón, por listo que sea, se da cuenta de que vuela atado si las sesiones al fiador transcurren correctamente. Y durante ellas el halconero ha podido comprobar la seguridad de su alumno.

En el terreno de siempre, con la compañía acostumbrada, con el pájaro bien templado y en un día en que no haga viento excesivo, se procede a la suelta que, en definitiva, es como un vuelo más al fiador, pero sin ese seguro moral que constituye el cordel. Ceremoniosamente, el ayudante quita la lonja y el tornillo al halcón. El halconero se aleja hasta la misma distancia de los últimos vuelos y ordena: «¡Fuera caperuza!». El pájaro volará hacia él, raudo, ligero, libre de ataduras, agradecido por su confianza. Desde este momento, ya no es un esclavo sino un amigo, un comensal. Se ha ganado el derecho de ciudadanía.

Estos vuelos en línea recta, «a la tira», se repetirán, uno por sesión, durante varios días, hasta que el pájaro vuele entre doscientos y trescientos metros, naturalmente, siempre suelto. En estos ejercicios el halcón debe partir desde el puño del ayudante y nunca desde el suelo, desde una rama o un mojón, porque contraería la mala costumbre de posarse. Por otra parte, se está a salvo de que el pájaro salga volando, asustado por un extraño. Estas salidas desde el puño le acostumbran a partir instantáneamente, como más tarde debe hacerlo sobre la caza.

Posteriormente, el alumno puede ser musculado, obligándole a hacer varias pasadas sobre el señuelo, prolongando las distancias en línea recta o, simplemente, dejándole describir círculos sobre el halconero. Pero, siendo cada uno de estos sistemas propios para una determinada presa, los describiremos más adelante, en los capítulos de la caza.

Después del vuelo, mientras el pájaro come sobre el señuelo o sobre el puño, se le pone el tornillo y la lonja para encaperuzarle cuando está terminando su gorga. Es obvio que jamás se dejará a un halcón suelto cuando ha comido lo suficiente como para perder el filo del apetito.

Todo el expuesto proceso de amansamiento y señoleo se refiere a un halcón normal y su duración es de cuatro semanas. Ciertos pájaros, excepcionalmente bien dispuestos o reacios a la enseñanza, pueden acortar o alargar considerablemente estas etapas. Ha de ser el buen halconero, quien adapte a cada caso particular las reglas descritas, para sacar el mejor partido de ellas.

Halcón entrando en el señuelo. Foto 21.

LA CAZA CON EL HALCÓN

PEREGRINO

En estado salvaje el peregrino puede dar alcance y capturar a casi todas las aves que vuelan en nuestras latitudes, aunque, en rigor, se alimenta de pájaros medianos y pequeños. En la caza de cetrería, teóricamente, podría desenvolverse con idéntica eficacia, pero existe un factor que, en la práctica, impone ciertas restricciones; me refiero a la distancia. Algunas aves, precisamente las más apetecidas por el halcón, como las diferentes razas de palomas, las tórtolas, ciertas pequeñas zancudas, los aláudidos y otros pequeños pájaros, dotados de gran velocidad y poder acrobático, llevarían al peregrino demasiado lejos en la persecución, esquivando una y otra vez sus ataques. Tarde o temprano, acabaría haciendo presa fuera de la vista del halconero y se perdería. Todas estas aves, tras de las cuales jamás se debe enviar al halcón, reciben el nombre de «raleas».

Existen otras presas de vuelo quizás más rápido, pero rectilíneo; incapaces de burlar a la rapaz mediante una finta. Son las perdices, codornices, faisanes, sisones, lagópodos, gangas, diversas especies de patos y algunos chorlitos. Todas ellas han de ser cazadas por altanería; haciendo volar al halcón antes de levantarlas, para que tome altura y se sitúe en una posición ventajosa para el picado.

Los pájaros más lentos que el peregrino, aunque su vuelo sea sostenido y ágil, como los distintos córvidos, los alcaravanes, las gaviotas y garcetas, las grandes zancudas como las garzas reales y purpúreas, las grullas, las avutardas y los gansos salvajes, se vuelan en persecución directa; lanzando el halcón tras de ellas cuando se levantan.

Sin embargo, las aves de gran talla, que dieron lugar a tan hermosos lances en antiguos tiempos, hoy no se cazan porque para adiestrar a los halcones se precisa un elevado número de ellas precapturadas, lo que resulta extraordinariamente complicado.

VUELO DE MANO POR MANO

La técnica más sencilla y directa para lanzar al peregrino en persecución de las presas es la llamada de mano por mano, a vista o a brazo tornado. Para ejecutar estos lances se avanza por el campo llevando el halcón sobre el puño, libre de la lonja y el tornillo, encaperuzado y firmemente sujeto por las pihuelas. En cuanto un volátil se levanta a buena distancia, se le quita la caperuza —que ya traerá abiertos los cerraderos— y se le deja ir en pos de la presa.

Existen dos tendencias para soltar al halcón; unos le quitan la caperuza y, abriendo la mano, le dejan salir por su propio impulso; otros le impulsan fuertemente hacia arriba y adelante, catapultándole en dirección a la presa. Es difícil lanzar un halcón bien, sumando a su propio salto el empujón del puño. Cuando se aprende a hacerlo, después de muchos lances, es un movimiento instintivo, como encararse un arma, que hace ganar al pájaro una fracción de segundo; más que por el impulso mecánico, porque evita el momento de indecisión que, a veces, tienen algunos nuevos halcones.

Así como en la altanería la belleza del lance radica en la veloz bajada del halcón, en la caza de mano por mano se aprecia sobre todo la batalla por la altura ; la persecución en círculos, en la que algunas presas llevan al perseguidor tan alto, que se pierden ambos de vista en el cielo.

En la Edad Media, la garza real y el milano fueron las piezas favoritas para estos altos vuelos, en los que se especializaba a los gerifaltes y sacres, dotados de enorme potencia ascensional. Modernamente, las grajas y cornejas proporcionan muy bonitos lances, comparables en mérito deportivo a los altos vuelos medioevales.

Las perdices y codornices son dos presas magníficas para la altanería, pero, siendo su vuelo limitado, pueden cazarse también a brazo tornado. A mi entender, sólo los halcones excesivamente pesados para la altanería deben emplearse en estos lances. Y no de un modo definitivo, sino como preparación para vuelos más nobles o como «acorredores»[1] de los altaneros.

VUELO DE LA PERDIZ

Un halconero formado menospreciaría rotundamente la caza de perdices a vista, considerando como una pérdida de tiempo incluso su descripción. Sin embargo, este vuelo fue practicado por los antiguos maestros, que supieron reconocer sus ventajas para «estirar» a los halcones y educar a los perros. Con la venia de los «incorruptibles», explicaré con todo detenimiento este lance, pensando que su práctica durante una o dos temporadas es muy útil para los principiantes, a quienes, al fin y al cabo, está dedicado este libro.

Todo halconero u ornitólogo sabe que el vuelo de la perdiz es más rápido que el del halcón, en trayectoria horizontal, y partiendo ambos del mismo punto. Pero, las cortas alas de la gallinácea, que moviéndose a elevadísimo ritmo la impulsan con gran aceleración, se cansan pronto. Su esfuerzo es limitado. Mientras que el peregrino va adquiriendo creciente velocidad a lo largo de la persecución, de tal modo que obliga a la presa a dejarse caer en tierra para evitar la captura. Los halcones salvajes perderían todas estas perdices que consiguen ocultarse antes de ser tocadas ; el noventa por ciento.

Pero el halconero, aprovechando la costumbre innata en todos los halcones jóvenes de permanecer unos segundos posados, buscando la pieza escondida, les enseña que, si esperan, levantará de nuevo la perdiz, cansada, aterrorizada y sin defensa. En este segundo vuelo se matan la mayor parte de las perdices en mano por mano y a su consecución deben ir encaminados todos los esfuerzos.

El pájaro ideal para este vuelo es un niego prima, criado en cautividad —es más seguro que el del aire y, por ende, aguanta mejor en las heridas y mata más perdices—. Su preparación comienza ya en la cámara, donde se le despierta con perdices, después de una o dos palomas. Ordinariamente, se le dan tres o cuatro, siguiendo las tercias que se expusieron en su momento.

Una vez el niego buen señolero, se le vuela suelto a la tira, aumentando las distancias hasta medio kilómetro. Siempre en terreno abierto, pico a viento y, si es posible, cuesta arriba. Antes de que el ayudante le quite la caperuza, ya estará el halconero volteando el señuelo, para que el pollo se acostumbre a partir en el instante en que se le descubre. Por esta regla se le trabaja durante una semana o diez días, hasta que llega al señuelo fuerte, sin jadear ni dar muestras de cansancio.

CEBADURA

En cetrería se entiende por cebar a un pájaro el hecho de hacerle conocer una presa determinada en el campo, comiéndola tras de la captura. Modernamente, se denomina a este proceso «introducción en la caza».

Para cebar a un peregrino en perdices es imprescindible tener media docena de ellas en cautividad, en plenas facultades de vuelo. Asimismo se dispondrá de un buen perro de rastro o de muestra y de un terreno amplio y despejado donde haya perdices. A estas circunstancias ha de sumarse otra no menos importante : sólo se puede introducir un niego con éxito durante el mes de julio y agosto, cuando los perdigones pueden ejercitarle paulatinamente hasta que adquiera, en octubre, su absoluta madurez y condiciones físicas.

Para la primera cebadura debe elegirse un lugar donde el ayudante del halconero se pueda esconder ; un haz de trigo, un ribazo o un matorral. En una cestita como las de pesca, llevará la perdiz atada por las patas a un fiador El halconero se coloca «viento arriba», es decir, con el viento en la espalda, a unos diez metros del escondite. El perro debe permanecer atraillado a su derecha.

Después de quitar la lonja y el tornillo, desencaperuza al niego y, a su aviso, el ayudante, sin hablar ni dejarse ver, lanza la perdiz. El halcón, si ha conocido las perdices en la cámara, sale tras ella y la alcanza al límite del fiador. El maestro debe acercarse con el perro, le hace tenderse junto al pájaro, y da a éste tres cuartos de gorga sobre su presa, dejándole pelar muy bien sin levantarle del suelo, halagándole con la voz y haciéndole comer las partes de la perdiz que más le gustan ; los muslos, la cabeza y el cuello, el obispillo, el corazón y las gordurillas que tienen entre los intestinos.

Terminada la cebadura se saca al pájaro de la perdiz dulcemente, como se hacía del señuelo y, encaperuzándole, se le lleva a la halconera, donde se redoblan las atenciones: buen baño, sombra fresca y tranquilidad para digerir la gorga.

Al día siguiente, se templa al halcón como se hacía en las tercias del señuelo. Algunos halconeros emplean como temple para la caza media gorga o un tercio de carne muy lavada. No soy partidario de este régimen antinatural e indigesto. Acostumbro a templar mis pájaros dándoles uno o dos pies de pollo, un ala de la perdiz, un miembro de pollo muy joven o cualquier alimento que tenga muchos huesos y elementos indigeribles que llenan el buche del pájaro, estimulan su aparato digestivo y no le alimentan. Asimismo, le hago comer mucha pluma, mojándola en agua tibia.

En la segunda cebadura, la perdiz lleva una cuerda

---

[1] Se llama acorredores a los halcones de inferior categoría que ayudan a los halcones maestros.

Foto 22. Equipo para la caza de perdices.

larga, pero no está atada —sólo sirve para recuperarla en caso de que se esconda—. El halconero se coloca a unos veinte metros, desencaperuza y da la orden de soltar la pieza. Tras la captura, deja pelar al halcón y comer sus tres cuartos de gorga ; más tarde, el baño y toda suerte de placeres.

En la tercera cebadura, después del temple correspondiente, la perdiz va absolutamente libre, y el halconero lleva otra en reserva en la cestita apropiada. Debe colocarse mucho más cerca que en los anteriores lances, a unos cinco metros, y no desencaperuzar hasta que la perdiz esté en vuelo, como ocurrirá en la caza real. Al hacerlo, debe emitir una voz recia, corta y característica, «la grita».

Pueden ocurrir dos cosas: que el halcón capture la perdiz como en los lances anteriores o que falle. Este caso siempre se debe a que en el momento de pegar en ella, se ha dejado caer al suelo y se ha inmovilizado. El niego, tras hacer un segundo el «espíritu santo» se posará cerca de donde cree que está escondida la pieza, mirando en tal dirección. Aquí está todo el meollo de la caza de perdices en mano por mano, en este complejo: perdiz escondida, halcón posado cerca esperando, halconero que llega lo antes posible y ¡¡perro!!. Tal complejo o,

¹ Recibe esta curiosa denominación el acto de cernerse un pájaro a poca altura buscando una presa escondida.

más bien, el lugar donde se oculta la perdiz se llama «la herida».

Y ha de hacerse todo cuanto sea posible para que el pollo sea bueno en la herida, para que espere y no levante el vuelo. Esto sólo se consigue si se le enseña que siempre le sacarán la perdiz que ha perseguido. Tal aprendizaje comienza en la primera herida.

Para mejor entendernos, conviene explicar al novel que toda perdiz perseguida a fondo por un halcón se esconde en cuanto puede y, amagándose, no se levanta aunque se pisotee o apalee el terreno. Sólo hay un recurso para sacar a una perdiz «quebrada»: el perro. Después de aguantar la muestra cuanto se quiera, saldrá de su propio hocico, cuando no se deja atrapar por él. En el segundo vuelo apenas se eleva, huye peonando, para ser alcanzada a los pocos metros.

Estando, pues, el joven halcón en su primera herida, el halconero llega lo antes posible con el perro y lo toma en el puño, llamándolo con una picadilla, nunca con el señuelo. Sin encaperuzar, espera a que el can de con la perdiz, lo que a veces no es sencillo. En cuanto la revuela, el halconero lanza su pájaro con la grita, que la liará a los pocos metros. Si transcurre el tiempo y el perro no encuentra la perdiz, el ayudante toma la de reserva, le arranca unas plumas de un ala, y, con disimulo, detrás de la espalda del halconero, para que el niego no vea que se la dan de mano, la lanza al aire. Tomándola por su presa legítima el halcón se irá tras ella para capturarla al instante.

Esta perdiz de reserva es absolutamente necesaria, porque no levantar al niego la primera perdiz que ha llevado a una herida, puede significar estropearle para siempre.

En las otras dos cebaduras, debe elegirse un terreno que tenga algunos matorrales pequeños y aislados o montones de mies, donde la perdiz pueda esconderse y ser levantada fácilmente por el perro. En estas heridas se irá afianzando el halcón, y apreciando el trabajo de sus colaboradores, especialmente del perro al que tomará cariño y esperará cuanto sea necesario.

Ha de quedar bien entendido que si el halcón se levanta de la herida y hay que recogerle con el señuelo en repetidas ocasiones, nunca servirá para esta caza y debe dedicársele a la altanería en la que, posiblemente, llegará a ser un maestro. Los halcones de mano por mano matan las perdices esperando, bloqueándolas. Su seguridad en el aguardo es más importante que la velocidad en el vuelo, porque pronto aprenden que la distancia cubierta por la perdiz es limitada, que se esconderá en el primer matorral y que sus colaboradores se la sacarán «muerta». El niego de mano por mano no mata con el pico y las garras sino con la cabeza; ha de tener cerebro, inteligencia, y eso sólo el halconero puede dárselo.

Con estas cinco o seis cebaduras el pájaro está en condiciones para cumplir su misión: cazar perdices salvajes en su medio ambiente.

La caza

Con el pájaro bien templado, la perdiz de reserva en la cajeta, el perro y el acompañante, el nuevo halconero sale al campo, lleno de entusiasmo. Habrá elegido la mañana fresca o las últimas horas de la tarde, aunque son menos aconsejables.

Trasteja el terreno precedido a corta distancia por el can, hasta dar con las perdices. Si las ve a peón o se levantan largas en un primer vuelo, debe rodearlas para entrarlas rabo a viento. Con el perro pegado a los pies, el cerradero de la caperuza abierto y con la máxima atención, trata de levantarlas. Si salen a buen lance, menos de treinta metros: ¡Fuera caperuza! El niego elige una, la persigue con fe, corta terreno... ¡la va a coger! Y, en el último instante, la pieza se deja caer en un matorral.

Aquí van a ponerse a prueba los nervios y facultades del principiante. Calma, mucha calma. Si todo va bien, y transcurre como en los días del entrenamiento, tendrá su perdiz y el bautismo cetrero.

Si el perro no saca a la perdiz de la herida, ha de darse al pájaro la de la cesta, con todo el disimulo posible, porque si esto se repite mucho acabará enterándose del truco y se levantará de «motu propio» en busca del morral. En la primera captura, se le dará una buena gorga, toda suerte de placeres y, al día siguiente, su temple correspondiente.

Con este orden y eligiendo lances cortos, en terrenos llanos y despejados o mejor cuesta abajo, se matan la primera docena de perdices sobre polladas tiernas. Más adelante, sólo se da al pájaro media gorga sobre su presa para cazar diariamente y proporcionarle más oportunidades de ir estirándose al ritmo de los perdigones.

Cuando el pollo está bien seguro, se le empiezan a matar dos perdices, por esta regla: en la primera se le deja pelar muy bien, se le sube a la mano sobre ella y, sacándole la cabeza a través del puño cerrado, se le deja comerla (fotografía 26), lo que se llama «hacer cortesía». Tirando de la perdiz hacia abajo, una vez que el pájaro ha comido parte de la cabeza, se le quita muy fácilmente y se le encaperuza a continuación.

Después de media hora de descanso, para que olvide su decepción, se le busca un segundo lance. Si cobra, se le deja comer media gorga en esta perdiz. Así, paulatinamente, se le puede ir estirando hasta hacerle matar tres, cuatro, cinco y hasta media docena. Sin embargo, si es un halcón que va a ser dedicado a esta caza, es mejor sacarle pocas durante el primer año, para que se afiance y asegure. A fin de cuentas, el halcón caza para él, soportando mejor o peor el ingenioso parasitismo de su dueño.

En invierno, cuando las perdices vuelan reciamente y largos trechos, el pájaro ya conoce perfectamente su oficio y se limita a perseguir alto al bando, para apretar en los últimos metros sobre una y meterla en la herida. Allí, esperará cuanto sea necesario la llegada del perro. Durante todo el primer año, se ha de llevar perdiz viva en la cajeta, por si no pudiera levantarse la quebrada. Esto no encierra ninguna dificultad para un halconero, ya que sus perros cogerán muchas perdices vivas en los arroyos y matorrales fuertes, que constituyen la reserva para estos u otros fines. Después de que el halcón hace la primera muda, se van cristalizando sus reflejos y difícilmente se enfriará en la caza, aunque se pierdan algunas perdices.

Para hacer buenos pájaros, hay que saber conformarse con poco y no salir al campo para llenar el morral sino a ejercitar al alumno y deleitarse con sus buenos vuelos. No se deben matar ordinariamente el mismo número de perdices, ni cobrar la última a la misma hora, porque el pollo aprende que le darán de comer en ella y no persigue a fondo a las que le salen durante el resto del día. Es muy conveniente salir con frecuencia a matar una sola perdiz, lo que llamamos «cebar». Y, en otras ocasiones, a por dos o tres. Que el halcón no sepa nunca cuál es su perdiz o la de su dueño.

Las grandes llanuras labradas, los páramos, las lomas peladas y de escasa ondulación, las laderas amplias, son excelentes terrenos para este género de caza. Y nunca se lanzará al pájaro pico a viento. No hay halcón que pueda alcanzar a una perdiz con brisa fuerte en contra. Tampoco han de hacerse persecuciones cuesta arriba, ni hacia los perdederos, montes, grandes matorrales, etc....

En la caza de perdices a vista, se adiestran mucho los nuevos halconeros, se hacen muy buenos perros de cetrería y se cobra buen número de piezas. Es un ejercicio movido en el que el maestro ha de ser diestro para buscar las vueltas a las perdices, que siempre pretenden volverse viento arriba. Ha de calcular las posibilidades de su pájaro en determinados lances, saber el número de perdices que se le pueden sacar y otros mil detalles que la improvisación y fortuna de la caza pondrán en su camino.

Si se actúa con varios acompañantes o «atalayas», en mano cerrada, es más fácil llevar las perdices a donde se quiera, darles uno o dos vuelos para cansarlas, y ponerlas en las mejores condiciones para el lance.

Los perros para esta caza han de ser valientes para entrar en los matorrales, muy bien mandados para que no se nos escapen tras el halcón, levanten la perdiz quebrada antes de nuestra llegada o se la quiten al pájaro. Los perdigueros de Burgos y los podencos son excelentes.

Si se tienen varios halcones, se irán turnando los lances, de modo que siempre se pueda contar con uno fresco. Cuando un halcón maestro mete varias perdices en un arroyo o matorral, se las puede ir cobrando con mucha facilidad con los otros niegos, a medida que los perros las levantan quebradas. En un buen equipo para esta magnífica caza debe haber halcones altaneros y de mano por mano. Éstos, de misión menos espectacular, preparan y fijan maravillosamente las perdices para que se luzcan los maestros de altanería. Quizá los halconeros europeos, acostumbrados a matar la sencilla perdiz gris, que aguanta perfectamente la muestra del perro, no comprendan la necesidad de este despliegue de fuerzas. Pero creo que sus pájaros no cobrarían en invierno una sola perdiz roja sin la ayuda de los acorredores.

Radicando la mayor ventaja para el halcón en la inmediata llegada del halconero y el perro a la herida, es comprensible la importancia de la caza a caballo. Con tales auxiliares, se puede trastejar mejor a las perdices, lanzando en los primeros días cuando salen de las patas del caballo. Se llega inmediatamente para socorrer al halcón y se puede llevar el bando a donde plazca. Los caballos de cetrería han de ser tranquilos, acostumbrados previamente a los halcones y al volteo del señuelo. Como el pájaro se lleva en la mano izquierda, se monta con las riendas en la derecha, «a la halconera». Para que no se escape el caballo en el campo cuando el halconero desmonta, debe llevar atada a un ramal una bola de plomo, que se deposita en el suelo al echar pie a tierra. La caza montada es muy superior a la caza a pie, ya que los dos deportes más bellos, la cinegética y la equitación, entran en perfecta conjunción y armonía. ¿Puede haber algo más hermoso que dominar al caballo, al halcón y al perro, para la consecución de un lance biológico y natural? Sin embargo, se necesitan cuantiosos medios para desplazar a los caballos al cazadero y tenerles siempre a punto, sobre todo si se habita en la ciudad.

Cuando, a pesar de todas las precisiones, el halcón falla su perdiz y no se tiene otra en reserva para cebarle, se le debe recoger en la herida sobre el puño y encaperuzarle después de darle unas picadas. Tras un descanso de media hora se le busca un lance bueno para que cobre. Si fuera demasiado tarde para ello, es preciso darle media gorga para salir al día siguiente.

VUELO DE LA CODORNIZ

Cuando comencé a cazar con halcones, vivía en la provincia de Burgos, teniendo casi a la puerta de casa una excelente vega repleta de codornices. Por aquel entonces, no me había decidido por la difícil altanería y traté de probar suerte con mis tres peregrinos, dos primas y un torzuelo, en el vuelo de la codorniz a brazo tornado.

Los tres halcones habían recidido en la cámara muchas presas vivas y, tras un afeitado muy bien llevado —con el rigor del aprendiz—, atacaban a todo cuanto acertaba a volar a su alcance. Solo tenían un defecto mis niegos; habían trabajado poco a la tira. Apenas volaron en libertad, los atrainé [1] con una paloma y tres perdigones pequeños y me eché al campo.

Inmediatamente, comprobé que, con las firmes posturas de mi epagneul breton, Lis, podía lanzar con todas las ventajas, a menos de un metro de distancia. Pero en la primera codorniz, las cosas no fueron bien; el perro se había puesto en un ribazo de hierbas altas y, acercándome lo más posible, levanté la mano izquierda para dar ventaja al pájaro, y desencaperucé. Entró Lis y, casi al mismo tiempo, partieron como dos centellas la codorniz y el halcón. Éste, una prima muy fuerte y segura en las presas de escape, no conseguía acortar los cinco metros de ventaja que le llevaba la pequeña pieza, más rápida y resistente de cuantas había visto en mi vida. Así llegaron hasta unos juncos donde la codorniz «embarró» [2] y Doncella, tras sobrevolar un instante, pretendió atraparla en tierra; naturalmente, sólo consiguió hundirse entre los tupidos juncos, de donde, a duras penas, trataba de salir. No conseguimos levantar la codorniz por segunda vez y todo se volvieron lamentaciones. ¡Que si el pájaro nunca esperaría en una herida... que no serviría tampoco para perdices...! ; ¡y qué sé yo cuántas cosas más! Lo cierto es que, como mandan los cánones, solté un perdigón a Doncella junto a los juncos y regresé a la halconera triste y cabizbajo. Realmente, las codornices no eran tan fáciles como yo había pensado. Su vuelo lento, rectilíneo y de corto trecho, no era tal cuando llevaban un peregrino pegado a la cola. Me decidí, pues, a muscular a mis ingenuos camaradas, antes de que otras persecuciones falladas dieran al traste con su enorme moral, adqurida en las fáciles victorias de la cámara.

Durante diez días volaron a la tira, siempre pico a viento, y, a veces, cuesta arriba, llegando a cubrir distancias superiores al medio kilómetro.

En la siguiente halconería no me dirigí a la vega, llena de arroyuelos, maizales y junqueras, sino a una altiplanicie muy abierta, «la loma», de interminables rastrojeras con escasos ribazos herbosos y sin arroyos ni matorrales. Allí, las cosas me fueron mejor: la primera codorniz volada por Doncella pudo llegar hasta un ribazo, con el halcón materialmente pegado. El perro la levantó pronto y fue liada magistralmente tras una corta persecución. Berenguela cobró la suya, a los diez minutos, por la misma regla y Lanzarote, un torzuelo precioso y velocísimo, cazó una,

[1] Atrainar, en cetrería clásica, es lo mismo que cebar o introducir en la caza, mediante la suelta de presas vivas.
[2] Embarrar. Lanzarse una presa a tierra para esconderse.

que le sacamos debajo del pico, en menos de veinte metros liándola limpiamente en el aire y dándose, por cierto un buen paseo con ella en las manos. La misma tarde, Doncella mató la segunda y durante todo el mes de agosto cobrábamos de seis a doce diarias con los tres pájaros.

A través de tan numerosos y entretenidos lances, fui comprobando la importancia de volar las codornices en sitios muy abiertos, a ser posible con heridas fáciles. Cuando el halcón las mete en un arroyo muy sucio o matorral, no hay perro para levantarlas, si no es llevándolas en la boca. Es conveniente lanzar rabo a viento, dando la vuelta al perro cuando muestra, aunque no son tan fuertes pico a viento como las perdices. Si los pájaros son seguros y tranquilos, se puede desencaperuzar antes de levantar la pieza, para ganar una fracción de segundo decisiva. Si, por el contrario, son nerviosos y se debaten descubiertos, sin observar al perro, ni parar mientes en el campo, es preciso desencaperuzar a «cul levé» en el instante en que la presa se levanta. En caso contrario, nos exponemos, como me ha ocurrido en algunas ocasiones, a encontrarnos con el pájaro colgado cuando salta la codorniz.

Aunque los halcones cogen muchas codornices antes de que se metan en la herida, si ésta no es muy fuerte los perros las sacan bien y al segundo vuelo no se va una. Un buen pájaro codornicero debe esperar, por consiguiente, con tanta seguridad como el que vuela perdices.

Siendo ésta una caza temporal, no tiene objeto preparar un equipo para su exclusivo vuelo y, generalmente, se cazan a la vez que las perdices, con los mismos pájaros, a los que no estropean en absoluto para el vuelo de sus más grandes y definitivas presas.

VUELO DEL ALCARAVÁN

El alcaraván (Burrhinus oedicnemus) proporciona un magnífico y fácil lance de mano por mano. Su talla, poco menor que la del halcón, su notable envergadura y su vuelo no muy rápido pero mantenido, ascendente y enérgico, hacen de él una presa ideal para el peregrino, en persecución directa.

Estas zancudas, habitantes de las llanuras pedregosas con escasa vegetación, de los arenales y eriales, son de hábitos nocturnos ; al caer la tarde, se ponen en vuelo, emitiendo su característico «curr..liii», y corretean sobre sus altos zancos, a la búsqueda de insectos y caracolillos. Durante el día, permanecen generalmente echados a la sombra de los escasos y mustios hierbajos que crecen en su habitat. Acostumbran a levantarse largos, fuera de tiro de escopeta, para posarse, si no son perseguidos, unos centenares de metros más adelante. Extraordinariamente querenciosos, pasan la mayor parte del día en los mismos parajes y vuelan, en crepúsculo, por idénticas rutas. Su carne, adecuadamente condimentada, es sabrosa y, si están gordos, hacen un excelente arroz. En Castilla la Nueva se les da el nombre de chorlitos.

La caza del alcaraván no es artificial como la de la codorniz y sobre todo de la perdiz, que se cobran en las heridas, con la colaboración del perro y mediante un determinado aprendizaje del halcón. Es un vuelo directo y natural, una auténtica persecución de mano por mano, es decir, de poder a poder, en la que el más veloz y más resistente gana la trágica partida.

Estas zancudas raramente buscan la protección de la maleza para salvarse de su perseguidor, sino el cielo abierto, el vuelo ascendente.

Para que un halcón niego mate alcaravanes ha de ser introducido en esta caza muy musculado ; bien sea mediante muchos vuelos largos a la tira, mediante la caza de codornices y perdices o, fundamentalmente, mediante la crianza campestre. Un niego escasamente entrenado que, de «motu propio», se iría tras el alcaraván, presa muy atractiva, en cuanto se vea superado en altura, aflojará en la persecución, hasta abandonarla. Con tres o cuatro de estas decepciones no volverá a mirar a los alcaravanes.

Me han salido muchos alcaravanes en el campo, llevando al puño pájaros poco musculados ; en todos los casos han volado tras ellos pero no han podido alcanzarles. Sólo he visto cazar bien esta pieza a tres baharíes ; dos niegos y un zahareño.

El mejor fue Doncella I ; después de haber cobrado más de 50 codornices y unas pocas perdices, durante el mes de agosto, una tarde de primeros de septiembre se levantó un bando de alcaravanes largo y desencaperucé ; se fue a ellos sin dudarlo y, tras una persecución afortunada —los insensatos chorlitos dieron en posarse en un pedregal cuando llevaban el halcón a 50 metros—, barrió uno en la pasada más escalofriante y suicida que puede imaginarse ; experiencia de sacar 50 codornices de los rastrojos. Al día siguiente, la llevé a una buena querencia y, por casualidad, salieron muy cerca. Perseguía a uno, cuando se levantó otro debajo, que Doncella I capturó sin esfuerzo.

A partir de entonces, los cazó regularmente en días alternos, cobrando de uno a tres por salida. El 2 de noviembre, terminando el paso, cazó cuatro en una mañana y al final de dicho mes ostentaba el récord de 93.

Considero importante hacer constar que este mismo halcón persiguió a dos alcaravanes en sus primeros días de caza y no consiguió ni siquiera acercarse a ellos. Fueron las persecuciones diarias a las codornices las que lo muscularon suficientemente para dar alcance a las fuertes y resistentes zancudas.

He trabajado «en tornos»[1], durante más de quince días, a determinados niegos para volar alcaravanes y nunca han conseguido alcanzarles. Creo que el vuelo directo, cubriendo distancias muy grandes, al señuelo, fortalece mucho más a los pájaros que el vuelo en círculos. En el primer caso van a toda prisa, cual si persiguieran a una presa, sin dejar de batir las alas y siempre pico a viento. En el segundo, se limitan a planear en torno nuestro para dar una cómoda pasada cuando les mostramos el señuelo. Recomiendo, pues, largos y progresivos vuelos a la tira, durante muchos días, para afeitar bien a un niego en alcaravanes.

Para volar esta pieza debe lanzarse, contrariamente a las anteriores, pico a viento. En cuanto se ven apretadas

---

[1] Volar un pájaro en círculos alrededor del maestro para muscularle.

96

por el halcón tornan rabo a viento y se encuentran en su camino. Por otra parte, siendo una batalla por la altura, el halcón monta mucho mejor volando pico a viento que llevado por él.

Como norma ha de lanzarse rabo a viento a toda presa de alas más cortas que el halcón y batir más rápido. Se lanza pico a viento a las aves de alas más largas y batir más lento. Cuanto más batido es el vuelo de un pájaro, mejor perfora el viento.

Para la caza de alcaravanes no se precisa perro; estas aves raramente se ocultan en la maleza y, si lo hacen, se levantan ante la presencia del hombre. Se desencaperuza cuando ya están en vuelo, pudiendo lanzar a un pájaro bien introducido a distancias hasta de 100 metros. Los lances largos proporcionan vuelos bellísimos; en cuanto el bando descubre al halcón, trata de ponerse a salvo tomando altura, viento arriba. Al verse alcanzados, tornan viento abajo y en lo alto del cielo se desarrolla ya toda la persecución. Muchas veces, cuando Doncella I llegaba a ellos, estaban tan altos sobre nuestras cabezas que difícilmente distinguíamos al perseguidor de los perseguidos. Dominado uno, tras algunos quiebros, trataba de ponerse a salvo, lanzándose en tirabuzón, a toda velocidad, hacia tierra; el halcón lo acuchillaba infaliblemente a pocos metros del suelo y lo liaba a continuación. Sin embargo, estos vuelos espectaculares no son frecuentes; si el alcaraván no ha conseguido tomar gran altura, es liado por el halcón en una entrada fulminante, de abajo a arriba, sin oponer el menor quiebro o acrobacia.

Donde abunden los alcaravanes y se les encuentre en buenos terrenos para volarles, recomiendo esta caza sobre cualquier otra de mano por mano, por su belleza, su facilidad —una vez introducido el pájaro— y su provecho. Si se afeita un halcón durante julio y agosto en las codornices y se le pone en septiembre en alcaravanes, resultará un pájaro magnífico para cazarlos hasta mediados de noviembre, época en que, por emigrar éstos, podrá ser cebado en perdices mediante unos buenos escapes.

Para esta caza es aconsejable la prima y, de no estar el niego muy afeitado, es preferible el pájaro campestre, pasajero o zahareño. Los alcaravanes pueden volarse también por altanería, pero el lance resulta excesivamente fácil.

VUELO DE LA GRAJA

Los últimos grandes clubs de cetrería creados en Inglaterra y Francia en el siglo pasado, después de tentar el vuelo de la garza real y el milano, terminaron cultivando asiduamente el más modesto y asequible de la graja. Estos córvidos, con sus fintas, su enorme resistencia y su tendencia a elevarse en persecuciones largas, dieron lugar a muy bonitos lances, inmortalizados por el gran pintor de las rapaces, Lodge.

Los halconeros contemporáneos de Europa siguen volando esta presa frecuentemente y disfrutando de sus buenas cualidades para la caza a vista. Los españoles tenemos muchas dificultades para entregarnos a este bonito vuelo, por razones de orden exclusivamente biológico. De los córvidos que habitan en nuestro país sólo dos pueden ser volados habitualmente con el peregrino: la corneja (Corvus coronae) y la graja (Corvus frugilegus). La grajilla (Corvus monedula), pájaro negro, de cabeza gris, del tamaño de una paloma, que suele volar en grandes bandos, es demasiado rápida y ágil para intentar regularmente su captura. El cuervo carnicero (Corvus corax) posee un pico tan fuerte y dañino que, en ocasiones, ha fracturado el ala de un halcón o le ha saltado un ojo de un picotazo; no hay por qué exponer nuestros pájaros a tamaña desgracia.

La corneja es un fuerte pájaro totalmente negro, con el pico relativamente grande, cubierto de plumas en la base, que anida en los pinares y los sotos. Se le encuentra en bandadas no muy grandes, picoteando en los prados y tierras de labor. La graja anida en España muy escasamente, llegando en enormes concentraciones del centro y norte de Europa con los primeros fríos, para pasar el invierno en nuestras llanuras. Se distingue de la corneja, de parecido tamaño, porque tiene la base del pico totalmente pelada, de un color gris claro, aparente a cierta distancia. Suele encontrarse en bandos numerosos en las tierras de labor y praderías; a veces, se disgregan en grupos familiares de tres a cinco individuos.

Estos dos córvidos pueden volarse indistintamente, sometiendo a los halcones a un entrenamiento semejante. Sin embargo, la primera es de vuelo más resistente y acrobático y su caza poco aconsejable, por estar dotada de un pico realmente peligroso para nuestros pájaros. Es de lamentar que anidando abundantemente esta especie en nuestras arboledas, sea su captura mucho menos factible que la de sus parientes invernantes. La época ideal para entrenar a los halcones niegos en este difícil vuelo es, precisamente, el estío, cuando las cornejas jóvenes, de escasa experiencia, son una presa fácil. Cuando las grajas llegan, a mediados de octubre, es muy difícil capturarlas con un niego que no las haya conocido antes.

Me limitaré, por consiguiente, a describir el vuelo de la graja, cuya técnica es absolutamente aplicable para la corneja, por si el principiante desea probar suerte con estos peligrosos córvidos en las jornadas estivales.

Sólo he afeitado un pájaro para grajas; ha sido un baharí zahareño, capturado especialmente para este fin, a fines de septiembre. En noviembre comenzó a cazar y me proporcionó algunos excelentes lances, hasta que, por desgracia, se perdió a primeros de febrero. Mi decisión de afrontar esta caza con un pájaro del aire, se debió a las grandes dificultades inherentes a la conservación de las facultades de caza de un niego, desde el mes de julio, en que comienzo su entrenamiento, hasta el otoño avanzado cuando llegan las grajas.

El halconero inglés, J. Mavrogordato, describe un entrenamiento con el señuelo, consistente en obligar al halcón a darle una serie de pasadas, cada día más, hasta que se le permite liarle. Para tal efecto, se voltea el señuelo con una lonja o cordel de unos tres metros; cuando el halcón lanzado por un ayudante o por el propio halconero viene a liarle, se le retira de su trayectoria mediante un rápido tirón de izquierda a derecha, esquivando su acometida. En el segundo golpe, se le permite liarle y se le da su gorga. Diariamente se van aumentando las esquivas, hasta llegar a las cuarenta o más, antes de permitirle capturar el señuelo. Con alguna práctica el halconero adquiere la destreza necesaria para este ejercicio y el halcón llega a encarnizarse tanto que persigue al señuelo como a una auténtica presa. Sin duda alguna, mediante este procedimiento, puede llegarse a muscular un pájaro considerablemente y, sobre todo, mantenerle en forma durante los tres meses que en nuestro país no tenemos grajas.

Un pollo con crianza campestre ha de tener más facultades para este vuelo fuerte y de altura que un cautivo y lo ideal es un pasajero o un zahareño. Nunca he hecho la prueba de cebar en grajas a un niego afeitado para perdices o alcaravanes, pero creo que, vencida la natural repugnancia a la carne del córvido, para un halcón acostumbrado a mejores bocados, no habrá grandes dificultades.

Cualquier pájaro que pretendamos introducir en esta caza, comenzará por conocer un señuelo totalmente negro hecho con alas de graja y recibirá, cuando esté bien musculado, tres o cuatro escapes, de grajas precapturadas en progresivas condiciones de vuelo.

En los primeros lances, hay que procurar acercarse lo más posible y elegir ejemplares aislados, el máximo de tres a cinco. En el interior de un automóvil se puede llegar a pocos metros y, descendiendo por la portezuela del costado opuesto, lanzar con todas las ventajas. Este acercamiento no tiene por objeto, como podría creerse, dar más facilidades mecánicas al halcón, sino una ayuda moral; se trata de que, al ver a la negra y detestable presa a buena distancia, se decidan a perseguirla firmemente. Si antes de estar muy cebado lo lanzáramos a una graja lejana, haría pocos esfuerzos para darle alcance. Una vez bien introducido le proporcionamos mucha más ayuda lan-

Halcón sacre dando una pasada al señuelo, en su preparación para el vuelo de la graja.

zándolo a distancias superiores a los 50 metros ya que, como hemos indicado al describir el vuelo del peregrino, sólo adquiere apreciable velocidad y maniobrabilidad cuando se ha impulsado en un largo trayecto. En estos lances lejanos, tiene tiempo de ganar altura, a medida que da alcance a la graja, dominándola por muchos metros cuando llega a ella. En tal posición, puede iniciar el ataque con una fuerte bajada y, si no acuchilla, desconcierta al córvido y adquiere velocidad para subir de nuevo y repetir un picado fulminante sobre una presa ya atemorizada. En las persecuciones cercanas, el halcón y la graja evolucionan con lentitud, sin nervio, y acaban en un árbol o, tras una escaramuza a ras de tierra, en una captura sin estilo en las que participan tanto el halcón como el halconero.

En las llanuras amplias, totalmente desprovistas de arbolado, matorrales, postes de alta tensión o refugios de cualquier género, las grajas tratan de ponerse a salvo tomando gran altura y dan lugar a un lance bellísimo, pasada tras pasada, sobre la cabeza de los halconeros.

Si la persecución tiene lugar en terreno más o menos cubierto, como yo me he visto obligado a hacerlas, se reduce a una simple carrera de velocidad hacia la herida más inmediata, donde el córvido se oculta, y si el halcón no puede liarlo, es preciso intervenir para continuar el lance. De todos modos, la cuchillada de un peregrino en la corneja, haciéndola rodar envuelta en oscuras plumas, es un espectáculo siempre emocionante. En este vuelo, ha de lanzarse siempre viento arriba, porque se dan al halcón más facilidades para dominar a la corneja en altura y se evitan las persecuciones lineales, en las que se puede perder el pájaro.

Semejante en todo al vuelo de la corneja es el de las gaviotas. En estas presas, también antinaturales, el halcón ha de ser cebado dándole de comer, tras de la captura, un pichón, encubiertamente. Sólo se pueden cazar cuando están alejadas del mar, de los lagos o los grandes ríos; en caso contrario, se lanzan al agua para defenderse.

Las grandes gaviotas marinas (Larus argentatus) no oponen mucha resistencia en el vuelo, pudiendo ser dominadas fácilmente con una prima pasajera o niega, bien entrenada. Sin embargo, en tierra se defienden bien con su largo y cortante pico. Las pequeñas gaviotas fluviales —gaviota de cabeza negra (Larus melanocephalus) y gaviota reidora (Larus ridibundus)— más frecuentes en el interior y en parajes relativamente secos, tienen un vuelo mucho más rápido y ágil que su gran pariente marítima. Para cazarlas se necesita una «copla» de buenos torzuelos, pasajeros o con crianza campestre. Dan lugar a un lance trabajoso y, muchas veces, de gran altura.

Halcón peregrino acuchillando a un pato salvaje. (Grabado original de Renz Waller. Tomado de «Der Wilde Falk ist mein Gesell» von Renz Waller. Verlag Neuman-Neudam, Melsungen, Germany.)

VUELO DE ALTANERÍA

... y el caudal y sutileza del arte del Neblí todo es la altanería...

(PERO LÓPEZ DE AYALA)

La suprema finalidad del arte de cetrería es la belleza. Si los halconeros saliéramos al campo para llenar el morral, hace mucho tiempo que hubiéramos dejado el pájaro por la escopeta. Y en este afán de contemplar los más hermosos y emocionantes lances, los cetreros de todos los tiempos han enaltecido al halcón peregrino, precisamente por su facultad de mantenerse en lo más alto del cielo para caer en su fantástico picado sobre la presa.

Quien sólo practique los vuelos de mano por mano habrá dado, sin duda, un gran paso hacia la perfección cinegética, pero no la conocerá en toda su belleza, mientras no llegue a integrar el armonioso conjunto formado por el halcón, que vuela en lo alto esperando la salida de la caza ; el perro, que marcha hacia ella para levantarla bajo su aliado ; y el halconero, maestro supremo y creador del compenetrado grupo, en el que se complementan algunos de los elementos más perfectos y hermosos de la creación: el vuelo del halcón, el olfato del perro y la mente del hombre.

A la finalidad de orden estético ha de sumarse otra de orden biológico ; el peregrino está perfectamente constituido, desde la solidez de su esqueleto a la reciedumbre de sus plumas, para volar en picado, para matar por impacto. Lanzarle desde la posición inadecuada y antinatural del puño del halconero, es restarle la mayor parte de su belleza y eficacia. Su puesto de observación y de ataque es el cielo; allí hemos de colocarle para que siga nuestra marcha sobre los campos. Tal es el objetivo de todo el proceso de adiestramiento para la caza de altanería.

El emperador Federico II, gran maestro de los halconeros de todos los tiempos, recomendaba el empleo del gerifalte para las grullas, el sacre para las garzas y el peregrino para la altanería.

Sin embargo, esta pretensión nuestra de dar al pájaro tan ventajosa posición no es siempre fácil y no pocos halcones tratan de demostrarnos, día tras día, que prefieren volar a la altura de nuestras rodillas o sentarse tranquilamente en espera de la comida. He de reconocer que tan desagradable costumbre es más común en los niegos criados «en chambre» que en los campestres o pájaros del aire. No obstante, con más o menos trabajo, a todos ellos podemos convencer de que asciendan a su natural y elevado puesto de ataque.

En la Edad Media no se concebía más vuelo de altanería que el de las ánades; de gran belleza, por la fortaleza y facultades de la presa y, en cierto modo, fácil para el halcón, por el seguro punto de referencia que suponen las charcas y riachuelos.

Actualmente, se caza por altanería en Inglaterra el «grouse» o lagópodo escocés (Lagopus scoticus), magnífica pieza, robusta y rápida, más grande que la perdiz, muy dura y de vuelo velocísimo. Sin embargo, aguanta bien la muestra del perro, sobre todo en el estío, característica de inapreciable valor para introducir en su caza a los halcones.

La perdiz gris o pardilla (Perdix perdix) se caza con torzuelos, en toda Europa. Es una pieza fácil, por su vuelo, y por lo bien que aguanta la muestra del perro en todo tiempo.

El faisán puede cobrarse perfectamente por altanería, en un lance fácil y vistoso, pero no es una presa corriente, dadas las malas condiciones de su habitat, para el vuelo del peregrino. Las acuáticas, becacinas y otras pequeñas zancudas son voladas complementariamente por algunos halconeros.

En España tenemos varias especies abundantes y aptas para los pájaros altaneros: la perdiz roja, la codorniz, el sisón y varias razas de patos.

VUELO DE LA PERDIZ

Los cazadores de escopeta de todo el mundo conocen y saben apreciar la bravura, velocidad y dureza de la perdiz española. Los halconeros lo comprobamos mejor que nadie. He visto caer a un halcón perfectamente afeitado, desde una altura de 100 metros, sobre una perdiz, acuchillándola y haciéndola rodar en una nube de polvo. Cuando iba a liarla en tierra, la presunta víctima se levanta como si tal cosa y pega un vuelo de 200 metros.

No es sólo esto; nuestras perdices no aguantan la muestra del perro más que cuando son como tordos o cuando no pueden volar de calor y entonces tampoco lo hará bien el halcón. Con estas dificultades, quien mate perdices por altanería bien merece el título de halconero.

Ha de comenzarse por elegir el halcón, en mi criterio, prima. Los torzuelos vuelan muy alto, remontan con más ligereza, pero no tienen peso y en la cuchillada, se les van muchas perdices vivas. Mi mejor altanero, en lo que se refiere a montar, volar alto, en redondo y revolar, ha sido un torzuelo niego, criado en cámara. Mi mejor matador, menos alto, más independiente, más pesado, pero increíblemente eficaz, fue un neblí, doncella, de rapela. Por consiguiente, creo que tanto los niegos como los del aire pueden llegar a maestros en esta caza. Los primeros requieren mucho más trabajo y han de cazar diariamente durante el verano y el otoño. Por ser más comunes y de más fácil adquisición para el halconero medio, describo su particular afeitado.

Mis primeros intentos de altanería con estos pájaros, fueron el más rotundo fracaso. Tropezaba con un inconveniente difícilmente superable; los niegos, al ser lanzados de la mano, se limitaban a volar a mi alrededor, con una altura máxima de cinco a seis metros, o se posaban tranquilamente a mi vera demostrándome el más absoluto afecto. Los más voladores emprendían interminables correrías a ras de tierra, hasta ser recogidos con el señuelo. En tales circunstancias no había caza posible; un halcón que no disfrute de una altura apreciable, al menos de cincuenta a cien metros, difícilmente puede capturar una presa. Los vuelos diarios durante semanas no mejoraban la situación y la única regla aplicable escrita en nuestros libros clásicos, aconsejaba volar al aprendiz de altanería en compañía de un halcón maestro. El maestro altanero más próximo debía encontrarse, por aquel entonces, en Escocia, así que abandoné tal idea.

Fue realmente lamentable tal pérdida de tiempo por mi ignorancia de una norma sencilla y elemental; con los ejercicios de señuelo exclusivamente, un halcón no aprende jamás a volar alto, sino todo lo contrario. El alumno se da cuenta desde la primera sesión de que para capturar una presa inerte no es necesario tomar previamente altura y, siguiendo la ley del mínimo esfuerzo, hace cómodos tornos a ras del suelo o, los más listos, esperan sentados pacientemente la hora del almuerzo.

Sólo existe un ejercicio para enseñar al joven halcón a tomar altura; la caza. Su instinto le llevará, tras algunas persecuciones afortunadas o falladas, que también enseñan, a situarse a plomo sobre los colaboradores terrestres. Sin embargo, sería absolutamente inútil salir a cazar con un pájaro que no sepa esperar en lo alto. En sus círculos la pieza siempre se levanta cuando el halcón está en el extremo más alejado y entonces, se escapa irremisiblemente. Queda un recurso, sin embargo, que, bien empleado, puede transformar en un buen pájaro de altanería al más recalcitrante de los niegos. Se trata de la caja de lanzar presas. Contando con este aparato aconsejo la técnica siguiente para afeitar al niego:

1) Una semana o diez días de vuelos progresivos a la tira, después de sacarle del fiador. Si lanzáramos al pollo de la mano para hacer tornos, sin estar ejercitado en el vuelo, se posaría o volaría muy bajo en el 90 % de los casos.

2) Vuelos diarios en tornos durante otra semana, siguiendo esta regla; se desencaperuza al niego y se le lanza directamente contra el viento, esperando en silencio su reacción. Si vuela en círculos alrededor del maestro, éste permanece esperando, pero, tan pronto como inicie una tira para alejarse, lo llama con el silbato y, en cuanto torna, le da señuelo y su gorga correspondiente. Cada día ha de procurarse aumentar su permanencia en el ala, dándole señuelo cuando intenta alejarse.

Con estos ejercicios no nos proponemos que el niego vuele alto, ni que se muscule. Solamente le hacemos «redondo», es decir, le enseñamos a volar en círculos en torno al maestro. Si al lanzarle contra el viento, se posa, es preciso hacer todo lo posible para hacerle volar. Lo más práctico, aunque perderá mucho la fe, es llamarle con el señuelo, viento arriba y, cuando viene a liarlo, esconderlo tras de la espalda.

3) Durante un tiempo variable, según las condiciones de cada pájaro, ha de lanzársele una presa de escape diaria, hasta que aprenda a mantenerse a buena altura y un cierto tiempo, sobre el perro de muestra. En esta fase, la más interesante y decisiva, está la clave del éxito, dependiente del adecuado empleo de tres elementos: las cajas de lanzar, las presas de escape y el perro.

Las cajas de lanzar. — Son aparatos de resorte, del orden de los empleados en el tiro de pichón (fotografías 22 y 23). Se disparan (mediante la acción de unos muelles) abatiendo toda su estructura y dejando el volátil en libertad. El disparador se puede accionar con una larga cuerda, desde la distancia apropiada, entre 10 y 20 metros. Han de montarse sobre el terreno, perfectamente camufladas con pajas, hierbas u otros materiales naturales; diariamente se cambiará su emplazamiento para que el pollo no se entere del truco. Un pájaro de altanería, disfruta desde su alto observatorio de perfecta visibilidad y en ningún modo puede ser cebado lanzándole presas de mano, como hacemos con el de brazo tornado.[1]

Presas de escape. — Así como para cebar un halcón en cualquier vuelo de mano por mano se le atraína con presas precapturadas de la misma especie de las que va a cazar, para ponerle en altanería, ha de atraínársele con un buen número de palomas, por una razón tan sencilla como trascendental; ordinariamente, un niego necesita muchas presas de caja para llegar a volar con la necesaria altura que requiere la caza de perdices salvajes. Si le soltáramos perdices precapturadas en tan elevado número, aprendería perfectamente a distinguir estas piezas, siempre mucho más fáciles, y perdería todo interés para la caza verdadera.

La causa de esta diferencia tan perceptible para el halcón entre la perdiz salvaje y la precapturada, no estriba precisamente en el vuelo sino en el conocimiento del terreno. En su habitat la perdiz tiene perfectamente localizadas y recuerda con exactitud todas y cada una de las defensas naturales; arroyos, matorrales, pedregales, etc. Perseguidas por el halcón, vuelan hacia tales refugios directas y velocísimas, obligándole a acuchillar muy cerca del suelo, en una pasada difícil y peligrosa. Las perdices lanzadas desde la caja, salen desorientadas y, al ver a su enemigo, no pueden reaccionar instantáneamente, limitándose a volar en línea recta, generalmente ascendente. En tales condiciones son una presa fácil y segura.

Una de las mayores dificultades con que tropieza el halconero es la de calibrar la potencia de las palomas de escape, para que no resulten demasiado difíciles ni demasiado fáciles a sus niegos. He seguido todos los procedi-

[1] Un sencillo hoyo en la tierra, adecuado al tamaño de la traína, y cubierto con una tabla que pueda retirarse desde lejos mediante un cordel, puede sustituir a la caja de lanzar.

Foto 22 y 23. Cajas de lanzar metálicas con doble resorte.

mientos imaginables; cortando ligeramente las puntas de sus rémiges; arrancándoles dos o tres de estas plumas o de la cola; poniéndoles unas anillitas de plomo en los tarsos. Todo inútil. Con el mismo handicap, una supera al mejor halcón, otra se cae a dos metros de la caja. Últimamente, creo haber dado con la solución: confecciono una bonita cola suplementaria, con plumas de gallo, faisán o pavo, reunidas en un apretado haz. Mediante una cuerdecita o unas gomas la sujeto firmemente a la propia cola de mi paloma de escape, siempre una zurita fuerte y en plenas condiciones de vuelo. Con su extraño aditamento, no pierde velocidad —es muy ligero— sino facilidad para evolucionar. Su trayectoria es rectilínea, pero rápida, semejante a la de una perdiz o un faisán, perdiendo en parte el endiablado poder para el quiebro que tanto despista a los jóvenes halcones. Un juego de colas de repuesto, de distinto grosor y longitud, me permite graduar a la perfección las posibilidades de las zuritas.

El perro. — No se concibe caza de altanería sin perro. No sólo sirve para descubrir la presa y mostrarla; es también el punto de referencia para los vuelos del pájaro. Habrá de ser de una excelente raza de muestra, setter, pointer, braco o perdiguero de Burgos. En su adiestramiento ha de hacerse hincapié en quitarle la costumbre de correr detrás de los pájaros cuando la pieza se levanta; estará acostumbrado a mostrar las palomas en la caja mecánica y es muy importante que no rompa jamás una muestra antes de tiempo. Para evitar tal defecto, nunca habremos de incitarle a entrar cuando está puesto, como hacen los cazadores de escopeta, sino que, dándole la vuelta, pisaremos el terreno delante de su hocico para levantar la caza. Tal procedimiento no es muy eficaz con volátiles de mucho aguante, como la codorniz, que prefiere peonar entre las hierbas hasta casi dejarse atrapar, a volar debajo del halcón. Ronald Stevens ha vencido esta dificultad en la caza del «grouse», dotado de increíble aguante, valiéndose de dos perros; uno de muestra para localizar la pieza, como hemos indicado, y otro de salto,

cocker, retriver de Labrador o, en España, un podenco, para levantarla (fotografía 24).

Contando, pues, con estos tres importantes elementos, comenzamos la introducción del niego en altanería.

El primer día, se monta una caja en cuyo interior se coloca una paloma muy fácil y se camufla perfectamente el conjunto. Tras llevar el perro a la muestra, se lanza el halcón y, mientras hace carrera para tomar altura, el halconero se sitúa de espaldas al viento, frente al perro, cuerda de disparo en mano. Cuando el pájaro va a pasar a buena altura sobre la caja, rabo a viento y unos diez o quince metros antes de llegar a su perpendicular, tira de la cuerda. La fácil presa será acuchillada por el niego con facilidad. Esta primera victoria comenzará a grabar en su mente un reflejo que, a toda costa, debemos consolidar; «perro puesto equivale a presa capturable en vuelo».

Por el mismo procedimiento, lanzando el halcón cuando el perro está de muestra en la caja, le damos en días consecutivos otras tres palomas fáciles, procurando hacerlo cuando tiene su máxima altura y siempre rabo a viento. Se reglan las gorgas del pájaro de modo que pueda volar todos los días. Para la caza de altanería no es necesario templar tanto al halcón como para la de mano por mano. Con estos cuatro escapes, normalmente, el niego aprende a apreciar la ventaja de la altura y la misión del perro, y en cada lección volará más alto, en círculos más cerrados y esperará más tiempo.

En lo sucesivo enseñamos al alumno a seguir nuestra marcha y sobre todo la del perro en trayectos cada día más largos. Para ejercitarle le lanzamos presas progresivamente difíciles. Sin embargo, al ir disminuyendo el handicap de las palomas, llegará una que no podrá capturar el niego y, al regreso de su fallada persecución, nos veríamos obligados a recogerle con el señuelo. Tal proceder sería catastrófico; en cuanto se repitieran algunos lances sin éxito y la consiguiente comida gratuita sobre el señuelo, el joven halcón perdería interés por la caza y

Foto 24. Los perros del autor, en plena acción. Los peregrinos muestran, el podenco espera la orden para levantar la pieza.

dejaría de tomar altura, esperando cómodamente la segura pitanza. Para salir al paso de este inconveniente se emplea un ingenioso truco; dos cajas en lugar de una. En la primera se encierra la paloma difícil, en la segunda otra mucho más fácil.

Se monta la caja número 1 a unos 50 metros del punto de partida del halconero; 20 metros más allá la caja número 2. Se lanza al niego; se espera inmóvil hasta que se ponga en su altura; y se marcha a paso normal hacia la caja, precedido por el perro. Cuando éste hace la muestra, el halconero se dirige, frente a él, a unos diez metros, hacia la cuerda de disparo. En cuanto el halcón está en el punto apropiado para el ataque, tira de la cuerda. Si en esta primera persecución difícil, alentado por anteriores presas, acuchilla, habremos de felicitarnos. En caso contrario, tampoco será mala lección. Tan pronto como, tras abandonar la persecución, se dirige hacia el maestro, éste hace sonar el silbato y se encamina con el perro hacia la caja número 2 donde repite, siguiendo el mismo procedimiento, el lanzamiento de la paloma fácil. Ésta será capturada, sin duda, y el pollo recibirá su gorga. La nueva experiencia enseña al alumno que si falla una presa, el perro levantará otra, tomando aún más apego a su aliado terrestre.

En las lecciones siguientes, con toda sutileza y prudencia, se va aumentando el vigor de las palomas, la distancia a recorrer desde el punto de partida hasta la caja número 1 y desde ésta a la número 2, siguiendo siempre estas normas:

1) Cada día debe cambiarse el emplazamiento de las cajas y el itinerario del halconero.
2) Ha de avanzarse siempre pico a viento, llevando el perro delante y cerca.
3) Al lanzar la paloma, el maestro y sus acompañantes se colocan de espaldas al viento, para obligarla a volar rabo a viento.
4) Cuando el pollo falla una persecución, se ha de silbar hasta que se sitúe en su nueva posición de ataque.

Si en estas sesiones de caza artificial hemos enseñado al niego que su posición más ventajosa para el ataque es la altura, que si falla el picado debe abandonar para situarse de nuevo sobre el perro y que nuestro golpe de silbato equivale a un ¡alerta! para esperar la salida de otra presa, estará en inmejorables condiciones para la introducción en la caza verdadera.

LA CAZA

Antes de llevar al niego sobre las perdices salvajes es necesario lanzarle un par de ellas precapturadas, fuertes y voladoras. Sorprende la acometividad con que los pollos, acostumbrados a palomas, se lanzan sobre las perdices, acuchillando con placer estas veloces piezas, de vuelo rectilíneo, muchísimo más fácil, sin embargo, que el de las escurridizas palomas.

En todo género de caza, es muy importante que tanto los cazadores como los ayudantes y espectadores formen un grupo disciplinado, a las órdenes de una sola persona. En cetrería tal coordinación es imprescindible y alcanza su máxima aplicación en los vuelos de altanería. «El maestro de vuelo» dirige las operaciones de la halconería; los ayudantes encargados de los perros procuran que no se alejen ni hagan nada contraindicado, llevando en traílla, durante la marcha, a los de rastro para soltarles cuando lo ordena el maestro. El resto de los acompañantes han de vigilar las heridas donde las piezas embarran, marcándolas si son distintas o separadas, siguiendo con la máxima atención los vuelos de ataque, a ser posible, con prismáticos. Si se caza con varios pájaros, cada halconero o ayudante lleva el suyo, sólo lo lanza cuando le corresponde y sigue, durante su vuelo, las instrucciones del maestro. Cuando un halcón hace presa, no se lanza ningún otro hasta que haya recibido la cortesía o la gorga. La presencia de un pájaro comiendo en tierra o sobre el guante distraería al que se encuentra en vuelo, haciéndole perder altura para participar en la comida.

El equipo, en mano, avanza por el campo, viento arriba, precedido por el perro de muestra. En los primeros días de caza, en julio y agosto, es fácil levantar perdices o perdigones a perro puesto, si previamente se les da uno o dos vuelos. Cuando el perro hace una postura firme, todo

«Don Rodrigo», torzuelo peregrino, sobre el sisón que acaba de cazar.

103

el grupo se detiene y guarda silencio; el maestro lanza el halcón, procurando que pase sobre la perdiz amagada, para asegurarla más y todos esperan en su sitio hasta verle en su altura. Este detalle se nota muy bien porque deja de batir las alas a ritmo rápido y planea, observando el terreno en círculos más estrechos. Sólo entonces, el maestro ordena dar la vuelta al perro y el equipo se pone a unos diez metros de la postura, de espaldas al viento. Si se cuenta con un cocker o un podenco, detalle muy importante para estos primeros lances, el perrero se destaca del grupo y avanza un tanto hacia la perdiz, sujetando al perro que pugnará por abalanzarse sobre ella. En el momento indicado, cuando el halcón va a pasar, rabo a viento, sobre los perros, el maestro da la señal y el podenco liberado salta sobre la perdiz, levantándola en el acto. Si, como es de esperar, el halcón acuchilla, recibe su correspondiente gorga. Si la perdiz embarra y el niego remonta, se repite el lance por el mismo procedimiento, cuando está en su nueva posición de ataque

Con la ayuda del perro de muestra, que fija la perdiz; el de rastro, que la levanta en el momento preciso y la pantalla de halconeros, que la obligan a volar rabo a viento, se pone al niego en inmejorables condiciones para atacar con éxito. Si se posee solamente perro de muestra, a veces resulta difícil levantar la pieza y ha de hacerse pisando el terreno ante su nariz; nunca azuzándole para que entre, porque contraerá la costumbre de romper las muestras por su cuenta. Cuando se caza con escasa compañía, la perdiz puede volar pico a viento, siendo en estas condiciones más difícil su captura; el picado del halcón en contra del viento es menos rápido y, sobre todo, la perdiz embarra mucho mejor en esta dirección.

Mientras se pueda cazar a perro puesto, sin grandes esfuerzos, es muy conveniente hacerlo, para ir introduciendo al niego con piezas que ofrecen la ventaja de salirle debajo. Más adelante, cuando los perdigones igualan a las perdices viejas y éstas terminan la muda, el niego vuela ya tan alto y espera tanto tiempo, que puede atacarlas con éxito aunque no salgan del hocico del perro. Si se levantan entre 50 y 100 metros de la línea de halconeros que el pájaro sobrevuela, se lanzará hacia ellos en un picado oblicuo, muy fuerte, si va al hilo del viento, obligándolas a embarrar en la primera defensa a su alcance. Los buenos halcones revuelan inmediatamente, tras la pasada, bloqueando al bando desde gran altura, en la que se mantienen en círculos estrechos, atentos al menor movimiento de las perdices, hasta la llegada de los halconeros y los perros. A pesar de estar dominadas por el halcón, no aguantan la muestra en esta época, de no encontrarse en un refugio muy espeso y seguro. Generalmente, salen cerca, pero muy recias, pegadas al suelo, gritando de manera característica. Si el halcón está en su sitio, no puede fallar. Su caída rapidísima hacia una perdiz que vuela ruidosamente, en un duelo a muerte, hacia un pequeño matorral, es indescriptible. Muchas veces, la alcanza en el último instante, cuando frena para dejarse caer en la maleza salvadora. En algunas ocasiones, la perdiz acierta a levantarse cuando el halcón se encuentra en el extremo más alejado de su torno, y puede fallar la cuchillada, a veces, por centímetros, arrancando plumas. ¡Éste, sí es un bello lance! La subida vertical del peregrino «montando sobre cola», con la cabeza vuelta, vigilando su ya segura presa; sus círculos estrechos, perfectos, mientras el perro busca afanoso, hasta quedar en su muestra, rígido como una estatua. Todo el equipo en silencio da la vuelta a la póstura y el halconero, con el corazón en la garganta, mirando con un ojo a su valiente peregrino y con otro al hocico del perdiguero, marcha hacia la perdiz. Lo que ocurre después es demasiado rápido y hermoso para ser narrado. El matorral estalla en una masa de plumas rojas que baten el aire trepidantes; rauda, derecha, desafiante, la perdiz vuela, gritando ante el rostro del halconero. Pero aquella crucecita que se mantenía en los alto del cielo, se ha transformado en un bólido silbante que cae... que cae... y paraliza al perro y a los hombres, y proyecta con tremendo impacto la perdiz hacia el suelo, haciéndola rodar envuelta en una nube de polvo. La recoge al punto y espera allí, insignificante, tranquilo, mirando con serenidad y agradecimiento a sus colaboradores.

Cada día el niego volará más alto, más tenso, más pendiente del campo y del trabajo del perro; nos sorprenderá con extraños e increíbles golpes, matará perdices a un palmo del suelo, acuchillará otras de abajo a arriba, en salida de un picado fulminante. Llegará, quizá, a matar dos perdices en el mismo vuelo... Para tal mejora es imprescindible la caza diaria; el trabajo prudente y jucioso del halconero, al fin y al cabo, artífice de tanta perfección.

Como en mano por mano, comenzaremos cobrando una perdiz por sesión para ir aumentando paulatinamente hasta llegar a cuatro, número que supone ya un verdadero esfuerzo para un pájaro de altanería, que ha de montar y esperar en vuelo y, a veces, repetir los ataques para una sola pieza.

En invierno, cuando los pájaros están muy afeitados y las perdices vuelan reciamente, se pueden contemplar lances excepcionales. Cuando hace viento, acostumbro a entrar en el terreno llevándolo de espaldas. Si las perdices abundan, lanzo el pájaro antes de descubrir el bando para que tome altura y siga la mano.

Los buenos halcones vuelan durante más de dos kilómetros por encima de los perros, despacio y atentos cuando se enfrentan al viento, veloces, para repetir el torno, cuando les lleva de cola. Obligadas a levantarse rabo a viento, las viejas perdices han de describir una curva ascendente para ponerse en vuelo; el halcón puede acuchillar en lo alto, en un choque magnífico, sobre la cabeza de los hombres.

Para cobrar buen número de perdices, es necesario contar con un equipo de cuatro o cinco pájaros; uno o dos halcones maestros de altanería y el resto de mano por mano.

El 25 de septiembre de 1956, salimos a primera hora de la mañana con Doncella II, neblí de rapela, excelente maestro de altanería y dos baharíes niegos del año, de mano por mano; dos perdigueros de Burgos y cuatro acompañantes. Comenzamos a cazar en un terreno favorable, llano, con algunos arroyuelos cubiertos de carrizos, en el término de Terrazos de Bureba, provincia de Burgos.

Avanzábamos en línea, con los pájaros al puño, cuando, al coronar un pequeño ribazo, se levantó cerca un bando de unas diez perdices. Pascual, mi buen amigo y excelente halconero, lanzó en el acto a Borrasca, que se fue derecha tras ellas, ganando mucho terreno, hasta meterlas, a unos 200 metros, en un arroyo muy sucio, donde las bloqueó perfectamente. Corrimos con los perros y, muy pronto, estaban los dos de muestra en el fondo de los carrizos; la primera se levantó bastante fuerte, pero Borrasca la lió a «la buena manera», tras una corta persecución. Casi al mismo tiempo, salió otra más floja, seguida por el perro; desencaperucé a Berenguela, que se la quitó al pobre Lis del mismísimo hocico.

Hicimos cortesía a los baharíes y, mientras descansaban, lancé a Doncella; el neblí se puso muy pronto en su altura habitual y nos metimos todos en el arroyo, llevando dispuestos a los niegos. ¡Qué bien trabajaban los perros! cortos, despacio, trenzando los frescos carrizos. Todos estábamos tranquilos, sin prisa; en lo alto, los cascabeles del neblí se escuchaban muy débilmente. En el extremo del carrizal, Sol se paró cataléptico; casi pisé la perdiz cuando se levantó perpendicular, en un despegue suicida que acabó, sin cambio de dirección, en los cuchillos de Doncella. El bueno de Pascual la recogió en tierra casi a la vez que el halcón. Aún la hicimos revolar y cayó tres veces sobre otra perdiz que no se despegaba del arroyo y terminaron cogiendo los perros. En este momento, comenzó lo más hermoso de la caza; las restantes perdices habían peonado a lo largo del arroyo y alcanzado algunos espesos matorrales; el altanero esperaba en el cielo, después de haber cobrado una perdiz y haber trabajado otra durante más de un cuarto de hora. Era absolutamente necesario levantarle «la suya». Saliendo del arroyo, opté por contemplar tranquilamente la halconería, yendo mis ojos complacidos del vuelo del halcón al trabajo del equipo. Llegaban a un pequeño sauce con los perros muy encendidos en el rastro, cuando un infortunado pico verde tuvo la temeraria idea de salir volando hacia el más seguro refugio de una lejana chopera. Desde mi cómodo puesto de espectador, pude ver la bajada oblicua y perfecta del altanero; su 1 1/4 kg., proyectado a tremenda velocidad, aplastó materialmente al pico relincho, recogido limpiamente antes de llegar a tierra. Mientras esto ocurría ya se habían puesto los perros.

Tras sacarle de la ralea sin cortesía, puse al pájaro en vuelo por tercera vez y, ¡alas de neblí!, salió de la mano ligero, escalando el cielo en círculos perfectos. Su última pieza fue cantada por mis amigos; tenían la costumbre de entonar unos latinajos cuando, a perro puesto, entraba en el matorral para levantar una perdiz a Doncella. Nadie supo que jamás se le escapara una; y ésta no fue una excepción. Aún cobraron otras dos los baharíes y, a medio día, regresábamos con siete perdices y un pico verde, tras una halconería movida y continua de perfecta colaboración entre hombres, pájaros y perros.

Los pasajeros y zahareños, magníficos pájaros de al-

Foto 25. Doncella, halcón neblí, pasajero. Nótese su gran tamaño, comparándole con la perdiz.

tanería, poseen la cualidad esencial para este vuelo: resistencia física. Pueden volar mucho tiempo sin «desemballestar»[1] ni dar muestras de cansancio. Sin embargo, tienen una peligrosa tendencia: habituados a cazar por su cuenta durante meses o años, dejan al maestro sobre el terreno, para entregarse a la persecución de la primera paloma que aparece en el horizonte. Si no tornan al pito y al señuelo, nos roban, con toda seguridad, los cascabeles.

Si mediante un afeitado riguroso se les hace olvidar las raleas, serán pájaros excepcionales. Para asegurarlos, procuro cebarlos mucho en el señuelo. Y, después de volarlos unos días en tornos, los llevo a cazar picazas. Estos volátiles, muy ágiles, pero lentos, embarran en cuanto ven al halcón y, cuantas veces se los levanta, vuelven a esconderse, obligándole a caer en ellos repetidamente, a remontar y a mantenerse en el cielo esperando al maestro. Después de haberlos volado un buen rato, corro hacia el lado opuesto, llamando al pájaro; si torna hacia mí y las deja, le doy señuelo. De este modo, va perdiendo el amor a las

[1] Perder altura.

105

raleas y se redobla su fe en el señuelo. Si cobra alguna, se la saco de las manos sin cortesía y haciéndolo revolar le doy señuelo, estando muy alto, y buena gorga. Cuando mete una picaza en un matorral alejado y la deja a mi llamada, está en condiciones de volar perdices. Para ello, es suficiente hacerle un escape.

En la caza con estos pájaros, sigo una técnica distinta que con los niegos. Después de cebarlos bien en las dos o tres primeras perdices, en lo sucesivo, durante el resto de su vida, se las saco de las manos, haciéndoles cortesía, los dejo en tierra y me alejo viento arriba, silbando. Cuando el halcón revuela y se pone en su altura le doy señuelo y sobre él, su gorga, que puede ser la perdiz recientemente cobrada. Otras veces, si quedan perdices cerca, levanto otra para que vuelva a acuchillar y después de cobrarla le obligo a revolar para darle señuelo. De este modo, el halcón ama al señuelo sobre todas las cosas y tan pronto como oye el silbato y lo ve, abandona cualquier persecución para tornar a él. Sin embargo, cuando está montando, nunca sabe si se le va a dar el señuelo o una presa, manteniéndose siempre alto y alerta para el ataque.

Algunos halcones, muy caninos, si después de algunas cuchilladas, las perdices se esconden y no quieren levantarse, se posan en la herida, como un halcón de mano por mano, pretendiendo penetrar en el propio matorral. A toda costa, debe quitárseles esta costumbre, no sacándoles jamás una perdiz hasta que revuelen y se pongan en su sitio. De lo contrario, se asentarían en cada pasada, perdiendo toda su eficacia y belleza.

Para sacar a los halcones de la perdiz, cuando se quiere volar otra, puede seguirse el procedimiento indicado en la caza de mano por mano y, así se hace generalmente; se eleva al halcón sobre la pieza en el puño, se le deja comer parte de la cabeza, que sale de la mano cerrada y, en ese momento, se tira para abajo de la perdiz y se guarda en el morral, encaperuzando al halcón. Todo ello ha de hacerse con «cortesía» (fotografía 26).

Cuando quedan perdices cerca y tengo pájaro bien afeitado, le hago cortesía en el suelo, y lo dejo allí, comiendo unas picadillas con plumas o el corazón y el hígado. Mientras está entretenido con esta cortesía, guardo la pieza en la burchaca y me alejo, viento arriba; silbo y le doy las voces para que se levante. Con esta técnica los halcones aprenden muy bien a ponerse en vuelo y subir a su altura en cuanto oyen el pito, aunque por alguna razón se hayan posado en el suelo.

Toda la técnica descrita para poner al niego en altanería, aunque laboriosa, es absolutamente necesaria para que los pollos normales lleguen a matar perdices. Hay ejemplares excepcionales que vuelan a buena altura desde los primeros días, sin necesidad de palomas de escape y podría llevárseles inmediatamente sobre las presas. Este es el procedimiento preconizado por el Doctor Saar, de Berlín, gran especialista en altanería. El joven halconero alemán vuela sus niegos durante muchos días al señuelo, dejándoles hacer tornos y aumentando paulatinamente su permanencia en el ala. En alta condición, sus halcones se van musculando durante el verano y, a primeros de septiembre, después

de lanzarles unas pocas perdices, los lleva a cazar. Pero, esta técnica que me parece perfecta para la perdiz gris —que aguanta la muestra del perro cuanto se quiera y tiene un vuelo relativamente fácil— no da resultados positivos para nuestras perdices. rojas; sólo un halcón que vuele muy alto y bastante tiempo, puede ser introducido en esta pieza que nunca se sabe cuándo ni por dónde va

Foto 26. La cortesía.

Ronald Stevens y su notable discípulo Geoffrey Pollard, máximas autoridades en la caza del «grouse», pieza tan difícil y resistente como nuestra perdiz, entrenan a sus niegos lanzándoles muchas palomas de escape, fuertes y muy voladoras. Mr. Stevens hace marchar por el terreno de vuelo a un buen número de ayudantes, «abiertos en mano», cada uno de los cuales lleva una paloma. El halcón que vuela sobre ellos no sabe de dónde va a salir la pieza, que siempre le lanzan cuando está sobre el extremo más alejado de «la mano»; de ese modo monta cada día más para dominar a todo el equipo.

VUELO DE LA CODORNIZ
Las codornices son más difíciles de cazar por altanería que a brazo tornado. Sin embargo, afeitan mucho a los

niegos altaneros y proporcionan lances muy bonitos. Quien sea amante de los perros y posea cualidades para su enseñanza, quien guste de los lances ordenados y trabajados, los encontrará en estas pequeñas presas mejor que en otras de más talla y renombre.

Estas aves tienen la gran ventaja de encontrarse en buen número, en excelentes terrenos: vegas muy amplias o auténticas llanuras. Todos los halcones adoran su carne y, por lo tanto, su caza. Es imprescindible para cobrar algunas contar con dos buenos perros, como un perdiguero de Burgos y un podenco, para climas cálidos y secos, o un setter y un cocker, para terrenos frescos. Se les lleva a la manera clásica ; el de muestra, buscando la caza y el de rastro, atraillado.

En este vuelo se pueden hacer las cosas despacio y con toda meticulosidad. La codorniz aguanta a perro puesto cuanto tiempo se quiera, viendo al halcón volar sobre ella. Es muy importante lanzar al perro de rastro después de que el equipo se haya colocado en pantalla de espaldas al viento, más cerca de la postura que con las perdices. En estos lances ordenados, minuciosos y emocionantes, se escucha perfectamente el zumbido del halcón dominando el «bri... bri» de la codorniz ; se ve a ésta surgir, como a cámara lenta, del hocico de los perros y, sobre todo, se disfruta de la bajada del peregrino hasta unos centímetros del rastrojo, para acuchillar con limpieza, sin arrancar una pluma al pequeño volátil.

Sin embargo, las codornices tienen gran facilidad para embarrar en el instante mismo de la acometida. Si se pretende cazarlas en prados de hierba alta, en junqueras o alfalfas, se limitan a levantarse para dejarse caer a pocos metros, antes de que el halcón esté en la mitad de su caída. Debe buscárselas en amplias rastrojeras. Y todo el esfuerzo del equipo irá encaminado a levantar rabo a viento. En esta dirección la pieza tiene más dificultades para embarrar y, si la brisa es fuerte, se ve precisada a volverse sobre sí misma, momento en que el halcón pega de lleno.

Es difícil cazar codornices con un solo perro, siendo imprescindible sacarlas cuando el halcón esté a plomo, es decir, en un instante determinado. Si se levantan con el halcón alejado, siempre tienen tiempo de embarrar. Este vuelo hace a los niesgos muy altos y, sobre todo, muy redondos, cobrando absoluta fe en los perros, a los que siguen, en invierno, en la caza de perdices, perfectamente. Son mejores los torzuelos que las primas.

VUELO DEL SISÓN

El sisón (Otis tetrax) constituye, por su corpulencia, semejante a la del halcón, su vuelo rapidísimo y alto, su costumbre de permanecer en llanuras peladas y sus escasos recursos para esconderse del perro, una presa extraordinaria para la caza de altanería. De ellos pudo decir el príncipe Don Juan Manuel «... que la caza de los sisones no debe nada a la de las ánades», estando considerado el ánade, en aquella época, como pieza reina para el vuelo de altanería.

Para este vuelo es preferible el halcón niego, prima. El del aire tiene la mala costumbre de perseguirlos muy largos trechos, a la tira, cuando se levantan lejos ; si no torna, puede perderse con ellos. Los niegos, menos seguros de sí mismos, sólo atacan en serio a los sisones que les salen debajo.

Después de muscular a los alumnos y afeitarles muy bien con palomas de escape, a la manera descrita en el vuelo de la perdiz, es conveniente lanzarles, aunque sea de mano, un par de pollos o gallinas blancas, para familiarizarlos con sus futuras presas, albas y voluminosas. En julio y agosto, hay todavía muchos sisones pollos, se levantan cerca y dan vuelos de corto trecho ; son ideales para introducir a los niegos. Tan pronto como se posan, se pone al halcón en el cielo y se marcha sobre ellos. Generalmente, salen cerca, sin dar lugar a la muestra, completamente aterrorizados. Poco aptos para embarrar, tratan de tomar altura y el halcón los acuchilla cómodamente, alejados del suelo, haciéndolos caer dando volteretas. Su fortaleza física les permite, en muchas ocasiones, volver a levantarse cuando el halcón va a liarles en tierra, pero su segundo vuelo es flojo y sin dificultades.

Los niegos se adaptan pronto a esta pieza fuerte y pesada ; sabiendo que la victoria depende únicamente de la fuerza del choque, vuelan a mucha más altura que con las palomas y se abaten sobre los sisones perpendiculares, con una velocidad fulminante, a favor de la larga caída. La cuchillada es completamente distinta de la que dan a las rasantes perdices y codornices ; pegan de lleno, con gran fuerza, arrancando plumas y parando en seco, en pleno cielo, la huída del sisón. Los buenos pájaros los matan al primer golpe o les fracturan las alas. He visto arrancarle a uno la cabeza de cuajo en la pasada.

Cuando llega el otoño, el halcón vuela tan alto y espera tanto tiempo que puede lanzársele al entrar en el campo. En este tiempo, los sisones se reúnen en grandes bandadas y se levantan lejos, pero, en cuanto el halcón, dominándoles por su gran altura, pica hacia ellos, se repliegan en el acto y aterrizan en sonoro aleteo. Entonces esperan mucho con el altanero encima y, a la llegada del perro, se ponen en vuelo en masa, emitiendo un ronco cacareo. Pocos espectáculos cinegéticos pueden compararse con esta desordenada y ruidosa salida de los sisones, disparándose en todas las direcciones, a pocos metros del halconero, mientras el halcón baja silbante y acuchilla a uno, derribándolo entre sus asustados compañeros, que vuelven a dejarse caer y se aplastan sobre el terreno. Si se poseen varios halcones, pueden repetirse varios lances sobre el mismo bando, cada vez más quebrado. Para ello, es preciso sujetar muy bien al perro ; no vaya a entretenerse levantando sisones mientras el primer halcón está recibiendo cortesía.

Un peregrino que cace bien esta hermosa presa es una verdadera joya. Puede llegar a cobrar tres o cuatro en su jornada. Por ningún concepto se le pondrá en perdices o codornices y, si por despiste cobra alguna, ha de sacársele de las manos sin ninguna cortesía.

Sólo la caza del azulón iguala en belleza y emoción a la de los sisones. Su vuelo y corpulencia son muy parecidos y también su técnica de ataque, teniendo en cuenta que sólo puede levantarse a los patos en lagunas pequeñas, de escasa profundidad, donde sea posible trastejarlos a pie y con los perros. Si tienen mucha agua, no hay forma de hacerles volar debajo de los halcones. A estas grandes presas conviene levantarlas siempre rabo a viento, porque el halcón pega en ellas con mucha más fuerza y las abate con más facilidad.

He tenido un baharí, torzuelo, niego, que pesaba 550 gramos ; mataba cuantos sisones le salían debajo. Esta caza le exigía un enorme esfuerzo, pero jamás le atemorizó. Para compensar su falta de peso, volaba tan alto que me veía obligado a seguirle con prismáticos, no obstante cuando pegaba en el sisón, pocas veces conseguía abatirle muerto. Algunos, liados ya en tierra, corrían llevándosele a caballo, hasta ser rematados.

Transcribo una página de su diario de caza ; la de su primer sisón.

DIARIO DE «DON RODRIGO»
26 de septiembre, 1960
Peso del pájaro
550 grs.
Tiempo
Espléndido en las primeras horas de la mañana y al atardecer.
Acompañantes
Dos.
Perros
TULA (Braco).

Comenzamos a cazar a las seis de la tarde en terreno perfecto ; amplia llanura sin un solo árbol. No hay viento. A los 20 minutos, más o menos, vuela un bando de perdices igualonas que se dan en un barbecho con mucho cardo, a unos 200 metros. Con prismáticos las veo peonar. Lanzo el halcón, que monta bien, haciendo una carrera muy larga hasta ponerse a unos 150 metros ; su altura habitual. Suelto la perra y nos vamos hacia las perdices. El pájaro nos sigue muy bien en círculos ahora estrechos. Se levanta una muy larga, en el extremo del barbecho. Don Rodrigo pica en oblicuo, rapidísimo, acuchilla muy cerca del suelo. La perdiz rueda y el halcón hace durante unos segundos el «espíritu santo» para posarse en seguida. Mi asistente sujeta a la perra y, al llegar, la perdiz se ha escondido. Hago volar de nuevo al halcón que sube algo más flojo, ¡hace calor! Pero se pone en su sitio. Tula está de muestra. Entra y la perdiz vuela quebrada, chillando ; Don Rodrigo la fulmina en el mismo hocico de la perra, a 20 metros de nosotros ; ¡qué bien hemos oído el zumbido! Le dejo pelar un buen rato y descogotar, lo saco de la perdiz y le hacemos sombra con unos cardos ; está jadeando.

A las 7 seguimos la caza hacia la parte alta del barbecho, con mucho cardo y hierba agostada. Mi asistente dice que ha visto una perdiz a peón. Lanzo de nuevo ; el halcón monta a la perfección, más alto que en el primer vuelo. Cuando está en su sitio, suelto la perra que en seguida coge rastro. El pájaro, perfecto, la sobrevuela a plomo. De repente, un sisón a medio metro de la perra. Estamos paralizados, es el primero que ve el halcón ; debe pesar el doble que él. Don Rodrigo baja como un rayo y pega una cuchillada tremenda ; el sisón cae y al instante le lía en el suelo. Corro todo cuanto puedo. Se le escapa delante mismo de mí, soltando plumas blancas. El halcón se queda un instante indeciso, pero al fin le sigue. Desaparecen los dos a 300 metros, detrás de unos juncos. Cuando llegamos, están dando volteretas... El sisón, sin cabeza. Don Rodrigo está jadeante, con el plumaje revuelto y el pico lleno de plumas y sangre, sobre una presa que le dobla en peso. ¡Bonito pedestal, amigo!

Le doy una buena cebadura y a las ocho ya está en la halconera, bañándose.
Lances
Dos.
Presas
1 perdiz del año.
1 sisón viejo.
Fallos
Ninguno.
Baño
A las 8 de la tarde.

VUELO DE LA PICAZA
Si algún lance de altanería merece el título de jocoso, es, sin duda, el de las picazas. Nadie puede imaginarse el apego que estos astutos pájaros tienen al pellejo y los recursos que ponen en juego para burlar a los halcones. Su caza constituye un espectáculo sorprendente, divertido, de extraordinaria movilidad, en el que uno no debe asombrarse si la urraca se le mete en un bolsillo.

De todas las piezas descritas es la única para cuya caza se requiere el ataque combinado de dos halcones o, para tener más probabilidades de éxito, tres. Estos vuelos «en compañía» son muy espectaculares pero también muy complicados. Ha de contarse con la ayuda de un halconero para manejar, vigilar y dirigir cada pájaro, estando, a su vez, auxiliado por otra persona, con la misión de observar y levantar las picazas. Sólo deben emplearse torzuelos, bien sean del aire o niegos. Éstos, si han sido criados en cámara, tienen la mala costumbre de atacarse en vuelo y ha de comenzarse por hacerles perder tal belicosidad, incompatible con el vuelo en compañía.

Para ello, se les lanza juntos en las sesiones a la tira. dándoles de comer en el mismo señuelo, con las necesarias precauciones. Más tarde, sobre las cajas trampa, hacen sus tornos también en compañía, para que vayan compenetrándose y conociendo las ventajas del ataque coordinado. Después de bien atrainados con media docena de picazas precapturadas, puede llevárseles a cazar.

Es absolutamente imprescindible, para obtener algún éxito en este vuelo, atacar a las urracas en terrenos con escasos árboles y, si hay alguno, ha de ser de poca altura y corpulencia, para trastejarle con facilidad. Si se las pue

Foto 27.

de sorprender, lo que no es difícil, comiendo en los sembrados, lejos de sus refugios forestales, el lance se desarrolla mucho mejor.

Tan pronto como se descubre una picaza en estos buenos terrenos, posada o en vuelo, aunque esté muy alejada, se lanza uno de los torzuelos, el más ligero y resistente. Invariablemente, la urraca se deja caer en tierra en cuanto lo ve y trata de ponerse a salvo corriendo hacia el refugio más cercano. El torzuelo, con la experiencia de las piezas de escape, la sobrevuela a plomo, vigilándola desde la altura. En ese momento se lanza el segundo pájaro, que tarda muy poco en unirse a su compañero de caza. Con

la pareja en el aire se marcha hacia la picaza. Para levantarla no son necesarios los perros, ni siquiera aconsejables, sino unas varas largas y finas de 1,50 m., aproximadamente, para golpear con ellas en el árbol o matorral donde la pieza se esconde. Mientras cada halconero sigue el vuelo de su pájaro, los ayudantes apalean el refugio, cuando lo ordena el «maestro de vuelo». Con tal método se pueden lograr lances muy divertidos.

Cuando el primer torzuelo ataca, la picaza le burla con una finta y aún suelen quedarle recursos para esquivar al segundo, que baja a pocos metros de su compañero. Ganado de nuevo su refugio, se espera que los pájaros monten. Obligada a salir de la defensa, la picaza tratará de esquivarlos de mil maneras ; ocultándose tras una simple piedra, volando, en los sembrados, por el interior de los surcos, y hasta metiéndose entre los pies de los halconeros, entre corriendo y volando, dando saltos de costado, salvándose de las pasadas cada vez de una manera distinta. Los torzuelos se encarnizan muchísimo con estos astutos córvidos y bajan como rayos, atacando en pasadas combinadas hasta que, en una suprema finta, al burlar a uno de ellos, la picaza se mete en las garras del otro.

He cazado algunas que sólo se han entregado por agotamiento, en una batalla de resistencia, en la que la picaza, los halcones, y los halconeros, estábamos realmente desfallecidos, tras media hora de carreras y apaleos, de retama en retama, de bajadas y subidas de los halcones, de magníficas cuchilladas, en las que la infatigable picaza sólo dejaba unas plumas, para volver a introducirse triunfante en un matorral o arbolito, donde se le concedía una tregua, mientras los halcones ascendían penosamente a sus puestos de ataque y los halconeros recuperábamos nuestras largas varas, guantes y morrales, arrojados a aquel diablo en la acalorada persecución. Un nuevo ataque a fondo, con repetición de todos los trucos y peripecias, llegaba a darnos la victoria, cuando la urraca no conseguía, tras una salida temeraria, llegar al macizo de arbolado donde se acababan sus penas y nuestras ilusiones. ¡Aún les quedan arrestos para insultar a los halcones desde su seguro refugio con un «ja... ja... ja...» irónico y triunfante! Tan valientes pájaros bien merecen la libertad, ganada con tanto arrojo y esfuerzo.

Si se caza con tres torzuelos, se mantiene uno encaperuzado, en reserva, lanzándolo de refresco, cuando sus compañeros comienzan a dar muestras de cansancio. Su intervención suele ser decisiva. Se cobran muchas picazas si uno de los torzuelos se emplea en persecución de mano por mano, lanzándolo cuando la presa se levanta muy cerca, después de haber sido muy trabajada por los altaneros. Cuando esquiva la pasada de un atacante es liada por el de mano por mano, que la persigue a ras de tierra. Sin embargo, si la emoción y máximo atractivo de este vuelo radica en su movilidad y duración, no tiene ningún objeto, a mi entender, acortarle, aunque sea con una captura.

Teniendo en cuenta la abundancia de picazas en España, los innegables daños que ocasionan a la caza y a la agricultura, y la facultad del halconero para cazarlas en toda época, por estar perseguidas por la ley de caza, es uno de los vuelos más factibles y aconsejables ; hará maestros a los pájaros y a los nuevos cetreros.

EL CAZADERO PARA LA ALTANERÍA

No voy a insistir sobre las ya sabidas condiciones orográficas del terreno de caza, ni sobre los peligros que implican las masas forestales, los valles estrechos, los altozanos pronunciados y los grandes ríos. La primera condición que el Emperador Federico II exigía de sus halconeros era la de saber nadar ; si el pájaro hace presa al otro lado de un río no hay más remedio que llegar a él por el procedimiento más rápido. En pleno invierno, hablo por propia experiencia, no es una práctica muy recomendable. Los halconeros del ex-Jalifa de Marruecos se vieron obligados a contemplar desesperados como su mejor zahareño se comía un alcaraván en la orilla opuesta de un ancho río. Si hubieran leído «De arte venandi cum avibus», quizás se hubieran decidido a aprender a nadar antes de iniciarse en la cetrería.

Con pájaros muy redondos y niegos se puede cazar en terrenos relativamente cerrados. Con los zahareños es imprescindible una llanura abierta, por su incontrolable tendencia de ir a raleas.

HALCONES MAESTROS

Una de las mayores dificultades con que tropecé al llevar a la práctica las técnicas cetreras de los antiguos autores, consistía en que, al llegar al punto más importante del entrenamiento del pájaro, cual es la introducción en la caza, aconsejaban volarle en compañía de un halcón maestro. Estos famosos halcones maestros llegaron a ser para mí una obsesión, hasta hacerme pensar que quien no tuviera la suerte de poseer semejante talismán no podría llegar a matar ni una mala perdiz.

Ahora que ya hemos superado este inconveniente, estudiemos con algún detenimiento este interesante aspecto de la antigua cetrería. Cuando un pájaro ha cazado regularmente durante su primer año y después de la muda, con todas sus experiencias perfectamente fijadas, cumple su cometido con acierto y seguridad, recibe el nombre de halcón maestro. En el segundo invierno de caza el peregrino está ya en condiciones de recibir este honorable título, desempeñando todas las suertes de la caza con verdadero automatismo. Entonces la compañía de un halcón novicio no puede estropearle, ni siquiera molestarle, como hubiera ocurrido durante el primer año. Pues bien, estos pájaros tienen un doble e inestimable valor: capturan sus presas habituales con toda maestría y sirven para adiestrar a los halcones jóvenes.

El niego que se pretende volar en compañía de un maestro ha de conocerle y respetarle. Para crear esta hermandad, se da de comer a ambos sobre el mismo señuelo, atando la lonja de tal manera que no puedan alcanzarse con el pico ni con las garras ; más adelante se les vuela juntos a la tira ; y, por fin, se les permite hacer sus tornos en compañía. En la alcándara, conviene que ocupen lugares próximos, lo mismo que en el jardín. Antiguamente, empleaban un ingenioso truco para que el novicio adquiriera una auténtica veneración por su maestro ; durante la noche dejaban al pollo un par de horas al sereno, mientras el halcón maestro estaba sobre la alcándara en el interior de un cuarto. Cuando el alumno estaba hueco y muerto de frío, le ponían sobre la misma alcándara, suelto ; buscando la calefacción natural, el joven halcón se acercaba inmediatamente a su compañero y, así, en unas cuantas sesiones, comenzaba a considerarle como fuente de bienestar.

Los buenos maestros altaneros ahorran al halconero muchas palomas de escape y días de trabajo, poniendo a los pollos en su compañía ; al estar éstos naturalmente capacitados para aprender antes y mejor de otro halcón que del hombre. En pocas palabras, la enseñanza es natural.

Pero la máxima aplicación de este procedimiento está en los vuelos de mano por mano, a córvidos, alcaravanes o cualquier otra presa. Al principio, se lanza antes al halcón maestro y, cuando lleva recorrido la mitad de su camino, se desencaperuza el niego, que no dudará en seguirle para participar de la victoria. Más adelante se pone en vuelo a los dos pájaros al mismo tiempo, para finalizar soltando antes al alumno que, si mata por su cuenta, ya estará en condiciones de volar solo sobre la presa.

Modernamente se emplea poco este procedimiento, fundamentalmente porque escasean los halcones maestros. En el corto tiempo libre y con la poca caza de que disponen la mayor parte de los practicantes, se contentan con que los pájaros, mejor o peor, cobren su presa. Porque, así como un halcón bien hecho es capaz de aleccionar a un camarada, cuando no está todavía seguro, aunque mate caza, no enseñará nada bueno a sus alumnos y aprenderá, por el contrario, todos sus errores.

NIEGOS, PASAJEROS Y ZAHAREÑOS — COMPARACIONES

Parece natural que los halcones pasajeros y zahareños, que llevan meses o años cazando por su cuenta para sobrevivir, superen a los niegos, sin más experiencia que la adquirida con el hombre, en todas las suertes de caza. Tal apreciación es solamente cierta en determinadas circunstancias.

En la caza de mano por mano, los halcones del aire, si son introducidos muy pronto, antes de que pierdan sus magníficas disposiciones naturales realizan vuelos maravillosos; su estilo es insuperable. Un niego, lanzado a buena distancia contra una bandada de grajas, elegirá una y la perseguirá con tenacidad, siguiendo sus quiebros y procurando dominarla en altura. Generalmente, terminará trabándola cerca del suelo, después de una larga persecución. Un zahareño, en el mismo lance, volará hacia las grajas, pero mucho más alto, como si no las viera. Solamente cuando se encuentre sobre la bandada, iniciará el ataque con una bajada durísima e inesperada sobre la pieza elegida. Si no le alcanza en el primer golpe, obliga a la graja a realizar un quiebro muy forzado, aprovechando la inercia de la bajada, vuelve a remontar y, antes de que la presa se haya recobrado, repite el ataque, alcanzándola de lleno con sus cuchillos e hiriéndola de muerte.

Pero, si el niego vuela todos los días o en días alternos durante el primer año, su técnica de caza se irá asemejando a la del zahareño y siempre conservará sobre él una gran ventaja; la de repetir los lances. Efectivamente, los halcones del aire, acostumbrados a cebarse en el campo sobre la primera pieza que matan, se enfrían mucho cuando se les hace cortesía para realizar otra persecución.

En los vuelos artificiales, en los que el halcón ha de esperar posado en la herida —como en la perdiz y la codorniz— los niegos son muy superiores a los zahareños, que dejan la perdiz quebrada para perseguir a raleas.

En la caza de altanería, los halcones del aire han disfrutado de mucha fama, porque, el primer año, con la misma altura que los niegos, son mucho más eficaces. No puede negarse que los niegos son flojos en la cuchillada; muchas perdices se les van, porque caen con la suficiente energía para esconderse o dar un segundo vuelo. Parece ser que, en los primeros meses, estos halcones no dominan la técnica del ataque, no poseen aún la suficiente madurez para golpear en puntos vitales y desperdician inútilmente sus energías. Pero creo que el desarrollo de esta técnica no sólo se debe al número de presas matadas por los halcones del aire, sino a la edad. Los propios niegos, en su segunda temporada de caza, son muchísimo más matadores que en el primer año y se parecen mucho a los pasajeros y zahareños en la dureza con que golpean a las presas y en la facilidad para trabarlas en tierra.

En consecuencia, después de la primera muda, aunque el niego sea ligeramente inferior al zahareño en la cuchillada, espera mucho más tiempo en el ala, se compenetra mejor con el perro, no va a raleas, puede repetir varios lances y tiene tal seguridad, en fin, que ha merecido el nombre de halcón real.

El zahareño posee maravillosas cualidades de cazador, pero desarrolladas de una manera anárquica en la naturaleza, persiguiendo aves generalmente menudas y acrobáticas. El niego es un auténtico especialista, entrenado de una manera racional, con toda su capacidad cinegética polarizada desde su juventud hacia una sola presa y una sola técnica, en cuya ejecución llega a ser insuperable. «Parachute», famoso halcón inglés que mató en una estación 57 grouses, 76 perdices, 3 faisanes, un pato y ¡tres liebres!, era niego, lo mismo que el magnífico torzuelo del Dr. Saar, «Eric», que capturó, una tarde, ocho perdices en ocho vuelos.

Pero volvamos a lo de siempre; solamente el halconero que tiene tiempo suficiente y caza abundante puede llevar a un pollo a tal grado de perfección. Para el cazador de temporada va mucho mejor el halcón del aire, si acierta a superar las dificultades de su amansamiento.

Un zahareño capturado en la repasa de primavera puede ser adiestrado rápidamente y cebado en julio, inmediatamente después de levantar las mieses. Durante todo el verano, debe lanzársele en mano por mano, para que se vaya asegurando y, en otoño, será un magnífico pájaro de altanería. Con estos halcones el secreto del éxito radica en el adiestramiento rápido; es preciso llevarlos a cazar cuando están todavía un poco bravos, lanzándolos sobre presas voluminosas, como sisones y alcaravanes, para que no puedan llevar en mano. Hasta el mes de agosto, cazarán cuantos sisones se levanten a lance; más adelante, esta pieza, después de la muda, los llevaría demasiado lejos en persecuciones lineales, pero, como están muy cebados en ellas las volarán perfectamente por altanería. Para ello basta fijarse en el lugar donde se posa un sisón y, ochenta metros antes, lanzar el zahareño al aire, que seguirá al maestro con una altura suficiente para alcanzar a una presa que conoce perfectamente. En una semana, siguiendo esta técnica, se pondrá muy alto y muy redondo. Pero cébesele siempre sobre el señuelo, como indico más adelante.

No se sorprenda el nuevo halconero si, después de un amansamiento de un par de meses, su zahareño se queda indiferente cuando le haga los primeros escapes. Es increíble la capacidad de estos halcones maduros para olvidarse completamente de sus presas. Conozco el caso de un halcón zahareño que se perdió volando al señuelo, a los dos meses de ser capturado, y lo encontraron muriéndose de hambre ocho días más tarde. Había sido incapaz de cazar unas presas que habían constituido su comida durante muchos años.

Por consiguiente, todas las normas generales expuestas para el afeitado deben extremarse con los halcones del aire, particularmente, en la fase del amansamiento e introducción en la caza. Es necesario hacer los escapes de una manera gradual, atando las primeras traínas para que los zahareños se vayan cebando. Da muy buenos resultados hacerles matar dos o tres gallinas grandes, blancas o rojizas; les preparan muy bien para atacar a los sisones.

He hablado de niegos y zahareños porque los pasajeros son un término medio entre ambos; cuanto más tempranos sean, más se parecen al niego; cuanto más tarde se les capture, están más cerca de las virtudes y defectos del zahareño. Pero, sin duda alguna, estos son los mejores pájaros para cualquier caza ya que llegan a reunir la seguridad del niego y la eficacia del zahareño.

RÉGIMEN Y EXIGENCIAS HIGIÉNICAS DEL HALCÓN ADIESTRADO

Adiestrar un peregrino e introducirle con éxito en la caza es un proceso delicado y de indudable mérito, pero lo realmente difícil y encomiable es mantenerle en forma, libre de enfermedades y accidentes, cazando ordinariamente, durante meses y años. Tal éxito depende, en gran parte, de la reglamentación que demos a su vida: de su régimen.

Pudiendo hacerlo, es muy aconsejable cazar temprano, en las primeras horas de la mañana. Al principio del día, hace menos viento que por la tarde, se dispone de mucho más tiempo para buscar las piezas y, si el pájaro falla un lance, se le puede enderezar con otro bueno. Acostumbrados a volar y comer a estas horas, tienen más hambre a medida que transcurre la jornada, pudiéndoseles lanzar a la presa en cualquier momento. Si se acostumbran a cazar por la tarde, no tienen hambre hasta entonces y no habrá manera de volarles sin riesgo por la mañana. Cuando un halcón se pierde temprano, el halconero cuenta con muchas horas para buscarle, apareciendo, generalmente, antes de caer la noche.

Después de la caza, en plena digestión, los pájaros se muestran tranquilos, sin ninguna gana de debatirse, se bañan complacidos y duermen muy bien, tras de haber gastado todo el buche, devolviendo la plumada en la halconera, al amanecer. Por el contrario, los pájaros de tarde, se encuentran inquietos toda la mañana en el jardín, codiciando las aves que ven volar. De regreso, si son cebados a última hora, no duermen bien, con el buche repleto, devuelven la plumada muy tarde, en el césped, donde no es

fácil encontrarla. Queda bien claro, por consiguiente, que el madrugar en la caza es más práctico y saludable para nuestros alumnos.

Cuando no se les puede sacar a volar presas, no soy partidario de ejercitarles con el señuelo. Estos vuelos les fortalecen poco, les vuelven muy perezosos, y amantes de la comida fácil. Desencaperuzar en el campo ha de ser sinónimo de cazar, con todos sus esfuerzos y venturas.

En estos días de descanso, se les da de comer en el puño, haciéndoles tirar mucho y pelar en roederos duros, porque en el campo, con las prisas de la caza, muchas veces se descuida este ejercicio, tan necesario para la salud y el buen estado del pico. Si no llueve mucho, nieva, o hace viento excesivo, deben permanecer en el jardín durante todo el día, poniéndoles al baño en las fechas que les corresponda.

ALIMENTACIÓN

La alimentación de los halcones entrenados ha de variar según las épocas del año y trabajos a que les sometamos. Hay carnes flojas, como la de conejo, la de buey o caballo lavadas, y el corazón de cordero, que suelen emplearse para «abajar»[1] a los pájaros y en épocas muy calurosas. Reconociendo el universal empleo de estas viandas, no se las doy nunca a mis halcones, empleando para desainarles pollos jóvenes, desprovistos de grasa, que les alimentan muy poco pero les mantienen sanos.

Durante la estación de caza, no acostumbro a cebarles sobre la perdiz, la picaza o el sisón; tras hacerles una buena cortesía, les doy, a vueltas de la presa, su ración de pollo, manteniéndoles en condiciones para cazar al día siguiente. Donde haya pollerías bien surtidas, se puede encontrar fácilmente la alimentación adecuada para los halcones: para templarlos, pollos muy jóvenes «tomateros»; para mantenerles en forma, pollos medianos; para subirlos, gallinas gordas o pollos hechos. La cabeza y cuello, las alas, patas y la molleja, se expenden en todos los establecimientos, bajo el nombre de despojos; son muy adecuados.[2] Sigamos, pues, el viejo consejo del Canciller, que sabía algo de estas cosas:

> «Véngate siempre a las mientes que el día que nació el neblí para ser tomado por el hombre y cazar con él, en ese día nació la gallina, y siempre tráela contigo, viva, y aunque tu halcón mate otras presas y les des algunas picadas de ellas, o el corazón, sin embargo, la gorga házsela siempre de gallina, porque lo conserva siempre templado y sin orgullo, ya que la carne de ánades y aves de ribera, y de otras cualquier presas, es mochina y salva-

---

[1] Desainar, hacer perder el saín, la grasa.
[2] La crianza intensiva de pollos y gallinas ha originado algunas epidemias que pueden contagiarse a los halcones. Aunque he tenido muy pocos de estos contratiempos, a pesar de llevar muchos años utilizando los despojos como alimento para mis pájaros, quiero poner en guardia al lector. Casi todas las enfermedades de las gallinas que afectan a las rapaces, se contagian por la ingestión de cabezas, cuellos o tramos del aparato digestivo, donde suelen albergarse los gérmenes. Lo más práctico para salir al paso de este peligro innegable, es criar personalmente los volátiles, observando su salud y prescindiendo de sus cabezas, cuellos y mollejas.

je, enorgullece al halcón y lo hincha de horrura y no obedece al señuelo ni cuida de las raleas.»

Los años de práctica y no pocos disgustos me han enseñado que, efectivamente, la carne de las presas es muy fuerte y, aun administrada en pequeña cantidad, engorda a los pájaros y les quita el hambre para algunos días. Llevemos, si no gallina viva, unos despojos frescos en el morral y nos proporcionarán una doble ventaja: templar al halcón y comernos la perdicita estofada.

La paloma es también un alimento muy fuerte, utilizable con mucha precaución en tiempo frío, con pájaros delgados y en época de muda.

Para llevar un control de la alimentación, peso y actividades de los halcones, me sirvo de las fichas cuyo modelo se reproduce (página 114). En los pájaros de más interés, las complemento con un diario extenso.

LA SALUD

El aspecto de los halcones es el mejor exponente de su estado físico; cuando están bien «jaldados», es decir, con la cera, los párpados y las manos de color amarillo o naranja; cuando mantienen su plumaje brillante y ordenado; cuando se bañan y se olean con frecuencia; cuando comen con apetito, con fuerza y deprisa; cuando tienen los ojos límpidos y redondos, perfectamente enmarcados por los párpados, sin apariencia de la membrana nictitante en el ángulo interno, puede asegurarse que están en perfecto estado de salud, bien alimentados, trabajados y enjardinados.

Los halcones que no toman el sol y comen «carnes desolladizas»[1], o los que no hacen ejercicio, tienen una apariencia triste, con la cera y las manos pálidas, grisáceas, el plumaje fofo y descuidado, y el ojo oval; comen despacio, sin ansiedad ni energía, manteniéndose sobre el banco huecos, adormilados, sin reacciones rápidas y espontáneas. Estos pobres animales pueden permanecer así durante muchos meses, como las infelices aves de presa encerradas en las jaulas de los parques zoológicos, pero un día u otro, contraen cualquier enfermedad aguda, que acaba en pocas horas con sus penalidades.

El color de las tolleduras denota muy bien los trastornos nutritivos. Normalmente, están formadas por elementos más o menos sólidos, de color negro, si comen presas con sangre, grisáceo o amarillento, si se les da despojos de pollería, y por una gran parte líquida, viscosa, que ha de ser absolutamente blanca. Los restos sólidos proceden del tubo digestivo, los líquidos del aparato urinario.

Cuando el color de las tolleduras pasa del blanco con motitas negras o grises al verdoso, azulado o marrón, existe, sin duda, un trastorno digestivo. La causa más común de estos desarreglos es la carne desolladiza. Nunca me cansaré de repetir que el buey, el caballo y el carnero o cualquier otra res, no son bien digeridas ni asimiladas por los peregrinos. Estos ornitófagos, necesitan huesos, grasa, músculos, vísceras y glándulas de «aves» para vivir. Como

[1] De carnicería.

la carne de reses sólo es tolerada por ellos si previamente se la quita la grasa, les conduce a una paulatina e inevitable desnutrición. Su excesiva blandura origina una atrofia del aparato digestivo y su carencia de ciertas vitaminas, que sólo se acumulan en las vísceras, los conduce a una segura avitaminosis. Es absolutamente imprescindible, si se quiere mantener al peregrino durante meses o años en buena salud, darle de comer volátiles ordinariamente.

Los halcones salvajes ingieren diariamente buena cantidad de plumas, huesos y córneas, substancias para ellos indigeribles. Sin embargo, tienen una importante función en el mecanismo digestivo: estimulan la musculatura estomacal, que ha de comprimirlas para formar la pelota; la mucosa gástrica se mantiene activa y vigorosa, gracias a su contacto áspero y duro. Al expulsar la plumada, eliminan con ella moco gástrico y restos de ácidos digestivos. Es, pues, muy conveniente, dar diariamente a los halcones su correspondiente ración de plumas y huesos. Como mínimo debe hacerse dos días a la semana.

El aspecto de la plumada ha de ser homogéneo y compacto. Sólo contendrá materias indigeribles y ha de carecer de mal olor. Si los pájaros comen por la mañana, la devuelven al día siguiente al amanecer, si se alimentan por la tarde, suelen hacerla al mediodía. No debe sacárseles nunca de caza antes de su deyección, ni darles de comer cosa alguna.

En muchas de las plumadas que he examinado en el campo, he encontrado piedrecitas, hasta del tamaño de un garbanzo. Creo que proceden del buche de las presas con que los halcones se alimentan, como palomas y sisones, muy aficionados a ingerir piedrecitas. Sé que algunos halcones en cautividad se acostumbran a tomar por sí mismos cantitos de río, muy pulidos y redondeados. Ignoro si en la naturaleza harán otro tanto. No obstante, recomiendo dar de vez en cuando algunas piedrecitas a los pájaros en el interior de una bolita de carne o dejándoselas sobre la tabla de la muda. Todos nuestros esfuerzos por imitar a la naturaleza, defienden la salud de nuestros pájaros.

CUIDADO DEL PICO

El pico de los halcones salvajes se mantiene siempre en perfecto estado, tanto de longitud y grosor como de fortaleza y brillo. El de los pájaros de cetrería, si no se toman ciertas precauciones, crece excesivamente. La mandíbula superior cubre completamente a la inferior y su uniforme superficie se descama y astilla, terminando en tan mal estado que difícilmente puede desempeñar sus funciones. Un halcón con el pico excesivamente largo y deforme pierde toda su belleza, come con dificultad y expresa muy claramente el descuido de su dueño.

El origen de este trastorno estriba en la alimentación de los pájaros. En la naturaleza comen siempre aves, cuyas plumas han de ser arrancadas y sus huesos triturados; tal trabajo ocasiona un desgaste, que está perfectamente compensado por el adecuado crecimiento. Por otra parte, estimula la perfecta aposición de capas córneas, sin dar lugar a descamaciones. Si el pájaro cautivo es alimentado exclusivamente de carnes blandas, llega muy pronto, por carencia del necesario desgaste y estímulo, a la ruina de su pico. Imitamos la alimentación natural, dándoles diariamente su «roedero» a base de alas de pollo, cabezas y patas, pies de liebre, un rabo de buey, etc. Con tales precauciones, puede mantenerse el pico perfecto durante toda la vida del halcón.

Si ha crecido demasiado, es imprescindible arreglárselo. Para esta operación ha de abatirse el halcón encaperuzado, como indicamos en el momento oportuno y, mediante un alicate cortauñas, un juego de limas, de sección rectangular y redonda, se le corta el sobrante y se le va limando con mucho tiento hasta darle su forma natural. Se facilita mucho el trabajo usando un palito de madera blanda, del grosor de un lapicero, como «boquera» para que el halcón no pueda cerrar el pico. Terminada la intervención, se limpia muy bien el polvillo y se le da una mano de aceite de cade, producto que le abrillanta y endurece. Es preciso detenerse de vez en cuanto en el limado para evitar que el pico se caliente. En la serie de fotografías que acompañan al capítulo, se muestran de una manera muy gráfica los detalles de esta operación, desde el empleo del torno de dentista al de las limas. Así como el instrumental necesario y la meticulosidad con que debe realizarse este trabajo.

Cuando se mete a los halcones en las cámaras de muda, sueltos y fuera de la jurisdicción del maestro, es conveniente hacerles antes el pico, dejándoselo muy corto, porque durante los meses de descanso engordan mucho, pierden el apetito, y no tiran de los roederos, creciéndoles excesivamente.

CUIDADO DE LAS UÑAS

Al igual que el pico, las uñas necesitan un desgaste y un estímulo determinado para mantenerse con su debido brillo y dimensiones. Nuestros pájaros pueden pecar por defecto o por exceso; en el primer caso, se trata de halcones que se debaten mucho en los bancos, instalados en jardines de suelo duro, donde liman sus uñas hasta dejarlas completamente romas. Aunque para la caza no tiene ninguna importancia este desgaste, ya que el peregrino mata por choque o con el pico, sin embargo, es muy feo y desdice mucho del halconero. El buen ryegrass o la grama evitan este desgaste. Por el contrario, los halcones muy tranquilos o los que permanecen mucho tiempo en la alcándara, tienen las uñas excesivamente largas y finas, de punta quebradiza. El excesivo crecimiento y agudeza es una molestia para liar o acuchillar la pieza y, sobre todo, un peligro para la salud. A favor de un factor predisponente, como la mala alimentación, el escaso ejercicio o la falta de sol, las heriditas que, al liar la comida o debatirse, se infieren en las palmas de las manos, pueden dar lugar a los llamados clavos, dolencia reacia al tratamiento y frecuente en el peregrino. Es necesario, por consiguiente, limar adecuadamente las uñas, sin dejarlas demasiado romas ni excesivamente largas.

Lo ideal es mantener a los halcones, mediante una comida natural, un ordenado ejercicio y una adecuada instalación, libres de estas intervenciones, siempre muy molestas para ellos y, a veces, peligrosas.

Los halconeros, siempre tomamos como modelo y espejo de perfección a los halcones salvajes. Sus condiciones físicas parecen absolutamente perfectas. Realmente, tal consideración es cierta; he capturado docenas de halcones zahareños para anillarles y estudiar posteriormente sus desplazamientos. Siempre están gordos, relucientes, perfectos de plumaje, de pico y de uñas. Sin embargo, ha habido una curiosa excepción: un torzuelo, habitante de un pequeño cortado, que la primavera anterior había tenido tres hermosos hijos, fue capturado por nosotros el 10 de noviembre de 1962. Su aspecto era realmente sorprendente. Encontrándose gordo y muy jaldado, de un amarillo naranja, presentaba el plumaje muy deteriorado, faltándole cuatro plumas de la cola, tres en un ala y dos en otra, en una época en que debía de haber terminado la muda. Pero lo más curioso eran sus uñas; únicamente las llaves se encontraban en buen estado, las cuatro restantes estaban totalmente desgastadas, no quedándole más que un pequeño muñón, perfectamente recubierto por una bolita de barro endurecido. Al arrancársela, comenzó a sangrar profusamente. Creo que estas constantes y pequeñas hemorragias serían la causa de la detención en su muda y, en lo que se refiere al desgaste de las uñas, se debía, sin duda alguna, a las características de su posadero, tan estrecho y deslizable, que el pobre torzuelo debía verse en la necesidad de aferrarse constantemente durante la noche. Sorprende que el cortado le ofreciera otros refugios planos y abrigados, cedidos por el pequeño mutilado a su compañera. Después de marcarle con una llamativa anilla de color, lo puse en libertad y mejoré en lo posible las condiciones de su posadero a golpes de piolet. Días más tarde, lo vi volar reciamente junto a su hembra, halagándola con una serie de fintas y de pasadas. En el momento en que escribo estas líneas, es de nuevo padre de familia y se pueden ver muy claramente con los prismáticos las melladuras de sus desplumadas alas. Espero capturarle de nuevo en otoño para seguir el curso de tan interesante caso.

EL TEMPLE

Realmente, no se puede encontrar una palabra que exprese tan claramente el estado de un pájaro cuando está en condiciones de caza; templado. Como la hoja de una espada, como el atleta en la cumbre de su preparación. Sin grasa superflua, pero no delgado; con hambre, pero no famélico; con el peso mínimo, pero con el máximo de facultades.

Creo que la faceta más difícil del arte de cetrería es ésta; templar al pájaro. Son tantos los factores determinantes de un aumento o disminución del apetito, variando, con la temperatura y las estaciones, la aptitud orgánica para el ahorro de calorías o su despilfarro. Tiene tanta importancia el factor psíquico en la acometividad, obediencia, o en la absoluta independencia, que el temple merece un detenido estudio.

Contamos con un importante auxiliar para fijar este dato adecuadamente; la balanza. Pero no seamos sus esclavos; sirvámonos de ella únicamente para complementar nuestras observaciones.

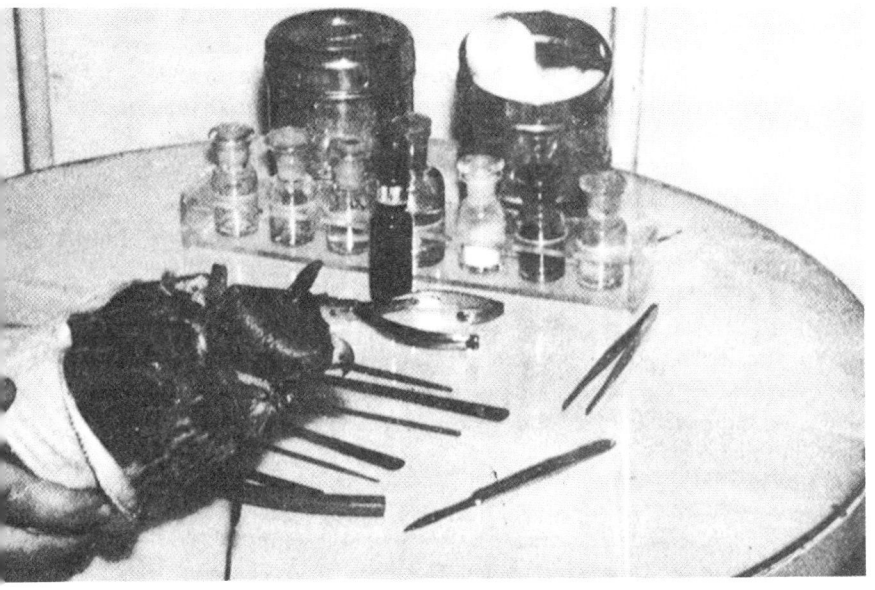

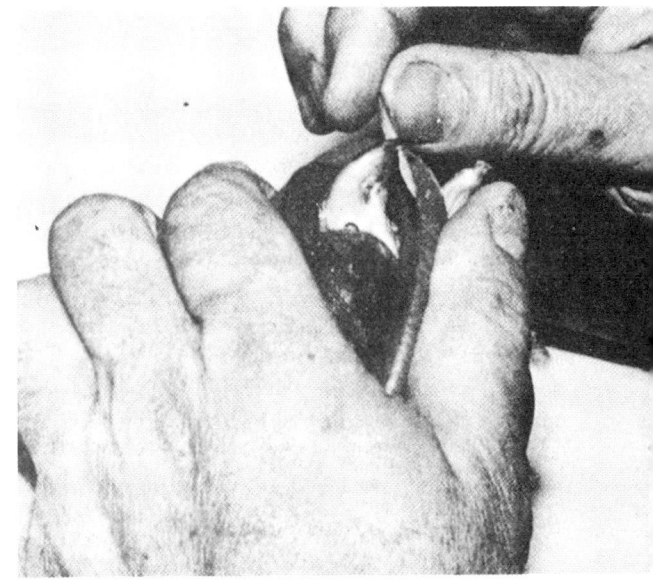

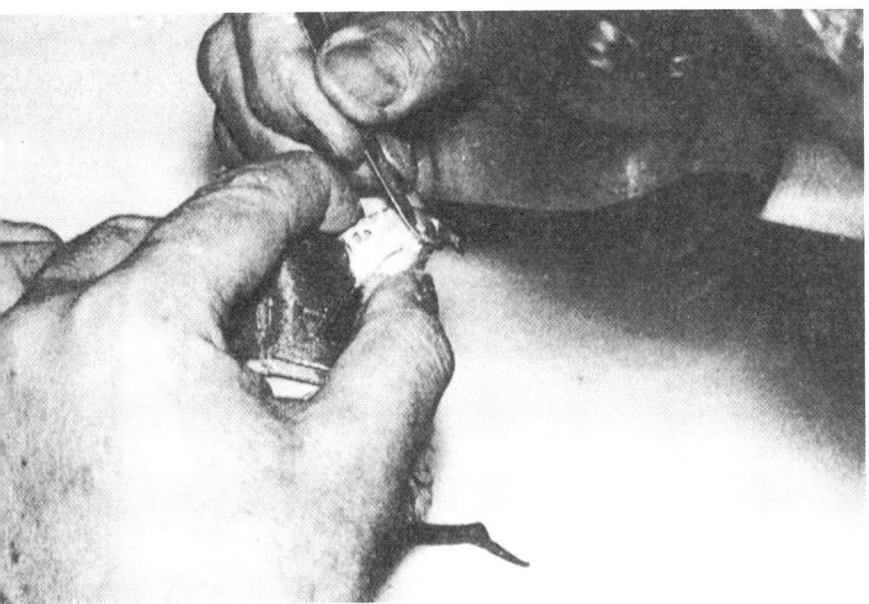

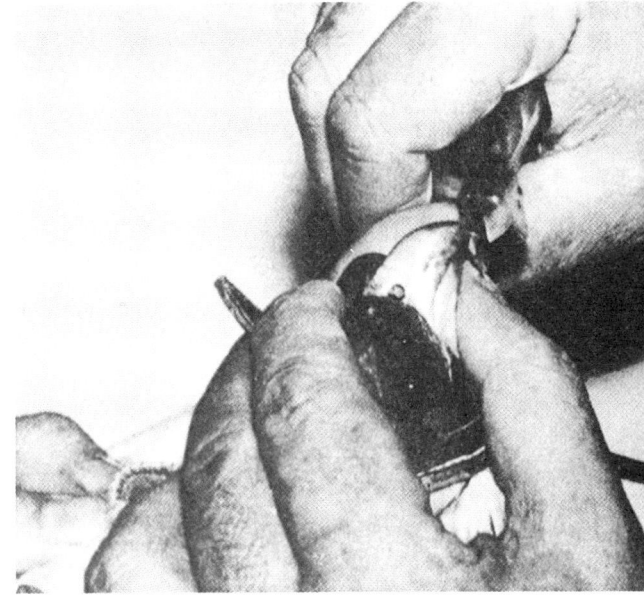

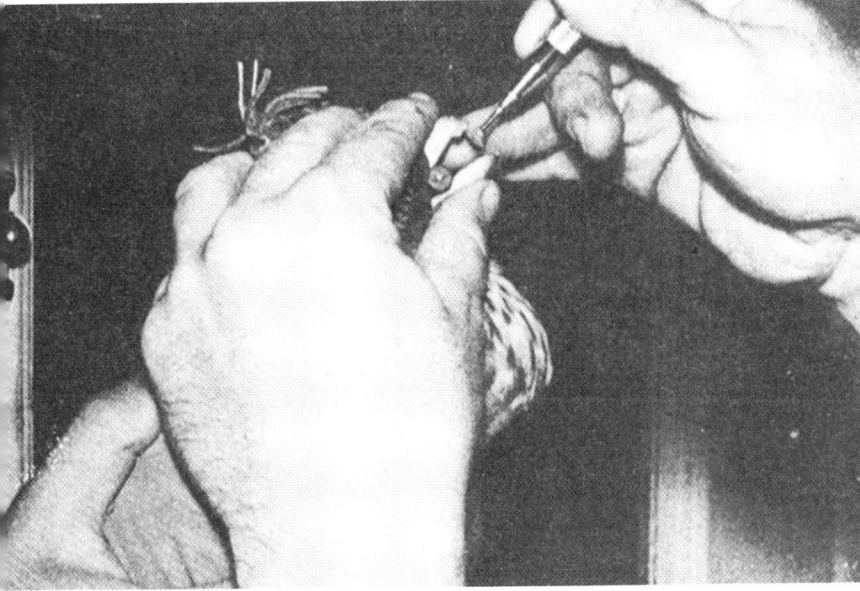

Foto 28.

1. Halcón preparado para hacerle el pico, junto a la mesa con el instrumental.

2. Empleo de una goma como «piquera».

3. Limado de las descamaciones.

4. Corte de la punta del pico excesivamente crecida.

5. Tallado del «diente» con torno de dentista (Tan exquisito procedimiento no es común en cetrería; pero, siendo el autor estomatólogo, ha llevado las técnicas de su profesión al campo cetrero.)

Cuando el niego comienza a cazar y conocemos, con un pequeño margen de error, su peso óptimo, está aún en pleno desarrollo. Los vuelos diarios van incrementando sus masas musculares y consolidando el esqueleto. Debemos tender, por consiguiente, a ir aumentando paulatinamente el peso. Estacionarle durante todo el año conduciría al pájaro a la ruina. En los días más crudos del invierno, alcanzará el peso máximo y, en febrero, comenzaremos a bajarle, manteniéndole muy templado hasta que le metamos en muda.

Cuando terminan el cambio de la pluma, los pájaros están muy gordos, más que cuando los sacamos de la cámara, o cuando los capturamos, si son del aire. Es imprescindible desainarles, pero no hasta el peso óptimo del anterior otoño, sino al de la última primavera aproximadamente.

Un pájaro volado diariamente, bien cebado en sus presas, no defraudado en el señuelo, está magníficamente templado con un peso relativamente alto. La rutina y la perfecta cristalización de sus reflejos, le hacen reaccionar automáticamente a los estímulos acostumbrados. El pájaro que vuela esporádicamente, requiere un temple mucho más recio y nunca está en completa seguridad; la distracción y curiosidad que le inspira el campo, interfieren todos nuestros mejores estímulos.

El procedimiento para llegar a un peso determinado es de mucha importancia. No tiene el mismo hambre una prima con 900 grms. si para llevarla a este peso desde los 950 grms. que tenía la víspera, le hemos dado carne lavada o pollo joven en la halconera o media gorga sobre su presa. El temple será mejor en cada uno de los casos, a partir de la carne lavada.

Los pájaros de mano por mano requieren más temple que los altaneros, porque su caza es menos natural y han de perseguir a las presas en largas distancias. El hambre será máxima para los halcones dedicados a córvidos; la carne de esta presa no es de su gusto y en estado salvaje nunca la comen.

El peso de un halcón no puede ser el mismo el día que se le saca a cebar que cuando ha de matar cinco o seis perdices; para llenar el morral ha de estar más templado. Los zahareños se vuelan siempre con pesos relativamente bajos; poseen una enorme reserva de energías y siempre, aun cuando parecen absolutamente seguros, pueden reservarnos una desagradable sorpresa.

La palpación de los pectorales, los muslos, la presteza al saltar al puño y, fundamentalmente, su comportamiento en la caza, la tensión de su vuelo, el tiempo de su espera y su vigor, certifican las anotaciones de balanza.

Por todos los procedimientos ha de tratarse de mantener a los pájaros con hambre derecha. Es peligroso variar en un escaso período de tiempo el peso de un pájaro; ha de hacerse muy despacio, rebajando su ración paulatinamente y, si estaba acostumbrado a comer pollo o alimentarse sobre la presa, no se le puede dar de la noche a la mañana solamente carne lavada, porque se debilitan mucho y pierden el apetito. Conviene darles pollos jóvenes, a continuación carne magra sin lavar y, en último caso, carne lavada.

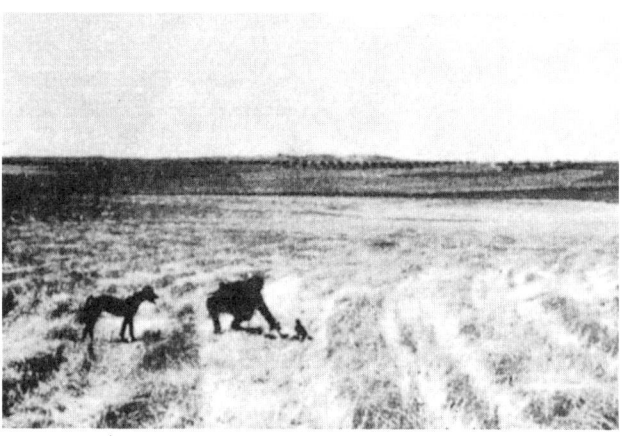

Foto 29. El terreno ideal para la altanería.

Diario de: Mes de:

REGIMEN — ENTRENAMIENTO Y CAZA

Día | Peso grs. | Alimentación | Baño | Tiempo | Terreno | Lances | PRESAS Nº | Especie

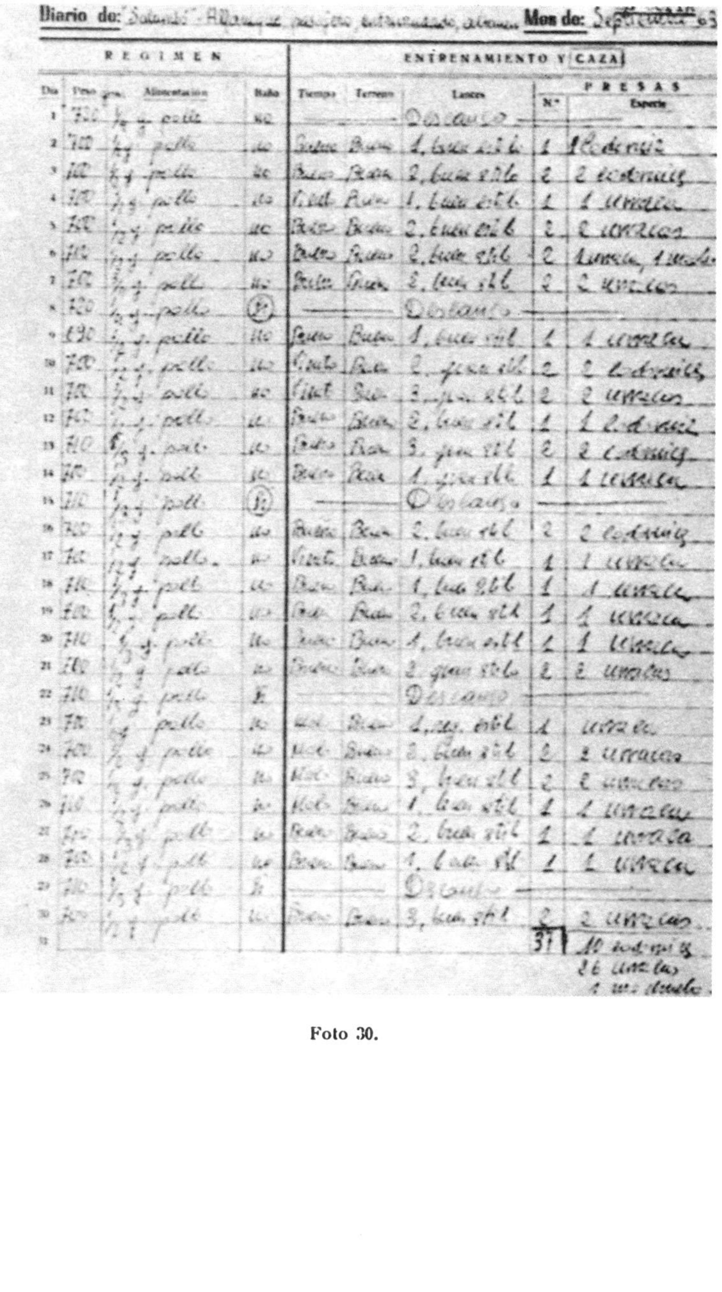

Foto 30.

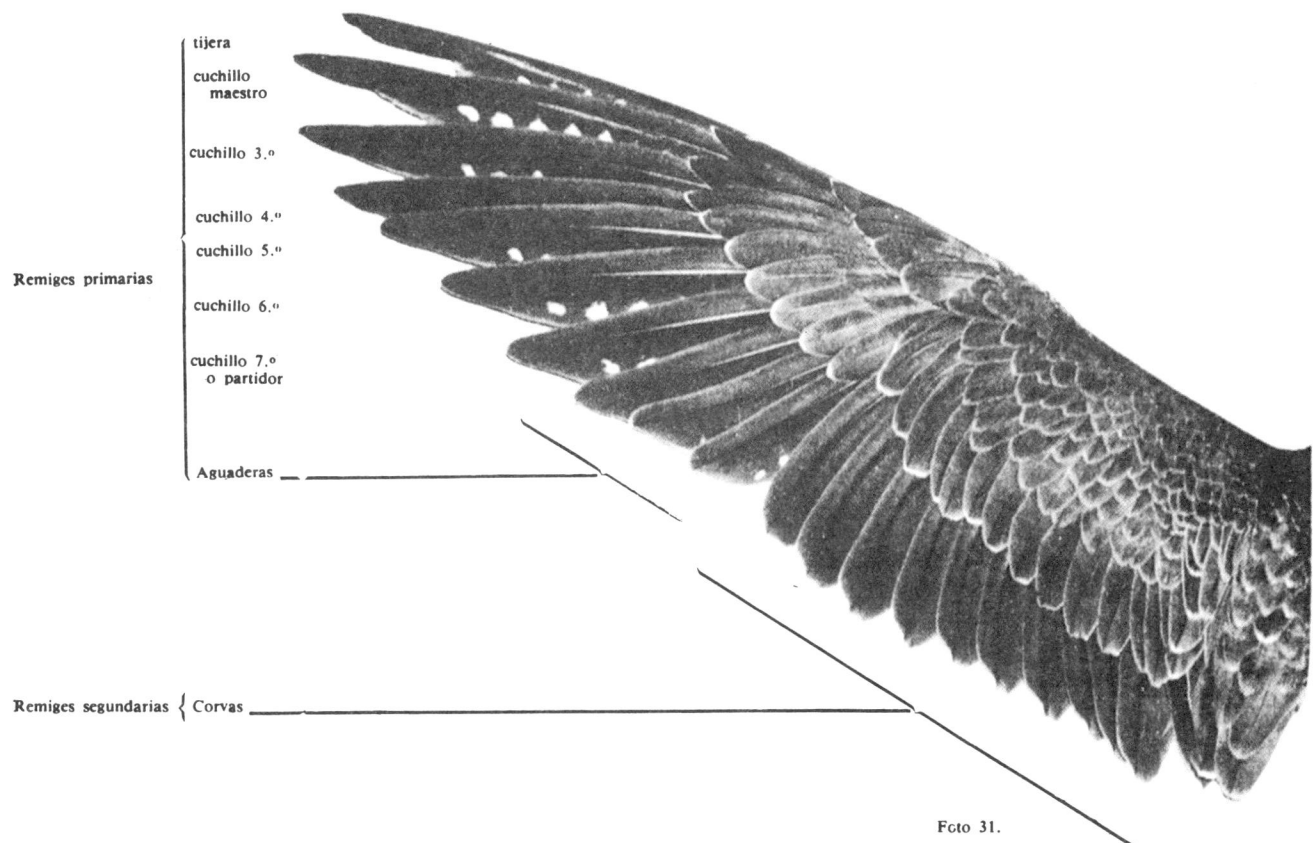

tijera
cuchillo maestro
cuchillo 3.º
cuchillo 4.º
cuchillo 5.º
Remiges primarias
cuchillo 6.º
cuchillo 7.º o partidor

Aguaderas

Remiges segundarias { Corvas

Foto 31.

LA MUDA

«¿Por qué mudan las aves?», se pregunta el Emperador Federico II.

«Porque el plumaje tiene una duración limitada y ha de ser sustituido por otro antes de que se deteriore», responde acertadamente el autor del Arte venandi cum avibus.

Y si para todas las aves voladoras la conservación en buen estado de sus plumas es importante, para las rapaces es vital. Porque de la rapidez y potencia de su vuelo depende absolutamente su supervivencia.

Por esta razón, en ellas la muda no puede ser rápida y masiva, como en ciertas acuáticas y zancudas, que pierden todo el plumaje viejo en un corto espacio de tiempo, quedándose semidesnudas e incapacitadas para el vuelo durante una temporada; ocultas en sus almarjales y marismas, encuentran alimento abundante, nadando o corriendo; están a salvo de sus enemigos; y, en otoño, han repuesto todo su vestido para emprender el largo viaje migratorio.

Las rapaces, por el contrario, van perdiendo sus plumas lenta y simétricamente; de manera que sus facultades de vuelo resulten escasamente disminuidas. En estas condiciones el proceso de la muda dura de cinco a seis meses.

Es complejo el mecanismo biológico que determina la pérdida y reposición del plumaje. En primavera, tienen lugar importantes modificaciones en las constantes hormonales de las aves, desencadenadas probablemente por la intensidad de la luz, actuando a través de la glándula hipófisis. Estas variaciones ocasionan el celo, la muda y, posiblemente, el retorno migratorio. Sin embargo, las secreciones de numerosas glándulas actúan de una manera encadenada, no habiéndose podido hacer responsable, hasta la fecha, a una hormona determinada del proceso de la muda.

Es indudable que desde el mes de abril a septiembre, las condiciones naturales para la muda en las aves de presa son inmejorables. La caza les resulta mucho más fácil, porque sus presas habituales pierden en gran parte su cautela como consecuencia del celo. Es sabido que, durante los meses de primavera, la mayor parte de las aves capturadas por las rapaces son machos, enardecidos y descuidados en las paradas nupciales. Pues bien, estos machos tienen sus secreciones hormonales en la concentración máxima; secreciones que son absorbidas por la rapaz, uniéndose a sus propios humores específicos para desencadenar y estimular la muda.

En verano, caen las plumas más grandes e importantes, cuya reposición exige a la rapaz una copiosa alimentación muy rica en grasa, proteínas y principios de crecimiento. En esta época son muy abundantes las aves jóvenes, recién

117

salidas del nido, muy gordas y con las glándulas del desarrollo —secretoras de los principios del crecimiento— todavía en plena actividad. La natural inclinación de todas las rapaces a la captura de presas fáciles e inexpertas, está acrecentada en esta época por la merma de sus facultades persecutorias. En consecuencia, obtienen la dieta que precisan para reintegrar su plumaje.

El mecanismo, en sí, que rige el desprendimiento de las plumas viejas y el crecimiento de las nuevas, ha sido objeto de un amoroso estudio por mi parte, al estar estrechamente ligado con el de la pérdida y erupción dentaria, tema éste de mi profesión. Efectivamente, la pluma y el diente son de origen ectodérmico, derivados ambos de las escamas que cubrían el cuerpo y los maxilares de los primitivos reptiles.

El primer plumaje de los jóvenes pájaros se inicia a partir de unas formaciones epiteliales, llamadas folículos. La primitiva pluma aflora en forma de un cilindro muy rico en sangre, el cañón, que va dando lugar al raquis y las barbas que formarán la pluma definitiva. Terminado su total crecimiento, estas plumas pierden todo intercambio vital directo con el organismo que las soporta. El orificio que, en el ápice del cálamo, permitía el paso de los vasos y filetes nerviosos nutritivos, se cierra completamente, quedando la pluma adulta (valga la expresión), sujeta a los tejidos mediante una serie de ligamentos que forman un alvéolo fibroso; pero totalmente privada de nutrición; transformada en un elemento muerto, como las uñas, cuernos u otros semejantes.

La duración de estas plumas, que son cuidadosamente peinadas y engrasadas por las aves, es de un año aproximadamente. Pasado este tiempo sus componentes envejecen; las barbas se despegan y el cañón se hace quebradizo.

Pero, terminado este plazo, el folículo que yace en el seno de los tejidos, estimulado por las citadas hormonas, recobra su capacidad regenerativa y una serie de procesos iniciados por un gran aumento de la vascularización se desarrollan en su torno. La primera consecuencia es que las estructuras suprayacentes, que fijaban la pluma vieja al alvéolo, comienzan a sufrir un proceso de lisis (destrucción) ocasionado por el empobrecimiento de su irrigación. Destruidos los ligamentos, la pluma cae y deja abierto el camino a la que, partiendo del folículo, viene a sustituirla.

En resumen; aprovechando las circunstancias que en primavera y verano reinan en la naturaleza: temperatura favorable, alimentación abundante y riqueza hormonal, las aves salvajes reponen su plumaje en condiciones óptimas.

Pero, ¿qué ocurre en las aves de cetrería, desligadas por la cautividad de esta maravillosa cadena biológica?

Puntualmente, a finales de marzo o primeros de abril, el halconero encuentra bajo la alcándara o en el césped una rémige primaria de su peregrino; concretamente, la séptima. Horas más tarde o al día siguiente, cae la correspondiente de la otra ala. Al poco tiempo, se desprenden otro par de plumas; éstas, rémiges secundarias. En condiciones adecuadas, a partir de este momento, siguiendo una cadencia determinada, el halcón irá perdiendo un par de

rémiges primarias y un par de secundarias, a medida que las precedentes vayan creciendo. Este orden de recambio es tan perfecto que las nuevas plumas en crecimiento, están siempre protegidas por dos completamente desarrolladas, bien sean nuevas o viejas.

Las timoneras comienzan a cambiarse por las dos centrales, llamadas en cetrería «coberteras» (que esta denominación no nos lleve a confusiones con las pequeñas cobertoras, que cubren el cuerpo de las aves), progresando hacia el exterior.

A finales de septiembre, el peregrino termina su muda, al llegar a su longitud total las primeras rémiges primarias.

Los ornitólogos llaman rémiges primarias a las grandes plumas que se insertan en el tercio distal del ala, correspondiente a la mano. Las rémiges secundarias nacen en la porción alar correspondiente al antebrazo. Los halconeros damos nombres a estas plumas, consagrados por siglos de existencia.

La primera rémige primaria, es decir, la pluma más externa del ala se llama «tijera». La segunda rémige primaria, la más larga en los halcones, recibe el nombre de «cuchillo segundo» o «cuchillo maestro». La tercera rémige primaria, igual en longitud a la primera, se llama «cuchillo tercero»; y, así, «cuchillo cuarto», «cuchillo quinto», «cuchillo sexto» y «cuchillo séptimo», hasta la séptima rémige primaria que también se llama «cuchillo partidor». Las otras tres rémiges primarias no tienen ya forma de cuchillo, sino que se parecen a las secundarias, y las llamamos en cetrería «aguaderas». A todas las rémiges secundarias les damos el nombre de «corvas». Probablemente, porque su cañón está aparentemente curvado. A las plumas que nacen en el dedo libre de las aves —alas bastardas—, damos los halconeros el nombre de «piñones» y «piñoncillos». A las cobertoras primarias, las llamamos «sobre-cuchillos». En la fotografía que ilustra este capítulo pueden observarse todas estas plumas.

PROCEDIMIENTOS PARA MANTENER A LOS HALCONES DURANTE LA MUDA

Siendo el cambio de la pluma el proceso quizás más complicado y decisivo en la vida del halcón, es natural que los halconeros de todos los tiempos se hayan preocupado para proporcionar a sus pájaros, durante este período, las condiciones de vida más adecuadas para acortar la muda, y para que las plumas, mediante las cuales el pájaro ha de cazar durante todo un año, sean de la mejor calidad.

El procedimiento preconizado unánimemente por los antiguos maestros consiste en dejar a los halcones en el interior de una cámara, «la muda», completamente sueltos, fuera de la jurisdicción del hombre. La comida se les daba indirectamente, a través de una trampilla, para que su apacible existencia no fuera turbada.

Los halconeros modernos parecen mostrarse más partidarios de no alterar las costumbres de sus halcones durante la muda, manteniéndolos atados a los bancos del jardín, de día; y en el interior de sus halconeras abiertas, durante la noche. Unos los dejan comer solos sobre el banco o en el césped, y otros siguen dándoles la comida sobre el puño.

La tercera modalidad consiste en volar a los halcones sobre la caza mientras mudan, como lo hacen sus hermanos salvajes.

Analicemos las ventajas e inconvenientes de cada procedimiento y estudiemos con cierto detenimiento su forma de aplicación.

MUDA EN EL INTERIOR DE LA CÁMARA

Las características de la cámara de muda han quedado descritas anteriormente, porque estas dependencias son las mismas que se utilizan para el descañado de los niegos. Sin embargo, conviene introducir ciertas modificaciones; en el suelo, en lugar de bálago, heno u otra hierba, se echa una capa de arena muy fina, sin piedrecillas ni otros cuerpos traumatizantes que pudieran determinar heriditas en las manos de los pájaros, desencadenantes de los temibles «clavos». Además de la arena se pondrá una gruesa piedra para cada halcón y un baño. El frente de la cámara ha de permanecer protegido por la arpillera, ya mencionada, para evitar la visión del mundo exterior.

Un tronquito de madera por cada pájaro de 35 cms. de altura y 15 de diámetro (sirve un banco profundamente clavado en el suelo) provisto de unas correítas para atar la comida completa la instalación.[1]

El halcón[2] debe ser introducido en la camara cuando empieza a derribar plumas de la cola. Mientras la muda se remite a las rémiges es conveniente seguir cazando; y más en esa época que nunca, porque debe entrar en la muda muy enjuto y trabajado y cebado en sus presas, para que durante este período de inactividad, se fijen las experiencias adquiridas y salga cebado en la caza, además de con ropa nueva.

En estas cámaras, según su capacidad, se pueden meter varios halcones juntos, teniendo la precaución de separarlos por sexos, porque en caso contrario se intranquilizan, y las hembras «huevan», interfiriendo el proceso de la muda. La comida se pone una vez al día, bien atada a las correítas de los bancos, para que no la derriben en tierra y se mezcle con los excrementos. El baño no debe estar constantemente lleno de agua, porque los halcones no se bañarían bien y la ensuciarían con la arena y las tolleduras. Una vez a la semana se llena el recipiente y se deja el agua durante un día. Así los halcones la codician mucho y se bañan en ella cuando está fresca y limpia. Además de todas las cosas dichas, complace mucho a los halcones disponer de un cajoncito bajo, con céspedes frescos, o cebada nueva, que se siembra especialmente en estas jardineras y se retira cuando está mustia; sobre ella los pájaros se echan y refrescan durante los calores del estío.

De noche, con una linterna, para que los pájaros no se debatan, que ahora las debatidas serían muy dañinas para ellos, por estar ensainados y con plumas en sangre, se retiran cuidadosamente los restos de comida, se cambia el agua de los baños, se riegan los céspedes, o se hace cualquier menester que sea preciso.

Ventajas de la muda en el interior de la cámara. — Encerrados en su pequeño mundo, aislados totalmente de cualquier distracción, sometidos a una temperatura elevada, los halcones se entregan por entero a la reposición de su plumaje. Porque es innegable que los choques o mudanzas, tanto psíquicas como físicas, retardan este proceso. Libres de debatidas, conservan perfectamente sus plumas en sangre, a salvo de traumatismos que pudieran quebrarlas. A lo largo de la jornada, comen, se bañan, se olean o huelgan sobre el césped con visible placer.

Por otra parte, el halconero puede tomarse unas vacaciones o dedicar su atención a otros pájaros, ya que los sencillos menesteres de poner la comida en los bancos, cambiar el agua o limpiar la muda, están al alcance de cualquier ayudante.

Inconvenientes de la muda en el interior de la cámara. — Por mucha diligencia que se despliegue para salvaguardar la higiene de los halcones en el interior de las mudas, no puede evitarse que sus deyecciones y partículas de comida caigan en la arena, vehiculizando bacterias que pueden ser absorbidas. El aire del interior de la cámara no se renueva con la necesaria frecuencia y es apreciable un ligero mal olor.

La vida metódica que llevan en estos encierros les proporciona escaso ejercicio por lo que sus facultades de vuelo se merman considerablemente. Por otra parte, el largo período de tiempo de este aislamiento pone de manifiesto en ellos el natural salvajismo, que implica un trabajo de amansamiento más o menos largo, al finalizar el recambio de sus plumas. No pudiendo controlarse la comida que se les da, uno no es dueño de hacerles tirar de sus roedores o de prepararles sus plumadas o hacerles ingerir determinadas carnes que no les apetecen, por estar excesivamente gordos. Y esta gran obesidad que adquieren en el interior de la muda, condición «sine qua non» para que permanezcan tranquilos, ha de ser rebajada al final del proceso, con no pocos peligros y trabajos.

Conclusión. — Este procedimiento es de los que podríamos llamar intensivos; como aquellos tratamientos de reposo y sobrealimentación tan preconizados antaño para el tratamiento de la tuberculosis. Es un sistema, sin duda, antinatural; pero cuando el pájaro no contrae una enfermedad y puede ser desainado por un halconero que conozca bien su oficio, es el más rápido de todos con una diferencia de más de un mes.

Hoy día, no es urgente la terminación de la muda, porque la mayor parte de las presas se desvedan en octubre, por lo que éste rápido procedimiento, no exento de peligros, carece de la decisiva importancia que tuvo en tiempos de nuestros grandes halconeros. Como prueba de sus buenos resultados, leemos en el Canciller: «Yo vi un halcón del rey D. Pedro, que llamaban Doncella, baharí de Romaña, garcero y altanero, en la primera semana

---

[1] La puerta debe abrirse hacia el exterior y estará provista de un resorte para que nunca se quede abierta por descuido.

[2] Naturalmente, sin lonja, tornillo, ni cascabeles.

del mes de agosto estar ya fuera de muda y desainado, y matar una garza.»

Mi baharí «Caballero Lanzarote», terminó dos años la muda a mediados de agosto, y un hermano suyo, a finales del mismo mes, quedándoles tan pocas plumas viejas que parecían mudados del aire. Nunca he visto un halcón mudado fuera de cámara que no le quedaran muchas pequeñas cobertoras viejas, que justifican bien el título de «entremudado». Y no terminan antes de la primera semana de octubre. El halcón que gobierno para alcaravanes o sisones, siempre lo mudo por este procedimiento, después de cebarle muy bien en ellos en el mes de abril. Se me antoja que salen más fuertes de la cámara que cuando mudan fuera.

LA MUDA EN EL BANCO

Pocas modificaciones se operan en el régimen del halcón que ha de mudar en el jardín y en la halconera; sólo dos: deja de hacer ejercicio y come cuanto quiere. Efectivamente, el maestro sigue sacándolo cada mañana e introduciéndolo cada tarde; cuando quiere le da de comer en la mano y nunca deja de tener con él un contacto directo. Es aconsejable que, ya que el halcón ha de permanecer cinco o seis meses sobre su banco y en el césped, se mejore en lo posible las condiciones de estos elementos. Que la superficie del banco esté siempre limpia, y, aún, sería mejor si se pusiera unos días sobre un banco blando, forrado de badana y otros en uno duro de piedra o de madera de haya. Y que la hierba esté siempre fresca y bien drenada, libre de restos de comida y tolleduras. Para esto, nada como cambiar frecuentemente el emplazamiento del pájaro.

Los partidarios de dar la comida en el césped, abogan en favor de su teoría que así el halcón come más a su placer, y puede tragar alguna hierba o piedrecita que —dicen— les es muy conveniente porque en el campo tal hacen.

Quienes prefieren darles de comer en la mano, certifican que el pájaro se hace más manso, y pueden administrarle las carnes o las plumas que quieren, y ven cada día su semblante, para descubrir a tiempo cualquier enfermedad.

Ventajas de la muda en el banco

Es indudable que al no alterar las costumbres de los halcones y al mantenerlos en el aire libre, donde pueden tomar el sol, se les pone a salvo de las enfermedades acarreadas por la muda en clausura. El poder bactericida del sol esteriliza el césped y los bancos. Y el halconero puede limpiar con facilidad las deyecciones y residuos. Al no perder el contacto con su maestro, los pájaros se mantienen mansos. Y, aún, tienen mejor carácter al terminar la muda que al entrar en ella. Si se toma la precaución de ponerles la caperuza una vez al día, al recogerlos en el jardín por la tarde —porque si se hiciera dentro de la halconera para sacarlos, podrían contraer el hábito de repudiar la caperuza al aire libre— conservarán la buena costumbre de aceptarla sin debatidas. Aunque estos pájaros engordan también mucho, puede reglamentárseles más la comida e ir desainándolos paulatinamente y de manera visible, un mes antes de terminar la muda.

En cuanto a las tendencias de darles de comer en la mano o en el suelo, me inclino decididamente por la segunda, porque no creo que haya halconero con el suficiente tiempo y vocación como para dar a todos sus pájaros los roederos que necesitan durante la muda para mantener el pico en buen estado y beneficiarse del ejercicio. Aunque las intenciones sean buenas, con las prisas y los negocios se descuidan los roederos, siendo tan beneficiosos para los pájaros.

Inconvenientes de la muda en el banco

El mayor peligro que sospecho en este proceder es el de que el halcón, bien porque se le enrede un día la lonja, o por descuido del dueño, sufra una insolación; o un recién llegado le asuste y venga a quebrarse las plumas en sangre; o reciba un impacto que retrase la muda.

Los pájaros debatidores en la alcándara no pueden ser subsidiarios de este tratamiento porque, en sus debatidas laterales, se quiebran las plumas de la cola. Sobre todo, teniendo en cuenta que el largo período de inactividad les da ganas de saltar y de removerse.

También quiero manifestar que el halconero ha de estar pendiente de sus alumnos cuando mudan por este procedimiento; siendo mucho más delicado para un ayudante, sacarlos al jardín, atarlos a los bancos o a la alcándara —uno mío se dejó escapar un torzuelo—, ponerlos al baño y no digamos introducirles la caperuza. Si no sabe tanto como el maestro, mejor es que no intente este último punto.

Conclusión

Para quien tenga tiempo y guste de mantener el contacto con sus halcones, nada como este sistema. Podrá rodearles de tantas comodidades como se le ocurran y sus pájaros no terminarán la muda con demasiado retraso. Bajo el punto de vista de higiene y seguridad para la salud, la muda en el banco es más aconsejable que la muda en cámara.

MUDA DURANTE LA CAZA

Hace algunos años, descubrí que los mejores halcones son aquellos que habiendo cazado habitualmente durante todo el período de su pollez (primera estación), son introducidos nuevamente en la caza en los primeros meses del verano. Efectivamente, estos halcones que han matado ya perdices de invierno, haciendo las delicias del halconero —que no se ha atrevido a sacarles muchas para que no se enfriaran— entran en el mes de julio y agosto sobre los perdigones con una seguridad y ventaja extraordinarias. Están en el mejor momento para estirarles, para hacerlos pájaros de muchas perdices. Y en esta condición se les mantendrá durante los meses del otoño y el invierno, entrando en la segunda muda con el merecido título de halcones maestros.

Pero los peregrinos que hemos trabajado durante su

primera estación, al levantar las mieses, en julio, están en plena muda y un halconero ortodoxo quizá hubiera dejado de volarles. Yo los vuelo siempre; y puedo estar satisfecho de mis resultados.

Tras un descanso de dos meses, desde abril a primeros de junio, comienzo nuevamente a volar a mis peregrinos jóvenes, que ya derriban rémiges y timoneras. Los cebo muy bien en el señuelo y en algunas traínas, para que estén seguros con un peso relativamente alto. A primeros de julio, ya están sobre las perdices. Y la disminución en la potencia de su vuelo, originada por la falta de algunas plumas, queda equilibrada por la inexperiencia de los perdigones o la muda intensiva que padecen las perdices viejas. Puedo afirmar que estos halcones cazan y vuelan perfectamente, no apreciándose a simple vista sus condiciones de inferioridad.

A medida que transcurre el verano van creciendo las perdices y los halcones reponen sus plumas. En octubre la presa y el cazador se encuentran en el máximo de sus facultades, habiéndose desarrollado éstas de una manera paralela, como ocurre en la naturaleza.

Los pájaros mudados así, ningún cuidado especial requieren, salvo que, estando en pleno estío, se cuidará mucho de que no les dé el sol; se procurará volarles por la mañana o al atardecer y se evitará en lo posible toda causa de rotura de plumas.

Ventajas de la muda durante la caza

Para no repetir cuanto llevo escrito, me basta decir que este procedimiento es el único que se acerca a las condiciones de vida naturales en el peregrino; mudando, vuela sobre presas que también mudan, lo que mantiene su moral y sus facultades de caza; no engorda con exceso ni se aleja por un momento de la jurisdicción del halconero; se evitan completamente los peligrosos y molestos adelgazamientos o desainados a que ha de someterse a los pájaros mudados por los otros sistemas.

Pero la primordial ventaja de cazar con los halcones durante la muda estriba en que se alimentan sobre las mismas presas que sus hermanos salvajes; perdices jóvenes, muy digeribles, ricas en elementos nutritivos y sobre todo en principios de crecimiento, secretados por el timo y otras glándulas de parecida alcurnia; machos, todavía en celo, verdaderos depósitos de hormonas sexuales que favorecen la muda, como diremos más adelante. Y para concluir, puedo afirmar que estos pájaros terminan la muda a primeros o mediados de octubre, exactamente igual que los peregrinos salvajes. Porque de los zahareños que he capturado en septiembre, no he visto uno solo que hubiera acabado de echar las tijeras.

Inconvenientes de la muda durante la caza

Este sistema no es apto para halcones que tengan muchas plumas quebradas, porque sumando estas melladuras a las que ocasiona la caída natural de otras plumas, quedan incapacitados para el vuelo.

Los halcones destinados a presas poco atractivas, como chovas y cornejas, han de cazar muy templados, y se les

cortaría la muda o echarían las plumas nuevas quebradizas y de mala calidad por la escasa alimentación.

Aunque los halcones trabajados tienen pocas ganas de debatirse, es necesario redoblar los cuidados para que en la alcándara o en el jardín no se quiebren las plumas tiernas.

ALIMENTACIÓN DE LOS HALCONES DURANTE LA MUDA

Basta recordar la alimentación del halcón en estado salvaje para imaginar una dieta conveniente; pero, puntualicemos:

1.º Aves jóvenes. — Todos los pájaros jóvenes son excelentes; viviendo en el campo se puede adquirir toda una gama de ellos, grandes y pequeños, desde los pollos de picaza a los gorriones nuevos.

En la ciudad, nada como los pichones; fáciles de adquirir y muy nutritivos; quíteseles la cabeza, el cuello y el buche para evitar los güérmeces.[1] Los pollos jóvenes no son buenos para esta época; su carne es demasiado ligera.

2.ª Aves gordas. — Las experiencias de los antiguos halconeros coinciden con las de los modernos en el sentido de que la grasa acorta la muda y proporciona un plumaje fuerte, elástico, y brillante. Pero ha de ser grasa de aves, porque la de mamíferos no pueden asimilarla los halcones y la digieren mal, produciéndoles trastornos digestivos y una paulatina intoxicación.

Los pollos grandes, gallinas; las cabezas, alas y mollejas de pato, cubren bien este requisito.

3.º Carnes ligeras. — Sometidos a una dieta tan abundante y nutritiva los halcones pierden el apetito; cuando sobreviene esta inapetencia, conviene darles algunos papos de una carne muy digerible y de poco alimento, como el conejo —ideal—, el corazón de cordero —menos bueno— y el pollo joven —bueno.

Este proceder, muy saludable, se llamaba «desbuchar» y ha de repetirse en cuanto aparezca la desgana. Cuando el halcón recobra las ganas de comer, se torna a los alimentos nutritivos.

4.º Carnes desolladizas. — Si el régimen de carnicería es siempre detestable para el halcón, durante la muda está absolutamente contraindicado. Quien haya leído este capítulo no precisa que se le explique por qué razones.

Para mis halcones cambia muy poco el régimen alimenticio durante la muda; los que no vuelan, comen despojo de pollo grande, en vez de pollo pequeño, más algunas cabezas y alas de pato y un pichón recién sacrificado a la semana; a los que siguen cazando les permito comer en su perdiz, en lugar de darles pollo sobre ella, como hago durante el invierno. Y a todos ellos los mantengo con buen apetito, que no soy muy partidario de ensainar a los halcones excesivamente, ni creo que esta gordura favorezca la muda, porque ellos en la naturaleza jamás llegan a tales extremos, siendo sus plumas y belleza de todos conocidas.

[1] Con esta amputación se desperdician algunas glándulas, pero es muy aconsejable hacerla.

Una comida variada, apetitosa, abundante, pero no hasta el hastío, es la dieta más indicada para llevar a feliz término el proceso de la muda.

ESTIMULANTES DE LA MUDA

La máxima aspiración de todo halconero es que sus pájaros terminen la muda a principios del verano, cuando, al levantar las mieses, comienza el ciclo natural de la caza. Con este fin, se han venido empleando diferentes tratamientos, llamados «ayudas» por los antiguos cetreros. Podemos dividir estas ayudas en tres grupos: físicas, alimentarias y medicamentosas.

1.º *Ayudas físicas.* — Todas las experiencias parecen indicar que el aumento de la temperatura acelera sensiblemente la muda. En este principio se basaban las pequeñas cámaras, expuestas al sol, empleadas por los cetreros medievales. Según Michell, el halconero escocés del siglo pasado, John Barr, hizo mudar a un peregrino en un tiempo récord, manteniéndolo en el interior de una tienda, expuesta constantemente al sol, alimentándolo de cabezas y alas de pato. «Echó —dice— las plumas más fuertes y bellas que jamás había visto».

La oscuridad está considerada también como estimulante. Todos los criadores de pájaros de jaula conocen este principio y cubren a sus canarios con un paño mientras dura el cambio de la pluma. En Europa, en antiguos tiempos, y hoy día en Oriente se mantiene a los halcones en la penumbra, mediante persianas y cortinajes. Se asegura que los pájaros mudan así mucho antes.

2.º *Ayudas alimentarias.* — El efecto estimulante de la grasa durante la muda, tanto para su aceleración como para determinar el nacimiento de plumas fuertes, no ha sido sólo secreto de Occidente. Teimur Mirza, que aconseja alimentar a los sacres con gerbos —roedores muy grasientos—, refiere que uno de sus sacres aguantó 20 ó 30 metros de voltereta tras voltereta, agarrado a la cabeza de una gacela, ¡sin que se le rompiera o se le doblara una sola pluma!

Las glándulas frescas —verdaderos tratamientos hormonales naturales— han sido usadas en todos los tiempos y países. Juan Vallés recomienda «las landrecillas que están debajo de las quijadas del carnero (glándulas salivares) y también las que están más abajo entre el pecho y el pescuezo (timo y tiroides)..., y de estas landrecillas las del cabrito (principios de crecimiento aún activos), alaba Pero López de Ayala por las mejores».

Como en tantos otros campos de la ciencia, nuestros antepasados descubrieron por experiencia lo que más tarde se ha demostrado mediante la experimentación.

Las citadas glándulas, que han de ser picadas y mezcladas con la comida, son tan eficaces que Juan Vallés afirma haber sacado de muda a un baharí a mediados de julio.

3.º *Ayudas medicamentosas.* — Recientemente, han comenzado a aplicarse a los halcones hormonas por vía parenteral, para acelerar la muda. El mayor Jack Young, escribe en el «Journal of the Falconry Club of America», que su peregrino pasajero, prima, «Lady Helen», hizo la muda completa en tres meses, mediante la aplicación de siete inyecciones hipodérmicas de «Repositol Progesterone», con base alcohólica, en una concentración de 50 mgrs. por c. c. Este experimento abre un campo verdaderamente interesante para quienes tengan necesidad de acortar la muda de sus pájaros. Por el momento, a falta de datos complementarios, como la naturaleza de las plumas, la repercusión del tratamiento en el estado general del ave y de una casuística más numerosa, no me atrevo a recomendar estos fármacos para el uso general. El metabolismo de las rapaces guarda aún numerosos secretos que, al ser desvelados, nos permitirán notables progresos en este y otros campos.

DESAINADO DE LOS HALCONES DESPUÉS DE LA MUDA

Las aves de presa están muy capacitadas para acumular reservas en forma de grasa, en el interior del organismo. Esta facultad les pone a salvo en los días o temporadas que, por el mal estado del tiempo, por los largos viajes migratorios o por haber sufrido un traumatismo, no pueden cazar. Los depósitos de tejido adiposo se encuentran en el interior de la cavidad abdominal, en torno a las vísceras, y, en menor cuantía, entre la piel y el tejido muscular.

Recién terminada la muda, los halcones se hallan cargados hasta el límite de estas reservas. En consecuencia, no tienen hambre ninguna y podrían pasarse muchos días sin comer. Sin embargo, para desainarles y llevarlos a su peso de vuelo, no puede seguirse ese procedimiento tan sencillo, porque durante el tiempo que tardaría en consumirse la grasa, podrían sobrevenir serios trastornos digestivos y metabólicos que ocasionarían la muerte del pájaro.

Ha de procederse de modo que el halcón adelgace sin dejar de comer y de una manera muy paulatina. El desainado se comienza dos o tres semanas antes de sacar el pájaro de la cámara; concretamente, cuando las tijeras están mediadas.

A partir de este momento, se alimenta a los halcones con carnes ligeras, como pollos muy jóvenes, conejos, corazón de cordero, etc. Todo ello con mucho hueso, plumas y otras sustancias que originen grandes plumadas y estimulen el aparato digestivo.

A pesar de este tratamiento, el halconero se verá sorprendido por el alto peso que alcanzan sus alumnos al sacarlos de la muda. Ya en la mano, ha de seguirse con este régimen, rebajando también ligeramente la cantidad de comida hasta que el halcón se muestre muy hambriento y llegue al peso que tenía al introducirle en la muda. Pero en este último extremo no puede uno ser esclavo de la balanza, porque hay halcones que crecen en la cámara y sería muy perjudicial bajarles tanto las carnes. Ha de ser el tacto y la experiencia del halconero la que determine hasta qué punto se debe racionar al halcón antes de sacarle a volar.

Además de estas dietas naturales, a base de animales jóvenes y poco nutritivos, la prisa que llevó a los antiguos halconeros a buscar procedimientos intensivos para la muda, les determinó también a preparar comidas muy laxativas y de efectos inmediatos. La carne lavada ha estado muy en boga y, aunque yo no la he usado nunca, diré cómo se prepara: tómense unos pedazos de buena carne magra de buey, vaca o caballo; métanse dentro de un recipiente con agua fría y limpia que se encierra en una nevera o lugar muy fresco durante 24 horas; transcurrido este tiempo, sáquese la carne del agua —tendrá un color completamente blanco y el agua estará muy roja— y sumérjase unos minutos en agua templada; inmediatamente antes de dársela a los pájaros ha de secarse muy bien estrujándola en un lienzo muy limpio.

Parece ser que los pájaros, no estando muy hambrientos —y entonces no necesitarían esta carne— no quieren comer semejante vianda si no es a través de la caperuza; al no verla, pueden aguantar su gusto. Así que estas sesiones de carne lavada, que en ningún caso durará más de 5 días, han de darse a los pájaros con la caperuza puesta, dejándoles comer hasta que hagan una gorga mediana.

Otra sutileza, muy utilizada por nuestros antepasados y abandonada hoy, son las piedrecitas redondas; pequeños cantos rodados de río, del tamaño de un garbanzo, aproximadamente, que, en número de tres o cuatro, metían a los halcones en el pico, empujándolos con el dedo hasta que los tragaran; al día siguiente, las aves los devolvían envueltos en una sustancia mucilaginosa. Y aquí estaba el error, porque los halconeros pensaban que tal producto era la grasa que sus pájaros habían acumulado durante la muda. No es tal; se trata sencillamente de una capa de moco gástrico, con la que las rapaces o cualquier otro animal rodean a las materias traumatizantes e indigeribles, para evitar que lleguen a lesionar las paredes del estómago o de los intestinos. No obstante, creo que tales piedrecitas son buenas, pero dadas durante la comida y con mucha pluma, porque estimulan la mucosa gástrica, como las que los halcones tragan en el campo, con el buche y la «pedrera» de palomas, perdices, sisones u otras aves aficionadas a la litofagia.

Una vez los halcones desainados, es necesario volarles algunas jornadas a la tira y con fiador; no sea que con el olvido de la muda desconozcan el señuelo. Generalmente, entran en él muy bien desde el primer día, aunque se fatigan muy pronto si se insiste en los vuelos largos. Es necesario entrenarles una temporada, cual si de pollos se tratara, volando primeramente a la tira sobre distancias muy grandes y más tarde en tornos, si son pájaros de altanería. En cuanto se muestren alentados, puede llevárseles a cazar y será la caza el ejercicio que acabe de fortalecerles. Este reentrenamiento es mucho más corto que el de los pollos y después de algunas persecuciones con éxito, superan sus propias actuaciones del año anterior.

IMPERFECCIONES EN EL PLUMAJE

Cuando los niegos, cogidos muy jóvenes, reciben una alimentación deficiente, se pone de manifiesto por algunas imperfecciones que afectan a sus plumas.

En los casos más graves, la rémiges y caudales, desflecadas, con un vexilo imperfecto, «como apolillado», se reducen a simples filamentos, absolutamente inútiles para el vuelo. Sólo he visto en tal estado a tres peregrinos cogidos en plumón por unos resineros, que habían sido alimentados con bofe; los pobrecillos, sumidos en el más espantoso raquitismo, no podían tenerse en pie y su plumaje presentaba el aspecto arriba citado.

En todas las rapaces son muy frecuentes unas líneas estrechas y horizontales que surcan las plumas de borde a borde, en las que el vexilo está emprobecido, con las barbas muy finas, incoherentes y traslúcidas; tales defectos se llaman «hameces».

Se ha dicho que estas auténticas cicatrices de las plumas se deben a una falta de nutrición durante un corto período de tiempo; que son como el sello indeleble de un «día de hambre».

No lo creo; en el organismo de un animal no se pasa con esa exactitud y nitidez de la eutrofia a la imperfección más que por un traumatismo. Al comenzar el párrafo he llamado a los hameces cicatrices de las plumas y eso son.

He comprobado en muchas ocasiones que al ser agarrado un pollo, cuyas plumas estaban aún en crecimiento, por un hermano suyo —accidente muy frecuente cuando se les mete, después de capturarles en el nido, dentro de un alcahaz— en toda la línea de contacto aparecían una serie de hameces que afectaban a todas las plumas. Cuando el cañón, todavía en pleno desarrollo, recibe un impacto que altera su activísima y delicada trama vascular, el tejido que en ese momento se estaba formando, queda más o menos empobrecido según la intensidad del trauma.

En los casos de máxima violencia, el cañón se fractura, da lugar a una pequeña hemorragia y se oblitera. Tras una temporada de reparación, si el pájaro está bien alimentado, la pluma continúa su crecimiento y alcanza la longitud normal o queda ligeramente más corta que las demás.

Es frecuente que los niegos traigan hameces del nido, ocasionadas por los juegos y violencias con que se disputan la comida con sus hermanos. Pero, suele ser en el momento de la captura cuando, si no se actúa con la máxima delicadeza, se da lugar a estas cicatrices, que pueden aparecer también durante la muda.

Aunque las plumas pueden ser consideradas como elementos muertos —si por tal se entiende la absoluta carencia de nutrición y sensibilidad intrínseca— su pureza y perfección dependen estrechamente del estado de salud del halcón.

Un zahareño, capturado en toda su belleza, o un niego, perfectamente nutrido y emplumado, en cuanto lleva una larga temporada comiendo carnes desolladizas pierde el brillo y elasticidad de sus plumas.

Las comidas carentes de grasas asimilables y otros elementos nutritivos, ocasionan en las rapaces una desidia en el cuidado de sus plumas. Seguramente, la secreción de su glándula uropigeal es escasa e imperfecta. Y el pájaro deja de olearse. En consecuencia, las plumas, que mantienen su impermeabilidad, cohesión y vitalidad gracias a la sustancia oleosa con que el halcón las impregna diariamente, adquieren ese aspecto fofo y caduco, propio de los pájaros enfermos o hipoalimentados.

EXTIRPACIÓN DE PLUMAS

Cuando me inicié en la práctica de la halconería, me sorprendió mucho la preocupación que el buen estado de las plumas acarreaba a los halconeros. Si una pluma se rompe —me dije— basta arrancarla y, como un pollo o una paloma, el halcón echará otra nueva muy pronto. ¡Gracias a Dios, no hice tal experimento!

Muchas aves, particularmente las que son presas habituales de las rapaces, tienen altamente desarrollado el mecanismo de reposición de su plumaje. ¿Quién no se ha quedado con la cola en la mano, al coger una paloma?

También los halcones salvajes deben quedarse a menudo con un puñado de plumas por todo botín. Y este perder una parte accesoria de la anatomía para salvar la vida es un truco muy viejo en el mundo animal; desde las estrellas de mar, que le regalan un brazo a su enemigo, hasta el lagarto que obsequia al zorro con el aperitivo de su hermosa cola.

Pero éste es un truco de presas, no de cazadores. Los seres muy especializados, con escasos enemigos, situados en la cúpula de la pirámide ecológica, no saben ya emplear estas artimañas.

Las plumas de los halcones están sujetas con tal firmeza dentro de sus alveolos que, al arrancarlas —maniobra difícil— se desgarran sus ligamentos, ocasionándose una pequeña hemorragia. El tejido cicatricial que repara esta mortificación obstruye el alveolo. Y, en la próxima muda, la nueva pluma no puede salir. El pájaro se verá privado de ella para toda su vida. En consecuencia, jamás se debe arrancar una pluma a un ave de cetrería.

A B C D E

Foto 32. Injerto de plumas. A, B, C. Injerto en el cañón, con varilla de plástico. D, E. Injerto con aguja metálica.

INJERTO DE PLUMAS

Por muchos accidentes acaecidos en la halconera, en el jardín o en la caza, los halcones vienen a quebrarse las plumas en épocas en que todavía han de volar y falta mucho para la muda.

Varios y graves inconvenientes se derivan de estas roturas: en primer lugar, no aciertan a volar con soltura, porque el aire se les escapa en el ala mellada; al estar todas las rémiges y las timoneras ensambladas de tal forma que unas a otras se protegen y ayudan, si falta una, pronto se fracturan las vecinas y así, los pájaros llegan a perder tantas, que resultan incapacitados para el vuelo; por otra parte, estas mutilaciones merman mucho su belleza y expresan elocuentemente el descuido o incompetencia del halconero.

Para salir al paso de estos contratiempos, los cetreros medievales desarrollaron todo un arte; el de «enjerir las plumas quebradas». Y llegaron tan lejos en sus técnicas, que podemos afirmar que, en su tiempo, dominaron la más perfecta y quizá primitiva prótesis quirúrgica.

Antes de describir estas interesantes manipulaciones, conviene recordar, aunque sea someramente, la constitución de nuestro elemento de trabajo: la pluma. Un eje central, llamado raquis, de materia córnea, elástico y ligero, hueco en el tercio proximal o cálamo y compacto en su porción distal, constituye el armazón. De él nacen, a ambos lados, una serie de flecos, llamados barbas, que unidos entre sí, mediante otros flecos más pequeños y coherentes, las barbillas y las bárbulas, forman un tejido resistente al aire: el vexilo.

Pues, bien, el raquis, que sostiene toda esta delicada estructura, puede doblarse o quebrarse; en el segundo caso, más grave, la fractura puede afectar a su sección sólida o a su extremo hueco. Estas tres lesiones dan lugar a distintos tratamientos y vamos a estudiarlos por separado.

Plumas torcidas. — Cuando una presión o traumatismo supera el límite de elasticidad del raquis moderadamente, éste no llega a romperse pero permanece doblado, incapaz de recobrar su auténtica dirección. Si se abandona la pluma en este estado, termina rompiéndose, por lo que es necesario actuar lo antes posible.

El tratamiento es muy sencillo; basta sumergir la pluma torcida en agua caliente, para que el raquis se ablande, se injurgite y, ayudándole suavemente con los dedos, re-

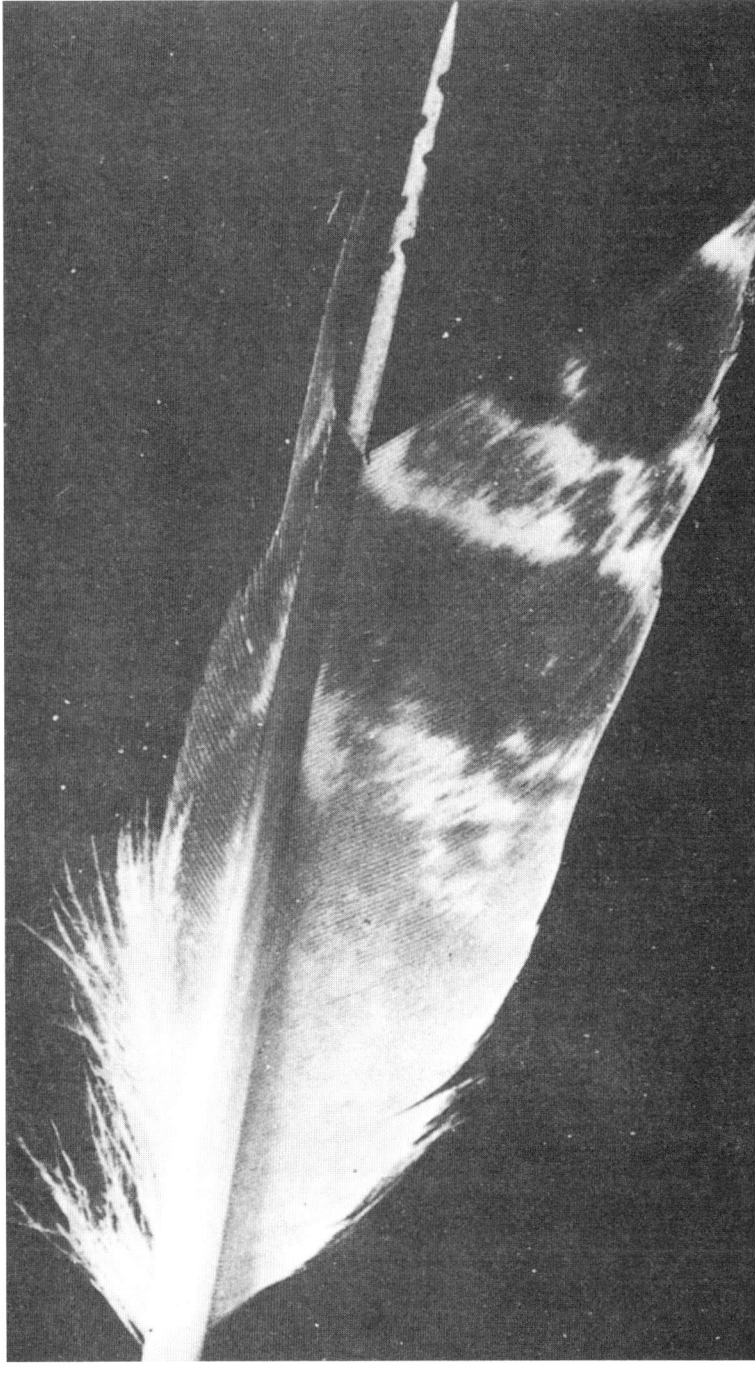

Foto 33. Aguja de injertar. Apréciese el corte correcto del raquis, respetando todas las barbas; la sección de la aguja que está dentro del cañon, es también dentada.

cobre su forma natural. Después de seco, queda absolutamente normal. En casos muy graves, cuando se inicia la fractura, la aplicación de compresas muy calientes, durante un buen rato, hechas con dos algodoncitos y comprimidas sobre el cañón mediante la presión de unas pinzas o del pulgar y el índice, pueden llegar a corregir la torcedura.

Para estas maniobras no es necesario abatir al pájaro, operación siempre molesta para él y no exenta de peligro si no es realizada por persona competente; basta mantenerlo encaperuzado sobre el puño de un ayudante y sumergir su cola o su ala en un recipiente apropiado.

Plumas quebradas por la parte sólida del raquis.

Cuando se supera su límite de elasticidad, el raquis se quiebra, aunque la porción distal de la pluma permanezca unos días sin desprenderse, sujeta por algunos filamentos y por el propio vexilo.

En este caso, ha de intervenirse lo antes posible, porque, con los movimientos laterales, la zona de fractura se va esfacelando y puede llegar a quedar hendido gran parte del cañón, en cuyo estado sería imposible la reparación.

Para realizar este tipo de injertos se necesitan unas agujas especialmente construidas para el efecto, pero que, naturalmente, hoy no se fabrican en ninguna parte. Es necesario, pues, hacerlas personalmente, con ayuda de una lima y un pequeño torno o, bien, encargarlas a un buen tornero. Para prepararlas en casa son muy a propósito las varillas metálicas delgadas usadas por las señoras para hacer punto; ligeramente aceradas, no son tan duras como las agujas de coser, prácticamente imposibles de limar. Se trata de devastar su contorno de tal manera que resulten de sección triangular e igualmente puntiagudas en ambos extremos. Cortando secciones de distinta longitud se obtienen agujas adecuadas para plumas grandes y pequeñas. El grosor se calibra perfectamente comparando la aguja con el raquis de pluma a injertar, que siempre será algo más grueso para que no reviente. Para que la aguja se fije en el interior del raquis han de hacerse en ella unas muescas, lo que es fácil de conseguir, dando cortes oblicuos en las aristas de la aguja con un hacha o machete muy bien afilado. Terminado el trabajo, ha de tener un aspecto muy parecido al de la fotografía 33.

Contando con la aguja a propósito, con un recipiente de buen vinagre y sal diluida, con un bisturí bien afilado, con un ayudante para sujetar al pájaro y otro para mantener abierta el ala o la cola del mismo, se procede a la intervención.

Se comienza por introducir la aguja de injertar en el vinagre salado, con objeto de que, una vez incorporada a la pluma, se oxide y haga cuerpo con el tejido esponjoso de la misma. Tras unos minutos de inmersión, se procede a cortar la pluma afectada mediante dos tajos limpios, situados a un milímetro por encima y por debajo de la zona traumatizada, para evitar el tejido esfacelado. Los cortes han de ser oblicuos, en pico de flauta, para que la pluma no pueda girar sobre sí misma una vez injertada.

Cortada la pluma se introduce toda una mitad de la aguja en la porción distal del raquis y la otra mitad en la porción proximal, poniendo mucha atención para clavar exactamente en el centro, de modo que, al coaptar, las dos secciones coincidan exactamente, tanto en lo que se refiere a la torsión como a la lateralidad. Bien hecho el injerto, la pluma queda tan perfecta que nadie sería capaz de notar que ha sido lesionada, aguantando hasta la muda del pájaro, momento en que será derribada como las demás.

Plumas quebradas por la parte hueca del raquis. — En ocasiones, las plumas se rompen por el cálamo, muy cerca de la carne, resultando imposible introducir agujas porque en esta parte hueca del cañón no hallarían ninguna fijación. Dos procedimientos pueden emplearse para corregir estas graves fracturas. Digo graves, porque al no encontrar el pájaro nada de pluma para hurgarse y ayudarse, tirando de ella durante la muda, a veces, vienen a permanecer durante años sin caer del alveolo, ocasionando las naturales molestias a su portador.

El sistema más sencillo es el empleado por los antiguos cetreros; se trata de buscar una pluma exactamente igual a la que acaba de romperse; a ser posible, del mismo pájaro, obtenida en una de sus mudas. De ser de otra ave, es imprescindible que pertenezca a la misma especie y al mismo sexo. Y, aún más, si la pluma quebrada pertenece a un pollo, la que se ha de injertar será de otro pollo, porque ya he dicho que las plumas de los adultos son algo más cortas y estrechas que las de los jóvenes.

Elegida, pues, la pluma adecuada, se hace una incisión a lo largo del cálamo y, a continuación, se sumerge éste en agua bien caliente para que se ablande e injurgite. En ese momento, se enrolla sobre sí mismo, formando como un canuto, se seca y se embebe muy bien en un pegamento, que puede ser cola caliente o un producto plástico moderno.

Mientras tanto, los ayudantes han abatido al pájaro, le han cortado limpiamente la pluma traumatizada, despreciando, como he dicho, todo tejido defectuoso. Con un papel o cartulina separan el cañón en el que se va a intervenir del resto de las plumas (fotografía 34) para evitar que éstas se impregnen en el pegamento. En esta posición, se introduce todo el cálamo de la pluma preparada, bien impregnado de pegamento, hasta que haga tope, procurando, por palpación, que no reviente el cañón que soporta el pájaro. Se mantiene la inmovilidad durante unos minutos hasta que se solidifique la pasta, se endereza con agua caliente cualquier otra pluma que haya podido torcerse durante las manipulaciones y se deja al paciente sobre una alcándara durante una hora con la caperuza puesta. La pluma repuesta aguanta perfectamente y puede llegar también hasta la muda. Para evitar que el cañón en el que ha de introducirse el repuesto se abra, cosa frecuente, o bien cuando como consecuencia de la propia fractura estaba ya hendido, se pone sobre él una abrazadera —como otro cañón de mayor sección— fácil de obtener comparando los calibres de los numerosos tubos de plástico que hoy se expenden en todos los establecimientos del ramo. A falta de estos, va muy bien un anillito metálico.

El inconveniente de este procedimiento radica en que no siempre se tienen a mano plumas para injertar y también en que la pluma que ha debido ser hendida para enroscarla sobre sí misma, presenta ya un punto de menor resistencia en esta zona de torsión.

Contando con mi instrumental profesional y con mi costumbre de trabajar en prótesis estomatológica, he puesto en práctica un procedimiento que me permite injertar cuantas plumas deseo, dándoles una fortaleza superior a la que tenían antes de acaecer la fractura. Me limitaré a decir que he tenido un gavilán con todas las plumas de la cola injertadas, cazando durante un año sin perder una sola. Uno de mis azores se quebró ocho plumas de la cola, al caérsele la alcándara encima; como era pollo y tenía todas las timoneras ligeramente despuntadas, opté por ponerle una cola enteramente nueva, perteneciente a un zahareño que había sido matado por un cazador. Mi pollo cazó liebres durante todo el invierno sin perder una sola pluma.

Un gran baharí de mi amigo, el Dr. Vital Aza, se enredó en el interior de su alcahaz, precisamente el día que lo sacaron de cámara, rompiéndose los cuatro primeros cuchillos; reparé su ala mediante mi sistema de injertos y pudo volar perfectamente durante todo el año. Y como el procedimiento en sí es muy sencillo y está al alcance de cualquiera, paso a describirlo, dichoso de enriquecer las técnicas protésicas cetreras con mi aportación.

He dicho más arriba, que en estas fracturas del cálamo no podían emplearse agujas al no hallar tejido donde afianzarse. Si estos delgados clavos metálicos no pueden mantenerse, busquemos un vástago grueso, elástico y fuerte, fácilmente tallable para adaptarlo a la luz del cañón y utilicémoslo en lugar de las agujas.

Y volvamos a las varillas; existen unas, en todos los calibres, de material plástico, que llevan interiormente una armadura metálica acerada; son ideales pues pesan muy poco, presentan una enorme resistencia a ser dobladas y rotas, y disfrutan de una elasticidad perfectamente comparable a la de la pluma. Cortando una longitud de una de estas varillas conveniente para la pluma que vamos a injertar, se le talla mediante una lima, dándole la forma y el calibre que nos permita introducir una de sus mitades en el cálamo, que todavía soporta el pájaro y la otra, en la parte hueca del cañón de la pluma fracturada que acabamos de cortar. Una vez conseguida esta forma, que ha de realizarse teniendo muy en cuenta que el interior del raquis no es redondo sino ligeramente oval, se deposita, tanto en el cálamo como en el cañón, una buena dosis de pegamento plástico, e, inmediatamente, se coaptan las dos plumas introduciendo la varilla (Foto 32, A, B, C).

Como en el caso anterior ha de mantenerse un rato la inmovilidad y después dejar al pájaro encaperuzado durante una hora.

Foto 34. Modo de aislar una pluma para realizar el injerto.

HALCONES PERDIDOS

El halconero juega en su arte con las propias fuerzas de la naturaleza ; controla a una criatura libre, que nunca llega a pertenecerle por completo, menos aún, cuando es fuerte y está en perfectas condiciones para la caza.

La diferencia entre el pájaro adiestrado y el salvaje es muy leve. Nuestro aliado tolera la presencia del hombre ; le permite acercarse y arrebatarle la caza. Pero sin su ayuda podría vivir perfectamente, como su hermano libre. La sutil cadena que le retiene puede quebrarse en cualquier momento. Y en evitar esta ruptura, en mantener día tras día, año tras año, la colaboración, la amistad y, quizá, el amor de nuestro halcón, estriba la emoción y el arte del halconero.

Cuanto mejor es un pájaro, cuando sus cualidades de cazador son óptimas, mayor es el peligro de que se pierda ; no suelen hacerlo deliberadamente ; se extravían en una larga persecución o, bien, capturan una ralea, o se posan a descansar lejos y se desorientan.

Los pájaros desentrenados, ineptos para cazar y sobrevivir por sí mismos, raramente abandonan a su maestro. Cuando lo hacen, es con todos los agravantes, con deliberación. El fin de estos pobres inadaptados, si no se les recupera pronto, suele ser trágico.

Analicemos las causas más frecuentes que ocasionan la pérdida de los halcones para tratar de poner remedio a las mismas ; puede deslindarse perfectamente entre los que se escapan y los que se pierden. Los primeros recuperan la libertad, a veces, antes de comenzar el adiestramiento ; cuando consiguen evadirse por un orificio de la cámara, entre los barrotes, al abrir una puerta, o por cualquier otro accidente debido siempre a descuido de su maestro. Estos pájaros son difíciles de recuperar y por su desconocimiento de la caza mueren pronto de hambre o son capturados. Suelen permanecer algún tiempo en las inmediaciones de la halconera. Es preciso aprovechar esas horas o días para recuperarlos. Da buen resultado colocar un halcón adiestrado, mejor si es mudado, atado a un banco, en un punto muy visible del terreno. Junto a él, se coloca un segundo banco con un buen pedazo de comida atado permanentemente. Hambriento, al ver a un congénere, que puede tomar por su propia madre, el niego se acerca a comer y adquiere la costumbre de mantenerse cerca para regresar en cuanto vuelve a ponérsele comida. Capturarle mediante un lazo o la red en arco es ya cosa sabida.

Durante el adiestramiento pueden evadirse también los pájaros por rotura de la lonja, el anillo, por un nudo mal hecho y, sobre todo, por emplear un fiador excesivamente fino. Las posibilidades para recuperarlos dependen de su grado de adiestramiento ; normalmente, permanecen algún tiempo en el lugar del extravío y han de emplearse todos los recursos para prenderlos, lo antes posible. El señuelo, el halcón mudado, una paloma con lazos, etc. Si se descubre el lugar donde pasan la noche y es accesible, se les deslumbra con una linterna potente y se les captura mediante el procedimiento que indico para los azores, en el lugar oportuno.

La causa más común por la que los peregrinos se escapan es la falta de hambre. A pesar de manejar adecuadamente la balanza y observar minuciosamente la dieta, en ciertas épocas disminuye el apetito. Han de tenerse muy en cuenta estas peligrosas temporadas.

Durante el verano, los niegos del año tienen un hambre uniforme y pueden manejarse sin riesgo. Debido al tiempo caluroso su alimentación será ligera, principalmente a base de pollo joven o conejo. En otoño, desde primeros de septiembre a finales de octubre, tiene lugar el desplazamiento migratorio de los halcones salvajes hacia el Sur. Los

129

nuestros sienten las mismas tendencias nómadas y pierden un poco el apetito. Durante la época migratoria todas las aves mantienen en plena actividad sus mecanismos orgánicos de reserva. Acumulan grasa con facilidad y con la misma cantidad de comida engordan considerablemente. Es preciso, por consiguiente, vigilar mucho a los halcones en esos meses y rebajarles la comida al menor signo de independencia. Cuando se les vuela en regiones situadas en las rutas de los migradores, es más fácil su pérdida. Si un pájaro con poca hambre encuentra a un pasajero, puede entretenerse con él e irse demasiado lejos.

En invierno, los halcones tienen mucho apetito y se les puede volar sin riesgo. En esta época están en plena forma y nos deleitan con sus mejores vuelos. Durante las temporadas más frías debe incrementarse su comida en cantidad y, sobre todo, en calidad.

Al terminar el invierno, se desarrollan procesos muy importantes en la biología del peregrino; el retorno migratorio a las áreas de anidación y el celo. Ambos les hacen perder el hambre y les ocasionan irrefrenables ansias viajeras. Si en esos días uno de nuestros pájaros, sobre todo si es mudado, descubre un compañero de viaje y de amor, ha de tener mucha hambre para no seguir la llamada del instinto.

Los meses de febrero y marzo son los más peligrosos de todo el año. Aconsejo mantenerlos bien atados en la halconera; porque, los pájaros mejor templados y, al parecer, más seguros, se me han escapado en esos días.

Los halcones de altanería disfrutan en sus vuelos de la fresca temperatura reinante en las capas altas de la atmósfera. Muy pronto aprenden a dejarse llevar por las corrientes térmicas, planeando cómodamente. En los días calurosos de primavera y de verano este deseo de refrescarse ocasiona a los halconeros no pocos disgustos. Convienen huir de la tentación, no soltando a los halcones en las horas del día de más calor, cuando las térmicas son más fuertes y ellos ansían más la refrigeración. Las primeras horas de la mañana y el atardecer son los momentos más adecuados y seguros.

Cuando los halcones terminan la muda están muy «ensainados» y, aunque se les mantenga durante varios días con una ración baja y poco nutritiva, se resisten a perder la grasa. En los primeros vuelos se sofocan mucho y gustan, más que nunca, de mecerse en las térmicas, con gran peligro de desaparecer en las alturas.

En cualquier caso en que el halcón se aleje excesivamente, bien sea en altura o a ras de tierra, es preciso llamarle y lanzarle el señuelo. Si no torna, hay que correr en su dirección, pitando constantemente, y procurando no perderle de vista. El ayudante o el compañero debe quedarse en el lugar del extravío, provisto de señuelo, caperuza y guante. Porque, muchas veces, después de una excursión más o menos larga, regresan al punto de partida. Mientras tanto, el maestro ha de procurar buscarle en la dirección en que ha desaparecido, señoleando en los puntos más elevados y visibles del terreno.

Si no aparece en todo el día, es imprescindible volver al lugar exacto donde se ha perdido, al día siguiente antes de amanecer; no habiendo cazado, el hambre agudiza el oído del pájaro y su instinto de orientación. Es muy frecuente verle aparecer, de pronto, inesperadamente y posarse en el señuelo. No teniendo esta suerte, es menester seguir señoleando en los lugares elevados y anunciar a cuantas personas se pueda la pérdida del halcón. No es difícil que alguien dé con él y comunique al afligido halconero su paradero. Cuando llevan unos días perdidos, manteniéndose de presas cazadas por ellos mismos, pierden mucho la fe en el señuelo y conviene recuperarlos mediante una paloma viva, atada al extremo del fiador, para que no puedan llevar en mano.

Los halcones que se pierden son más fáciles de recuperar que los que se escapan. Porque no lo hacen por falta de hambre o poca fe en el señuelo, sino en la persecución de una presa o una ralea. Los buenos altaneros, desde su gran altura, dominan una enorme extensión de terreno y pueden descubrir y atacar a aves muy alejadas. Si hacen presa fuera de la vista del halconero y se ceban antes de su llegada, no hay manera de recuperarlos con el señuelo. A veces, los niegos se van muy lejos en una persecución rabo a viento y luego no tienen fuelle para tornar pico a viento; se posan y les sorprende la noche.

Al halcón que se va a una ralea o presa lejana ha de llamársele y voltear el señuelo; si torna, lo que no es fácil, se le da el señuelo y buena gorga, que no será mala lección para cuando ponga los ojos en otra ralea. Cuando se pierde de vista, ha de acudirse a toda prisa en esa dirección, parándose a escuchar de trecho en trecho, para localizar el ruido que, con el pelar, hacen los cascabeles. De no aparecer ese día, se volverá, como hemos indicado, al siguiente y algunos más. No es infrecuente recuperarlos una semana más tarde.

Pero lo mejor es no dar lugar a estas aventuras. No llevéis nunca un halcón a volar si sospecháis que no tiene hambre; no lo lancéis cuando abre el pico de calor, cuando llueve, nieva o hace mucho viento; escudriñad el campo con prismáticos para descubrir las raleas, antes de poner en el cielo a un zahareño; si las hay, espantadlas como sea posible.

El cambio de cazadero sorprende mucho a los halcones. Esto no quiere decir que haya de cazarse siempre en el mismo terreno —que es lo ideal— sino que no deben cambiarse bruscamente las condiciones orográficas del cazadero. Porque los halcones, llevados por su gran curiosidad, vuelan en cualquier dirección y hacen largas exploraciones antes de situarse sobre su maestro. Si las características de la nueva zona son similares a la de la acostumbrada, no existe peligro alguno, pero es arriesgado lanzarles en parajes ondulados o cubiertos de árboles, si están acostumbrados a volar en llanuras despejadas. Después de un par de sesiones de reconocimiento, se adaptarán perfectamente al nuevo territorio.

Los pájaros que cazan siempre en la misma finca, difícilmente se pierden. Después de pasar una noche en el campo, se los encuentra al día siguiente en el lugar del lance. Habiendo un grupo de árboles muy caracterizado, una casa aislada o unas ruinas, es fácil acostumbrarles a acudir a ellas cuando se extravían. Para ello, durante el adiestramiento, se les vuela a la tira cerca de este sitio, se les permite posarse en un punto elevado, de su preferencia, trayéndolos cada día desde más lejos, para darles señuelo cerca de él. En los descansos de la caza se les pone en sus bancos o atados a una piedra, cerca del lugar elegido. Ronald Stevens, siguiendo este proceso de adaptación, ha conseguido tener a sus peregrinos y gerifaltes sueltos durante todo el día, acudiendo por sí mismos al anochecer a la halconera y manteniéndose con idénticas facultades de vuelo a los halcones salvajes.

Los niegos de crianza campestre, cuando se pierden en terrenos próximos a su antigua cabaña, acuden a los bancos donde recibían la comida.

Sin tomar tantas precauciones pero vigilando el temple de mis halcones, volándoles en terrenos despejados y ejercitándoles frecuentemente, he disfrutado de la compañía de algunos peregrinos durante varios años. Y no he sido nunca muy temeroso de perder mis halcones, sobre todo si son del aire. Creo que el final más hermoso para nuestra alianza con el halcón es que un día u otro vuelva a su mundo. Que recupere sus perdidos atributos; el amor, la libertad, el cielo inmenso y el eterno nomadeo.

He admirado siempre a los halconeros árabes norteafricanos que, terminada la temporada de caza, ponen en libertad a sus pájaros, para capturarlos de nuevo en otoño y emplearles durante todo el invierno. ¡Ésta sí que es una bella asociación entre el hombre y ave de presa! Terminada la estación de actividad, de intensas y anhelantes cacerías en hermandad, cada uno a su mundo. El amor es demasiado importante para privar de él a nuestras aves nobles.

Los halcones niegos, máxime si están poco cebados en la caza, terminan trágicamente sus escapatorias. Les hemos enseñado que el hombre no es peligroso, desposeyéndoles de su natural recelo a la proximidad de los poblados; y tras algunos vanos intentos de caza, van a posarse en el tejado de una granja o a la vera de un labriego. El resultado de esta confianza es fácilmente imaginable; una pedrada, un tiro o, en el mejor de los casos, atan al halcón por una pata y lo exhiben en la aldea a la pública admiración.

Ha de perseverarse en la búsqueda de los niegos para evitarles tales desgracias; avisad por todos los medios, incluida la radio y los periódicos, de su desaparición; dad instrucciones de cómo ha de ser tratado el pájaro; y, nunca estará de más anunciar una recompensa.

He perdido muchos halcones y casi siempre los he recuperado. Algunos, sin embargo, han desaparecido sin dejar el menor rastro. Tuve un halcón zahareño que se perdió tres veces, otras tantas lo volví a capturar en la alta y ruinosa torre donde habitaba. Posteriormente, ha anidado tres años en su querido castillo, demostrándome que, decididamente, prefiere la libertad. Dios le libre de una perdigonada.

Mi conocido halcón niego «Doncella I» dio lugar en uno de sus extravíos a una aventura sorprendente y con moraleja: el día 22 de diciembre de 1955 fui invitado por el Grupo de Ciencias Naturales de la Sociedad Aranzadi

de San Sebastián, para realizar una exhición de cetrería en el Hipódromo de Lasarte. Las condiciones del terreno no podían ser peores para el alto vuelo, pero no me atreví a privar a los centenares de entusiasmados espectadores de la actuación de mi pájaro favorito. «Tundra», el azor, y «Amaya», el águila de Bonelli, habían cazado magníficamente sus conejos de escape, Pero «Doncella I», acostumbrada a las amplias llanuras de la Bureba, se despistó en aquel horizonte de colinas húmedas y chimeneas fabriles; describió un par de tornos y, haciendo caso omiso del señuelo, se perdió en el cielo neblinoso, dejando al asombrado público con la boca abierta y a mí, en la más lamentable situación.

Las perspectivas eran fatales; no había volado nunca en aquellos parajes; jamás había visto semejante orografía y, por si fuera poco, yo debía regresar al día siguiente a mi casa. A pesar de todo, organizamos una perfecta operación de búsqueda. El celo, la capacidad y el prestigio de la Sociedad Aranzadi, jugaron una importante baza en aquella difícil partida.

Los periódicos y la radio pusieron al corriente a toda la provincia de las características del pájaro y del modo de proceder en caso de encontrarlo. Los resultados fueron asombrosos: a los dos días avisaron a mi buen amigo, don Ignacio Ameztoy, de un caserío con la triste noticia de que el halcón había caído en un cepo y estaba a su disposición con una pata fracturada. Al llegar, encontró un precioso azor zahareño, inocente víctima de nuestra propaganda. Los periódicos comentaron el hecho y se redoblaron las pesquisas. El día 27, un diario local daba una tremenda noticia: se había visto al halcón en un aislado caserío; ¡llevaba seis palomas en las garras!

El asunto adquirió el máximo interés; los disciplinados y deportivos denostiarras escrutaban el cielo en toda la provincia, vigilaban sus palomas y acechaban a cuantos buteos, cernícalos o aguilillas cruzaron a su alcance. El 31 de diciembre, Ameztoy recibía una urgente llamada de Deva: —Tenemos el halcón en casa; está comiéndose una paloma en el comedor. Venga en seguida.

Cuando llegó, una hora más tarde, medio pueblo estaba reunido bajo un balcón.

—Por allí entró, D. Ignacio; venía como una exhalación detrás de una paloma que trató de ponerse a salvo metiéndose en la casa. De poco le ha servido a la pobre; cuando hemos subido ya la estaba pelando sobre una silla. Y ni siquiera se ha movido al vernos, cuando hemos cerrado el balcón.

Al día siguiente yo estaba en San Sebastián y todos los periódicos de España daban la sorprendente noticia «Aparece el halcón perdido...».

Fueron aquellas unas jornadas inolvidables y maravillosas en las que pude palpar la cultura y deportividad del pueblo vasco. Sin duda, desde la Edad Media no había despertado un ave de presa parecida expectación.

Entonces, aprendí un axioma. Si se comunica por todos los medios la pérdida de un halcón y se persevera en su búsqueda, tarde o temprano, aparece.

Peor fin tuvo una hermana de «Doncella I», de nombre

«Berenguela». Se me perdió de vista en una cacería de perdices, en el Cantebón, una llanura amplia y sin un solo árbol. La buscamos durante una semana infructuosamente; señoleábamos a todas las horas y en todas las direcciones, recorríamos la llanura diariamente y dimos aviso a todo el mundo. Nadie la había visto; nadie la había oído. Con harto disgusto dimos por definitivamente perdido al excelente baharí.

A los veinte días, cazábamos con «Doncella I» en Cubo de Bureba; acababa de lanzarla a un alcaraván que, tras una cuchillada, corría de surco en surco por un barbecho, esquivando sus pasadas reiteradamente. Súbitamente, apareció un halcón salvaje; bajó zumbando endiabladamente y sacó al chorlito del surco con increíble maestría, posándose a pocos metros. «Doncella I» acudió en seguida a participar del botín y, ante nuestra sorpresa, compartían el almuerzo sin aparentes forcejeos. Nos acercamos a toda prisa para ver al recién llegado. Increíble, el halcón del aire no solo respetaba al nuestro, sino que no huía ante nuestra presencia. Avancé unos pasos más con todas mis precauciones. Pero..., aquel tono rojizo, aquella cabeza pequeña, firme, inconfundible... ¡«Berenguela»! Ni siquiera se tomó la molestia de mirarme; continuó desplumando su alcaraván; comió con envidiable apetito y, al terminar, subió sobre mi guante limpiándose en él cuidadosamente el pico, como de costumbre. Mi alegría no tenía límites, viendo a mi perdido halcón de nuevo sobre mi puño. Y estaba robusto, brillante y muy bien jaldado; sin duda no había pasado hambre.

A los ocho días, lancé a «Berenguela» en aquel mismo paraje tras un bando de alcaravanes, en compañía de «Doncella I». Sin parar mientes en las presas, ni en su hermana, ni en el señuelo, desapareció en el horizonte como la vez pasada. Sin duda, había tomado gusto a la libertad. Pero, no me preocupé lo más mínimo; si había acertado a encontrarme a 20 Kmts. de distancia y quince días después de perderse, estaba convencido de que al día siguiente nos esperaría sobre el terreno para la caza.

A las ocho de la mañana, me disponía a salir de mi casa, seguro de encontrarla, cuando un conocido, de Cubo de Bureba, apareció a toda velocidad en bicicleta.

—«Tenemos el halcón, me dijo, lo han cogido al amanecer.» —«¿Que le han cogido? Nadie puede coger a «Berenguela»; no se acercaría a un hombre ni por casualidad.»

—«Es que un cazador....»

Cuando llegué al pueblo me encontré con un numeroso grupo de niños; estaban en torno a una caja de frutas. En su interior, sucia, despeinada, cubierta de hollejos de uvas y de sangre, estaba mi pobre «Berenguela». Me miró con dulzura y aún intentó subir sobre mi guante como en nuestro último encuentro.

En un rincón del cajón había una picaza muerta.

—«La llevaba en las uñas cuando le han «pegao» el tiro. Cualquiera iba a saber...»

El pobre pájaro tenía las dos alas fracturadas y algún perdigón había alcanzado sus vísceras; echaba sangre por el pico.

Allí mismo, tomándola con todo mi amor, conteniendo las lágrimas, la golpeé con fuerza titánica, de rabia y de tristeza. Así pude evitarle una larga y penosa agonía.

Foto 35.

TRANSPORTE DE LOS HALCONES

Encaperuzados, sobre el puño de un hombre, los halcones pueden realizar los más largos viajes, como comprobé en mi vuelo desde Madrid a Riyhad, en el corazón de Arabia. Pero empecemos por los desplazamientos más sencillos y frecuentes: los de la halconera al terreno de caza. Porque llevar varios halcones hasta el campo de entrenamiento es engorroso si no se cuenta con los medios apropiados. Un largo paseo para recoger a cada alumno o para llevarle de regreso, ocasiona una gran pérdida de tiempo. Por otra parte, resulta muy interesante tener a todos los pájaros a mano durante la caza. Para solucionar este problema se viene utilizando desde la Edad Media, una especie de marco de madera de forma cuadrada, rectangular o circular, como los zunchos de un tonel, que un hombre lleva colgado en los hombros, mediante unas correas. Estos transportines, llamados «varales»[1] deben ir forrados con arpillera u otra tela de grano grueso que permita a los pájaros agarrarse. Las lonjas se anudan al propio varal y, naturalmente, los halcones sólo viajan en él encaperuzados. Para dejarlo en el suelo está provisto de unas patas de 40 cm., plegables. Durante el adiestramiento resultan muy cómodos estos varales porque nos evitan ir al campo cargados de bancos u otros soportes. En la caza el ayudante del halconero, tiene siempre a mano todos los pájaros, para entregar a su maestro el que necesite.

Una simple cesta de mimbre, rectangular, redonda, y de dimensiones adecuadas para el número de pájaros de que se disponga, constituye un cómodo posadero para el automóvil, pero inadecuado para desplazarse en el campo. A favor de la inmovilidad que la caperuza proporciona a los halcones, pueden idearse toda una variedad de perchas y apliques para los coches, según su forma, dimensiones, etcétera. Las fotografías que ilustran este capítulo son más demostrativas que todas las descripciones.

Cuando los halcones han de viajar solos, facturados

[1] El Canciller, echando mano del francés, les llama cajas, de «cages».

133

por ferrocarril, autocar, avión, u otro cualquier medio de locomoción, deben hacerlo en el interior de cestas,[2] de forma cilíndrica, como grandes sombrereras, forradas interiormente por una arpillera u otro tejido que permita el fácil recambio del aire; en el fondo deben llevar varias capas de arpillera cosidas, para que los pájaros puedan agarrarse y no se acumulen sus deyecciones. Nunca se depositará en el interior de la cesta serrín, paja menuda,

[2] Llamadas alcahaces.

arena u otra substancia que los pájaros puedan absorber por vía oral o respiratoria. En cada recipiente se pone un solo halcón, encaperuzado, y sin lonja ni tornillo, para que no se enrede durante el viaje. Antes de la salida, conviene darles media gorga de una carne ligera; con la digestión, disminuyen sus deseos de moverse.

Naturalmente, estos campeones del equilibrio no se marean en medio alguno de locomoción. Al final del viaje se lavan cuidadosamente sus plumas torcidas o sucias con agua caliente y se les da de comer.

Foto 36. Torzuelo peregrino en su alcahaz.

Foto 37. Tanto el Land-Rover como el coche utilitario se prestan para el transporte de pájaros y perros.

Halcón Gerifalte de Groenlandia (U.S. Air Force Academy).

EL HALCON GERIFALTE

«Y debes saber que el gerifalte que se da a bien mata mucho más ligero y mejor la garza, o grulla, o la presión a que fuere lanzado, que ningún otro halcón.»

Con estas palabras, el Canciller alaba al gran halcón nórdico, pero unas líneas más adelante no se recata de escribir: «Los gerifaltes son muy duros de hacer...; además pocos de ellos escapan de ser cobardes o de flaco corazón».

Han transcurrido más de quinientos años desde que el gran cetrero medieval emitió estos juicios aparentemente contradictorios y aún no se han disipado las dudas en torno a las excelencias del gerifalte. Para unos es el mejor halcón del mundo; para otros, no pasa de un bello gigante, dotado de cualidades mediocres para la caza.

Lo cierto es que este singular halcón, perfectamente adaptado a la vida en las tierras árticas, ha sido sumamente atractivo para los halconeros de todos los tiempos. Y la aclimatación a bajas temperaturas, el vuelo de caza contra vientos de gran velocidad, el ataque a las corpulentas aves nórdicas, le han proporcionado enorme vigor. El natural proceso del mimetismo le ha adornado, a su vez, con la más bella librea de todas las rapaces.

El gerifalte de Groenlandia, considerado como el más grande y el más hermoso, puede alcanzar un peso de cerca de dos kilos (doble que el peregrino) y, tras algunas mudas, llega a adquirir un color blanco purísimo, con leves manchas grises en el dorso y los flancos. Sin embargo, la mayor parte de los gerifaltes, extendidos por todo el norte de Europa, Asia y América, no son tan grandes ni tan blancos. Su peso oscila, corrientemente, entre el kilo cien y el kilo seiscientos gramos. Su color va del pardo oscuro al blanquecino, pasando por todas las tonalidades del gris. Existen algunos ejemplares con un fondo muy claro, constelado de pintas negras «como letras sobre un pergamino». En la Edad Media se les llamó gerifaltes letrados.

El gerifalte es de formas más toscas y robustas que el peregrino. La cabeza es más grande y de menor firmeza. Las manos, más pequeñas y gruesas. La cola, más larga. Las alas, sensiblemente más cortas. Macizo, poderoso, comunica una sensación de incontenible energía y vigor. Los especímenes enteramente blancos son de una belleza incomparable.

En estado salvaje, ataca a los lagópodos, a ciertas aves marinas, a diversas especies de patos, etc. No puede decirse que supere al peregrino por la corpulencia de sus presas; pero puede matar liebres árticas y otros roedores pequeños o medianos, fuera del alcance del halcón gentil. Acostumbra a anidar en acantilados marítimos, pero también puede hacerlo en el suelo de la tundra, como los neblíes nórdicos. Aunque en otoño se desplaza hacia el sur, nunca llega a latitudes tan meridionales como las nuestras.

En la Edad Media, los gerifaltes que llegaban a Castilla, eran traídos por tierra o por mar, en viajes que duraban algunos meses, durante los cuales los pájaros eran alimentados de carnes en mal estado. En consecuencia, enfermaban la mayor parte de ellos y perdían sus mejores cualidades. Como no se les quitaba la caperuza en todo el trayecto, contraían dolencias que afectaban a sus ojos. Por otra parte, debido a la larga permanencia sobre los varales y a la falta de ejercicio, eran casi todos subsidiarios a la hinchazón de las manos y a los «clavos». En tales condiciones, es perfectamente comprensible que los antiguos cetreros los encontraran inferiores a los neblíes y baharíes, que capturaban ellos mismos para comenzar inmediatamente el adiestramiento. Pese a tan desfavorables circunstancias, los gerifaltes que salían buenos —aquéllos tan fuertes que habían llegado a librarse de los naturales achaques— batían a todos los demás pájaros en la caza de presas grandes y altas.

Tal vez por esta razón, los halconeros medievales jamás emplearon al gerifalte para la altanería. Fue el protagonista del más noble y espectacular lance de mano por mano: el de la garza real. Cuando se ha practicado la cetrería y se conocen las dificultades que encierran los vuelos más sencillos, pueden valorarse justamente las increíbles halconerías descritas en nuestros tratados clásicos.

La garza real, ralea de difícil y arriesgada captura por su vuelo ligero y su temible pico, era puesta en condiciones de máxima dificultad para poner a prueba la valía de los gerifaltes. Descubierta la zancuda, se trataba por todos los medios de que volara alta. Redobles de tambor, gritos y cabalgadas, precedían a la suelta de un halcón acorredor que, no atreviéndose a atacar solo, se limitaba a hostigarla, obligándola a elevarse en círculos sobre la cabeza de los halconeros. Si el acorredor desfallecía, lanzaban en su ayuda otro pájaro de la misma doma. Los dos llevaban la garza a tal altura «que se veía en el cielo del tamaño de una paloma».

Entonces, llegaba el momento álgido de la cacería; cesaban los gritos y los golpes de tambor, se detenían los caballeros. Ceremoniosamente, el halconero mayor desencaperuzaba el halcón maestro, el más preciado gerifalte. En un silencio expectante, el blanco gigante subía hacia la lejana palestra. Porque la virtud más apreciada del gerifalte era la de ascender en vuelo directo, sin describir círculos, «montando sobre cola», como decían los viejos halconeros. Y el mejor halcón era el que llegaba a la garza en menos tiempo.

Tras el esfuerzo de la subida, venía el combate, las combinadas acometidas burlando las mortales estocadas. Los acorredores, enardecidos por la llegada del maestro, redoblaban sus esfuerzos. Una finta afortunada rompía la cerrada defensa de la garza y el campeón, en el acto, se agarraba a su cuerpo. Tras él, pegaban los ayudantes. La caída del apretado grupo debía ser vertiginosa. Ya en tierra, se sacaba a los halcones de la ralea, se les daba la merecida cortesía con una tierna gallina y se les cubría.

Los gerifaltes también cazaban grullas, gansos salvajes, avutardas, cisnes y milanos. Harting, recoge un testimonio de Scaliger, según el cual un gerifalte del rey D. Enrique de Navarra, mató en un día, delante de él, un águila ratera, dos gansos salvajes, varios milanos, una grulla y un cisne. Para llegar a estos éxitos, los pájaros eran sometidos a un entrenamiento riguroso, paciente y absolutamente desusado en tiempos modernos. Después de reponerles del cansancio y abatimiento acarreado por el largo viaje, los halconeros castellanos estiraban mucho a los gerifaltes con vuelos a la tira, haciéndoles seguir a un caballo que galopaba pico a viento, desde el que se les daba señuelo. Cuando habían recuperado el aliento, se les hacía cazar liebres durante un año. Y, ciertamente, éste es un ejercicio magnífico para cualquier ave. Como el lance se desarrolla soltando el halcón en compañía de un par de buenos gal-

gos o podencos, el pájaro se acostumbra a reconocer la ayuda de sus colaboradores y cae muchas veces en la liebre, que acierta a esconderse o a inmovilizarse; llegan los perros y se inicia de nuevo la carrera; el halcón pica otra vez y el ejercicio se prolonga hasta que, cansada y aturdida por las corridas y pasadas, la liebre se deja coger, generalmente por los perros. El halconero, que anda muy cerca a caballo, se la quita a éstos y se la entrega al halcón. Es un hecho bien conocido el estilo que tienen los gerifaltes para matar liebres en campo abierto; acuchillar y retener a esta fuerte presa, aguantar en el cielo hasta que se la saquen y cobrarla a vueltas de los perros, les preparaba adecuadamente para la caza de presiones, en las que eran cebados con muchas traínas —«porque son duros de facer»—. Pero una vez bien atrainados, perseguían a estas grandes aves en muy largos trechos y llegaban a cobrarlas «a muchas caídas». Esta expresión quiere decir que al verse dominada, la zancuda se dejaba caer, ocultándose en el cañaveral, hasta que llegaban los perros y la obligaban a emprender el vuelo; los buenos halcones sabían esperar en lo alto cuanto tiempo fuera necesario. Para este ejercicio ningún aprendizaje mejor que la caza de liebres.

Cuando, después del derrumbamiento de la cetrería medieval, se fundaron los entusiastas clubs europeos del siglo XIX, volvieron a importarse gerifaltes de Noruega, de Islandia y hasta de Groenlandia. Pero los halconeros profesionales, que manejaban perfectamente los peregrinos para el vuelo de la corneja, para la altanería y hasta para la garza real, no supieron sacar partido de los halcones del Norte. John Barr fue enviado a Noruega, de donde trajo algunas polladas de gerifaltes niegos. A pesar de que volaban al señuelo muy reciamente y durante bastante tiempo, en la caza de cornejas fueron superados completamente por los peregrinos. Casi todos estos pollos murieron antes de llegar a la primera muda, de una enfermedad que por aquel entonces no se explicaban muy bien los cetreros. Míster Newcome, que era tenido por el mejor halconero del mundo para la doma de peregrinos, confesó, después de varios intentos, que los gerifaltes eran de muy poco rendimiento para la caza. En el año 1878, el conocido halconero holandés Adrian Möllen capturó un gerifalte torzuelo pasajero en Valkensward, que fue adquirido por el Old Hawking Club y llegó a ser un magnífico pájaro para la caza de cornejas.

¿Cuáles eran las causas de estas dificultades para la doma de los gerifaltes en tiempos modernos? No cabe duda de que muchos secretos conocidos por los antiguos halconeros desaparecieron con ellos. En particular, los que empleaban para adiestrar a los gerifaltes. Pero, creo que la constancia y meticulosidad de sus métodos era la clave del éxito. Cada pájaro era encomendado a un experto, que se consideraba satisfecho si llegaba a hacerle maestro en tres años. Contaba con cuantas presas de escape le fueran necesarias y con un número muy elevado de aves salvajes adecuadas para estos grandes halcones. Por otra parte, jamás los alimentaban con palomas, como se hacía en los modernos clubs, contrayendo los gerifaltes la mortal y misteriosa enfermedad contagiada por estos volátiles.

Han sido los halconeros contemporáneos quienes han vuelto a vislumbrar las verdaderas cualidades del halcón ártico. Algunos aficionados norteamericanos, que tienen a su alcance los gerifaltes de Groenlandia, el Canadá y Alaska, consiguieron hacer de ellos muy buenos altaneros. Míster Morlan Nelson, que captura sus pollos un mes después de abandonar el nido, tuvo un gerifalte llamado «Tundra» que volaba tan alto, que se veía obligado a seguirlo con prismáticos. Desde tal altura, se abatía a enorme velocidad sobre cualquier presa más pequeña que un ganso salvaje y la mataba por choque. Han sido estos halconeros de los Estados Unidos quienes descubrieron el agente de la incurable enfermedad que había terminado con los gerifaltes en el siglo XIX; se trata de nuestro viejo enemigo el «trichomonas gallinarum», que en los peregrinos ocasiona la dolencia buco-faríngea, conocida por «güérmeces». Toda la sintomatología local que caracteriza a esta afección no existe en el gerifalte. Sin duda, este pájaro, carente de la inmunidad específica que el peregrino ha ido adquiriendo después de muchas generaciones de alimentación a base de palomas, presenta poco después de contraer la enfermedad una sintomatología general muy característica: pérdida total del apetito; parece que tiene hambre pero no llega a comer; se muestra amorfo, con el plumaje erizado, con escasas reacciones y sus deyecciones adquieren un tono azulado. Pocos días después aparece gran disnea y el halcón muere. Todo indica que no pudiendo defenderse del germen, éste invade rápidamente el torrente circulatorio y da lugar a una infección septicémica con derrumbamiento general. El entramín se ha mostrado eficaz para el tratamiento de esta enfermedad, como detallaremos en el capítulo correspondiente.

Sin embargo, el gran amante de los gerifaltes ha sido Ronald Stevens, que ha tenido muchos pollos de Noruega e Islandia. Escribió un interesante librito, lleno de poesía, cuyo protagonista era un gerifalte noruego. Y tan lejos ha llegado en el dominio de estos pájaros que, últimamente, los deja completamente sueltos en sus tierras de Irlanda. Se pasan el día libres; volando a sus anchas, como los halcones salvajes, y regresan cada atardecer a las inmediaciones de la halconera, donde son recogidos por su dueño y atados a la alcándara. En estas condiciones, ha podido observar mejor que nadie los atributos del gerifalte. Su potencia de vuelo es tan portentosa —escribe Ronald Stevens— que «cuando un peregrino zahareño cruza por el cielo sobre mis tierras, los gerifaltes ascienden en su persecución; implacables, le dan alcance antes de que se pierda de vista y le obligan a refugiarse en un matorral, para evitar sus terribles pasadas».

Sin embargo, para desarrollar este vigor es imprescindible una larga crianza campestre o, mejor, capturarlos de gentiles. Su carácter es mucho más afectuoso que el del peregrino. Son menos reservados, menos fríos. A Mr. Stevens le recuerdan mucho a los perros. Cada vez que se acerca al banco o la alcándara, sus gerifaltes se debaten hacia

él, y si se tumba en el césped, cerca de ellos, en seguida vienen a jugar con sus botones. Son malos caperuceros, cuando no se lleva este ejercicio con muy buena mano. Se niegan rotundamente a aceptar la caperuza si no han terminado de comer a su gusto, siendo preciso engañarles con variadas sutilezas.

Su salud es buena, alimentándolos de pollo joven o conejo. Comen menos que los peregrinos, proporcionalmente. La muda comienza a mediados de abril y termina en octubre. Es muy importante mantenerlos en lugares muy frecos durante la primavera y el verano. En invierno les agrada tomar el sol. Y ha de tenérseles en todo tiempo en halconeras abiertas.

Para la caza de altanería, son menos altos que los peregrinos, pero esperan bastante tiempo y muy pendientes de los perros, volviendo la cabeza cuando les sobrepasan en el torno —seguramente, como hacen los sacres y los alfaneques—. Con esa atención compensan la falta de altura y, sobre todo, con su picado instantáneo, perpendicular, e inesperado. Matan menos «grouses» que los peregrinos, pero proporcionan un deporte espectacular y emocionante.

A través de mis conversaciones con el gran halconero inglés, se ha ido disipando la duda que habían creado mis lecturas de libros antiguos y modernos acerca de la singular valía del gerifalte. Y ha sido precisamente durante los días en que escribía este capítulo, cuando míster Stevens me ha honrado con su visita. ¡Cuán grande es la experiencia de este maestro! ¡Qué arraigada su pasión por las aves nobles!

Es altamente consolador saber que una persona favorecida por la fortuna ha sabido aislarse con sus pájaros, abandonar hasta su propia patria, donde la excesiva urbanización y progreso ponían cortapisas a las correrías de sus halcones. He seguido a Ronald Stevens, en su amena charla, por sus cacerías en tierras irlandesas. He conocido a «Gibbon», su mejor gerifalte torzuelo, que abatía cualquier «grouse» que se levantara a menos de medio kilómetro. El gerifalte sigue siendo el más noble, el más grande y el más hermoso de los halcones. Es cierto que en algunas características recuerda al sacre y al lanario. Quizá, sólo en los pies azulados durante el primer año y en la larga cola. Porque el gerifalte es hipertónico, enormemente musculado, denso, velocísimo, necesitado de una alimentación riquísima en cantidad y en calidad.

Quien haya visto una bandada de gangas en pleno vuelo sabrá lo que es la velocidad y la más perfecta propulsión animal. Cuando estas aves, mitad paloma y mitad lagópodo, surcan el cielo sobre su estepario habitat, en busca del alejado bebedero, dan la sensación de que sólo un proyectil podría alcanzarlas. Jamás hubiera imaginado que un halcón, sin contar con la ventaja de la altura, fuera capaz de capturarlas. Pues bien, Ronald Stevens ha visto volar muchas veces a las gangas y también a los gerifaltes. Nunca ha podido cazarlas porque las presas estaban en el Norte de África y sus halcones en las islas Británicas.

[1] Lagópodo escocés (Lagopus scoticus).

Pero, visitando conmigo el Museo de Historia Natural, al ver el magnífico grupo de gangas naturalizado por Benedito, su mirada de viejo halconero acariciaba el cuerpo fusiforme y compacto de estas aves. Un gerifalte torzuelo, me decía, podría dar alcance a las gangas, vencerlas en altura, después de un combate equilibrado y magnífico, seguirlas en su bajada vertiginosa, y acuchillar a pocos metros del suelo. Muchas veces ha visto estos lances con los patos salvajes de los lagos irlandeses. Cuando después de una increíble ascensión en la que la palmípeda se elevaba en círculos y el gerifalte derecho —como un reactor, con palabras del halconero inglés—, al ser dominada por la rapaz, la presa se dejaba caer con las alas cerradas a fantástica velocidad. El halcón la seguía a menos de un metro. Y sin cambiar de dirección, sin despegar ni una pluma de su cuerpo para frenar, el pato se zambullía en el agua como un meteoro. Quizá, ejercitaba una técnica defensiva para inundar a su perseguidor y librarse de la muerte.

El gerifalte es como un esmerejón gigantesco, con su misma pluma homogénea, con su pecho combado y saliente, con sus manos no muy grandes pero nervudas, con sus alas increíblemente cortas para impulsar la poderosa estructura. El gerifalte es... ¡el gerifalte!

Todo parece indicar que es demasiado halcón para el ocupado halconero moderno. Hacerle volar un mes al año para que capture un par de docenas de perdices o de grajas, no esta, ni mucho menos, a la altura de sus posibilidades. Para estos vuelos, el peregrino, necesitado de menos entrenamiento físico, le supera ampliamente.

Tal vez sea España uno de los pocos países donde todavía se podría dedicar el gerifalte a una caza de alcurnia; las gangas, cortegas o sisones, por altanería y las grullas y avutardas, en mano por mano. Tengo un proyecto, acariciado durante años que, tal vez, pronto lleve a cabo; hacer un viaje a Groenlandia, capturar una pareja de gerifaltes gentiles y adiestrarles para la caza de las avutardas y grullas. Sólo entonces podré vislumbrar todo el encanto y magnificencia de nuestro arte. Pero, ¿podré convencer a las celosas autoridades cinegéticas danesas para que me permitan arrebatarles dos de sus preciadas joyas aladas?

SUBESPECIES

Contrariamente al peregrino, el gerifalte está representado en sus distintos países de origen por razas de aspecto muy diferente, originadas, sin duda, por su tendencia al cantonalismo. Los desplazamientos estacionales del gerifalte son de corto alcance y, salvo algunos ejemplares perdidos, se alejan poco de sus áreas habituales de nidificación.

Los antiguos halconeros españoles reconocían cuatro plumajes de gerifaltes; los blancos —llamados finos de Noruega—, los letrados, los grises, y los roqueses, de color marrón oscuro estos últimos.

Realmente, en estos tonos están comprendidos todos los gerifaltes, pero pasan de unos a otros de una manera paulatina. Los más blancos son los de Groenlandia (Falco gyrfalco candicans), que, en su juventud, están sombreados por manchas pardas. Los de Islandia, aunque muy claros, presentan tonos predominantemente grises, en particular los ejemplares inmaturos. Estas dos razas parecen las más diferenciadas, estando todos los halconeros de acuerdo en que son más veloces, más fuertes y de mejor apariencia. Ambas carecen de las manchas comunes a casi todos los halcones en los lados del rostro, llamadas bigotes. Sus ejemplares son de gran talla.

El Falco gyrfalco o gerifalte de Noruega es muy oscuro antes de la primera muda, de color marrón grisáceo, con bigotes muy aparentes. Los adultos presentan las partes superiores blancuzcas y el dorso aclarado por algunas manchas transversales, de un gris muy claro. Con la edad las pintas del pecho y de los flancos tienden a hacerse horizontales, de forma acorazonada; aumenta todo lo claro y disminuye lo pardo. A lo largo de todo el norte de Rusia y Siberia, viven otras dos razas muy semejantes a ésta, el Falco g. uralensis y el Falco g. grebnizkii.

El más meridional de todos los gerifaltes, el Falco g. altaicus, habita en la altiplanicie del Altai y es de manto tan oscuro, así los ejemplares jóvenes como los adultos, que recuerda mucho más al sacre que al gerifalte de Groenlandia. En Alaska, en el Canadá y en la Península del Labrador, anidan gerifaltes más o menos pardos, parecidos a los islandeses.

Todas estas razas tienen muchas características comunes, particularmente, el color gris azulado de la cera, párpados y manos, privativo de todos los ejemplares inmaturos. Se da también el caso de que en las razas generalmente oscuras, aparecen individuos muy claros, casi blancos, muy parecidos a los halcones de Groenlandia.

Esta suave escala, del blanco al castaño oscuro, nos lleva hacia pájaros tan afines como el sacre y el lanario, también dotados de manos azules durante la juventud, tributarios de muy diversas libreas y muy semejantes en la estructura general. Se da el caso de que los halconeros asiáticos del Turkestán llaman a la raza más evolucionada del sacre (Falco cherrug milvipes) gerifalte rojo —kizylchunkar, en su idioma—. Se comprende que para haber ascendido a la categoría de gerifalte, este sacre del Turkestán debe estar muy cerca del gran halcón en lo que se refiere a capacidad de vuelo y carácter. Porque, si es cierto que un ornitólogo difícilmente se equivoca estudiando algunas pieles, no lo es menos que un halconero tiene un conocimiento exacto de todos los pájaros que maneja.

Estos hechos, que han llevado a los modernos ornitólogos a reagrupar a los gerifaltes, sacres y lanarios en una sola especie, deben inducirnos a los halconeros a estudiar el adiestramiento de todos ellos en términos comparativos. Porque, más o menos matizados por la adaptación al medio ambiente, su carácter es muy semejante y, a la vez, completamente distinto al del peregrino. Si nos basamos en los métodos occidentales modernos, obtenidos todos ellos a partir de este pájaro, necesariamente encontraremos grandes dificultades para manejar gerifaltes, sacres y lanarios.

(Falco gyrfalco islandus.)

EL HALCÓN SACRE

«Y son tan buenos para cualquier cosa que desde codorniz y cogujada hasta grulla o avutarda, no dejarán presa que no maten, si buen maestro tuvieren, y por esto dicen que si hubieres de tener una bestia, que sea caballo, y si es perro, que sea lebrel y si un halcón que sea sacre.»

Poco se puede añadir al párrafo de Juan Vallés para ensalzar las excelencias del sacre. Sin embargo, el sacre no es hermoso, carece del purísimo plumaje y las formas armónicas que adornan a todas las aves de cetrería. Tampoco es veloz; el peregrino y el gerifalte le aventajan ampliamente en el vuelo.

El sacre es rústico, primitivo, dotado de la enorme resistencia y tenacidad propia de los seres poco especializados. Está mucho más cerca de las formas ancestrales que ningún otro halcón. Su plumaje, de un color pardo, más o menos rojizo, claro en la cabeza y en el pecho, es sumamente elástico, a prueba de roces y traumatismos. Con las mudas no cambia su tonalidad, como ocurre a los demás halcones. Conserva siempre un manto terroso, de perfecto mimetismo para el paisaje desértico.

La cabeza del sacre, grande, animada por unos ojos siempre alerta, denota suma inteligencia. Las alas y la cola, largas, casi de ave velera, le permite un cómodo vuelo de observación. Las manos, de dedos cortos y gruesos, lo mismo le sirven para atrapar una paloma que un lagarto. Su talla es intermedia entre el peregrino y el gerifalte. Las fuertes hembras alcanzan un kilo y cuarto de peso.

Puede sobrevivir en el corazón de los desiertos más inhóspitos, gracias a su versatilidad como cazador. Si abundan las langostas, se alimentará copiosamente de los nutritivos insectos, como si fuera un vulgar cernícalo.

Copla de Sacres en el vuelo de la garza real. Original de Renz Waller, tomado de «Der wilde Falk ist mein Gesell».

139

En malos tiempos, puede atacar a una liebre, aguantar las volteretas, estrangularla y darse una buena panzada. Si el hambre aprieta, la pareja se atreverá con una avutarda y acabará dándola muerte. Capaz de estas hazañas, prefiere, sin embargo, un gerbo, un lagarto o un alcaraván.

El sacre es un pájaro asiático; aunque algunas parejas anidan en Europa oriental y sus cuarteles de invierno lleguen hasta el Sudán, aunque se le capture en paso en las Islas del Mediterráneo Oriental (de Chipre venían muchos en la Edad Media) su patria está en las grandes estepas de Rusia, de Siberia Occidental, de Persia, del Afghanistán y el Norte de la India.

Anida en los cantiles, como el peregrino; en antiguos nidos de córvidos, en los árboles, como el lanario; o, simplemente, en el suelo como el gerifalte. Dicen los halconeros persas que los sacres nacidos sobre la tierra son los mejores, porque desde pequeños ven pasar cerca a los zorros, chacales y otros carnívoros, perdiendo el miedo a los grandes animales.

Los jóvenes, de color marrón más o menos oscuro en el dorso, de fondo claro cubierto de manchas longitudinales, en las parte anteriores, de bigotes finos pero bien aparentes, tienen las manos, la cera y los párpados, de color gris azulado. Después de la primera muda, la cabeza se hace más clara, los mostachos más finos, en torno a las plumas del dorso aparece una orla dorada o blanquecina, las pintas del pecho y flancos se hacen más pequeñas y, en algunas subespecies, aparecen barras continuas en las plumas timoneras, en los flancos y a lo largo de las tibias; las manos, la cera y los párpados adquieren un color amarillo oro.

La especie es bastante polimorfa. De los cuarenta o cincuenta sacres que vi en Arabia Saudita, no había dos iguales. Unos, muy viejos, tenían el pecho y la cabeza casi blancos, como alfaneques; otros eran enteramente roqueses; entre ambas fases había toda una gama de marrones, caquis y amarillos.

La diferencia de tamaño entre primas y torzuelos es poco acusada en el sacre. Se decía antiguamente que los torzuelos sacres y alfaneques aventajan a todos los demás torzuelos.

COMPARACIONES ENTRE EL SACRE Y EL PEREGRINO

Estos dos halcones ocupan extremos opuestos en el género Falco, tanto en lo que se refiere a su estructura y carácter como a los métodos que deben emplearse para el adiestramiento. Y habiendo hecho un estudio detenido del halcón peregrino, conviene establecer ciertas comparaciones con el sacre, para aplicar los conocimientos adquiridos al manejo de este pájaro, conocimientos que servirán también al lector para el lanario y el gerifalte, muy semejantes, como hemos reiterado, al gran halcón de las estepas.

1.ª Alimentación y temple.

El sacre, como buen desertícola, es frugal, de escasas exigencias alimentarias en cantidad y en calidad. Come espontáneamente insectos, reptiles, mamíferos y aves. El peregrino, altamente especializado, se alimenta exclusivamente de aves.

Para el halconero esta diferencia dietética tiene una repercusión muy manifiesta. El sacre puede vivir durante muchos años, en plena salud, soportando una alimentación de mediana calidad, como las carnes desolladizas, los roedores, etc. Pero, muy ahorrativo, asimila magníficamente todo lo que come y ha de ser sometido a un temple muy riguroso para trabajar con seguridad. El aficionado que se ha iniciado en el deporte con los peregrinos, suele perder todos sus sacres y lanarios por darles de comer excesivamente. Para ellos la paloma o el pollo crecido son demasiado fuertes. Se impone el conejo, el pollo joven, el corazón de cordero, etc. Sin embargo, bien desainado, el sacre es muy voraz; come muy deprisa, se traga grandes huesos con facilidad, y manifiesta su hambre de un modo muy llamativo, tanto que, con frecuencia, engaña al halconero.

A estas ventajas dietéticas se unen otras muy considerables. El sacre no necesita bañarse ni beber; resiste perfectamente el calor y el frío; su muda es corta y sin complicaciones.

2.ª Carácter.

Cuando se ve un peregrino por primera vez, uno se siente impresionado ante su perfección física. La belleza de líneas, el brillo de su plumaje, la sensación de potencia que se desprende de su figura, no dejan entrever su psiquismo. Su alma parece lejana, insondable. Por el contrario, el sacre conquista desde el primer momento por su expresión. En esta criatura rústica, de plumaje deslucido, suele llamar la atención su gran cabeza, erguida e inteligente, animada por una mirada despierta, interesada en todo lo que le rodea, afectiva. El espíritu del pájaro está siempre a flor de pluma (valga la expresión).

Y esta sensibilidad puede facilitar el adiestramiento o dificultarlo en gran manera. El sacre exige mucha dulzura, mucha continuidad, el halago repetido, sobre todo en aquello que le resulte «contra natura», como las lecciones de caperuza. Siempre han tenido fama los sacres de ser malos caperuceros, pero, si se llega a hacerles comprender que la caperuza no corta su comida y es un acto previo para la caza, la aceptarán como el mejor de los peregrinos.

Incorporados a la vida familiar, viendo constantemente a unos y a otros, se vuelven tan mansos como un loro. Abandonados en la alcándara o en un jardín solitario, se rebotan muy pronto y cobran todo su salvajismo. La memoria del sacre es prodigiosa; si una persona le asusta, cada vez que vuelve a verla se debate y grita. Mi alfaneque pasajero «El Caid» —en todo semejante a un sacre— me permite llegar corriendo hasta él cuando está sobre la presa; conmigo, jamás ha llevado en mano ni una codorniz. En cambio, si se acerca cualquier otra persona, aunque sea mi halconero, que lo maneja a diario, se levanta en cuanto traspasa los veinte metros y, si la presa es muy pesada, la abandona. Para él, sólo existe un maestro. Y su mayor placer es descansar en la alcándara de mi cuarto, donde no se debate nunca y sigue todos mis movimientos con gran atención, picoteándome los dedos muy complacido cada vez que le acaricio.

Sobre el puño, los sacres permanecen muy tranquilos sin caperuza; menos nerviosos que el peregrino, dotados de un metabolismo más perezoso, en estado salvaje acostumbran a permanecer muchas horas posados, acechando a sus presas, para atacarles en el mejor momento. De esta cualidad han sacado un gran partido los halconeros orientales, como veremos en la caza de la hubara en Arabia.

3.º *Vuelo.*

El sacre es menos compacto que el peregrino; menos denso. Viendo juntos a un sacre torzuelo y un peregrino prima, el primero parece mayor; sin embargo, el peregrino pesa cien o doscientos gramos más. En consecuencia, el vuelo de persecución horizontal o el picado del sacre son más lentos, pero sube con menos esfuerzo que el peregrino.

De aquí la diferencia entre ellos para la altanería; el sacre puede volar mucho tiempo sobre los perros, casi a vela, pero, teniendo para él poca ventaja la excesiva altura —carece del poder de penetración del pesado y aerodinámico peregrino— se mantiene con una altitud mediocre, bien compensada por sus círculos estrechos y la atención con que sigue el trabajo de los perros. Su bajada es brusca, inesperada; se acelera de pronto, girando de costado, gracias a sus largas alas bastardas y cola; y, en unos pocos metros, adquiere la velocidad máxima, que ya no puede aumentar. Trata de cortar la trayectoria de la presa con una caída casi perpendicular. En consecuencia, su campo de acción es mucho más limitado que el del peregrino, pero de mucha seguridad.

Cuando arranca una perdiz, el halcón peregrino parece deleitarse contemplándola antes de iniciar el picado; la deja enderezarse. Después, en una progresión maravillosa, muy oblicua, la acuchilla o la traba, a veces, en vuelo ya horizontal. El halconero puede mirar primero la perdiz y levantar después la vista tranquilamente para seguir la bajada del halcón. Con los sacres y alfaneques todo es tan súbito que, si se mira la pieza, no se ve al halcón. Éstos no bajan, ¡¡llegan!! Y acuchillan muy cerca del perro, con un golpe durísimo de arriba a abajo.

El emperador Federico II consideraba al sacre como el mejor halcón para el vuelo de la garza; precisamente, por su capacidad para subir. En la caza de milanos, lechuzas, y de todos los buenos «stayers», en fin, este pájaro no tiene rival. Y la mayor hazaña de que tenemos noticia en el alto vuelo, fue llevada a cabo por un sacre. Escuchemos al Príncipe D. Juan Manuel:

«Pero, dice D. Juan y cuéntalo por muy gran maravilla, que vio a un halcón sacre que traía el infante don Juan, que llamaban Perlado, y lo traía un halconero que decían Pero Núñez. Y andando un día entre don Juan y el infante a la caza por el río Bernesga, cerca de León, encontraron dos garzas juntas, y les lanzaron un halcón sacre malo

que traía un halconero que decían García Ferrandis. Y cuando estaban muy altos, lanzaron un neblí de D. Juan que traía un halconero que decían Ferranz Gomes, y que subió con ellas tanto que cuando las hubo vencido parecía el halcón muy pequeño, y trajo la una, y desde que estuvo en tierra con ella, la otra parecía muy poco menor que una paloma. Y lanzaron entonces aquel otro halcón sacre del infante D. Juan y la venció tan presto que antes de que se la perdiera de vista estaba con ella, y bien diría D. Juan que si la garza estaba a quince mil estadios la alcanzó el halcón antes de que llegara a los dieciséis mil. Y dice que antes ni después tal maravilla no viera hacer a halcón: ni gerifalte, ni sacre, ni neblí.»

4.º *Agresividad*

El sacre, cuyas cualidades de cazador son inferiores a las del peregrino, es muy tenaz, precisamente por eso. Cuando intuye que una pieza está vencida, no la abandona jamás. Se deja arrastrar, golpear, en una presa firme, muy semejante a la del azor, antes de aflojar. El peregrino, demasiado confiado en sus posibilidades, es menos avariento, sabe que, si falla, pronto tendrá otra oportunidad.

La seguridad ha hecho del sacre el pájaro más preciado para la caza de grandes animales. Pero es necesario atrainarle con muchos escapes, porque, espontáneamente, es menos audaz que el peregrino —dicen los halconeros persas que el peregrino no es bueno para la caza de gacelas porque es tan temerario que se empala en sus cuernos—. Una vez bien casado con la presa, cuando sabe que puede derrotarla, es más constante y trabador que cualquier otro halcón.

Esta virtud tiene su contrapartida; el sacre está poco capacitado para volar distintas piezas. Una vez bien cebado en la liebre o en la avutarda, para él no existen en el mundo más que estos animales. Difícilmente podría atrainársele en cualquier otra cosa.

En la caza de perdices, en mano por mano, es muy seguro en la herida. Y no se levanta de ella aunque le salga otra perdiz a dos metros. Quiere la suya; y esperará cuanto sea preciso hasta que se la saquen.

Pese a todas estas consideraciones, no se puede afirmar que el sacre sea mejor o peor que el peregrino. Simplemente, es distinto. El primero, más cómodo, más utilitario. El segundo, más deportivo.

LA CAZA CON EL SACRE

El sacre puede cazar todas las presas que caza el peregrino, más algunas otras. Sin embargo, ciertos vuelos le son muy característicos; sólo de éstos vamos a tratar.

La avutarda hubara (Chlamydotis undulata).

En las zonas desérticas y esteparias de África del Norte y de Asia Meridional y Central, vive una avutarda de talla intermedia entre la gran avutarda (Otis tarda) y el sisón. Sus costumbres son muy parecidas a las de estos dos pájaros; como ellos, gusta de los espacios abiertos, precisa una alimentación omnívora, prefiere correr que volar, se reúne en regulares bandadas y se mimetiza perfectamente tumbándose en el suelo. Su carne es muy sabrosa. Pesa de tres a cuatro kilos. Y su vuelo es más lento que el del sisón, pero más rápido que el de nuestra avutarda. Constituye la caza más natural para el sacre, que la ataca ya en estado salvaje. Según un proverbio árabe, estas dos aves son enemigas desde el huevo.

Durante mi estancia en Riyhad, capital de la Arabia Saudita, obtuve una información muy interesante de esta

sobre el terreno. Los sacres niegos carecen completamente de interés para ellos; «no saben cazar», dicen.

El adiestramiento es intensivo; semejante en todo al preconizado por los antiguos maestros castellanos. Se porta al sacre constantemente, se le lleva a los ambientes más bulliciosos, y no se le deja dormir; al mismo tiempo, se le va abajando y se le halaga con un roedero. El señuelo es un ala de hubara seca, a cuyos huesos se sujeta la carne;

Foto 38. El autor ejercitando a su sacre de Hungría «Taiga» con el señuelo.

caza, aunque no pude presenciarla porque los sacres estaban ya en período de muda. Fue a través de mis conversaciones con el Halconero Mayor de la Corte, Abdullah Hababy, como pude percatarme de las características de este lance.

En la halconera real, disfrutando de la caricia de los enormes ventiladores, que procuraban una agradable estancia a diez hermosos sacres y los dos peregrinos españoles, nuestra charla, mitad a través del intérprete, mitad por señas, se desarrollaba en el ambiente más propicio.

Abdullah Hababy y sus hombres capturan a los sacres en época de paso, desde septiembre a finales de octubre, sirviéndose de una paloma con corselete de lazos. Sólo conservan las primas. Los torzuelos son puestos en libertad

no se voltea mediante una cuerda, simplemente se mueve en la mano. Antes de la primera cacería, el sacre recibe una sola avutarda de escape. Todo el adiestramiento dura quince días. Y esto me lo reiteró Hababy con mucho orgullo. Sin embargo, han de transcurrir muchos meses o años de caza antes de que el nuevo pájaro llegue a ser un maestro. Terminada la temporada, a finales de febrero, la mayor parte de los halcones son regalados o puestos en libertad, sólo se conservan los ejemplares excepcionales.

Aquellos diez enormes sacres que nos contemplaban con aire satisfecho, eran, pues, consumados maestros en la caza de hubaras. Abdullah Hababy me los fue mostrando uno por uno y hablándome de sus virtudes. Los más viejos tenían quince años.

—«Su presa ya no es fuerte, su vuelo no es veloz, pero son los mejores «atalayas». Desencaperuzados en el campo, pueden descubrir las hubaras a grandes distancias.»

En realidad, aquellos colosos ópticos eran los directores de toda la cacería; uno de ellos había llegado a descubrir un bando de avutardas, posado a ¡12 kilómetros!

Los mejores sacres de caza —me decía el halconero real— tienen entre uno y siete años. Durante la temporada

avanzan en línea, cubriendo un frente muy amplio. De vez en cuando, uno de ellos se detiene; el halconero desencaperuza al sacre atalaya, lo levanta sobre su puño y espera. El pájaro estudia el terreno con todo detenimiento. Sus ojos oscuros recorren lentamente el horizonte. Cualquier avutarda que se mueva en diez kilómetros a la redonda será descubierta por su formidable vista. Pero las hubaras se desplazan con cautela, pastan a favor de los

Foto 39. El sacre inicia la pasada, volando a ras de tierra; en el último momento, el señuelo será retirado, mediante un giro brusco hacia la izquierda.

vuelan casi a diario; unos actúan por la mañana, otros por la tarde. En esta jornada de trabajo de medio día, normalmente, cazan ocho o diez avutardas cada uno. Los mejores han llegado a matar ¡quince! Los sacres que cobran menos de cinco no son buenos para el equipo de Su Majestad.

En la cacería, se conjugan algunos de los elementos más modernos y más antiguos con que se recrea la humanidad. A través de la gran llanura pedregosa, matizada aquí y allá por un mustio matorral, avanza una caravana de magníficos automóviles descapotables; en cada uno de ellos, además del chófer, va un personaje de sangre real, un halconero y un sacre.

Llegados al terreno de caza, los coches se separan,

pequeños matorrales, o permanecen echadas en las escasas sombras. Si el atalaya no da señales de alarma se le cubre de nuevo y continúa la marcha.

En un otero, se desencaperuza a otro maestro; éste, fija súbitamente la mirada en un punto, balancea la cabeza, suavemente, de arriba abajo, abre las alas y abandona el puño. A cierta distancia, los potentes cadillacs, saltando polvorientos por el pedregal, siguen, a duras penas, el vuelo del halcón. Los chóferes árabes los manejan con la misma soltura y alegría que si fueran caballos de raza. El cuenta kilómetros —científico testigo de la hazaña óptica del sacre— pone nueva emoción en el lance. Una... dos... tres... ¡cuatro millas! ; el viejo atalaya se posa sobre una piedra, los ojos clavados en la arena. Y los ojos de los beduinos, tan negros y penetrantes como los del sacre, miran en su alrededor. Las avutardas están allí, pero nadie podría descubrirlas. Su mimetismo es tan perfecto que asemejan pedruscos o matojos.

Lentamente, los automóviles van rodeando al sacre; a unos veinte metros se detienen, Paran los motores y nace un silencio absoluto, sólo turbado por el paso suave de los cazadores que se acercan, halcón al puño, abriendo los cerraderos de la caperuza.

De pronto, una gran bola parduzca, trepidante, erizada, surge de la arena. Es del tamaño de un pavo mediano y se pone en vuelo ruidosamente.

No ha volado diez metros, cuando un sacre le va dando alcance. Las otras hubaras permanecen inmóviles ante el nuevo agresor. La presa se realiza en pleno vuelo. Los dos pájaros luchan en tierra. El halconero beduíno corre cuanto puede para ayudar al halcón. Sabe que si la avutarda no ha sido agarrada por el cuello, golpeará al sacre con sus patas fuertes como mazas y, lo que es peor, le inundará con su saliva viscosa y amarga, inutilizándole para la caza durante todo el día.

Una tras otra, se van poniendo en vuelo el resto de las avutardas y cada halconero lanza desde muy cerca, disfrutando todos de las espectaculares capturas. Algunas de las hubaras se dejan caer de nuevo antes de ser alcanzadas por el halcón, y éste las da pasadas en tierra, evitando su pico y sus piernas. Los viejos machos de hubara se defienden con dureza, ahuecando la pluma como gallos de pelea y adelantando la cabeza. Su táctica consiste en no perder de vista al enemigo. En estos casos se suelta un nuevo sacre; el ataque combinado acaba con la cerrada defensa de la presa.

Muchas veces, las persecuciones aéreas son largas y es necesario volver a subir a los coches para seguir el vuelo de cerca. Algunos sacres se remontan sobre la avutarda para atacar en picado, otros prefieren entrar en un «sprint» ascendente e inesperado.

En los días buenos de caza, con el equipo real, compuesto por treinta o cuarenta sacres, se cobran más de cien avutardas, cargando completamente una pequeña furgoneta destinada al efecto. Las grandes cacerías duran semanas, desplazándose todo el equipo hasta los confines del país, donde quiera que ese año las piezas sean más abundantes.

La gacela

En los desiertos de Persia y Arabia, las gacelas siempre han abundado. Pero, su prudencia, su gran velocidad y su costumbre de permanecer en llanuras abiertas, debían hacer su caza sumamente difícil antes de la aparición de las armas de fuego. Los más veloces lebreles, los famosos afganos, sólo podían dar alcance a tiernos recentales. La carrera desenfrenada de las manadas debió ser un reto constante para los halconeros, habituados a superar todas las dificultades. Y los halconeros aceptaron la lucha. Si el sacre cazaba liebres, también podía cazar gacelas. Todo era una cuestión de peso... y de sutileza. El proyecto es audaz, pero, ¿no es la cetrería en sí una pura

audacia? Pacientemente, acostumbraron al sacre a comer sobre una cabeza de gacela disecada. Más tarde, lo lanzaban contra gacelas inmovilizadas. Después, perseguía a las gacelas jóvenes. Siempre recibiendo muy buenas gorgas sobre sus presas y muy recios temples en las tercias de descanso. Por todos los medios se trataba de que el halcón, lanzado contra una` manada de gacelas, atacara a una y se aferrara a su cabeza. Los halconeros sabían que el pájaro sólo jamás podría vencer a un mamífero que pesaba cincuenta veces más que él. Pero podía hostigarle, aturdirle, incluso, cegarle. El resto lo harían los perros.

Pero, ¿cómo inducir a los independientes lebreles para que en una manada de gacelas persiguieran sólo a la atacada por el sacre? Una vez más el ingenio oriental triunfó. Adiestraron algunos cernícalos para cazar gerbos. Estos veloces y sabrosos roedores, abundantes en todos los desiertos, son una presa favorita para los halcones. Pero, raramente se alejan de sus madrigueras y, a la menor alarma, desaparecen en su interior. Para evitar este contratiempo, los halconeros capturaban algunos gerbos, les atravesaban las grandes y enhiestas orejas con una larga varilla metálica que les impedía penetrar en sus cuevas.

Todo dispuesto, se soltaba al gerbo, y, tras él, al cernícalo y a los lebreles. El halconcillo, acostumbrado a la presa, iba marcando a sus hambrientos camaradas la carrera del veloz roedor, apetitoso como una gorda rata. Mediante este ingenioso sistema, los perros reconocían las virtudes de la rapaz y aprendían a perseguir únicamente a la presa atacada por ella.

No cabe más perfecta y armoniosa conjunción de las fuerzas naturales que las que se ponen en juego en esta cacería. Sobre los rápidos caballos árabes, los cazadores siguen la carrera del grupo de gacelas; los perros van ganando terreno. Entonces, el sacre, rápido como una flecha, parte del puño. Sobre la manada, inicia el ataque dando pasadas a una gacela que pronto queda aislada de sus compañeras. Los lebreles saben que aquella es su presa. Los hombres maniobran para cercarla. El sacre ordena, manda, mueve toda la cacería.

Recomiendan los tratadistas persas que se lleve la gacela vencida, colgada de un caballo, muy cerca del sacre, y que se desencaperuce a éste de vez en cuando, para que pueda contemplarla y saborear la victoria.

Hoy día ya no se caza la gacela en la Corte de la Arabia Saudita. Sólo algunos beduinos siguen volándolas con sus sacres y corriéndolas con sus perros. Creo que están contados los días de este magnífico lance.

El onagro

Metidos en caza mayor, los halconeros persas fueron todavía más lejos. Acometieron la captura de la pieza más difícil del desierto: el receloso, resistente y veloz onagro, especie de asno salvaje de unos trescientos kilos de peso, cuyas manadas han encontrado el último refugio en las estepas salobres de Persia. Y el sacre triunfó también en esta desproporcionada batalla.

El adiestramiento era muy semejante al empleado para la gacela. Si bien era más factible, por servir como traínas los vulgares borriquillos domésticos. Dicen los «Baz-namé» que este paciente trabajo duraba todo un año.

Debió ser espectáculo de reyes la loca estampía de los onagros, perseguidos por el pequeño y desusado agresor. Entre nubes de polvo, lejos ya de los perros y de los hombres, el sacre ataca en solitario. En cada picado, sus garras golpean sordamente la peluda cabeza. El onagro, alzado sobre las patas traseras, se defiende con terribles manotazos. Mas, tan pronto reemprende la carrera, el halcón, incansable, desciende de nuevo y obliga al asno a detenerse, a girar, a plantarse de manos. Van llegando los lebreles. Sus ladridos conmueven el desierto y animan al pequeño luchador que, en una finta, se aferra a la cabezota. El cuadrúpedo salta, gira como un torbellino. En un desesperado intento, se deja caer de lado y, con las cuatro patas proyectadas al cielo, se restrega en la arena. Pero, el sacre está otra vez en el aire y, en cuanto el mal parado onagro se levanta, cae sobre su cuello. Aguanta la entrada de los perros, las patadas, las volteretas. Y el golpe de lanza.

El Rey Sasánida Bahram, se apasionó tanto por esta caza, que sus contemporáneos le apodaron Bahram-Gour (Bahram-onagro). No sé si el sobrenombre complacería al soberano. Pero honra al valiente sacre y a los pacientes e ingeniosos halconeros persas.

El águila real

Los halconeros europeos conocían muy bien las aptitudes del sacre para la caza de milanos. El duque de Alburquerque dice, en las glosas que escribió para el libro de Cetrería de Juan de Sahagún, que éste era su vuelo favorito y el que más ponía de manifiesto la inteligencia de los halconeros, por ser el milano una pieza contra la naturaleza de los halcones. Pero ¿qué hubiera dicho D. Beltrán de la Cueva de haber conocido la caza del águila real, que ya por aquel entonces se realizaba en Persia?

Todos los halconeros occidentales se negaron rotundamente a creer en tamaña fantasía, cuando los primeros viajeros relataron este hecho. Sin embargo, Teimur Mirza[1] dice, con toda tranquilidad, que es un vuelo mucho más fácil que el de la garza y menos peligroso para el sacre que el de la grulla. Sigamos sus instrucciones para llevarlo a cabo:

«Para cazar el águila es necesario procurarse un sacre niego, dejarlo una temporada de descanso, sobrealimentándole lo más posible, para que adquiera toda su fuerza y tamaño. A mediados de septiembre, se le adiestra y se le llama al señuelo como de ordinario. A continuación, se le atraína sobre jóvenes buitres de Egipto —alimoches (Neophron percnopterus)— especie muy común en todo el oriente. Los adultos son blancos y negros, pero los jóvenes son de un marrón uniforme. Sin ser iguales que el águila, su talla es parecida, pero no tienen su voluntad y su resistencia, ni arma alguna o medio de defensa. Lo esencial es,

[1] Según versión de M. Planiol.

enalbardando bien a la traína, habituar al sacre a trabar siempre por el dorso. Jamás por delante o por el vientre.

Se lanza después el sacre contra águilas —ya salvajes— de talla pequeña o mediana (ratoneras, culebreras, calzadas, etcétera), más tarde, contra el águila de cola blanca o pigargo, a continuación sobre el águila imperial y, por fin, como objetivo final contra el águila real. No teniendo las águilas la menor idea de que el sacre las pueda atacar, le dejan llegar hasta ellas, y nada más fácil para el halcón que trabar por el dorso o la cabeza.

Si el águila es una gran hembra llevará al sacre en vuelo durante un buen kilómetro y la mitad solamente si es un macho. Es preciso galopar a toda brida para estar debajo en el momento en que los combatientes vayan a tomar tierra. Todos los caballeros corren en torno de ellos, lanzando gritos, mientras que uno se pone delante de la reina de las aves para cortarle el camino, gritando todavía más fuerte. Viéndose bloqueada de este modo por todos los lados, asombrada por los clamores, el águila olvida al halcón aferrado a su dorso; de rabia y de desesperación clava sus garras en el suelo. Entonces es necesario echar pie a tierra lo antes posible, ponerle un pie sobre la espalda y cortarle el cuello. Se puede dar el corazón al sacre, pero la carne es grasienta e indigesta; no darle demasiado. Son los gritos y las amenazas de los hombres los que hacen perder la cabeza al águila, de otro modo, barrería sin dificultad, de un golpe de garra, a su insignificante agresor, en cuanto llegara a tierra.»

Estos vuelos antinaturales, para los que los halcones han de ser pacientemente atrainados, poseen un indudable atractivo por el tamaño y la fortaleza de las presas. Pero, a mi manera de entender la Cetrería, carecen de todo interés deportivo. Es más, en ellos siempre hay un fondo de artificio y de violencia, que lleva nuestro arte a esos extremos crueles en que muchas veces se la ha criticado. Para mí tiene mucha más belleza y valor una persecución larga en la que dos campeones del cielo riñen una batalla noble, que esos otros combates de cuerpo a cuerpo, que no pueden satisfacer a un espíritu sensible. Es muy peligroso deformar la naturaleza; en ella los cazadores están tan bien concebidos en relación con la presa que, siéndoles muy difícil darle alcance, la matan, en cambio, de una manera rápida, desprovista de todo sufrimiento. Los combates largos, laboriosos, sólo existen entre los animales salvajes cuando luchan dos machos para disputarse el amor de una hembra o cuando dos predatores se disputan la carne. Jamás se desarrollan estos duelos entre un carnicero y un herbívoro.

Los sacres cazan muy bien la liebre, particularmente, cuando son una buena copla de pájaros del aire. Se les debe lanzar en compañía de un par de galgos o podencos. Y es imprescindible seguir el vuelo a caballo o desde un automóvil para todo terreno.

En fin que, como dice Juan Vallés, «no dejarán presa que no maten si buen maestro tuvieren».

EL HALCÓN BORNI

Y EL ALFANEQUE

POR EL Dr. ERNESTO COPPALONI

Los maestros medievales se acercaron en la descripción de los pájaros a las razas o subespecies que más tarde delimitaron los ornitólogos. Con este espíritu, el Canciller estudiaba al halcón lanario bajo los nombres de borní y alfaneque, según procediera de Europa o de África. En mi propósito de ceñirme a la nomenclatura cetrera, presento a este interesante halcón bajo los títulos clásicos. Pero no voy a ser yo quien hable de sus virtudes.

He tenido la fortuna de que el halconero que mejor conoce al lanario en Europa, el Dr. Ernesto Coppaloni, presidente del «Circolo dei Falconieri d'Italia», haya aceptado mi proposición de escribir un artículo acerca de este notable pájaro.

Con su aportación enriquece el texto y pone al alcance de los lectores el caudal de sus inapreciables experiencias. Cedo la pluma, gustoso y muy honrado, al prestigioso cetrero italiano.

«Cortésmente invitado por el Dr. Rodríguez de la Fuente, le doy las más expresivas gracias por haberme ofrecido la oportunidad de tratar del halcón lanario. Y lo haré con mucho placer, porque desde el lejano 1926, cuando a los dieciséis años, empecé a ocuparme de la cetrería, entre los numerosos halcones y accípiteres de cuyo adiestramiento me he ocupado, muchos han sido lanarios.

El halcón lanario se encuentra bajo varias formas:

Falco biarmicus feldeggii (Schlegel) (Europa Sud-Oriental e Italia).

Falco biarmicus orlandoi (Trischitta) (Italia Centro-Meridional e Insular).

Falco biarmicus erlangerii (Kleinschm) (Túnez, Argelia, Marruecos y creo que España Meridional). Este halcón es muy similar al anterior.

Formas distintas de las precedentes, más recias, muy parecidas las unas a las otras y con las alas más largas, son: el *Falco biarmicus tannypterus* (Schlegel) (Egipto, Sudán).

Falco biarmicus abijsinicus (Neumann) (Eritrea. Abisinia, Somalia, Adén, Nigeria).

Falco biarmicus biarmicus (África centro meridional).

Falco biarmicus babylonicus (Asia sur occidental, India). Trataré del lanario con referencia a las formas europeas, Falco biarmicus feldeggii (F. B. F.) y el Falco biarmicus orlandoi (F. B. O.), que conozco directamente por haber examinado muchos sujetos, especialmente de paso y zahareños, y sólo algunos ejemplares niegos.

He adiestrado también un Falco tannipterus, zahareño, que tenía un amigo mío, pero, estaba bastante estropeado y, sobre todo, tan resabiado que no pudo dar de sí lo que de él esperaba.

El habitat del F. B. F. corresponde a la Península Balcánica (Grecia, Albania, Yugoeslavia y Bulgaria) ; algunos ejemplares nidifican en Italia, en la zona de los Apeninos Septentrionales. Sobre todo, llegan a la Península emigrando en las temporadas de otoño y primavera, hallándoseles de paso muy a menudo en las regiones de Lazio, Abruzzi. Puglie, Calabria, Sicilia, donde es sedentario.

Una neta diferencia entre las dos formas típicas —que a veces se hibridan, dando lugar a sujetos con caracteres intermedios— consiste principalmente en el tamaño, porque los F. B. F. son notablemente más grandes que los F. B. O. ; algunas hembras jóvenes de gran talla pueden confundirse a primera vista con un sacre, si no se las examina cuidadosamente. Se puede observar en la fotografía 38 una hembra de notable tamaño. La mano del F. B. F. es considerablemente más grande que la del F. B. O.

El color del dorso en el adulto es pardo oscuro en ambas razas y, gradualmente, se difumina en gris perla claro, de la misma manera que en el halcón peregrino. Pero, el color de la nuca, rojo herrumbroso, es muy leve en el F. B. F., y muy marcado y extendido en el F. B. O.

En el F. B. F., el pecho y el vientre están marcados por abundantes manchas acorazonadas transversales que, sin embargo, no se unen nunca formando barras, como en el peregrino ; en el F. B. O., pecho y vientre son casi blancos, con pocas líneas oscuras sobre el raquis de la pluma y escasas manchas acorazonadas.

Los jóvenes de las dos variedades son de color pardo

oscuro, como el peregrino y, como éste, están listados longitudinalmente en las partes inferiores; la cera y las manos son de color azul pálido.

A veces, no es fácil distinguir un Falco feldeggii de un halcón de la variedad Falco peregrinus calidus, que puede tener la cera y los dedos azulados. Es preciso observar con detenimiento la forma del ala, más puntiaguda y larga en el peregrino y, sobre todo, las dimensiones de las manos.

El lanario tiene el tarso claramente más largo que el dedo medio (sin uña), mientras que en el peregrino el tarso es siempre más corto que el dedo medio. En realidad, se debería llamar «pie» al del lanario y al del sacre, y «mano» solamente a la del peregrino [1]. El lanario, más longilíneo que el peregrino, con los miembros inferiores y la cola más largos, alas más cortas, tiene la cabeza más grande y el pico más pequeño.

Sus proporciones y su apariencia apacible lo asemejan completamente a un gran esmerejón. Y, como este pequeñísimo halcón, tiene enormes posibilidades para virar y frenar en vuelo, pudiendo capturar presas posadas en el suelo con gran facilidad.

La mayor parte de los lanarios que he adiestrado eran halcones de paso, de mi predilección, y solamente dos, zahareños. Provenían de la zona de Italia Centro Meridional. Los cuatro niegos que he tenido eran originarios de los Apeninos Septentrionales.

El peso de un halcón lanario recientemente capturado puede variar de 580 grs. a 650 en los machos, y de 750 grs. a 1.030 en las hembras. A igualdad de tamaño, este pájaro es siempre mucho más ligero que el halcón peregrino.

Desde luego, por la natural disminución debida al adiestramiento, el peso de un halcón adiestrado ha de suponerse más bajo, pero yo no puedo indicarlo porque no acostumbro a pesar mis halcones durante el adiestramiento, del mismo modo que me opongo a la actuación de ciertos padres que pesan a sus hijos constantemente, como si fueran a venderles a buen precio, y les atiborran de medicinas, consiguiendo sólo alterar la salud de los niños y aumentar la ganancia de los farmacéuticos.

Todo buen halconero debe saber percibir las condiciones de su halcón y el perfecto tono de su vuelo, sin necesidad de la balanza para decidir «el quid agendum»; ¡no creo que el gran maestro Federico II usara complicadas balanzas para establecer cuándo sus magníficos halcones estaban en perfectas condiciones de vuelo!

He de decir que después de haber tomado como naturalista el peso de captura y las otras notas de carácter científico, que no voy a citar, no he pesado nunca más un halcón, como no he averiguado jamás el peso de mis pointers para juzgar su eficiencia física cuando iba a llevarles, entrenadísimos, a numerosas competiciones internacionales (fiels trials). El tono muscular, el estado de docilidad, determinantes del «optimum» para el rendimiento, son matices que sólo el arte del halconero puede apre-

ciar; tal vez, con el simple tacto; quizá, con la absoluta obediencia a la primera invitación; o, también, con el simple batir del ala.[2]

La doma de un halcón es obra de tan delicada sensibilidad, que el halconero debe ser, ante todo, un artista que sepa exactamente cuando su trabajo, como un cuadro o una estatua, está completo, vivo, palpitante, sin necesidad de retoques que echarían a perder su frescura. Un halcón debe ser adiestrado en el más breve tiempo; ha de estar algo salvaje todavía, íntegros aún sus instintos más puros: sólo entonces podrá demostrar hasta dónde puede llegar, y uno conseguirá hacerlo volar de la manera más brillante.

Me permito juzgar como mala la actuación de los que procuran mantener al halcón dócil como un loro, falto de iniciativa, preocupados excesivamente al hacerle volar; éstos no son halconeros, sino guardianes de su halcón. Y, de veras, podrían hacer carrera pasando a ser guardas de un parque zoológico.

¡La halconería es todo un arte, como lo indicó el Gran Federico, y así ha de permanecer!

Verdadero deporte de hombres selectos, deporte de riesgo y emociones violentas, de grandes alegrías y, a veces, de grandes dolores; deporte de recios, no de pusilánimes ni medianías: resulta siempre más honrado perder un halcón en belleza, que envilecer y mortificar a este noble viajero de los cielos.

Por esta razón pienso que después del advenimiento de las armas de fuego —puesto que el plomo vil suplantó al arte, al estilo de caza, a la belleza— hemos de considerar con sabiduría el dicho latino «pauci sed tamen electi»; ni creo que convenga tratar de hacer de la halconería un deporte de masas. Masas que, hoy día, están acostumbradas a los «bluejeans» y al «rock an roll» y se dan aires de snobs, sin llegar a comprender nada de este noble arte, estropeando, seguramente, ejemplares apreciables.

El halconero no será nunca un hombre en busca de notoriedad, un exhibicionista, sino un esteta que ama a su halcón y a la hermosura de la naturaleza.

El adiestramiento del halcón lanario no se diferencia en sus líneas generales del clásico, seguido con el halcón peregrino. Sin embargo, el lanario ha de ser conocido perfectamente en su naturaleza, su carácter y sus defectos. Es un halcón placentero, con apariencia apacible, es de índole sosegada y tranquila. Pero, al principio, tiene, por lo general, un poco de desconfianza hacia el hombre, de esa desconfianza mezclada con un poco de timidez que se percibe en mayor grado en el gavilán y en el azor: estoy hablando todavía de pasajeros.

El lanario, de índole calma, no tan nervioso como el peregrino, es un halcón de grandes posibilidades. Acepta muy bien la caperuza y vuela muy pronto al puño, dando la impresión de que será un buen alumno. Y lo será, de seguro, con tal de que el halconero sepa cómo tratarle; usando tacto y firmeza absoluta. Además es necesario que

---

[1] Todos los halcones encasillados por Meinertzhagen en la especie «rusticolus», tienen las manos pequeñas, de color azul pálido, el primer año, netamente distintas de las del peregrino. (Nota del autor.)

[2] Para un halconero de la experiencia y la sensibilidad del Dr. Coppaloni, estas manifestaciones son, ciertamente, más elocuentes que la más perfecta balanza. (Nota del Autor.)

el maestro tenga presente el siguiente dogma: el halcón debe ganarse siempre la comida con el ejercicio; bastan unas cuantas veces en que se le alimente sin trabajar, para que su carácter se estropee irremediablemente y se haga un holgazán.

Hace varios años, tuve un magnífico Falco biarmicus feldeggii, pasajero, capturado en La Marca, que estuvo, antes de llegar a mis manos, unos quince días en poder de un pajarero, quien se las arregló lo mejor que pudo para alimentarle bien, poniéndole dentro de su gran jaula estorninos vivos; pude averiguar que, durante aquel tiempo, el halcón comía solamente cuando no estaba presente nadie; porque, el acto de capturar la presa es el más íntimo y el más reservado de una rapaz. Y este lanario podía esperar a su antojo.

Tal actuación, que, a primera vista, puede parecer buena, estropeó su carácter. El halcón quedó en condiciones de capturar la presa o el señuelo si le dejaban solo en la jaula, pero se acercaba con circunspección a la comida como dignándose a comer en presencia del halconero... ¿Se acordaría, acaso, de los estorninos, pensando que comería igualmente? Las aves sacrificadas por el pajarero no sirvieron sino para resabiarle. Aunque lo llevé mucho tiempo en presencia de la gente, lo traté de todos los modos posibles y le limité oportunamente la comida, se hizo un halcón absolutamente negativo; tanto en el retorno como en la caza, le faltaba prontitud.

El lanario, como el sacre y el azor, especialmente pasajero, es muy sensible a la sobrealimentación; es necesario darle menos cantidad de comida que al peregrino, aba-

jándole a menudo con carne muy lavada, con objeto de excitar su apetito. Y, una vez adiestrado, ha de recibir sobre la presa y sobre el señuelo una pequeñísima recompensa, para mantenerle en condiciones de hacer el vuelo siguiente.

Después de enseñarle a volar al puño, ejercicio que el agilísimo lanario realiza perfectamente, se pasa a las lecciones de señuelo, con el sistema corriente que creo inútil describir. Es necesario, sin embargo, conseguir que el halcón —que ya conoce el señuelo— salte al primer volteo y a la primera llamada y atrape con anhelo y voluptuosidad el señuelo encarnado, tan pronto como cae al suelo.

Para todos los halcones de paso o zahareños, el vuelo sobre señuelo no es un juego, como lo pueden considerar ciertos halcones niegos, sino un ejercicio muy serio; el fulcro del adiestramiento.

El halcón ha de estar muy apercibido para volar cuando se le llama y debe capturar el señuelo con la misma rapidez con que captura la presa en libertad. Cualquier tardanza, cualquier indecisión, cualquier invitación prolongada, no hará sino perjudicar al lanario, que quedará rápidamente resabiado. Un halcón no ha de ver jamás el señuelo si no está en condiciones de poder capturarlo.

Con objeto de encarnizar a los lanarios en el señuelo, ato al cordoncito de seda roja [1] un bramante de cinco a seis metros y, después de darle las vueltas clásicas, arrastro el señuelo por el terreno con ligeros tironcitos, alejándolo

[1] El Dr. Coppaloni emplea como lonja para el señuelo un cordón de seda roja, cuya finalidad es hacerlo visible, cuando cae entre hierbas o matorrales.

El doctor Coppaloni con un gran halcón borni sobre el puño; en la alcándara un borni torzuelo.

149

más y más del sitio donde se encuentra el halcón, colocado sobre el puño de un ayudante y asegurado con el fiador.

Nunca debe dejarse el halcón sobre una estaca u otro objeto para ejercitarlo en el vuelo ; esto le acostumbraría inmediatamente a posarse en los árboles.

Como una presa que pretende esconderse en la maleza excita al halcón a lanzarse en seguida para capturarla antes de que desaparezca, así el señuelo arrastrado por el suelo estimula al pájaro a saltar pronto para apresarlo con rapidez.

Si el halcón, siempre asegurado con el fiador, no actúa así, mejor es recoger el señuelo, evitar ruegos e invitaciones, encaperuzarle y aplazar el ejercicio hasta unas horas más tarde o hasta el día siguiente.

Es preciso instalar en el halcón un *reflejo condicionado*, por el que, a la vista del señuelo, se precipite, en el acto, sobre él ; esto le hará adquirir la máxima prontitud para retornar después de una persecución infructuosa. Indulgencia y tolerancia equivalen a resabio del halcón.

Ciertos lanarios, como ciertos peregrinos, no sienten una gran atracción hacia el señuelo ; no lo consideran como una presa que capturar, aunque esté guarnecido de buena carne o de trozos de volátil, sino que se posan en él como si se sentaran en un banco o en un plato lleno de comida. No lo sujetan, no lo aprietan con fuerza y avidez. En estos casos empleo un sistema inventado por mí, que llamo «hacer comer al halcón su señuelo».

Cojo un pichón recién matado, sin cabeza ni pescuezo, lo cubro con otras alas, además de las normales, sujetándolas con un fino bramante, aplico un cordón de seda roja, como el que uso para el señuelo, a fin de que se haga bien visible si va a caer entre las matas: o sea, hago rápidamente algo parecido al señuelo vulgar que, sin embargo, tenga en el interior el propio cuerpo del pichón.

Guarnecido con dos pedazos de carne, se lo enseño al halcón hambriento ; cuando éste lo alcanza, en vez de dejarle comer la carne, le invito a desplumar y a comer el sabroso contenido del señuelo, es decir, el pichón. Es difícil imaginar la voluptuosidad con que el halcón aprende a desplumar y desgarrar esta clase de señuelo y la satisfacción que experimenta al descubrir la excelente presa: de ahora en adelante, mirará siempre al señuelo con avidez.

Después de unos días de ejercicio, el halcón no lo considerará ya como un plato de comida más o menos buena, sino como una verdadera y gustosísima presa y, en lo sucesivo, lo capturará con todo el afán, si lo ve voltear o alejándose poco a poco por el suelo. Uno podrá objetar que se puede obtener el mismo resultado ligando un palomo muerto al señuelo. Pero no siempre es así ; el señuelo ha de valer por lo que es y no por lo que lleva. Y el halcón ha de sentirse atraído también si por casualidad el señuelo está falto de carne, por haberse caído durante las vueltas.

Mi costumbre es efectuar un solo vuelo durante el entrenamiento y, si el ejercicio resulta bien, el halcón encuentra su buena comida ; de manera que el señuelo representa siempre el atractivo de un óptimo banquete.

Quitando el señuelo a un halcón, después del vuelo, durante las primeras lecciones, permitiéndole sólo que pique un poquito, es fácil que el pájaro no lo considere atractivo. Con lo cual echa a rodar todo el trabajo.

Solamente al halcón casi completamente adiestrado se le podrá quitar el señuelo después del vuelo, dándole algo que le recompense, repitiendo varias veces el ejercicio, con objeto de actuar así durante la caza.

Después de las lecciones al fiador, se pasa a los ejercicios en libertad, en días alternos, exactamente como se hace en el adiestramiento de peregrinos. Más tarde puede probarse el vuelo de altanería, en el que son muy buenos tanto el lanario niego como el pasajero.

Pero no aconsejo estos lances hasta que haya transcurrido cierto tiempo, cuando el halcón esté manso y acostumbrado a la caza de mano por mano. Es fácil que un halcón recientemente capturado, se lance durante sus vuelos de altanería sobre presas que pasen lejos. Y, en tal caso, se corre el riesgo de perderlo.

El conocimiento de la caza no exige especiales cuidados con referencia al lanario: eso sí, no conviene mostrarle la presa, ni siquiera al fiador, hasta que esté muy apercibido en los vuelos al señuelo. Por otra parte, no debe acostumbrarse al lanario a presas demasiado fáciles, puesto que rehusaría luego las difíciles. Este halcón es muy rápido capturando la presa, sabe retenerla bien y la mata con absoluta decisión ; con la misma prontitud con que actúa el pequeño esmerejón. Pero, contrariamente a este halconcito, no sopesa, en absoluto, no trata de llevarse la presa, sino que es tranquilo, firme, y permite que uno se le acerque.

El lanario niego, bien instruido, especialmente con crianza campestre, es un magnífico volador de altanería: sube mucho y se mantiene mucho tiempo en el ala, siendo perfecto al señuelo. Caza bien las piezas clásicas: perdices (grises), el macho ; y faisanes, la hembra.

El lanario pasajero o zahareño, como el peregrino, es un magnífico volador a vista ; caza bien por altanería, pero como ya he dicho, debe ponerse en este ejercicio con cautela y después de algún tiempo. Considerando que el lanario tiene formas más ligeras y alargadas —las patas más largas y las alas proporcionalmente más cortas— que el peregrino, más grande y recio, tiene menor velocidad de caída en picado, pero posee una gran posibilidad de viraje, persiguiendo a la presa a tiro de ala, y traba con mucha facilidad. Puede capturar aves posadas en el suelo, mientras que el peregrino dará pasada tras pasada a un ave inmóvil para inducirla al vuelo.

La raza nórdica del peregrino (Falco peregrinus calidus),[1] el baharí (Falco peregrinus brookey) y el halcón americano (Falco peregrinus anatum), todos ellos de tarso proporcionalmente más largo que el típico Falco peregrinus peregrinus, me han ofrecido la oportunidad de observar buenas posibilidades para la captura de presas posadas, pero las líneas de estos halcones son, realmente, mucho más alargadas que la típica del halcón peregrino, teniendo, por otra parte, la cola más larga.

Una comparación entre el lanario y el peregrino se encuentra también en los ejercicios del señuelo. Si se lanza éste contra un obstáculo (matorral, tronco, etc.), el pere-

Falco peregrinus leucogenis.

150

grino, como no puede moderar el ímpetu de su fogoso vuelo, dará unas pasadas y unos tornos antes de que logre frenar su velocidad y alcanzar el señuelo, mientras que el lanario se detendrá inmediatamente y capturará el señuelo, con la misma gracia y elegancia con que puede hacerlo un esmerejón, un gavilán o un azor.

En efecto, aunque éste no sea un sistema clásico y haga horrorizar a muchos... teóricos, yo empleo el señuelo también con los accípiteres, y lo encuentro un excelente ejercicio, especialmente para los pasajeros y zahareños, para cogerlos rápidamente después de una persecución infructuosa, y para hacerlos muy apercibidos para atacar a la presa.[1]

Llevando sobre la mano izquierda un halcón o un accípiter y lanzando con la derecha el señuelo, se debe conseguir en el alumno una prontitud tal, que llegue a capturarlo antes de que alcance el suelo. Con esto, se obtendrá velocidad de salida y de caza.

¡Cuánto tiempo y fatiga se ahorra uno después de que un azor pasajero o zahareño se posa en una rama, cuando su conejo se ha refugiado en la guarida o su liebre en el matorral! Tras de la presa huida, el azor mirará con desgana, indiferencia, y, quizá, con desconfianza, el pedazo de carne que le muestra el dueño sobre su guante, esforzándose con todas las artes y palabras persuasivas para inducirle al retorno.

En efecto, es mucho más cómodo y simple para un halconero, recoger sobre el señuelo a un accípiter, recientemente capturado, que reclamarle al puño, sobre la mano del «homo sapiens» —como con cierta soberbia se ha complacido en autodefinirse— no siendo siempre considerado como tal por ciertas rapaces a quienes, en el fondo, él ha privado de la libertad.

Las presas corrientes del lanario son: grajas y faisanes, en vuelo a vista o de altanería, para la prima; y perdices urracas, etc., en mano por mano, para los machos. Pero, en estación avanzada, el lanario sólo puede cazar la perdiz por altanería, a menos que se disponga de la preciosa colaboración para el vuelo de dos torzuelos; uno para la altanería y otro para el vuelo a vista; pueden también ser un torzuelo peregrino y un torzuelo lanario.[2]

No todos los lanarios hembras cazan bien la graja; algunos llegan a ser magníficos, otros la rehúsan. Y sólo se consigue que traben tal pieza, sustituyéndola después de la captura (a vueltas de la misma) por una paloma negra, mucho más sabrosa.

No he tenido ocasión de probar el lanario para la liebre, aunque tengo noticias de que, en África, las primas son usadas como el sacre para esta caza.[3]

El lanario es un sujeto vigoroso, de magnífica salud, muy resistente a la enfermedad, y de muda muy fácil. Algunos especímenes han llegado en mi poder a las siete u ocho mudas, adaptándose perfectamente a los climas fríos en Italia del Norte y a los templados y cálidos del Centro y el Sur.

En cuanto a la alimentación, el lanario no tiene necesidad de un régimen especial; antes bien, sobrio, es necesario darle plumada con frecuencia, como al sacre y al azor y conviene tenerle un poco bajo, administrándole frecuentemente carne lavada: este pájaro es muy sensible a la supernutrición y debe ser recompensado en la caza con pequeñas partículas de carne.

Comparando el peregrino con el lanario, el primero se lleva la palma, por su purísimo estilo y su clase, su temperamento fogoso y generoso que lo pone al mismo nivel de los grandes caballos pura sangre y los ardientes pointers y setters, de rastreo amplio y velocísimo, que, con su olfato finísimo, descubren la caza y la muestran en posiciones tan esculturales que hacen palpitar. El lanario es un media sangre, parangonable a un magnífico braco, èpagneul, o grifón, que bate todo el terreno con andadura sabia y olfato vigilante; es un halcón primitivo, apto para las zonas medias y adaptado a terrenos parcialmente cubiertos.

El picado del lanario sobre la presa es velocísimo, pero no fulgurante como el del peregrino. Aunque el lanario es, sin duda, más hábil, porque está adaptado por estructura a trabar la presa a tiro de ala. Acaso, el lanario no sea tan tenaz como el peregrino en la persecución a fondo, pero, esto tiene sus ventajas ya que le impide irse excesivamente lejos, fuera de ruta y perderse. El lanario puede actuar en terrenos menos extensos de los que se necesitan para el peregrino.

Adiestrado cuidadosamente, puede ser considerado como un magnífico halcón que procurará grandes satisfacciones en la cetrería. Es éste un magnífico arte de caza, que acerca al ojo atónito del hombre el espectáculo sublime de lucha por la vida que es la base del Universo y de la maravillosa armonía de la naturaleza».

[1] El autor se muestra partidario de este proceder, excepto con los azores destinados a liebres, como explicaremos ampliamente en el bajo vuelo.

[2] El Canciller dice que los halconeros franceses volaban muy a menudo a los borníes, en parejas; parejas que el gran maestro llama «coplas», introduciendo en nuestro lenguaje cetrero el galicismo derivado de «couple». (Nota del autor.)

[3] En la edad media, la liebre se cazaba en España con una copla de alfaneques; considerados como los mejores pájaros del mundo para esta pieza. (Nota del autor.)

EL ESMEREJÓN

«El esmerejón es tan velocísimo en el vuelo y tan animoso que parece haber llegado al punto de lo esmerado en volar, que es lo último, y así dice el vulgo, vuela como un esmerejón. De manera que, según esto, esmerejón quiere decir esmerado en el volar y ser animoso.»

Con esta pirueta etimológica —en cuyas consideraciones no vamos a entrar— el conde de Puñonrostro ensalza al esmerejón en la dedicatoria que, de su discurso sobre este halcón, hace al duque de Frías.

Es cierto que este halconcillo es esmerado; y, sobre todo, alegre; bullicioso, como decía el Canciller.

En el campo, el esmerejón siempre anda detrás de las alondras. Vienen juntos en el otoño y permanecen durante todo el invierno en las mismas rastrojeras. Entre la presa y el cazador las fuerzas están muy equilibradas. La persecución carece de ese aire impresionante que caracteriza a la caza de los grandes halcones. Es como un juego en el que parece que la alondra se divierte burlando al esmerejón.

Y suben, bajan, hacen fintas sorprendentes; tan pronto están en el cielo como a ras del tomillar. Muchas veces, la valiente alondra escapa; otras, el «que te cojo» termina de una manera trágica.

Mas, se diría que las alondras aman el riesgo y lo buscan; apenas ha terminado la caza, cuando ya otra escala el cielo cantando, retadora. Quizá, un ciego instinto les empuja desde el corazón de la especie hacia una selección estimulante y vigorizadora.

El esmerejón es muy compacto; todas sus líneas retratan al volador nato. El pecho es muy ancho y redondo, como el del neblí. Las espaldas rectas, cóncavas. Las alas, relativamente cortas, nunca llegan al borde de la cola. Ésta es larga. El plumaje es apretado, perfecto. La cabeza del esmerejón es, más bien, grande y ancha; como la de un pequeño borní, pero más asentada. Sus manos, largas, finas y nervudas son las de un ornitófago.

Los pollos, de color pardo uniforme en el dorso, listado longitudinalmente por delante, tienen las manos amarillas, la cera y párpados, azulados. Después de la primera muda, los torzuelos adquieren un precioso manto azul y una pechera sonrosada; las primas conservan el color terroso; quizás, ligeramente agrisado. Ambos carecen de bigotes.

Extendidas por todo el norte de Europa, Asia y América, hay muchas subespecies de esmerejones; los antiguos maestros reconocían esmerejones gerifaltes, sacres, borníes, neblíes. Y cada uno de ellos era como una miniatura de estos grandes halcones. Realmente, no es difícil encontrar tal semejanza; entre ellos hay tallas y colores para todos los gustos. Dementiev describe seis razas distintas sólo para la fauna rusa. En Asia Meridional y en África, vive el esmerejón de cabeza roja, algo más grande que el europeo. Los halconeros medievales lo identificaban como al esmerejón sacre y lo tenían por muy bueno para perdices.

El esmerejón anida en el suelo, a favor de un simple brezo, entre unas piedras, junto al tronco de un arbusto. A veces, ocupa un viejo nido de cornejas. Los pollos siguen ya a sus padres, como pueden, cuando sus plumas no han terminado totalmente su crecimiento. En Escocia, Irlanda, Noruega y otros países nórdicos, se adquirían algunos niegos para cetrería. Hoy los esmerejones están protegidos y se precisa una licencia para desnidarles.

Durante el invierno, hay bastantes en España. Puede afirmarse que, en Castilla, cada vega, cada loma, cada paramera, tiene el suyo. Pasan desapercibidos. El pastor los ve un instante, afiladas las alas tras una calandria. Al campesino le meten una cogujada entre las patas de la yunta. Y el esmerejón desaparece como ha venido. El pobre cernícalo carga siempre con sus desafueros. Allí está él. Planeando tranquilamente en busca de un grillo. Dispuesto, en aras de un sorprendente parecido, a pagar los platos rotos.

A veces, los cazadores de pájaros con red, cogen algún esmerejón, cuando ataca a sus cimbeles. Pero no es frecuente. Esta rapaz prefiere cazar en el cielo.

Para capturarlos pueden emplearse todas las trampas descritas para los peregrinos, en escala reducida, utilizando una calandria o un estornino como cebo. Las redes deben tener cinco cms. de malla. Creo que el procedimiento más eficaz consiste en preparar un estornino con un buen corselete de lazos de crin o de nilón fino; atándole un nilón de cinco metros con un palito, como he descrito en el momento oportuno, y arrancándole la cola, para hacer su vuelo más atractivo, se lleva al pajarito en el interior de una cesta y se recorren las querencias del esmerejón. En cuanto aparece la rapaz, se lanza el cebo. Si no ha cazado todavía, liará al estornino con seguridad y quedará a disposición del halconero.

Porque los esmerejones son de una audacia increíble; he visto a uno meterse por debajo de un camión en marcha, persiguiendo a una alondra. Una tarde lluviosa, había soltado a mi neblí «Doncella» y, al no encontrar las perdices, lancé el señuelo para recogerle. Un señuelo, por cierto, muy grande, guarnecido con dos alas de gallina blanca, que proyecté con gran fuerza hacia arriba, para que el halcón lo cogiera en el aire. Pues bien, aquel atardecer ocurrió algo que de no verlo, jamás lo hubiera creído: seguía con la vista la trayectoria del señuelo, esperando ver llegar al neblí, cuando, de pronto, una miniatura de halcón, surgió de no sé donde, frenó, en un giro perfecto, abriendo su colita, muy barreada, que aún me parece estar viendo; y en pleno vuelo trabó del señuelo, descendió con él un par de metros, lo soltó, y se fue tan raudo como había venido. Un instante después «Doncella» se posaba sobre el armadijo. Mi amigo Pascual y yo nos quedamos tan perplejos como si hubiéramos visto una aparición. Jamás he podido explicarme de dónde salió aquél esmerejón ni cómo se le ocurrió atacar a un señuelo de tales dimensiones. Es posible que, volando a ras de tierra, descubriera al neblí en su suave bajada hacia la falsa presa y quisiera adelantársele en la caza. De todos modos, este hecho increíble pone bien de manifiesto la temeridad del esmerejón, que no dudó en disputar la presa a un gran halcón entre las piernas de dos hombres.

Llevado de su audacia el esmerejón caza en estado salvaje algunas aves que le superan en talla, como las propias palomas, aunque su debilidad, como hemos dicho, es la gran familia de las alondras, sazonada, de vez en cuando, por un estornino, un zorzal o una avefría..., etc.

Adiestramiento

El adiestramiento del esmerejón es en todo semejante al del halcón peregrino que va a emplearse en la caza de mano por mano. Porque el esmerejón no sabe volar por altanería. En cuanto describe un par de tornos, se va tras de la primera ralea —para él cualquier clase de pajarillo— que aparece en el horizonte.

Los aparejos para este halcón son de idénticas medidas a los que describo para el gavilán. Excepto la caperuza que es más grande; según el patrón de la figura 12.

Los esmerejones niegos deben ser sometidos a la crianza campestre, si se les quiere introducir en la caza de alondras. Cuando se les reserva para codornices o perdices, es mejor criarlos en cautividad, para que no lleguen nunca a conocer presas pequeñas.

E. B. Michell dedica al esmerejón un interesante capítulo; creo que el mejor de su libro, en el que todos son buenos. Este halconero, que tiene mucha experiencia con los esmerejones, comienza por salir al paso de la afirmación que aparece en casi todos los libros, según la cual, el esmerejón puede hacerse en una semana.

Su criterio es exacto. El esmerejón se amansa, no ya en una semana, en tres días. Pero tarda mucho más tiempo en perder un terrible vicio; el de llevar en mano. Este cazador de pajaritos tiene la mala costumbre de transportar sus presas a lugares seguros para comérselas. Y lo peor es que éste no es un hábito adquirido; es una disposición congénita.

La tendencia se pone de manifiesto en cuanto se da señuelo al esmerejón el primer día. Cuando el maestro se acerca, el halconcito pone todo su empeño en arrastrar el señuelo, por grande que sea. Como este pájaro se amansa solo, como jamás duda en acudir al señuelo desde cualquier distancia, todo el esfuerzo del halconero irá encaminado a quitarle el vicio de sopesar. Para ello, ha de comenzarse por llamarlo muchas veces a la mano desde el suelo. El señuelo será grande y pesado, casi como el de un peregrino. Y desde la primera lección, cuando el esmerejón ha venido a él, y está un poco sorprendido por su hazaña, el halconero se acerca, se agacha sin hacer movimientos bruscos y, con la punta de los dedos, ostensiblemente, le da una picadita de carne. En esta buena costumbre de halagar al esmerejón, debe permanecerse siempre, para que el pájaro espere al maestro con alegría, contrarrestando así su peligrosa tendencia.

Los esmerejones no son buenos caperuceros. Quizá por esta razón, algunos halconeros los manejan en la caza sin caperuza. Este proceder no me parece bueno, ni tiene nada de ortodoxo. Descubiertos, estos pájaros, de por sí muy inquietos, se debaten en la mano y andan siempre con el plumaje en mal estado y con los cuerpos derrengados. Hágaseles caperuceros con mucho tiento. Trabajando siempre cuando pican en un roedero. Poniendo la caperuza a medio camino entre la carne y el pico del esmerejón, como si el mismo hubiera de encaperuzarse al comer. Si, a pesar de todo, siguen derribándose de la mano en cuanto ven la caperuza, no hay más remedio que seguir esta regla. Mójeseles muy bien con agua limpia mientras están cubiertos; póngaseles como una sopa de agua; después, al sol, se les quita la caperuza y se les pone muchas veces. Porque, mojados, se quedan quietos y acobardados, soportando estas lecciones sin debatirse. Todas las instrucciones que doy para hacer al azor caperucero, son muy a propósito para el esmerejón.

Los esmerejones del aire tienen otro vicio; en cuanto se les hambrea demasiado, se pican los dedos, llegando materialmente a comérselos. Sin embargo, no hay por qué dar lugar a tan lamentable accidente; el esmerejón trabaja

EL ESMEREJÓN EN UN LANCE A LA CODORNIZ

Foto 40. Muy apretada por Lady, la codorniz ha conseguido llegar, en el primer vuelo, hasta un montón de hierbas, en el centro de un rastrojo muy claro. Pero Flicka, la muestra impecable. El autor, se dispone a lanzar, «rabo viento».

Foto 41. ¡Anda con ella!

Foto 42. Lady ha cobrado.

Foto 43. El sabor del triunfo.

Foto 44. Y la ganada cortesía...

muy bien sin recios temples. Es más, vuelan mejor y son más caninos cuando están gordos. El metabolismo de estas avecillas es muy acelerado; puede decirse que siempre tienen hambre. Si persisten en picarse las manos, se les coloca un cartoncito o badana, metida por la cabeza, que penda hacia adelante como un gran delantal, hasta más abajo de los dedos. También es muy importante ponerles pihuelas muy finas, de polainas amplias, porque, a veces, contraen el hábito de picarse, al andarse en ellas.

El esmerejón debe comer dos veces; antes de las diez de la mañana y después de las cinco de la tarde. Durante el adiestramiento puede hacérseles trabajar al señuelo en estas dos sesiones. En la primera, se le da la comida más ligera y sin pluma; en la segunda debe hacer la gorga más abundante y recibir su plumada.

La única dieta sana para los esmerejones es la de pajaritos: gorriones, estorninos, calandrias, etc. A falta de pequeños volátiles, pueden comer pollo joven o paloma. No es fácil determinar la cantidad que un esmerejón debe tomar al día, porque unos son más caninos que otros y más grandes. Como término medio, las primas comen de uno y medio a dos gorriones diarios. Los torzuelos, un gorrión. Con arreglo a estas unidades se puede dosificar la cantidad de otras viandas. Y deben roer un buen rato todos los días en una ala de paloma o de pollo; para ellos no hay nada tan saludable como este ejercicio.

Los esmerejones se bañan mucho y les encanta tomar el sol. En invierno, pese a ser aves nórdicas, aguantan mal el frío. Sus pequeños cuerpos pierden muchas calorías por irradiación, que los esmerejones salvajes compensan comiendo y haciendo ejercicio durante todo el día. Los adiestrados nunca llegan a tener su metabolismo en este límite óptimo. Es conveniente tenerles en halconeras donde la temperatura no descienda de 0°. Y evitarles las humedades y corrientes de aire.

LA CAZA CON EL ESMEREJÓN
Vuelo de la alondra

La caza más natural y espectacular para el esmerejón es la de alondras. Pero no es fácil llegar a obtener de este lance toda la perfección que en él se encierra. Porque no se trata del simple hecho de llenar el morral de pajaritos, sino de obtener vuelos espectaculares, sólo factibles cuando las alondras han terminado la muda y los esmerejones están en plena forma física.

Los niegos deben volar al señuelo todas las mañanas durante diez minutos, dando pasadas ininterrumpidas, que los ingleses llaman «stoops». Tal ejercicio se consigue, como indicábamos para los peregrinos puestos a grajas, volteando el señuelo con una cuerda de tres metros, de tal manera que, cuando el esmerejón va a trabarle, se le retira con un golpe de costado. Cuando da muestras de cansancio, se le permite pegar en él y comer. De este modo, se va aumentando su permanencia en el ala hasta llegar a los citados diez minutos.

La caza se desarrolla por la tarde; después de que el esmerejón ha gastado bien toda la gorga de la mañana. Antes del primer vuelo natural se puede atrainar al halcón

con un par de alondras precapturadas. No es raro que los niegos se queden muy sorprendidos cuando ven la primera pieza en el campo. Pero siempre acaban reaccionando bien.

Durante el mes de julio hay muchas alondras recién salidas del nido y las adultas están en plena muda; en esta época, el lance suele desarrollarse en los siguientes términos:

El halconero avanza por la reciente rastrojera con el pollo sobre el puño, sin caperuza ni lonja. Una alondra levanta el vuelo; el esmerejón duda unos instantes pero, de manera imprevista, sale de la mano y la persigue. La pieza sube hacia el cielo, en vuelo casi perpendicular. El halconero que no conoce a su pájaro piensa que todo está perdido. Pero el halconcito monta sobre cola con un poder ascensional extraordinario. Cuando va a llegar a la alondra, ésta se deja caer como una piedra, seguida de cerca por el esmerejón, y desaparece en el más pequeño hierbajo. El esmerejón se posa casi encima, estira el cuello y escudriña entre la hierba. Estos pajaritos del mes de julio se dejan coger a mano, en cuyo caso es menester soltárselos de nuevo al esmerejón, para que se vaya asegurando en las heridas.

Cuanto más cerrado sea el terreno, cuanto más abunden los matorrales, las hacinas de trigo, las caceras, más alondras se matan, pero menos espectacular es la caza. Porque casi todas buscan refugio después de una corta persecución. Si se quiere llegar a presenciar lances altos es necesario cazar en terrenos muy abiertos y muy limpios, lo que, en Castilla, no es posible hasta que retiran todas las mieses, a primeros de agosto.

Y el niego debe seguir volando a la presa todas las tardes y al señuelo todas las mañanas. En caso contrario, cuando las alondras vayan terminando la muda, ya no podrá alcanzarlas.

Los altos vuelos se obtienen en el mes de agosto; en ellos la alondra se eleva describiendo círculos, siempre seguida por el esmerejón, que también gira, muchas veces, en sentido contrario. Ahora la potencia ascendente está muy equilibrada. Michell dice que algunos esmerejones se han perdido de vista en el cielo en pos de su presa. A la belleza de esta lucha por la altura, se suma la emoción de la bajada; cuando menos se espera, la alondra parece perder la cabeza y se deja caer a velocidad escalofriante, girando sobre sí misma. El halconcito, siempre pegado a ella por un hilo invisible, en los mejores casos, la traba en el aire, muy alta o, al salir del picado, a unos centímetros de la hierba.

En medio día de trabajo, pueden hacerse media docena de lances, más o menos, según la dificultad de los mismos. Cuando el esmerejón hace presa tras una persecución brillante conviene cebarlo y no cazar más ese día.

A mediados de septiembre, los pájaros terminan la muda y los primeros fríos aprietan sus carnes; este vuelo ya no es factible para los niegos. Las alondras se les escapan una tras otra y es preciso dedicarlos a otra caza muy parecida, pero mucho más fácil; la de cogujadas.

Estas hermanas de la valiente alondra del cielo, adornadas con un copetito de plumas en la cabeza, son menos dadas a los altos vuelos. Andan a la vera de los caminos, cerca de las eras y en los barbechos. Su vuelo es pesado, pero no carece de agilidad. Para defenderse prefieren la finta. Y llegan a realizar increíbles acrobacias.

Cazando el verano pasado, mi esmerejón Lady se levantó de una herida, donde tenía vencida una codorniz, detrás de una cogujada que acertó a pasar volando a media altura. Apenas el pajarito se vio perseguido, enfiló hacia una casa en construcción y se metió por una ventana. El esmerejón, sin dudarlo un segundo, entró detrás. Corríamos todos para contemplar el desenlace, cuando la cogujada apareció por una pequeña puerta, seguida por el esmerejón y por media docena de albañiles. Después de dar una vuelta perfecta en torno a la edificación, volvieron a desaparecer en su interior. Y también desaparecieron los albañiles. La caza se transformó en una batalla campal. Saturnino, el halconero del Dr. Vital Aza, se arrastraba entre andamios y latas de pintura para sacar aquel demonio de pájaro, mientras el esmerejón montaba guardia en lo alto de un madero. Así anduvimos durante veinte minutos. Por fin, la cogujada decidió salir y «Lady», un poco sorprendida por el jaleo que armaban los del ramo de la construcción, perdió un segundo decisivo. Cuando llegamos fuera, estaba posada en lo alto del tejado, pero, de su presa, no había ni rastro. Iba a recogerla con el señuelo, cuando se precipitó hacia un pequeño pozo artesiano, del que, como por arte de magia, surgió la astuta cogujada. En torno a la boca, donde se amontonaban algunos cubos, palas y otras herramientas, nos obsequiaron con la más sorprendente exhibición de vuelo acrobático, hasta que, viéndose perdida, la cogujada optó por desafiar a su enemigo en el líquido elemento. Y, en un «plongeon» perfecto, se precipitó en el agua. Ante tal incorrección, «Lady» abandonó la partida, posándose, indignada, en el mango de una pala. Desde allí, siguió con mucha atención la complicada maniobra del salvamento. Y, a pesar de sus lógicas protestas, me vi obligado a recogerla y encaperuzarla. En otro caso, no hubiera dudado en degollar al pobre pájaro mojado en las propias manos de Saturnino.

Seguramente la caza de alondras y otros pájaros pequeños es la más difícil que puede hacerse con el esmerejón; ya que, tarde o temprano, acaban llevando en mano y corren el riesgo de perderse. Además, han de estar en plena forma, lo que exige una dosificación de la comida muy difícil de administrar. Si comen demasiado, no tienen interés para entregarse con ardor a largas persecuciones; si están excesivamente hambrientos, carecen de la necesaria potencia para los vuelos ascendentes y acrobáticos. El temple de los esmerejones es de gran precisión. Sólo teniendo mucha experiencia con estas aves se llega a manejarlas con éxito.

Los buenos esmerejones (¡con buenos maestros!) llegan a conseguir verdaderos récords. Michell cita el del esmerejón «Sis» que hizo cincuenta y nueve presas en sesenta y cinco vuelos, es decir, con un acierto de más del 90 %.

En cuarenta y dos vuelos seguidos —naturalmente, en varias jornadas— mató cuarenta y una alondras. El mejor «tableau» que conoce este experto en esmerejones es el de «Jubilee» con ciento seis alondras, en el año 1897.

Siendo ésta una caza estacional, los esmerejones han de estar introducidos lo antes posible. Los niegos que no tengan la costumbre de sopesar, pueden hacerse en ocho días. Normalmente, suelen matar la primera alondra a los quince días de recogerlos en la crianza campestre. Para los esmerejones del aire, nuestros viejos maestros acostumbraban a dar trece días de duración a su adiestramiento. Los niegos, criados en cautividad, tienen muy pocas posibilidades de matar alondras, pero pueden cazar cogujadas.

Vuelos de la codorniz y la perdiz

Para codornices los esmerejones son excelentes. Parece que han nacido para esta presa. Su fuerte salida, su facilidad para trabar cerca del suelo y su seguridad en las heridas, les hacen inmejorables. El adiestramiento es exactamente el mismo que el indicado para el peregrino que ha de volar esta presa en mano por mano.

Como los esmerejones pasajeros no llegan a España hasta finales de septiembre, es preciso encargar esmerejones niegos a Inglaterra o Noruega, de donde suelen llegar a mediados de julio. Si no están del todo descañados, se les cría en una cámara, sin echarles nada vivo y pelándoles muy bien los pajaritos para que no los reconozcan en el campo. Se les da la plumada metiendo un taquito de plumas mojadas en el interior de su comida.

Para este vuelo no es necesario insistir mucho en las pasadas al señuelo, porque las persecuciones nunca van a ser ascendentes. Para atrainar al esmerejón bastan dos o tres codornices, de las que se cogen con la red y el pito. Conviene tener una buena reserva de estas traínas y llevar siempre un par de ellas en la burchaca, por si los perros no sacan al esmerejón la que ha rendido. Es muy importante que los esmerejones cordoniceros estén muy hermanados con los perros y no se levanten nunca de ellos.

En la caza conviene lanzar rabo a viento, colocándose frente a la muestra y levantando la codorniz con el pie. Y no es que la pieza sea más fuerte que el esmerejón pico a viento; lo que ocurre es que rabo a viento la codorniz ha de hacer un quiebro imperceptible para embarrar. Suficiente, sin embargo, para que el esmerejón pegue en ella en ese momento.

Lanzando bien, los esmerejones cogen más de la mitad de las codornices en pleno vuelo. Las que consiguen meterse en una herida son bloqueadas por el halconcito muy de cerca. Cójasele siempre con una picadilla al llegar a la herida. Así no adquiere la mala costumbre de actuar por su cuenta y levantarse a las raleas. No puede uno imaginarse lo alegres y apercibidos que son estos pajaritos para la caza de codornices. Creo que, si no en número de capturas, en seguridad aventajan al gavilán.

El verano pasado, con «Lady» matábamos todas las mañanas cinco o seis codornices seguidas. Y cuando dejábamos de cazar no era porque el esmerejón estuviera cansado, sino por el calor, que acababa con él, con los perros y con nosotros. De haber deseado cazar más por la tarde, hubiera llegado perfectamente a la docena de capturas. Pero yo siempre he tenido el peor defecto que puede tener un halconero; ¡cargarse de pájaros! Mis salidas al campo son como un espectáculo de feria. En el coche siempre hay tres o cuatro halcones esperándome; mi ayudante lleva otros dos en el puño, mientras yo actúo con el pájaro de turno. Así es muy difícil llegar a hacer buenos «tableaux». Pero «sufre uno mucho». Hasta mediados de septiembre «Lady» cobró cuarenta y siete codornices. Después tuvo que dedicarse uno a «Durandal», a «Don Rodrigo», a «El Caid». En fin, ¡una pena!

Los halconeros antiguos consideraban al esmerejón como un gran pájaro para perdices. «Yo vi un esmerejón a don Felipe, hijo del Rey de Francia, Duque de Borgoña y Conde de Flandes —dice el Canciller— que le confiara la Duquesa de Bretaña: decíame que en aquel invierno en que él lo había tenido, había tomado doscientas perdices, o más y era sacre por su plumaje». Refiere Juan de Sahagún que vio un esmerejón sacre a Martín Alonso de Montemayor, señor de Alcaudete, que lo había mudado tres mudas y que en un invierno había muerto con él ciento cincuenta perdices y que muchas veces iba por el camino dando de las manos a la perdiz, y que cuando caían en tierra rasa tomaba a la perdiz por los hombros y llevábale la perdiz corriendo encima de sí como si no llevara nada.»

Los esmerejones perdiceros no deben conocer jamás pájaro alguno ni presas menudas. Se les atraína primero en palomas grandes o en pollitos de color rojizo. Después se les dan dos o tres perdices de escape, siguiendo las reglas que dimos para el peregrino. Ha de procurarse que el esmerejón se haga muy seguro en las heridas.

Nunca he cazado perdices con esmerejón, pero lanzaba muchas veces a «Lady» detrás de grandes palomas de escape; las mataba tan pronto como pudiera hacerlo un gran halcón, agarrándolas fuertemente con las dos manos por el cuello y estrangulándolas. Nunca tuvo miedo de las grandes presas. Y creo que no hubiera tenido ninguna dificultad para cebarla en perdices.

Además de estas piezas el esmerejón proporciona un vuelo muy lucido con las abubillas, que tienen muy malas vueltas, y obligan al halcón a trabajar de lo lindo. «Lady» mató cuantos mochuelos aparecieron en el campo. A pesar de que, cuando llegábamos, no se sabía quien era la presa y quien el cazador. Ambos agarraban por donde podían y «cantaban en el mejor de los tonos».

En invierno, pueden volarse las avefrías, que son también de mucho pasatiempo. Se dice que una copla de buenos esmerejones pueden dar alcance a la becacina. También se ha escrito que matan palomas torcaces. Sobre estos vuelos yo no tengo ninguna experiencia y dejo al entusiasmo del lector el trabajo de probar fortuna.

En Inglaterra, antiguamente, el esmerejón era el pájaro de las damas. Y ¿no es este pajarito compacto, brillante, perfectamente aerodinámico, una joya para una doncella?

EL ALCOTÁN

Algo más grande que el esmerejón; sobre todo más largo, más emplumado, es este pequeño halcón que cada primavera nos viene del África —se le ha anillado en Madagascar—, con las golondrinas. Y es tan rápido que puede alimentarse a sus expensas durante el viaje. Una mañana de canícula vi caer a uno, con silbido de gran halcón, sobre un vencejo. Y lo cazó.

El alcotán es esbelto, de cabeza más bien gruesa, manos delicadas, más pequeñas que las del esmerejón. Pero lo que más sorprende en su anatomía son sus alas. Unas alas de golondrina; increíblemente estrechas y largas. Estando plegadas sobrepasan ampliamente el borde de la cola. Y en esto el alcotán supera a todos los halcones.

El color de esta pequeña rapaz es armónico y llamativo, particularmente en los adultos, que tienen un precioso manto gris pizarra, un babero muy blanco, enmarcado por oscuros y finos bigotes, y las calzas y el estropajo de un castaño rojizo, muy aparente durante el vuelo.

Algo hay en el alcotán que no escapa a la observación de un halconero experto. Es excesivamente liviano. Carece de la robustez característica de los cazadores del espacio. Resulta muy bonito, pero no impresiona.

El alcotán ama nuestros sotos, nuestros encinares, los chopos que bordean las carreteras. Nada para él como un nido abandonado de grajas o urracas. Sin tomarse la molestia de hacer la más pequeña reparación, la hembra pone de tres a cuatro huevos. Nacidos los pollos, los vigila afanosamente, hostigando a los cernícalos, cuervos, milanos y cuantos pájaros peligrosos pasen por sus propiedades. Es muy valiente el alcotán; muy cuidadoso de sus pequeños.

En estado salvaje, éste es un pájaro muy rápido. Puede cazar las más variadas presas, de la codorniz para abajo. En Cetrería, es un halcón lento. Y ello se debe a que es poco denso, resulta un magnífico planeador y, en pleno calor, hace círculos a enormes alturas, fuera de vista, para caer sobre sus presas. Un andarríos, pájaro muy veloz, tuvo que precipitarse en unos juncos para escapar de un alcotán que le iba ganando el terreno. Pero ¿desde dónde bajaría el halconcito? Porque he soltado muchos tras de las cogujadas y carecen en absoluto de aceleración. Sus largas alas no se mueven con la suficiente rapidez.

El alcotán es como un alfaneque en miniatura; la misma cabeza voluminosa y sabia; el mismo plumaje sedoso y prolongado; idénticas manitas. Y como él, es un empedernido comedor de insectos. Aún lo es más el alcotán, que se pasa gran parte del día haciendo tornos para cazar ciertos mosquitos y coleópteros de su predilección. Parece ser que los alcotanes jóvenes se dedican a este ejercicio durante el primer verano de su vida y comienzan a cazar pajaritos mucho más tarde, cuando ya van a hacer la primera muda. De ahí su natural predisposición a no afanarse en persecuciones a fondo detrás de las aves.

Los zahareños son una cosa muy distinta. Entre todas las rapaces niegas y zahareñas hay una diferencia de aspecto muy notable. Pero en los alcotanes es acusadísima. He visto dos o tres primas del aire fortísimas y hermosas, que comían con la misma fuerza y avidez que un peregrino. Los niegos, en cambio, picotean la carne y tienen muy poco apetito.

He adiestrado media docena de alcotanes jóvenes; sc cogían los gorriones de escape, pero no conseguían alcance a las cogujadas. Una hermosa prima zaharer adiestraba el doctor Vital Aza, murió antes de su introducción en la caza; todo indicaba que hubiera llegado a ser un pájaro magnífico.

No cabe duda que las referencias que aparecen en todos los antiguos tratados europeos de Cetrería, acerca de la caza de perdices y codornices con alcotán, se refieren siempre a pájaros del aire. Ya dice el Canciller: «Los pollos sacados del nido no valen nada; tomados del aire es muy hermoso vuelo y cuantas menos mudas tiene, es mejor».

Siendo el alcotán relativamente abundante en España, es un pájaro magnífico para que los nuevos halconeros hagan mano. Porque su carácter apacible, su vuelo de auténtico halcón, su facultad para aprender la altanería y su belleza, lo transforman en una criatura adorable, de manejo muy entretenido y de enormes posibilidades como maestro de nuevos cetreros.

Y como nota curiosa que yo nunca he comprobado, transcribo un párrafo del infatigable Juan Vallés: «Cázase con ellos en dos maneras; la una es llevando siempre al alcotán en la mano sin jamás soltarle y cuando vieren la calandria o aloya en tierra haciendo alzar al alcotán abajando y subiendo la mano en que lo llevan, que luego que la calandria lo ve se aharda luego en tierra y se está así queda sin osarse mover, y el cazador ha de llevar una caña o vara luenga y al cabo de ella un lazo corredizo de cerdas o de plumas de gallina untadas con liga, y como viere que la calandria está ahardada en tierra, póngale el lazo o tóquelas con las plumas de la liga y quedarse ha pegada en ellas, pero miren que después que la calandria está ahardada hasta que ya está puesto el lazo a las de la liga, siempre ha de tener el cazador el alcotán alzado porque no se levante la calandria, y si el alcotán fuere mudado aguardarían muy bien las calandrias, y si fuere pollo por maravilla aguardará ninguna, y cuanto demás mudare aguardará mejor, que así la conocen muchos, como una persona.»

EL CERNÍCALO

Si quisiera comenzar este capítulo citando algún párrafo de nuestros tratados clásicos, no me sería posible. Porque el cernícalo nunca ha sido considerado como un ave de caza y los libros antiguos de cetrería más exhaustivos terminan en el alcotán. Sin embargo, el cernícalo es un halcón más grande que el esmerejón, más fuerte y más rústico que el alcotán. Es como un pequeño sacre, con todas sus virtudes y defectos. Inteligente, comunicativo, resistente y con una marcada predisposición para cazar en tierra. Claro que, lo que para el sacre son liebres, para el pequeño cernícalo son ratones e infinidad de insectos, lagartijas y algunos pajarillos jóvenes o lesionados. Aquí radica el gran defecto del cernícalo para la cetrería y su gran virtud en el marco de la naturaleza ; en su fantástica capacidad para el vuelo de observación ; en esa facultad, a la que no ha llegado rapaz alguna, que le permite mantenerse inmóvil en el cielo sin aparente esfuerzo. El cernícalo se cierne. Este halconcillo, moviendo las alas con suprema elegancia y equilibrándose mediante su amplia cola, se anticipó a los modernos helicópteros, llevado por la misma necesidad que los pilotos de estos aparatos: observar, ver con todo detenimiento una zona determinada de terreno.

Y así, el cernícalo puede descubrir grillos, saltamontes, musarañas y otros animalillos que dominan el arte del mimetismo. Naturalmente, esta facultad de flotar en el aire es incompatible con el vuelo veloz y penetrante. Y el cernícalo no está capacitado para alcanzar a otros pájaros en pleno vuelo.

¿Es inútil, pues, en cetrería, esta pequeña rapaz? En modo alguno. El cernícalo, por su abundancia, por la facilidad con que puede adquirirse y por su comportamiento semejante al de los grandes halcones, es el pájaro ideal,

con el alcotán, para que el nuevo halconero se vaya familiarizando con las aves nobles.

Aunque de cuerpo rechoncho, el cernícalo parece esbelto por su larga cola. Las alas, plegadas, no alcanzan su borde. La cabeza es de un bonito gris ceniza en los machos mudados, lo mismo que la cola, adornada con una ancha banda negra, cerca del borde, blanco. El dorso es castaño con manchas negras. Las partes anteriores, ocráceo rojizas, se van aclarando con la edad. Las hembras y los ejemplares inmaturos son de tonos pardo rojizos, listados en lugar de moteados. Todos presentan bigotes oscuros muy finos pero aparentes. Las manos del cernícalo, de dedos cortos y gruesos, son de un color amarillo oro, lo mismo que la cera.

En el campo, esta rapaz es inconfundible, por su costumbre de ceñirse y sus picados perpendiculares hasta el suelo. Constantemente se dedica a la caza de sus pequeñas y perjudiciales presas, por lo que es muy beneficiosa para la agricultura. Sin embargo, aunque están protegidos por la Ley, son muchos los cernícalos que se matan para presentar sus patitas en las sociedades de cazadores. Porque en estos centros, donde difícilmente se distinguen las garras de un cernícalo de las de otra rapaz considerada como dañina, premian indistintamente todo lo que tenga uñas aceradas. Aunque esas uñas hayan trabajado en su provecho.

El cernícalo anida en los huecos de las torres y edificios aislados, en los antiguos nidos de córvidos, en cantiles y precipicios. Y defiende su prole valientemente de las grandes rapaces y de los cuervos. Con estos merodeadores tan fuertes y tenaces libran batallas heroicas y terminan venciéndoles. He visto una pareja de cernícalos castigar a un cuervo mediante una serie de pasadas tan duras e inteligentemente combinadas que le obligaron a buscar refugio en una grieta del roquedo.

Los cernícalos no vacilan en hostigar a los halcones de cetrería cuando vuelan en sus dominios. Y estos ataques insistentes estropean muchas veces los lances con halcones jóvenes, porque se empeñan en alcanzar a los cernícalos y abandonan, tras ellos, el terreno de caza.

Los cernícalos se amansan muy pronto y acuden denodadamente al puño y al señuelo. En circunstancias muy ventajosas, como, por ejemplo, cuando se sorprende a los estorninos bañándose, pueden llegar a hacer presa. Porque, así como son lentos, no les falta audacia para el ataque. Un cernícalo torzuelo zahareño trababa de las palomas y las estrangulaba en tierra como un esmerejón.

En época de nidificación es muy fácil hacerse con jóvenes cernícalos; más adelante, los rederos cojen muchos zahareños, cuando atacan a sus cimbeles.

La salud de estos pájaros es muy buena, contentándose con un régimen mucho más ordinario que el del alcotán o el esmerejón. Soportan muy bien el despojo de pollo, los ratones y hasta la carne de caballo. Son muy buenos caperuceros, sobre todo los pasajeros y zahareños.

Quien ame a las rapaces y no disponga de medios o de tiempo para practicar la cetrería, encontrará en estos pequeños halcones los más deliciosos camaradas. Quien pretenda iniciarse en el manejo de las aves nobles se ahorrará muchos quebrantos y dispendios haciendo mano previamente con un cernícalo. Y su primer halcón se lo agradecerá de veras.

Foto 45. Cernícalo torzuelo mudado.

CUARTA PARTE

BAJO VUELO

EL AZOR
EN LA NATURALEZA

Y en ese donaire y hermosura que el Canciller ensalza en el azor; y en la rapidez y el vigor que le permiten cazar en corto trecho, ante los hombres, atónitos, radica el encanto de este noble pájaro.

El azor es más grande que el peregrino, sobre todo, más alto. Carece de la robustez pesada de los halcones; es esbelto, longilíneo y, a la par, vigoroso.

Su cabeza es alargada y plana, «como de culebra». El pico corto, comprimido lateralmente, está curvado desde la base. El cuello es relativamente largo, delgado y bien aparente. El pecho, combado, duro, llena la mano al acariciarle. Los muslos, sorprendentemente fuertes, son mucho más largos que en los halcones, con las rodillas muy altas, perfectamente ocultas por las cobertoras. Los zancos, largos y gruesos, están emplumados en el tercio superior.

Las manos merecen párrafo aparte; las manos y los ojos. Porque el ímpetu indomable, la fría agresividad expresada por la pupila brillante y el iris de oro, está materializada en las uñas más largas y fuertes de que está dotada, proporcionalmente, ave alguna. Los dedos posteriores e internos son cortos y gruesos, armados de las uñas más desarrolladas, «las llaves». Los dedos medios y externos, más largos y finos, terminan en uñas pequeñas, cuya misión es fijar la presa. Las articulaciones, los tarsos, los tendones y musculatura prensil son un prodigio de mecánica orgánica.

Las alas del azor son cortas y redondeadas, su rémige más larga es la cuarta; plegadas, descienden muy poco sobre la cola. Ésta es larga, dotada de gran movilidad; cuando el pájaro acaba de posarse la balancea graciosamente.

Sobre el guante o sobre la alcándara, el azor se mantiene derecho, «derribado de las espaldas», aplomado sobre las manos que mantiene separadas. Inquisitivamente, con descaro, clava su afilada mirada en cada transeunte, produciendo una irresistible sensación de temor. Siempre parece presto para el ataque.

El color del azor, como puede apreciarse en las láminas, es suntuoso en el adulto, modesto en el joven. Los antiguos azoreros daban mucha importancia al tono de sus pollos. Eran preferidos los albos, de un crema muy claro, los dorados y los negros. Éstos, con manchas muy abundantes y dilatadas, como los halcones roqueses. Los bermejos, de color de milano, se consideraban inferiores. Las pintas del pecho y vientre habían de ser alargadas y gruesas, en forma de lágrimas; las de los flancos en forma de corazones perfectos.

Realmente, los azores nórdicos, más grandes y vigorosos que los meridionales, presentan un color claro, con pintas gruesas, escasas y bien marcadas. Los meridionales son rojizos, con listas finas y abundantes.

En los azores jóvenes, el iris es amarillo claro, lo mismo que la cera, los tarsos y las manos.

Los azores adultos ostentan una magnífica librea, ondeada en negro o gris oscuro, sobre un fondo blanco, gris plateado o crema, que va desde el mentón a la base de la cola. El dorso y la parte superior de la cabeza son de un color gris uniforme, del ceniza al pizarra, dotado de un aparente brillo azulado. El rostro, sombreado por negras ojeras, está enmarcado por dos líneas muy claras, a manera de cejas, que se extienden y difuminan hacia la nuca. Los ojos presentan el iris amarillo brillantísimo; con la edad, se hace dorado, naranja y rojo rubí. Por tan singular privilegio los griegos llamaron al azor asterias —estrella, por brillante, luminoso— de cuyo nombre procede el latino astur, el castellano antiguo astor y nuestro moderno azor.

El pico, azulado, se oscurece hacia la punta. Las uñas son de color negro brillante.

La cola, más oscura en su cara dorsal, está atravesada por cuatro bandas, llamadas en cetrería «negras».

Las infracobertoras caudales, «el estropajo», es blanquísimo, pese a su posición. Cuando el pájaro lo eriza, forma un llamativo copo, utilizado como atractivo sexual. Tras de cada muda, este distintivo se hace más aparente, las estrías del pecho y de los flancos, más finas y homogéneas, todos los tonos, más contrastados y el iris, la cera y los tarsos, de un naranja más vivo. A la par, las grandes plumas se van acortando y se hacen más compactas. Un espécimen de varias mudas es de una belleza impresionante.

El plumaje del azor es muy sedoso y elástico. En el vuelo, apenas produce ruido, contrariamente a los halcones. Merced a su color contrastado, en el que los tonos oscuros y claros se suceden bruscamente, descomponiendo la silueta, el azor consigue un mimetismo adecuado a la fisonomía del bosque. Posado en una rama, siempre se coloca de espaldas al sol; en los dormideros, con el dorso hacia el exterior. Un animal que mire desde el interior de la maleza hacia la luz, no percibirá más que una mancha clara, semejante a otros tantos huecos del follaje; si observa desde fuera, la masa oscura del azor se confunde perfectamente con la sombra de las hojas.

La diferencia de color entre el macho y la hembra es inapreciable. Comúnmente, el macho es más contrastado, con las ondas oscuras más finas; su iris alcanza un rojo más intenso que el de la hembra. Ésta tiene las infracobertoras caudales ligeramente rayadas.

La talla varía mucho en los individuos de esta especie; y la diferencia entre prima y torzuelo es muy considerable. Las más grandes primas, nacidas en España, que he pesado, oscilaban entre el kilo y kilo cien gramos. He tenido azores alemanes de un kilo trescientos gramos. Los torzuelos pesan de seiscientos a ochocientos gramos.

Habitat

El azor depende absolutamente del árbol. En época de paso podrá sorprendérsele, reposando, en una llanura abierta, pero sus territorios de caza y sus áreas de nidificación están siempre al amparo de arboledas o bosques.

En otoño e invierno nuestros azores sedentarios y los visitantes norteños gustan de instalarse en los pequeños pinares que bordean las tierras de labor, en los encinares, donde las torcales y arrendajos abundan, en los sotos bien tupidos, junto a los ríos. Los bosquecillos colgados en las laderas, al abrigo de un pequeño valle, les resultan muy atractivos. En terreno quebrado y montañoso, precisan menos arbolado para establecerse. En lo más crudo del invierno, cuando la caza se dispersa y escasea, se alejan más y más de sus refugios forestales. He podido sorprenderlos cerca de un palomar, muy alejado de todo monte, al amparo de unos frutales y una tenue chopera.

A final del invierno, se repliegan hacia sus regiones natales y hacia las zonas de nidificación, situadas siempre en lo más espeso y retirado de los bosques. Entre todos los árboles prefieren las hayas para aposentarse a falta de éstas, eligen un pino. En un bosque mixto de albares y negrales, siempre buscan el pino albar. En último término se posan en un roble o en una encina.

En España el azor está presente en todos los grandes montes; en verano hasta en los de alta montaña. Donde quiera que se instale, elige determinados árboles como atalayas, para el acecho, y otros, abrigados, para pasar la noche. En el rincón más recogido e invulnerable despluma y despedaza sus presas. Observando a una pareja de azores invernante en un pequeño grupo de altos pinos, descubrí, medio kilómetro más allá, en medio de un impenetrable grupo de pimpollos, las plumas de medio centenar de picazas. Muy cerca, un tocón estaba materialmente cubierto de pelo de conejo.

Biología

Terminado el período de la reproducción, el azor es un pájaro silencioso y sumamente cauto; se mueve lo imprescindible: para trasladarse a sus cazaderos, al baño o, al atardecer, a los árboles donde pasa la noche. El resto del tiempo permanece posado, inmóvil e invisible a favor de su homocromatismo. Si un hombre penetra en el bosque, se aleja en vuelo rasante, antes de ser visto.

Si la pareja permanece en su cantón durante el invierno, se tolera pero no colabora. No cazan en compañía como los halcones y pernoctan en árboles distintos, a veces, muy alejados. Tanto los individuos emparejados como los solitarios llevan este instinto de posesión del territorio de caza hasta el último extremo. No permiten la presencia de congénere alguno, expulsándolo, tras una lucha que muchas veces termina con la muerte de uno o ambos beligerantes.

El vuelo del azor, rápido, acrobático, es sumamente versátil, diferenciándose en tres modalidades bien definidas.

El vuelo de crucero, empleado en los desplazamientos migratorios o en los traslados locales, puede realizarse a gran altura o sobre las copas de los árboles; en él, bate las alas medianamente extendidas, con ritmo rápido durante unos metros, para deslizarse, a favor del impulso adquirido, en un espacio mayor. Estos períodos de propulsión y de deslizamiento son bastante sincrónicos y le proporcionan una velocidad considerable.

El vuelo de caza es para visto. Todos los adjetivos son pobres para calificarlo; salta, desde una rama, batiendo las alas rapidísimamente, adquiriendo en unos metros la máxima velocidad. Y así, se desliza como un turbión, entre ramas, matorrales, espinos y toda suerte de malezas, donde es inexplicable como no perece empalado.

Se hace con la presa mediante las más variadas técnicas y maniobras; la arrastra en la pasada; la sobrepasa, a plena velocidad, para volverse sobre sí mismo, y, cortándole el camino, agarrarle por la cara; da un bandazo en ángulo recto, para atacar de flanco; se dispara hacia arriba, como un dardo, y se clava en su vientre; o cala en picado como un peregrino.

En una empinada ladera de los montes Obarenes, espiaba un haya muy visitada por el azor, cuando apareció desde lo alto, volando a la máxima velocidad. Pasó como una sombra gris sobre mi cabeza y, en un instante, abriendo de pronto sus alas y cola, frenó y se posó en una rama baja. En el acto, volvió la cabeza y, clavándome un ojo escarlata, se fue cuesta abajo, tan raudo y silencioso como había venido.

En el vuelo a vela, el azor es tan buen especialista que se le viene estudiando —por quienes no lo conocen más que en los libros o en las vitrinas— como ave velera. En época de celo, se entrega, complacido, a este cómodo ejercicio. Su silueta es inconfundible, con las cortas alas y el dilatado abanico de su cola en extensión máxima, describe círculos muy estrechos y se eleva rápidamente. A los cetreros poco nos halaga esta cualidad, más bien nos inquieta; porque si llegamos a ver así a nuestro querido pájaro, por lo general un día caluroso de primavera, será la última vez que nos deleite con su elegante planeo.

Caza

He visto, en varias ocasiones, a los azores salvajes cazar. A los míos, a veces, les permito actuar por su cuenta desde lo alto de los árboles. Estas observaciones me han proporcionado una idea de cómo se desenvuelve el gran matador para ganarse el sustento.

Cuando un cazador —un verdadero cazador— cree conocer su coto, cuando ha localizado los barbechos preferidos de las perdices, los encames de las liebres, las querencias de las torcaces y sus bebederos, el dormidero de las picazas, los matorrales de los mirlos y malvises; y cada vereda, cada paso, cada comedero…, no sabe nada si se compara con un viejo azor. El pirata de la espesura otea y escucha desde el amanecer hasta que anochece; nada le pasa desapercibido. Y cada dato queda almacenado en su prodigiosa memoria; sabe donde apostarse para alcanzar a la perdiz antes de que llegue a los matorrales; el seto, tras el que ha de surgir de improviso para sorprender a la picaza; la hora exacta en que acuden las torcaces al bebedero y toda la cronología vital de los habitantes de su monte. Nada le es indiferente; para él no hay más que presas o enemigos. Su ley es matar o escapar a la muerte.

Su técnica favorita es el acecho, apostándose en una rama despejada y dominante. Pero no sólo espía y ataca a los animales que descubre cerca, sino también a los que avista lejos. Desde lo alto de una ladera, se lanzará recogido, pegado al terreno, sin mover una pluma, hasta el fondo del valle, surgiendo de improviso entre la maleza, a unos palmos de la presa; entonces, ya es demasiado tarde para escapar. De manera inexplicable, una de sus garras siempre se encuentra con la cabeza de la víctima y se cierra como un cepo mortal. Mata por compresión o perforando con sus largas uñas los centros vitales encefálicos o el corazón. No toca a la presa con el pico hasta que cesa todo movimiento; si no es muy grande la transporta para desplumarla y comerla en lugar seguro.

Cuando captura un animal que no puede comer de una sola vez, como una liebre, un conejo adulto, un faisán, etcétera, se atiborra cuanto puede sobre el terreno y, mejor o peor, oculta los restos del botín junto a un matorral o sobre una horquilla baja. Retirándose a lo alto de un árbol próximo vigila su tesoro y ¡ay del milano o del cuervo que trate de robarlo! Al día siguiente, no cuida de cazar, sino que retorna para terminar el festín, si el señor zorro no lo ha puesto a buen recaudo.

En otra modalidad de caza, el azor vuela muy rápido y bajo, entre árboles y malezas, surgiendo de improviso tras de cada ribazo o matorral espeso que encuentra a su paso. En estas razzias cualquier presa le conviene, desde la charla al urogallo, desde el ratón a la liebre. El único recurso de las aves o mamíferos para salvarse de estos ataques súbitos es la inmovilidad; todos lo saben muy bien y lo ponen en práctica. Por donde va pasando el azor, en vuelo de caza, es como si pasara la muerte. Por unos instantes cesa todo ruido y movimiento, transformados los habitantes del bosque en inmóviles piedras, ramas o tocones. El azor no se toma la molestia de observar con detenimiento cada palmo de terreno en busca de estas presas ocultas; creo que no está capacitado para ello. El movimiento, sobre todo de huída, es un estímulo imprescindible para su ataque. Muchas veces, cuando mis azores han perseguido una perdiz hasta el matorral donde consigue ocultarse, vigilándola desde lo alto de un árbol, al llegar, la descubro a simple vista. Al azor no le ha llamado la atención porque no se ha movido.

El territorio de caza batido por una pareja de azores sedentarios suele ser de dos mil a cuatro mil hectáreas. En una región donde sus presas habituales sean muy abundantes, el cantón es más pequeño; si escasean, será necesario ampliarlo. En estos feudos, los jóvenes nómadas pueden permanecer muy poco tiempo, porque, descubiertos por sus propietarios, serán expulsados o muertos.

Reproducción

En España varía ligeramente la época de nidificación entre los azores del norte, los de bosque de montaña, más tardíos, y los del sur, asentados en tierras cálidas, más tempranos.

Por regla general, comienzan a hacer o reparar el nido en los primeros días de febrero, a la par que inician las paradas nupciales. Las costumbres metódicas y silenciosas de la pareja sufren un cambio radical; en la caza, en el vuelo, en la construcción del nido, muestran constantemente su excitación amorosa.

Desde el amanecer llenan el bosque con sus penetrantes

llamadas, como maullidos fuertes y musicales —¡Piuuu!— ; o con su grito belicoso, un repetido y agudo kik-kik-kik-kik, audible desde enorme distancia. Posados en las ramas altas, próximas al nido, distienden los blancos «estropajos», hacen extrañas flexiones y se persiguen entre el ramaje. Con frecuencia, vuelan en círculos hasta grandes alturas y se dejan caer en picados perpendiculares, vuelven a elevarse y repiten muchas veces el juego.

Forma parte de estos ritos la caza fogosa por parte del torzuelo, que trae sus presas a las inmediaciones del nido, como presentes para su compañera. Al mismo tiempo van hacinando ramas sobre una horquilla gruesa y sólida, hasta formar una voluminosa plataforma. Durante este período, que se prolonga hasta finales de marzo o mediados de abril, el macho fecunda a la hembra, según Juan Vallés, «cuarenta o cincuenta veces al día, con la misma prisa y calor que hace el gorrión».

El nido

Los azores suelen construir el nido en las zonas mas cerradas y menos visitadas del monte, aunque sus árboles no sean necesariamente los más altos. En los pinos, por razón de su estructura, las horquillas a propósito se forman en lo más alto, en plena copa y en ellas sitúan su construcción ; resulta un nido simétrico, ubicado en el centro de la copa, sombreado por algunas ramas, que dejan pasar solamente el sol de la mañana. En los pinares de Soria, Segovia y Burgos, he visto algunos nidos prácticamente inescalables, no siéndolo sino por contados especialistas de la región.

En los hayedos, los nidos suelen encontrarse más bajos, porque las ramas punteras de éstos árboles son muy delgadas ; con el follaje resultan muy camuflados y pueden pasar desapercibidos.

En los montes muy cerrados, donde el hombre aparece raramente, los nidos se encuentran en horquillas muy bajas, en pleno sotobosque. En un alto valle de los montes Obarenes, el nido donde nació mi azor «Tundra» está sólo a cuatro metros de altura, en la rama más baja de un haya muy corpulenta. El caso más notable pude observarlo, la pasada primavera, en El Robledo de Montalbán, finca del Conde de Yebes, en los montes de Toledo ; en una espesura de madroños, donde no se molesta a los azores, habían construido el nido sobre la bifurcación de dos gruesas ramas, ¡al alcance de la mano!

El tamaño del nido varía, según sea nuevo o lleve varios años de servicio. Algunas auténticas casas solariegas son un enorme cúmulo de ramas de todo género, de más de un metro de altura y uno y medio de ancho. La superficie de la plataforma aparece cuidadosamente tapizada de hojas, formando una capa fresca y mullida. En la elección de este material, los azores muestran curiosas predilecciones. En los nidos instalados en los pinares, siempre son de pinocha ; si están en un haya, próxima al pinar, traen igualmente pinocha para tapizarlos. Un nido situado en un madroño había sido cubierto con frescas hojas de roble. El tapiz es renovado constantemente hasta que los polluelos abandonan el nido.

Muchas veces, aunque no es una regla, los árboles elegidos para nidificar están en las proximidades de un claro. Es también frecuente que, a cierta distancia, la pareja posea dos o tres nidos, que va reparando hasta el último momento, como si no supiera por cuál decidirse. A veces arrebatan el nido a los buteos, o éstos crían en uno de azor sin ocupar.

Puesta e incubación

De finales de marzo a mediados de abril la hembra comienza la puesta, de uno a cuatro huevos, de color verde uniforme claro, algo más grandes que los de gallina. Normalmente, si ambos ejemplares son adultos, el número de huevos es de tres —en España son escasos los nidos con cuatro—, la incubación dura de 35 a 40 días.

Durante este tiempo la hembra permanece echada sobre los huevos día y noche. Aunque se pase hablando bajo el árbol, no se levanta, siendo preciso golpear en el tronco. El macho le trae la comida, pero no se acerca mucho al nido ; la llama desde un árbol próximo y allí le entrega la presa. Mientras come, la sustituye en la incubación, así como cuando se aleja para bañarse. En cualquier momento en que la prima falta, porque haya sido asustada o muerta, el torzuelo se echa sobre los huevos y no cesa de llamarla.

He hecho la prueba de llevar los huevos de una hembra, muerta por un guarda forestal, a un buteo, que incubaba en el mismo pinar, cambiándoselos por los suyos ; los sacó perfectamente, criando los tres pollitos nacidos. Aconsejo, pues, este proceder a los azoreros que vean sus nidos en peligro.

Cría de los pollos durante su permanencia en el nido

La eclosión no tiene lugar para todos los huevos al mismo tiempo, sino que algunos se retrasan muchas horas o más de un día. La hembra permanece echada cuatro o cinco días sobre sus tiernos hijos, o más, si el tiempo es frío.

A partir de este momento el macho trae las presas al borde del nido, donde la hembra las despluma, despedaza, y va poniendo en el pico de los pequeñuelos.

Recién nacidos, los pollitos están cubiertos de un plumón blanco, tienen los ojos gris porcelana y las patitas ya amarillentas. Crecen muy deprisa ; a los quince días están gordos y grandes, comiendo insaciablemente. Hasta esta época, en que comienzan a echar las plumas, permanecen tumbados, la mayor parte del tiempo, asimilando, perfectamente mimetizados en su lecho de hojas frescas. Ya poseen la gran fuerza característica de los accípiteres para lanzar sus deyecciones. Gracias a una disposición neumática que afecta al final de su tubo digestivo envían las tolleduras a gran distancia, hacia el exterior, pudiéndose observar en el suelo en forma de largas líneas blancas. Aparte de esto, la limpieza y el orden que reina en el nido y debajo de él es sorprendente, pensando que sus ocupantes devoran varios animales todos los días. La madre retira cuidadosamente los restos de comida, llevándolos lejos, así como las ramas u hojas que se van cayendo o secando.

En otras dos semanas, las plumas crecen entre el tupido plumón, que no desaparece totalmente hasta que los pájaros abandonan el nido. Vestidos con un heterogéneo atuendo, muestran ya bastante actividad, están alegres y descabullidos, permaneciendo erguidos en el borde del nido y batiendo las alas de vez en cuando. Al llegar a este estado, la madre ya no les da la comida al pico, limitándose a entregarles las presas desplumadas y descabezadas.

A partir de las cuatro semanas de edad comienzan a posarse en las ramas; sus ojos van adquiriendo el tono amarillo verdoso, así como la cera y los tarsos; las uñas están ya muy desarrolladas y comen solos con facilidad, despedazando las más duras presas; la cola, bastante larga, presenta ya tres negras.

A los cuarenta días ya vuelan a los árboles próximos y en Cetrería, se llaman «rameros». Aún pueden ser capturados, haciéndoles volar repetidamente porque sus plumas no han alcanzando la longitud total y los pájaros se cansan.

Aunque la hembra se mantiene gran parte del tiempo en las proximidades del nido y lo defiende enérgicamente de cualquier enemigo, bien sea ave o mamífero, no muestra el coraje y la constancia del halcón peregrino, sobre todo ante los visitantes humanos; si llega a ser muerta, con los pollos aún pequeños, el torzuelo los deja morir de hambre, porque no sabe despedazar las presas e introducírselas en el pico. A partir de las tres semanas de edad, puede sacar adelante a la cría, aunque la hembra desaparezca.

Aprendizaje de los pollos y emancipación

Los azores rameros, aunque se alejan del nido, vuelven a él con frecuencia para comer y desde sus inmediaciones llaman a sus padres con gritos penetrantes; desde primeros de julio, antes o después, según las regiones, comienza su aprendizaje en la caza, en el que la hembra toma la parte más activa, trayendo presas vivas que les suelta para que vayan aprendiendo a cazar; estos «escapes» son cada vez más fuertes y, transcurrida una semana, conducen a los pollos a la caza verdadera, en una época en que las capturas son fáciles, por haber muchas aves jóvenes y estar las adultas mudando o distraídas con el celo y la nidificación.

En agosto, los jóvenes azores, muy bonitos y fuertes, cazan por su cuenta, en el territorio paterno, visitando las inmediaciones del nido con cierta frecuencia. En los primeros días del otoño abandonan las tierras natales y emprenden la existencia errática característica de las jóvenes rapaces. En este distanciamiento familiar, juega un importante papel la intransigencia de los adultos, que comienzan a considerar y a tratar a sus descendientes como inoportunos invasores de su reino. He visto a un pollo de finales de agosto gimoteando en torno a su madre, que le atacó reiteradamente, obligándole a huir.

Tras un invierno de vagabundeo los azores inmaturos pueden emparejarse, antes de la primera muda, y tener descendencia. Generalmente, son atraídos por un adulto que les inicia en la nidificación. Estos emparejamientos

Sobre un tocón, el pirata de la espesura vigila su feudo. (Foto D. Beer.)

son un claro signo de disminución de los efectivos de la especie y, en países donde el azor está muy perseguido, como en Francia, se ven con frecuencia.

La falta de madurez origina una descendencia escasa que, a veces, no llega al total desarrollo. El azorero francés Mr. Pouplard ha observado en Anjou, durante tres años una pareja cuya hembra comenzó los deberes maternales en plena juventud. El primer año, el nido contenía un huevo infecundo y un pollo; el segundo, dos huevos infecundos y un pollo; el tercero un huevo infecundo y tres pollos. Está bien patente el aumento de la descendencia, a la par que la edad de la hembra. M. de Barmon descubrió en Mayenne una pareja de inmaturos que no pudieron sacar adelante su único polluelo.

Régimen alimenticio del azor en la naturaleza y su influencia en las especies cinegéticas

Se ha hablado mucho y se ha escrito mucho acerca de los daños causados por el azor entre los volátiles y pequeños mamíferos que constituyen nuestra fauna cinegética. Se ha llegado a considerar a este pájaro como un verdadero azote y se le ha puesto a la cabeza de los llamados «dañinos». A tan insensatas consideraciones han contribuido, en particular, los asertos de algunos naturalistas de finales de siglo que, fiándose más de testimonios de campesinos y cazadores que de sus propias observaciones, atribuyeron al azor las más temerosas hazañas y una fantástica capacidad para ingerir perdices, faisanes, liebres y conejos.

Los severos estudios realizados por los modernos ornitólogos, con un estricto criterio de objetividad, han venido a demostrar que este pájaro no es en absoluto perjudicial y debe ser considerado como realmente beneficioso.

El doctor Heinz Brull, presidente del Deuftcher Falken-Orden, ha realizado un trabajo tan minucioso o interesante acerca de la alimentación del azor, que merece la pena seguir de cerca sus observaciones.

«Hasta el presente —afirma el notable halconero-ornitólogo alemán— el papel del azor en la naturaleza y particularmente en las reservas de caza ha sido siempre mal conocido y los estudios que fueron hechos sobre este particular son muy confusos.

Nauman solamente hace mención de los daños causados por el azor y le atribuye erróneamente la captura de presas escondidas en la hierba.

No duda en afirmar que necesita cada día un faisán, una perdiz, una paloma y otro cualquier pájaro de parecida talla.

Brehm ataca al azor con el mismo espíritu y, quizá, con más virulencia. Expone los mismos juicios sin haberlos examinado cuidadosamente y en su «Vida de los animales» desarrolla el punto de vista hostil de los cazadores.

Por lo tanto, es indispensable revisar ahora estas opiniones basándose en observaciones fidedignas.

La cetrería nos ofrece bases experimentales preciosas porque nos permite, mediante observaciones continuas hechas en las mejores condiciones posibles, estudiar los métodos de caza del azor y las reacciones de las presas.

Así, se puede afirmar que la presa que se aplasta inmóvil sobre el suelo está segura de escapar a las garras del azor, porque en él, el reflejo de ataque está ligado a la huida de su presa que, inmóvil, no parece tener la misma significación.

El movimiento no habitual traduce la debilidad, la herida o el traumatismo que facilitará la captura y todas las rapaces le son sensibles.

Todas las trampas que se ceban mediante animales vivos están basadas en este atractivo tan superior al ejercido por el animal muerto, por consiguiente, inmóvil. Es por lo que, a veces, se observan en el régimen de las rapaces presas no habituales, debido a su encuentro fortuito con un animal enfermo, incapturable en perfecta salud; como las perdices respecto a los buteos.

Respecto a las necesidades cotidianas de un azor, la cetrería nos proporciona bases precisas. Sabemos por numerosas experiencias que un azor necesita de 160 a 180 gramos de comida por día. Si hoy come una paloma, no cazará mañana. Por el contrario, con una buena gorga de conejo cuyo valor nutritivo es menor, estará dispuesto a cazar al día siguiente. A una hembra de azor de 1 kilo 200 a 1 kilo 300 gramos le es absolutamente imposible comerse un faisán que pesa 1 kilo 250 gramos.

Por muy preciosas que sean estas experiencias para comprender las costumbres del azor resultan, sin embargo, insuficientes y es necesario determinar la extensión del territorio de caza de una pareja de azores sedentarios para estudiar las repercusiones de sus presas sobre la población de caza menuda que vive en este terreno.»

En este sentido, el doctor Brull, secundado por un magnífico equipo de colaboradores ha realizado una serie de observaciones y búsquedas en el territorio de caza de una pareja de azores sedentarios. Pero, dejémosle de nuevo la pluma.

«En la reserva de Rissen-Holm, cerca de Hamburgo, los hallazgos precisados han sido hechos del 1.º de marzo de 1950 hasta 1956.

La determinación de la extensión del territorio de caza de la pareja de azores habitantes de esta reserva ha podido ser hecha buscando sistemáticamente todas las plumas de estos pájaros, caídas durante la muda, y anotando el lugar donde se han encontrado en un mapa a gran escala. Han sido recogidas desde 1950 a 1955 y han puesto de manifiesto lo que una pareja de azores caza en el curso del año en un territorio de 4.000 hectáreas.

Cada año han criado cuatro pollos; y podemos pensar que esta extensión de terreno corresponde a la necesidad normal de los azores en nuestros campos; por lo que su destrucción no debe de llevarse a cabo sino después de una detenida reflexión. Una condenación total de la especie es un error como vamos a demostrar a continuación estudiando sus presas.»

Enumeración de las presas hechas del primero de marzo de 1950 al 28 de febrero de 1955

Mediante exámenes minuciosos hemos identificado durante este período 2.395 restos de presas correspondientes a 60 especies.

Dividido en cinco años, este total de presas prueba que una pareja de azores, que ha criado cuatro pequeños cada año, consume anualmente, por término medio, 479 presas de talla variada. Esta contribución está ampliamente compensada por el aumento en número de esas diferentes especies, cuya capacidad de reproducción es muy superior a la del azor.

TABLA I

MEDIAS MENSUALES Y ANUALES DE LAS PRESAS CAPTURADAS EN EL CURSO DE CINCO AÑOS

MES	N.º de PRESAS
Enero	30,2
Febrero	30,8
Marzo	45,2
Abril	50,0
Mayo	41,4
Junio	87,0
Julio	55,6
Agosto	34,0
Septiembre	25,0
Octubre	27,6
Noviembre	24,6
Diciembre	27,6
Media anual	479,0

La media mensual de presas se eleva a 30 para la

pareja y se puede notar un neto aumento durante las paradas nupciales y la alimentación de los jóvenes.

1. *Estudio de las presas diarias hechas durante el período de reproducción de 1950.*

Para aclarar estas consideraciones generales vamos a estudiar muchos casos precisos, concernientes a las diferentes especies capturadas y a sus pesos durante la incubación de los huevos, del 27 de marzo al 4 de mayo; el período de cría de los pollos en el nido, del 4 de mayo al 10 de junio y el período de su emancipación progresiva del 10 de junio al 18 de julio. Ver las tablas núms. 2 y 3.

Para comprender bien estas dos gráficas es necesario tener en cuenta:

Que el macho caza sólo durante el período de la incubación, alimentando a la hembra. Por otra parte, se nota que la captura de una presa de gran talla, es seguida al día siguiente, por otra mucho más pequeña.

El aumento en peso de las presas crece evidentemente durante el período de alimentación de los pollos y su disminución anuncia la disolución de la familia cuando todos los elementos cazan por sí mismos. Esta separación tiene lugar hacia el 20 de julio.

TABLA II

ESPECIES Y NÚMERO DE LAS PRESAS CAPTURADAS DURANTE EL PERÍODO DE REPRODUCCIÓN DE 1950

Período de incubación, del 27/3 al 4/5		Período de nutrición en el nido, del 4/5 al 10/6		Período de la 1.ª emancipación fuera del nido, durante el cual los pollos siguen siendo alimentados por sus padres, del 10/6 al 18/7	
Especie	*Cantidad*	*Especie*	*Cantidad*	*Especie*	*Cantidad*
Perdiz		*Perdiz*	8	*Perdiz*	6
Perdix perdix	17	*Conejo*	12	*Conejo*	10
Conejo		*Liebre joven*		*Liebre*	6
Oryxtolagus		Lepus europaeus	3	*Paloma*	23
cuniculus	7	*Faisán*		*Gallina*	6
Paloma		Phasianus colchicus	1	*Corneja*	2
Columba doméstica	6	*Paloma*	10	*Picaza*	2
Alondra		*Paloma torcaz*		*Arrendajo*	4
Alauda arvensis	4	Columba palumbus	4	*Estornino*	40
Mirlo negro		*Gallinas*		*Mirlo*	3
Turdus merula	4	Gallus domesticus	6	*Malvís*	3
Malvís		*Graja*		*Charla*	5
Turdus ericetorum	6	Corvus corone	2	*Bisbita arbóreo*	2
Zorzal		*Picaza*		*Pardillo*	
Turdus pilaris	1	Pica pica	4	Carduelis cannabina	1
Estornino		*Arrendajo*		*Alcaudón*	2
Sturnus vulgaris	1	Garrulus glandarius	3	*Avefría*	1
Pinzón		*Malvís*	8	*Pinzón*	1
Fringilla coelebs	2	*Mirlo negro*	2	*Musaraña*	
Rata de agua		*Charla*	4	Sorex araneus	1
Arvicola terrestris	1	*Estornino*	3	*Ratón de campo*	1
Turón		*Pinzón*	2		
Putorius nivalis	1	*Escribano*	1		
Escribano cerillo		*Bisbita arbóreo*			
Emberiza citrinella	1	Anthus trivialis	3		
Charla		*Avefría*			
Turdus viscivorus	1	Vanellus vanellus	3		
		Alcaudón			
		Lanius collurio	1		
		Ratón de campo			
		Microtus arvalis	2		
Especies	13	Especies	20	Especies	19
Presas	52	Presas	82	Presas	119

171

TABLA III

PESO DE LAS PRESAS TRAÍDAS AL NIDO DURANTE TODO EL PERÍODO DE REPRODUCCIÓN DE 1950

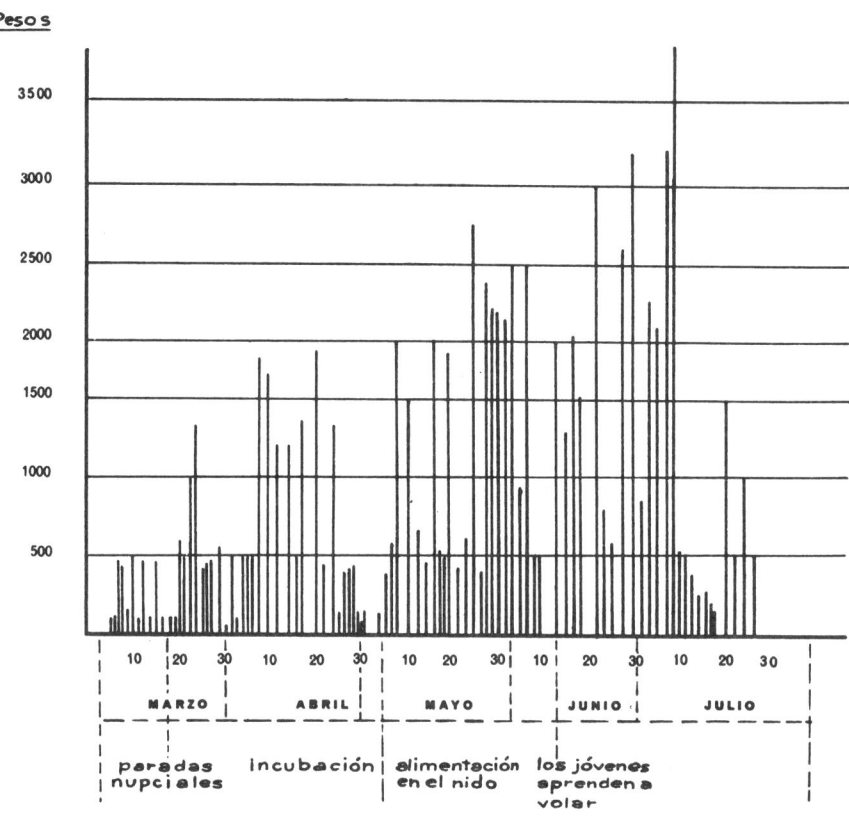

2. *Vista de conjunto de las presas del 1.º de marzo de 1950 al 31 de agosto de 1951.*

La tabla n.º 4 nos da una impresión del ciclo de vida de esta pareja durante el período de observación, del 1.º de marzo de 1950 al 31 de agosto de 1951 y sobre la muda que ha permitido determinar su territorio de caza.

En el mes de junio el azor elige preferentemente los estorninos cuando todos los pollos han salido del nido.

Las palomas torcaces son su presa de preferencia en otoño y en invierno. El alto porcentaje de palomas matadas ha hecho de esta pareja el aliado de los campesinos de la región porque protegían sus semillas.

Algunos pájaros de presa como el gavilán, el buteo, el cernícalo, el búho braquioto y el búho común son capturados por el azor.

3. *Número de perdices, perdigones, cornejas y picazas capturadas sobre un total de 1.831 presas.*

La tabla 5 resume la cuestión y permite constatar el neto aumento de perdices durante su período de celo. Los azores capturan, en efecto, más fácilmente a los machos, en el curso de sus paradas nupciales, cuando luchan sobre pequeñas elevaciones del terreno. Juegan entonces un papel importante en el mantenimiento de una justa proporción entre los sexos, indispensable para la viabilidad de las polladas.

Las cornejas y las picazas capturadas aumentan en nú-

mero en el curso del mes de mayo, junio y julio, período durante el cual son particularmente nocivas para la caza.

TABLA IV

RITMO DE VIDA DE UNA PAREJA DE AZORES

Febrero	
Marzo	Período de paradas nupciales.
Abril Mayo	Período de la incubación.
Junio	Período de la alimentación en el nido.
Julio	Período durante el cual los pollos aprenden a volar.
Agosto Septiembre	Primera emancipación de los jóvenes que cazan en el territorio de sus padres.
Octubre Noviembre	Emancipación definitiva de los jóvenes fuera de este territorio.
Diciembre Enero Febrero	Los jóvenes no hacen más que breves apariciones mientras los padres permanecen

172

TABLA V

NÚMERO DE PERDICES, CUERVOS Y PICAZAS MATADAS POR LA PAREJA DE AZORES ENTRE EL 1.º DE MARZO DE 1950 Y EL 28 DE FEBRERO DE 1954 SOBRE UN TOTAL DE 1831 PRESAS

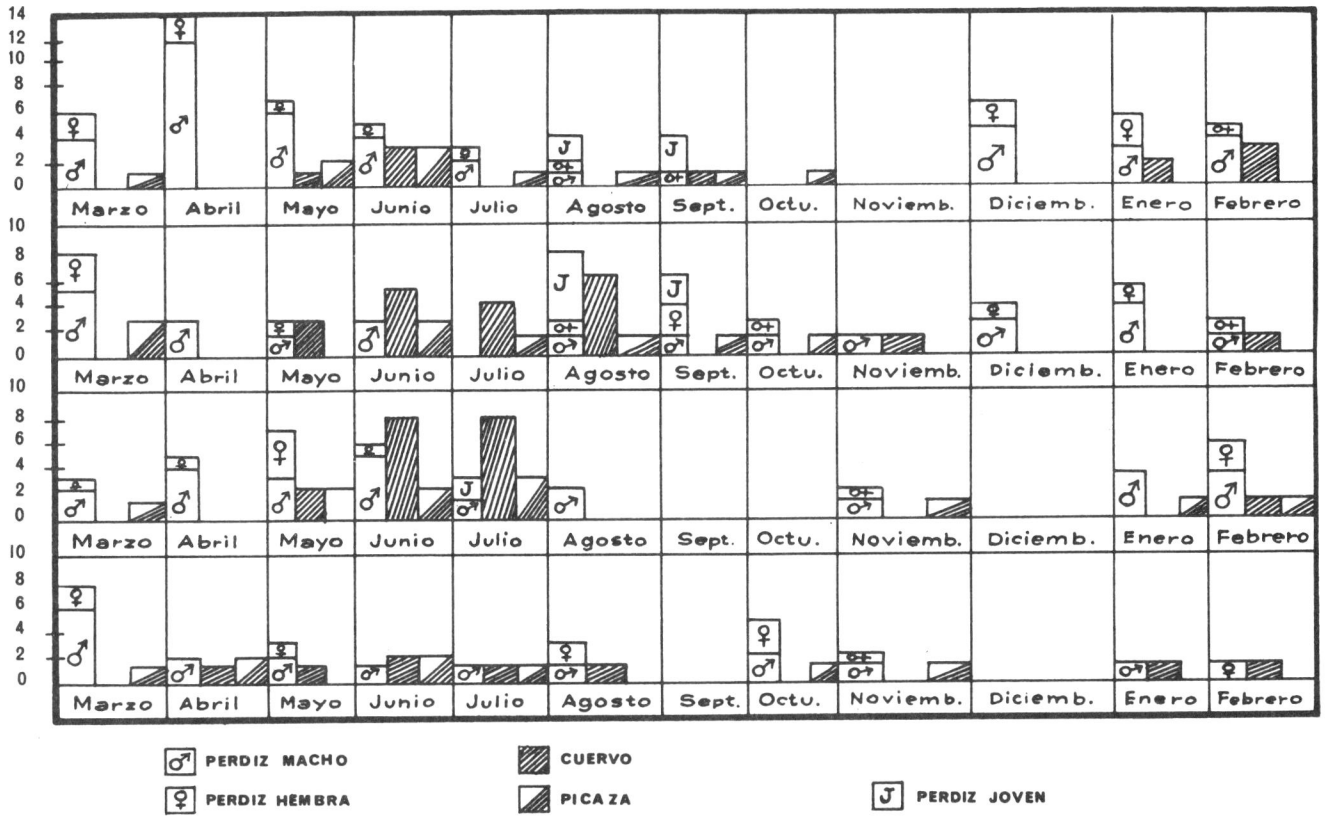

♂ PERDIZ MACHO   ▨ CUERVO

♀ PERDIZ HEMBRA   ▨ PICAZA   J PERDIZ JOVEN

El pequeño número de cornejas capturadas durante el invierno hace pensar que el azor no gusta de atacar a los pájaros reunidos en bandadas numerosas.

La misma disminución se observa acerca de las perdices desde el mes de septiembre a diciembre, porque, viviendo en grupo, pueden ejercer una gran vigilancia.

En el mes de diciembre, por el contrario, cuando el tiempo es apacible tienen tendencia a dispersarse y son cogidas con más facilidad por el azor.

4. *Comparación entre el número de liebres, conejos, perdices, faisanes y palomas capturados por una pareja de azores y los abatidos por los cazadores sobre la reserva n.º 3, del 1.º de agosto de 1952 al 31 de diciembre de 1954.*

La tabla n.º 6 representa la cantidad mensual de liebres, conejos, perdices, faisanes y palomas capturados en una extensión de 3.000 hectáreas.

Reagrupando estos resultados anualmente, la tabla número 7 compara la destrucción ocasionada por los azores con la de los cazadores y permite pensar acerca de la no-civilidad del azor confirmada con tanta vehemencia por éstos.

CONCLUSIÓN

Una pareja de azores ha sido observada minuciosamente durante seis años.

Gracias a los descubrimientos de plumas de muda su territorio de caza ha podido ser determinado; se extiende sobre 4.000 hectáreas.

En él los restos de presas han sido cada mes y, durante el período de la reproducción, cada día recogidos y conservados. Durante estos cinco años, del 1.º de marzo de 1950 al 28 de febrero de 1955, 2.345 presas han sido identificadas y se reparten sobre 60 espècies diferentes; lo que da una media de 479 presas por año para una pareja de azores que ha criado cuatro jóvenes.

El número de perdices, perdigones, cornejas y picazas capturadas, demuestran la misión reguladora del azor en la repartición de los sexos en la perdiz, y limitador del número de las cornejas y picazas que, sin su intervención, se reproducirían en una cantidad demasiado grande.

TABLA VI

NÚMERO DE PRESAS CAPTURADAS POR UNA PAREJA DE AZORES EN 3.000 HECTAREAS

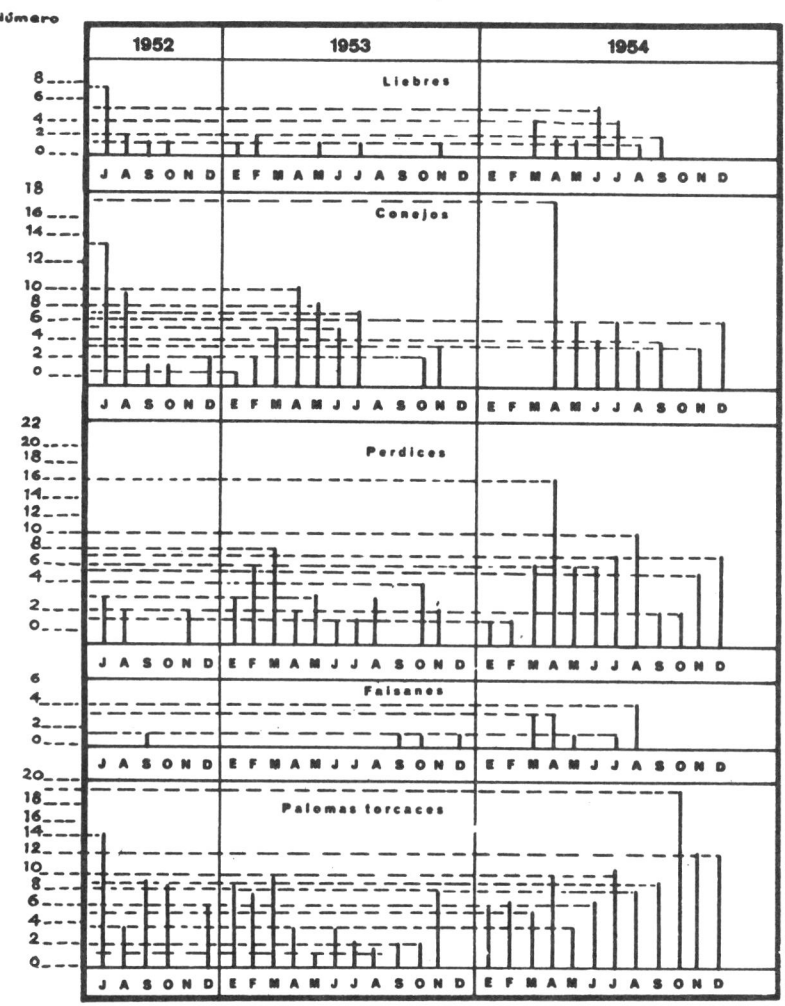

TABLA VII

COMPARACIÓN ENTRE EL NÚMERO DE LIEBRES, PERDICES Y FAISANES CAPTURADOS POR UNA PAREJA DE AZORES EN 3.000 HECTÁREAS DURANTE LOS AÑOS 1952, 1953 Y 1954 Y LOS MATADOS POR LOS CAZADORES EN ESTA MISMA EXTENSIÓN DE TERRENO

	AZORES	CAZADORES
Liebres		
1952	20	502
1953	5	533
1954	21	637
Perdices (en 4.000 Ha.)		
1952	33	164
1953	32	496
1954	69	558
Faisanes		
1952	2	—
1953	6	—
1954	18	26

Por otra parte la comparación entre la caza matada por el azor y la destruida por los cazadores muestra cómo la nocividad del azor es ilusoria e imaginaria.»

Es de tanta importancia y minuciosidad el trabajo realizado por el Dr. Brull que aclara de una manera definitiva la posición del azor en la naturaleza.

Pensando que el halconero ha de ser estudioso de las rapaces en estado salvaje y su acabado defensor, no he dudado en enriquecer este texto con tan valiosa aportación, tomada de la revista «Chasse au vol».

Pero, no sólo en Alemania se vienen realizando estudios en este sentido.

El ornitólogo sueco Ütendorfer, uno de los primeros que observó detenidamente al azor, analizó, en 245 nidos, 7.333 presas, obteniendo los siguientes resultados: 647 eran mamíferos, roedores en su mayor parte. 6.686 aves, entre las cuales, al menos, 1.153 eran arrendajos, 96 picazas, 11 grajillas, 22 grajos y 319 cornejas. Tales datos comprobaron la gran destrucción de córvidos realizada por los azores en Suecia, que equilibra ampliamente el daño causado en las especies cinegéticas.

El francés M. Constantin Chreptowicz, que ha seguido muchos años la vida de una pareja de azores en Loiret, corrobora las anteriores afirmaciones. La disminución de córvidos —cornejas y chovas— en este territorio ha sido progresiva, habiendo terminado por abandonar el bosque como centro de nidificación; durante la cría de cuatro pollos ha contado los restos de 120 chovas y cornejas. La pasada primavera, gracias a la amable invitación y colaboración del Conde de Yebes, que puso a mi disposición a sus magníficos guardas me fue posible montar mi tienda-observatorio a un par de metros de un nido de azores, tras un paulatino acercamiento que duró dos semanas. Desde su interior, el señor Rickemback obtuvo las interesantes fotografías que ilustran este capítulo, y a mí me fue factible llevar un exacto control de la alimentación y actividades de los tres pollos.

La mayor parte de las presas traídas al nido fueron arrendajos y picazas; trajeron también cuatro grandes lagartos y una rata. De las cinco perdices que observé, cuatro eran machos, con grandes espolones; el quinto era un pollo del año, muy retrasado para la época. Pese a la escasez de conejos en la finca, los azores llevaron a sus hijos dos gazapos y un conejo grande.

Era tal la especialización de esta pareja en la caza de arrendajos, que la mayor parte de los que aportaron eran pollos medio emplumados, robados, sin duda, de sus propios nidos. La llegada del azor macho nos era anunciada por los destemplados gritos de un grupo de estos dañinos pájaros que le seguían a través del monte.

Los azores y otras rapaces evitan la proliferación de los córvidos, pájaros muy fecundos y realmente dañinos, por su hábito de robar huevos y polluelos a todas las aves medianas y pequeñas, así como gazapos y lebratos. A este control de las aves dañinas, ha de sumarse el importante papel que juegan los azores en la selección de las especies, al suprimir a los individuos heridos, enfermos o infradotados.

Es insensato perseguir a pájaros tan bellos, escasos y útiles sin tomarse la molestia de comprobar sus pretendidos daños.

El día que España se haya transformado en un inmenso criadero de perdices y hayan desaparecido los azores, los halcones, las águilas y todos los hermosos y necesarios animales carniceros; el día que hayamos conseguido una fauna mutilada, chata y unilateral; el día que podamos ufanarnos de matar miles de perdices en todos nuestros ojeos, habrá llegado el principio del fin: las enfermedades degenerativas e infecciosas y la falta de estímulo vital, derivados de la supresión de la competencia y de la selección natural, acabarán en algunos años con las perdices, como la mixomatosis ha terminado con los conejos.

Todos los predatores poseen un instinto específico para reconocer y atacar a los animales enfermos, heridos o debilitados; constituyendo una auténtica policía sanitaria de la naturaleza. Escribe el doctor Saar, maestro halconero alemán que, habiendo lanzado su halcón contra una bandada de más de 50 grajas, se fue directamente tras

A las 8.45, la hembra llegó con un arrendajo; le dejó en el borde del nido y desapareció.

de una que tenía algunas plumas blancas —un caso de albinismo— sin reparar en el resto del grupo. Las rapaces mantienen la pureza de las especies de las que se nutren, atacando preferentemente a todo ejemplar que presenta una variante de forma, color, movimientos, etc. Uno de mis mejores azores, «Tundra», adiestrado para la caza de conejos y, más tarde, de liebres, no concedió nunca atención a las perdices, aunque le salieran muy cerca. Cazando en la parte baja de una ladera, oí un disparo y, al levantar la cabeza, vi una perdiz que bajaba muy rápida, con una pata colgando. «Tundra» se me fue de la mano, la persiguió hasta el fondo del valle, y la capturó, ya en tierra, al no poder la perdiz esconderse peonando. Su instinto se puso, pues, bien de manifiesto.

SUBESPECIES

Las razas del azor son muy variadas y su descripción y rubricado científico corresponde a un tratado de ornitología. Los cetreros venimos distinguiendo, desde la antigüedad, algunas virtudes o defectos característicos de los pájaros nacidos en determinadas regiones y a ellos de-

175

bemos atenernos si podemos elegir la procedencia de un azor pollo.

En España, fueron muy afamados los azores de Navarra, parecidos a los de Irlanda, que se consideraban extraordinarios. Afirma Juan Vallés «que un rey de Navarra, llamado don Carlos, hizo traer de Irlanda muchos azores y los mandó soltar en los montes de Navarra para que se criasen en ellos, y así criaron que hicieron mucha casta». Sería interesante saber si estos jóvenes importados permanecieron en tierras navarras o, siguiendo su instinto migratorio, retornaron a las Islas Británicas. Sea como fuere los azores navarros se describían como albos o dorados, de buena pinta y talle, muy fuertes, apercibidos y alentados en la caza. Eran famosas las mudas del Roncal, de Saracas y de Valdebro.

Los azores de Galicia y los de la Liébana eran muy buscados, así como los de la Rioja y Cataluña. Los nacidos en los montes de Toledo y de Extremadura, se tenían por medianos, sólo buenos para perdices. Los de Andalucía salían bermejos y mal emplumados.

Realmente, el Ebro marca una línea divisoria en cuanto a las razas españolas del azor se refiere. Los pájaros nacidos al norte son más grandes, más albos, de pinta más gruesa y, a mi parecer, más valientes y recazadores; los procedentes del Sur, son casi todos de tonos roqueses o bermejos. He tenido varios azores de Soria y Burgos, al sur del Ebro, algunos de los Montes de Toledo, y sólo uno del Norte, nacido en un hayedo cercano a la Villa de Oña; ha sido, con notable diferencia, mi mejor pájaro. Sin embargo, este solo hecho no es suficiente para establecer una norma.

De Europa se traían muchos azores, en particular de Alemania y de los Países Escandinavos. Hoy día, siguen abundando en estas tierras y se toman algunos para cetrería; los alemanes son bastante más grandes que los españoles. He tenido cuatro primas procedentes de este país, dos niegas y dos pasajeras; las primeras pesaron 1.250 gramos, las del aire 1.300 gramos. Todas ellas eran de muchas carnes, con el pecho saliente y las espaldas anchas, tenían la pluma más recia y gruesa que los azores meridionales, y el vuelo más rápido y sostenido.

Los azores de Noruega son los mejores del mundo, especialmente los de una raza muy nórdica, el Accipiter gentilis buteoides, de talla y energía realmente enormes. No he conocido estos pájaros y poco puedo decir de sus aptitudes para la caza, pero sospecho que serán magníficos para liebres y grandes presas, como avutardas.

Los azores de Irlanda fueron muy apreciados por los cetreros españoles para el vuelo de la perdiz. Todos los años se exportaban muchos pollos de la isla para toda Europa. El resultado no pudo ser más funesto; hoy, el azor no anida en las Islas Británicas. Bueno será que tomemos nota en los países donde todavía padecemos a los «alimañeros».

En Asia existe una hermosa raza de azores blancos, originales de Siberia Oriental y la Península de Kamtchatka; jóvenes, son de tonos muy claros, y con algunas mudas llegan al blanco puro, con los ojos de color escarlata. Teimur Mirza conoció en la corte de Nasredine Chah, de Persia, una prima y un torzuelo; afirma que eran cazadores excepcionales.

En los Estados Unidos y en el Canadá habita un azor semejante al europeo en cuanto a la talla se refiere; su color es más azulado, con las ondas menos aparentes y ligeramente listadas. Los halconeros americanos lo adiestran con frecuencia, considerándole bueno para volátiles y conejos, pero débil para la caza de liebres.

En Madagascar vive una especie sorprendentemente parecida a la europea, repartida por toda la gran isla. En Australia se encuentra el azor llamado de Nueva Zelanda, con dos fases de color, una gris y otra enteramente blanca. En el mismo nido pueden encontrarse jóvenes con ambas libreas, sin tonos intermedios. Sus costumbres son poco conocidas, y nunca ha sido utilizado en cetrería.

Azor prima niego, recién capturado: su cola tiene ya tres negras. Obsérvese la posición de la mano para no hacerle daño y permanecer a salvo de sus garras.

PROCEDIMIENTOS DE CAPTURA

CAPTURA DE NIEGOS

Para apoderarse de los jóvenes azores ha de comenzarse, naturalmente, por localizar su nido; cosa fácil si se conoce el emplazamiento de una muda. Si la primavera anterior se han dejado uno o dos pollos, como debe hacerse siempre, seguramente el antiguo nido estará reparado y ocupado. Si se tomaron todos, la pareja puede haber construido un nido nuevo, no muy lejos del anterior; la madre no acostumbra a descubrírnoslo dando pasadas y gritando como el peregrino; muchas veces se aleja en silencio. En tal caso, han de examinarse detenidamente todos los árboles y, en especial, el suelo, debajo de ellos. Cuando un nido está ocupado, la hierba u hojarasca aparece cubierta de deyecciones, en forma de líneas, como de lechada de cal.

No conociendo muda alguna, las dificultades son mucho mayores. El procedimiento más práctico y sencillo consiste en informarse en los pueblos o fincas rodeados de pinares u otros bosques. Hay que acudir a los resineros, guardas forestales, y a esos afamados alimañeros que nunca faltan en nuestras aldeas. Las pesquisas han de hacerse en invierno, para que estén todos alertados la próxima primavera. Si se ofrece una buena recompensa por el descubrimiento, todos los nidos de milano y águila ratonera serán empadronados y, con suerte, entre ellos aparece uno de azor.

Por la talla, por el color y, sobre todo, por las características del nido, el águila ratonera o buteo se confunde fácilmente con el azor. Sus nidos son absolutamente semejantes, si bien el buteo lo sitúa, por lo general, en una rama lateral, cerca del tronco; el azor prefiere el centro de la copa. No es raro que ambas rapaces ocupen, por turno, el mismo nido durante algunos años, cuando la pareja de azores dispone de varios en su muda. Los huevos son muy parecidos en tamaño y color; los del buteo, quizá, algo más claros. Los pollos, desde que nacen hasta que se cubren totalmente de plumas, se prestan también a confusiones. El plumón de los ratoneros es gris sucio, su cabeza más voluminosa y redondeada. En los tarsos y en las manos radica la diferencia más apreciable; las de los jóvenes azores llaman la atención por su tamaño y fortaleza y tienen sobre el dorso un pliegue de la piel, que cae ligeramente hacia adelante. Este detalle anatómico es definitivo (fig. 22). A medida que van creciendo, el iris de los azores pasa del gris al amarillo verdoso; ya bien emplumados, son inconfundibles; la larga cola, con sus negras, los corazones de los flancos, y toda la arquitectura del azor es netamente distinta de la del ordinario buteo.

En los bosques de hoja caduca, es fácil descubrir los nidos en el invierno, cuando están desnudos. Deben marcarse los árboles ocupados para visitarlos en primavera. Durante el mes de marzo y principios de abril, los azores se muestran muy bulliciosos, poniendo bien de manifiesto la ubicación de sus mudas, con sus llamadas y altos vuelos.

Descubierto el nido, si no existe peligro de que sea robado, han de dejarse los pollos hasta que completen su desarrollo; no tanto que en el momento de la captura se pierdan en el monte. Si el propio azorero puede trepar al árbol, comprobará la edad de los azores examinándoles la cola; ha de tener, al menos, dos negras. Si sólo presenta una, aún pueden esperar una semana. Cuando ya han aparecido tres bandas, están en condiciones de emprender el vuelo. En árboles inaccesibles para personas normales, el «nativo» comprobará este sencillo detalle para comunicárselo al cetrero.

Para la captura, ha de acudirse provisto, al menos, de dos elementos imprescindibles; una gran bolsa con «coulisse» para cerrar y una larga cuerda para suspenderla hasta el nido; y una cesta, forrada interiormente de arpillera, para transportar los pollos.

Se bajan de uno en uno, dentro de su bolsa ascensor, introduciéndolos inmediatamente en la cesta, que será perfecta si tiene forma rectangular y está compartimentada; las dimensiones de un metro de largo, 60 cms. de ancho y 40 cms. de alto, son adecuadas para tres compartimentos. En el fondo de la cesta nunca ha de ponerse serrín, hierba menuda u otro producto que pueda ser tragado por los pájaros o les irrite los ojos. Lo más práctico es una arpillera en dos o tres dobleces, sobre la que los jóvenes pueden agarrarse y acostarse. Algunos azoreros acostumbran a envolver los pollos en un paño, dejándoles solamente la cabeza fuera, como a un bebé en pañales; con tal aparejo, resultan una especie de momias, fácilmente transportables en una cesta más pequeña. De una forma u otra ha de llevárseles lo antes posible a la halconera para ponerles en libertad en el interior de una cámara.

No es necesario que vuelva a repetir las poderosas razones de sensibilidad, protección de la especie y honor de halconero, que se imponen para no retirar todos los jóvenes azores de un nido. Si se tiene en cuenta que en una temporada solamente se puede adiestrar con cierta perfección un solo azor, huelgan todas las explicaciones.

En España, los azores están en condiciones para ser desnidados desde el 15 de junio al 15 de julio, según las mudas y regiones.

CAPTURA DE RAMEROS

Mientras los rameros permanecen en los árboles inmediatos al nido, saltando de rama en rama y ejercitándose en el vuelo, los padres les traen la comida y todavía no les instruyen en la caza. Suelen mantenerse en este régimen durante una semana o diez días.

Aunque son pájaros muy bonitos, bien emplumados y jaldados, en nada aventajan a los niegos y no reporta utilidad alguna capturarles a esta edad. Dada su costumbre de acudir al nido para comer, se prenden con redes que

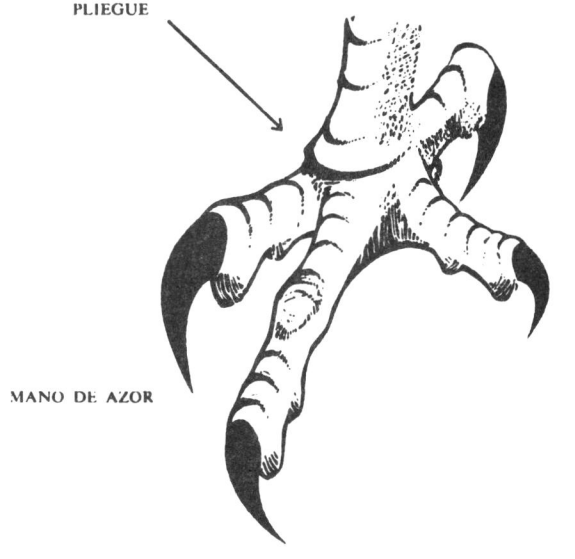

PLIEGUE

MANO DE AZOR

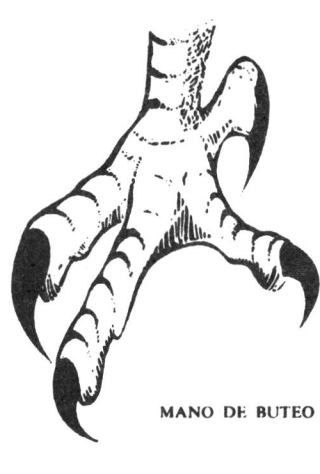

MANO DE BUTEO

Figura 22.

178

se colocan suspendidas entre las ramas, en las entradas naturales.

Araños

Las redes más utilizadas son cuadradas o circulares, de un metro de diámetro, con la malla de unos ocho cms.; están provistas en todo su borde de un cordón que forma una «coulisse». El mejor material para confeccionarlas es la seda o el nilón, teñido de verde oscuro o de negro.

Antes de montarlas conviene observar los pasos de los rameros y proceder a su colocación a primera hora de la mañana, cuando sus padres han salido de caza, y los jóvenes descansan en los árboles próximos. Se cuelgan, eligiendo ramitas fuertes y a propósito, por el cordón del cierre, y se extienden, apoyándolas ligeramente en las ramas vecinas. Han de estar situadas unos 30 cmts. por encima del nivel del nido. Se asemejan a grandes telas de araña, de ahí su nombre.

Cuando los padres regresan, todos se dirigen hacia el nido y ellos mismos o algún pollo pasan por una red que se cierra en su torno y les mantiene envueltos y suspendidos, a salvo de todo traumatismo. Pese a la sorpresa que debe producir a los azores ver a un familiar en tan extraña actitud, o quizá por ella, pueden enredarse varios de ellos antes de mediodía

Sacados cuidadosamente del araño han de ser introducidos en la caja para el transporte o, bien, armados y encaperuzados, sobre el terreno, para llevarles en el puño. Es frecuente que los recién cogidos se debatan rudamente y no permanezcan aplomados. Se calman mucho con una buena ducha de agua fresca, proyectada, en particular, debajo de las alas. Una bota de las empleadas para el vino se presta para tales aspersiones con toda comodidad.

Lazos

Los lazos de nilón fuerte o de crin trenzada, nunca de alambre, bien sujetos en los bordes del nido, bastan para capturarles. Sin embargo no recomiendo este procedimiento, porque si no se les socorre inmediatamente se marrotan mucho y se destrozan el plumaje en las debatidas.

CAPTURA DE AZORES DEL AIRE; ARANIEGOS Y ZAHAREÑOS

Durante todo el mes de julio y agosto los pollos acompañan a sus padres en la caza, primero en los alrededores de la muda, más tarde por todo el contorno. Cuanto más avanzan en este aprendizaje, más aptos son para desempeñar su oficio en cetrería, en particular, si se les va a dedicar a la pluma. En septiembre, hasta su emancipación, están ya cebados en muchas aves, especialmente en palomas, que son raleas muy rápidas; no se desaniman aunque fallen algunas persecuciones, como les ocurre a los niegos; y son alentados y estirados en el vuelo.

En la época de oro de nuestra azorería eran éstos los pájaros más preciados; por el hecho de ser cogidos comúnmente con los araños, se les llamaba araniegos. Los tempranos, en el mes de julio, pueden ser tomados cerca del nido, como los rameros. Más adelante, las visitas a éste se hacen escasas y han de tenderse las redes en sus pasos habituales, cerca de los dormideros, y, en particular, en torno a una presa viva, paloma o pollo.

Cámara de redes

En la captura de halcones gentiles, página 50, ha quedado descrita la cámara de redes, que considero como una de las trampas más eficaces para la captura de azores del aire. Es muy importante elegir un emplazamiento adecuado, en el centro de un calvero con buena visibilidad, por donde se haya visto a los azores cazando, o cerca de sus dormideros, árboles visitados, atalayas, etc. La trampa se instala a primera hora de la mañana, utilizando una paloma muy vigorosa, doblemente atractiva si se ata por el cuello, con un cordelillo de unos diez cms.; en esta situación se debate continuamente y, teniendo en cuenta que el azor caza mucho «de oído», aumentaremos, con los sonoros aletazos, nuestras posibilidades de éxito.

Conviene instalar un observatorio, perfectamente camuflado, a cierta distancia, para librar al pájaro en cuanto se enrede, evitando roturas de plumas y una siempre posible escapatoria.

Sirviéndome de estas redes capturé un viejo torzuelo zahareño, tras varios días de paciente espera. Transcribo las notas que tomé en aquellas emocionantes jornadas, considerándolas de interés para futuros tramperos.

1.º de enero de 1956. — En un abrigado bosquecillo de robles, cerca de Baldazo de Bureba, provincia de Burgos, he descubierto, a última hora de la tarde, abundantes excrementos de una rapaz, bajo un árbol muy protegido por una ladera empinada. He encontrado, también, dos plumadas y los restos de una picaza. Ante la sospecha de que se trate de un azor, me escondo a unos veinte metros del presunto dormidero, a favor de unas carrascas. Al ponerse el sol han entrado muchos malvises y se escucha insistentemente el grito metálico de los mirlos. Desde una chopera situada más abajo, junto al riachuelo, me llega el guirigay de las picazas. De pronto todos se callan y, en el silencio, produciendo como un leve soplo, pasa una sombra alargada, tres metros a mi derecha. Es el azor; frenando bruscamente se posa en una rama baja del roble, dándome la espalda. Casi es de noche, el pájaro no debe verme porque, tras sacudirse sonoramente, permanece inmóvil. Cuando la noche cierra completamente me retiro silenciosamente por el lado opuesto.

Día 2 de enero. — A las ocho y media de la mañana llego al bosquecillo con mis palos, mis redes, y una paloma zurita. Antes de montar la trampa construyo un puesto bien camuflado, al abrigo del monte bajo, 50 mts., ladera arriba.

A las diez y media está todo preparado; la paloma no cesa de debatirse. Llueve ligeramente cuando me introduzco en el puesto. Transcurre toda la mañana sin que aparezca el azor, pero me distraigo con los arrendajos, charlas y otros pájaros. El alcaudón, pequeño pirata, anda tras de los pinzones.

A las cinco y pico aparece el azor, rapidísimo, frente a mí, entre los robles; viene derecho hacia la paloma. ¡Va a tocarla! De pronto, frena, cambia de dirección y desaparece.

No cabe más que una explicación; ha descubierto mi escondite en el último instante. Saliendo, compruebo que desde el sitio ocupado por el azor al espantarse se ven blanquear algunos cortes de las ramas que forman la cabaña.

Día 3 de enero. — Permanezco todo el día dentro del puesto, ¡hace un frío espantoso!, a las tres sustituyo la paloma por otra; estaba cansada y no se movía. Abandono a las seis de la tarde. El azor no ha venido a dormir.

Día 4 de enero. — Observo cuidadosamente todos los rincones del bosquecillo, sin descubrir las deyecciones de la pasada noche. Me dirijo a otra mancha más pequeña, pero muy cerrada, situada en la ladera de enfrente, a unos 3 kilómetros.

Al entrar, descubro el desplumadero de una perdiz; me agacho para recoger unas plumas, cuando el azor sale de unos olmos, 30 metros delante. Tras una hora de escudriñar cada árbol, me llaman la atención, desde lejos, infinidad de manchas blancas, bajo una encina copuda. ¡Son excrementos! Y docenas de plumadas de todos los tamaños. Estoy loco de contento. Al fin he descubierto el dormidero del viejo zorro. Apresuradamente —son más de las cuatro— monto mi cámara de redes, a unos diez metros del árbol, en un claro muy a propósito. Faltándome tiempo para hacer un puesto, me introduzco trabajosamente en una grieta de la rocosa ladera; no veo mi trampa pero domino toda la encina. A las seis menos veinte minutos, un gran pájaro, que no veo bien porque entra de frente, llega silenciosamente y se posa en una rama baja. No puedo respirar de emoción, los latidos de mi corazón retumban en la oscura grieta. Allí está, a veinte metros, moviendo la cabeza de arriba abajo y mirando insistentemente hacia donde debe estar mi paloma, ¡que no hace el menor ruido! Transcurren los minutos como siglos, empieza a lloviznar y anochece... Quizá tiene el buche lleno. De pronto, ¡zas!, un ruido seco de palos; y allí estoy yo, corriendo y rodando, ladera abajo, entumecido y muerto de emoción. Hasta que le tengo en las manos no me doy cuenta de que es un magnífico buteo ¡y cómo se había enredado el pobrecillo! Cuando estoy soltándole, la silueta gris del azor pasa bajo la lluvia.

Día 5 de enero. — Monto mi aparato nuevamente en el bosquecillo del buteo, pero cerca de los olmos donde vi al azor. Permanezco escondido desde las ocho de la mañana a las seis de la tarde...; ¡ni rastro! Salgo muerto de cansancio y de decepción.

Día 6 de enero. — Instalo la trampa en el bosque primitivo, donde vi al azor por primera vez. Las palomas están acostumbradas a su dogal y no se mueven apenas. No tengo ninguna esperanza. Retiro las ramas, con cortes visibles, y me oculto en mi cabaña. Llueve durante todo el día y estoy acribillado de goteras. A pesar del impermeable y del termo me muero de frío, pero ¡hay que aguantar! Como a la 1 y media y me quedo medio dormido. De vez en cuando miro a la paloma; está quieta... se mueve un poco... pero... es muy grande, negra ¡es el azor! se la está comiendo! Estoy petrificado. ¿Cómo ha podido entrar sin enredarse? Con la lluvia ha debido caerse alguna red, acaso todas. No hay nada que hacer. Y el azor sigue desplumando, comiendo, a toda prisa. Pienso que si ha quedado alguna red suspendida, quizá, al emprender el vuelo, pueda enredarse. Doy un salto hacia delante y corro como puedo, cuesta abajo. El azor corre también, no vuela, no puede volar, ¡está enredado! Cuando llego a él, me lanzo al suelo, le cojo con fuerza. Y me quedo allí, transido de alegría, de sorpresa... Solo, con mi pájaro, bajo la lluvia. Tiene los ojos como dos rubíes.

LA FALSA MUDA

Se viene empleando en toda Europa, desde hace muchos años, una gran jaula de doble fondo, llamada falsa muda. En realidad, es como una pequeña muda, de las usadas para descañar los pájaros, con trampa. En la figura 23 he representado un modelo, tomado de Abel Boyer, con alguna ligera modificación.

La sección superior de la jaula está formada por palos bien cepillados, en forma de barrote; nunca por una malla metálica, porque el cautivo se destrozaría el plumaje. En la sección inferior, que conviene forrar de tela metálica, de mejor visibilidad que los barrotes, se mete un comedero, con abundante grano, un bebedero con agua y, en un rincón, un pequeño refugio para que la paloma o pollo que se encierre como atractivo, pueda ponerse a salvo de la lluvia y el viento.

La ventaja de la falsa muda estriba en que, una vez montada, es suficiente con visitarla cada dos días, para comprobar si se ha metido el azor. Distribuyendo algunas de estas trampas en un monte donde haya azores, tarde o temprano, acabarán cayendo. Porque el azor, al descubrir la instalación, si no tiene mucha hambre, es posible que desconfíe del aparato, pero ve la paloma, la vigila, y ya no puede olvidar que allí tiene una presa sencilla. No tardará en volver y atacará por todos los lados, terminando por introducirse y quedar encerrado. En tal situación, puede permanecer mucho tiempo, sin estropearse, hasta que llegue el azorero y lo saque.

LAZOS

Una jaula cualquiera, con una paloma o un pollo en el interior, y un buen número de lazos de crin o de nilón, sujetos firmemente a los barrotes, es muy eficaz para capturar azores. Pero exige una vigilancia constante, para evitar que el prisionero se destroce el plumaje.

LIGA

La liga vulgar y corriente, utilizada para cazar pajaritos, puede dar excelentes resultados, si es de buena calidad. Sus increíbles posibilidades han sido perfectamente comprobadas por mi buen amigo, el halconero Manolo Navarro, que capturó, con unas simples varetas colocadas en su dormidero, ¡un águila de Bonelli, zahareña!

Las varetas, de buen junco, de medio metro, se enligan

sobre 40 cmts. Por la sección limpia se van clavando en los bordes del nido, para la presa de rameros, o bien, oblicuamente, dentro de pequeñas incisiones hechas en las ramas más utilizadas y delimitantes de los pasos, para capturar pasajeros o zahareños. Si un azor toca alguna, la arranca fácilmente y pegándosele en las remiges y timoneras, da con él en tierra. No es necesario advertir que debe permanecerse en observación, para apoderarse del pájaro lo antes posible y librarle del pegamento. Mediante un lavado sucesivo con aceite, ceniza o arena fina y, finalmente, de agua tibia y jabón, las plumas afectadas quedan en perfectas condiciones.

Sólo he empleado la liga para prender cernícalos. He de confesar que el efecto es instantáneo ; quedaban completamente inmovilizados, a pesar de que sus plumas no se ensuciaban con exceso.

CAPTURAS NOCTURNAS

«Cazar aves con lumbre», al amparo de la noche, es una artimaña ya añeja. Con unos cencerros, un farol y un cazamariposas en gran escala, los furtivos hacen buen acopio de perdices. Para las calandrias, basta el sencillo «pisotón y al saco». Gorriones se matan a cientos con una simple linterna y una escopeta de aire comprimido. El principio es el mismo para todas estas alevosas matanzas: al ser deslumbradas, las aves permanecen absolutamente inmóviles ; su cerebro óptico se muestra incapaz de reaccionar. Tal particularidad fisiológica nos permite la caza nocturna de azores y de gavilanes.

El aparejo se compone de una larga caña, de varias secciones para darle la longitud deseada ; en la punta se sujeta una potente lámpara de bolsillo, de forma cilíndrica,

para su más cómodo acoplamiento ; una máscara de verdugo, negra, que cubra completamente la cara del operador ; y un par de guantes, igualmente negros, así como la ropa ; una segunda caña idéntica a la primera, salvo que, en lugar de llevar una linterna, lleva un lazo corredizo, hecho de nilón fino, trenzado, para que se mantenga abierto y en adecuada posición. A través de una serie de anillitos, de los que están dotados las cañas de pescar, el lazo podrá cerrarse desde abajo, tirando del nilón. No disponiendo de este mecanismo, es necesario dar un tirón de la caña hacia abajo, para enlazar al azor ; sino se acierta, se espanta inevitablemente.

Descubierto el árbol donde duerme el pájaro, se acude, bien entrada la noche, con todo el aparato a punto y en el máximo silencio ; ya, bajo el árbol, se enciende la lámpara y, con su luz, se le busca de rama en rama ; una vez descubierto, sin retirarle el foco, se le va acercando poco a poco, hasta situarle junto a su rostro. Interviene el ayudante, que, manejando su caña, sin ponerla nunca ante la linterna, introduce el lazo en torno a la cabeza y, en el acto, tira del nilón. Lo antes posible, para que el pájaro no se estrangule, se le hace descender, guardando silencio, se le encaperuza y arma.

Estas manipulaciones son muy sencillas para escritas. Pero, en una oscura noche del mes de julio, bajo un hayedo lleno de misterio y de silencio, es harina de otro costal ; allí me ví yo, temblando como un azogado y moviendo mi caña como un director de orquesta ; el azor, una enorme prima, ramera, se dejó poner el lacito en el cuello, tras una buena docena de intentos. Verdaderamente, no la merecí.

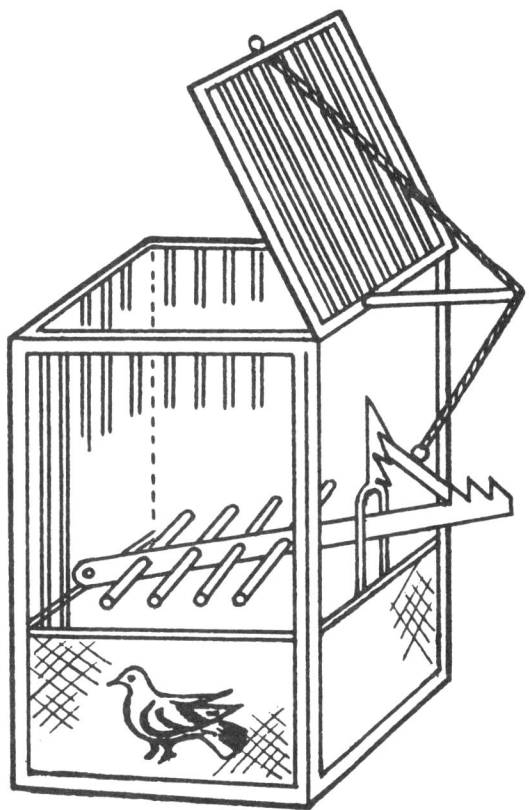

Figura 23. La falsa muda. Según A. Boyer.

CRIANZA DE AZORES NIEGOS

Los jóvenes azores, igual que los halcones, pueden ser criados en cautividad o en libertad vigilada. Antes de descubrir los métodos, anticipo mi opinión respecto a sus resultados: para el azor, la crianza campestre no reporta ningún beneficio de orden práctico. Este pájaro no ha de elevarse para cazar, no ha de mantenerse en el aire, sus persecuciones son cortas, decisivas, y con un adecuado entrenamiento adquiere la suficiente velocidad y resistencia para desempeñar correctamente su oficio. Sin embargo, es muy entretenido observar a los azores criados en libertad en sus idas y venidas; y, sin duda, debe resultarles más agradable este género de vida que la permanencia en el interior de una muda.

CRIANZA EN CAUTIVIDAD

Todas las instrucciones escritas para la crianza de peregrinos (página 77), son perfectamente válidas para los azores. Las medidas, la orientación y ordenación de las mudas ha de ser idéntica. Pero, además de las piedras o bloques, conviene colocar firmemente (lo mejor es empotrarlas en la pared) dos o tres gruesas ramas rectas, sin descortezar y de distinto grosor; una se sitúa cerca de los barrotes y baja, a 50 cmts., para que los pollos puedan tomar el sol de la mañana; la segunda, se coloca en el centro de la cámara, a un metro de altura; la tercera, que será la más gruesa, cerca del fondo, a dos metros de altura; en ella dormirán los pájaros.

La alimentación de los jóvenes azores será a base de volátiles variados, igual que la descrita para los halcones. Sin embargo, soportan mejor las carnes desolladizas, que no habrán de dárseles más de un par de días a la semana, siendo de buey, caballo o carnero, de primera calidad, absolutamente limpia de aponeurosis, tendones o grasa. Las ratas blancas, ratas de agua o ratas comunes, son excelente alimento, si son frescas y se conoce su procedencia. ¡Más de un azorero ha perdido a su viejo camarada víctima de un raticida! Las ardillas, las liebres y el conejo están también muy indicadas; estos últimos son de poco alimento.

Todas las precauciones son pocas para que los azores no contraigan el vicio de piar; más inteligentes que los halcones, reconocen muy pronto a su proveedor y le reciben con voces insufribles. Ha de echárseles siempre la comida a través de la trampilla.

Estando muy capacitados para saltar a los posaderos, el principiante puede engañarse y sacarlos antes de que estén totalmente descañados. Es preciso esperar hasta que todas las plumas hayan alcanzado la longitud máxima, lo que se nota porque las cuatro negras de la cola son perfectamente aparentes.

Llegado este momento, es muy conveniente despertar a los azores que se van a dedicar a la pluma, con algunos escapes de palomas, en el interior de la cámara. Los reservados para liebres o conejos no precisan tal enseñanza, como explicaremos más adelante.

Las presas se les echan siguiendo las normas dadas para el peregrino (pág. 37), salvo que, previamente, habrán sido separados los jóvenes azores y metidos en cámaras diferentes. En caso contrario, iniciados en el instinto, no tardarían en atacarse y darse muerte.

Cuando los azores se meten en la cámara con dos negras, al mes deben estar ya enjutos y conociendo el vivo; aptos para comenzar el adiestramiento.

CRIANZA CAMPESTRE

Para la crianza en libertad, ha de contarse con una propiedad bien arbolada, a salvo de cazadores, niños, etc. Se elige un árbol copudo, con buena sombra, y en una horquilla, a propósito, se construye un nido artificial. Suele emplearse un tonel desfondado, colocado horizontalmente, con sus aberturas orientadas al saliente y al poniente, respectivamente; los pollos están protegidos del sol fuerte del mediodía y de la lluvia. Una buena cama de bálago o de heno completa la instalación. Hay azoreros que construyen mañosamente un auténtico nido; otros se traen del monte el propio de los azores. Para evitar que los pollos se caigan o se tiren cuando aún no pueden volar, se rodea la instalación de una barrera circular de tela metálica o, mejor, de barrotes.

Mientras los jóvenes permanecen en el nido, para no asustarles, se les sube la comida mediante una pértiga; cuando comienzan a volar, se ata en una plataforma, clavada sobre un alto pilote, a salvo de gatos y perros.

Para seres tan despiertos y mordaces como los azores, dos semanas de libertad son suficientes. Si se prolonga su esparcimiento, los dueños de los gallineros vecinos relatarán al azorero, previo pago, las aventuras de su pupilo. El araño, la red en arco, o unos simples lazos montados en la plataforma, bastan para capturar a estos gozosos inexpertos.

Cuando los niegos se acostumbran a matar gallinas, en sus aventuras de la crianza campestre, jamás pierden ese vicio. Esta es la razón por la que no se usa este procedimiento.

EQUIPO Y HERRAMENTAL
DE CAZA

PIHUELAS

Unas buenas pihuelas de azor han de ser largas y fuertes. Largas, porque en la caza se lleva al pájaro, durante horas, cogido por ellas; con las debatidas y los ataques a presas inconvenientes o lejanas, se cansa mucho la mano si las pihuelas son cortas. Por otra parte, el azor no puede ir bien asentado en el puño si no se le lleva largo. Las pihuelas han de ser fuertes para mantener en seguridad a semejante titán.

La piel de perro, siendo espesa, del lomo, puede emplearse, pero es mejor un buen cuero curtido al cromo; recio y resistente al agua de los baños. El cuero de buey adobado, convenientemente rebajado, y el de venado, son buenos. Antes de cortar las pihuelas ha de engrasarse el cuero muy bien, mojarse, estirarse y enjugarse, tendido al aire. Se termina por darle otra ligera mano de buena grasa.

En torno al zanco, la pihuela forma un ensanchamiento, «la polaina», con los bordes cortados por una serie de pequeñas incisiones (fig. 24), que la hermosean. Ha de quedar holgada, girando y deslizándose muy bien, de modo que caiga un poco sobre la mano.

Las dimensiones son: 280 mms. de longitud, 14 mms. de anchura y, la más importante, por determinar el hueco de la polaina: 80 mms. entre los dos extremos anteriores de los ojales que delimitan el ensanchamiento (figura 24). Si el cuero es fino esta medida puede reducirse a 75 mms. Los torzuelos quedan bien apiolados reduciendo estas dimensiones en 5 mms.

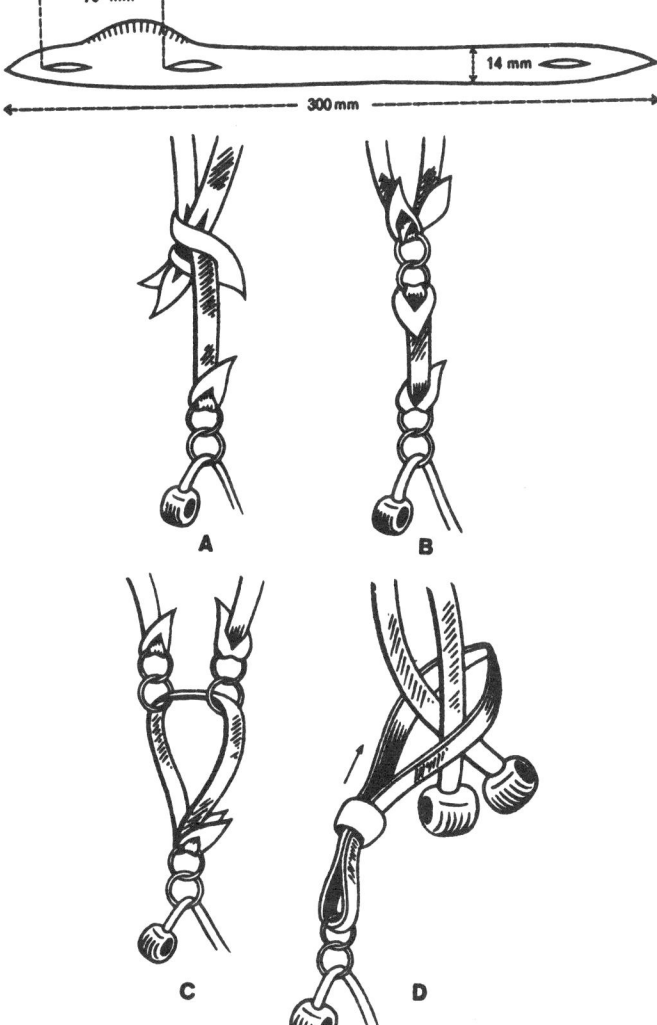

Figura 24.

Arriba: Modelo de pihuela para azor prima. A, B, C: Distintos procedimientos para colocar el salto de las pihuelas. D: Pihuelas antiguas y pieza intermediaria para unirlas al tornillo.

185

Fadrique Zúñiga Sotomayor, tan reiterativo y meticuloso en sus descripciones, es parco en la de las pihuelas, pero deja entrever que no terminaban en ojales para el tornillo, sino en un botón de cuero o metal. Tal dispositivo debía de ser muy cómodo para llevar el azor en la mano, a salvo de sus fantasías.

Los árabes del Norte de África emplean todavía este género de pihuelas. Para la trabazón con el tornillo se sirven de un «salto» dotado de una pieza deslizante (figura 24) necesariamente semejante al utilizado por nuestros viejos azoreros.

En Europa, en la misma época, las pihuelas terminaban en dos anillitos de plata, con el nombre del pájaro y del propietario grabados; los franceses las llamaban «vervelles». Esta diferencia artesanal, demuestra cuán emparentada estaba nuestra antigua cetrería con la árabe.

EL SALTO DE LAS PIHUELAS

Aunque las pihuelas tengan las medidas recomendadas, son demasiado cortas para impedir que el azor se rompa las plumas de la cola en la alcántara, al debatirse. Si fueran más largas, resultarían molestas en el vuelo. Se soluciona esta deficiencia interponiendo entre las pihuelas y la lonja una pieza de cuero llamada el salto (figura 24). Es una simple tira, de la misma calidad y grosor que las pihuelas, con un ojal abierto en cada extremo; debe medir unos 15 cmts.

Para colocarlo del modo más simple, se le pone el tornillo en un extremo, exactamente igual que se hace con una pihuela y, uniendo los ojales terminales de ambas pihuelas, se atraviesan por el extremo libre del salto, pasando luego por su ojal el resto de la pieza con el doble anillo (figura 24 A). Con esta trabazón pueden enroscarse las pihuelas sobre sí mismas, en las vueltas del pájaro.

Resulta más práctico, colocar un tornillo en las pihuelas, como se hace normalmente y, en su anillo libre, poner el salto, como se ha descrito anteriormente, (figura 24 B).

El máximo de seguridad, y también de complicación, se obtiene con tres tornillos; uno para cada pihuela y el tercero para el salto. Esta pieza ha de ser doble (figura 24 C).

Hoy día, se usa muy poco el salto de las pihuelas, porque los azores permanecen la mayor parte del tiempo al aire libre, sobre un arco. Yo sólo lo utilizo para pájaros muy debatidores o, cuando por alguna razón, han de estar en la alcándara durante todo el día. En tales casos empleo el sistema de tres tornillos.

LA LONJA

La lonja del azor —idéntica en su confección y medidas a la del peregrino— ha de ser comprobadamente fuerte; capaz de soportar 25 kgs. de peso, con plena seguridad. El cuero de buey, vaca, venado, etc., cumple bien este requisito. Su duración depende, en gran parte, de su frecuente engrase.

TORNILLO

Para el azor, el tornillo ha de ser también fuerte, a toda prueba. Los que forman parte de los mosquetones para perros grandes son muy resistentes. Si su anillo no está completamente cerrado, conviene darle un punto de soldadura. Ya en uso, es procedente revisarle de vez en cuando.

CASCABELES

Aquí viene a cuento explicar que la palabra cascabel proviene, por corrupción, de la inglesa Goshawk - bel (Goshawk significa azor y bel, campanita). Baste este detalle filológico para hacerse cargo de que el cascabel y el azor son inseparables. Y que los cascabeles, bordón y prima, sean grandes, sonoros, siempre limpios de barros o tropiezos que los enmudezcan.

Algunos azoreros ponen un solo cascabel a sus pájaros, sujeto al cañón de una pluma central de la cola, entre el estropajo. Con la buena costumbre de mover su «balançoire», el azor se descubre muy pronto en el monte. La ventaja de este procedimiento estriba en la mayor duración del cascabel; en los zancos, con el debatirse y el trastejar, no se conservan con buen sonido más de un año.

Los cascabeles del azor, o los de cualquier otra ave, no deben tener un agujero al final de la ranura, como los usados corrientemente, sino una abertura lineal, sin ensanchamiento alguno. En caso contrario, al andarse en ellos con el pico, los pájaros se encascabelan, es decir, se quedan trabados, sin poder sacar el pico del orificio, habiendo llegado, en ocasiones, a morir en tan penosa situación.

CORREONES

Los portacascabeles para el azor pueden llevar la misma trabazón que para los halcones. Es más segura, sin embargo, a prueba de todo embate, la trabazón de doble nudo (figura 24 A).

LA CAPERUZA

No todos los autores son partidarios del uso de la caperuza para el azor. Los niegos pueden adiestrarse y manejarse perfectamente sin ella. Para los pasajeros y zahareños es imprescindible; más adelante volveremos ampliamente sobre este punto.

Siendo la cabeza del azor más alargada y estrecha que la del halcón, la forma de la caperuza ha de ser ligeramente modificada. La abertura para el pico será también más estrecha.

La caperuza india o angloindia, talla de peregrino prima, amplia, se adapta bien al azor prima.

Con cuero semirrígido, se puede confeccionar una caperuza muy cómoda, siguiendo las instrucciones de la figura 25. Parecida al modelo holandés, no necesita, sin embargo, ser moldeada, manteniendo su forma por la disposición de las costuras.

LA LÚA

Ciertos azores, para mí, los mejores, no se posan en el guante; lo cazan. Y su fuerza, el poder de penetración de sus uñas, son increíbles. Para evitar heridas constantes y muy dolorosas, el guante ha de confeccionarse con un cuero muy fuerte. Pero, si el material es grueso y rígido, la mano no se cierra bien, resultando difícil sujetar al pájaro por las pihuelas, durante la caza.

No es lo mismo, sin embargo, un cuero grueso que un cuero impenetrable. Y ha de buscarse, precisamente, un material fino y compacto, para agarrar bien las pihuelas, sentir al pájaro, y no sufrir la caricia de sus uñas. La piel de perro, doble sobre el dorso y borde de la mano, así como sobre el dedo pulgar, el índice y el medio, es excelente.

los bancos empleados para los halcones no le convienen.

La percha más utilizada para enjardinarle es un simple arco, hecho con una rama flexible o un tubo metálico, convenientemente forrado de badana. La lonja se anuda a una anilla, que se desliza a lo largo del arco, cuando el pájaro se debate. En la figura 26 se detallan sus medidas y características. Para hacerla más sencilla, búsquese una rama de 65 cmts. de grosor, dóblese, ablandándola con vapor de agua, hasta formar un arco, cuya forma se mantiene mediante un alambre, A B; de manera que desde

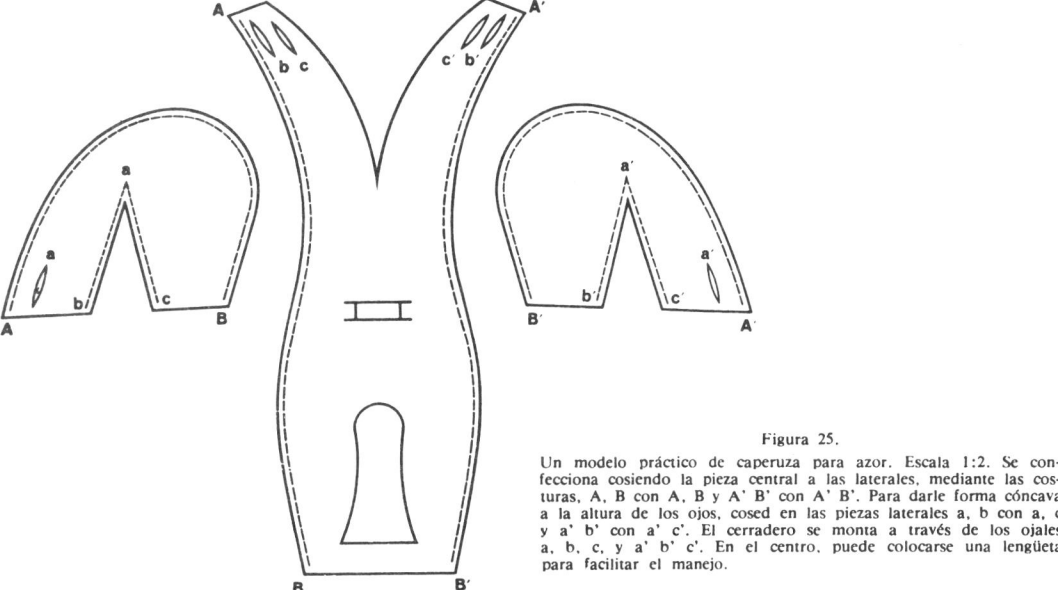

Figura 25.
Un modelo práctico de caperuza para azor. Escala 1:2. Se confecciona cosiendo la pieza central a las laterales, mediante las costuras, A, B con A, B y A' B' con A' B'. Para darle forma cóncava a la altura de los ojos, cosed en las piezas laterales a, b con a, c y a' b' con a' c'. El cerradero se monta a través de los ojales a, b, c, y a' b' c'. En el centro, puede colocarse una lengüeta para facilitar el manejo.

Los azores dedicados a liebres, que han de conservar las uñas perfectamente afiladas, destrozan muy pronto cualquier guante que no sea realmente grueso. Para ellos, empleo dos guantes; uno muy fuerte, de cuero al cromo, dedicado exclusivamente para darles de comer y en los vuelos de entrenamiento a la mano. El segundo es el guante de caza; flexible, bien engrasado y ligero, me permite lanzar con toda comodidad. En cuanto el azor hace presa y ha de ser cebado, lo sustituyo por el guante rústico.

El Emperador Federico II recomienda que el halconero vaya provisto de dos guantes: uno para la mano derecha y otro para la izquierda, para que, cuando cambia el viento, pueda llevar el pájaro bien orientado.

Para el azor, el consejo no puede ser más juicioso y, ya que yo no he tenido la prudencia de hacerlo, aconsejo al nuevo azorero que se acostumbre desde el principio a lanzar con las dos manos, porque, como en los comienzos con ambas lo hará mal, el pájaro no va a notarlo. Y, con la experiencia, irán mejorando gradualmente el animal y el amo. Muchas veces he dejado de cazar porque se me cansaba la mano izquierda y no acertaría a lanzar el azor con la derecha, ni a retenerlo, ni a recogerlo con gracia.

LA PERCHA EN ARCO

En estado salvaje, el azor raramente descansa sobre las superficies planas; sus manos están constituidas para posarse en las ramas. Por tal razón

el centro del alambre a lo alto del arco haya unos 30 cmts. Sus extremidades agudizadas, A, C y B, D, tendrán una longitud de 26 cmts., que se clava firmemente en el césped. La anilla metálica para anudar la lonja, ha de ser lo suficientemente amplia para que se deslice a lo largo del arco, unos doce cmts. y se coloca, naturalmente, antes de

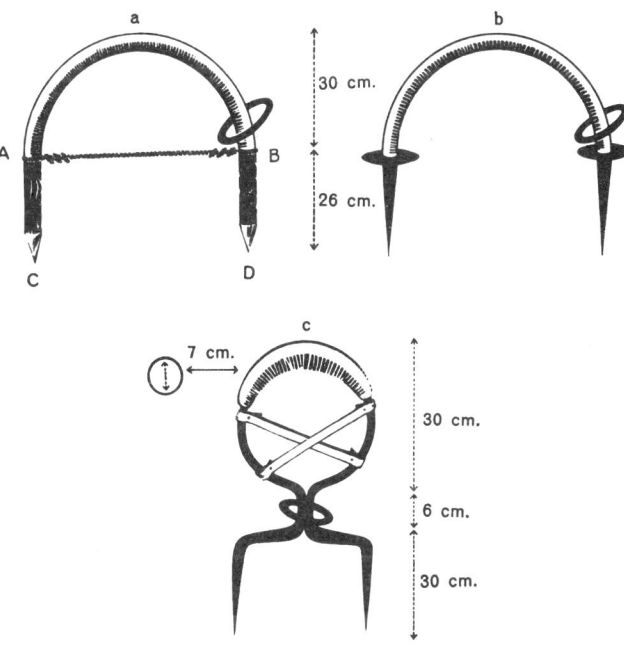

Figura 26.
PERCHAS PARA EL AZOR. A. Percha en arco rústica. B. Percha en arco metálica. C. Percha redonda.

poner el alambre A, B, que quedará apoyado en el césped cuando la percha está clavada. El cuero empleado para forro, debe estar muy bien cosido, sin pliegues, así como limpio y adobado.

Sin embargo, encontrar una rama del grosor y longitud apropiadas, y dominar los secretos de su moldeado al vapor, no está al alcance de todo el mundo. Por otra parte, estas perchas vegetales no duran mucho, porque sus pies se pudren con la humedad. Es más aconsejable encargar a un herrero un arco semejante de tubo metálico, con dos arandelas, como expresa la figura 26, para darle más fijeza e impedir que se salga el anillo. También ha de ir forrado de cuero.

Más complicada y cara, pero más manejable, es la percha redonda (figura 26) que se construye con una varilla metálica de dos cmts. de grosor, doblada hasta formar un aro de treinta cmts de diámetro, seguido por una prolongación, como el mango de una raqueta, de seis cmts. de largo, que, a su vez, se ramifica, primero hacia fuera, en una longitud de quince cmts. y luego hacia abajo formando como las púas de un tenedor, de treinta cmts. de longitud, para introducirlas en el césped. El anillo para anudar la lonja, colocado en el mango, debe tener ocho cmts. de diámetro. La mitad superior del aro va forrado con un buen cuero, relleno de borra, hasta adquirir un espesor de 65 ó 70 mms. Para evitar que el azor se introduzca por el aro y se líe su lonja, se colocan dos tiras de cuero, tensas y cruzadas.

La alcándara del azor es idéntica a la descrita por el peregrino, aunque no es necesario dar tanta anchura al travesaño superior.

LAS ALCÁNDARAS A «TROLE»

Los modernos azoreros de todos los países, suelen adolecer de falta de tiempo o de caza para sacar a sus pájaros con la necesaria frecuencia. La forzada inactividad les conduce a una pérdida de resistencia y a constantes debatidas, que se traducen en rotura de plumas, desgaste de uñas y desazón para su propietario.

En un encomiable esfuerzo para facilitar al azor —o al gavilán— cierto ejercicio saludable se han introducido recientemente en Cetrería las perchas a «trole». En principio se trata de unir dos alcándaras o arcos mediante un alambre fuerte y tenso, por el que se desliza un doble anillo (tornillo), sujeto a la punta de la lonja del azor.

Tal mecanismo, permite al pájaro volar cómodamente de una percha a la otra, según sus gustos o necesidades. Es aconsejable que la instalación esté montada a lo largo de un seto o pared y que las perchas sean igualmente confortables, porque, en caso contrario, el azor, tras algunas pruebas, elige una y raramente la abandona. La longitud del alambre puede ser de 10, 30 ó 50 metros, según la amplitud del jardín donde se instale.

Philippe Ramband, «maître de vol», de la A. N. F. A F., describe en «Chasse au vol», el dispositivo diseñado por Michel Malet, maestro azorero, que considero superior a los arcos o perchas bajas, porque permite al azor disfrutar del confort de la alcándara y de las ventajas del césped. Consta de dos alcándaras en semicírculo, de la altura de una alcándara ordinaria; están separadas por una distancia variable, según el terreno de que se disponga; entre ellas, un alambre fuerte, muy tenso, extendido a ras del suelo, sobre el que se desliza un doble anillo, al que se anuda el extremo de la lonja; en cada extremo, una clavija metálica, calculada de modo que si el pájaro pretende sobrepasar la alcándara, queda colgado hacia el exterior, el tornillo y las pihuelas sobre el travesaño, exactamente como ocurre cuando el pájaro está atado a la manera clásica. Las alcándaras tienen forma de semicírculo, con el fin de que el pájaro se pueda posar cómodamente si va hacia la derecha o hacia la izquierda. La tela debe llegar hasta el suelo, para evitar que el pájaro pase por debajo; y —precaución esencial— un pequeño añadido de tela se colocará a izquierda y derecha de cada extremo, para que no pueda pasar a pie por detrás de las alcándaras.

Son necesarios algunos días para que el azor aprenda a trasladarse correctamente de uno a otro posadero; llamándole muchas veces y reenviándole hacia la percha, de cerca, al principio; más tarde, de lejos, se habituará rápidamente. De todos modos, si se puede sacar a los pájaros de caza con la necesaria frecuencia, las perchas clásicas son perfectas y nos evitan la complejidad de estas instalaciones.

EL SEÑUELO

Para los azores dedicados a la pluma, si va a emplearse el señuelo, puede confeccionarse exactamente igual que el descrito para los halcones.

Los azores reservados para conejos o liebres no conocerán otro señuelo que el confeccionado con la piel de uno de estos animales, rellena de pelote. Y que sea lo más grande posible, con unas correas a la altura del cuello para atar la carne. Si en la parte inferior, correspondiente al vientre del roedor, el señuelo es plano, se deslizará mejor, sin rodar sobre sí mismo.

Ha de estar provisto de una larga cuerda para arrastrarlo, ya que este artefacto no se voltea; los conejos no vuelan.

EL BASTÓN DE CAZA

El azorero pasa muchas horas en el campo; idealmente. la jornada completa. En los descansos, a la hora del almuerzo, o cuando se le pone junto a un arroyo para que se bañe, el azor necesita un posadero cómodo y seguro Para tal efecto, me sirvo de un bastoncito, terminado en una contera metálica, puntiaguda, cuya empuñadura forma una sencilla cruceta, forrada de badana. Acostumbrado a sus múltiples aplicaciones, no puedo cazar a gusto cuando lo olvido; me sirve de apoyo en las laderas empinadas y malos pasos; tanteo matorrales y carrascas; golpeo el tronco de los árboles, para levantar las liebres; en los descansos, clavado profundamente en el suelo y atada la lonja a su vástago, es una codiciada percha donde el azor repone fuerzas. Es también muy útil para posar a los alumnos en las lecciones de campo.

ADIESTRAMIENTO
DEL AZOR

APLICABLE A TODAS LAS AVES DE BAJO VUELO

«La plata al cuño y el azor al puño»

El azor no ha podido librarse de la manifiesta influencia que el medio forestal ejerce sobre el carácter. Es bien conocida la desconfianza con que el montañés, el habitante de los espacios verdes y quebrados, recibe a todo recién llegado. Necesita mucho tiempo para otorgar su amistad, pero, será inquebrantable una vez sellada. Y la dulzura, la sensibilidad, el espíritu de independencia, el valor indomable que adorna a los pueblos montañeses de toda la tierra, se concretan en el carácter del azor, dándole matices verdaderamente humanos.

Con el peregrino, abierto y hospitalario, siempre dispuesto a recibir con alegría a todo recién llegado, universal, como todo buen habitante del llano infinito, las dificultades del adiestramiento estriban en los procesos puramente físicos. El azor, por el contrario, exige la máxima sutileza para su sometimiento psicológico. La fase más importante y decisiva de su doma es el amansamiento.

AMANSAMIENTO

El amansamiento de los azores difiere, según se trate de niegos o de pájaros del aire; a los primeros es tradicional amansarles sin el empleo de la caperuza, los segundos han de ser encaperuzados cual si se tratara de halcones.

CÓMO SE AMANSA A LOS NIEGOS

Durante las semanas de permanencia en la muda, los jóvenes azores habrán olvidado el mal recuerdo de su captura en el nido. El azorero ha de actuar de tal manera que el necesario abatimiento, para ser armados y sacados, les resulte lo menos molesto posible.

Es necesario actuar de noche, en silencio, siguiendo las instrucciones descritas para los peregrinos (pág. 77). El cuarto para la velada estará escasamente iluminado; en la penumbra, el pollo, colocado sobre la mano del azorero por la persona que le ha sujetado mientras le armaban, permanecerá tranquilo, sin debatirse. En esta primera noche, acostumbro a tener a mis niegos hasta el amanecer; su comportamiento es variable; algunos se mantienen inmóviles sobre la mano, con las alas entreabiertas, y aire aterrorizado, sin cambiar de postura ni mover una pluma. Conviene girar la mano suavemente, para que, al pretender conservar el equilibrio, se vean obligados a moverse y salir de su estupor. Otros, más molestos, se debaten mucho, resistiéndose, al principio, a mantenerse derechos, abandonándose inertes, cabeza abajo. Ayudándose con la mano derecha ha de subírseles cuantas veces sea necesario.

Los de mejor carácter se muestran muy curiosos, mirando con gesto absorto el rostro de su dueño y el de sus acompañantes, fisgando todos los trastos semivisibles del cuarto, en busca de un posadero más confortable.

Como antes de sacarles de la muda habrán sido desainados convenientemente y la víspera han comido muy poco, es corriente que en esta primera velada coman ya sobre el puño de su maestro; ha de dárseles carne de buey, de caballo o, lo que es mejor, de conejo, en un suculento pedazo, que venza sus escasas reservas mentales. Todos los trucos recomendados para los peregrinos, como tocarles las manos, darles un pedacito al pico, acariciarles con una pluma, pueden emplearse con los azores. Al iniciar esta primera comida se emite el chasqueo de la lengua característico, ininterrumpido hasta que termina. Después de comer puede sacársele a pasear por el jardín o por el campo ; agradable ejercicio en las noches de julio y agosto, cuando se acostumbra a sacar a los niegos.

Terminada la sesión, si el pájaro ha de permanecer solo, conviene atarle a un arco o percha baja, en el interior de una habitación oscura ; mejor es que descanse en una alcándara, en el propio cuarto del azorero, donde puede ser socorrido si se cuelga. Lo más perfecto es que un segundo azorero se haga cargo del niego y lo tenga durante toda la mañana en el campo, en un paraje sombrío y solitario, dándole de comer cuantas veces lo acepte.

El grado de mansedumbre del azor en la segunda velada depende, en gran parte, de donde haya permanecido mientras no haya podido tenerle su maestro. Por lo general, adormilados, con una pata levantada, soportan la

Azor prima, pollo, sobre la percha en arco.

presencia de todo el mundo con cómica resignación. Se le dará de comer, emitiendo el chasqueo y, más tarde, volverá a paseársele por el campo. Después de esta segunda velada, descansará por cualquiera de los tres procedimientos indicados para la primera.

Durante toda la semana, ha de procurarse tener al alumno en la mano todo el tiempo que sea posible, no abandonándole a sí mismo en el jardín, donde podría recibir sustos que interfirieran toda la labor. Al acercarse a él, para recogerle, en la alcándara del cuarto del azorero o en el arco situado en la habitación oscura, ha de hacerse suavemente, emitiendo el chasqueo tranquilizador. En esta primera semana, en una velada nocturna, en el interior de la casa, se introducirá al perro, cuando el azor comience a dar muestras de impasibilidad. Al principio, se le mantendrá inmóvil, a unos metros de distancia, hasta colocarle muy cerca, con la cabeza sobre la rodilla del maestro, mientras el azor come.

Lo antes posible, es decir, en cuanto el niego come sin recelo, se comienza a hacerle saltar a la mano, en el interior de la casa. Para ello, se le pone en la alcándara o en el respaldo de una silla, cuando está comiendo, y se le presenta el puño, con su carne, a escasa distancia. Los azores acostumbran a saltar muy pronto, espontáneamente. Cuando inician el salto, se da un golpe seco de silbato. En la primera sesión no ha de hacérsele saltar más de tres veces.

CÓMO SE ACOSTUMBRA AL JARDÍN A LOS NIEGOS

Como el azor ha de permanecer la mayor parte del tiempo en el jardín, reponiéndose, en una sombreada percha, de los avatares del amansamiento, ha de acostumbrársele a este lugar en cuanto dé muestras de tranquilidad en el interior y salte bien a la mano.

El primer día, se le coloca en el arco o percha donde va a permanecer —como hacíamos con los halcones— y se le da la primera lección al aire libre, distanciando las llamadas, de modo que permanezca el mayor tiempo posible sobre la percha, habituándose al nuevo panorama. Si el azor lo permite, debe llamársele después de andar a su alrededor, con la comida en la mano, para retener su atención y, sobre todo, yendo a su encuentro, como se hará cuando se venga a recogerle en lo sucesivo. En cuanto soporte bien esta prueba, se le puede dejar solo en el arco, con el perro atado cerca, evitando la entrada de todo inoportuno que pudiera asustarle.

Turnándose dos azoreros, puede llegarse a esta etapa en la tercera tarde de trabajo —tal es mi experiencia— Si se trabaja menos, podrá enjardinarse al azor a los siete u ocho días de sacarle.

En toda esta fase que pudiéramos llamar «doméstica», ha de hacerse todo lo posible para no asustar ni sorprender al alumno con brusquedades. El tacto, la dulzura, serán las armas del azorero ; sus lugares de trabajo, los cuartos más tranquilos de la casa, la halconera, el jardín ; y su única compañía, la de personas que no hagan movimientos bruscos ni prorrumpan en gritos, y la del perro, naturalmente, manso y obediente.

Los atareados azoreros de hoy suelen usar procedimientos más cómodos pero, a la larga, más complicados; unos comienzan a amansar sus pollos cuando están en cañones, acompañándoles y dándoles la comida en el interior de la muda; invariablemente, se hacen piadores y de poco esfuerzo; otros, en cuanto los sacan, los atan a la percha del jardín, sin tomarse la molestia de enseñarles a saltar a la mano; en consecuencia, cada vez que van a recogerles, han de hacerlo por la fuerza, colgándose y debatiéndose los infelices pollos que, si algún día vienen a la mano, a fuerza de hambre y de tiempo, lo hacen con temor, siempre dispuestos a asustarse. Estos pájaros quedan marcados para toda su vida con un incontenible terror hacia las personas que se acercan a ellos en el campo.

Cómo se placea a los niegos

A la segunda fase del amansamiento se la llama «placeo» porque, antiguamente, se desarrollaba en las plazas. Antes de comenzar este proceso, el pollo habrá sido lo suficientemente amansado para que permanezca tranquilo en el jardín, salte desde el arco cuando vamos a recogerle, y tolere la presencia del perro. Por otra parte, habrá bajado de sus carnes, mostrándose con buen apetito, dispuesto a tirar en cualquier momento de un roedero.

Ahora se trata de conseguir que se habitúe al mundo exterior; a toda clase de personas, de animales o de cosas.

Cuando se lleva el pájaro a la calle, a la plaza, al campo de deportes, o a cualquier otro lugar concurrido, necesariamente tendrá hambre suficiente para roer, y la comida que había de dársele de una vez, se le irá espaciando a lo largo de toda la permanencia en estos ambientes. Provisto de un ala de gallina o de pato, de un rabo de carnero o de buey, de un pie de liebre, etc., y de unos pedazos de carne magra, el azorero se sitúa con su alumno sobre el puño, al principio, junto a un muro, para que nadie pueda sorprender al azor por detrás. Éste debe permanecer constantemente entretenido con un roedero; cuando se canse se le da un pedacito de buena carne, para que vuelva a engolosinarse; de este modo se va manteniendo su atención hasta que se le retire al jardín o a la halconera.

Ante la comida y el positivo reflejo del familiar chasqueo, lo que en principio hubiera podido suponer motivo de susto o terror, va adquiriendo para el pájaro un matiz mucho más halagüeño, hasta transformarse, después de algunas sesiones, en un factor desencadenante de apetito y bienestar. En el bullicio, entre las gentes, los perros, las caballerías, los automóviles, el azor sacía su hambre, se engolosina desplumando y desarticulando huesecitos; el ambiente, naturalmente hostil, se hace para él atractivo, porque lo asimila a su más poderoso instinto: la nutrición.

Placear a un pájaro sin hambre o sin poder halagarle con el roedero, es enteramente contraproducente, aumentando su terror al hombre y a cuanto le rodea, haciéndole asustarse hasta de su propio dueño. Efectivamente, cuando algo asusta al azor, pretende ponerse a salvo volando, pero no puede hacerlo porque el azorero le mantiene sujeto al guante mediante las pihuelas; en consecuencia, comienza a odiar a aquello que no le permite escapar de sus enemigos; las debatidas se hacen cada vez más frecuentes, creándose un círculo vicioso de terror.

Durante las sesiones de placeo y antes o después de ellas, en el jardín, se continúa llamando al azor a la mano, pitando siempre; y jamás se le coge de la alcándara o

Durante el adiestramiento, el azor ha de comer muy cerca de los perros.

la percha a viva fuerza, sino invitándole a saltar con un pedacito de carne o el roedero.

Aunque el jardín sea grande, se deben comenzar las llamadas a larga distancia en pleno campo, para que se habitúe el azor a su verdadero medio desde el primer día de trabajo. Normalmente, se puede iniciar esta fase del adiestramiento a las dos o tres semanas de sacar al niego.

Si se cuenta con los servicios de un ayudante, resulta muy cómodo hacer los vuelos de puño a puño, situando el fiador entre ambos, anudado a su clavija o madera pesada. Algunos autores aconsejan atar, de uno a otro cinturón de los azoreros, una cuerda tensa, para hacer volar al pájaro «a trole», mediante un tornillo sujeto a la punta de la lonja. Creo que este procedimiento debe restar mucha movilidad, aunque resulta imprescindible si no se dispone de unos metros de pradera limpia, donde el fiador pueda deslizarse.

En el caso de actuar solo, conviene posar al azor en la rama baja de un árbol, para que acuda desde ella ; las llamadas se harán siempre pico a viento, cerciorándose antes con mucho detenimiento de que el fiador no se va a trabar, porque, si así ocurre, el pájaro no llega a la mano, recibiendo una pésima lección. El perro ha de estar presente en todo momento, situado a la derecha de su dueño y no delante, donde podría enredarse con el fiador.

El primer día se llama al azor de cerca, procurando que ande codiciando la comida y esperando la aparición del puño, antes de llamarle. Así, se consigue que acuda en el acto, al primer golpe de silbato. Es mucho más importante que el azor salte con toda presteza, a cinco metros, a que vuele veinte, después de dudarlo durante medio minuto. En la primera lección de campo, como en todas las demás, sólo hago volar a mis niegos tres veces.

El segundo día se puede doblar la distancia, e ir aumentando en lo sucesivo, sin precipitarse, para que el azor no caiga en un vicio bastante frecuente ; en efecto, si se alarga de pronto la distancia, llamando a un pájaro acostumbrado a saltar a punta de lonja, desde veinte metros, al llegar, ve acercarse velozmente el rostro del hombre, se asombra de pronto, y, en lugar de posarse en la mano, cambia bruscamente de dirección, cayendo en tierra, con gran golpe y susto, cuando no se enreda en las ramas de un árbol y queda colgado de mala manera. En estos casos, ha de llamársele de muy cerca, dándole bien de comer y terminar la lección.

Todo el esfuerzo del azorero debe de ir encaminado a que su azor, repito, acuda con presteza al primer golpe de silbato. Estimula mucho a los perezosos, llamarles a medida que uno se aleja, despertando su instinto de persecución. Muy pronto siguen al maestro sin esperar la llamada y ha de sacar la mano precipitadamente para que no le agarre por la cabeza.

La postura correcta para llamar al azor, tanto para evitar que se asuste del rostro, como para presentarle un despejado posadero, es, dándole la espalda, con el brazo izquierdo totalmente extendido. No hay por qué trabajar al fiador en distancias superiores a los 50 ms. ; pesa mucho el cordel y son frecuentes los enredos.

Durante los días de entrenamiento en el campo, aparte de amaestrar al azor en su cometido, el azorero va compenetrándose con él, estudiando su peso óptimo para tenerle seguro. Diariamente se anota el peso en la primera casilla del diario, habiendo llegado, antes del primer vuelo en libertad, a conocer perfectamente el margen de seguridad de que se dispone.

El azor es más sobrio que el peregrino ; también, más engañador, con poca hambre puede debatirse hacia el maestro en la halconera, recobrando súbitamente la inapetencia apenas se encuentra en el campo.

Antes del primer vuelo en libertad, si se quiere tener la máxima seguridad, se puede introducir al azor en el señuelo —aunque yo nunca lo hago— mostrándosele como indicábamos para el peregrino, si están designados a la pluma. Si son azores reservados para la caza de liebres aconsejo firmemente no complicarles la existencia con tales trebejos.

Con el azor en su peso óptimo, en el terreno de todos los días, con la compañía acostumbrada, y sin viento excesivo, ni lluvia, puede procederse con toda tranquilidad a volarlo suelto.

La primera llamada se hace al fiador, sobre la misma distancia de los días anteriores, dándole como recompensa sólo unas picadas ; en las otras dos se vuela al pájaro totalmente suelto, quitándole, mientras come, su cordel y tornillo. Para mayor tranquilidad los dos vuelos en libertad del primer día pueden hacerse en distancias inferiores a las normales.

En adelante, se vuela al alumno diariamente, aumentando las distancias hasta que acuda tres veces sin dar muestras de cansancio desde doscientos cincuenta o trescientos metros. Para entonces, el azorero habrá obtenido ya tal confianza y conocimiento de su pájaro, que puede enseñarle a seguirle durante un paseo, lanzándolo hacia las ramas de los árboles y alejándose corriendo. No sin sorpresa, el principiante llegará a comprobar que sacando al campo a su camarada debidamente templado, le sigue a donde quiera que vaya, no habiendo fuerza humana capaz de interponerse entre él y su encarnizado pupilo ; llegará a posarse ante sus pies para evitar que se aleje ; se le colgará del morral, del brazo, de la cabeza, reclamando el codiciado guante. A pesar de todas estas muestras de adhesión no debe descorazonarse a los azores con excesivos vuelos y exiguas recompensas. Los vuelos cuesta arriba les musculan mucho y desarrollan su capacidad respiratoria.

Cuando el alumno ha aprendido todas estas cosas se le debe llamar al puño sin carne ; en cuanto se posa —guardando las debidas precauciones para que no le agarre a uno los dedos— se le pone la carne en el guante. De este modo adquiere la buena costumbre de considerar al guante, en sí mismo, lo suficientemente atractivo.

No es lo mismo un azor que baja de un árbol a la primera llamada, mostrándole el guante limpio, que el que desciende al enseñarle un pedazo de roja carne o el que precisa agitar en la mano un ala de paloma. Afirma un antiguo autor inglés, que el azor que exige la presencia de la carne para venir a la mano, no merece la pena guardarlo. Pero de estas particularidades no hago responsable al azor, sino al azorero.

Si un día mi joven azor, al lanzarle de la mano, se posa en una rama alta, donde disfruta de un magnífico panorama, agradable sombra y aire fresco, todo le invita a permanecer allí tranquilamente, sin descender a mi llamada. Corriendo, cara al viento, pito fuertemente y le ofrezco mi guante; si desciende, le haré mil placeres, dándole toda mi mejor comida y no haciéndole trabajar más ese día. Porque podría ocurrir que, codicioso de darle otros dos vuelos, lo lanzara nuevamente de la mano, y el azor se posara en el suelo o muy cerca, viéndome obligado a premiarle por un vuelo de poco mérito, cuando podría haberlo hecho para compensar un esfuerzo verdadero.

El buen azorero domina a su pájaro con solo su guante; uno mediano necesita exhibir buenos pedazos de carne; el peor, se verá obligado a tirar el señuelo.

Si el pájaro conoce todos estos recursos pero está tan bien templado y enderezado que se deja gobernar por el más sencillo, su maestro puede estar bien tranquilo, porque cuenta con todo un arsenal para hacerle venir a la mano, si un día se muestra obstinado. Pero, si en las lecciones habituales hace uso de toda la tramoya, el pájaro se negará a actuar, en adelante, sin ella.

Durante todo el entrenamiento previo a la introducción en la caza han de reglarse las gorgas de modo que sin estar el pájaro demasiado bajo, se mantenga con buen apetito, codicioso y siempre dispuesto a trabajar.

Buenas carnes desolladizas, roederos de pollos jóvenes y conejos salvajes o domésticos, constituyen el mejor régimen. No uso, ni aconsejo, la tan preconizada carne lavada. En su lugar prefiero dar a mis pájaros muchos huesos, plumas y conejos o pollos muy jóvenes.

Pese a la manifiesta mansedumbre del azor no debe abandonarse el placeo que, si no tan intenso como el principio, será bastante regular. Si de regreso del campo, se le pasea, royendo, por lugares concurridos o si en el propio jardín se reúnen personas con frecuencia, se irá afianzando la mansedumbre del pollo. En caso contrario puede volver muy rápidamente al primitivo salvajismo.

Diariamente ha de ponérsele junto al baño, donde, si no se sumerge, al menos saciará su sed, en estas jornadas calurosas y llenas de novedades y sobresaltos. Los azores soportan mal el sol en verano y ha de tenerse el máximo cuidado para no exponerles con exceso.

El perro permanecerá siempre cerca del azor; junto a la percha, durante el día y al pie de la alcándara por la noche.

Bien llevado el amansamiento y las lecciones del campo, el joven azor se habrá transformado en una criatura feliz y encantadora; por la mañana, saltará espontáneamente sobre el puño de su dueño, esperando las apetitosas picaditas; en el jardín, disfrutará con visible aire de satisfacción del sol o de la sombra; no será difícil verle jugar con su percha, con la lonja, y hasta con el asombrado perro; conocerá muy bien la hora de la lección, volando hacia su maestro cuando se acerca para recogerle. Su fuerza, su alarmante curiosidad hacia todo lo que se mueve, su facilidad en el vuelo, cada día serán mayores. Eso sí, manifestará, sin ningún miramiento, particulares antipatías; algunas personas, generalmente de mal aspecto, le producirán un incontrolable terror, debatiéndose ante su sola presencia. Este aparente histerismo —los azoreros lo llamamos fantasía— no ha de preocupar en absoluto; a la

Los buenos azores «cazan» la mano con el mismo ardor que si se tratara de una presa.

hora de la lección, actuará perfectamente, y lo haría tan bien ante estos seres que tanto parecen asustarle. Si de perros se trata, el pollo no vacilará en atacarles, haciéndoles huir vergonzosamente.

Normalmente, el azor niego debe estar en condiciones de ser cebado, es decir, introducido en la caza, a las cuatro o cinco semanas de sacarlo. Y con esto quiero decir que esté manso, manero[1] y alentado.

USO DE LA CAPERUZA PARA LOS NIEGOS

Los antiguos autores españoles se oponen unánimemente a encaperuzar a los azores niegos. En las condiciones en que en su época se desarrollaba la vida y la cetrería, yo hubiera opinado otro tanto. Pero ha surgido un elemento imprescindible para el halconero moderno —al menos para el que vive en la ciudad— que hace necesario el empleo de la caperuza; me refiero al automóvil.

Cuando hice mi primer azor, vivía en un pueblo;

[1] Que viene a la mano.

practicaba la azorería como pudo hacerlo Juan Vallés: el cazadero estaba muy cerca de mi casa ; a pie o a caballo llegaba en menos de media hora ; estas idas y venidas, «tête nue», eran el mejor placeo para mis azores que siempre estaban mansos y habituados a todo. En cualquier ciudad, este régimen es impracticable. Se impone el automóvil para trasladarse. Y dentro de cualquier vehículo, sobre todo utilitario, se origina una catástrofe si un azor se debate reciamente. El mismo puede romperse algunas plumas. En consecuencia, reconociendo que el azor es enemigo natural de la caperuza ; que coge miedo a la mano de su dueño, si no se le hace caperucero con buen tiento ; que mientras permanece cubierto no se placea ; que su aspecto, en los primeros días, con la cabeza colgando, como si fuera de plomo, es lamentable ; reconociendo todos estos y cuantos inconvenientes quieran ponérsele, no tengo más remedio que encaperuzar a mis niegos.

Las sesiones de caperuza han de comenzarse desde el primer día, sacando al pollo con ella puesta, como indiqué para los halcones (pág. 78). Cuando está comiendo se le quita por primera vez, volviendo a ponérsela antes de que haya terminado, para que prolongue su comida con la caperuza puesta. Sin embargo, con el azor, las cosas no discurren como con el tranquilo peregrino ; esquivará una y otra vez los intentos mejor dirigidos ; podrá colgarse cabeza abajo en cuanto se aprieten los tirantes ; siempre parecerá acongojado mientras permanezca cubierto. Pero, con paciencia, con tiento, actuando en cada comida, prolongando éstas con los roedores, para permitirnos encaperuzar varias veces, irá cediendo, hasta comportarse como el mejor halcón.

En las primeras sesiones, es preciso situar la caperuza entre su pico y la carne, como si el mismo fuera a encaperuzarse al comer. Los antiguos autores aconsejan poner al azor hecho una sopa de agua y afirman que en tal lamentable situación, triste y aterido, como un pollo mojado, soporta una y cien veces la caperuza. No he empleado jamás este procedimiento, porque desapruebo totalmente la violencia en cualquier fase del adiestramiento. En cuanto llegan a darse cuenta —cuando ya sólo se les encaperuza para los traslados— de que encaperuzamiento es sinónimo de inmediata llegada al terreno de caza, esperan la caperuza firmes como una roca y se mantienen tan derechos como un peregrino.

Todos los niegos llegan a ser buenos caperuceros, pero es preciso intentarlo a toda costa, aunque en las primeras lecciones intenten convencer a su maestro de que jamás van a soportar la caperuza. Es muy importante cubrirles antes de comer, antes de la lección, antes de la caza ; en una palabra, que la caperuza sea una molestia previa a sus mayores placeres ; así, llegarán a desearla.

Desapruebo firmemente la costumbre de tener al azor encaperuzado durante horas en la percha o la alcándara, «para que se acostumbre». Es un tormento inútil. Después de las lecciones de los primeros días, la caperuza sólo se empleará cuando realmente se necesite. La mayor belleza del azor radica en sus ojos incomparables y en su mirada expresiva ; no hay por qué privarle de estos atributos.

AMANSAMIENTO DE LOS AZORES DEL AIRE

Los rameros y araniegos tempranos son pájaros de muy buen talante, en todo semejantes a los niegos y, hasta me atrevería a afirmar que de mejor carácter. Los pasajeros y zahareños son más difíciles, pero, contrariamente a lo que he leído en algunos libros, no les he encontrado más indómitos que a los halcones del aire.

Estos pájaros han de ser encaperuzados y apiolados sobre el terreno, al sacarlos de la red, siguiendo las instrucciones dadas para los halcones del aire. Se mantienen muy firmes en la mano, encaperuzados, en particular, los pasajeros y zahareños.

Después de haber comprobado que han devuelto la plumada que traían del campo, se les da de comer durante dos o tres días con la caperuza puesta, empleando los estímulos que ya conocemos. Cuando se les descubre por primera vez, ha de ser en la penumbra, en un cuarto cerrado, guardando absoluta inmovilidad. Paulatinamente, día a día, llevando el aire al pájaro, se va aumentando la luz, la movilidad, la compañía y las voces.

Antes de sacarlo al jardín, enséñesele a saltar bien a la mano, y que vea al perro dentro de casa. Los azores del aire se asombran mucho la primera vez que se les descubre en el campo, por consiguiente, ha de tenerse mucho tiento en las primeras sesiones al aire libre. Con estos experimentados pájaros el placeo ha de ser muy intenso y extenso. Puede sorprender al principiante la absoluta inmovilidad de su zahareño en los ambientes bulliciosos, aunque no tenga delante el roedero. Esto no quiere decir que está manso ; por el contrario, está totalmente asombrado, inmovilizado de terror ; girad levemente la mano y tratad de que tire del roedero.

Para que pierdan el miedo a la mano —derecha— conviene halagarles con pedacitos de carne, ofreciéndosela con la punta de los dedos. Durante el amansamiento, hasta que duerman sin caperuza, se les da la carne sin huesos ni plumas. Más tarde, al introducirles el roedero, ha de vigilarse mucho la devolución de la plumada.

Durante la enseñanza de campo, para que el zahareño venga a la mano, se le llamará una sola vez por sesión, no haciendo uso de la carne emplumada más que en último extremo. Todas las ruindades de los niegos, están centuplicadas en estos pájaros ; si una vez se cede, será difícil enderezarles. Cada vez que un zahareño oye el pito, viene a la mano y recibe toda la gorga. Cuando cazaba en el campo, tras de cada esfuerzo, tenía un magnífico premio ; nosotros no podemos modificar su norma de conducta.

La atención al peso, el comportamiento de los días anteriores y todas las reacciones del pájaro, serán bien observadas antes de proceder a la primera suelta. Si se hace trabajar a los zahareños por la tarde, es muy recomendable placearles con un buen roedero por la mañana ; para ellos el aislamiento es de fatales resultados, pues recaen en el pasado salvajismo con suma facilidad.

Los vuelos diarios, cada día más largos, no pueden hacerse como con el niego, obligándole a seguir al maestro de árbol en árbol durante un paseo. Cada vez que el zahareño venga a la mano, repito, en el campo libre, ha de

presentársele el guante correctamente y darle de comer
Antes de cazar se les asegura para recuperarlos después
de las persecuciones largas, superiores a las que los niegos
acostumbran a hacer. Para ello han de aprender a buscar
a su dueño por el oído. Mientras el ayudante retiene al
azor, el maestro se oculta tras un espeso matorral y pita;
en cuanto el pájaro vuela hacia él, el ayudante avisa y el
azorero sale al camino del pájaro, para que no se pase.
Día a día, se consigue que acudan desde muy lejos, tan
pronto como oyen el silbato y acaban por rodear el matorral para buscar al azorero.

He adiestrado dos viejos torzuelos y reconozco que
se comportaron admirablemente; su inteligencia, su memoria y su prontitud para reaccionar eran muy superiores
a la de los jóvenes. Ambos comprendieron en la primera
lección el significado del chasqueo de la lengua, buscando,
al día siguiente, en cuanto le oyeron, con gran avidez, la
comida sobre el guante. Aprendieron asimismo a beber
encaperuzados, poniéndoles una tacita con agua bajo el
pico y emitiendo el chasqueo premonitorio. Los azores
beben más que los halcones y es conveniente darles el
agua en los primeros días por este procedimiento.

Mediante un entrenamiento riguroso en el que nos tur-
namos dos azoreros, portando a los pájaros la mayor parte
del día y algunas horas de la noche, placeándolos cotidiana-
mente. y enjardinándolos bajo nuestra vista, conseguimos
introducirlos en la caza a las seis y siete semanas de la captura, respectivamente.

Antes de cazar, un zahareño debe superar correctamente
tres pruebas:

1.º Ha de volar hacia su maestro, escondido tras un
matorral, en cuanto oiga el silbato.

2.º Debe comer en el suelo —una presa o sobre el
señuelo— soportando toda clase de carreras a su alrededor.
sin mostrar intención de llevar en mano.

3.º Debe aguantar firmemente la llegada del perro a
toda velocidad, sin dejar de comer, sobre la mano y en el
suelo.

Maurice Planiol describe un método oriental, rápido
y muy digno de ser sometido a prueba: «el adiestramiento
de gavilanes y de azores es muy parecido, dice; los primeros se hacen rápidamente y por, lo general, están a punto
en ocho o diez días. Los azores son más largos; para ellos
se necesitan de tres semanas a un mes. Si desde su llegada,
el pájaro come bien, se comienza la tarde misma a abrirle
los ojos —en Oriente y, antiguamente en Europa, se pestañeaba a las rapaces al capturarlas— se le mete una especie de camisa de fuerza, el gaddí, hecha de lona, que
rodea sus alas impidiéndoselas abrir. Aunque esté muy

asustado, el pájaro no puede entonces debatirse ni estropearse. La cola se rodea también con vendas, para evitar
la rotura de plumas. El pájaro es armado de pihuelas, de
cascabeles, y es atado en medio de un lecho indígena
(especie de hamaca muy tensa) de cuerdas entrecruzadas;
después es desencaperuzado o depestañeado. Al principio,
se muestra nervioso, asustado de hombres y animales. La
comida no ha de dársele en el puño, sino que se coloca
junto a él. En dos días reacciona y comienza a responder
al adiestramiento. Durante el día, se le lleva al bazar
(lugar muy animado en las ciudades orientales) sobre
su lecho, que se coloca allí donde la calle es más pasajera
y bulliciosa. Por la noche se le quita el gaddí, para pa-
searle sobre el puño. Lo ideal es tener dos portadores
que se releven, de modo que el pájaro no pueda dormir,
lo que tiene la virtud de calmarle. Entonces no queda más
que enseñarle a venir a la mano, cada vez a mayores distancias y, en seguida, estará presto para cazar.

Phillot, oficial inglés y afamado halconero, que practicó
largamente la cetrería en Oriente y tradujo al inglés el
«Baz Name» de Teimur Mirza, detalla la confección del
gaddí, modelo para gavilán, como sigue: «Tomad un pedazo de lino o de tejido de algodón, cuadrado, de 28 cmts.
de lado. Doblad a cada lado 35 mms. que debéis coser
en sus dos extremos, formando como dos bolsas abiertas,
largas y poco profundas. Al pliegue de estas bolsas, por
encima, cosed dos cordones a cada lado, uno a un tercio,
el otro a dos tercios de la longitud de cada una de las
bolsas. Estando éstas hacia afuera, deslizad el gaddí sobre
el dorso del pájaro, pero bajo sus alas. Meted una en cada
bolsa y anudad los cordones por encima: el pájaro no
puede abrir las alas ni moverlas para debatirse».

Como todos los azores no son iguales, nada como tomar
las medidas sobre el propio pájaro para hacerle una camisa de fuerza justa. Para ello se le pasa un cordón sobre
el dorso, enrasándole en el borde de las alas, por ambos
lados; nos dará la medida del lado que ha de tener nuestro cuadrado de tela.

Los métodos orientales de adiestramiento, rápidos y directos, se basan más en estos procedimientos mecánicos a
los que añaden la acción de ciertas drogas, que sobre el
tacto y el arte del halconero, tradicionales en la cetrería
Europea. Personalmente, prefiero nuestro adiestramiento,
puramente psicológico, auténtico estímulo para el espíritu,
fuente de voluntad y de paciencia. La doma de los pájaros
no constituye para mí una etapa corta y pasajera, imprescindible para su empleo en la caza; es la esencia misma
de este arte, noble, porque el hombre acierta a dominar
sin látigo ni cadena a las criaturas más libres y salvajes.

Tarde de otoño; el autor, con su ayudante y sus azores Daga II y Saba, regresa de la caza; presas: una liebre, una gallineta y tres perdices.

LA CAZA CON EL AZOR

«Los azores —afirma Juan Vallés— matan muy bien todas o las más presiones que matan los halcones, si les ponen en ello». Efectivamente, el azor puede cazar y, de hecho, ha cazado desde el puño del hombre una gran variedad de aves y algunos mamíferos; todas las zancudas de gran talla, como grullas, garzas reales, garzas purpúreas y martinetes; las avutardas y los sisones; las palmípedas grandes y pequeñas, como cisnes, gansos salvajes y todo género de patos; las gallinetas, fochas y rascones; todos los córvidos, desde el cuervo carnicero a la picaza; y los faisanes, perdices y codornices; rapaces nocturnas, del carabo para abajo; y todas las diurnas más pequeñas que él mismo; más una infinidad de pequeños volátiles. Las liebres, conejos y ardillas, constituyen sus presas habituales entre los mamíferos.

Hoy día, muchas de las aves citadas son escasas, habiéndose abandonado totalmente su caza regular. Las perdices y faisanes, las acuáticas y algunos córvidos, como grajas y picazas, integran la volatería del azorero moderno; las liebres y conejos, la caza de pelo.

Para llevar a este «sprinter» a la mejor posición para el ataque es preciso acercarse a la pieza lo más posible; a favor de matorrales y traspuestas, igual que si se cazara con escopeta. Si se actúa en montaña o en terreno quebrado, ha de lanzarse con ventaja; es decir, entrando por la parte alta.

Gran parte del encanto del azor radica en la tensa compenetración con su maestro a que se entrega después de algunos días de caza. Es emocionante llevar sobre el puño a esta criatura total y absolutamente dedicada a su cometido; al coronar una loma, al volver un cerro, se siente la sacudida de sus músculos preparándose para el salto. Si en las primeras jornadas, tan pronto como descubre una presa, posada, se debate hacia ella, pronto aprende que ha de permanecer quedo, aplomado sobre el puño, esperando el empujón y la grita con que se le echa de la mano.

Para lanzarle contra presas perfectamente visibles a distancia, como los córvidos y los patos, se le envía desde lejos antes de que se levanten; volando a ras de tierra,

197

sabe aprovechar hasta el menor accidente, para llegar muy cerca y caer de improviso sobre ellas. A esto se llamaba «cazar de empuesta» y, en otros tiempos, era el procedimiento utilizado para las grullas, garzas y avutardas.

Con un azor hecho, la jornada de caza puede prolongarse a lo largo de todo el día; y nada como estas largas azorerías, cuajadas de emociones y de sorpresas, en las que se disfruta tanto con la pasión de los lances, como en los agradables descansos, compartiendo la tibieza de un abrigaño con el valiente camarada alado.

Pese a la habilidad del azor para alcanzar animales muy diversos, conviene especializarle en una pieza determinada, cebándole solamente sobre ella. En caso contrario, irá abandonando las especies difíciles, para terminar atacando sólo a las más sencillas. Las posibilidades del azor son tan grandes que es aconsejable hacer sólo uno cada temporada; con una buena prima para el pelo y un par de torzuelos para la pluma, fruto de tres o cuatro años de trabajo, puede darse por bien equipado el azorero más avariento; en un día bueno sería incapaz de soportar el peso de la caza cobrada por sus tres pájaros.

VUELO DEL CONEJO[1]

«Suelte un par de conejos al azor y llévele al campo; él le enseñará», me dijo un viejo halconero, maestro de generaciones en toda Europa.

Y, ciertamente, con este consejo podría dar por terminado el capítulo. Porque la caza del conejo con azor es tan sencilla, que poco ha de esforzarse uno para enseñar al pájaro.

No quiero, sin embargo, abandonar el propósito de exponer fielmente mis experiencias en todos los vuelos que he practicado; media hora de lectura enseña tanto como un año de fatigosas prácticas.

Los torzuelos grandes pueden dominar a los conejos, pero están en el límite de sus fuerzas; son preferibles las primas; a mi gusto, niegas.

En éste, como en todos los vuelos que he practicado, prefiero exponer mis propios métodos, haciendo referencia a ciertas técnicas o modalidades empleadas por otros halconeros.

Para obtener resultados apetecibles en la caza de conejos es conveniente disponer de los siguientes elementos:

1.º Un buen hurón, cuya pericia para sacar conejos no deje lugar a dudas. Si se tienen dos, porque no es raro que estos caprichosos animalitos —bien porque matan o se duermen, o se trasconejan— se pasen el día en el interior de una cueva, las cosas marcharán mucho mejor. Es preciso tener mucho cuidado en las primeras salidas para que el azor no les mate, porque se lanza a por ellos en cuanto los ve. En unos días de caza el pájaro se percata de la misión de su oscuro colaborador y lo respeta.

Si el hurón va provisto de un cascabelito, sujeto al cuello, mediante una goma bien elástica —si lo fuera con una correa, podría engancharse en una raíz y estrangularse— pone en guardia al azorero cuando sale, para que sujete fuertemente al pájaro por las pihuelas. Por otra parte, la ruidosa y precipitada salida de los conejos se distingue perfectamente.

2.º Un buen perro. Los zarceros, como el basset, dashund, foxterrier, etc., cumplen perfectamente este cometido, desalojando eficazmente a los conejos de sus refugios en carrascas y matorrales. A falta de estos especialistas, un podenco, un braco o un perdiguero, son útiles colaboradores. Es imprescindible que conozcan perfectamente al azor y no le atropellen, así como que el azor los conozca a ellos, y aguante sin asustarse su llegada al galope.

3.º Buenas traínas; quiero decir media docena de conejos domésticos o salvajes precapturados. Prefiero los de campo, cogidos la víspera con el hurón y unos capillos. Si han de ser domésticos, aconsejo los de corral, acostumbrados a correr y temerosos de la gente. Naturalmente, serán de color gris.

Si no se dispone de ninguno de estos elementos, también se pueden cazar conejos. Pero el azorero se merece la medalla al mérito cetrero en estos tiempos de escasez conejil.

CEBADURA

Como ya he dicho, nunca despierto con presas vivas a los niegos destinados a este vuelo mientras permanecen en la muda, porque, no precisando conocer aves, se romperían las plumas de la cola si se les echara un conejo cuando están solos y bravos, al no poder socorrerles. Y espanzurran la pieza, ensuciándose con el contenido gástrico; pudiendo hasta aborrecerlas.

Antes de cebarles, los estiro bien y los aliento con vuelos largos y cuesta arriba. Nunca he entrenado a mis azores conejeros con el señuelo de piel, porque, atacando a los conejos espontáneamente, me parece innecesario malgastar su instinto de caza con estas presas artificiales que, como veremos más adelante, sólo les reportan malas costumbres.

La víspera de la cebadura, templo al pájaro muy reciamente, para sacarlo al campo, al día siguiente, con esa atención y tremenda ansia de matar que los azoreros de la India llaman «yarak», palabra consagrada ya internacionalmente.

Comienzo por elegir un paraje a propósito, sin matorrales, arroyos, u otros refugios donde la traína pueda esconderse. Tras una traspuesta, un seto o un montón de leña, mi ayudante se esconde con el conejo, que lleva atado un largo cordel a una pata trasera, por si lo hubiera de recobrar. Con el pájaro sobre el puño, libre del tornillo y de la lonja, llevando el perro atraillado en la mano derecha, marcho hacia el escondite; a unos diez metros doy la señal y mi ayudante suelta el conejo. El azor, aunque es el primer animal vivo que ve, ataca, generalmente, en el acto, capturándolo en pocos metros. Cuando sale de la mano, doy la grita. Sobre esta primera presa, hago al principiante una buena cebadura, dándole el cuello, la cabeza, los cuartos delanteros, con todos los huesos, sangre y una

---

[1] El vocablo vuelo, parece inadecuado —los conejos no vuelan—, pero nos referimos al vuelo del azor al conejo, naturalmente.

buena porción de piel, para que haga pelota. Según el apetito y el tamaño del azor debe reglarse la gorga para que reciba algo más de tres cuartos y pueda ayunar al día siguiente o recibir un temple muy recio.

En la segunda cebadura, la traína va completamente suelta, lanzada desde un escondite distinto. Sólo puede escaparse al introducirse en un matorral o camuflarse junto a una simple hierba. Es muy importante que entonces intervenga el perro y la levante de nuevo, para que el azor comience a reconocerle como a su colaborador. La cebadura será muy buena y, al día siguiente, recio temple.

Con estas dos traínas, considero a mis pollos como cebados y los saco a cazar. Si se quieren todas las seguridades, puede hacérseles una tercera cebadura. Pero no conviene insistir, porque los azores son las aves más r ines del mundo, conocen muy pronto las presas de la burchac y luego no atacan con furia a las del campo.

Si se tropieza con azores bobos —sin atracción por el vivo— como suelen resultar los criados con mimo, dándoles de comer a la mano, será menester ponerles un conejo debajo de las manos e insistir con traínas fáciles ; acaso necesiten previamente unos días de señuelo, encarnado en el cuello, para que se vayan habituando.

LA CAZA

Si uno es campero y cazador, poco trabajo cuesta localizar una buena hura, con pocas bocas, situada en terreno limpio, bastante alejada de los otros vivares.

En silencio me sitúo en el punto más dominante, quito los aparejos al azor y ordeno al ayudante la introducción del hurón. El interés, la curiosidad y la atención con que el joven azor, enardecido por las recientes cebaduras. sigue todos los movimientos, son para vistos ; y la irrefenable violencia con que se lanza sobre el conejo, apenas asoma, agarrándole en un estampido de alas, de cascabeles y de pataleo. Si falla, ha de recogerse y devolverle al punto dominante, en espera de otra salida. Ante dos fracasos. conviene alejarse de la hura, y permitir al pollo una hora de descanso, mientras el ayudante recupera el bicho.

El arte del azorero estriba en no volverse en esta primera salida sin que el pájaro mate. Todos los recursos deben emplearse ; pero hay uno que raramente falla: elegid un vivar situado a unos veinte metros de otro, con buenas carreras hacia él ; tapad con hierbajos o piedras todas las bocas del segundo, a una cuarta de la entrada ; situaos con el azor en el primer vivar y meted el hurón. En cuanto el conejo salta, se va derecho hacia el segundo vivar, donde sabe que está su defensa ; si el azor no le coge en camino, se da de narices con él cuando trata de meterse en una hura tapada... ¡por favor, no hagáis esto más que el primer día!

En las tres primeras capturas salvajes, doy buenos buches, para cazar al tercer día. En adelante sólo doy media gorga y hago cazar al pájaro a diario ; en cuanto conoce bien a los conejos —media docena de capturas—, comienzo a estirarle. Un día cobro dos, haciendo buena cortesía en el primero, con los sesos, un poco del cuello y algo de pelar. Tras un ligero descanso, le hago matar

Con la ayuda de un buen hurón, la caza del conejo con azor. es un ejercicio cómodo y entretenido. (Foto Delapeña.)

el segundo y en él, lo cebo. Al día siguiente, mato tres, por la misma regla. Y en adelante, volviendo algunos días a cebar en el primero, porque es la cosa del mundo que más asegura al azor, le voy sacando cuatro, cinco, seis, hasta llegar a las grandes jornadas del invierno.

El 8 de diciembre de 1956, «Tundra» mató 17 conejos ; seis por la mañana y el resto por la tarde. En estas jornadas de mucho trabajo, generalmente en días muy fríos y sin viento, hay que dar muy poco al pájaro sobre cada presa ; sólo unas picadas en los sesos ; y saber mantener sus fuerzas y apetito con un poco de sangre en uno, un rato de pelar en otro, mejor premio en el difícil, etc. En el último del día se hace una buena cebadura para que el azor descanse durante toda la jornada siguiente.

Con el perro, la caza resulta muy entretenida ; debe meterse al azor en ella cuando esté ya bien asegurado por las cacerías «a toro suelto». Es increíble la compenetración que adquieren ambos colaboradores ; apenas el perro late dentro de un matorral, el azor salta de la mano y el conejo sale por donde menos se espera, pero el pájaro parece adivinarlo ; y allí están él y el perro, casi al mismo

199

tiempo. Si el huido consigue ocultarse en otro matorral, el azor se posa, vigilante, en una rama alta, mientras su aliado lo saca nuevamente. Si el perro lo coge, el azor se lo quita de la boca, y maravilla la dulzura y timidez con que un gran perdiguero entrega su trofeo a su terrible socio.

Cazando en arboledas, cuando después de una persecución fallada, el azor se posa en una rama, esperando la presa, debe sujetarse al perro para que no pueda levantarla y llamar al azor a la mano, darle unas picadas y marchar, sólo entonces, en busca del conejo. En caso contrario, el pájaro se acostumbra a esperar siempre la salida de una pieza y no hay manera de hacerle descender por otro procedimiento. La caza desde los árboles puede entusiasmar a los azoreros noveles, pero, a la larga, estropea a los pájaros, que ya no persiguen en firme desde la mano, se van a los árboles ante la menor dificultad y no quieren descender. «Sé maestro de tu pájaro», afirma un antiguo refrán francés. Y no puede ser más exacto; el buen azorero ordena, manda, conduce toda la cacería.

Como el cazador que lleva un arma de fuego y va adquiriendo la noción instintiva de su alcance, el azorero irá armonizando sus reflejos con los del azor; un conejo a lance, se traducirá, al instante, en un empujón incontrolable de la mano izquierda hacia delante y arriba, a la par que la grita se escapa fluida y animosa.

El azor puede matar conejos «a toro suelto» en terrenos inverosímiles. El desprendimiento de grandes bloques, en una ladera rocosa, había formado un auténtico laberinto, lleno de pasos y veredas, totalmente colonizado por los conejos; estaba situado en las inmediaciones de un pueblecito y los cazadores, que no conseguían matar un conejo a tiro, lo llamaban «el hundido». Cuando llegué, una soleada mañana de noviembre, con mi azor, mi hurón y mi perro, un par de aldeanos sonreían socarrones, ante mi proyecto de matar conejos donde los mejores tiradores no habían podido hacerlo. Metí a «Naja», el hurón, por un rutadero, trepé a la roca más elevada y, en seguida, comenzó el concierto. «Tundra» tenía una sensibilidad especial para seguir, de oído, las carreras subterráneas; empinada, con el cuello estirado, era la mismísima imagen de la destrucción; tanto, que los dos zopencos que me observaban desde la solana iniciaron una prudente retirada hasta lo alto de la ladera. El primer conejo cruzó, como un demonio, hacia el bloque de enfrente; tres metros. «Tundra» le clavó en la misma boca. Recobré a «Naja», que tenía la buena costumbre de salir tras cada conejo, hice cortesía, y ¡a trabajar!

¡¡Anda con él!! El segundo, al salto; aún no había tocado la tierra, cuando tenía el azor agarrado al pescuezo. Y así, uno en seis metros, otro en diez, nos fuimos despachando a los inquilinos del famoso «hundido». Al terminar, teníamos medio pueblo sentado enfrente, mudo de sorpresa y consternación. Cuando cebaba en el décimo y último de la jornada, un viejecillo, que se acercaba para contemplar al héroe, tomando la cetrería por moderno invento y maravilla, me dijo a media voz: —«Si los antiguos levantaran la cabeza»...

No sé lo que pensaría el príncipe don Juan Manuel.

«Tundra» mató 287 conejos, más algunas gallinetas, mochuelos y una perdiz, desde mediados de septiembre a primeros de marzo. Realmente, es un magnífico «tableau», pero no puede considerarse como excepcional. En toda Europa ha habido magníficos azores conejeros; en Francia, M. Noël y su halconero M. Burguignon, han cazado hasta 16 conejos en algunas jornadas, en Invermais, cerca de Dreux. En Inglaterra, Michel señala el récord de Sir Henry Boyutons, con su azor «Red Queen», que mató 22 conejos en un día. Este mismo autor cita los resultados obtenidos a lo largo del año por:

«Enid» (Prima niega).
1888-89 — 82 conejos.
1889-90 — 59 conejos, un faisán, una gallineta.
1890-91 — 67 conejos, una gallineta, una perdiz.
1891-92 — 52 conejos.
«Isolt» (Prima niega).
1885-86 — 110 conejos, 2 faisanes, 13 gallinetas, 5 patos, 1 rata.
1886-87 — 130 conejos, 1 faisán, 4 patos, 3 gallinetas.
1887-88 (hasta el 26 de diciembre) — 70 conejos.

Tal como se presenta el panorama de la endemia que diezma los conejos, todos estos hechos pueden considerarse como pertenecientes a un pasado de improbable retorno. Y cuántas jornadas maravillosas han pasado los azoreros de toda Europa en esta alegre caza, llena de incidencias y sorpresas, en la que los pájaros no se enfrían, ni se descorazonan como en los vuelos más difíciles, entregándose a ella con tanta pasión como sus propios dueños.

VUELO DE LA LIEBRE

La caza de liebres con azor posee un atractivo tan especial, que llega a transformarse en un vicio; en un doloroso vicio. Porque éste no es un deporte divertido; es dramático, duro, grandioso. Y sobre todo, muy difícil. Difícil para el azor y para el azorero, en el límite de sus posibilidades.

La liebre es mucho más robusta que el pájaro, más sólida. Dotada de una fuerza muscular que la ha llevado a ser el mamífero más rápido de la creación, en su talla. Y es obstinada, irreductible, mientras le queda un hálito de vida. Un conejo, una gran ave, sujetos por la cabeza se entregan sin oponer resistencia. He visto muchas liebres saltando, dando volteretas, disparando sus temibles patas posteriores en todas las direcciones, con el azor aferrado al cuello. Sólo abandonan la defensa cuando mueren. Y esta masa de huesos sólidos, de músculos y de obstinación, suele pesar de tres a cinco veces más que el azor. Por otra parte, se defiende en su medio; entre retamas, carrascas y pedruscos.

Quizá, por el hecho de haber tenido a mi alcance, desde hace algunos años, un buen cazadero de liebres, he dedicado a este vuelo la mayor parte de mi tiempo y de mi atención. Al final de cada temporada me prometo a mí mismo abandonar su práctica; dedicarme a otros lances más factibles y divertidos como los de altanería, pero mi pasión es más fuerte que yo mismo. Año tras año, el mes de octubre me sorprende con un azor, joven o viejo, novel o maestro, sobre el puño, a la caza de esa liebre que siempre parece la primera y siempre puede ser la última.

No es raro leer en los libros de cetrería, que no puede dedicarse el azor a la liebre como presa habitual; incluso, que los niegos no llegan a dominarla. En condiciones normales, es decir, considerando la cetrería como un pasatiempo, sacando el azor los domingos y días de fiesta, o un mes en verano, tienen toda la razón.

Para hacer un azor lebrero, que quiere decir dispuesto a matar liebres durante toda la temporada, bien sean pequeñas o grandes, es necesario disponer de un terreno donde las liebres sean abundantes; y disponer de tiempo para cazar, al menos cuatro días a la semana. Sobre esta base, hablemos de los ingredientes necesarios para llevar a buen término tamaña empresa.

EL AZOR

Los tres pájaros que he manejado con más éxito en este vuelo han sido primas, niegas; la primera, nacida en España, en el término de Oña, provincia de Burgos, con un peso de caza de 925 gramos; las otras dos, nacidas en Baviera, Alemania, han cazado con un kilo cincuenta gramos.

Considero imprescindible que el pollo supere una talla mediocre —900 gramos, para un azor de España— pero no creo necesario que sea un gigante. Mientras permanece en la cámara, su alimentación será excelente, en cantidad y en calidad. No ha de sacársele temprano, como los que van a dedicarse a conejos o perdices; conviene mantenerlo un par de semanas más en la muda, para que termine totalmente su desarrollo y se endurezcan sus huesos y articulaciones. En el interior de la cámara no se le suelta presa alguna por las razones expuestas en el capítulo anterior.

El amansamiento ha de llevarse con el máximo cuidado, para que el pollo no se debata; porque no hay cosa que más derrengue a los azores que las debatidas constantes y el espanto a que les conduce un imperfecto amansamiento.

Han de cuidarse particularmente sus uñas, no dejándole en terrenos duros o en alcándaras excesivamente compactas, que las desgastan y dejan romas. Si esto ha ocurrido por negligencia, han de afilárosle adecuadamente, antes de llevarle de caza.

Paulatinamente, pero con firmeza, se va templando al pollo, hasta llegar al «yarak», el día de la primera cebadura. Y que no se eche al azor un conejo, ni cosa viva de este mundo, mientras no llegue a este estado de verdadera hambre.

El señuelo de piel de liebre, «traineau» como dicen los franceses, está absolutamente contraindicado, porque es una presa inerte, sencillísima, por mucho que se la arrastre o se remueva; aunque se ate la mejor carne en su «cuello» el azor no aprende a atacar delante, sino a agarrar, a posarse, que es una cosa muy distinta. Acostumbrado a este trasto, establecerá inmediatamente una comparación en cuanto tenga que aguantar la estampía de una verdadera

liebre y, sin duda, la soltará, esperando su presa de juguete. El instinto del azor lebrero ha de permanecer absolutamente virgen hasta el día de la cebadura.

Es condición muy importante para el éxito que el azor haya sido perfectamente musculado y alentado con vuelos largos a la mano. Para arrollar a la liebre, debe llegar a plena velocidad y pegar fuerte. Y, aún, tendrá que repetir muchos ataques, acaso cuesta arriba.

TRAÍNAS

En este vuelo todo es muy importante, un descuido en cualquier detalle puede significar el fracaso. Pero los conejos de escape son realmente transcedentales; en ellos puede estar el secreto del éxito. Han de ser adultos, de color de liebre, muy grandes, de más de 4 kgs. de peso; deben correr mucho y asustarse de las personas.

Si se dispone de un gran corral o un jardín, se les puede entrenar, persiguiéndoles a diario y azuzándoles con una rama o algo que, sin hacerles daño, les asuste mucho. Echándoles la comida a escondidas, sin que ellos se percaten, se hacen muy bravos y pierden todo atractivo por el hombre. Conviene reunir una media docena.

CEBADURA

Todas las atenciones que he recomendado para la cebadura en conejos han de redoblarse aquí. Particularmente, el temple del azor, que será muy recio; el máximo que pueda aguantar sin peligro de debilitarse. Y que en modo alguno pueda percatarse de que la traína sale de la mano del hombre.

Si el conejo es bueno, arrastrará al azor y le dará algunas patadas, pero éste se rehará al instante y agarrará por la cabeza. Dejadle luchar, no le socorráis; cuantos más saltos y volteretas aguante, mejor será la cebadura. En ella va a aprender el valor de la presa de cabeza. Cuando consiga inmovilizar al conejo, matádselo, si ya no lo ha hecho, y dadle una magnífica gorga; que sea la mejor que ha comido desde que salió de la cámara. El recuerdo de la victoria y del botín jamás se borrará de su mente.

El segundo y el tercer escape, después de los correspondientes temples, se los echo al azor por un procedimiento muy natural; en una vaguada bien delimitada, mi ayudante pone en libertad el conejo, mientras yo me encuentro con el azor al otro lado de la loma, donde no pueda ser visto. Desde un punto elevado, mi colaborador vigila la traína para que no se pierda y, a su aviso, acudo, pájaro al puño, trastejando hierbas y matorrales. Con el buen recuerdo de la antevíspera, el azor caza «con los ojos y con el cuello» como decían los clásicos y, en cuanto la traína se mueve, se va tras ella sin dudarlo y la degüella.

Con estos tres conejos he dado siempre a mis pájaros por cebados; en condiciones para comenzar la caza. Pero, las cosas pueden no salir tan bien; es posible que el azor, al ver el primer conejo, permanezca indiferente o se limite a sobrevolarle. Este proceder suele ser consecuencia de una falta de verdadera hambre o, lo que es peor, de una deficiencia de coraje o de madurez. Será necesario templarle más, o meterle un conejo debajo de las manos, o

Tundra, azor niego de cuatro mudas. (Foto D. Beer.)

atar a la traína un pedacito de carne en el cuello. Una vez despierto, se le hacen las tres cebaduras clásicas.

En el entrenamiento de un azor a liebres, no ha de olvidarse una consigna: emplear el menor número posible de traínas; y que sean fuertes, difíciles y naturales.

LA CAZA

La víspera de la primera salida, someto al azor a ayuno absoluto y no le pongo al sol en todo el día. Me doy un paseo por el terreno de caza —sin el pájaro— y localizo algunos rodalitos despejados, donde haya «muestras», para ir a tiro hecho. El gran día, hacia las ocho de la mañana —hora en que he hecho al pollo los escapes— ya estoy en el campo; mi ayudante lleva en un saquito de lona una buena traína, y ambos vamos armados de bastones para mover el terreno. Al azor se le saltan los ojos; parece que se va a comer el mundo...; los míos siempre han fallado su primera liebre. No han llegado ni a tocarla. Los pobres no se esperan el golpe de riñones, ese quiebro increíble que les deja sorprendidos sobre el terreno. Repiten el ataque, ya lo creo..., pero buena es la rabona; como para dejarse coger por un aprendiz al segundo golpe.

Una hora de descanso, a la sombra de un árbol, para que el azor asimile la experiencia, es mi norma después de estos fallos; ¿qué febriles procesos se desarrollan en la mente del pájaro en esos momentos? El instinto de caza, diferenciado a lo largo de millones de años, equilibrando capturas y fracasos, trabaja, sin duda, activamente.

El segundo ataque puede ser un éxito o fallar de nuevo; seguramente, el azor llegará a tocar la liebre, será arrastrado un instante, pero acabará perdiéndola. Cuando esto me ocurre, llevo al infeliz azor a la halconera, lo pongo junto al baño, donde generalmente bebe mucho y le permito descansar a la sombra hasta el atardecer.

En la segunda salida —el mismo día por la tarde— su hambre debe ser ya feroz, insufrible. Es fantástica la violencia con que los pollos se lanzan sobre la primera liebre de la tarde; y la suelen matar. El halconero verá, asombrado, que, llegado a la liebre, su pájaro da un bandazo, como cuando fallaba, se clava lateralmente, y el blanco vientre del roedor se proyecta hacia el cielo. Todo aquello gira vertiginosamente, con la nota dramática del berrido de la liebre, que se rompe de pronto. Corred, volad, socorred lo antes posible a vuestro pájaro, que está en el límite de sus fuerzas. Debe agarrarse a la liebre por sus patas traseras, inmovilizarlas, sacarlas de entre las patas del azor, y, apoyando el pulgar y el índice en su cogote, tras de las orejas, dar un tirón fuerte y seco.

Si el pollo no captura la liebre de la tarde, lo que suele ocurrir, se le suelta la traína con la máxima naturalidad, se le ceba bien y, al día siguiente, se le templa, para salir al tercer día. Aun puede perder todas en la jornada y exigir un nuevo conejo de escape. De persistir muchos días en este régimen, dejará de atacar a las liebres, que habrá aprendido a distinguir de las traínas.

La primera semana de caza es decisiva; en ella hay que redoblar los esfuerzos para buscar liebres fáciles. Y no desalentarse; a veces acierta a saltar un lebrato, que el azor captura. Este éxito puede afianzar al novicio, que en la próxima salida cazará una liebre grande.

Cuando un pollo empieza a matar, su entusiasmo crece a la par que su técnica. Entonces se comprende el motivo de los primeros fallos; iba demasiado deprisa, batiendo las alas hasta el último momento, al llegar a la liebre pegaba en cualquier sitio, y, generalmente, sólo conseguía un puñado de pelos. El azor hecho sale de la mano muy fuerte, entra en la liebre a cierta altura —uno o dos metros—, entonces, vuela por inercia, sin mover las alas y, de pronto, cuando parece sobrepasarla, gira en ángulo recto, cala y le corta el camino, agarrándola, de entrada, por un flanco o por la cara. Basta el choque para producir la voltereta; pero no hay muchos saltos, con una buena presa; al sentirse agarrada por el cuello, la liebre trata de librarse con las patas traseras, que mete entre las del azor y no acierta a sacar. Haciendo un gran esfuerzo con sus músculos lumbares, permanece engatillada, hecha una pelota, tratando de forzar la llave. Pero, no hay fuerza capaz de abrir las manos del azor y de desclavar las uñas. Muchas liebres están aún vivas cuando llega el azorero; es preciso matarlas en seguida para que el pájaro no se canse inútilmente; las más grandes y más difíciles, las que aguantan algunos interminables segundos de saltos, en los que el azor tan pronto está encima como debajo, suelen ser las que encuentra muertas el azorero cuando llega, jadeante, a decidir la batalla. La muerte sobreviene instantáneamente; el azor les clava las largas uñas posteriores en el bulbo raquídeo, donde se alojan los centros vitales. Muchas liebres se matan solas, en una voltereta, fracturándose la columna cervical, al girar sobre la cabeza, que el azor mantiene firmemente con sus garras.

Estos duros combates en los que el pájaro recibe muchas patadas, golpes contra el suelo y contra las ramas, podrían llegar a desanimarle, hasta el punto de abandonar definitivamente la presa. Esto me ocurrió con un azor que mató muy bien su primera gran liebre; aparentemente no hubo mucha pelea, pero no volvió nunca a salir con furia detrás de otra. Sin embargo, considero este comportamiento como una excepción.

Durante toda la primera temporada de caza, saco a mis azores rigurosamente en días alternos; y los cebo, generalmente, en la primera liebre que matan. Si es muy fácil o pequeña, les hago cortesía y busco una segunda, sobre la que comen su gorga; el cuello, la cabeza, una pata delantera con su paletilla, el corazón y una buena porción de piel. Para sacarlos de la pieza, tanto cuando hago cortesía como cuando cebo, me sirvo de un pedazo de carne, que interpongo entre el pico del azor y la liebre; al tirar, se ve obligado a poner una mano sobre mi guante para desgarrar, momento que aprovecho para elevarle dulcemente y esconder la pieza.

Si el azor mata perdices, conejos o cualquier otra presa, jamás debe de ser cebado en ella; simplemente, recibirá cortesía y se le buscará una liebre para que la mate y coma su ración. En la mente del pájaro hemos de grabar de manera indeleble un concepto; sólo la liebre es comida y todo lo demás es «hambre» o un simple aperitivo.

Viendo cazar a un azor lebrero, en invierno, se comprende hasta dónde llegan sus posibilidades. Normalmente, cualquier liebre que se levante a menos de 250 metros será alcanzada y muerta; y pueden transcurrir muchas jornadas sin que falle una sola; y las cazará en terrenos cubiertos, entre retamas, en montes de mucha carrasca, entre hierbas altas. Cuando un pájaro se especializa en estos terrenos, no se le va una; las sobrevuela hasta que llegan a un claro, y allí se clava en ellas. La liebre que va encarrilada por una senda es muy fácil; peores son las que se levantan en un barbecho o en un prado limpio; tienen más campo para el quiebro y desconciertan mucho a los pájaros.

He de hacer constar que mis azores nunca han sido heridos por una liebre y, aunque les han arrancado muchas plumas cobertoras, raramente les han roto las grandes plumas timoneras o los cuchillos; saben gobernarse muy bien, cerrando la cola en cuanto pegan, apoyándola en el suelo, transformada en un balancín para equilibrarse. Lastimosamente, los azores se rompen más plumas debatiéndose en la alcándara que en la caza.

No he observado una sola vez la extraña técnica de caza descrita en muchos libros para los azores. Dicen que, agarrando la liebre con una mano por el cuello, se sujetan con la otra a un arbusto, para frenar su carrera e inmovilizarla. He visto al azor lanzado ladera abajo, matar una liebre de un solo golpe; otro las sujetaba por la paletilla, sin tocarles la cabeza, llegando, a veces, a perforarles el corazón, poniéndose rojo de sangre; los he visto arrastrados, golpeados, trabados en un zarzal; sin embargo, jamás han utilizado el recurso de aferrarse a una rama.

Al final del otoño, cuando los pollos han matado más de una docena de liebres, conviene ir subiéndolos paulatinamente en el peso, para dar lugar a su natural crecimiento. Cuando mi pájaro mata liebres con un peso ligeramente alto, estoy mucho más tranquilo; si un día las falla, me permite dejarle en ayunas, para sacarlos a la mañana siguiente. Este recurso, que los encarniza muchísimo, no estaría a mi alcance si el pájaro cazara con un peso crítico, porque, con el ayuno de la noche de invierno, perdería mucha fuerza para cazar al día siguiente.

Bastan algunas jornadas desafortunadas en las que el azor, después de fallar sus liebres, coma en la mano del azorero, para que se desinterese totalmente por la presa. Durante todo el primer año, ha de tratarse por todos los medios de que el pájaro no se vuelva un solo día a la halconera sin haber sido cebado sobre su liebre.

Todos los reflejos adquiridos por el joven azor durante la estación de caza, se cristalizan durante el período de la muda; desde abril a septiembre, no sólo cambia totalmente su aspecto exterior; su carácter se define y sus recursos para la caza se perfeccionan. En el segundo otoño, el azor está duro, lleno de nuevas y sorprendentes facultades, absolutamente compenetrado con su cometido. Es el momento para empezar a estirarle; ahora ya no se trata de que mate una sola liebre, es necesario hacerle cazar dos, tres, cuatro y, si es posible, hasta seis. Pero ha de irse despacio y con mucho tiento. Reservad siempre un rincón del cazadero donde sepáis que hay liebres seguras para matar la última; para que no os ocurra esa pequeña catástrofe que consiste en sacar al azor dos liebres y llevárselo a la halconera sin cebar o, a lo más, cebado sobre una liebre muerta. Tras de cada captura, en la que recibirá muy buena cortesía y un rato de pelar, habrá de dejársele descansar veinte minutos o media hora; al menos hasta que se sacuda recio. Durante la jornada de caza es bueno acercarle a un arroyo para que beba o se bañe, si tiene ganas.

Hasta aquí hemos visto las dificultades que ha de vencer el pájaro; estudiemos ahora las sutilezas y recursos que ha de tener su maestro. Porque de nada servirían los esfuerzos del azor si no fuera llevado por un cazador que conozca bien el arte.

Cuando uno entra en el cazadero, azor al puño, bien sujeto por las pihuelas, éste escudriña el campo con gran atención y nada le pasa desapercibido; en el instante en que una liebre salta, se disparará hacia ella. Y pueden ocurrir dos cosas: que la liebre haya salido a lance, es decir, a menos de 50 metros para un principiante, o bien, que se haya levantado lejos. En el primer caso debe abrirse la mano, en el acto, sin retener un momento al azor; en el segundo, por el contrario ha de sujetársele firmemente por las pihuelas. Se comprende que la atención y prontitud del azorero han de ser tan agudas como las del azor;

porque si se permite al novicio perseguir a una liebre lejana —que nunca alcanzará— se le da una pésima lección; mas, si se le retiene un momento, en la que se levanta a lance, se le hacen perder la mitad de sus posibilidades de éxito. Y no es fácil calcular en una décima de segundo, si el salto de la liebre, que le sacude a uno como un latigazo, ha ocurrido cerca o lejos. Por otra parte, además de la distancia en sí, tiene mucha importancia la dirección de la carrera, si es en llano, cuesta arriba o cuesta abajo.

Cazando en ladera, el azorero debe avanzar por la parte más alta con su pájaro; el resto de los cazadores, abiertos en mano, cubren unos 30 ó 50 metros; el que ve la liebre ha de gritar, para que el azorero se aperciba y deje salir al azor. «Tundra», en sus últimos años, cuando cazábamos en grandes laderas, batidas por una mano de quince o veinte hombres, en cuanto oía la grita salía de mi puño, sin ver, volando en la dirección de donde provenía la voz.

Para lanzar a tiempo, es preciso cazar muy despacio y no dudar; si el azor se cuelga en un buen lance, no lo lancéis debatido, es preferible retenerle, a correr el riesgo de que falle. Si se os escapa a una liebre muy larga y la cobra, hacedle en ella mil placeres y dadle la mejor gorga; que no cace más ese día. Porque estos lances involuntarios, cuando salen bien estiran al azor y nos ponen de manifiesto todas sus facultades.

Había organizado una cacería-exhibición en un terreno de muchas liebres; acudieron a ella algunas personalidades, y todos esperábamos hacer buena percha y pasar una agradable jornada. «Tundra», en su segunda temporada de caza, había sido templada muy reciamente, para matar muchas liebres. Al entrar en el pinar, se me escapó de la mano, contra mi voluntad. Todos miramos hacia delante y allí, a lo lejos, percibimos una liebre corriendo ladera arriba. Lamentando mi error seguí el vuelo del pájaro cuando, ante mi asombro, volteó a la rabona y se hizo con ella ¡a más de 300 metros! Todos corrían encantados, damas y caballeros, ante el espectáculo de aquella caza tan divertida y sencilla. Al llegar, «Tundra», ensangrentada, me miró jadeante y triunfadora. No tuve más remedio que transmitir su deseo a mis sorprendidos acompañantes.

—Señores, hoy no podemos cazar más; ¡el azor se merece esa liebre!

En llano y ladera abajo, se puede lanzar a mucha distancia sobre todo en días de poco viento; cuesta arriba ha de lanzarse siempre de muy cerca. Y, aunque el azor sea maestro, es preciso llegar lo antes posible para inmovilizar la liebre y matársela; así aprende a aguantar la más dura pelea hasta la llegada del maestro.

Con viento fuerte no se debe cazar, porque si se lanza pico a viento, el azor no llega a la liebre o llega muy flojo, sin inercia para dominar el quiebro; rabo a viento, el pájaro no puede frenar su impulso ni gobernarse bien. Si el viento es mediano, se puede cazar con un azor maestro; en tales condiciones yo siempre llevo la caza rabo a viento, porque el azor, aunque no puede agarrar de donde quiere, alcanza pronto y pega muy fuerte, desequilibrando a la

liebre; en la pelea, en seguida encuentra la cabeza. Con viento débil, puede cazarse en ambas direcciones, pero es mejor hacerlo pico a viento; las liebres salen más cerca, porque no nos ventean, y el pájaro se gobierna mejor.

No matéis el mismo o parecido número de liebres en cada jornada; el azor terminará no empleándose a fondo en las primeras; que no sepa nunca cuál va a ser su liebre y, al menos, una vez a la semana salid a cebar, es decir, a dar al pájaro de comer sobre la primera liebre que mate. No hay peor costumbre que cebar siempre al atardecer; todas las rapaces tienen tendencia a guardar su furia para esa hora. Si las afianzáis en tan mala costumbre ya no querrán cazar por la mañana.

En esta dura tarea es menester emplear todos los mejores recursos para que el azor no se enfríe; particularmente durante el primer año; después puede llegar a matar las liebres a pasto.

El día que el azor no ha de cazar, sacadlo al campo, lanzadlo a la rama de un árbol y llamadlo con un roedero, para que coma tras este ejercicio; en caso contrario, cebado exclusivamente sobre las liebres, muy pronto se negaría a bajar de los árboles y la caza sería un suplicio.

No es raro que después de matar muy bien algunas liebres grandes, los azores empiecen a dejarlas, atacando sólo con ahínco a las pequeñas o medianas. Esta sutileza no se aprecia fácilmente, porque los pájaros hacen ver a su dueño que las liebres que se les van eran «imposibles». Nadie más astuto que un azor para estos engaños; un quiebro inesperado, un matorral que se interpone en el último momento, una empinada cuesta arriba, y el «pobrecito» falla. ¡Cuento!; falla porque le conviene; porque es una señora liebre. Y lo peor es que el azorero novel siempre se lo cree —también algunos que se tienen por maestros—. A continuación salta una liebrecita de kilo y medio y ¡oh maravilla! el azor la arrolla, la despega del suelo, ante su orgulloso y burlado dueño. No le cebéis en esa liebre; sacadlo con cortesía y buscadle una grande, aunque tengáis que esperar hasta el atardecer.

Por el contrario siempre que el azor nuevo mata una liebre grande, cebadlo en ella y no os duela terminar la jornada, porque, de regular, hacéis al pájaro bueno.

En las primeras jornadas de caza, el azor, poseído por el entusiasmo que otorga la ignorancia, ataca con toda su furia y, si falla el primer golpe, repite un segundo y un tercero. Pronto aprende, por desgracia, que el máximo de sus posibilidades están en la primera acometida y abandona tras el primer fallo. Algunos buenos azores conservan toda su vida la costumbre de repetir los intentos; se dice que son «recazadores». Y ha de hacerse todo lo posible para mantenerlos en esta virtud. Siempre que recacen una liebre cebadlos en ella y no cuidéis de matar más en ese día.

Éste es uno de los pocos vuelos que se pueden realizar perfectamente sin perro. Es más, si no es un caso excepcional de obediencia, el perro estorba; porque hay muy pocos que no se lleguen hasta el azor, cuando está peleando con la liebre, le asusten y le hagan perderla. He tenido algunos perros que se paraban a diez metros del azor, pero se distraían mucho con las perdices, se iban tras

Reportaje gráfico de caza de liebres con el azor Tundra

1.ª El secreto del éxito de Tundra: el ataque de frente.

2.ª Para asegurar la presa. Tundra se acuesta sobre los tarsos.

3.ª Clavando profundamente las uñas en el bulbo raquídeo, un buen azor mata a las liebres en el acto.

4.ª En la cuarta liebre de la mañana, Tundra será cebada, dando por terminada la caza. (Fotos D. Beer y Delapeña.)

de las liebres largas, y, a fin de cuentas, estorbaban más que ayudaban.

Entre mis azores lebreros han destacado dos que merecen alguna atención; el primero, la tan citada «Tundra», cazó conejos durante todo el primer año, sin ver una sola liebre —donde yo vivía por aquel entonces, había muy pocas—. Después de la muda lo atrainé muy bien y, pese a mis temores de que después de una temporada cazando conejos temiera a las liebres, llegó a matarlas con verdadera maestría. Terminó, en febrero, la primera temporada con 67 liebres; la siguiente, mató sólo 18, porque eran muy escasas. En su tercera y última estación, fue herida por un desconocido, después de matar la liebre número 71, a finales de febrero. De poco sirvieron nuestros esfuerzos para curar su pata fracturada a la altura de la articulación tibiotarsiana; a pesar de una impecable intervención, realizada por un buen cirujano, resultó con una anquilosis irreversible que la inutilizó totalmente para la caza de liebres. Después de mantenerla aislada durante un par de meses en una muda, soltándole muchos volátiles, para que recobrara todo su salvajismo, me la llevé un día al campo le di de comer, y la puse en libertad. Se me saltaban las lágrimas al despedirme de mi valiente compañero de caza; de aquel pequeño gigante que, con sólo 900 gramos de peso, había matado para mí, cerca de 500 piezas.

La virtud más destacada de «Tundra» era la de matar varias liebres en muy corto espacio de tiempo. Tal vez la costumbre adquirida durante el año en que cazó conejos, en sesiones normales de más de diez capturas, desarrollaron en ella esta facultad. Lo cierto es que muchas mañanas mataba cinco o seis liebres sin dar la menor muestra de cansancio ni enfriarse lo más mínimo. Bastaban unos minutos de descanso, tras de la cortesía, para que se sacudiera fuertemente, pidiéndome otra batalla.

Y mi mayor pesar es que hube de abandonar a «Tundra» sin conocer hasta dónde llegaban sus fantásticas facultades. Porque en la caza de liebres, nunca la saqué durante una jornada completa como en la caza de conejos; sin duda hubiera llegado a matar una docena. A Dios gracias en el alto hayedo de los Obarenses se esconde aún la casa solariega de esta fiera casta de azores. No pasará mucho tiempo sin que me proporcione una nueva «Tundra» que pueda probarme hasta dónde llega su esfuerzo.

Mención especial merece «Daga»; el pájaro a quien he dedicado más atención de cuantos he tenido; las primeras páginas de su diario de caza, que expongo a continuación, seguidas de los correspondientes comentarios constituyen una lección casi práctica.

Prefiero transcribir fielmente sus once primeros días de caza, a mi juicio fundamentales para su definitiva introducción en la presa, a elegir algunas jornadas afortunadas o pintorescas; divertidas para el lector pero de escaso provecho.

DIARIO DE "DAGA", 1960

NOMBRE: *Daga Bávara.*
SEXO: *Prima.*
SUBESPECIE: *Accipiter Gentilis Gallinarum.*

CARACTERÍSTICAS:

Es un pájaro de gran talla, con un peso de 1,200 Kg. al sacarlo. Presenta el plumaje en perfecto estado, sin hameces ni defectos, de un color muy claro, como los llamados azores dorados. La pinta es granada, gruesa y bien definida. El iris, la cera y los tarsos muy bien jaldados.

Llega de Alemania en avión, el domingo 7 de agosto de 1960, en una gran caja de madera de forma rectangular. Inmediatamente es introducida en una muda donde pasa ocho días, copiosamente alimentada de palomas y despojos de pollo.

Es un regalo de Herrn. Eutermoser, en nombre de los halconeros de Baviera, a quienes hemos enviado cinco peregrinos. Ha sido capturado en Rosenheim, Alta Baviera.

ADIESTRAMIENTO
15 de agosto

«Daga» es sacada de la cámara, estando absolutamente mansa y familiarizada con los perros. Tal comportamiento se debe, sin duda, a que ha sido criada en Alemania, dándole de comer en la mano y acompañándola en el interior de la muda. Como consecuencia, pía constantemente, lo cual no deja de desagradarme.

Del 15 al 22 de agosto

Trato de enseñarle a saltar a la mano; me cuesta mucho; parece resabiada, pero apoyando la mano en el arco, se va acostumbrando. Manifiesta gran apetito y comienza a bañarse inmediatamente.

Del 22 al 28 de agosto

Vuela con fiador regularmente, en lecciones diarias, sobre distancias de unos 40 metros, desde el suelo y desde las ramas de los árboles.

Alimentación: un despojo de pollo pequeño, diario.

Día 29 de agosto

«Daga» vuela suelta por primera vez; haciéndolo perfectamente, desde la rama de un árbol, en una distancia de unos 60 metros.

Del 29 de agosto al 4 de septiembre

Vuela diariamente, suelta, en distintos parajes del cazadero, acostumbrándose a seguirme durante un paseo. No manifiesta nunca idea de desobediencia, ni es necesario bajarla del kilo cien gramos. Tiene un apetito extraordinario, devolviendo sus plumadas con regularidad, a primera hora de la mañana. Se baña tres días a la semana; se olea, juega; su salud parece excelente. Ha llegado a un grado de mansedumbre absoluta. Pía de una manera incesante.

Día 5 de septiembre

«Daga» recibe la primera cebadura, sobre un conejo muy grande —cinco kilos— que ataca magníficamente; mal agarrado, por la grupa, la arrastra unos diez metros, pero el azor se rehace y lo coge por la cabeza.

Días 7 y 9 de septiembre

Recibe otros dos conejos de escape, guardando ayuno absoluto los días 6 y 8. En cada presa el azor se ha superado, agarrando a la última, de entrada, por el cuello. Los conejos han corrido muy bien y han dado cierta pelea. Durante todas las sesiones me ha acompañado el perro.

DIARIO DE CAZA
Martes, 13 de septiembre

Tiempo: caluroso, nada de viento.
Peso: 1,050 Kg.

CAZA

Comenzamos a cazar a las 5,30 de la tarde, con sol bastante fuerte, en una ladera de altas hierbas y avena salvaje, tan tupida que impide la marcha. El pájaro se muestra muy atento al campo y, al entrar en la parcela, pretende lanzarse tras unas perdices. A los diez minutos salta la primera liebre, muy cerca, en una zona de avena altísima; corre en línea recta, a media ladera. «Daga» ataca inmediatamente, con extraordinaria codicia y una velocidad que me sorprende y descubro en ella por primera vez. Aparentemente, pega en la liebre, pero esta sigue corriendo y el azor se queda entre las altas hierbas tan sorprendido como nosotros. Al dirigirme hacia él, viene a mi encuentro y se posa en mi mano piando fuertemente.

Tras un descanso de 40 minutos, seguimos cazando; el pájaro se me va de la mano, contra mi voluntad, tras una liebre, alegre, muy larga, a más de cien metros. Alcanza muy bien pero la liebre hace un quiebro y nuestro ingenuo azor ni siquiera la roza. Intenta un segundo ataque sin éxito.

Nuevo descanso de media hora y salto de una tercera liebre a los pies de mi ayudante. El pájaro llega a ella flojo y no la toca.

«Dada la situación, hacemos a «Daga» un escape con el conejo que previamente traíamos preparado. Lo soltamos en pleno campo y nos vamos en su busca. Corre muy bien y el azor lo coge perfectamente. Sobre él, recibe una media cebadura para salir al día siguiente.

LANCES: 3.
FALLOS: 3.
ESCAPES: 1 conejo doméstico.

COMENTARIOS

A pesar del magnífico comportamiento del azor con sus presas de escape, no ha tenido éxito con las liebres en esta primera jornada por un exceso de confianza. Iba a ellas derecho, pretendiendo agarrarlas cual si de lentos conejos se tratara.. No obstante, viendo su codicia, he preferido darle media gorga sobre la traína, para salir al día siguiente.

Miércoles, 14 de septiembre

Tiempo: lluvioso, con cierto viento.
Peso: 1,050 kg.

CAZA

Entramos en el cazadero a las cinco de la tarde. Damos manos por las vaguadas, tanto para evitar el viento como para buscar las liebres que, para protegerse, encaman en estos desniveles. A los diez minutos, salta la primera, a unos 60 metros. «Daga» la vuela muy bien y la alcanza, pero la liebre hace un quiebro y el azor no pega.

Tras media hora de descanso, seguimos cazando. Mi ayudante ve una liebre encamada que se levanta al ir yo hacia ella con el azor. Corre zigzagueando cuesta arriba y el pájaro la pierde al trasponer.

Cuarenta minutos más tarde, se levanta una liebre larga, entre pimpollos; el azor se me va tras ella, llegan ambos muy fuertes hasta una vaguada profunda y allí, fuera de nuestra vista, se desarrolla el ataque. Al llegar, el azor está en el suelo y la liebre ha desaparecido.

Al ponerse el sol, abandonamos la caza dejando al pájaro en ayunas.

LANCES: 3.
FALLOS: 3.
PRESAS: 0.

COMENTARIOS

La carrera de la primera liebre, cuesta arriba y en contra de viento, ha sido la causa de que «Daga» fallara. Este primer ataque le ha hecho perder mucha moral. Pero, por su manera de ir en el puño, poco atenta al campo, me da la sensación de que no tiene el hambre necesaria. La llevamos a la halconera sin hacerla escape alguno ni comer.

Jueves, 15 de septiembre

Tiempo: lluvioso, con viento.
Peso: 1,020 kg.

CAZA

Comenzamos la mano a las 5,30 de la tarde. Todos estamos muy nerviosos; es el tercer día de caza y todavía no hemos hecho una presa. El azor tiene más hambre y va muy atento. Se me escapa de la mano hacia algo que yo no he visto; vuela muy fuerte sobre una vaguada y, al coronar la ladera de enfrente, vemos trasponer a la liebre; el azor tras ella. Corro en su búsqueda, pensando encontrármela en la rama de un árbol. Mi sorpresa y alegría son enormes cuando oigo gritar a la liebre, unos cien metros delante de mí. Asombrado, encuentro a «Daga» con una liebre mediana, perfectamente sujeta por la cara e inmovilizada. Al poner mis manos sobre la liebre, «Daga» está tan nerviosa y excitada que ni come. Le doy una magnífica gorga que saborea con fruición.

LANCES: 1.
PRESAS: 1 liebre de 1,250 kg., hembra.

COMENTARIOS

Sin duda, «Daga» ha asimilado muy bien la causa de sus fracasos en las seis liebres atacadas en días anteriores. El ayuno absoluto de la víspera, la llevó a realizar una persecución larguísima, por fortuna, tras una liebre de poco peso que no debió dar mucha batalla.

Viernes, 16 de septiembre
Tiempo: fresco.
Peso: 1,080 kg.
Temple: 1 ala de pollo joven.

Sábado, 17 de septiembre
Tiempo: fresco.
Peso: 1,050 kg.

CAZA

A las cinco de la tarde, nos dirigimos a las vaguadas para evitar el viento. Salta la primera liebre, un poco larga. «Daga» la vuela floja, pico a viento. A la media hora, salta la segunda muy cerca. El azor la vuela otra vez mal, sin acercarse a ella, subiéndose a un árbol del que me cuesta cierto trabajo hacerle descender. Todo indica que no tiene hambre. La llevo a la halconera en ayunas.

COMENTARIOS

El último día de caza, con la alegría de la captura, se me fue la mano en la cebadura, y el azor, acostumbrado a comer hasta entonces carne de conejo, ha perdido el apetito con su gorga de liebre, de más difícil digestión. Estos cambios de alimentación, al introducir el azor en liebres, suelen ser causa de pérdida de apetito; porque ¡resulta tan difícil racionar la cebadura de un azor sobre sus primeras victorias!

Domingo, 18 de septiembre
Tiempo: muy caluroso.
Peso: 1,010 kg.

CAZA

Acompañado por el Capitán don Enrique Aranda y mi ayudante, salimos a las once y anduvimos durante toda la mañana, con mucho calor, sin conseguir levantar una liebre. Regresamos a la hora de comer con el pájaro, dejándole descansar durante una hora.

A las 4 de la tarde, salimos de nuevo, dirigiéndonos a una colina relativamente fresca. Después de dar muchas manos en la ladera más inclinada del altozano, mi ayudante levanta una liebre y le grita. Suelto sin ver y siguiendo al pájaro la descubro corriendo por un terreno quebrado y difícil. «Daga» vuela muy bien y agarra por delante, rodando con ella por la ladera unos diez metros. Al llegar encuentro a la liebre muerta. Sobre ella, hago al pájaro una cebadura más reducida que la primera.

LANCES: 1.
PRESAS: 1 liebre de 2 kilos, macho.

COMENTARIOS

«Daga» se ha comportado mejor que nunca, capturando una liebre realmente difícil. Creo que con un peso ligeramente bajo, está más segura en estos días calurosos.

Lunes, 19 de septiembre
Tiempo: muy bueno.
Peso: 1,040 kg.

CAZA

A las cinco de la tarde, comenzamos a cazar en la misma ladera donde ayer «Daga» mató su liebre; al poco tiempo de entrar se levanta una, entre hierbas muy altas. El pájaro la vuela bien pero no puede atacar en la espesura. Estoy recogiéndola del suelo cuando salta, cuesta arriba, un lebrato muy veloz, que el azor vuela y cobra maravillosamente. Sobre él, hago una buena cebadura.

LANCES: 2.
FALLOS: 1.
PRESAS: 1 lebrato de 800 gramos, macho.

COMENTARIOS

En realidad, hoy hubiera correspondido templar al azor. Pero con la cebadura mediana del día anterior sólo subió 30 gramos, y he considerado que estaría en condiciones para cazar. Creo que el peso límite para «Daga» es el kilo cincuenta gramos.

Martes, 20 de septiembre
Tiempo: caluroso.
Peso: 1,050 kg.

CAZA

Cazamos por la tarde, en terreno llano, el pájaro falla dos liebres un poco largas; me parece que no tiene hambre suficiente. A última hora se levanta un mochuelo y el azor le captura tras una corta persecución. Se lo saco sin cortesía. Llevo a «Daga» a la halconera sin comer para cazar al día siguiente.

LANCES: 3.
FALLOS: 2.
PRESAS: 1 mochuelo.

COMENTARIOS

Para afianzarme más en la delimitación del peso del azor, he vuelto a sacarlo sin templar, tratando siempre de no cazarlo con un peso excesivamente bajo. He visto muy claramente que «Daga» puede perder hasta 50 gramos.

Miércoles, 21 de septiembre
Tiempo: fresco.
Peso: 1 kilo.

CAZA

Con el Dr. Vital Aza, el Dr. Manolo Santos y mi ayudante, comenzamos a cazar a las nueve menos cuarto de la mañana. «Daga» falla una liebre cuesta arriba, como consecuencia de la gran inclinación de la ladera. Por este motivo me coloco en la cuerda y mis acompañantes baten la parte baja. A la media hora salta una liebre, veinte metros más abajo y a mi derecha. Desde mi posición ventajosa, veo el vuelo perfectamente por primera vez. El azor baja muy fuerte, dando a las alas durante los dos tercios de su recorrido. La liebre corre a media ladera; a unos diez metros de ésta y un poco más alto, «Daga» cierra las alas, la sobrepasa hacia abajo, vuela con ella y quiebra hacia la izquierda, agarrándola y matándola en el acto. Ha sido su captura más espectacular. Buena cebadura y concluimos la caza a las 10.30.

LANCES: 2.
FALLOS: 1.
PRESAS: 1 liebre de 3.200 kgs.

COMENTARIOS

Al enfriarse el tiempo, «Daga», con pocas reservas, ha perdido 50 gramos en la noche de ayuno y ha salido al campo más codiciosa que nunca, matando la primera liebre verdaderamente grande. Ha sido una jornada decisiva porque me ha puesto de manifiesto que con 1 kilo exacto, el azor está aún muy fuerte. En las tres jornadas anteriores he podido observar que «Daga» no es todavía pájaro para cazar a diario. Le va mucho mejor el temple recio.

Jueves, 22 de septiembre
Tiempo: fresco.
Peso: 1.050 kg.
Temple: ayuno.

Viernes, 23 de septiembre
Tiempo: muy caluroso.
Peso: 1 kilo.

CAZA

A las diez de la mañana, a la entrada de una zona de pimpollos, el pájaro se me cuelga en una liebre muy buena, que no he podido ver porque ha saltado tras un pimpollo. No la suelto. Tres minutos después, salta una segunda liebre, a unos 100 metros; «Daga» la vuela muy bien, pero al llegar a ella la liebre se oculta entre la maleza. «Daga» se mantiene en lo alto, casi cerniéndose. Vuelve a descubrirla y ataca en picado; no pega porque se esconde nuevamente. El azor sube mucho al salir del picado y se dirige hacia un árbol, cuando vuelve a ver a la liebre, que corre a unos 300 metros, en dirección opuesta a ella. Gira inmediatamente, la sobrevuela alta y, al alcanzarla, ataca en un picado digno de un peregrino, cuyo desenlace no vemos por ocurrir detrás de un gran matorral. Al llegar encuentro a «Daga» en su interior, con una gran liebre, bien sujeta por la cara, que da mucha pelea. La remato y hago una buena cebadura.

LANCES: 1.
PRESAS: 1 liebre de 3 kilos, hembra.

COMENTARIOS

Después de esta captura puedo considerar a «Daga» como completamente afianzada en su cometido. No había visto hasta la fecha un vuelo de estas características, en el

que el azor se comporta como un halcón; sobrevolando a la liebre; atacando en picado y, sobre todo, capturándola tras esta complicada persecución. Es un pájaro «recazador».

Sábado, 24 de septiembre
Tiempo: bastante caluroso, sin la más leve ráfaga de viento.
Peso: 1 kilo.

CAZA

Salimos a las 11.30 de la mañana, actuando en un terreno regular con pimpollos y escasa hierba. A los tres cuartos de hora se levanta la primera liebre, a unos cien metros, subiendo por una ligera cuesta. «Daga» la vuela muy bien. Desde muy lejos oigo gritar a la rabona; los veo dando volteretas; y veo como se le escapa antes de que yo pueda intervenir.

El calor es insoportable, el pájaro está fatigado, con las alas y el pico abiertos. Descansamos durante un cuarto de hora a la sombra de un árbol. A la media hora, «Daga» ve una liebre y se cuelga. No suelto. Este esfuerzo aumenta su fatiga.

Hacia la una, se levanta una liebre larga, en terreno muy tupido. El pájaro la vuela bien pero cuando llega a ella, la liebre se oculta. »Daga» se posa en un poste de conducción eléctrica. La liebre vuelve a salir a unos cien metros de éste y el azor ataca inmediatamente. No vemos el desenlace. Al llegar encuentro al azor metido en el interior de un matorral, pero la liebre se ha ido.

Media hora más tarde se levanta una perdiz, el pájaro se me escapa; la vuela correctamente en unos 300 metros hasta una gran carrasca, donde el pájaro la bloquea. Por desgracia no podemos levantarla; ha debido correrse hacia un arroyo lleno de carrizos. Como el pájaro está muy cansado por el calor, regresamos a la halconera donde bebe y se baña.

Nueva salida a las cuatro de la tarde, acompañados por el perro «Kim», por primera vez.

Sigue haciendo bastante calor. En una colina de laderas muy inclinadas y hierba alta, el perro levanta una liebre larga que el azor vuela muy fuerte; no podemos ver el ataque por realizarse al doblar un morro. Encuentro a «Daga» en el suelo con un buen puñado de pelo.

Tras un ligero descanso seguimos cazando. Se percibe algo que corre entre las altas hierbas. El azor se lanza hacia allí, pero se sube inmediatamente a un árbol porque lo que sea desaparece entre la maleza. «Kim» trabaja muy nervioso hasta levantar la pieza, una pequeña liebre que sólo podemos ver un momento porque se refugia en los espesos pimpollos. El azor no puede ni alcanzarla.

Descendemos por una ladera suave y de menos hierba, con pimpollos alineados. Salta una liebre grande, a unos 80 metros, subiendo. «Kim» la persigue muy cerca, ladrando. El azor la vuela a gran velocidad y muy bajo; pasa sobre «Kim» y la agarra a unos metros delante de él. Dan muchas volteretas, pero está muy bien sujeta por el hocico. Sobre ella recibe una buena cebadura.

LANCES: 3.

PRESAS: 1 liebre, 2.500 kgs., macho.

FALLOS: 1 gran liebre bien volada y retenida unos segundos. Una perdiz que no cobramos, al no poder levantarla.

COMENTARIOS

En esta jornada de caza puede observarse la importancia del calor para ablandar a los azores. En estos días de septiembre y en los de febrero, el sol calienta ya mucho; los azores, sobre todo si son nórdicos, pierden mucho nervio y fallan bastantes presas. Me ha llamado la atención el hecho de que el azor haya atacado a una perdiz, sin habérsele soltado ninguna durante el adiestramiento. Es posible que en Alemania le hicieran algún escape en el interior de la muda.

Domingo, 24 de septiembre

Tiempo: menos caluroso que la víspera.

Peso: 1.010 kg.

Temple: las orejas y el morro de la liebre.

Lunes, 26 de septiembre

Tiempo: ha llovido durante la noche y la mañana. Por la tarde está nublado con cierto viento.

Peso: 950 gramos.

CAZA

Comienzo a cazar a las tres de la tarde con «Kim». Durante el primer cuarto de hora el pájaro está intranquilo por el viento. El terreno es irregular; pimpollos y hierba no muy alta.

Se levanta una perdiz a unos 50 metros, rabo a viento, y cuesta abajo. El azor la persigue en un vuelo de unos 250 metros. Cuando llego, le encuentro junto a un pequeño matorral pretendiendo introducirse en él. Al entrar el perro, se levanta la perdiz «azorada», revolando hasta otro matorral, seguida por «Daga» y por «Kim», que la cobran casi al mismo tiempo. Sobre ella hago una buena cortesía al azor, dándole la cabeza.

Seguimos la caza. En los primeros minutos el pájaro reclama su perdiz, apretándome el guante con mucha fuerza. Se levanta otra, rabo a viento, en la misma dirección que la primera. El azor la vuela muy bien hasta unos enormes matorrales donde se oculta. Es una herida muy mala y pese a los esfuerzos del perro no damos con la perdiz por lo que doy al azor la primera que había cazado, dejándole pelar y comer unas picadas.

Se calma el viento. En terreno de grandes hierbas y matorrales salta un conejo. El azor le ataca inmediatamente pero desaparece a los pocos metros en una carrasca, posándose el pájaro en la rama de un árbol, muy alta, desde donde observa al perro que vuelve a levantar el conejo, nuevamente atacado, pero fallado por introducirse al instante en otra gran carrasca. «Daga» vuelve a subir a su rama; baja inmediatamente al puño cuando la llamo. Cinco minutos más tarde se lanza inesperadamente a mi espalda; suelto sin ver. Al volverme la encuentro sobre un conejo

a cinco metros de mis pies, del cual es la primera noticia que tengo. Le dejo pelar durante unos minutos y le hago una buena cortesía.

Cambio de terreno. Llueve ligeramente, hace muy buena temperatura y el viento se ha calmado. La hierba es alta y abundante; los pimpollos grandes, excesivamente juntos. Mala visibilidad. Salta una liebre a unos 50 metros, perseguida por el perro. «Daga» ataca, perdiéndose de vista al coronar un pequeño cerro. Corro con todas mis fuerzas y oigo gritar a la liebre; cuando llego están dando enormes volteretas. La liebre mal cogida por el lomo y la paletilla, consigue escapar de las garras del pájaro, cuando me disponía a intervenir. Cojo al azor directamente del suelo, el pobre está desesperado, gritando con las alas abiertas.

El terreno se hace más tupido y parece absolutamente imposible que podamos cazar. De pronto algo corre entre la hierba. Es un conejo. El azor ataca, pero el conejo se refugia en una carrasca, dominado por el pájaro desde la rama de un árbol. Siguiendo mi costumbre, lo hago descender a la mano y mando al perro hacia la maleza; apenas entra, salta el conejo muy rápido, por el lado opuesto. No me explico cómo «Daga» ha podido verlo; yo sólo lo he oído. Me he cerciorado de la presa al oír los gritos. Doy al azor su cortesía y un poco de pelar.

Seguimos la caza. Corre una liebre larga detrás de mí, ladrada por el perro. «Daga» la persigue con dureza, pero en el momento en que va a hacer presa, desaparece en las hierbas y pimpollos. El azor se posa en un árbol desde donde desciende inmediatamente al puño; le dejo roer un rato y seguimos trabajando.

En un altozano igualmente tupido, entreveo a mi izquierda y detrás algo que se mueve; los ladridos de «Kim» nos indican que es una liebre. Ha saltado cerca y corre zigzagueando, perseguida por el perro. «Daga» se lanza tras ella y, de manera increíble la agarra, desapareciendo entre hierbas y pimpollos. Oigo gritar a la liebre que arrastra al pájaro, cogida por la grupa, hasta meterse en una espesa carrasca, sin lograr desembarazarse de él. El perro entra en la «melée» y, por fin, logro coger a la liebre por los riñones y, tirando de ella, saco a campo abierto a los tres luchadores. Fuera, el azor se rehace y la estrangula inmediatamente. Hago al pájaro una buena cebadura con carne de conejo sobre la liebre.

LANCES: 8.

PRESAS: 4: 1 perdiz macho con grandes espolones. Un conejo grande. Un conejo mediano. Una liebre de 3.300 kilogramos.

FALLOS: 1 gran liebre, mal cogida, retenida durante unos segundos.

COMENTARIOS

Ha sido una magnífica jornada de caza para un pájaro que cobró la primera liebre el día 15 de septiembre. No sólo por el número de ataques; por la presteza para descender de los árboles; por la magnífica colaboración que ha llevado con el perro; sino, sobre todo, por haberse desarrollado la cacería en terreno muy difícil y en un corto espacio de tiempo. Es muy significativo el peso del azor; el mínimo de cuantos ha tenido. Sin duda está en el punto crítico para grandes cacerías. Pero para matar una sola liebre conviene subirle al kilo.

Si en esta sesión he permitido a «Daga» matar cuatro presas, se debe al hecho de que las tres primeras han sido raleas, es decir, piezas que no convienen, en las que no se debe cebar a un azor lebrero. De haber matado una liebre al comenzar la cacería, hubiera comido en ella.

Durante estas jornadas expresadas en el diario, el lector ha podido percatarse de cómo un pájaro joven se va afianzando y de la importancia que tienen algunos factores como la temperatura, el viento, un ligero aumento o disminución en el peso y, sobre todo, el estado de ánimo del pájaro.

A lo largo de toda la estación, «Daga» capturó 87 liebres, 14 conejos y 8 perdices.

VUELO DE LA PERDIZ

«El azor y cualquier otra ave de caza —dice el Canciller— por mayor trabajo tiene el volar que el trabar.» Aquí está la gran dificultad con que todos tropiezan en la caza de perdices. El azor las persigue un rato, pero, en cuanto aprietan y suben, las abandona.

Sin embargo, el azor es el mejor pájaro del mundo para perdices. Porque aguanta en la herida más que los halcones; y está capacitado para cogerlas en el suelo si salen peonando de la maleza.

¿Que las perdices de hoy vuelan más que las de la época de Juan Vallés? No lo creo. Es verdad que ahora se les machaca mucho con escopeta, y durante todo el año no se les da un momento de respiro; este rudo entrenamiento debe mantenerlas en magníficas condiciones de vuelo y, en particular, atentas para levantarse fuera de tiro. Pero, a juzgar por lo que se lee en los azoreros del 1500, tampoco entonces las dejaban de barbecho. Y para librarse de un caballero que salía al campo con seis azores, diez hombres de a caballo y veinte peones o «atalayas», seguro que no podían dormirse.

Más bien, creo que los azoreros de hoy carecen del temple o del esparcimiento que tenían los antiguos. Porque, para hacer un azor perdicero se necesita eso; tiempo libre y sabiduría. Tanto como para hacerlo lebrero.

El azor, por naturaleza, prefiere las persecuciones muy cortas y repentinas. En estado salvaje, cuando cazan perdices, esperan en una rama muy alta, hasta que se les meten debajo; atacan recio y las agarran con una pata todavía en el suelo. Si se levantan largas, no las persiguen.

Pero el azor está capacitado para volar en largos trechos, mucho mayores que los de la perdiz. Solamente precisa una cosa para llegar a hacerlo: enterarse de que el vuelo de esta pieza es limitado; que tarde o temprano caerá desfallecida.

¿Cómo va a volar el niego detrás de una perdiz adulta cuando sale en toda su furia y a los pocos metros le aventaja en altura? Su instinto le dice que es una presa perdida; que ha de posarse y esperar una ocasión mejor.

¡Qué hermosa es la cetrería por estos recursos! Por estas técnicas multimilenarias que permiten al hombre modificar los instintos más arraigados del ave de presa. Hacer del azor, cazador de acecho, un noble perseguidor de largo vuelo.

El lector habrá encontrado ya en el capítulo que trata de la caza de perdices con el peregrino, en mano por mano, las sutilezas que ha de emplear para estirar el vuelo del azor pollo; para enseñarle que en «la herida» es donde se decide la suerte de todo el lance. No obstante, conviene recalcar aquí los detalles más importantes y hacer un estudio comparativo entre el azor y el halcón para este vuelo.

Para matar perdices sirven por igual las primas y los torzuelos. Juan Vallés prefiere la prima que parezca torzuelo o el torzuelo que parezca prima. Y es cierto que estos azores de tamaño medio son muy alentados y voladores. Fadrique Zúñiga escoge el azor prima, porque es de mejor carácter y, con su mucha figura, azora más a las perdices.

Mi regla es buscar el pollo más temprano, sea prima o torzuelo, porque, como veremos, es decisivo introducirlos en la caza cuando las perdices están tiernas.

El niego perdicero ha de recibir en el interior de la muda tres o cuatro palomas y un par de perdices para que se vaya despertando. Así ganaremos tiempo a los perdigones que ya están creciendo.

Durante el adiestramiento, ha de hermanársele con los perros, que sin ellos no podrá cazar; ha de estirársele mucho en los vuelos a la mano, sobre largos trechos y subiendo cuestas. No olvide el azorero que las perdices del campo ya se están ejercitando.

Para la cebadura bastan tres traínas. Pero que sean recias. Y lanzadlas como recomendé para los peregrinos; salvo que, como el azor no lleva caperuza, se le ha de retirar mientras el ayudante se esconde. Porque no hay cosa peor que el pollo se percate de que la traína sale de la mano del hombre.

Como los azores son más rápidos que los halcones en los primeros metros, y más despiertos, cogerán a las traínas, seguramente, antes de que lleguen a la herida. Por lo tanto conviene lanzarles las últimas desde lejos y estando la perdiz cerca de un matorral bueno o de una hacina. Que pueda llegar a ella antes de que el azor la alcance.

Pronto aprende el pollo la mecánica de este vuelo. Y, con sorpresa, veréis su magnífica actuación desde el primer día en las heridas. Todo lo que en el peregrino es pesadez y torpeza en esta suerte «a peón», que no le conviene, es prontitud y apercibimiento en el azor: se mete corriendo en el matorral y coge la perdiz en la nariz del perro; se sube en la rama más alta e inverosímil y estirando el cuello se la come con la vista. Sacársela con el perro, animarle al revuelo, y verle caer con alegría y agilidad increíble, es un verdadero placer.

Durante el primer mes de caza, que debe ser el de agosto, el pollo tendrá pocas dificultades. Mas, si le veis remiso, quebrad los perdigones con un par de vuelos, hasta que os salgan de los pies. Haced todo cuanto podáis para que el azor se percate de que la perdiz cae y de que después sale azorada. Llevad siempre los perros bien mandados y cerca; más cerca que con la escopeta.

Cuando el frío de finales de septiembre aprieta las carnes y embravece a las fieras del campo, veréis volar a las perdices y veréis volar al azor: saldrá recio de la mano y subiendo; haciendo lo que debe para dominar a la pieza y ver su caída. Entonces se posa sobre la herida y allí permanece cuanto sea necesario hasta que el maestro llega con los perros para socorrerle. Consejo importante: que los perros no adquieran jamás la costumbre de seguir por su cuenta y riesgo el vuelo del azor para meterse en la herida; levantarán a destiempo y acabarán quitándole al azor la perdiz de las manos, y resabiándole.

Durante el verano se va estirando al azor poco a poco; cebándole en la primera perdiz de las tres o cuatro primeras jornadas; sacándole más tarde dos, tres o cuatro; volviendo de vez en cuando a matarle sólo una. No es bueno precipitarse, pero tampoco debe mantenérsele en pocas perdices, porque durante esta época en que están muy tiernas o mudando, se debe estirar al azor y hacerse uno idea de cuántas podrá matar en el invierno, que, según Fabrique Zúñiga, pueden llegar a diez. Pienso, sin embargo, que para llegar a estos récords es preciso cazar a caballo, para quebrárselas y socorrerle pronto en las heridas.

Para llevar bien los lances han de respetarse algunas normas:

Siempre que sea posible lanzad con ventaja, es decir desde arriba.

Llevad la caza rabo a viento y haced lo posible para que la perdiz vuele en esta dirección. ¡Que no se vuelva!

Lanzad únicamente a las perdices que salen cerca, hasta que el azor está bien cebado y estirado en el vuelo.

Buscad cazaderos quebrados; lo ideal son valles estrechos con un arroyo en el centro, lleno de juncos o malezas. Cazando desde las laderas las perdices irán allí derechas en cuanto vean al azor.

Llevad siempre perdiz viva en la burchaca para que cuando los perros no saquen la que está quebrada en una herida, podáis soltársela al azor con discreción; que crea que es la que voló.

No os volváis nunca a casa sin cebar al pájaro. Si mata una perdiz y queda ya corto trecho de día, dadle de comer en ella, no os expongáis a volveros de vacío por no haber podido encontrarle otra. En este caso, soltadle la de la burchaca.

Sobre su perdiz se ha de dar de comer al azor de la manera y cantidad que aconseja Juan Vallés: «Lo primero que se ha de hacer es dejarle pelar en ella a su placer y no llegar a él hasta que haya muy bien pelado, y después lléguese a él el cazador graciosamente, hablándole; y abájese y ábranla luego la cabeza y dele allí en tierra a descogotar, que coma los sesos, y después que haya comido esto, levántesele y saque la pierna entera y désela así caliente, y si fuera azor prima dadle las dos piernas, y después le ha de dar el pescuezo y los cueros de él con sus plumas, vueltos del envés, por pluma o curalle, y después los higadillos, corazón y entrañas y la molleja limpia, no dándole sino la carne de ella solamente, y no aquellos

nerviazos duros que tiene; y dénsele los sainetes o gordurillas que están entre los intestinos, aunque algunos cazadores lo reprueban diciendo que toda gordura empalaga y quita la hambre y hace perder la gana de comer; yo bien creo que siendo mucha cantidad habría razón para ello, pero siendo tan poca cantidad como los sainetes, que engolosinarán y sabrosearán más al azor que no empalagarle; désele después el obispillo y después quebrantarán con los dientes los huesos de la pierna y con una pluma o chupando sacarán de ella los tuétanos y dársele han en la mano, y después de comer todo esto, si querrán dar más plumas darle han la punta de una ala con alguna pluma, quebrantando los huesos de ella muy bien con los dientes, y asimismo el pie de la perdiz quitándole las uñas y quebrantándole muy bien con los dientes; pero si el azor tomase por vicio de irse con la perdiz, cébenle siempre en tierra porque con esto lo perderá.»

¡Qué rigurosos son los autores antiguos! Sin este rigor no se puede hacer Cetrería. Porque éste es el arte de los pequeños detalles. Y todo cuanto dice Vallés le conviene al azor; quebrando las patas de la perdiz con una piedra si uno no quiere ensuciarse los dientes.

¿Cuál es el pájaro más apto, pues, para volar la perdiz a vista? En llanuras abiertas y despejadas, el peregrino; cuesta mucho trabajo avezar a los jóvenes azores en estos eriales a seguir a las perdices que, sin heridas, vuelan hasta caer reventadas. En todos los demás terrenos el azor es insuperable. No temáis que se pierda en los cazaderos quebrados o en el bosque; a poco que conozcáis el terreno podréis calcular el vuelo de la perdiz. Con el azor, siempre van a la primera buena herida que encuentran; y a la más baja. Los cascabeles os pondrán siempre en su pista.

El peregrino está muy capacitado para llevarse la perdiz en una pasada cuando, muy acosada, se deja caer en el rastrojo. Si no alcanza, es mucho más nervioso que el azor para esperar en las heridas. Con él es casi imprescindible cazar a caballo. Contrapartida de este inconveniente es su capacidad para alcanzar perdices largas, de las que el azor abandonaría a los pocos metros.

Con esta pieza se demuestra más que con ninguna la ventaja de los azores zahareños. Mis dos torzuelos me enseñaron mucho sobre la caza de perdices. Me enseñaron, sobre todo, que el agotamiento de la perdiz es un proceso puramente psíquico. Entendámonos; en mi habitual terreno de caza, una serie de vallecitos con bastante vegetación, lanzando un niego de primera línea tras una perdiz que se levanta a veinte metros, ésta siempre llega hasta las heridas fuertes del arroyo, a 200 metros. De allí, sale quebrada y el pollo la coge. El zahareño, tras de la misma perdiz, salta mucho más fuerte y rápido de la mano, en un «sprint» extraordinario, tenso y hacia arriba. La perdiz quiebra el vuelo inmediatamente y busca la primera herida que encuentra, una carrasca o un simple pimpollo en la media ladera. Allí, el azor la coge, en su escasa defensa, o la bloquea de muy cerca, saliendo más quebrada que si hubiera volado 300 metros seguida por un pollo. Los buenos azores matan las perdices en los primeros veinte metros. No quiero decir que las cojan en tan corto trecho.

sino que las azoran, las desmoralizan, obligándolas a buscar la defensa.

Cazar perdices con un zahareño y un buen perro, en terreno quebrado y cubierto, es un deporte extraordinario.

Los faisanes y las codornices se vuelan por la misma regla que las perdices. Estos últimos, más pesados, son capturados por el azor, muchas veces, antes de que puedan ponerse a cubierto. La presa de un faisán macho, en pleno vuelo, llevada a cabo por un azor mudado, es una imagen que no se olvida fácilmente; el tamaño parecido de ambos pájaros, el brillante colorido del faisán y la entrada súbita del azor, de abajo a arriba, como un dardo plateado, constituyen todo un espectáculo. En los países centroeuropeos, donde los faisanes abundan, los azoreros se dedican de lleno a esta caza. Para los españoles, no suele estar generalmente a su alcance y no vamos a entrar en detalles, máxime, pensando que el azor que mate perdices rojas encontrará la caza de faisanes mucho más sencilla.

Las codornices, pese a su aparente lentitud, consiguen llegar casi siempre hasta una herida; en ella aguantan mucho, pero no salen quebradas como las perdices. Un azor torzuelo bien cebado en estas menudas piezas, proporciona un bonito deporte para el verano.

VUELO DE LAS ACUÁTICAS, CORNEJAS, PICAZAS Y OTROS PÁJAROS

Las fochas y gallinetas son de mucho pasatiempo. En sus terrenos habituales, con espadañas, carrizos y otras malezas, se cazan pocas, pero los lances son muy divertidos. Los azores se escarnizan en ellas muchísimo y no precisan traínas para conocerlas. Su vuelo pesado, con las patas colgando y el aire irresoluto, atraen al más bobo.

El verdadero maestro de esta caza es el perro; un buen cocker o un setter. Es magnífico el trabajo de estos animales en pleno invierno, con el agua hasta los codillos, para levantar a estas escurridizas piezas. Porque, una vez voladas por el azor hay que machacarlas mucho para que vuelvan a levantarse. En esta caza los pájaros nunca se cansan; en cada lance se mostrarán más encendidos. Realmente el vuelo de la presa no ofrece ninguna dificultad y en terreno limpio, en arroyuelos de escaso caudal, termina uno cansándose de estas sencillas persecuciones. Por la misma regla se cobran los rascones, más pequeños y astutos, si cabe.

Para los patos conviene cebar al azor con dos o tres escapes. Y no porque dejaría de atacarles si les salieran en el campo, cerca, sino para que se acostumbre a irse a ellos desde muy lejos; a cazarles de empuesta.

El azorero avanza por la orilla de un río vadeable —en otras condiciones es peligroso cazar porque si el azor cobra en la otra ribera se come la presa y se pierde— procurando sorprender a los patos cerca. En los primeros metros de vuelo el azor los alcanza fácilmente, cuando aún se están elevando. Por el contrario, si salen lejos y se ponen en su altura, no hay azor que se les acerque. En los arroyos de márgenes socavadas y en ciertos meandros se puede lanzar de inmediato.

Si se descubre a los patos a distancia, nadando al descubierto, como ocurre en lagunas llanas o en riberas muy abiertas —más aptas para volarlos por altanería— sólo se puede emplear el azor con éxito cazando de empuesta. Para tal arte es menester echarle de la mano desde lejos, siempre rabo a viento, y esperar el desenlace del vuelo. Con alguna experiencia, el azor volará pegado al terreno, ciñéndose a todos sus accidentes, para alzarse de improviso junto a la orilla y agarrar a un ánade por el cuello cuando está todavía a un metro del agua. Sin embargo, los patos no siempre se levantan, sumergiéndose o amagándose, si cuentan con alguna defensa. En este caso, el azor se posa y los bloquea, esperando la llegada del azorero. Si no hay árboles donde pueda mejorarse, conviene llamarle a la mano antes de meter los perros en los carrizos, así disfruta de más ventaja y se evita el riesgo de que pretenda pescar. Pero analicemos este último término; cuando el azor está sobre una ribera en la que se han escondido los patos, todo ojos hacia el agua, si descubre a una de éstas presas, que ya considera seguras, nadando entre juncos o hierbajos, quiere cogerla en el agua; y el pato, naturalmente, se sumerge, poniéndose el azor hecho una sopa; inútil para la caza durante un par de horas. A esta mala costumbre los antiguos halconeros llamaban pescar. Así, pues, no debe soltarse el azor hasta que el pato se levanta francamente; entonces ya no tiene tiempo de volver al agua.

El azor es muy buen agüero, contrariamente a los halcones. Quiero decir que se dejaría ahogar por un pato antes de soltarlo; sin embargo, siempre procura cobrar en seco.

Existe una caza combinada, bonita y de mucho provecho en estas lagunillas abiertas con alguna defensa. Se lanza primeramente un buen halcón de altanería que conozca bien su cometido sobre los patos; se le levantan éstos cuando está en su sitio para que acuchille o les agüe. Estando muy quebrados y remisos se recoge el halcón con el señuelo o sobre su presa, si ha cobrado. Y en este momento llega el turno al azor, que irá matando con suma facilidad las ánades, que se levantan a perro puesto.

Las cornejas y picazas se cazan también de empuesta. Estas últimas proporcionan lances muy divertidos; de mucho movimiento. En cuanto ven lo que se les viene encima, se refugian en la defensa más próxima, donde el azor las bloquea. Pero no salen quebradas, estos astutos pájaros jamás pierden la cabeza. Tratarán de revolar de matorral en matorral, hasta que el azor, ducho en estas lides, acabe con ellas.

Merece cierta atención este vuelo por la importancia que tendría para exterminar a estos dañinos y prolíficos córvidos, contra los que se viene luchando con escasos resultados. Un azor puede matar con facilidad media docena de picazas al día, y este resultado, a lo largo de todo el año, multiplicado por un buen número de practicantes, podría poner a salvo a toda una región de estos dañinos.

En verano, cuando hay muchos pollos y los adultos están mudando, se matan bien los sisones, cazando de cerca. Desde un automóvil, mejor desde un Land-Rover descapotable, se lanza con mucha ventaja. Después de septiembre

La caza de fochas y gallinetas es sencilla y de mucho pasatiempo.

los sisones se endurecen y se levantan demasiado lejos. Algo parecido ocurre con los alcaravanes.

Las torcaces, aunque constituyen el plato fuerte del azor en la Naturaleza, son muy rápidas y ágiles para cazarlas en Cetrería. Se cobran algunas cuando se las sorprende desde una traspuesta, comiendo en el suelo y antes de que se den cuenta ya tienen el azor encima.

En fin, para cualquier volátil más rápido que el propio azor, es menester lanzar con ventaja y desde muy cerca; en una palabra, llevar al pájaro a las mismas condiciones que busca en estado salvaje.

Para toda clase de volátiles, los pasajeros o zahareños aventajan a los niegos, porque son mucho más rápidos en las salidas y poseen una virtud que el niego nunca llega a alcanzar; en los últimos metros, cuando la presa se va a ocultar, aceleran súbitamente y, aprovechando el inapreciable frenazo que ésta ha de dar, la capturan.

PRESIONES

Los halconeros medioevales llamaban presiones a todas las grandes aves suceptibles de caza en Cetrería; particularmente, a las garzas reales y purpúreas, los gansos, las grullas y las avutardas. Los favoritos para estos vuelos eran los halcones, por su capacidad para abatir a la presión en lo alto del cielo, después de darle muchas pasadas, que prolongaban el excitante espectáculo.

Los halcones, sin embargo, no atacan espontáneamente a estas desproporcionadas aves, mucho más fuertes y pesadas que ellos mismos. Es necesario atrainarles muy bien, cebándoles sobre buen número de tales presiones.

Pero, ¿cómo capturar indemnes y en suficiente número garzas, grullas, avutardas, pájaros, en fin, desconfiados e inabordables? Aquí entraba en juego el azor; se le reservaba la oscura pero decisiva misión de atrapar las traínas para los halcones. Su vigor y temeridad, le permitían hacerse con ellas, aun cuando sus uñas habían sido ligeramente limadas para que no llegara a estrangular a las preciosas zancudas. Más de un azor probaría el arponazo de la valiente garza.

Más adelante, hacia el siglo XVI, cuando estos altos y, sin duda, superiores vuelos fueron abandonándose, siguieron cazándose presiones con el azor, pero buscando ya en estos lances cuánto tienen de espectaculares y de interesantes para el suministro de la cocina.

Actualmente, no tengo noticia de que se cacen presiones en país alguno, seguramente por la enorme disminución que estas aves han sufrido en los últimos decenios. En España tenemos una presión que, si no abundante, aún puede encontrarse con relativa facilidad en ciertas regiones; me refiero a la avutarda. Creo que introducir un azor en esta hermosa caza no sería cosa difícil, viviendo en tierra donde abundaran las grandes zancudas. Sin embargo, tropezamos con un inconveniente que no hallaron los antiguos halconeros.

Es sabido que la distancia a que los animales salvajes permiten acercarse al hombre se va acrecentando a la par que el alcance de sus armas. En la Edad Media, grullas, gansos y avutardas, pastaban tranquilamente a pocos pasos de los campesinos, porque, aunque se les cazaba con halcones, este uso no estaba tan generalizado como hoy la escopeta. Baste recordar que para obligar a levantar el vuelo a las perezosas garzas y ánades —que ahora salen a 200 metros y se pierden de vista— los cazadores se veían obligados a tocar tambores, dando, así, cierta dificultad al lance.

Para el azor —«que tiene por mucho más trabajo el volar que el trabar»— apresar estas pesadas aves que se alzaban a pocos metros era un juego de niños. Por otra parte, el azorero podía llegar en seguida para socorrer a su pájaro de las patadas y picotazos que daban particulares presiones.

214

La Cetrería, en su más pura esencia, es la conquista de lo difícil. Y, en este espíritu, por si algún nuevo halconero quiere probar fortuna con las avutardas, vamos a describir la preparación para este vuelo. Pero no quiero que la lección salga de mis pecadoras manos; que sea Juan Vallés, que debió matar muchas y enrevesadas avutardas, quien nos documente.

«Después que estuviere el azor lebrero si sólo lo quisieren hacer para presiones grandes, así como grúa y cigüeña, ánsar brava, garza y avutarda, y otras semejantes, tomen una ánsar mansa y échenla de mano de manera que vuele, y si la tomare bien déjenle pelear y denle de comer en ella, y porque la carne del ánsar no es buena tengan otra buena vianda que darle sobre el ánsar, de manera que el azor piense que come de ella. Y en echarle la ánsar de mano se ha de guardar esta regla: que la primera vez se la echen en tierra muy cerca del azor y otra vez se la pongan lejos, y antes de lanzarlo a ella rodéenla con el azor en la mano porque se avece a ella y otras veces se la echen volando porque ellos volando y no en tierra la han de tomar, y si lo quisieren hacer raleón en ánades y avancos y otras aves de ralea, tomen una ánade mansa y échensela de mano, y hagan lo mismo que he dicho que se haga con el ánsar. Desde que el cazador vea que el azor se atraína muy bien en las presiones y raleas, témplele muy bien, y porque vaya mejor templado el día que hubiere de volar levántense dos horas antes que el día y pongan al azor al sereno y vaya a buscar las grúas o ánades o las otras presiones o raleas que quisiere volar y como el cazador las hallare y viere, conviene que sea diestro en dos cosas, la una es en saber cómo debe entrar y allegar para que todo cuanto más cerca pudiere lance, la otra es en saber lanzar, porque en estas dos cosas consiste toda la perfección de esta manera de cazar de empuesta. Y para que el nuevo cazador sepa hacer esto diré aquí las reglas que se han de guardar. Procure el cazador llevar una bestia que vaya de andadura o lleve paso muy llano y no trote, porque haga menos ruido, y no lleve manga de capote ni otra cosa semejante que volee ni se menee, porque no se espante ni levanten las presiones. Vaya rabo a viento porque en ninguna manera, pudiéndose excusar, se ha de lanzar pico a viento, y aun no solamente rabo a viento pero aún al mismo hilo del viento, y esto por cuatro razones: la una es porque como quiera que el azor, de su natura querría más volar pico a viento, vuela más y llega más presto sobre la presión; la otra es porque si no le lanzan al hilo del viento, aunque sea rabo a viento, todavía el aire le hace hacer unas vueltas y tornos, en los cuales descubre mucho las alas y venlo luego las presiones y levántanse, lo que no hace yendo al mismo hilo del viento, porque va cogido; la otra es porque como las presiones, y especialmente las ánades, siempre de su natura se levantan y vuelan pico a viento, volando el azor rabo a viento encuentra con ellas en el camino; la otra es porque, cuando las ánades y otras presiones ven venir al azor rabo a viento, que es por el camino que ellas han de ir, aguardan mucho, de temor de encontrar con el azor; más tampoco

vaya el cazador y lance derecho contra los rayos del sol porque el azor no podría ver bien a las presiones y ellas le verían a él y levantarse han, y lanzando al contrario de esto consíguese el efecto contrario de este inconveniente. Vaya por traspuestas y cuanto más encubierto pudiere, porque cuanto más cerca se allegare a las presiones y de más cerca lanzare, es muy mejor, como ya se ha dicho. No siendo el azor capirotero, llévenlo encubierto y el rostro hacia el cazador, porque ni las presiones lo vean ni él vea a ellas, y si las viere y se debatiere vuélvale el cazador a la mano con desgracia, dándole un tirón de manera que él entienda que se le da por castigo y porque no hace lo que debe, y se vece a ir quedo en la mano, lo cual se ha de procurar mucho a los principios, que después que ellos se avezan y se van haciendo diestros, en viendo las presiones se derriban sobre la mano y aguardan hasta que les dan de ella y los lanzan. No lancen de revés porque en la vuelta el azor se descubre mucho y le ven las presiones y se levantan, sino lancen al derecho porque irá más secreto. No haga el cazador remango ni vaivén alguno al tiempo que lanzare, más debe solamente volver la mano teniendo el brazo quedo y tieso, porque no aperciba las presiones, y abaje la mano hasta la espalda del caballo porque el azor salga y vaya más secreto. Procure de lanzar de alguna traspuesta y parte cubierta, y al tiempo que hubiere de lanzar mire que la presión esté descuidada, especialmente, si pudiere ser, aguardar a cuando ellas se abajan a picar o comer o buscar el gusano o semejante cosa, por cuando a este tal tiempo se lanza, aunque el lance sea lejos puede muy bien lanzar porque tiene tiempo el azor de llegar sobre la presión antes de que recuerde; y siendo el azor capirotero vaya con capirote hasta que le quiera lanzar, y después que el cazador hubiere lanzado el azor es menester que antes que el azor llegue a pegar con la presión haga ruido en el arzón de la silla o con las palmas de la mano o de otra manera, para que la presión se levante cuando seis o siete pasos antes que el azor llegue a ella, porque de esta manera habríala de tomar en tierra o en el agua y aun muchas veces la presión se le metería dentro del agua, todo lo cual se debe excusar. Otros cazan con cabestrillo porque lanzan de más cerca, pero no se pueden volar tantos lances como de esta otra manera. Si el azor cobrare la presión háganle mil placeres sobre ella y denle en ella pierna de gallina u otra buena vianda, dándosela de manera que el azor no vea ni piense que come de otra vianda sino de la misma de la presión, porque como ya otras veces se ha dicho, la carne de estas presiones es mala vianda, así para azores como para halcones. Si el azor tomare grulla o ánsar brava o cuervo carnicero y semejantes presiones, llevan buen galgo de socorro, y el cazador socórrale también luego, porque cuando el azor prende a alguna de esta presiones cargan sobre él todas las compañeras y, si con diligencia no le socorrieren, podríanle matar muy presto, y aun con todo esto digo que es cosa muy peligrosa lanzar el azor a cuervo carnicero porque se ha visto romper el ala al azor de una sola picada.»

RÉGIMEN DEL AZOR

De poco servirían nuestros esfuerzos para adiestrar al azor y para introducirlo en la caza, si posteriormente no lo sometiéramos a un régimen apropiado. Y, al decir régimen, no me remito a la dieta alimenticia, sino al completo ordenamiento de su vida, factor decisivo para el buen estado de salud y rendimiento en el campo.

Todo cuanto escribo en este capítulo se refiere a las condiciones ideales que deben reglamentar la existencia del azor. Y no se me oculta que para muchos practicantes este programa es irrealizable; por falta de tiempo o de instalaciones adecuadas. Aconsejo a todos que procuren acercarse lo más posible a estas reglas para proporcionar a sus pájaros el máximo de felicidad. Es halagador el hecho de que el ave de cetrería mantenida en unas condiciones para ella agradables y satisfactorias, se encuentra, al mismo tiempo, más cerca de la fortaleza física y la aptitud para la caza que los pájaros sometidos a una situación incómoda y desagradable. Coinciden absolutamente las necesidades del halconero con las tendencias del amante de los animales.

Los días que el azor no ha de cazar, se le saca al jardín a primera hora de la mañana, después de haber comprobado que ha devuelto su plumada. Se le pasea un buen rato, tirando de un roedero, acompañado del perro; se le coloca en la rama de un árbol o en el suelo y se le hace venir a la mano —sin mostrarle la carne— desde la máxima distancia disponible, dándosele entonces su gorga correspondiente.

Cuando termina de comer, ha de llevársele junto al baño para que beba o se bañe si tiene ganas. Si a los cinco o diez minutos no se ha introducido en el agua, se le recoge para atarle en su percha. Todo este trabajo puede realizarse perfectamente en una hora. Contando con menos tiempo, se prescinde del paseo con el roedero, dándole de comer inmediatamente, tras llamarle a la mano y dejándole el roedero, que había de dársele sobre el puño, junto a la percha para que tire y se entretenga cuando está solo.

El resto del día, el azor permanece al aire libre; donde le dé bien el sol, durante el invierno; y a la sombra, en el verano. Pero el sol ha de tenerse en cuenta cuando se quiere templar muy reciamente al azor; en tal caso ha de permanecer a la sombra hasta que se le saque a cazar. Por que no hay cosa que dé más hambre a los pájaros que permanecer en el invierno en un lugar umbrío.

Poco antes de anochecer se le recoge nuevamente y dejándole tirar un rato de su roedero se le pone en la alcándara para pasar la noche.

Cuando se pretende cazar por la mañana —costumbre inmejorable— no se saca al azor de la halconera hasta el momento en que haya de llevársele al campo. Salvo en día de temple muy recio, para matar muchas liebres, en que se le coloca al amanecer en lugar frío y umbrío, como acabo de decir.

Al regresar de la caza que cate el agua y, si todavía queda una hora de sol, permítasele bañarse. Porque es muy agradable y saludable para el azor tomar un buen baño y olearse después de la caza. Y que permanezca el resto del día sobre su percha.

Cuando se caza por la tarde, es necesario enjardinar al azor durante toda la mañana y probarle el agua, con tiempo para que pueda enjugarse antes de comer. Al recogerlo, para llevarlo a la alcándara, désele también de roer. Porque sobre la presa suelen descuidarse estos menesteres.

La halconera para los azores es abierta en todo tiempo, como la descrita para los peregrinos. Con el aire fresco se mantienen más hambrientos y sanos.

Durante toda la estación de caza el peso del azor debe variar poco ; aunque vaya a permanecer muchos días sin salir, no se le suba con exceso, que luego habría de bajársele y ésta es la cosa más dañina para la salud de los pájaros.

ALIMENTACIÓN

El azor es muy sobrio, aunque está capacitado para ingerir grandes cantidades de comida, acumulando mucha grasa en el interior de la cavidad abominal. Después de comer a saciedad durante una temporada puede ayunar 48 horas sin demostrar hambre.

Cazando a diario, comerá media gorga sobre la presa, durante cinco días seguidos ; el sexto, buena gorga y el séptimo, ayuno absoluto.

Si se caza en días alternos, pueden dársele tres cuartos de gorga el día de trabajo y algo más de un cuarto el de descanso.

Durante los períodos de inactividad, fuera de la muda, el pollo de dos o tres meses es una comida excelente para el azor, procurando darle muchos huesos, plumas y las patas machacadas. Basándome en este alimento, doy a mis pájaros un régimen que los mantiene muy bien jaldados, templados y sanos: media gorga de pollo joven, los lunes, martes, miércoles, jueves y viernes ; una paloma recién sacrificada con mucha pluma, los sábados ; y ayuno absoluto los domingos.

En Alemania se han empleado mucho las ratas para alimentar a los azores, habiendo llegado a criarlas especialmente con este fin. Planiol da el régimen siguiente, expresado en estas unidades: una rata grande o dos pequeñas, media gorga, cinco días seguidos ; una paloma o el equivalente, buena gorga el sexto ; y ayuno absoluto el séptimo día.

El conejo es un alimento de elección durante la temporada de caza ; mantiene a los pájaros perfectamente templados, pudiendo dosificarse como he indicado para el pollo joven. Un día a la semana conviene incrementar esta carne liviana con una buena gorga de paloma.

El corazón de cordero se emplea mucho, aunque dado con exceso decolora la cera y los tarsos y hace perder el brillo a las plumas del pájaro. Sólo conviene este alimento para desainar a los azores gordos, en sustitución de la carne lavada.

Las carnes desolladizas que pueden darse al azor son: la de buey, vaca, caballo, carnero y cabra ; todas ellas perfectamente limpias de grasa, nervios, tendones, etc. Las llamadas carnes blancas no deben emplearse jamás ;

son indigestas y conducen a los pájaros a un rápido debilitamiento. En general, todas las dietas de carnicería ocasionan a los azores una paùlatina desnutrición, les originan un crecimiento excesivo del pico y les hacen perder el jalde y el brillo. Jamás deben emplearse durante muchos días seguidos, sino mezcladas con buenas gorgas de pollo, paloma u otros volátiles.

La comida que ha de darse al azor sobre la presa debe variar en cantidad según el poder nutritivo de ésta ; de conejo se permiten grandes papos, sobre todo durante el invierno. La liebre es más fuerte pero, como tiene muy poca grasa, resulta un alimento nutritivo, digerible y sano ; inmejorable para el azor. De la perdiz es menester darle algo menos ; las consabidas dos piernas, cabeza y cuello con sus plumas, el corazón, el hígado y los sainetes ; los torzuelos comerán una pierna menos. En las aves de ribera, todas ellas muy grasientas, no se debe dejar comer al pájaro, dándole solo la cabeza y bajo un ala, su correspondiente gorga de pollo joven.

Cuando, al venir los fríos, se ha de subir al azor, no se haga aumentándole la comida en el día de temple, sino sobre las presas ; de tal manera que gane en peso y en seguridad.

Además del color de las tolleduras, un buen exponente de la salud del azor es la fuerza con que las lanza. Estando sano, los envía a dos o tres metros, en forma de líneas blancas, estando siempre el suelo muy limpio debajo de la alcándara.

TRATAMIENTO DE LAS UÑAS Y EL PICO

Los azores conejeros, lebreros y de presiones, deben conservar las uñas perfectamente agudas, para cumplir su cometido con el menor riesgo. Pero si son debatidores, las desgastan mucho en la alcándara y en el césped. Para evitarlo, cúbrase la alcándara con unas vueltas de fieltro, con un pedazo de alfombra vieja, con un buen paño ; todo bien clavado, para que no se enrede con la lonja. Los cueros y badanas que se emplean normalmente gastan mucho las uñas, dejándolas romas.

El encespedado que sea de grama ; y que esté siempre limpio de piedras y durezas. En estas condiciones, al debatirse, los pájaros afilan más sus uñas y las pulen ; del mismo modo que se abrillanta una navaja al clavarla en la tierra blanda.

Los azores perdiceros y de toda volatería mejor están con las uñas romas porque no rompen los guantes, no se hieren en las manos, no destrozan los lienzos de las alcándaras, y, aun, se les puede sacar alguna presa viva cuando es menester.

Límpiense siempre bien las uñas de los pájaros, quitando todos los barros y otras substancias que en ellas se acumulan, pese al cuidado que todos los azores les dedican. Cuando se descaman, por estar los pájaros en lugares húmedos y no limpiárselas, conviene quitarles el tejido ablandado, con una lima o con el dorso de una navaja, dándoles, a continuación, una buena mano de aceite de cade, que las abrillanta y endurece. Cuando las «llaves» crecen excesivamnete, el azor no puede trabar bien, porque la mecá-

Azor, prima, mudado

Azor, prima, pollo

AVES
DE
BAJO VUELO

Águila perdicera, torzuelo, pollo

Águila calzada, mudada

Azores de tres semanas en el nido

Familia de águilas calzadas

nica de sus manos se modifica. Es preciso recortarlas adecuadamente.

Todas las aves comen mejor con el pico corto; no se les engancha la carne en la punta, ni lo clavan en un hueso que luego no pueden sacar; ni tienen peligro de encascabelarse. Siguiendo las normas que di para los peregrinos, hágaseles el pico, cada vez que crezca demasiado.

TRANSPORTE

Para cortos desplazamientos en automóvil e, incluso, en viajes de varias horas, algunos azores se portan bien, sin necesidad de ser encaperuzados. Pero es imprescindible que, además del conductor, viaje otra persona para llevarlos en el puño, porque si se debaten yendo en una percha, como las que describo para los halcones, podrían dar lugar a un accidente. Cuando se acostumbran a viajar descubiertos, parecen disfrutar del paisaje que observan con todo detenimiento, expresando sus alegrías, sorpresas o temores, con gestos casi humanos.

Para viajes muy largos y en todos los desplazamientos por ferrocarril, avión, autobús, etc., los azores deben ir en el interior de alcahaces como los descritos para peregrinos; con un diámetro de 75 cms. y una altura de 50, tienen perfecta capacidad para las más grandes hembras. Los torzuelos se encuentran cómodos, reduciendo estas dimensiones en diez cmts. En el interior del alcahaz pueden permanecer con caperuza o sin ella; pero, sin lonja ni tornillo, para evitar que se enreden. Naturalmente, jamás se introducirán dos azores en el mismo recipiente.

Si antes de emprender el viaje reciben una media gorga, permanecen tranquilos, en plena digestión. No conviene darles grandes papos, porque se ensucian mucho las plumas de la cola con las tolleduras.

Un azor bien entrenado puede colmar las exigencias del cazador más incansable. El autor con «Tundra» y cuatro liebres cobradas en la mañana.

LA MUDA

Los azores pierden sus primeras plumas en abril o mayo; normalmente, terminan a finales de septiembre. He ensayado con ellos todos los procedimientos descritos para el halcón peregrino; los resultados han sido terminantes.

El año 1956, «Tundra» mudó en el jardín, rodeada de todas las comodidades; excelente sombra, baño fresco y limpio, buena alimentación y absoluta tranquilidad: terminó a mediados de octubre.

El año 1957, mudó en una arboleda fresquísima, bajo un sombrajo que la protegía del sereno, atada a su arco; allí se oía cantar a los pájaros, murmurar a los arroyos, en medio del aire más puro y estimulante. Era un verdadero balneario para azores: terminó a finales de octubre.

El año 1958, la encerré en una cámara orientada a mediodía, con tejado de uralita ondulada, y con unas dimensiones de $2 \times 2 \times 2,25$; en el interior hacía un calor sofocante y, pese a mis cuidados, no siempre había buen olor: terminó a primeros de septiembre, sacando un plumaje brillantísimo y fuerte, como lo demuestra el hecho de que, al ser herida en el mes de febrero sobre su liebre n.º 71, no tenía una sola pluma rota.

Conclusión: los azores han de mudar en el interior de cámaras, como las descritas en el capítulo dedicado a los halcones. Además de la arena, una piedra sin aristas, pero fresca y compacta —ideal mármol—, un tronquito con sus ataderos para la comida, una jardinera con céspedes frescos o cebada, y el baño, la muda del azor estará provista de dos posaderos gruesos, como el travesaño de la alcándara. Uno se coloca cerca del frente y paralelo a él, a medio metro de altura, empotrado en las paredes laterales. El segundo, forrado de badana, se sitúa al fondo, a un metro cincuenta de altura.

La alimentación del azor durante este período ha de ser sana y abundante, como la descrita para los halcones; aves jóvenes, como pichones, pollos de picaza, estorninos, gorriones y otros pájaros, codornices, tórtolas, etc.; aves gordas, como gallinas, pollos crecidos, despojos de pato, codornices adultas, etc.... Cada quince días conviene desbuchar al azor dándole un corazón de cordero, una buena ración de conejo o de pollo muy joven. Si no recobra el apetito, dénsele estas carnes durante tres o cuatro días seguidos.

Los azores comen muy bien pequeños mamíferos, como ardillas, ratas gordas, perritos de pocos días y gatitos, quitándoles siempre los intestinos para evitar el contagio de parásitos.

En el desainado de los azores ha de ponerse especial atención, en particular, cuando no son caperuceros, porque, siendo muy debatidores, se fatigan hasta la congestión, y no son raros los casos de muerte. Por consiguiente, antes de sacarles de cámara, ha de abajárseles durante tres semanas, disminuyendo la comida paulatinamente en cantidad, y, sobre todo, en calidad. Las carnes desolladizas, en particular el corazón de cordero y, fundamentalmente, una buena dieta de conejo, les hace perder la grasa.

Los azores salen muy bravos de la muda, siendo menester reamansarles (valga la palabra) llevándoles mucho en la mano, con sus roederos; al principio, de noche; más adelante, de día, a las plazas y lugares de reunión. Se les debe volar unos días al fiador, hasta que vengan a la mano denodadamente y se muestren alentados. Cuando lleguen a esta condición puede llevárseles a cazar, excusando, en lo posible, hacerles nuevos escapes.

Jamás se pondrá a mudar dos azores juntos, ni se les atará tan cerca que puedan alcanzarse, ni que lleguen a un halcón u otra ave, porque la matarían prestamente.

EL GAVILÁN

«Los gavilanes —dice el Canciller— son aves de caza muy lindas, gentiles y de gran esfuerzo ; en todas sus costumbres y proporciones parecen ser azores pequeños porque así como ellos tienen el plumaje y la pinta.»

Y son como azores pequeños no sólo en el aspecto externo sino también en sus virtudes y defectos anímicos. Son como azores quintaesenciados —aquí la palabra es justa por que el gavilán pesa cinco veces menos que el azor, aproximadamente— ; más esbeltos, más delicados, con la cabeza más pequeña y la cola más larga, así como los zancos, dotados de unas manos grandes y nervudas ; en ellos se ha borrado todo atisbo de pesadez. El tarso grueso, la llave poderosa, que exigen al azor la caza de mamíferos, ha desaparecido en este ornitófago. Porque el gavilán se alimenta casi exclusivamente de pájaros ; y está concebido y modelado para cazar en el matorral, como su gran pariente.

Pero, siendo su caza aérea, los atributos de la estirpe, velocidad, agilidad y viveza, alcanzan en él la más genuina expresión.

La diferencia de talla entre ambos sexos, así como la individual, es más acentuada en el gavilán que en cualquier otra rapaz. Comparando un torzuelo pequeño con una gran prima, cuesta trabajo creer que pertenezcan a la misma especie.

La librea del gavilán es muy parecida a la del azor, si bien, los pollos no están manchados con pintas verticales, sino continuas, formando ondas como los azores adultos. El tono general de los jóvenes va del rojizo al ceniza. Después de la primera muda, los torzuelos adquieren un bello matiz naranja en las partes anteriores, gris azulado en el dorso, con una típica mancha blanca en la nuca. Las primas se asemejan ahora más al azor, con sus tonos grises, sus cejas claras y el blanco estropajo. Los ojos de ambos son anaranjados ; rojos en los viejos torzuelos.

La actitud del gavilán está llena de gracia y vivacidad ; su expresión denota enorme curiosidad e inteligencia. Y es valiente, temerario ; tanto, que llegó a ser el gran favorito de quienes mejor han sabido sopesar estas cualidades, los cetreros de la edad media. Escuchemos una vez más al Canciller: «Son los gavilanes más privilegiados que ninguna otra ave de caza, pues cualquier mercader que lleve halcones a vender pagará portazgo, mas si llevare un gavilán con ellos es franco ; yo lo vi en Cañete, un lugar ribera del mar, que es del Vizconde de Illa, en el reino de Aragón. Vi llegar una barca que venía de Provenza, y venían diecisiete mercaderes que traían sacres de Romaña y Alemania, halcones bornís provenzales —ochenta piezas— y traían un gavilán con ellos y cuando llegaron al puerto murióseles el gavilán, y no llevaron de allí los halcones hasta que uno fue a Perpiñán, dio un halcón provenzal a un caballero, tomó de él un gavilán y tornó para allí, llevándose entonces sus halcones porque iban ya seguros de no pagar portadas.»

Juan Vallés —¿cómo no?— nos descubre el origen de este privilegio aduanero en una leyenda tan hermosa como imaginaria: «Son tan nobles y tan hidalgos, según escribe Fisiólogo, que en el invierno para pasar la frialdad de la noche toman un pájaro a la tarde antes que anochezca y tiénenle vivo toda la noche debajo de las manos, sin hacerle mal alguno, gozando de su calor, y en la mañana cuando es el día le sueltan aunque tenga hambre y miran por donde va y en todo aquel día no van a buscar de comer hacia aquella parte donde el pájaro fue sino que toman otra vía porque no puedan encontrar con él, y por esta causa las leyes, con mucha razón, vista la nobleza y gentileza de que usan estas aves, las privilegiaron entre todas las otras aves del mundo para que no solamente los gavilanes fuesen francos, libres y exentos de que no se pague por ellos derechos algunos cuando los llevaren y pasaren de un reino a otro, pero que aun también los fuesen todas las

Gavilán pollo. (Foto Delapeña.)

otras aves de rapiña que en su compañía llevaren y lo que es más, que aun después de muertos quisieron las leyes gozasen de esta exención y libertad, de esta manera que si partiendo de un reino para otro llevaren un gavilán vivo con otras aves de rapiña y por caso muriese en el camino, tomándolo por testimonio y llevándolo muerto con las otras aves, así, muerto, las liberta y enfranquece de cualquier dispendio.»

Me parece que ni Juan Vallés ni el propio Fisiólogo creían en la singular costumbre atribuida al gavilán. Pero, lo amaban. Consideraban su nobleza, su gallardía y su integridad como un mito y, respetuosamente, trasmitieron en sus escritos la ingenua y encantadora leyenda.

Pero, volvamos al gavilán tal y como es en estado salvaje, en su habitat, si de habitat se puede hablar para este vagabundo impenitente, extendido por toda Europa y Asia, invernante en África, representado por un pariente próximo en Norteamérica. En todos los terrenos parece encontrarse a gusto; se afinca en los grandes parques urbanos, donde hace gala de audacia, cazando pinzones y mirlos en las propias barbas de los traseúntes. Al atardecer, bate los dormideros de pequeños pájaros, enclavados en el corazón de algunas ciudades; los persigue entre el ramaje, a ras del suelo, entre los vehículos, hasta ganarse un artículo en la primera plana del periódico local, donde queda muy mal parada su reputación. Así ocurrió con aquellos famosos gavilanes de Zaragoza que dieron lugar a un verdadero serial. Pero, en el bosque más remoto, en el páramo más inhóspito, en la ladera más quebrada, también campa por sus respetos. Y siempre encuentra algo que le convenga; una alondra, un malvís, un avefría. ¡Ay de las palomas cuando el gavilán se ceba en un palomar! Mi amigo Alfonso Narváez se fue, cargado de redes, a la provincia de Alicante, donde, según los periódicos, padecían una invasión de halcones que diezmaban sus valiosos palomos de raza. No eran tales los piratas, sino gavilanes, que invernaban —como turistas nórdicos— disfrutando del clima apacible y de los suculentos buchones alicantinos.

En invierno, el gavilán abunda en toda España; de preferencia donde hay concentraciones de estorninos, turdidos u otros pájaros. Gusta de los sotos ribereños, del arbolado de las huertas, los grandes matorrales que bordean los arroyos, el monte bajo, donde cumple maravillosamente su misión de selector de las especies de páseres, como el azor hace en la volatería mayor. En la caza desarrolla todas las técnicas y trucos descritos para el gran cazador del bosque; como él, es muy silencioso, explota la sorpresa y puede cazar durante todo un invierno en el mismo soto, sin ser descubierto por el profano.

En el mes de marzo, nos abandonan los gavilanes norteños y llegan los nidificantes, que buscan ya zonas más retiradas para establecerse, en particular, en el seno de los grandes bosques.

REPRODUCCIÓN

El gavilán suele entrar en celo un mes más tarde que el azor; en abril, se entregan a las paradas nupciales, volando en lo alto del cielo, perseguidos por las primeras golondrinas, llenando el sotobosque con un ki ki ki ki, parecido al del azor, pero más agudo y frecuente. Al mismo tiempo, van construyendo el nido, acumulando ramitas sobre una horquilla o bifurcación a propósito, generalmente cerca del tronco y a escasa altura, en un pino, un roble, una encina, etc.; también lo esconden en arbustos espesos y matorrales. Antiguamente se daba gran valor a los gavilanes que anidaban en los espinos, alegando que eran de grandes presiones y hacían el nido bajo para no tener que trasportarlas hasta lo alto de un árbol.

La puesta, que realizan de primeros a mediados de mayo, es de cuatro a seis huevos, cuya incubación dura 31 días. El inglés M. W. W. Nicholas observó desde un «hide», instalado muy cerca, toda la crianza de una pollada de gavilanes, constatando por primera vez que durante los tres primeros días después de la eclosión, los pollos son alimentados solamente de vísceras; del cuarto al onceno día reciben también carne de sus presas y, a partir del doceno, empiezan a comer solos. No ingieren plumas antes de las dos semanas y comienzan a tragar huesos cuando las grandes plumas inician su crecimiento. A mediados de julio, los gavilanes son rameros y a finales, comienzan a cazar por su cuenta.

Los niegos han de tomarse con los mismos cuidados indicados para los azores, redoblados, si cabe, por tratarse de criaturas tan delicadas. Ha de tenerse en cuenta que estos pájaros saltan con mucha facilidad de rama en rama y se esconden en la maleza, cuando sus plumas sólo han alcanzado la mitad de su longitud. Su permanencia en el alcahaz será lo más corta posible, porque el ayuno es para ellos muy perjudicial.

Los gavilanes del aire son tan audaces que se prenden en las más sencillas trampas. Un procedimiento cómodo y eficaz para conseguirlos, consiste en ponerse en contacto con los pajareros y anunciarles una recompensa, dándoles las instrucciones pertinentes para que no maltraten al cautivo ni le rompan plumas. Son muchas las pequeñas rapaces que capturan estos rederos cuando atacan a sus cimbeles y saltones; el tenerles avisados, proporciona, cuando menos se espera, una grata sorpresa.

La cámara de redes, con un estornino atado en el interior o un mirlo, un pinzón, etc., da buenos resultados, así como los araños tendidos en los pasos. La malla de estas redes debe tener unos cinco o seis centímetros de amplitud.

Se llama gavilanera a una pequeña falsa muda, colocada en lo alto de un pilote, para que sea más visible, y cebada con pajaritos. La conocida debilidad del gavilán por los pájaros enjaulados, lo lleva muy pronto a introducirse en el artefacto.

Los lazos en torno a un pajarito atado, la liga y todos los procedimientos, en fin, descritos para el azor, sirven para capturar gavilanes, reduciendo sus dimensiones en proporción a la talla de ambos accipíteres.

CRIANZA

Los gavilanes niegos pueden criarse en cautividad o en libertad, como los azores. Han de tener siempre comida abundante, porque la falta de nutrición les ocasiona trastornos carenciales, mucho antes que a otras rapaces. La dieta más asequible y nutritiva es la de gorriones, estorninos u otros pájaros fáciles de adquirir. A falta de ellos, ha de dárseles pollo bien picado, pichones o palomas y, de tarde en tarde, conejo. Las ratas y ratones, desprovistas de las vísceras, son también buenas para ellos y, en todo caso, superiores a cualquier carne desolladiza, aunque se trate de corazón de cordero, recomendado por algunos, pero que conduce a las gavilanes a una segura desnutrición y muerte.

EQUIPO

Pihuelas. — Con dos correítas de piel de perro o cuero al cromo muy rebajado, de una longitud total de quince centímetros, una anchura de siete mms. y una separación entre los dos ojales anteriores de 25 mms. (fig. 27 G), el gavilán queda muy bien apiolado. Sin embargo, estas pihuelas no deben usarse si se pretende cazar donde haya matorrales y malezas. Porque, con la costumbre de este pájaro de introducirse en el interior de las defensas, tras de la presa, acaba trabándose el ojal de las pihuelas en una espina o ramita y ha de ser recogido trabajosamente.

El inglés Guy Aylmer inventó un nuevo tipo de aparejos, que evitan totalmente este riesgo; en su honor se les da el nombre de «Aylmeri».

Constan de dos sencillas muñequeras confeccionadas con dos tiritas de cuero de diez mms. de anchura por 39 mms. de longitud, provistas de una pequeña lengüeta en cada extremo. (Fig. 27 A.) Estas lengüetas se unen mediante un ollao metálico de cinco mms. de luz. La muñequera resultante ha de quedar amplia, deslizándose y girando bien en torno al zanco.

Las pihuelas propiamente dichas son dos pares; uno, para la halconera; otro, para la caza. Las pihuelas para la halconera (fig. 27 B), terminan por un extremo en un botón, hecho como el de la lonja, que ha de ser lo suficientemente grueso para que no se cuele por el ollao de las muñequeras; el otro extremo, ligeramente ensanchado y

Figura 27.

Pihuelas para el gavilán. A. C. Muñequera con pihuela de caza (Aylmeri). B. Pihuela para la halconera. G. Pihuela ordinaria.

agudizado al final, en forma de hoja de laurel, lleva su correspondiente ojal para el tornillo; su longitud es de 15 centímetros. Las pihuelas de caza (fig. 27 A) son dos simples correítas, terminadas por un nudo, que hace tope en el ollao; el extremo libre está ligeramente agudizado; su longitud es de 16 cms.

Cuando se sale de caza, se sustituyen las pihuelas de la halconera por estas otras, de manera que si el gavilán se introduce en un zarzal no puede prenderse por carecer de ojales; si llega a perderse, puede quitárselas cómodamente con el pico, tirando del nudo, conservando solamente las muñequeras, que no le molestan.

Para tener al gavilán en una alcándara, conviene ponerle un salto para las pihuelas, de unos ocho cms. de longitud desde el tornillo a sus extremos.

LONJA

No merece la pena confeccionar una lonja para el gavilán, de las mismas características que las usadas para pájaros mayores. Basta cortar 1,50 metros de las correas que se expenden para el calzado u otro menesteres y proveerlas de un tope, introduciéndolas a través de un botoncito de cuero, que lleva un orificio en el centro, sujetándolo al extremo mediante un nudo.

CASCABELES

Para este incorregible zarcero, los cascabeles son imprescindibles. Serán muy ligeros. Lo mismo que al azor, se le puede poner uno solo en la cola.

CAPERUZA

Cualquiera de los modelos de caperuza descritos en el correspondiente capítulo, sirven para el gavilán, reduciendo convenientemente sus dimensiones. En el patrón de la figura 28, he dibujado el modelo indio al que, si se desea, se puede transformar en anglo-indio, dotándolo de cerraderos.

El tornillo puede encontrarse fácilmente entre los que se expenden con mosquetones para perros, de todas las tallas y grosores.

PERCHAS

Los modelos de percha en arco y percha redonda descritos para el azor se emplean también para el gavilán. Naturalmente, sus dimensiones han de ser reducidas; la percha en arco tendrá una altura de 25 cms. y un grosor de tres cms.; basta introducir en el césped veinte cms. de sus extremos puntiagudos. Conviene forrarla con un buen cuero, engrasado y limpio. La percha redonda puede hacerse con una varilla metálica de un centímetro de grosor; el diámetro del círculo es de veinte cms.; la altura del pie cinco cms.; su anchura, a cada lado, ocho cms.; la longitud de los pinchos, doce cms. La parte forrada de badana para los pies del pájaro debe tener tres cms. de diámetro.

LA HALCONERA

Durante la primavera y el verano el gavilán vive perfectamente en halconeras abiertas. En invierno conviene

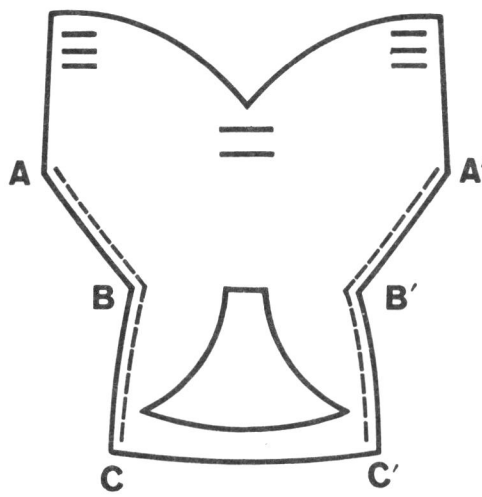

Figura 28.
Patrón para caperuza de gavilán prima (según Mavrogordato). Tamaño natural.

tenerle en una estancia donde la temperatura no descienda de los cero grados.

Con este pájaro el jardineo es de importancia vital; tomar el sol durante el invierno es para él tan esencial como comer. Y póngasele al baño al menos tres días por semana. En verano, cuando están desbañados, se dejan elevar por una térmica, en busca de frescor y, posiblemente, para descubrir desde la altura un bañadero a propósito.

ADIESTRAMIENTO

J. G. Mavrogordato, vicepresidente del British Falconers' Club, en el prefacio de su magnífico libro «A Hawk For The Bush» (un pájaro para el matorral), dedicado por entero al gavilán, se lamenta de que, siendo éste el pájaro de más difícil adiestramiento y delicada salud, sea, al mismo tiempo, el más abundante y fácil de adquirir. Su reflexión es muy justa, porque podría pensarse que el gavilán es adecuado para hacer mano en Cetrería. Incluso, hay libros y revistas donde se sostiene esta equivocada teoría; siguiéndola, se estropearán muchos gavilanes y futuros halconeros.

El gavilán conserva un carácter inquieto y asustadizo, si no se acierta a trabajarlo debidamente; es muy difícil reglar sus gorgas para mantenerlo templado; exige la alimentación más delicada de todas las rapaces de Cetrería. Sin embargo, su adiestramiento en nada difiere del que se sigue con el azor. Eso sí, habrán de llevarse todas sus fases con meticulosidad; el delicado amansamiento de los primeros días; el placeo, siempre halagándole con un roedero; la compañía constante del perro; el acostumbramiento al jardín y al campo sin brusquedades. Los vuelos a la mano pueden hacerse en dos sesiones diarias, porque el gavilán debe comer dos veces al día; la primera, por la mañana, antes de las nueve; la segunda, por la tarde, a partir de las cinco. Han de reglarse las gorgas de manera que haya gastado totalmente el desayuno para la hora del almuerzo. La primera comida, por consiguiente, será más ligera y menos abundante, a base de carnes sin plumas, como pollo, conejo, etc. Por la tarde, recibe la gorga más abundante y su plumada, a ser posible, en forma de pájaros frescos.

Las llamadas a la mano se harán poniendo en juego todas las sutilezas indicadas para el azor. Y es muy conveniente introducir al gavilán en el señuelo —sirve uno de halcón— halagándolo y haciéndole mucho placer en él, por si un día se resiste a descender de un árbol a la mano.

LA CAZA CON EL GAVILÁN

Cuando el gavilán ha sido bien hecho e introducido, es magnífico en el campo; puede cazar cualquier ave de la perdiz para abajo. Refiere Juan de Sahagún, Halconero Mayor de Juan II de Castilla «que su padre, Martín Sánchez Biel, tuvo un gavilán pollo que fue tomado en la Ribera de Esgueva y que le mudó trece mudas, y que en un día había muerto con él 63 aves: cernícalos, mochuelos y un gavilán zahareño y 45 frailecillos (avefrías) y seis o siete cercetas, grajos y palomas, y que todas las mataba de empuesta y que en el mes de agosto y septiembre cuantos perdigones y codornices quería».

Llenaríamos una página entera para citar todas las especies que puede cazar el gavilán, pero nos contentaremos con relatar los vuelos más comunes y realizables.

PERDICES Y CODORNICES

Los autores antiguos afirman unánimes que el gavilán es excelente para perdices; los modernos escritores —cetreros ingleses, que tienen mucha experiencia con este pájaro—, consideran a la pieza como demasiado grande y fuerte para él. Poco vale mi opinión para aclarar este dilema por la sencilla razón de que nunca he cazado perdices con un gavilán. Pero, a propio intento, los he cebado en palomas gigantes mallorquinas y en pollos medianos, a los que agarraban desde el primer día por la cabeza, sujetándolos cuanto tiempo querían. Sinceramente, creo que el gavilán es un pájaro excelente para perdices, si se lleva su entrenamiento con un rigor hoy día desusado. Al menos, se cumplirán a rajatabla las siguientes normas:

1." El gavilán perdicero ha de ser una prima de gran talla, a ser posible niega, para que no conozca las raleas.

2." Ha de ser introducida en la caza durante el mes de julio, después de atrainarle muy bien con tres o cuatro perdices; así, irá aumentando su potencia en el ala y su fuerza a la par que los perdigones.

3." Ha de hacérsele tan seguro en la herida como un buen azor y muy compenetrado con los perros.

4." Jamás se le lanzará a pájaros pequeños u otras raleas y, si las cobra, sáquenselas de las manos sin cortesía.

5. Ha de llevarse siempre la caza rabo a viento.

Me atrevo a afirmar que el gavilán que se cebe bien en las perdices llegará a superar al azor, en terreno sucio, donde se pueda lanzar cerca, porque es mucho más rápido en los primeros metros y coge muchas en el aire. Todas las reglas dadas para cebar al peregrino y al azor en esta pieza son aplicables para el gavilán.

Por su vuelo, por su talla y por su carne exquisita, la codorniz ha sido considerada por los halconeros mediterráneos y orientales como la pieza reina para el gavilán. Las reglas para lanzar a la manera clásica son idénticas a las arriba descritas para la perdiz, si bien, como las codornices salen a muestra de perro, nos permiten dar al gavilán las máximas ventajas. Levantando bien la mano y lanzando rabo a viento, son muy pocas las que llegan a una defensa y éstas, tan apretadas, que se dejan coger por el perro o por el gavilán en el segundo vuelo.

Lástima que la cronología biológica de estas dos aves dificulte grandemente esta caza en España; en efecto, los gavilanes niegos raramente pueden sacarse antes de la primera semana de agosto y empiezan a volar con ciertas seguridades a primeros o mediados de septiembre, cuando las codornices inicien la retirada. Es necesario, por consiguiente, hacerse con un gavilán pasajero, en la «repasa» de primavera, atemperando su entrenamiento para cazar desde mediados de julio. Como a todos los pájaros del aire se les retrasa mucho la muda con la captura, podrá tenérseles con buen plumaje durante todo el año.

Verdaderos especialistas en la caza de codornices son los árabes Norteafricanos del Cabo Bon, en Túnez, que han llegado en este arte a insospechada perfección. Según una comunicación hecha por el Dr. Mathis, en el año 1946, a L'Association des Fauconniers et Autoursiers Français, transcrita por M. Planiol en el «Traité de Fauconnerie et Autourserie», esta caza tradicional debe su pervivencia a una serie de circunstancias verdaderamente afortunadas. La región, una pequeña península proyectada hacia el Mediterráneo, constituye la última escala en el retorno migratorio de los gavilanes y codornices. Pero, los gavilanes llegan con cuatro o seis semanas de anticipación, justamente el tiempo necesario para su adiestramiento. Las codornices, todavía gordas por su invernada en las sabanas africanas, se concentran en gran número, a primeros de mayo, antes de dar el salto hacia Europa. Por si esto fuera poco, está vedada la caza con escopeta durante esta época, pero los halconeros de los Cheicatos d'El Haouria, de Kabilia y de Médeiffa (comprendidos en la zona a que nos referimos) disfrutan de una autorización para capturarlas con gavilán.

Desde mediados de marzo, en algunos escasos pero tupidos bosquecillos, único refugio para las rapaces en la estepparia zona, son tendidos gran número de araños, de tres metros de altura por dos de anchura; se deslizan hacia abajo por dos cuerdas tensas, sujetas entre dos ramas altas y dos gruesas piedras. La parte superior del araño, levemente prendida de las hojas, se desprende al menor golpe, envolviendo al prisionero.

Cuenta el Dr. Mathis que los halconeros se reúnen en animados grupos en algunos cafés moros y establecimientos, placeando a sus gavilanes y comentando sus virtudes y proyectos. De todos los capturados, sólo guardan las hembras, soltando a los machos o regalándolos a los jóvenes para que vayan haciendo mano. En el adiestramiento emplean los métodos ortodoxos, salvo que, durante los primeros días, embuchan al gavilán a la fuerza. Pero este proceder no es del todo herético; Juan Vallés lo recomienda «sólo para los gavilanes que se niegan a comer, exponiéndose a morir de hambre».

En lo que se refiere a la caza, sus métodos son diferentes de los tradicionales europeos; en lugar de llevar el gavilán sobre el puño, lo cogen con la mano derecha, de modo que, acostado, con el vientre contra la palma, saca la cola y las patas entre el pulgar y el índice, hacia atrás, uniéndose las puntas de estos dedos sobre su espalda. De este modo, privado de toda iniciativa, el cazador lo lleva durante la marcha, mientras bate hierbas y cereales con un largo bastón que lleva en la mano izquierda. Tan pronto como la codorniz sale, lanza con fuerza el gavilán hacia ella, como si fuera una jabalina. La rapaz, catapultada, no tiene más que abrir las alas para rectificar la dirección del vuelo y hacer presa.

Otra innovación han introducido los gavilaneros del Cabo Bon en los aparejos del pájaro, para evitar que lleve en mano. Se trata de un fino cordelillo, de dos metros, que va de una pihuela a la otra, flotando libremente durante el vuelo en un gran bucle, formado por dos hilos trenzados en sentido inverso, de manera que se mantenga siempre completamente abierto. Para ponerse a salvo de muy posibles fantasías con estos pasajeros, adiestrados en un tiempo récord, el halconero se acerca con toda suavidad para retirarles la presa, comenzando por apoyar el largo bastón en el interior de la comba. Así, evitan que el gavilán se levante en el momento más peligroso, al agacharse. Pienso que los terrenos donde ponen en práctica este sistema, serán perfectamente despejados, sin un solo arbusto ni matorral; en caso contrario, el cordelillo se engancharía constantemente.

Ha llegado a tal perfección esta Cetrería utilitaria que, con buen paso, un cazador mediano puede matar en la jornada de 30 a 40 codornices con un solo pájaro. Un halconero hábil llega a cobrar hasta ¡cien! Pero, éste será un récord del que se hablará durante años, anota el Dr. Mathis.

Terminado el paso de las codornices, hacia finales de mayo, los halconeros ponen en libertad a los gavilanes adiestrados; para ellos resulta más práctico y económico capturar otros en la próxima primavera, que mantenerlos durante todo el invierno, haciendo frente a su alimentación y meticuloso cuidado. Sólo algunos verdaderos deportistas conservan a ciertos ejemplares excepcionales. Tal es el caso de Si Mahmoud Zuaidsi, amin agrícola de la región de Kabilia, que ha conservado dos campeones durante siete y nueve años.

Los halconeros españoles podríamos sacar gran partido de esta alta escuela, alambicada durante siglos de práctica ininterrumpida. En nuestras vegas las codornices abundan durante dos meses, y en abril tenemos un buen paso de gavilanes.

En cuanto a la técnica de lanzar a la rapaz como si fuera una piedra, no es exclusiva de Norte-África. Todos los halconeros orientales la emplean para el gavilán y, particularmente, para el Shikra. J. G. Mavrogordato, que la ha practicado con frecuencia, afirma que proporciona

al pájaro una súbita aceleración que le permite presas de otro modo imposibles. Por otra parte, evita todo género de debatidas y salidas en falso, manteniendo al pájaro mucho más descansado a lo largo del día. Para llegar a lanzar con cierta perfección se necesita mucha práctica. Seguramente, este catapultaje encontraría su máxima aplicación en el vuelo de la becada y la becacina, que son muy rápidas pero se levantan cerca. Para evitar que el plumaje del gavilán se estropee con el sudor de la mano, es necesario usar un guante de gamuza o de tela.

ACUÁTICAS Y PEQUEÑAS ZANCUDAS

De las aves acuáticas pueden ser cazadas comúnmente por el gavilán las pollas de agua, los rascones y las cercetas, en orden creciente de dificultades. Para las gallinetas, el gavilán es tan bueno que el lance llega a resultar aburrido; matan todas las que ven, si no aciertan a meterse en una defensa inmediatamente. Muchas veces, llevan a la pequeña rapaz a caballo durante unos metros hasta que las cogen por la cabeza. Los rascones no oponen ninguna resistencia por su vuelo, pero dan mucho trabajo al perro, en particular, cuando barruntan al gavilán. Las cercetas son muy rápidas y sólo pueden cobrarse lanzando de muy cerca o con un pájaro que cace muy bien de empuesta. Un vuelo divertido y exitoso es el de las avefrías; lanzando a veinte o treinta metros, suben mucho y el gavilán las coge altas, volviéndose «patas arriba». En los prados despejados hay que cazarlas de empuesta; lance mucho menos vistoso pero de gran provecho.

«Un buen gavilán caza en invierno las becacinas» se lee en el libro del Rey Modus, primer tratado medieval dedicado extensamente a esta rapaz. Y la cosa tiene miga. Porque las becacinas, como todo el mundo sabe, están dotadas de un vuelo endiablado. A mi entender ésta es una presa «fuera de serie», en términos de moderna Cetrería. Sospecho que la becada será mucho más fácil; es más lenta, menos ágil y se levanta, a menudo, a muestra de perro. He dicho sospecho porque nunca he practicado esta caza, ni he leído nada serio referente a ella. Y lo lamento de veras.

¡Cuánto he añorado un gavilán sobre mi puño en mis cortas estancias invernales en tierras santanderinas! Aquellos montes de hayas y de eucaliptus; aquellas laderas cubiertas de helechos; los tupidos setos que bordean las praderías; y todo sumido en humedad tibia y olorosa. Se presiente a la «sorda» a la «laguneja», al «zorzal». Se adivina el arabesco del gavilán y el impacto levemente sonoro de la presa. En todo el norte de España, donde tantos cazadores se lamentan de la falta de caza, podría practicarse esta Cetrería menuda, tan emocionante y deportiva.

Antiguamente, se llamaba a las cigüeñuelas «garcillas de gavilán»; y en las lagunas donde abundan, proporcionarían un deporte muy vistoso. Tal es el caso de otros limícolas, chorlitos, zarapitos y gaviotas fluviales.

LAS PICAZAS

En el límite de las posibilidades del gavilán —como la

liebre respecto al azor— están las picazas. Sin embargo, aconsejo firmemente su caza, porque es movida, divertida y un medio muy de tener en cuenta para terminar con las dañinas urracas, que están transformándose en una plaga. En el invierno de 1960-61, introduje a «Furia», un gavilán prima, niego, no muy grande, en estas presas. Comencé por capturar media docena de picazas, mediante una sencilla ballesta, cebada con carne; con ellas atraíne a «Furia», cerrándoles previamente el pico con unas vueltas de esparadrapo y cortándoles las uñas, precaución inexcusable para que no resabien al gavilán. Hice los escapes muy naturales y a distancias progresivas, colocando las últimas traínas, atadas con nilón, en el centro de un prado, para que «Furia» se acostumbrara a atacar de empuesta. En la caza real, el gavilán se mostró más rápido, más animoso e infinitamente más ágil que un azor torzuelo, cogiendo muchas picazas en el interior de las retamas. En mes y medio cobré 23 cabezas, cada día con el temor de que el gavilán acabara resabiándose, porque le clavaban las uñas en el rostro y en el cuello, ya que picarle no podían porque siempre trababa por la cabeza. El día 20 de diciembre, dentro de una zarza espesa, una urraca le mordió los dedos y consiguió escapar. Por si esto fuera poco, comenzó a llover antes de que consiguiera lanzarlo a otra y no pude sacarlo en una semana. Por cualquiera de estas razones, se desinteresó totalmente por la presa y no quería ni siquiera las de mano. Pese a tan lamentable fin, «Furia» me proporcionó la idea de las excelencias del vuelo de la picaza y de la importante misión que podría tener el gavilán en el exterminio de estos córvidos, si la Cetrería fuera más popular.

La caza en el matorral

El vuelo favorito de los deportistas ingleses era el del «blak-bird» (el mirlo). Michell lo describe con verdadero entusiasmo y Mavrogordato dedica todo un libro a su perfecta consecución. De estos escritos se saca la consecuencia de que es una caza movida y complicada, es decir, hermosa. Se necesita la ayuda de algunos batidores que desalojen al mirlo del matorral cuando el maestro lo indica. Porque toda la táctica defensiva de este pájaro estriba en su facilidad para desaparecer en la maleza y salir de nuevo por donde menos se espera y conviene. Transcribo unas líneas de «The Art and Practice of Hawking», en las que el autor, E. B. Michell, pinta con vivos y a la vez justos matices este alegre lance: «En un pequeño seto, próximo a una alambrada, descubrimos un mirlo macho, joven y valiente. Al ser atacado, se portea con mucha habilidad de un lado a otro de la verja y se salva por centímetros en un matojo profundo. Allí se establece como en una fortaleza casi inexpugnable, a favor de un ribazo con algunas raíces enredadas y una infinidad de espinos, rosales silvestres y zarzas. Entre los ladridos de «Sandy», las voces de los batidores y los denuestos de un campesino que, en la acalorada persecución, se ha rasgado la mejilla con una espina, todos intentan infructuosamente el asalto de la fortaleza, hasta que uno, con una «estocada» bien dirigida, casi le pincha en la cola. Al fin, sale con mucha ga-

llardía hacia un espeso matorral. Antes de que alcance el nuevo refugio «Ruby» (el gavilán) le proyecta hacia el suelo, acuchillándole en la espalda y, a pesar de que se rehace y enfila hacia el matorral, se encuentra en la peor situación para presumir. Necesitamos diez minutos de trabajo serio para desalojarlo de nuevo y, apenas lo sacamos, se vuelve a esconder después de volar un par de metros. Finalmente, cuando casi anochece, vuela, por casualidad, justamente debajo del observatorio de «Ruby» que, en el acto, lo agarra por el cuello, encima de una zanja, cayendo los dos en su interior. Ha sido un vuelo de media hora «incluyendo las interrupciones», con trabajo duro y constante para todos los batidores.

Otro día salimos con «Lady Macbeth» un joven pollo de espaldas anchas, largas manos y cabeza muy pequeña. Para empezar, la suerte nos da la espalda; somos burlados por un mirlo, sobrevolados por un zorzal y no hemos encontrado ni siquiera una polla de agua. Por fin, localizamos un mirlo en un campo de nabos, bastante abierto, y nos trasladamos hacia allí llenos de esperanzas. Las tácticas adoptadas por este gentleman de túnica negra son simples pero ingeniosas y efectivas. Consisten en dejarse caer, a medida que el pájaro llega cerca, dentro de un gran montón de hojas de nabo y, una vez en el suelo, dobla hacia un carrizal para burlar al gavilán, quien se zambulle en la fresca vegetación en el mismo lugar donde la presa acaba de desaparecer. Entonces, cuando la cabeza del gavilán está segura detrás de la cortina de verdor, llega la ocasión de saltar y pasar inadvertido. Dos veces «Lady Macbeth» lo ha detectado en el momento de escabullirse, pero ha sido burlada de nuevo por la misma estratagema, y en la tercera ocasión, el fugitivo sale sin ser visto por su perseguidor; a pesar de estar ante nuestros ojos y los de «Sandy», que ladra endemoniadamente, quizá por pura vejación o con la esperanza de llamar la atención de sus amigos o aliados. Bien, por lo tanto, perdimos este mozo, que sale jovialmente encima del seto y del cercado próximo, glorioso como Ulises en el triunfo de sus astucias. A la picaza y al mirlo, más valiosos que la limitada potencia de vuelo que la naturaleza les ha facilitado, les es el suministro considerable de cerebro, gracias al cual el equilibrio se recupera.»

Pues bien, señores, toda esta bonita caza de mirlos pertenece ya al pasado, un pasado que tuvo sus más acabados campeones en los párrocos ingleses de aldea. Porque, en la Edad Media, el gavilán era el pájaro que les estaba asignado a los clérigos. Y según cuentan, estos buenos sacerdotes, ayudados por el sacristán y otros amables feligreses, se divertían de lo lindo corriendo tras de los mirlos y zorzales, en este ejercicio tan inocente, saludable y que, por otra parte debía proporcionarles un sabroso guiso, para ayudar sus magras economías. Por lo visto, el mirlo empieza a escasear en Inglaterra y ha sido protegido por la Ley. Lástima que mueran muchos más mirlos en un mes, como consecuencia de la ingestión de modernos insecticidas, que todos los que hayan podido matar los halconeros ingleses desde el siglo XI. Pero, la Ley es la Ley.

Sí, con el gavilán pueden hacerse las más sorprendentes capturas, lanzándolo de uno u otro modo. Su rapidez y su audacia lo han llevado a trabar en un viejo faisán macho, como cuenta Mavrogordato o en una ¡garza real! según el Infante D. Juan Manuel, me imagino que se lo llevaría por el aire como si fuera un crecido parásito.

Pero, el gavilán, que da tanto, exige, en cambio, muchas atenciones, mucha constancia y exclusivismo. Porque el gavilán es bueno para el gavilanero. Y nada más. Quien pretenda tenerlo por pasatiempo, además de algunos halcones o azores, no recibirá de él más que disgustos y trabajos.

No exageraban los antiguos halconeros al conceder tanta admiración y cariño a esta criatura dulce como una cotorra con su dueño, y valiente como un tigre con la presa.

Gavilán en el vuelo del mirlo. Grabado de G. E. Lodge.
Tomado de A. Hawk for the Bush.

Cooper's hawk. Hembra en su nido. Foto Héinz Meng.

AVES DE BAJO VUELO EXÓTICAS

Entre el gavilán y el azor, únicos accipíteres conocidos por la Cetrería tradicional europea, hay una gran diferencia de talla; un hueco muy aparente para el halconero, por el que se escapan ciertas presas demasiado rápidas para el azor y excesivamente grandes para el gavilán. Por fortuna, la previsora naturaleza ha llenado este vacío con dos notables especies de tallas intermedias; el shikra y el cooper's-hawk. Ya sus nombres nos suenan a exótico y no sería fácil traducirlos al castellano. Llamarlos azores o gavilanes con apellido aclaratorio, no sería justo, porque tienen cualidades de ambos y de ninguno. Y para no salirme de mis atribuciones, me limito a presentárselos al lector con sus nominativos indio y norteamericano.

EL SHIKRA

El shikra es un accípiter asiático, muy empleado por los halconeros orientales. Poco más grande que el gavilán, su forma se asemeja a la del azor. Es macizo, sólido, de tarsos y manos cortas. El color de los pollos es como el de un azor joven; el de los adultos como el de un gavilán torzuelo adulto. Quizá el dorso presenta un gris más claro. Su carácter es tranquilo, reposado, flemático. Opuesto al del atrabiliario gavilán. Más sentado que el desconfiado azor. Los halconeros lo pintan rústico, insensible al frío y al calor, frugal, poco exigente en la calidad de la comida; seguro, pero sin nervio.

De la constitución física del pájaro se deduce que es

231

más apto para la caza de animales corredores, que voladores; en su pasividad y estoicismo se adivina un cazador de acecho, un esperador incansable; en su tolerancia alimentaria se revela como un comedor de reptiles; cualidades, en suma, muy poco atractivas para un halconero europeo.

Pero, los orientales han sabido sacar partido hasta de las facultades más pobres de sus rapaces. La resistencia, la seguridad, la pasividad del shikra, encuentran la justa aplicación en la caza por lanzamiento. Creo que para contrarrestar su lenta salida, los persas asociaron los conceptos pájaro y venablo. Inventaron un arma arrojadiza viva. Lo que más tarde hemos dado en llamar proyectiles dirigidos. Y, ahí tenéis al shikra; puede alimentarse con lagartos, aguanta toda una jornada estrujado en la mano de un halconero y, en oriente, se consigue por muy poco precio, ¿no es un magnífico pájaro utilitario? Claro, que como todo lo utilitario tiene muchas limitaciones. Sólo captura aves lentas y que se levanten muy cerca.

En Persia, según Planiol, al shikra se le asigna un cometido muy particular; la caza de rascones de prado (Crex crex) que, en ciertas primaveras, son muy abundantes en los pastizales. Estas aves, poco mayores que una codorniz, con las que a veces conviven —de ahí su otro nombre de guión de codornices— se levantan de los pies del cazador o a muestra de perro; su vuelo es lento, sin ningún recurso acrobático. Arrojarles el shikra, debe ser algo tan sencillo como productivo.

El mismo autor refiere que en el estado de Kapurthala, hacia el año 1880, el shikra era adiestrado para la caza de alimoches, pequeños buitres, que se pasean sin ser molestados por nadie en muchos poblados de Oriente, donde desempeñan el oficio de basureros. Lanzándoles el shikra de cerca, debía trabarlos antes de que abrieran las alas. Pero, realmente, no me explico la gracia ni la finalidad de este deporte. «Es, sin duda, este pseudovuelo, escribe Planiol, el que llevaría a narrar a los antiguos viajeros ¡que el shikra podía cazar hasta las águilas!».

Victor Rosner, en un artículo muy documentado, publicado en «Chasse au vol», describe la Cetrería practicada por las tribus indias de Birn, en el estado de Bihar. El pájaro más utilizado por estos halconeros es el shikra, que proyectan hacia la presa con la mano derecha, protegida mediante un paño, el «Hathna», para no estropearle las plumas con el sudor. La única presa que capturan es la codorniz, cuando se levanta a menos de cinco metros. El autor, que ha asistido a numerosas cacerías, dice que el shikra es muy inferior al besra (gavilán), utilizado por algunos halconeros Birn. En una tarde vio cazar doce codornices a un solo gavilán, mientras que el shikra difícilmente pasa de las seis.

De estas referencias podemos sacar la conclusión de que este azor en miniatura carece, en absoluto, de interés para la Cetrería, tal como la concebimos en Occidente, donde importa más lo bello y deportivo que lo utilitario.

EL COOPER'S HAWK, EL GAVILÁN NEGRO Y EL ALETO

Desde el Canadá hasta Méjico vive una rapaz de talla justamente intermedia entre el gavilán y el azor. Los machos son algo más grandes que un gavilán prima; las primas un poco más pequeñas que un azor torzuelo. Y es intermedio también en su estructura; con los tarsos y manos, más largos que el azor pero más cortos que el gavilán. Su vuelo, sus costumbres, su carácter, su aplicación en Cetrería, llena perfectamente ese hueco que quedaba entre los dos pájaros de puño clásicos.

Le llaman cooper's hawk —rapaz gallinera— Destaca el hermoso color rojizo del pecho y partes anteriores de los torzuelos mudados. Su dorso es de un gris azulado. Los ojos, de iris perfectamente escarlata. Las primas se parecen más al azor adulto. Inmaturos, machos y hembras, presentan una librea muy semejante a la de los azores jóvenes.

En estado salvaje, el cooper's hawk se muestra como una de las rapaces más mordaces de Norteamérica. Ataca con tanta pasión a las aves medianas y pequeñas como a los roedores, desde el conejo al ratón, pasando por las numerosas especies de ratas americanas y las ardillas arbóreas o terrestres. Su vuelo acrobático es muy superior al del azor; perfectamente adaptado a los bosques impenetrables. Los ornitólogos reconocen dos subespecies; una oriental, el Accipiter cooperi cooperi, algo más grande, con un peso de 590 gramos la prima y 410, el torzuelo; y una subespecie occidental el Accipiter cooperi mexicanus, que pesa 500 gramos, la prima y 360, el torzuelo, aproximadamente.

Una fría mañana de diciembre del año 1958, me llamaron del aeropuerto de Barajas, para que recogiera dos «bichos» que venían a mi nombre desde Norteamérica. En una caja de cartón, separados por un tabique, había dos rapaces que, a primera vista, me parecieron azores torzuelos. Pero entonces no era sencillo reconocerlos ni hacerse una impresión exacta de su gallardía; llevaban cuatro días en el interior de la caja de cartón, donde se habían destrozado la cola y ensuciado completamente en sus excrementos. Después de lavarlos cuidadosamente y reparar su plumaje como pude, me hice cargo de su magnífico continente. La cabeza, relativamente pequeña, dotada de arcadas superciliares muy salientes, estaba animada por unos ojos de magnífica vivacidad y dotada de un pico corto, comprimido y muy bien curvado, que retrataba a un desgarrador hábil, comedor de presas voluminosas. El cuerpo, macizo, bien musculado, se apoyaba en dos patas largas y nervudas, con manos no muy grandes pero bien armadas. Las alas, muy anchas, cortas y redondas, y la cola notablemente larga, presagiaban un vuelo rapidísimo y acrobático.

Soñaba con aquellos pájaros cada vez que veía una picaza en el campo; uno de esos demonios blancos y negros, que se burlan de los cazadores de escopeta y también de los halconeros. Porque el azor es superado en agilidad por ellas y el gavilán, tarde o temprano, recibe un picotazo que acaba con sus audacias. Y, pensando en las picazas, traté de adiestrar a mis dos rapaces americanas. No las pude sacar adelante; quizá, porque habían permanecido, en América, todo el verano y el otoño en cautividad, sin hacer ejercicio; acaso, porque se pasaron cerca de una semana en el interior de la caja; habían perdido totalmente el apetito y murieron una después de otra. Sin embargo, me bastó la visión de estos dos pájaros para hacerme cargo de que están hechos a la medida de la urraca, que es la presa más abundante, más divertida y más dañina que se puede cazar con un ave de puño.

En Norteamérica, los halconeros adiestran con mucha frecuencia al cooper's hawk. Cazan con él pequeños conejos, ardillas de tierra, pollas de agua, torcaces y ratas. Algunas hembras llegan a capturar el faisán pero, para los niegos, parece ser demasiado rápido. Todos los halconeros están de acuerdo en que tienen mejor carácter que el gavilán, son más tolerantes en la alimentación, pero no llegan a su fantástico «reprise». Las hembras parecen inferiores a los azores torzuelos para perdices y faisanes. Insisto en que la máxima aplicación de esta interesante rapaz está en las presas fuertes y acrobáticas; no en las de vuelo rectilíneo y rápido, como las gallináceas. Se consideran superiores los pasajeros y zahareños, porque los niegos son difíciles de introducir en la presa.

Más pequeño que el cooper's hawk, pero tan mordaz como él, es el sharp shinned hawk, muy parecido al shikra y, seguramente, tan apto como él para la caza arrojadiza.

El pájaro intermedio entre el «cooper» y el azor nos lo proporciona África. Podríamos llamarle el gavilán negro, porque en sus formas esbeltas y alargadas recuerda al gavilán pero su talla se acerca a la del azor. Y su color es muy oscuro; casi negro. No ha sido lo suficientemente manejado en Cetrería como para hacernos una idea de sus posibilidades de caza. Sin embargo, todo parece indicar que sería un pájaro magnífico.

Nuestros navegantes de la época Imperial traían de América unas pequeñas rapaces que, por sus cualidades, se pusieron pronto muy de moda entre los halconeros de toda Europa. Los llamaban aletos y su talla era muy semejante a la del gavilán; el color, de un rojo casi uniforme en las partes anteriores y ceniza azulado en las dorsales. El aspecto de este pájaro es verdaderamente sorprendente; más corto que el gavilán, con una cabeza relativamente grande, se sostiene sobre unas patas ridículamente delgadas y débiles para una rapaz. Sin embargo su pico es formidable; más bien largo, curvado hacia la punta, está dotado de dos dientes, perfectamente marcados, como los de una sierra, en cada lado. Y, efectivamente, de él se sirve para yugular a sus presas. A mí me recuerda mucho a un alcaudón. Decididamente, creo que está más cerca de los vulgares «pájaros» que de las aves de presa. Y así se comportaba en la caza; con un vuelo de pájaro; con todo el amplio significado que tiene esta afirmación. Agilidad, ligereza, facilidad para subir e increíble poder de penetración en la maleza. Martínez del Espinar, en su libro de Ballestería y Montería, dice que son las mejores aves del mundo para perdices, porque entran detrás de ellas en los matorrales y las cogen allí.

En el siglo XVI y XVII, llegaban a España muchos de estos aletos, procedentes de Indias y eran vendidos hasta a 300 y 400 escudos; en aquella época, el precio de excelentes caballos. Cuando María de Médicis, hija de riquísimos banqueros, llegó a Francia para casarse con Enrique IV, iba precedida por un caballero que llevaba sobre su puño un aleto. Según refieren los halconeros de la época, este pájaro vivía en Europa hasta nueve y diez mudas, y era empleado exclusivamente para la caza de perdices. Su salida del puño, dicen, era más rápida y espectacular que la de cualquier otra rapaz.

Águila perdicera entremudada.

LA CAZA CON ÁGUILAS

Las águilas no fueron empleadas en Occidente para la Cetrería durante la época dorada de este arte. Y no porque se desconocieran las reglas para su adiestramiento, sino porque su vuelo y su caza carecían de atractivo y de nobleza. El halconero medieval adoraba la dificultad; la desproporción entre la presa y el cazador. Pero siempre a favor de la presa. Aquellos caballeros feudales, pese a los tonos sombríos con que se ha pretendido pintarles, eran ante todo «señores» y no aceptaban la lucha desigual. En Europa jamás se practicó la Cetrería con miras utilitarias. El vuelo favorito era el de la garza o el milano, presas que no son comestibles. Y cuánto más alta estuviera la presión, más mérito tenía el lance. Y si el agresor era un pequeño tagarote en vez de un gerifalte, más noble era la persecución. ¿Cómo iba a empañar un caballero feudal la belleza de sus gentiles aves con la presencia de las villanas y ordinarias águilas? Si el mérito estribaba en la subida del halcón, ¿para qué perder el tiempo con un águila incapaz de aprender a volar por altanería?

En la Edad Media se acrisoló en Europa el arte de Cetrería. Se le purificó de todo lo que fuera vulgaridad o violencia. Se enalteció al pequeño gavilán. Se menospreció a las poderosas águilas.

Realmente, las águilas poseen muy pocos méritos como pájaros de caza; su gran peso dificulta su manejo y cansa mucho al halconero; su lentitud y deficiencia en el vuelo, las incapacita para la captura regular de aves; su increíble facultad para el ayuno retarda y complica su adiestramiento. Pero estas taras pueden llegar a superarse. Peor es la agresividad siempre latente del águila y quizá, más manifiesta con su propio maestro que con ninguno. Se puede sacar una liebre al azor que se ha jugado su integridad física para matarla, sin que oponga la menor resistencia. Se arrebatan las perdices a los pacientes halcones de altanería con una hábil y graciosa cortesía; jamás mostrarán el más pequeño gesto agresivo. Pero, cuando uno se acerca a un águila que acaba de cobrar un sencillo conejo de escape, demuestra inmediatamente su mal intencionada villanía: eriza las plumas, cubre la presa con sus alas, inclina la cabeza hacia el suelo, abre el pico y proyecta la lengua hacia fuera temblando de ira. Cuando el halconero se agacha, apenas pone sus manos sobre la presa, le lanza un fulminante golpe de garra dirigido hacia el rostro. Los aficionados modernos se cubren la cara con una careta de esgrima. ¿Es éste un pájaro digno de la solicitud de un halconero? Me parece que reclama, más bien, la técnica de un «domador».

Pero, hasta las águilas tienen sus virtudes. Dos virtudes fundamentales; la resistencia y la fuerza. Pueden vivir en plena salud soportando las dietas de más baja calidad; bien dirigidas, llegan a matar al antílope y al lobo. Sin duda son las armas ideales para un halconero que pretenda comer de su «pájaro».

Y éste ha sido el caso de los turcomanos y kirguises desde tiempos inmemoriales. En estas tribus asiáticas se ha desarrollado hasta el máximo la caza con la rapaz que puede capturar la carne y librarse de los peligrosos carniceros. Tal vez, por estas razones el imperio cetrero de las águilas jamás ha traspasado las fronteras del Asia.

EL ÁGUILA REAL

Durante mucho tiempo, no se pudo identificar a las especies de águilas empleadas por los halconeros del Asia Central. Harting, a través de Mr. Constantine Allen, entusiasta halconero, que fue presidente del Club de Cetrería

Knut Röder con una de sus águilas sobre el puño.

Ruso, con sede en San Petersburgo, hacia el año 1885, obtuvo datos muy interesantes acerca de la práctica de esta caza. Según los cuales, los especímenes más apreciados por los kirguises eran llamados Kolsan y Berkute.

Se pensó que el Kolsan podía ser el águila real y el Berkute, el águila de Bonelli. Posteriores estudios indican que, en realidad, estas águilas kirguises pertenecen a distintas razas de la real, especie, por cierto, bastante polimorfa. Creo que puede identificarse al berkute, el ave más apreciada por los halconeros asiáticos —que se llaman berkutchis— con el «Aquila chirsaetos daphanea», que anida precisamente en Asia Central, Turquestán, Tibet y el Himalaya. G. P. Dementiev describe a esta subespecie como dotada de gran talla y vigor; y diferente de las demás razas asiáticas por la gran longitud de sus tarsos y dedos, características que la retratan como a una magnífica cazadora. Su color es castaño oscuro, con las plumas de la nuca, muy estrechas, de un rojo dorado vivo. Las manchas blancas que cubren el tercio proximal de las rémiges y caudales de otras subespecies de águilas, son en ella muy poco aparentes. Es un pájaro macizo, altipierno, oscuro, que puede alcanzar hasta los seis kilos de peso.

Aunque los kirguises adiestran las águilas niegas, cogidas por ellos mismos o compradas en lejanas tierras —refiere Pierre-Amédée Pichot, en 1903, que estos pollos provienen de las montañas de Qarataw y de Alataw, y valen de 100 a 150 rublos— prefieren las águilas del aire, que capturan mediante una paloma rodeada de lazos o de redes. Seguramente, la razón de esta preferencia estriba en que la costumbre de atacar al rostro es más común en los niegos que en los zahareños.

Inmediatamente, las pestañean o encaperuzan, procediendo al amansamiento, cuyas reglas son en todo semejantes a las que se siguen con las aves de bajo vuelo. Posteriormente, las enseñan a venir a una percha alta, en forma de cruceta, que un caballero lleva con toda comodidad, apoyada en la silla de montar, como una lanza. En esta cruceta, bien forrada de cuero o de piel de oveja para hacerla confortable, el águila permanece mucho tiempo, como el azor sobre el puño, y en ella recibe sus roederos.

En la última etapa de la doma, le hacen conocer un señuelo muy voluminoso, hecho con una piel de zorro o de lobo, rellena, que arrastra un caballo en plena carrera, mediante una larga cuerda. Así, el águila se va preparando para el ataque a sus grandes presas.

La estación de caza da comienzo en noviembre, cuando caen las primeras nieves y la piel de los zorros alcanza toda su pujanza; también entonces descienden los lobos de las montañas, salen de los bosques, resultando muy fácil descubrir ambas presas en la gran llanura blanca.

Los halconeros, en grupos, llevando las águilas sobre las altas perchas, recorren a caballo la estepa hasta que descubren un zorro o un lobo. En ese momento, libran al pájaro de la caperuza y lo ponen en libertad. En una interesante película documental, tuve la fortuna de ver la caza de muchos lobos por este procedimiento; el águila sale de la percha con un potente impulso ascendente, dando pau-

El águila real, prima, niega, «Shike of Livingstone» del halconero alemán Knut Röder, sobre el corzo que acaba de capturar.

sados y potentes aletazos, hasta adquirir cierta altura. Entonces, enfila hacia el lobo, en una persecución ligeramente descendente que le proporciona bastante velocidad. En los últimos metros se le veía cerrada de alas, gobernándose con las bastardas y la cola. En el momento decisivo proyecta una de sus fuertes y largas patas hacia el dorso del lobo y cuando este se vuelve para morder, la segunda garra, que resta en guardia, le agarra en una décima de segundo por las mandíbulas, impidiéndole abrirlas. La llegada del halconero, que remata al lobo clavándole la parte inferior de la percha, un aguijón de acero, pone fin a la lucha. Como cortesía la rapaz devora parte del corazón de su presa. Es ésta una caza dramática y llena de salvajismo. La cabalgada de los veloces kirguises, coronados por sus águilas que despliegan las alas para equilibrarse sobre las altas perchas. Sus gritos para animar a la rapaz que va ganando metros inexorablemente al lobo. La voltereta sobre la nieve que sirve de límpido fondo al escorzo de grandes

plumas oscuras y pelo grisáceo. La lanzada, en fin, de la victoria que enrojece la nieve y los ojos de la berkute.

Todos cuantos han presenciado este lance se sorprenden ante la destreza que deben tener las águilas para evitar la dentellada del lobo. Los halconeros afirman que pueden cazar durante años sin recibir una sola herida. Grande debe ser su precisión y su rapidez para sobrellevar tan peligroso cometido. No obstante, refiere un viajero que vio a una vieja berkute que, habiendo perdido una pata en la lucha con un lobo, vivía como un inválido con la familia de su dueño.

Además de lobos y de zorros, los kirguises cazan el antílope saiga, ciervos, sin duda hembras o machos jóvenes y ¡panteras de las nieves!

En montaña se practica la caza a ojeo. El portador del águila se sitúa en un punto dominante, manteniendo al pájaro desencaperuzado. A medida que la línea de batidores avanza, la rapaz examina detenidamente la ladera. En

237

cuanto aparece un zorro u otro cuadrúpedo de gran talla, el águila ataca en vuelo descendente y lo captura con facilidad. Este es el procedimiento del que suelen servirse los cazadores profesionales, que no disponen de tantos caballos y ayudantes como se requiere para la caza en el llano.

El alto precio de las pieles, las primas que el gobierno otorga por cada cabeza de lobo, y la limitación en la concesión de licencias para armas de fuego, en estas regiones de la U.R.S.S., han mantenido en auge esta magnífica caza. Hoy día, sin embargo, parece que las jóvenes generaciones están dispuestas a abandonar la rapaz por la primera escopeta que pueden adquirir. Este fenómeno no es raro y ha ocurrido en casi todas las regiones donde se practicaba la Cetrería con miras exclusivamente materiales. La llegada de la pólvora, que evita muchos esfuerzos y trabajos al cazador, interrumpe el laborioso aprendizaje que precisa el nuevo halconero. No ocurre así en los países donde la caza con aves de presa es patrimonio de las castas más destacadas, que la ejercitan únicamente por deporte y diversión.

En un interesante reportaje aparecido en la revista «France-U.R.S.S.», Gilbert Morhange relata sus conversaciones con uno de los últimos berkutchis del Kirgiztan, Adrahakman Kouloubaiev. El halconero dice que los jóvenes actuales prefieren una buena carabina y los berkutchis son ya raros. Su pájaro favorito, «Akus», ostenta los signos de los mejores cazadores; unas plumas blancas sobre la nuca y los ojos muy claros. Lo ha capturado en el mes de septiembre y sólo ha necesitado 19 días para adiestrarlo, aunque los malos berkutchis —dice— emplean hasta seis meses o un año para este trabajo. «Akus» se ha mostrado como un animal manso e inteligente.

En la primera salida de caza, Kouloubaiev se ha pasado tres días en la montaña, hasta conseguir que su águila matara el primer zorro. Un mes más tarde, «Akus» ostentaba ya un «tableau» de cinco zorros y una cierva. A finales de año, había matado 39 zorros. Verdaderamente «Akus» es un magnífico pájaro; según el viejo kirguis puede matar al zorro con una sola garra y levantarlo en vuelo. No lo vendería ni por 3.000 rublos.

A la pregunta de Gilbert Morhange de si sus águilas habían sido heridas por los lobos, el halconero contesta que sólo cuando hay dos juntos. Mientras el pájaro tiene a uno sujeto, el otro puede llegar a morderle. Pero esto es raro.

Con los 60 u 80 rublos que Kouloubaiev recibe por cada piel de zorro y con las primas de trescientos que se gana por cada lobo matado, puede vivir y dedicarse a sus águilas. Y todavía tiene algunos discípulos.

En Europa, modernamente se han manejado las águilas reales, aunque su empleo no ha pasado de las presas de escape. El capitán Knight, conocido halconero inglés, ya fallecido, adiestró varias águilas reales, procedentes de las montañas de Escocia. Aunque sufrió algunos ataques, llegó a amansarlas mucho y a tenerlas en su compañía durante varios años. No contento con el éxito obtenido con las águilas escocesas, se trasladó a Africa, donde capturó un pollo de águila monera coronada, llamada por los negros nativos, el leopardo del aire, por su fuerza, ferocidad y por su costumbre de alimentarse de monos pequeños y medianos. En tierras inglesas «Coronation», que es como se llamaba el águila del capitán Knight, se mostró excelente cazadora de conejos de escape, superior en fuerza y velocidad a las águilas reales. ¿Qué hubieran hecho los kirguises con semejante fiera?

En Austria, Herr Smidler tenía una pareja de águilas adiestradas, que actuaron en muchas exhibiciones y congresos, capturando zorros con destreza, ante los sorprendidos espectadores.

Pero, por grandes que nos parezcan las hazañas de la reina de las aves ¿qué son comparadas con las del sacre? El rústico halcón de los desiertos ha llegado a cazar, como hemos visto, el asno salvaje y hasta a las propias águilas. No. No podemos darle el título de reina de las aves de Cetrería.

EL ÁGUILA DE BONELLI

Un pájaro que poseyera el vuelo del azor y la fuerza del águila, ocuparía un puesto de honor entre todas las aves de Cetrería. Podría cazar con facilidad esa presa que tanto hace sufrir a los azoreros: la liebre.

Si tal ave existe en nuestras latitudes sólo puede ser una; el águila de Bonelli. De hecho, ya en Alemania se la llama Habicht-Adler (azor-águila). Pero, ¿reúne ciertamente esta rapaz la rapidez del azor y la potencia del águila?

En toda España se la conoce por «la perdicera». Y, realmente, puede cazar perdices. Quienes la hayan visto en estado salvaje, describiendo círculos estrechos y ágiles, habrán comprobado que su silueta no se parece a la de las grandes águilas. Las alas son más cortas, más anchas, con las puntas de las rémiges —que recuerdan a los dedos de las manos separados y son típicas de las grandes veleras— muy poco aparentes. El timón es largo y ancho. El batir de las alas, enérgico y bastante rápido.

Vista de cerca, las diferencias son todavía más acusadas. Lo que más llama la atención es el plumaje, menudo, apretado, semejante al de un accípiter. La cabeza, muy firme, no es aplastada y de frente huidiza como la del águila real. La mirada es serena. El pico, corto y comprimido. Las armas, de muslo musculoso, tarso largo, mano grande y uñas muy desarrolladas, son impresionantes. Y se mantiene erguida, orgullosa, pero no desafiante.

Los jóvenes tienen las partes anteriores de un bello color rojizo uniforme, surcado por líneas verticales muy finas y poco aparentes. El dorso es oscuro. En vuelo, ostentan dos manchas claras, muy características, en el centro de las alas.

Con las mudas, el pecho, vientre y flancos, se hacen casi blancos; en los tarsos, perfectamente emplumados, aparecen como unas ondas grisáceas; el manto se vuelve gris pizarra; el iris, ambarino. El peso de las perdiceras españolas oscila entre el kilo y medio, mínimo para los torzuelos; y los tres kilos, máximo para las primas.

Esta criatura, brillante, y acabada, adorno incomparable de las risqueras soleadas, necesariamente había de ser un ave mediterránea. Y en todas las riberas del Mare Nostrum tiene su patria. También ha colonizado las islas, y una raza oriental se adentra por el Asia Menor hasta la China Meridional.

HABITAT

Donde quiera que se alcen unas colinas rocosas puede haber una pareja de perdiceras; aún no hace muchos años, esto era un hecho. Hoy, se van retirando a las montañas más intrincadas y solitarias. Particularmente, aman las laderas boscosas, parceladas por paredones verticales, que formen una serie de valles estrechos y gargantas, la orografía fragosa.

La pareja permanece unida durante todo el año y se aleja escasamente de su cantón. Pero las que anidan en la alta montaña, realizan cortos desplazamientos en los meses más fríos del año, buscando zonas de caza propicias. En los montes del Pardo, se reunían bastantes, procedentes del Macizo del Guadarrama; hartas se han matado allí con el búho.

Los roquedos pelados de las provincias levantinas, esos rojizos farallones que se alzan sobre los magros espartizales, coronados aquí y allá por raquíticos pinos, son el último refugio de la gallarda perdicera.

CAZA

El águila de Bonelli es un cazador de montaña; acostumbra a volar pegada a las cumbres, vigilando ambas laderas; se deja caer a favor de la pendiente, sorteando matorrales y peñascos, como hace el azor en el bosque. Busca la sorpresa. Siempre está dispuesta a calar con un golpe magistral de ala sobre cualquier animal que encuentra desprevenido. Y su fuerza hace muy variada la lista de sus presuntas presas. He visto sus rasantes bajadas, rozando los bojedales en los encajonados vallejos que descienden desde los altos páramos de Burgos hasta el lecho del Ebro. Son fabulosos. Y lo curioso es que atacan las dos, a veinte metros una de otra. Una mañana se precipitaron con ruido de huracán entre dos peñas que delimitan el curso del Oca. Al llegar a la altura del río, el primer atacante se confundió con un grupo de cercetas. El águila que bajaba detrás hizo presa, en el giro más hermoso y perfecto que he visto en mi vida. Se quedaron las solitarias rocas repitiendo el eco. Y yo miraba unas plumas que cayeron mansamente sobre el agua.

En estas razzias, pueden coger hasta ratas y ardillas; tal es la precisión con que proyectan sus largas patas. Todos los pastores del páramo de Poza de la Sal, de Masa, de Cernégula, conocen bien sus hazañas. Desde sus nidos, situados en los contrafuertes de la meseta, suben a cazar a la llanura. Allí, se le llama el águila lebrera. Y no se le va una, me decía un pastor de Valdeloceda, ésta no es como la grande, que prefiere darse una panzada en una oveja muerta.

Matan muchas grajas, picazas, lagartos, perdices, hasta gatos. Pero, su plato fuerte ha sido siempre el conejo. La talla del pájaro, su arquitectura, su potencia de vuelo y sus necesidades alimentarias, le hacen perfectamente subsidiario de esta presa, que puede transportar cómodamente hasta sus altos nidos. En toda la costa Mediterránea eran muy abundantes estos roedores hasta que la mixomatosis ha terminado con ellos, exigiendo un cambio radical en la dieta de las águilas perdiceras. Estas catástrofes ecológicas ponen a prueba la capacidad de adaptación de las especies. Y el águila de Bonelli se las ha arreglado maravillosamente para vivir de lo único que queda en aquellos ásperos y tórridos pedregales: lagartos. En tres nidos que observé en la provincia de Alicante, todas las egagrópilas estaban constituidas por acúmulos de escamas. José Antonio Valverde ha constatado en la provincia de Murcia que la base de la alimentación de las perdiceras son también los lagartos.

Entre las muchas repercusiones que ha tenido la desaparición masiva de los conejos, hay una que hubiera parecido increíble y tiene hasta su lado cómico. En todos los pueblos y ciudades de las provincias levantinas se venía practicando un deporte colombófilo que exige el mantenimiento de grandes bandadas de pájaros. Mientras hubo conejos, solo los halcones peregrinos se metían de vez en cuando con ellos. Pero he aquí que, de pronto, los ya castigados deportistas levantinos descubren un nuevo y terrible enemigo, el águila. Antes de relatar sus dispendios, conozcamos someramente este curioso deporte. En esencia, consiste en la rigurosa selección de palomas de una raza que se caracteriza por la exaltación amorosa. Cada criador prepara y estímula a sus machos mediante una alimentación que acrecienta su ardor y la más absoluta abstinencia sexual. ¡Una broma pesada! Pues bien, el día de la prueba, se da suelta a una sola paloma y a todo el tropel de impacientes galanes. Desde las terrazas y balcones, los deportistas contemplan entusiasmados la actuación de sus campeones. Sedientos de amor, enloquecidos, éstos forman un apretado grupo en torno a la dama —llamado en el argot deportivo «la piña»—; a picotazos, a golpes de ala, tratan de ir librándose de sus competidores. La emocionante persecución se prolonga en el límpido cielo; los más débiles, ahogados por el deseo, se van quedando atrás, hasta que el héroe de esta batalla hormonal, se lleva a la rendida hembra hacia su palomar. El premio que recibe su dueño suele ser cuantioso; el precio que alcanzan los buenos palomos, de varios miles de pesetas.

Pero, la aventura —y en este caso sí que se puede llamar aventura— no siempre acaba en boda. Cuando la piña es más compacta y el incruento combate más acalorado; cuando todos los colombófilos, extasiados, estiran el cuello, tratando de reconocer a su D. Juan en aquel maremagnun de alas; aparecen dos puntos fatídicos en el cielo. Dos puntos que crecen, que se agigantan como rayos de destrucción, ¡¡las águilas!!

Con suerte, cada una se lleva dos o tres mil pesetas. Y todas las ansias amorosas de los palomos restantes se transforman en prisa por refugiarse en su palomar. De nada sirven ya las dietas afrodisíacas. Lo mejor que pueden hacer los defraudados participantes es pedir al Santo Patrón que se haya salvado su preciado pájaro. Aunque, creo que el Santo está de parte de las águilas que, al fin y al cabo, no hacen más que velar por la moral y buenas costumbres en los cielos levantinos.

Se han llegado a ofrecer elevadas primas por la captura de estas rapaces. Hasta se creó un club de escaladores que pretendían robar sus nidos. Pero las altas cortaduras de caliza y los extraplomos bajo los que las águilas los construyen acabaron con sus lucrativos proyectos. En el mes de mayo de 1960 trepé a un nido de perdiceras en compañía de Marcelle Parmentier, excelente escaladora. «Todo un gentío se había reunido debajo, para celebrar la captura de las águilas. Sorteando verdaderos atolladeros, en los que nos metieron un par de guías nativos, llegamos al nido. El descenso fue apoteótico; en pleno campo el club colombófilo nos agasajó con un magnífico lunch, rogándonos que volviéramos cada primavera para librarles de aquellos demonios que no les dejaban practicar el deporte regional».

Cuando una pareja de peregrinos anida cerca del cantón de las águilas de Bonelli, éstas se dedican a una sistemática e ingeniosa piratería. Vuelan muy altas, sobre el área de caza de los halcones; cuando uno de éstos hace presa y la transporta fatigosamente hacia su nido, el águila se lanza sobre él. La reacción del peregrino es siempre la misma; suelta su botín que, en pleno cielo, la perdicera recoge y, sin más escaramuzas, se lo lleva para sus aguiluchos. Los infatigables halcones se ven obligados a pagar este diezmo a los señores feudales del contorno, que, por supuesto, sólo podrían llegar a alcanzarlos cuando su vuelo está embarazado por el peso de la presa, muchas veces casi tan grande como ellos mismos. En dos ocasiones, he contemplando este expolio y me sorprendió la naturalidad con que se realizaba la entrega de la caza.

Esta debilidad de las águilas perdiceras es muy peligrosa para nuestros halcones de Cetrería. Todavía no hace mucho tiempo, mi amigo, el entusiasta halconero francés Robert Bonnaud vio, sobrecogido, como un águila de Bonelli le arrebataba en pleno vuelo a su alfaneque favorito. Fue terrible la sensación —me decía— que experimenté al escuchar los gritos de agonía de mi pobre pájaro, transportado por el cielo. De nada pudo servirle ya al pobre alfaneque, pero el señor Bonnaud capturó dos días después a la perdicera. Al menos, puso a salvo a los otros pájaros de su equipo.

Los halconeros medievales sufrían más que nosotros mismos los ataques de las águilas. Poco puede hacer un hombre cuando un halcón está volando y aparece el águila en el horizonte; es tal el temor que inspira a los pájaros. que éstos huyen para ponerse a salvo sin parar mientes en el señuelo ni en la llamada, sobre todo si son pájaros del aire, con experiencia propia de estas escaramuzas. Ello no impide que, cuando están criando, los peregrinos ataquen a las águilas con gran tenacidad. En la Edad Media, «la fe movía las montañas» y era creencia de los más distinguidos halconeros que también podía mover el duro corazón del águila. Juan de Sahagún escribe en el capítulo 22 de su libro de Cetrería: «Para que el águila non faga mal al falcón dirás este verso que se sigue: Ecce crucem domini nostri Jesichristi, fugite partes adversae, vinci les de tribu Juda. radix David, alleluya alleluya».

El muy ilustre señor don Beltrán de la Cueva, duque de Alburquerque, que glosó el libro de Sahagún, escribe por su parte: «Lo que yo fago de que el águila anda sobre mí, de que voy a caza, es tirarle con una ballesta en el aire una saeta o un virote, en manera que la sienta pasar cerca de sí y luego se va el águila y nunca más allí torna; esto es lo que yo fago. Non tengo yo dubda quel verso y las palabras de Dios non sean buenas para esto y para otra cualquier cosa.»

REPRODUCCIÓN

En pleno invierno, las perdiceras ya están en celo. Describen círculos a gran altura, se dejan caer con las alas cerradas y, aprovechando la inercia, montan en candela. Este juego se repite durante horas. En pleno invierno, visitan los nidos casi a diario y los reponen cuidadosamente. Traen grandes ramas desde muy lejos, traen ramas de pino frescas, traen hojas de haya y de roble. ¡Qué amorosos son estos pájaros! Siempre están juntos, ayudándose en la caza o en la construcción del hogar.

Cualquier pared es buena para ellas. Muchas veces hacen el nido en un lugar escalable. habiendo cerca cortados mucho más altos. Parece que prefieren las gargantas, los valles cerrados. Pero también ocupan las altas rocas que dominan espacios abiertos. Generalmente, orientan el nido al saliente. Dominan el arte de la construcción; algunos están materialmente colgados en una lisera, como un nido de golondrina. Les basta una ligera repisa con un matojo para entrelazar una serie de ramas y levantar su abultada obra. No todos los nidos son muy grandes; algunos, creo que los pertenecientes a individuos muy jóvenes, apenas están cubiertos. A veces, los introducen en pequeñas hoquedades o grutas. Y todas las parejas disponen de varios, situados bastante cerca unos de otros, en los que hacen la puesta por caprichoso turno.

Este acontecimiento tiene lugar de finales de febrero a primeros de marzo; ponen dos huevos. La incubación dura aproximadamente 40 días. Los pollos permanecen en el nido alrededor de dos meses. En Castilla todos los pastores saben que se vuelan en San Pedro. Y andan por allí. querenciosos, para ver si pueden cogerlos y echarlos al puchero. Durante todo el verano y el otoño acompañan a sus padres. A veces se les ve en pleno invierno; volando pacientemente en lo alto del cielo, mientras sus progenitores se entregan ya a las paradas nupciales. Entonces, la familia se disuelve.

ADIESTRAMIENTO

Nadie puede imaginarse la alegría que me proporcionaron mis primeros pollos de perdicera ¡ni el miedo que pasé para bajar a por ellos! Nadie puede imaginarse la decepción que me causaron cuando comenzó su amansamiento. Se dejaban colgar cabeza abajo, como dos pesos muertos. En el suelo, se amilanaban, aplastándose y abriendo la boca.

A los quince días ya se tenían derechos en la mano, particularmente la hembra, «Amaya». Sin embargo, algo mantenía mi ilusión; aquel terrible poder de penetración de sus uñas, aquella fuerza que se dejaba sentir dolorosamente a través de un guante de triple cuero.

Lo de hambrearlas, fue un verdadero problema. Se pasaron quince días comiéndose un ala de pollo exclusivamente. Y no daban muestras de tener verdadera hambre. Cuando empezó a volar a la mano, «Amaya» pesaba dos kilos y medio. El torzuelo estaba ya por aquel entonces en Bélgica; en manos de un halconero al que, por lo visto, se le murió muy pronto.

¡Qué rápido y qué grácil era el vuelo de «Amaya»! A medida que la fui templando perdió aquella apatía de las primeras semanas. Pero eso fue lo trágico; se transformó en el animal más mordaz y peligroso que uno puede imaginarse. Si pasaba junto a su percha, cuando tenía hambre, saltaba inmediatamente hacia mí y, si podía, se me colgaba de los pantalones o de un brazo. Si un pájaro se debatía en el jardín, en el acto se tiraba hacia él, golpeando temerosamente el suelo con sus alas. Aquello era la delicia de un halconero. ¡«De un halconero kirguis»!, porque yo no sabía cómo entendérmelas con ella.

Me vi obligado a suspender los vuelos a la mano, porque al aterrizar una de su garras caía en el guante pero la otra andaba siempre muy cerca de mi cabeza. Una mañana, que posaba con ella en el puño para que la retratara un cazador portugués muy afamado, me obsequió con un picotazo en plena nariz, que acabó con todas mis ilusiones de aguilero. Pero no me puse la careta de esgrima; aquello no iba con mis principios.

Pese a todo, llegamos a la introducción. Los primeros conejos de escape los fallaba lastimosamente. Y luego ¡cualquiera se acercaba a ella! Había que sacar una piel de liebre rellena, que mi paciente amigo Pascual arrastraba por la pradera, como un caballero asiático de a pie. Y allí se iba «Amaya», aferrando a la falsa presa. Con trabajo, empezó a matar los primeros conejos, y llegó el día de salir a buscar una liebre. Y ¿qué dirán ustedes que pasó?, pues que a aquel monstruo se le escapó de las manos después de dar una voltereta como a un vulgar azor. Más conejos de escape; v media docena de liebres falladas.

Ya era una cuestión de amor propio. Para salvar el honor recurrimos a ponerla en unas condiciones de caza muy semejantes a las de las águilas salvajes. Comenzamos a desencaperuzarla solamente en laderas muy empinadas, yendo por arriba y todos los ojeadores por el fondo del valle. Por este procedimiento conseguimos matar cuatro liebres. Y he de reconocer que las bajadas de «Amaya» desde lo alto de un laderón de 300 metros conquistaban a todo el mundo. Si tenía la suerte de pegar en la liebre antes de que ésta corriera ladera arriba, llegaba a hacerse con ella. Pero aquella no era una caza factible. No podían buscarse todos los días terrenos adecuados para estas persecuciones cuesta abajo. Optamos, en consecuencia, por invitar a «NODO» para que filmara una cacería, y allí quedó grabado en el magnífico «Imágenes 575» el vuelo de «Amaya», con todo lo que tenía de emocionante, de trabajoso y de exótico. Así, puedo verlo sentado en una silla cuando me place. Y también se ha visto en las salas de cine de toda Europa y en la televisión.

Sí, llegamos a probar que con el águila de Bonelli se pueden cazar liebres, pero no habitualmente, ni en cualquier terreno. La finalidad que me propuse con todos aquellos esfuerzos, fue la de obtener unas conclusiones que pudieran resultar útiles a futuros halconeros. Y las conclusiones son éstas:

1.ª El adiestramiento del águila de Bonelli niega no encierra particulares dificultades y puede realizarse por la misma técnica que se emplea para todas las aves de bajo vuelo.

2.ª Soportan perfectamente la caperuza y considero imprescindible su empleo para llegar a manejar este pájaro con alguna comodidad.

3.ª El poder de asimilación de estas aves es muy grande y cuesta mucho tiempo abajarlas, pero una vez desainadas, se mantienen ininterrumpidamente en «yarak». dándolas una gorga ligeramente superior a la de un azor y de la misma calidad.

4.ª Su agresividad se pone de manifiesto cuando se les va a retirar la presa, en cuyo momento jamás se le debe acercar la cara. Teniéndolas en el puño, se sienten dominadas por un irrefrenable deseo de picar a su maestro en el cuero cabelludo cada vez que éste agacha la cabeza.

5.ª En la caza de liebres, única que he probado, son absolutamente inferiores al azor. pudiendo actuar únicamente en terreno despejado y encontrando las mayores posibilidades de éxito en persecuciones cuesta abajo. En las persecuciones rabo a viento. el pájaro es muy rápido, pero no llega a las liebres con un fuerte viento de pico.

6.ª Las condiciones de salud del águila perdicera son muy superiores a la de los halcones y azores, pudiendo vivir a la intemperie durante todo el año. en España. Su muda es corta y fácil. dura desde primeros de julio hasta octubre.

7.ª El peso del pájaro, su mala costumbre de permanecer en el puño con las alas abiertas y el poder de penetración de sus uñas, hacen molesto y poco practicable su manejo para un halconero que no cace a caballo.

Las noticias que tengo de los halconeros de otros países. que han manejado estos pájaros, coinciden bastante con mis experiencias. F. Terrase describe ampliamente el adiestramiento de un águila de Bonelli, niega, prima, procedente de Marruecos, que se dejaba escapar las liebres. En Alemania Renz Waller tuvo un torzuelo zahareño, originario de Cerdeña. que volaba bien las liebres pero no las retenía.

Creo que para no perder todas las esperanzas con este bonito pájaro, en lo que a la caza de liebres se refiere, habrá que pensar en los zahareños. Robert Bonnaud ha capturado algunas perdiceras zahareñas en Marruecos. La subespecie africana parece ser mucho más pequeña; me decía este halconero que había tenido un torzuelo poco mayor que un azor prima —según Stevens, de la talla de un gerifalte— y que todos los ejemplares de una o dos mudas eran de muy buen carácter. En lo que se refiere a la caza ningún dato importante pudo darme, porque en Casablanca. donde él vive, hay muy pocas liebres. Sé que en Alemania en el Congreso de halconeros celebrado en

Kircham, en 1962, tres águilas de Bonelli han cobrado cinco liebres. Sin duda, la liebre alemana, mucho más grande que la española —llegan a pesar 6 kilos— e infinitamente más lenta, es una pieza ideal para este pájaro. En la misma reunión, un águila real, por lo visto perfectamente adiestrada, mató dos liebres y ¡un gato!

¿Qué haría este pájaro con las avutardas? Sería magnífico que algún lector dispusiera de tiempo y de entusiasmo para poder comunicármelo.

Mientras tanto, no tengo más remedio que reconocer que si hubiera un pájaro con el vuelo del azor y la fuerza del águila llenaría un hueco en el corazón de todos los halconeros. Pero entonces quizá la Cetrería resultara demasiado fácil.

ñanas felices que me ha proporcionado la Naturaleza, la pasé en el interior de un «hide», que habíamos montado a medio metro de un nido de águilas calzadas para obtener las fotografías que ilustran este capítulo.

Estábamos como colgados entre el cielo del amanecer y un mar de verdor, del que salían los gritos de mil pájaros, en plena primavera. Estábamos inmóviles y callados para no turbar, en el alba, el sueño de aquellos dos aguiluchos que descansaban confiados a nuestra vera. Cuando, poco después de salir el sol, llegó la hembra, el árbol se movió hasta sus raíces. Los polluelos la miraron tranquilos, casi apáticos, sin esa inquietud y salvajismo de los jóvenes azores. El águila traía una rama en el pico. Y la puso allí, cuidadosamente; en el borde del nido. A cada «clic» de la

El águila calzada volando a la mano.

EL ÁGUILA CALZADA

Ésta no es un ave de Cetrería. Pero es tan bonita y tan elegante que vamos a concederle un pequeño capítulo. De la talla del azor, también vive y anida en los árboles. Sin embargo, no precisa grandes extensiones forestales para establecerse. Le basta un soto bien arbolado o un bosquecillo. Vive en Europa meridional, particularmente, en España, los Países Balcánicos y el Sur de Rusia. En Asia puede encontrársela en el Turkestán, Altai Central, llegando hasta la India Septentrional. En invierno, abandona el área mediterránea y desciende hacia el África y la India.

El águila enana —que también así se llama— tiene las partes anteriores muy claras; el manto, manchado de pardo oscuro. Un viejo torzuelo es de llamativa belleza. La cabeza, bastante grande, ostenta una melena de plumas muy finas y doradas. En torno a los ojos, que llegan a ser rojos, se dibuja una oscura ojera. Todo el pecho y las calzas, muy emplumadas hasta el arranque de los dedos, son de un blanco purísimo.

Una de las mañanas más felices, entre las muchas ma-

máquina, se volvía a mirarnos, pero sin alarma. Aquel armatoste estaba montado desde hacía tres semanas y ya constituía parte de su mundo.

El torzuelo estaría cazando allá abajo, en la vega. Aurelio, el guarda Mayor, lo veía caer muchas veces, a media mañana, como un dardo dorado. Porque la Calzada es un gran especialista en el vuelo en picado. En ese picado que, al principio del libro, dijimos que era inerte. Y lo es; no se acelera con las alas. La Calzada es un especialista en la caída. Por eso, no empiezan a cazar hasta que el sol está alto y se elevan las poderosas corrientes térmicas desde las siembras y las rastrojeras. Para aprovecharlas tiene las alas largas y anchas y la cola relativamente corta.

¡Y cómo cazan las calzadillas! Esta águila debía llamarse perdicera y no la otra. Está flotando como un copo de plata debajo del sol, allí donde no se la puede ver. Y la pollada de perdigones del mes de julio inicia su corto y curvo vuelo. Aún no han tocado el suelo las rojas patas, cuando la Cazadora —en Castilla se la llama Águila Ca-

242

zadora— barre a uno, en medio de la polvareda de una pasada que sólo ella sabría realizar. Yo creo que esa decorativa calza de acolchadas plumas, que da el nombre a estas águilas, las defiende perfectamente de los roces en estos ataques cercanos al suelo. Creo que se ha ido desarrollando en ellas, mediante un magnífico proceso de adaptación a este género de caza. Y haciendo uso de esta facultad, capturan muchos conejos y lebratos y toda suerte de pájaros medianos o pequeños.

A las once y media de la mañana, llegó el torzuelo con un crecido perdigón. Entró justamente por encima de nuestra tienda. Aterrizó dándonos la espalda. Desde enfrente, la hembra le contemplaba llena de admiración. Los aguiluchos, con discreción, se hicieron cargo del almuerzo, mientras mamá disfrutaba con su buen apetito. Y ahí les tienen ustedes; en esa magnífica fotografía que es toda una lección de amor familiar. Al verla, el Conde de Yebes, redobló sus diligencias para que no se molestara a las águilas en el Robledo de Montalbán, que allí vive esta feliz pareja. Y vivirá, si Dios quiere, muchos años. ¿Qué importa que maten unas perdices si constituyen el más acabado adorno en el cielo?

¡Dichoso aquél que todavía sepa ver algo en el vuelo del águila!

A mediodía, cuando los grandes lagartos, espabilados por el sol, corretean entre la hierba en busca de insectos, huevos y hasta pajarillos, las águilas Calzadas les dan caza inexorablemente. Constituyen una presa con escaso desperdicio, fácil de capturar. Y nuestro incansable macho, trajo uno al nido, que brillaba como un puñado de esmeraldas entre sus manos de oro.

A las cinco, llegó con una cogujada; a las seis y media, con un ramito de roble que tenía las hojas todavía frescas.

Y se quedó allí; junto a su compañera. Ambos miraban hacia el valle, inmóviles, heráldicos, como si ya estuvieran en un escudo nobiliario. Al verles, me acordaba de aquella calzadilla que yo tuve; perezosa, tranquila, pero poseedora de increíble dignidad. No conseguí hacerle cazar ni un mal conejo. Pero el día que la puse en libertad, quiso demostrarme hasta donde llegaban sus cualidades cinegéticas; vinieron a decirme que uno de mis pájaros se había pasado la tarde en lo alto de un árbol, y desde allí había cazado un pájaro. Cuando llegué, la encontré en medio del desplumadero de un estornino, mirándome muy satisfecha y compuesta. Horas más tarde partió, quizá, hacia el África de sus cuarteles de invierno.

Caía el sol cuando las águilas de nuestro nido se fueron una tras otra. Aprovechamos aquel momento para salir del escondite. Y mudos, concentrados, el fotógrafo y yo bajábamos entre dos luces por el madroñal, pensando en la pureza, en la suprema elegancia que rige hasta los actos más íntimos de todos cuantos animales veníamos observando.

¿Será la vulgaridad, privativa de la especie humana?

EL TOGHROL

También los antiguos halconeros persas y árabes anduvieron a la búsqueda de una rapaz de facultades excepcionales. En los viejos manuscritos se la llama toghrol. Y era tan vigorosa «que los halconeros se ponían un triple guante de piel de caballo para llevarla».

Teimur Mirza dice que el rey Baharam-Gour hizo traer uno de estos pájaros desde la China, guardándolo durante muchos años celosamente. Un día de caza, se perdió este favorito, quedando sumido el rey en honda tristeza, hasta que, horas más tarde, fue encontrado en una arboleda. Por haberse posado en un árbol y por el collar que, según el viejo documento, llevaba el pájaro, Teimur Mirza piensa que debía ser un «ojos amarillos» (ave de puño).

M. Planiol traduce una referencia que Qawanine-os-Sayyad hace del toghrol, en la que se mezcla un poco la realidad con la ficción: «El toghrol es un pájaro que está entre el azor y el gerifalte. Su cabeza y sus patas son como las del azor, su cola y sus alas como las del gerifalte. Hay dos razas: una es negra, con las patas amarillas y brillantes como si se las hubieran dorado; la otra —aquí aparece la fantasía— tiene el pico y los ojos rojos como un gallo; a veces, el pico y las patas son blancos como el nácar. Sus uñas son muy negras y muy grandes. Cuanto mayor es, más vale; y mejor si es negro con la cabeza pequeña, largas patas y largo cuello, una cola corta, garras duras, dedos delgados y largos, las espaldas bien derribadas, el pecho redondo, el dorso ancho, la arcada superciliar bien saliente, los ojos un poco encovados, una bella apariencia y un buen carácter. En tiempos de los reyes de Persia se la tenía por muy noble y portadora de felicidad. Se celebraba mucho su hallazgo. Es muy valiente y ardiente para matar. Todo lo que cazan el gerifalte y el azor lo caza también él; se le puede adiestrar de dos maneras: como al azor o como al gerifalte. Se le trae de China y de Cathay».

Esta descripción, suprimiendo algunos datos imaginarios como el pico de color rojo o de nácar, se ajusta perfectamente a la de un género de rapaces conocidas científicamente por Spizaetus, cuyas razas viven en Asia, África y América.

Y uno, que siempre anda por ahí a la búsqueda de toda suerte de aves de Cetrería, en tratados antiguos o modernos, encontró en la revista filipina, «The Asia Magazine» un magnífico reportaje, con cuatro fotografías en el que se habla del último halconero del Japón —según el periodista—, que vive en el distrito de Mamurogawa, en la prefectura de Yamagata, en el Norte del país. Se llama Asaji Kutsuzawa, y practica la Cetrería desde hace cincuenta y tres años. Parece increíble, pero este halconero, que conserva milagrosamente unas tradiciones asiáticas cuyo origen se pierde en la noche de los tiempos, caza con el toghrol, con el Spizaetus nipalensis orientalis. Y refiere el artículo, que estos pájaros viven hasta treinta y cinco años, son rápidos y valientes, aprecian el afecto y ternura de su maestro. Y su caza primordial está constituida por la liebre. La gran liebre del norte del Japón, que llega a pesar hasta seis kilos.

En las fotografías se puede comprobar la contextura del pájaro, que está entre el águila de Bonelli y el azor. Éste sí que es un azor gigantesco; con el tarso largo, la cabeza pequeña y afilada, las ondas transversales dibujadas ya en sus flancos y piernas, el ojo amarillo o escarlata; y la afectividad. Por su tamaño, parece pesar entre un kilo y medio y dos kilos y medio; es acabada expresión de la velocidad y la fuerza.

El halconero francés J. Lecrerc, comunica desde la Guayana, en una carta publicada en la revista «Chasse au Vol», las características del toghrol americano (Spizaetus Ornatus). «Es más fuerte que una gran hembra de azor —dice— sobre todo en anchura de espaldas o de pecho; las alas más largas; la cola idéntica; los tarsos emplumados hasta las manos; la cabeza entre el águila y el azor, más larga que la del azor, sobre todo el pico que parece el de un águila; la arcada superciliar potente del águila, pero el ojo amarillo brillante del azor, que mira derecho a los ojos del maestro; una fina cresta eréctil en la inquietud, replegada sobre la nuca en reposo; y unas garras de potencia inesperada para la talla del pájaro. Cuando hace presa fuertemente, se siente no tener un guantelete de malla bajo el guante: las uñas son de un grosor y de una longitud notables. Como carácter, tiene el de un azor más tranquilo; mucho menos desconfiado, más dispuesto, posiblemente, a contraatacar, aunque no lo ha hecho jamás conmigo, pero no retrocede jamás delante de los perros, que trata de asustar abriendo bruscamente las alas...».

Parece ser que los «Baz Name» persas coinciden en cuanto a la bella apariencia y alcurnia cinegética del toghrol, con los datos de la revista filipina y del halconero francés. Todo me hace pensar que debe ser éste un verdadero azor-águila, magnífico para la caza de liebres y grandes aves, como avutardas y grullas. Hoy, dada la facilidad de las comunicaciones aéreas, nada impide que estas aves lleguen a manos de halconeros dignos de manejarlas y acaben, así, con la incógnita que se cernía en torno al toghrol, del que se pensó que podía ser hasta un ave legendaria.

En el jardín de una casa de París —la de nuestro buen amigo, el halconero J. F. Terrasse—, el Spizaetus ornatus, águila-azor de américa tropical, a quien nos atrevemos a llamar «Toghrol americano». (Foto J. F. Terrasse.)

Toghrol: desafiante, poderoso, este cazador de las selvas sudamericanas, parece un exótico y temible guerrero. (Foto J. F. Terrasse.)

QUINTA PARTE

MISCELÁNEA

REPRODUCCIÓN DE LAS AVES NOBLES EN CAUTIVIDAD

Todos los autores antiguos están de acuerdo en que las rapaces no se reproducen en cautividad. En el caso de los accipiteres nada es más exacto; cualquiera que sea la jaula o la cámara donde se encierre a un macho y una hembra, ésta, antes o después, matará a su esposo y se lo comerá, si tiene hambre. Tal es la experiencia de J. G. Mavrogordato, que hubo de retirar a un torzuelo destinado como compañero de su azor, ante los repetidos y feroces ataques de la hembra.

Sin embargo, este halconero inglés ha conseguido que su azor adoptara a un pollo de gavilán y lo alimentara cuidadosamente. El famoso azor «Medusa», de Renz Waller, crió también pollos de azor salvaje, introducidos en su cámara, cuando estaban todavía en plumón. Pese a su agresividad, los azores primas son muy maternales, y, muchas veces, ponen huevos infecundos en sus cámaras de muda y construyen toscos nidos. Nuestros antiguos azoreros dan toda una lista de remedios para evitar que los azores «hueven».

Otro es el caso de los halcones; éstos nunca se atacan aunque estén apretados por el hambre. Machos y hembras se llevan maravillosamente cuando mudan en compañía. Incluso se realizan los apareamientos. Pero, por regla general, algo falla en el delicado mecanismo de la reproducción, porque, si las hembras ponen, abandonan la incubación o no sacan los pollos, aunque permanecen echadas durante más de un mes sobre los huevos.

Mención especial merece el experimento del Ehrenordensmeister del Deutfcher Falkenorden, Renz Waller, que consiguió una magnífica documentación fotográfica y una película de un pollito de halcón desde su eclosión hasta su introducción en la caza. El halconcito había nacido en el interior de una muda, cuyas ventanas estaban provistas de telas para tamizar la luz y tranquilizar a sus padres; una hembra niega de diez mudas y un macho zahareño de cuatro a cinco. La hembra puso huevos por primera vez a los cinco años. En 1940 se la proporcionó un torzuelo y crió con éxito en 1942. Sacó dos pollos; un macho y una hembra, pero el macho murió muy pronto. En el boletín del Deutfcher Falkenorden, 1952-53, páginas 19 a 22, Renz Waller describe el historial del joven halcón, nacido en cautividad, llamado «Ritano», que se comportó como un magnífico pájaro de cetrería y, en tiempos normales, hubiera llegado a ser excepcional. Pero los contratiempos originados por la guerra interfirieron el adiestramiento del pájaro. Poco después de las pascuas de 1945, «Ritano» hubo de ser puesto en libertad. Se dijo en la región que había permanecido durante mucho tiempo por los alrededores antes de desaparecer definitivamente.

El gran halconero alemán probó de una manera concluyente que puede realizarse la reproducción del halcón peregrino en cautividad y, más aún, que los especímenes obtenidos están dotados de todas las virtudes de los halcones salvajes. Nada prohíbe pensar que, mediante una recría seleccionada de halcones, cruzando individuos de razas o cualidades excepcionales, se podría llegar a la creación de un super-halcón, como ha ocurrido con los perros, caballos de pura sangre u otros animales domésticos.

En una época en que los halcones empiezan a escasear en todo el mundo, estando protegidos en casi todas las naciones, merece la pena que pensemos seriamente en estos experimentos. Porque el porvenir de los halconeros del futuro está, sin duda, en la cría de halcones en cautividad. Y, si no se perfecciona este proceso, mucho me temo que el alto vuelo resultará impracticable por falta de pájaros.

¿No nos encontramos ya en la penosa circunstancia de desconocer al «Gerifalte», el más admirable de los halcones, por estar férreamente protegido en sus países de origen?

Todo parece indicar que la condición más importante para que una pareja de halcones llegue a la fecundación, es la tranquilidad absoluta. Considerando que en nuestras latitudes el celo de estos pájaros tiene lugar durante el mes de febrero, habrá que soltar en la primera semana de enero un macho y una hembra en el interior de una muda, cuyas ventanas o aberturas estén protegidas por arpilleras lo suficientemente tupidas para privarles de la visión del mundo exterior, para que se vayan habituando. La cámara debe estar ordenada de tal manera que pueda introducirse la comida y cambiar el agua del baño desde el exterior, así como retirar en cierta medida los restos de su alimentación. Las trampillas que recomendaba en la crianza de pollos son muy útiles a este efecto. En cuanto al baño, nada más sencillo que montar un grifo y un desagüe que puedan abrirse o cerrarse desde el exterior. Conviene, además, construir una pequeña meseta, que ocupe todo un rincón de la habitación y tenga un metro de altura, aproximadamente, y un metro cuadrado de superficie. En su cara superior, que será ligeramente cóncava, conviene poner arena fina y algunos cantos rodados. Con seguridad, la hembra elegirá este lugar para la puesta. Aunque ,excepcionalmente, puede hacerlo en pleno suelo de la cámara.

Mientras la prima incuba, no se debe penetrar en la estancia, en primer lugar, porque, al distraerla en su deber, podrían enfriarse los huevos y morirse el embrión, y, también, porque el halcón se arrojaría sobre el halconero. Me contaba Ronald Stevens, que su ayudante penetró en la gran cámara donde guarda su pareja de peregrinos para este experimento. El pobrecillo salió con la cara llena de sangre.

Una vez que los pollitos han nacido, es necesario incrementar la alimentación para que sus padres puedan sacarles adelante. Pero siendo, en mi criterio, de máxima importancia el factor alimenticio para conseguir la reproducción, merece que la dediquemos especial atención.

Como hemos visto en el estudio de la muda, el celo de los halcones puede estar muy influido por su ingestión continuada de pájaros machos, repletos de hormonas masculinas, muy fáciles de capturar al principio de la primavera. Estas hormonas acrecientan el ardor de los halcones torzuelos al acumularse a las suyas propias y estimulan la secreción de hormonas femeninas por parte de las hembras. Se ha comprobado por experimentación que la inyección de cierta cantidad de hormonas masculinas produce una reacción en las hembras, que, para equilibrar sus constantes humorales, aumentan el aporte de sus propias glándulas.

Por consiguiente, después de encerrar a la pareja reproductora en la cámara aislada, conviene alimentarles con palomos adultos, que en esa época suelen estar ya en celo. Las cabezas muy frescas de pollos machos y gallos, son también recomendables. Creo que echarles estas presas vivas en el interior de la cámara excita considerablemente su atracción. Porque ciertas paradas nupciales de los halcones salvajes estriban en la caza de presas por parte del macho, que entrega palpitantes a la hembra. Puede argüirse que quizás estas hormonas naturales sean destruidas al nivel del tramo digestivo. Nada se ha probado concretamente en este sentido. El metabolismo de las rapaces es todavía un secreto a desvelar. Y, de todos modos, proporcionaremos, con los volátiles frescos, una alimentación sana y nutritiva a los halcones reproductores.

Después de la eclosión, ha de persistirse en la tranquilidad de los pájaros, y se debe hacer cuanto sea posible por mantener la máxima higiene en el interior de la muda. En esta época conviene sustituir los palomos y pollos machos por pichones y pájaros jóvenes, ricos en los principios de crecimiento, que los halconcitos precisan para su desarrollo. Y conviene darles estas presas vivas también durante este período.

Cuando los pollos terminan su crecimiento, puede separárseles de sus padres y comenzar el adiestramiento. Y se intensificará con ellos el trabajo en el ala, como se hace con los halcones niegos, para muscularles lo más posible.

En cuanto a la elección de los reproductores, todo parece indicar que son preferibles los pájaros de varias mudas. El experimento de Renz Waller prueba bien esta hipótesis. ¿Puede tener decisiva importancia el hecho de que el torzuelo fuera zahareño? Tal vez ; porque un halcón que haya criado ya en estado salvaje, conocedor de los secretos de la crianza, la elección del nido y el estímulo para la maternidad de la hembra, puede vencer ese punto muerto con que ordinariamente han tropezado los experimentadores que han ensayado con niegos. No hay que olvidar que, en la naturaleza, el macho es el director de todo el proceso de la reproducción y de la cría.

Varios maestros halconeros trabajan ya en este campo en todo el mundo. Ronald Stevens ha conseguido que su pareja realice la cópula y que la hembra haga la puesta. Sin embargo, la eclosión no tuvo lugar ; los embriones habían muerto. Piensa el experimentador que esto pudo ser debido a la molestia que produjo a sus halcones la entrada del ayudante en la cámara.

J. G. Mavrogordato ha probado fortuna con una pareja de sacres y, al parecer, sus ensayos van por buen camino. Creo que el halconero que consiga aclarar de una manera definitiva estos procesos y dictar unas normas para su adecuado desarrollo, habrá marcado un hito en la historia del arte de Cetrería.

PATOLOGÍA Y TERAPÉUTICA

«Por cuya razón cumple a los cazadores que siempre se remiren en sus halcones como mujer en el espejo, por ver si parece bien o no, y tal debe ser el cazador con su halcón para ver si muda el semblante.»

(Pero López de Ayala)

Los antiguos tratados de Cetrería dedicaban la mayor parte de sus páginas al estudio de las enfermedades de los pájaros y a la exposición de toda una serie de remedios; algunos eran realmente dañinos para las aves; la mayor parte, inocuos; sólo unos pocos, verdaderamente eficaces. Y no cabe duda de que si en un moderno libro pretendiéramos exponer la patología y terapéutica de las aves nobles, con un cierto rigor científico, serían necesarias también muchas páginas y una sistemática, en la que partiendo de la anatomía y fisiología de las rapaces, nos fuéramos remontando hasta el estudio de sus enfermedades y de sus tratamientos. Total, la formación de un competente veterinario; y éste ha de ser quien, en definitiva, colabore con el halconero moderno para curar sus aves. Digo colabore, porque, si el profesional tiene a su alcance todo un arsenal de antibióticos y quimioterápicos, eficacísimos en muchas de las enfermedades que atacan a las aves en general, y específicos en los padecimientos de las aves de corral, suele desconocer el comportamiento y reacciones de las aves rapaces. Corresponde, pues, al halconero observar el aspecto de su pájaro con una tal agudeza que perciba cualquier alteración en su aspecto y comportamiento, reveladora del primer síntoma de una enfermedad.

Creo que el verdadero esfuerzo del halconero moderno para que sus pájaros vivan durante muchos años, estriba más en evitar las enfermedades, que en curar éstas una vez aparecidas. Porque, excepto algunas raras infecciones epidémicas, que lo mismo pueden afectar a un pájaro vigoroso que a otro enfermizo, infecciones de desenlace generalmente fatal y de curso muy rápido, las enfermedades comunes en las aves de presa, escasamente se presentan en individuos vigorosos, bien entrenados y adecuadamente mantenidos. Y esto no se debe a que los gérmenes o parásitos que ocasionan estas enfermedades no alcancen al pájaro fuerte, sino por todo lo contrario. En efecto, si capturamos un viejo halcón zahareño, cuyas condiciones físicas puedan considerarse como óptimas, y analizamos atentamente sus excrementos, haciendo los correspondientes cultivos que nos revelen toda su flora parasitaria y bacteriana, veremos que portan una población potencialmente patógena, asombrosa. Y, sin embargo, estas aves poseen los necesarios recursos biológicos para neutralizar la acción de estos agentes y mantenerlos en un justo equilibrio. Equilibrio que llega a estimular al ave, conservándola en el más alto grado de apetito y de vigor.

Mantener, pues, al ave de cetrería en unas condiciones semejantes a las de su hermano salvaje, es la única regla que garantiza una salud buena y duradera. Estudiemos las condiciones en que se desarrolla la vida de la rapaz salvaje y tratemos de buscar su paralelo en la rapaz adiestrada.

Primero: Ejercicio

Creo que el constante ejercicio físico que realizan las rapaces salvajes es uno de los pilares en los que se sostiene su salud, a toda prueba. El gran consumo de su aparato muscular les exige un adecuado aporte alimenticio y mantiene así un elevado metabolismo. Todos los halconeros observamos que las enfermedades en los pájaros de cetrería son mucho más comunes durante las largas épocas de inactividad y sobre todo en el paso de éstas al reentrenamiento. Es decir, siempre que hay un cambio en su metabolismo. Idealmente, el pájaro de cetrería debe de volar todos los días.

Como esto es prácticamente imposible, acórtense, cuanto se pueda, los períodos de reposo. La falta de ejercicio no solamente predispone al ave a enfermedades generales, sino a otras muy localizadas, como los clavos y ciertas artritis de las que hablaremos más adelante.

Los pájaros salvajes se alimentan siempre de presas recién matadas por ellos mismos. Cada presa es una unidad biológica en la que encuentran las necesarias vitaminas y elementos nutritivos. Prescíndase, en lo posible, de una alimentación unilateral y tiéndase a emplear aves o mamíferos de pequeña talla en los que el pájaro ingiera tejido muscular, adiposo, glandular, óseo, y las correspondientes vitaminas.

Mas no hemos de fijarnos exclusivamente en lo que come el halcón salvaje, sino en la manera de comerlo. Es decir, en lugares limpios, muy bien aireados, sin contaminar por restos de comidas anteriores, tragando plumas, en su prisa por terminar, y acabando su presa sin levantar cabeza ; sin permanecer largos ratos, como algunas aves de cetrería sobrealimentadas, junto a los restos de una paloma, en los que ya comienzan a posarse las moscas. Ya hemos hablado oportunamente de la alimentación de las diversas especies de pájaros de cetrería, en los capítulos correspondientes.

TERCERO: HIGIENE

Nunca he visto un halcón del aire sentado sobre sus propios excrementos. Las rocas que constituyen sus posaderos son de superficie muy pequeña y las tolleduras caen en el vacío o se adhieren a la pared, muy por debajo de la cola del ave y donde ella jamás se aposenta. Buscad unas condiciones semejantes para vuestros pájaros, cambiad diariamente el lugar del banco en el jardín, lavad todos los días el banco, no pongáis jamás un halcón en el banco de otro y, aunque la alcándara esté muy limpia, quitad cuidadosamente cada día las tolleduras que hay debajo de ella, porque se secan y el polvo vehiculiza los gérmenes presentes en ellas. Y evitad la humedad, las corrientes de aire, los malos olores, el calor artificial, la intemperie durante la noche, etc...

Respetad ese amor que tiene el pájaro salvaje por la soledad. No pongáis nunca a dos halcones demasiado cerca en la alcándara ; sobre todo, si son de distintas razas o especies. Los parásitos y los gérmenes que para uno resultan inofensivos, pueden ser virulentos para otro. Idealmente, cada halcón debería tener su particular alcándara, banco, baño y parcela en el césped ; hasta su guante particular. Es bien sabido que las halconeras rellenas de pájaros son siempre un nido de enfermedades.

La imagen que describíamos al hablar de la salud del halcón o el azor: el pájaro despierto, apercibido, descansando generalmente sobre una pata, con el ojo redondo, la cera y las manos doradas, el plumaje limpio y bien engrasado ; el pájaro que come deprisa y traga grandes pedazos, que devuelve su plumada compacta y sin malos olores, que hace las tolleduras con la porción negra homogénea y bien separada de la blanca, que se baña a menudo sin beber demasiado ; el pájaro sano, en una palabra, será tan familiar al buen halconero, que la menor alteración en su aspecto o

comportamiento podrá ponerle en guardia ante unas enfermedades que someramente pasamos a describir.

ENFERMEDADES DEL APARATO RESPIRATORIO

En las aves, el aparato respiratorio está conectado con los sacos aéreos, que penetran en el interior de los tejidos y entre las propias vísceras. Esta disposición anatómica da lugar a que algunas enfermedades digestivas o de otros sistemas, tengan manifestaciones respiratorias. En este apartado, estudiaremos solamente las dolencias de origen estrictamente respiratorio.

Su sintomatología general suele componerse de disnea —aceleración y acortamiento de la respiración—, estornudos, secreción nasal y ruidos respiratorios.

1. RESFRIADO COMUN

Durante el invierno y en los cambios de estación, los pájaros pueden acatarrarse, manifestándose su enfriamiento por estornudos, una secreción nasal transparente, que tratan de expulsar con bruscos movimientos de cabeza y, en ocasiones, «roncus» respiratorios. No pierden el apetito ni su aspecto denota fiebre o abatimiento general. La dolencia puede calificarse de leve.

TRATAMIENTO

Poner al pájaro en un cuarto caldeado, no exponerle a las corrientes de aire, humedad, intemperies, etc. Administrarle una píldora diaria de 50 mg. de Aureomicina, durante 5 días, colocándola en el interior de una bolita de carne. Esta dosis va muy bien para halcones y azores primas. A los torzuelos puede dárseles de 40 a 45 mg. A los esmerejones y pájaros pequeños, media píldora de 50 mg. Las instilaciones nasales con balsámicos, alivian a los pájaros.

2. PULMONÍA

Todos los síntomas de la enfermedad anterior se manifiestan acentuados ; el pájaro respira con la boca abierta, tiene las plumas huecas, pierde el apetito, se muestra con escasas reacciones.

TRATAMIENTO

Aureomicina, en las dosis anteriormente indicadas, y protección del aparato circulatorio con los fármacos que aconseje el veterinario.

3. DIFTERIA

Esta enfermedad, que afecta a las vías respiratorias altas, particularmente boca y faringe, no es frecuente en España. Solamente he visto un caso en quince años.

La sintomatología es muy aparatosa y recuerda a la de la difteria humana, circunstancia por la que lleva este nombre, ya que el agente patógeno que la produce no tiene nada que ver con el que determina esta enfermedad en el hombre. Parece que se trata de un virus muy resistente.

Comienza por una secreción nasal y por un aumento de

la salivación que puede durar 2 ó 3 días, hasta que aparecen unas placas blancuzcas en la faringe, lengua y suelo de la boca, coincidiendo con dificultad para tragar los alimentos, respirar y con la pérdida de la voz. Aumenta la secreción de saliva que se va haciendo blancuzca y viscosa. Por otra parte, el pájaro se mantiene triste, con la pluma hueca, aunque no pierde el apetito hasta los últimos momentos. La muerte sobreviene como consecuencia del gran adelgazamiento y por invasión del hígado y otras vísceras por el virus. Otras veces, una placa desprendida obstruye la tráquea y el pájaro muere por asfixia.

Es muy importante distinguir bien esta dolencia bucofaríngea de otra, de aspecto semejante, y que también se asienta en este tramo anatómico; me refiero a los güérmeces o tricomoniasis que describo más adelante.

Las aves adiestradas contraen la difteria por ingestión de palomas o pájaros salvajes infectados. Es más frecuente en los accipíteres que en los halcones.

La primera medida es aislar al pájaro. La difteria es altamente contagiosa. El guante, la misma ropa del halconero, sus zapatos, pueden vehiculizar el germen y ocasionar una verdadera epidemia. Colóquese un cajoncito con cal viva a la puerta de la muda donde se guarda el pájaro y frótense las suelas de los zapatos al salir. Téngase un guardapolvo que el halconero se pondrá al entrar en la muda y se quitará antes de salir. Lávense muy bien las manos y desinféctenlas después de cada intervención con el pájaro enfermo. Si éste muere, lo más aconsejable es quemar todos sus aparejos. Su cuerpo será incinerado o enterrado profundamente en un lecho de cal viva.

Para el tratamiento de esta enfermedad se ha mostrado eficaz en algunas ocasiones el Cloranfenicol. Localmente, se aconseja los lavados con azul de metileno, violeta de genciana, así como el despegamiento y limpieza de las placas que impiden la respiración. Si el pájaro no puede comer por sí mismo, se impone el embuchado, con pedacitos de carne muy menudos que no contengan huesos ni pluma.

4. ASPERGILOSIS

Esta micosis, producida por el «Aspergillus fumigatus», suele ser de las enfermedades que los pájaros traen ya del aire. Es frecuente en los azores pasajeros; sus síntomas clínicos aparecen uno o dos meses después de su captura. Esta circunstancia coincide con las observaciones de algunos científicos, que han hallado el «Aspergillus fumigatus» en azores salvajes clínicamente sanos. Es la desnutrición, que suele constiuir la base del adiestramiento de los accipíteres —sistema que no me cansaré de condenar— la que desencadena la enfermedad.

Lo peor de esta dolencia es que, cuando sus síntomas clínicos se manifiestan, los pulmones del pájaro están ya destrozados. Entonces, aparece la disnea, el abatimiento y la pérdida de apetito. Por otra parte, en un azor en adiestramiento es muy difícil matizar la leve pérdida de peso, la ligera disnea o destemplanza que podría ponernos sobre una prematura pista de la enfermedad.

Aquí, sin duda, es mucho más importante prevenir que curar. No abajar demasiado a los azores pasajeros o zahareños, mantenerlos, como dije en su momento, en el hambre del campo. Hasta hace muy poco, no se conocía tratamiento para la Aspergilosis. Actualmente, parece que se muestra eficaz un fungicida, el Micostatin. No tengo experiencia alguna acerca de su manejo.

Como las esporas del «Aspergillus fumigatus» prosperan en la hierba y madera húmeda, conviene alejar a los pájaros de estos ambientes infectivos: cámaras secas y aireadas, y césped bien drenado, como hemos aconsejado.

5. TUBERCULOSIS

Producida por una variante aviar del bacilo tuberculoso, aparece muy escasamente esta enfermedad en las aves de presa. Se contagian al comer aves tuberculosas y, una vez que han contraído la enfermedad, infectan con suma facilidad a sus congéneres.

Es una dolencia lenta, que puede durar hasta un año. Los pájaros afectados adelgazan a pesar de ser bien alimentados, terminan perdiendo el apetito, con disnea y mueren en un estado de suma delgadez.

No existe tratamiento eficaz y el diagnóstico suele hacerse casi siempre «post-mortem», en la autopsia.

Los pulmones y el hígado aparecen llenos de nódulos tuberculosos, con muy poco tejido noble. El bazo suele estar también afectado y muy engrosado. Sorprende que el pájaro haya podido sobrevivir con las vísceras en tal estado de destrucción. Deben tomarse las mismas precauciones con el cadáver que en la Aspergilosis.

Es muy probable que esta enfermedad no aparezca en individuos vigorosos y bien dotados. Un adelgazamiento extremado, un exceso de trabajo, enfriamientos, etc., serían los factores determinantes de la dolencia.

ENFERMEDADES DEL APARATO DIGESTIVO

1. GÜÉRMECES O TRICOMONIASIS

En el primer tramo del aparato digestivo, boca y faringe, se asienta una enfermedad muy común en las aves de cetrería, sobre todo en las falcónidas. Nuestros antiguos cetreros la llamaban güérmeces; hoy se le da el nombre internacional de Tricomoniasis, por estar causada por un protozoo: el «trichomonas gallinae».

Los primeros síntomas clínicos consisten en una cierta dificultad del pájaro para tragar y para mantener cerrado el pico. Pero unos días antes, si se hubiera observado el interior de la boca del ave, se hubieran visto unas plaquitas blancas, que pueden estar en los bordes de la lengua, suelo de la boca, cerca de las comisuras o en el paladar mismo. Si se intenta levantarlas, con un instrumento cortante se va desprendiendo una masa caseosa, como de queso semiduro que, al llegar al tejido sano, se muestra adherido y ocasiona una pequeña hemorragia. Contrariamente a las placas diftéricas, están muy bien delimitadas del tejido sano y su extensión no sólo es superficial, sino que constituyen verdaderos corpúsculos. A veces, las pláquitas parecen más o menos amarillentas o marrones y pueden carecer en algunos casos del aspecto nítido de los güérmeces clásicos. Ello se debe a que, en ocasiones, otros gérmenes se asocian con el «trichomonas» y enmascaran la sintomatología clásica.

Sin tratamiento, la masa caseosa aumenta de día en día, destruye el paladar, inmoviliza la lengua y se adentra hacia la faringe, ocasionando una absoluta incapacidad para deglutir y hasta para respirar. En los últimos estadios de la enfermedad, en medio de una gran disnea, con el interior del pico materialmente cubierto de placas, en estado caquéctico, el pájaro sucumbe, y puede observarse, por autopsia, que el «trichomonas» ha invadido también algunas vísceras.

Los halcones salvajes también contraen esta enfermedad; en una ocasión encontré tres polluelos infectados, en un nido que contenía cuatro. Sin duda, estos halcones, que tenían la enfermedad en un grado muy avanzado, hubieran muerto antes de emprender el vuelo. Aunque el «trichomonas» parasita a numerosas aves granívoras, es, sobre todo, común en las palomas, domésticas y salvajes. Comiendo estas aves, se infectan los halcones.

Se venía pensando que bastaría quitar el tramo digestivo a las palomas con que se alimentan los halcones de cetrería para evitar el contagio de esta enfermedad, pero se observó que algunos pájaros enfermaban. Y es que el «trichomonas», antes de desencadenarse la enfermedad, puede albergarse extradigestivamente en las aves. Lo que ya parece mucho más decisivo para la profilaxis de la tricomoniasis es la labilidad de este protozoo, que perece a las pocas horas de morir el animal parasitado. No han podido obtenerse cultivos del protozoo a partir de palomas infectadas que llevaban dos horas muertas. La alteración de la temperatura, el pH y otras constantes orgánicas, ocasionan la rápida muerte de este parásito. Es muy recomendable, por consiguiente, para no prescindir de un alimento tan adecuado y de tan fácil adquisición como es la paloma, dejarlas enfriarse durante unas horas, antes de alimentar con ellas a los halcones.

TRATAMIENTO

El americano Dr. Stabler, empleó por primera vez un quimioterápico llamado Enheptin (2 amino-5-nitro-tiazol) para el tratamiento de esta enfermedad. En la mayor parte de los casos —en mi experiencia, en todos— se ha mostrado eficaz. Se ha observado una cierta toxicidad en algunos individuos, en los que a los primeros síntomas debe suspenderse la medicación. El fármaco —semejante al Entramin Europeo— se presenta en forma de polvo y suele administrarse por vía oral, en el interior de una cápsula de gelatina o una bolita de carne, en dosis de 40 mg. por kilo de peso del ave, durante 7 días seguidos. Mr. Mavrogordato aconseja también emplear esta misma dosis durante cinco días seguidos, descansar cinco días y hacer un segundo tratamiento de otros cinco días de duración.

El tratamiento antiguo, puramente local, consistía en levantar la masa caseosa, dar toques con violeta de genciana y cauterizar las heridas ocasionadas al levantar el «caseum», con barra de nitrato de plata.

Basándome en este tratamiento, he empleado un compuesto muy usado en odontología, llamado Argentofenol, líquido que se compone de fenol y nitrato de plata. Con toques repetidos diariamente, después de levantar las placas, he conseguido en cuatro casos el restablecimiento absoluto, habiendo combatido la enfermedad en sus comienzos.

Se comprenderá la importancia que tiene el diagnóstico precoz en la tricomoniasis. Todo buen halconero tiene la costumbre de mirar en el interior del pico de sus pájaros, cuando éstos comen y, particularmente, cuando fatigados por un vuelo o una debatida, lo abren ampliamente.

2. PARÁSITOS INTESTINALES

La mayor parte de los trastornos digestivos en las aves de presa están originados por su población de parásitos intestinales. También algunas manifestaciones respiratorias y del aparato locomotor tienen la misma causa.

Sin embargo, sólo excepcionalmente los parásitos intestinales dan lugar a síntomas clínicos, de manera que un halcón puede mantenerse en perfectas condiciones de vuelo durante años, cobijando toda la gama de huéspedes en su intestino. Esto es lo que ocurre, como norma general, en los halcones salvajes.

Cuando los síntomas clínicos aparecen, desencadenados por un excesivo debilitamiento del pájaro, por una enfermedad «a frigore», etc., el tratamiento no siempre es fácil y, en ocasiones, el pájaro muere. Esta circunstancia llevó a los halconeros a la búsqueda de un diagnóstico precoz en las enfermedades parasitarias. El analista, el parasitólogo, pusieron a su alcance este objetivo, mediante el análisis de los excrementos, en los que siempre se hallan huevos de los parásitos que se albergan en el intestino.

Y aquí se puso de manifiesto, una vez más, la perfección del equilibrio biológico entre parásitos y parasitados y el peligro que, a veces, encierra la alteración de esta constante. Bien sea en favor del huésped o en favor del organismo que lo soporta.

Inmediatamente después de su captura, muchos halconeros enviaron al laboratorio los excrementos de halcones pasajeros o zahareños, que se encontraban en perfecto estado de salud; el resultado del análisis, en casi todos los casos, fue positivo. Los pájaros albergaban parásitos. Se iniciaron los oportunos tratamientos hasta conseguir la limpieza total de las aves recién capturadas, y entonces comenzaron a manifestarse en éstas síntomas de debilidad, pérdida del apetito y abatimiento. ¿Se debían al efecto secundario de los fármacos empleados en el tratamiento? ¿Eran un resultado de la alteración del metabolismo del ave, sin duda estimulado por la presencia de su población parasitaria?

Hay un hecho bien probado en parasitología y es que los efectos nocivos de los parásitos están en proporción directa con el número de éstos y que un ser parasitado, fuerte y vigoroso, controla y mantiene la densidad precisa en la población de sus huéspedes. Por tanto, en mi criterio, debe desecharse la costumbre de tratar a los pájaros antes de la aparición de cualquier síntoma clínico. No alarmarse si un día aparecen unas lombrices en las tolleduras del halcón.

No vaya a ocurrir como en el caso de un halconero, infatigable buscador de vermes en los excrementos de sus pájaros, que habiendo hallado un día ciertos segmentos sospechosos, sometió a su azor a un tratamiento tan drástico, que le envió al otro mundo, en compañía de su tenia. Un pájaro fuerte, cazará para él y para sus lombrices. En muchos casos, éstas le harán matar una perdiz más de las que esperábamos.

Los antiguos halconeros nos hablan en sus tratados de lombrices y filandras. Hoy seguimos encontrando ambos parásitos intestinales, además de tenias y un protozoo, causante de la Coccidiosis.

LOMBRICES

Son gusanos redondos, ascárides, que se albergan en el intestino de las aves de presa, y éstas adquieren al devorar el tramo digestivo de las palomas u otras aves parasitadas. También pueden infectarse al ingerir los huevos que se encuentran en los excrementos de otras rapaces, cuando comen sobre ellos. Con los huevos presentes en sus propios excrementos, un pájaro puede asimismo reinfectarse.

Los ascárides pueden verse en las tolleduras, todavía vivos, y dotados de movimiento. Su acción patógena carece de importancia, aparte de las pequeñas molestias, como el prurito anal que parecen ocasionar a los pájaros.

TRATAMIENTO

Es eficaz el Adipato de Piperazina, fármaco utilizado para tratar las lombrices en perros y gatos, en dosis de 100 mgs. por kilo de peso. Se presenta en tabletas fáciles de partir y dosificar. Hay que repetir el tratamientos a los 10 días

FILANDRAS

Las filandras o filarias son nematodos de aspecto filiforme, muy largos y finos, semejantes a un cabello. Parasitizan ordinariamente el primer tramo del intestino, pero pueden pasar al aparato respiratorio, sacos aéreos y aparato circulatorio.

Muchos pájaros salvajes y otros adiestrados viven perfectamente con sus filarias. Parece ser que el aumento excesivo de ellas, ocasionado, como hemos dicho, por un proceso extraño, da lugar a los primeros síntomas clínicos, caracterizados por el aspecto informe de las tolleduras. La porción oscura —procedente del aparato digestivo—, aparece disuelta en la porción clara —procedente del aparato urinario—, presentando toda la masa un aspecto poco homogéneo, de coloración marrón. Más adelante, aparecen manchas sanguinolentas en los excrementos, y como pedacitos de carne sin digerir.

En fases más avanzadas, el pájaro, que ha venido perdiendo peso, a pesar de una buena alimentación, comienza a tirar la comida, la mantiene mucho tiempo sujeta en las garras, como si tuviera hambre, y sólo de tarde en tarde, traga algunos pedazos. Finalmente, aparecen «roncus» respiratorios y parálisis en las extremidades inferiores.

Durante el proceso, o en un pájaro aparentemente sano, las filandras pueden alcanzar el aparato circulatorio, obstruir una válvula cardíaca y originar la muerte súbita. Sus toxinas dan lugar a una sintomatología nerviosa, caracterizada por movimientos incoordinados de la cabeza del pájaro. Este parásito es, sin duda, el más peligroso de cuantos albergan nuestros pájaros, sobre todo porque no contamos con fármacos verdaderamente eficaces para combatirlo, en sus fases extraintestinales.

Las aves de cetrería adquieren las filandras al comer aves parasitadas o bien en el baño, donde otro pájaro infectado ha depositado, con sus tolleduras, huevos del parásito.

TRATAMIENTO

No recomiendo iniciar el tratamiento antes de la aparición de síntomas clínicos, ya que los fármacos empleados son tóxicos o poco eficaces.

Puede usarse el Adipato de Piperazina, en las dosis expresadas más arriba. No es muy eficaz, pero es perfectamente tolerable.

Se ha usado también la Fenotiazina, pero es muy tóxica y resulta muy difícil evitar que los pájaros devuelvan la droga.

El tetracloretileno, en dosis de tres a seis gotas, en el interior de una cápsula de gelatina, da buenos resultados. Debe administrarse en ayunas, después de que el pájaro haya devuelto su plumada, y no se le dará nada de comer hasta 5 horas más tarde.

TENIAS

Las tenias, gusanos planos, segmentados, se encuentran también entre la profusa población intestinal de las aves de presa. En un pájaro sano, bien ejercitado y alimentado, su acción patógena estriba únicamente en el consumo de elementos nutritivos. El pájaro tiene más hambre, caza y come más, y no muestra adelgazamiento ni síntomas clínicos. En pájaros delgados, se manifiestan algunos síntomas que pueden atribuirse a la acción de las toxinas segregadas por las tenias. Estas manifestaciones pueden ir desde movimientos incoordinados de cabeza hasta parálisis de los miembros. Por otra parte, la acción de los parásitos incontrolados se suma y los cuadros de caquexia y trastornos nerviosos pueden ser atribuíbles a las filarias, ascárides, coccidia y tenias, actuando conjuntamente. Puede decirse que el ave es devorada por sus propios parásitos.

Tras una observación minuciosa, pueden verse los segmentos de las tenias en los excrementos del pájaro, pero el diagnóstico más cierto es el que se obtiene por el análisis.

TRATAMIENTO

El tenífugo tetracloretileno, se muestra eficaz en casi todos los casos. Adminístrese como hemos indicado para las filandras.

COCCIDIOSIS

La mayor parte de los pájaros adiestrados y salvajes albergan un protozoo en el duodeno y el ciego que, en condiciones normales, no tiene acción patógena. Por los ya repetidos factores desencadenantes y muchas veces actuando conjuntamente con las filarias, este parásito da lugar a una sintomatología digestiva, característica de la coccidiosis. El pájaro adelgaza visiblemente, aunque no se le disminuya su ración. Parece tener mucha hambre, pero tira parte de la comida. Los excrementos se tornan amorfos, sin delimitación entre sus partes componentes; en ocasiones manchan las plumas de la overa y la cola del pájaro. Estas manifestaciones son muy semejantes a las producidas por las filarias y, como hemos dicho, los dos parásitos se complementan en su acción patógena.

La existencia del protozoo no puede diagnosticarse a ciencia cierta más que mediante el análisis de la parte oscura de los excrementos. Parece ser muy contagioso y en cuanto se sospecha la enfermedad en un pájaro debe aislársele rigurosamente, dedicándole un baño, un guante, un banco particular, etc... Si muere, es aconsejable quemar todos los cueros que hayan tenido contacto con él y desinfectar muy bien los bancos y baños.

TRATAMIENTO

Sulfametazina; un cuarto de tableta por kilo de peso durante cinco días. Puede emplearse la piperazina.

VERMES TRAQUEALES

Un parásito común en las gallinas, faisanes, patos y otras aves que se alimentan de granos y animalillos, «el syngamus trachea», puede llegar raramente a fijarse en la tráquea de las aves de presa. Es un verme de una pulgada de largo (2,5 cm.), de un color rojo vivo; el macho se encuentra en copulación permanente, fijado a la hembra. Una fase de su ciclo biológico tiene lugar en el cuerpo de caracoles, babosas, lombrices de tierra, etc., lo que ocasiona una fácil infección de las aves que se alimentan de estos animales. Las aves nobles lo adquieren al comer una presa infectada.

Ocasiona molestias respiratorias al halcón y debe extraerse manualmente, mediante un instrumento adecuado, tan pronto como se diagnostica su presencia.

Este parásito se da muy escasamente en nuestras aves.

3. PIEDRAS

En la porción terminal del recto, a veces, se forman concreciones calcáreas del tamaño de un garbanzo, que causan una gran molestia a los pájaros. La sintomatología es muy típica. El ave hace sus tolleduras con esfuerzo y en dos veces. Cuando parece que ha terminado, vuelve a levantar la cola y excreta una pequeña parte. Después se lleva el pico al ano, se urga en la overa, cuyas plumas aparecen muy manchadas y la propia piel que rodea al ano aparece enrojecida.

TRATAMIENTO

Es necesario abatir el ave y, con mucho cuidado, localizar la piedra, entre los dedos pulgar e índice, que se nota muy bien al tacto en el interior del recto. A continuación se le empuja hacia fuera. Al salir puede ocasionar una pequeña hemorragia, por desgarrar el esfínter anal. Póngase en este caso una pomada antiséptica a base de sulfamidas o antibióticos. Los pájaros se restablecen inmedia-

tamente, aunque esta dolencia suele recidivar una o dos veces al año. La constitución de los excrementos del ave, o un estado de inflamación crónica en la última porción del recto, pueden ser la causa de la formación de estas piedras. Después de la intervención conviene dar de comer al pájaro carne de caballo o corazón de cordero durante unos días. Estas viandas son muy laxativas.

ENFERMEDADES DEL APARATO LOCOMOTOR

1. CLAVOS E INFLAMACIÓN DE LAS MANOS

Una de las dolencias más frecuentes en los halcones afecta a la palma de sus manos [1]; por manifestarse en forma de pequeñas costras oscuras, redondas, muy parecidas a la cabeza de un clavo de zapatero, los antiguos halconeros designaron esta enfermedad con el nombre de clavos.

Muchos son los factores que intervienen en esta dolencia, que nunca aparece en los pájaros salvajes. Sin duda, hay factores predisponentes y factores desencadenantes.

Factores predisponentes: En estado salvaje, los halcones se posan en superficies planas, repartiendo su peso entre los dedos y palmas de las manos y apoyándose en la cola; se dice que se sientan. Los pájaros mantenidos constantemente en una alcándara, a no ser que ésta sea muy ancha, soportan todo el peso de su cuerpo sobre la palma de la mano, en la que existe un tejido esponjoso de pobre circulación. Esta presión constante ocasiona alteraciones en este tejido, que le hacen muy vulnerable a las infecciones.

Los pájaros del aire vuelan durante muchos horas, manteniendo las manos recogidas, sin soportar peso alguno, durante cuyos momentos se reactiva la circulación. En las aves de cetrería, que permanecen meses sin volar, se altera este equilibrio y el cansado tejido palmar no puede recuperarse de la presión constante que origina el peso del cuerpo.

Los pájaros salvajes presentan siempre las manos de un color amarillo dorado, que manifiesta una perfecta constitución de estos epitelios, expuestos muchas veces a las heridas, con un gran poder de regeneración y resistencia a las infecciones. Parece ser que la vitamina A, y concretamente los carotenos, que los pájaros salvajes ingieren en el hígado y otras vísceras de sus presas, son los que mantienen este alto grado de perfección en los tejidos de las manos. Los pájaros cautivos, si no son alimentados con aves, presentan las manos y la cera de un color blanco grisáceo, claro exponente de la ausencia de vitamina A, y de la carencia, por consiguiente, de resistencia a las infecciones en esta zona tan expuesta de sus extremidades.

Vemos, pues, que la falta de ejercicio, las alcándaras inadecuadas y la nutrición deficiente son los factores que predisponen al ave de cetrería para la aparición de los clavos.

Factores desencadenantes: Cualquier herida que afecte a las palmas de las manos en un halcón predispuesto, es una puerta de entrada para una serie de gérmenes que ocasionan una infección persistente. Parece que la herida más fre-

[1] Decimos manos, siguiendo la nomenclatura clásica. En realidad se trata de la región plantar de las extremidades inferiores.

cuente es la que se ocasiona el propio halcón al clavarse la punta de su uña posterior en la palma de la mano, cuando trata de coger un pedazo de carne o se debate. Las bacterias que siempre infectan las uñas y rugosidades de la piel son ya responsables del resto del proceso.

Nos encontramos entonces con una compleja infección, en la que una asociación de gérmenes, entre los que descuella el estafilococo, actuando en una región mal irrigada y degenerada, dan lugar a una inflamación crónica, purulenta, muy resistente a los tratamientos.

Antes de inferirse una herida, pueden hincharse las manos de los halcones, particularmente en los Sacres y Gerifaltes. Esta hinchazón suele ser difusa, afectando a la parte inferior del zanco, a la palma y dorso de la mano y a los dedos. Este tipo de inflamación, distinta de la que acompaña a los verdaderos clavos, en la que no parece mediar un factor infeccioso, dependería directamente de factores de postura, circulatorios y vitamínicos. En este mismo orden, se encuentran ciertas artritis de las manos, que en algunos casos se han diagnosticado como gotosas. Pero estos procesos son raros en los halcones y vamos a remitirnos al estudio de los clásicos clavos.

SÍNTOMAS

El halcón sano, cuando descansa, levanta una pata, apoyando todo su peso sobre la otra. De tiempo en tiempo cambia el miembro de apoyo. Cuando un pájaro descansa siempre sobre las dos manos, hay que sospechar que le duelen éstas y habrá que examinar sus palmas con detenimiento. Otro tanto ocurre cuando se apoya siempre sobre la misma; en este caso la lesión suele afectar a la mano que el pájaro mantiene levantada.

Los halcones acostumbran a tumbarse en el césped para refrescarse, en las jornadas calurosas de primavera y verano. Pero solamente lo hacen durante un cierto tiempo. Si permanecen echados largo rato e insisten diariamente en adoptar esta postura, hay que sospechar que el dolor de las manos les obliga a descansar sobre su propio cuerpo.

Antes de estas reacciones de postura, la lesión está ya presente en las manos del halcón. Suele aparecer en el centro de la palma y en la prominencia que existe en la base del dedo interno. Es una pustulita, poco prominente, de color negruzco. Más adelante, aparece una inflamación en torno al clavo; los tejidos están calientes y si apretamos o pretendemos levantar la pústula, aparece una secreción de pus, amarillento y espeso. La hinchazón va progresando, gana toda la mano del pájaro, la superficie del clavo aumenta de tamaño y el banco o la alcándara se mancha de pus. En este estadio de la enfermedad, el pájaro manifiesta un gran dolor; en cuanto se le tocan las manos las retira y permanece casi todo el día tumbado. En las fases finales, la infección destruye los ligamentos, gana las articulaciones y el halcón pierde el movimiento de sus dedos. Abandonada a sí misma, la dolencia puede ocasionar la muerte, al poner en marcha otras enfermedades siempre latentes en casi todas las aves.

Además de las lesiones palmares suelen abrirse fístulas entre los dedos, en la región dorsal o aparecer un bultoma muy característico entre los dedos medio e índice, en el que la piel se abrillanta y se muestra tumefacta.

TRATAMIENTO

Este es un proceso en el que es mucho más importante prevenir que curar. Para ello, ejercítese a los halcones lo más posible, aliménteseles siempre con aves gordas y sanas, manténgase el césped bien drenado y limpio de piedrecitas que puedan ocasionar heridas en las palmas, cuando el halcón se debate. Los bancos son de capital importancia en este proceso y ya dijimos en su lugar que los de madera limpia y los de piedra resultan muy sanos.

Si se usan bancos forrados de badana, evitad siempre que ésta se moje. La alcándara ha de ser bien ancha, como dijimos al describirla. Periódicamente, cuando su punta es demasiado aguda, deben de cortársele ligeramente las uñas, particularmente la posterior. De este modo, se evitan las heridas que los pájaros se ocasionan a sí mismos. Y que los pájaros tomen el sol lo más posible, para que se beneficien de su poder bactericida.

En las primeras fases de la enfermedad, puede cortarse ésta mejorando las condiciones de higiene y alimentación y empleando un tratamiento local. Las pomadas antiflogísticas, a base de cortisona, como el «Dermo-Huber F», dan muy buen resultado. Debe darse masajes intensamente con ellas a toda la mano del pájaro, a primera hora de la mañana y a última hora de la tarde. Coadyuva mucho en este tratamiento la aplicación de rayos ultravioleta. Hemos realizado estas aplicaciones con lámpara de cuarzo, colocando al pájaro sobre una rejilla metálica con la lámpara debajo. La curación ha sido total, en peregrinos y en alfaneques.

En fases más avanzadas de la enfermedad, cuando el pájaro permanece tumbado la mayor parte del día, es imprescindible el tratamiento quirúrgico. El alemán Dr. Kost, que describió magistralmente la enfermedad en un artículo del boletín del Deutscher Falken Orden, recomienda la extirpación radical de los tejidos enfermos.

Contando con un par de ayudantes para que abatan al pájaro, y mantengan sus manos en buena posición, se comienza por aplicar un torniquete por encima del zanco, para evitar la hemorragia intensa. Se hace una incisión amplia en el centro de la parte inflamada y con muchísimo cuidado, para no lesionar los tendones, se va extrayendo el contenido purulento. Suele presentarse como una masa blanquecina, firme, en forma de una pequeña cebolla. Debe ser retirada completamente y la cavidad se rellena con una gasa empapada en penicilina. Se aplica, a continuación, una capa de escayola sobre toda la palma de la mano y base de los dedos, para conseguir la inmovilidad. Si el halcón pretende quitarse el vendaje, hay que colocarle un cartón, de forma circular, en torno al tarso, para que no se vea la mano. Dos días después de la intervención se extrae la gasa y se pinta la cavidad con una solución de picotanino.

Después de la intervención, debe dejarse el pájaro en el interior de una cámara, con el suelo cubierto de bálago muy limpio; se le da de comer en el puño, ofreciéndole pedacitos de carne con la punta de los dedos, para que no tenga que apoyar la mano en el suelo. La alimentación a base de palomas y pollos jóvenes no puede faltar a ningún pájaro propenso a los clavos o intervenido.

2. ATAQUES EPILÉPTICOS

Vamos a describir bajo este título una enfermedad cuya etiología nos es totalmente desconocida. Suele aparecer en los accipíteres, cuando están muy gordos, durante la muda. Se caracteriza por convulsiones tónicas y clónicas, pérdida del equilibrio y de la conciencia. Si el pájaro cae en el baño, puede perecer ahogado; si está en la alcándara penderá cabeza abajo, incapaz de recuperar su posición erecta. Sin duda, los ataques recuerdan a la epilepsia humana.

En ciertos pájaros —como uno de mis alfaneques, que cuenta tres mudas— los ataques se dan de tarde en tarde, dos o tres veces al año, duran tres o cuatro minutos, y el ave se recupera totalmente, con rapidez. En otros casos, los ataques se suceden a un ritmo que imposibilita el manejo del pájaro y pone en peligro su vida, por accidente. Es necesario introducir a estas aves en una muda, oscura y caliente, no molestarlas durante un par de meses y, si los ataques cesan, probar de nuevo el entrenamiento. En caso de recidivas constantes será necesario sacrificar al pájaro. El curso de esta dolencia suele ser caprichoso y no existe tratamiento específico.

3. CALAMBRES Y PARÁLISIS

En los pájaros tomados de los nidos muy jóvenes, cuando son mal alimentados, pueden aparecer convulsiones en algunos miembros, así como rigidez muscular y contracciones que ocasionan la fractura de los huesos. Estos trastornos, semejantes a la eclampsia humana, se deben a una alimentación deficiente, carente de vitaminas. La parálisis de los miembros inferiores en los pájaros de presa es el síntoma de un proceso de índole más general. En las fases finales de la coccidiosis y de los ataques de filarias suele aparecer esta imposibilidad de mantenerse en pie.

Hemos observado tres casos de parálisis absoluta de los miembros inferiores, después de la aplicación de penicilina por inyección. La parálisis resultó irrecuperable y parecía manifestar una lesión nerviosa permanente. En ningún caso debe inyectarse penicilina a las aves de presa. Los antibióticos más adecuados para ellas son la Aureomicina y Terramicina.

4. TRAUMATISMOS

No son raros los accidentes que ocasionan contusiones, heridas o fracturas a las aves de cetrería. Por fortuna, el poder cicatrizante y bactericida de los tejidos de estos pájaros es extraordinario. Si las heridas no han ocasionado fracturas o lesiones internas, curan muy pronto. Conviene desinfectarlas y aplicar sulfamidas en polvo. El sulfatiazol va muy bien. Si la piel está rasgada muy ampliamente, podrán darse algunos puntos de sutura.

En tres ocasiones he observado la rotura de la piel sobre el buche. Una se la infirió un azor a sí mismo, debatiéndose en la alcándara. Los otros dos casos fueron causados por alambre de espino. Si el buche está lleno, se rompe también, a la vez que la piel. En estos casos se debe suturar por separado el tejido que constituye el buche y la piel que lo recubre.

Cuando los golpes actúan sobre los miembros, pueden fracturarse éstos. Hay una lesión bastante frecuente en pájaros muy debatidores, que afecta a las articulaciones del ala. Estas se muestran dolorosas y, a veces, ligeramente tumefactas. El pájaro deja caer el ala y la mueve con dificultad. En este caso, debe colocársele en el interior de una muda absolutamente oscura, no encendiendo la luz más que cuando se le da de comer. A las dos o tres semanas, el ave colocará el ala en posición normal y podrá sacársela de su encierro.

5. FRACTURAS

Solamente las fracturas de fácil reducción, como las que afectan al tarso o a la tibia, en los miembros inferiores, podrán ser tratadas por el propio halconero. Para ello, después de colocar los segmentos en su posición correcta y natural, lo que puede percibirse mediante el tacto, se realiza un vendaje con escayola. Terminada la intervención, se deja al ave en el interior de una muda, totalmente suelta, dándole de comer pedacitos de carne con la punta de los dedos. Tres semanas suelen ser suficientes para que el hueso suelde.

Las fracturas que interesan a las articulaciones ocasionan casi siempre una anquilosis del miembro, por lo que el pájaro será inútil para el deporte. Las fracturas de las alas son difíciles de reducir y fijar sin cortar las rémiges. Si esto se hace, el pájaro no podrá volar hasta terminar la próxima muda y las plumas cortadas no siempre se mudan bien. Sin embargo, hemos reducido perfectamente fracturas de húmero y de antebrazo utilizando clavos de un metal inerte, y siguiendo la intervención con control radioscópico. Naturalmente, sin cortar ninguna pluma. Por ello, lo aconsejable, cuando un pájaro muy apreciado se fractura un ala o un hueso muy cerca de la articulación, es requerir la intervención de un veterinario experto o, mejor aún, de un cirujano amante de los animales, que realizará la operación maravillosamente. Y, si no se tiene ninguna experiencia, ni puede contarse con los servicios de un profesional, lo mejor es dejar al pájaro, durante un mes, en el interior de una muda absolutamente oscura, donde sólo se enciende la luz a la hora de comer. Aunque en mala posición, el hueso soldará, y, si en reposo el ala permanece un poco caída, durante el vuelo cumplirá su misión perfectamente.

PARÁSITOS EXTERNOS

1. PIOJOS

No he visto un solo halcón pasajero o zahareño que no tenga su correspondiente población de piojos, al menos de dos especies. Unos, menudillos, semejantes a los de las gallinas y otras aves; otros, alargados, que tienen la curiosa costumbre de desplazarse lateralmente. Los adquieren ya en el nido, de los de sus propios padres. Y la línea de sucesión de estos parásitos es tan antigua, que los modernos biólogos, conceden gran importancia a la identificación de sus razas, para estudiar la filogenia de las aves.

No preocuparse, pues, demasiado, si un día de sol se ven unos insectitos sobre las plumas del dorso del pájaro. Solamente en estados de suma debilidad de un ave, los piojos pueden llegar a proliferar tanto que aceleren su muerte.

Los modernos insecticidas usados para las gallinas son perfectamente adecuados para los halcones. Conviene elegir los de más fácil aplicación.

2. ÁCAROS

Estos parásitos son ya más peligrosos y mucho menos frecuentes. Acostumbran a perforar la piel, y se esconden en una pequeña galería. Hay varias razas, que actúan sobre diferentes regiones. Los más comunes se fijan en torno a la cera y a los párpados, donde originan un prurito, que obliga al pájaro a rascarse constantemente, despeinando sus plumas y hasta hiriéndose la piel.

Otros ácaros se insinúan entre las escamas del tarso, entre el cañón de la pluma y el alveolo fibroso. Existe también una raza especializada en perforar el cañón, ocasionando la caída de la pluma.

TRATAMIENTO

Engordar al pájaro si está en baja condición. Para los ácaros que afectan a la cera, párpados y tarsos, se debe pintar esta región con una solución a base de Gamexano. Bastan cuatro aplicaciones, con un intervalo de cuatro días entre cada sesión, para acabar con el parásito.

Los ácaros que penetran en la base de las plumas son de muy difícil acceso, y para matarlos es preciso aplicar algunos compuestos usados en las granjas avícolas, que actúan mediante humos o vapores nicotínicos. Probar antes el producto con una paloma, para constatar su posible toxicidad. Generalmente, se coloca el compuesto en el suelo, debajo de la alcándara, en una muda oscura, y los vapores van ascendiendo, hasta llegar al cuerpo del pájaro.

En todo caso, dada la rareza de estos parásitos en pájaros fuertes y sanos, el halconero suele estar libre del empleo de estos antiparasitarios, que no dejan de ser peligrosos.

3. MOSCAS

Los pollos, sobre todo los de azor, vienen del nido con unas curiosas moscas, muy parecidas a las de caballo, que se escurren con increíble agilidad entre sus incipientes plumas. Estos hipoboscídeos suelen desaparecer cuando el ave termina su desarrollo. En todo caso, unos polvos insecticidas acaban con ellas en un par de sesiones.

El autor lanzando a «Durandal», el halcón que obtuvo la máxima puntuación en las Jornadas Internacionales de Cetrería de 1964.

PANORAMA MUNDIAL

DE LA MODERNA CETRERÍA

DECADENCIA DE LA CETRERÍA FEUDAL

No cabe duda de que el alto grado de perfección alcanzado por la cetrería medioeval, y, sobre todo, su fausto y esplendor, han desaparecido, quizá para siempre.

Y ello no se debe a un desconocimiento de las más depuradas técnicas del adiestramiento de las aves, que —me atrevería a asegurar— son ahora más perfectas que nunca. Simplemente, hoy, la cetrería es un deporte «amateur» Y, en otro tiempo, fue un deporte profesional, con todas las ventajas e inconvenientes que esto supone.

Durante siglos, los arduos y pacientes trabajos del amansamiento, la introducción en la caza y el entrenamiento de las aves, eran realizados por expertos halconeros profesionales. Los señores podían mantener, así, equipos de pájaros más o menos numerosos, según el alcance de su fortuna. Y en ningún caso se veían obligados a abandonar sus obligaciones o placeres para dedicar horas a la doma de los halcones.

Una cetrería perfectísima, pero extraordinariamente complicada y costosa, fue ejercitada por un gran número de halconeros mercenarios, que constituían una verdadera casta, cuyos secretos se transmitían de padres a hijos y pasaban de unos países a otros. En la sociedad feudal, la posición de estos hombres era privilegiada y, por lo tanto, debían esforzarse para depurar sus procedimientos y extremar sus trabajos. En sucesivas generaciones nacidas y educadas en el espíritu de disciplina y sensibilidad que requiere la práctica de la buena cetrería, debieron surgir halconeros verdaderamente geniales.

En «The Hawking of Japan» —interesante librito acerca de la cetrería en el Japón, escrito por E. W. Jamenson, Jr.— se describe un pasaje histórico muy demostrativo del aprecio que disfrutaron los halconeros en el país del Sol naciente: «En el período Heian, un halconero chino, llamado Oyo Kanemitsu, llegó al Japón, con un texto antiguo de cetrería. Sus métodos para el adiestramiento de los azores tuvieron tanto éxito y fueron tan admirados, que los gobernantes no quisieron que retornara a su país. Para persuadirle de que se quedara en el Japón, eligieron la más hermosa doncella entre mil bellezas de la corte y se la ofrecieron como esposa. Esta joven, llamada Kuretake, tuvo una hija, Akemihikari, que llegó a ser tan buena halconera como su padre. De mayor, se casó con Minamo Tokurabito Masayori y su padre le regaló 18 libros, con sus métodos secretos, y 36 instrucciones orales acerca del adiestramiento y cuidado de los pájaros. Este método se hizo muy famoso y fue conocido como el método Masayori.» Otro tanto ocurría en Occidente, donde el cargo de Gran Halconero era de los más importantes de las Cortes Europeas, y siempre estaba desempeñado por títulos nobiliarios.

Ejercido por tan sólido y competente cuerpo de halconeros, el deporte llegó a límites de perfección increíbles. Los halcones niegos eran volados diariamente, hasta que adquirían la misma potencia física que los del aire. Los pasajeros y zahareños «no caían de la mano del halconero» hasta que estaban tan mansos como los niegos. Las halconerías más preciadas eran las más difíciles: la caza de grullas, de garzas reales y de milanos. «Si hoy un torzuelo peregrino se considera débil para cazar grajas, entonces, un torzuelo Bahari, llamado Picardit —según refiere Don Juan Manuel— derribaba a la grulla, viniendo atravesadiza y alta, y la mataba sin ayuda de acorredor ni de can.»

Para conseguir el milagro de que una rapaz de 500 grs. de peso, que en la naturaleza se alimenta de palomas y pajarillos, y que jamás hubiera osado enfrentarse con una grulla —ave grande y fortísima—, llegue a perseguirla cuando está alta en el cielo, a alcanzarla y darla muerte, se necesitó el esfuerzo coordinado de todo un pequeño mundo:

el de los rederos que tomaron el halcón pasajero; los maestros halconeros, que lo amansaron en un tiempo «récord», antes de que perdiera sus más puras facultades; los azoreros que capturaban cada mañana la grulla viva, traína para el adiestramiento; los acetreros, expertos cirujanos de las aves, que injertaban sus plumas rotas o reducían las fracturas ocasionadas, a veces, en estas batallas desproporcionadas. Y una cuidadosa artesanía, productora de caperuzas, cascabeles, señuelos y otros elementos del deporte.

Pero este mundo fabuloso era muy frágil; alimentado por la desmedida pasión que la nobleza sentía por la caza, sustentado en la sólida estructura feudal, se desmoronó tan pronto como la revolución francesa y las guerras napoleónicas conmovieron a la sociedad europea y dieron al traste con el poderío de la aristocracia. Los grandes establecimientos dedicados a la cetrería comenzaron a cerrar sus puertas en el siglo XVIII, las Cortes fueron suprimiendo los cargos honoríficos y despidieron a los halconeros profesionales. Todo un arte milenario, cuyas más puras sutilezas se mantenían por tradición oral, desaparecía con los últimos halconeros de estirpe.

El perfeccionamiento de las armas de fuego para la caza menor, determinado principalmente por la invención de los perdigones, que permitió el tiro al vuelo, acabó de empeorar la situación de la cetrería. La escopeta ponía al alcance de unos señores ya empobrecidos un sinnúmero de volátiles, antes inaccesibles para quien no poseyera halcones bien adiestrados, con la inevitable secuela de gastos que ello acarreaba. Y el tiro era una novedad, se imponía con toda la fuerza de la moda, en una sociedad que se ufanaba ya de sus progresos técnicos.

Por si esto fuera poco, la difusión de las armas, la proletarización de la caza, fueron extinguiendo en casi toda Europa a las grandes y hermosas aves, que eran presas favoritas en los altos vuelos. Quedaron muy pocas garzas reales, muy pocas grullas y milanos. Ya no se podían mantener equipos de pájaros dedicados exclusivamente a su caza. Y éste ha sido el más rudo golpe que la pólvora ha asestado a la caza noble. Al menos, a la caza noble, tal como se concebía en otros tiempos.

Sin presas de alcurnia a las que lanzar los halcones, sin halconeros a sueldo para adiestrarlos, parece inevitable la ruina del Noble Arte. Mas, no hay tal ruina. Con los profesionales desapareció todo lo que la Cetrería tuvo de mundano, de alegre y fácil pasatiempo. Los halconeros contemporáneos comparten los sacrificios del deporte más caro en este tiempo de cuantos existen, con el ejercicio de sus profesiones, generalmente universitarias, y por lo tanto, también exhaustivas. Porque, podrá sorprender, pero el que fue deporte favorito de la aristocracia de la sangre, ha sido revivido y continuado por la aristocracia del espíritu. Hoy, los mejores halconeros del mundo, son abogados, médicos, ingenieros, veterinarios... Claro que, antiguamente, ambas aristocracias convergían en las mismas personas. Y la cetrería sólo anida en las mentes sensibles, cultivadas y claras.

Cuando se llegan a conocer los secretos del arte, se comprende que la caza de presas antinaturales para el halcón, como las citadas grullas, puede resultar sorprendente, vis-

tosa, y muy meritoria para el halconero inventor del proceso que ha permitido al hombre jugar con ciertas leyes biológicas, en su provecho. Pero no es excesivamente difícil para el halcón, ni para el halconero que domina el oficio. En estado salvaje, una grulla jamás es atacada por un halcón, y es incapaz de burlar con una finta el ataque de su perseguidor. Un pájaro bien atrainado, con muchas grullas precapturadas —ahí está la verdadera dificultad, conseguir estos volátiles—, enseñado a trabar por la cabeza, derribará a la presa sin demasiado esfuerzo. Otra cosa es cuando ha de cazar perdices rojas, lagópodos escoceses, patos salvajes u otras presas habituales para el halcón, congénitamente dotadas para burlarle por vuelo.

Todo esto, para demostrar que la cetrería actual, sin dejar de ser un arte bellísimo, resulta más meritoria y difícil que en cualquier otra época. Los halconeros modernos, avezados en las dificultades, amantísimos de sus aves y conocedores de sus resortes psicológicos, constituyen una verdadera hermandad, que conserva celosamente el espíritu del arte increíble que permitió al hombre aliarse con el ave de presa, hacer sus armas y camaradas de las criaturas mejor dotadas y libres. Y no es empresa vana mantener vivo el sagrado fuego en un mundo cada día más materialista y divorciado de la Naturaleza.

LOS GRANDES CLUBS DE CETRERÍA QUE SALVARON EL ARTE EN UN PERÍODO DE TRANSICIÓN

El paso de la forma clásica del deporte a la actual, no fue brusco. Aunque en algunos países, como España, la cetrería antigua desapareció totalmente, sin que, en nuestro suelo, quedara un solo practicante durante parte del siglo XIX y del XX.

En Inglaterra, por el contrario, perduraron los halconeros de estirpe. Particularmente, en Escocia, plaza fuerte de la cetrería. No obstante, según H. Ap. Evans, a principios del siglo XVIII, un halcón adiestrado era un espectáculo ya raro en las Islas Británicas, donde la escopeta había conquistado muchos adeptos. Fue el Coronel Thornton, de Thornville Royal, gran apasionado por la cetrería, quien polarizó el entusiasmo de los últimos aficionados y trató de practicar el deporte al gran estilo. Para ello hubo de superar muchas dificultades; dejó su residencia en el Yorshire y se fue a vivir al Wiltshire, donde los espacios eran más abiertos. Con Lord Orford, formó un club de cetrería, hacia el año 1775, servido por halconeros profesionales de Escocia y Holanda. En 1783, la Institución poseía 32 halcones peregrinos, 13 azores y 7 gerifaltes de Islandia, y estaba integrada por 50 socios, que pagaban una cuota de 40 libras esterlinas. En el mes de abril se reunían en los terrenos de caza, para volar milanos y grajas. Las cacerías se realizaban con gran despliegue de halconeros y ayudantes y siempre a caballo. Temporalmente, cazaban perdices y faisanes.

En el año 1792, Lord Berners tomó el control del Club y le dio el nombre de High Ash Club (Club del Alto Álamo). El vuelo más practicado fue el de la garza real, en Norfolk, hasta que la paulatina desaparición de estas zancudas y la parcelación de los terrenos determinaron la clausura del Club, en el año 1838. No obstante, quedaron muchos aficionados particulares, que comenzaron a practicar el deporte a la manera modesta de hoy día. Ya que cada vez resultaba más difícil el gran estilo, con numerosos equipos de pájaros y profesionales.

Un esfuerzo internacional, patrocinado por el Rey Guillermo III de Holanda, permitió la creación de otro Club, asentado en algunas dependencias de su castillo de Loo, en Holanda, en un terreno de «Moors», donde las garzas eran abundantes y las condiciones para el alto vuelo óptimas. El Royal Loo Hawking Club nace, bajo los mejores auspicios, en el año 1841, agrupando entre sus socios acaudalados y entusiastas ingleses, holandeses y franceses. Descollaban el barón de Offemont, el duque de Leeds, Mr. Newcome y Wortley Stuart. El presidente fue el barón Tindal. En suma, este club reunía a la más brillante sociedad deportista de la época.

Las halconerías tenían lugar desde el 15 de mayo hasta primeros de julio, y la presa era la garza real. Dirigidas por los halconeros profesionales de Walkensward, particularmente por la familia de los Mollen, las cacerías resultaban de la más alta calidad y eficacia. Sin duda, el Club de Loo hizo renacer la antigua cetrería con todo su colorido y esplendor.

Casi todos los halcones empleados eran pasajeros, capturados por los propios halconeros de Walkensward; y el ritmo de las cacerías se hizo tan intenso que las garzas reales empezaban a escasear. Para salir al paso de este inconveniente y también para demostrar el alto espíritu del club, las garzas abatidas sin sufrir heridas, eran puestas en libertad de nuevo, después de colocarles una anilla en el tarso, con el nombre del Club. Algunas llegaron a reunir una verdadera colección. El dueño del halcón vencedor tenía derecho a arrancar las hermosas plumas de la nuca a la garza derribada por primera vez. El trofeo, engarzado en una joya primorosa, se consideraba como un valiosísimo galardón.

Las tablas de caza del club, que transcribo, según datos del Dr. Swan, son bien elocuentes:

Año	Halcones	Garzas
1841	44	287
1842	44	148
1843	36	100
1844	14	128
1850	16	138
1851	18	130
1852	36	297

En 1853, el Royal Loo Club fue disuelto, pero su corto período de éxitos dejó bien sentado que, con un sólido apoyo económico y con halconeros de experiencia, puede resucitarse la cetrería feudal donde quiera que haya buen número de presas adecuadas. Y !o que es, quizá, más importante, esta fervorosa institución permitió la edición del «Traité de Fauconnerie», el libro más hermoso de cetrería que jamás se haya escrito. El profesor alemán H. Schlegel

y el naturalista holandés A. H. Verster de Wulverhorst, encargados por el Club, realizaron esta monografía, que es la más exhaustiva, escasa y cara de las obras de cetrería, en cualquier idioma. Sus litografías, representando a todas las aves nobles en tamaño y color natural, son una obra de arte.

Uno de los fundadores del Club de Loo, Mr. Newcome, incansable en sus esfuerzos para mantener la cetrería en auge, junto con un buen número de halconeros ingleses, fundó el «Old Hawking Club» en el año 1864. Su programa era amplio y variado: en marzo y abril, volaban grajas; en mayo, garzas reales en Norfolk; y en agosto, el «grouse» en Perthshire. Contaba con buen número de halcones, casi todos peregrinos, y expertos halconeros profesionales. La vida de esta institución fue larga, pese a la muerte de su gran animador, Mr. Newcome, acaecida en 1871. Volando todo tipo de presas, el «Old Hawking Club» mantuvo sus actividades hasta el año 1926. Su último secretario fue el conocidísimo halconero inglés Capitán G. Blaine.

La tabla de presas para el año 1887, según datos de Mr. Lascelles, es verdaderamente asombrosa:

Grajas	209
Picazas	13
«Grouses»	95
Perdices	114
Conejos	112
Faisanes	5
Liebres	1
Varios	25
Total	574

En Francia, pese al golpe capital asestado al deporte por la Revolución, y a la anulación de todos los cargos, dispersión de los pájaros y cese de todos los halconeros profesionales, por una orden de 1792, los esfuerzos por sacar el deporte del anonimato se han venido sucediendo, con más o menos éxito, hasta nuestros días.

En 1865, influidos por el prestigio que el deporte tenía en las Islas Británicas, los halconeros franceses, cada día más numerosos, fundaron el «Club de Fauconnerie de Champagne». Fue el joven naturalista, Amedée Pichot, quien, estudiando las costumbres de las rapaces, se puso en contacto con los halconeros ingleses, y se interesó grandemente por la cetrería. Consiguió que el halconero profesional escocés, John Barr, le acompañara a Francia, con su equipo de peregrinos, y se instalara en Mourmelon-le-Grand, en una propiedad de M. Werlé, muy a propósito para todos los vuelos. La vida del «Club de Fauconnerie de Champagne» fue corta y turbulenta. Sus acaudalados y divertidos socios supieron rodear las cacerías de las más placenteras expansiones, genuinas del país vecino. Y los halconeros ingleses, más rígidos, no vacilaron en afirmar que, sin variar mucho el espíritu de la institución, podía suprimirse de su título la palabra «Fauconnerie», dejándolo en «Club del Champagne».

La caída del Segundo Imperio arrastró, con otras so

ciedades aristocráticas, al «Club de Fauconnerie». Y John Barr se vino a España, contratado por el potentado Julio Alfonso de Aldana, miembro del desaparecido Club. Su estancia en nuestra patria, donde se había perdido toda la tradición cetrera, fue muy corta, viéndose obligado a regresar a Inglaterra. Allí fue contratado por el «Old Hawking Club».

Durante el período de transición, comprendido entre mediados del siglo XVIII y principios del XX, en que la cetrería iba desapareciendo de casi toda Europa, a pesar de algunos esfuerzos aislados y fugaces, fue Inglaterra el bastión de este deporte, manteniéndolo en pleno vigor, gracias a sus clubs y al tesón y tradicionalismo de los halconeros particulares. Mucho contribuyeron a esta pervivencia los halconeros de estirpe escocesa, expertísimos en el manejo de los peregrinos niegos, sometidos a la crianza campestre, y magníficamente dirigidos en la caza. También los profesionales hereditarios de Walkensward fueron contratados en muchas ocasiones por los ingleses, e introdujeron en las Islas el manejo de los halcones pasajeros, en los que eran especialistas; en Holanda raramente anidaba el peregrino, capturándose, en cambio, muchos emigrantes en la llanura de Walkensward. La cetrería de toda aquella época estuvo muy influida por los maestros holandeses, que surtían de magníficos halcones a todos los clubs, y confeccionaban impecables aparejos. Especialmente, el clan de los Mollen fue modelo del grado de perfección a que puede llegar una familia dedicada tradicionalmente a un arte. Adrien Mollen fue el halconero mayor del «Royal Loo Club», y su hijo, Carl Mollen, siguió practicando la cetrería y falleció en 1937. El y su padre hicieron famosa la pequeña aldea de Walkensward y fueron conocidos por los más destacados deportistas de Europa.

Como prueba de la eficacia con que se practicó la cetrería en Inglaterra durante el siglo XIX, y en un vuelo que nos es más familiar que el de las garzas y milanos, el «game», es decir, el de las piezas clásicas de la altanería, transcribo algunos datos tomados de E. B. Michell.

«En el verano de 1882, Mr. St. Quintin —un muy famoso halconero—, y el Coronel Brooksbank, en un «moor» de Sutherland, cobraron 200 «grouses», 3 liebres azules y un rato salvaje. Entre los halcones que participaron en esta cacería, destacó el niego «Parachute», cuyo nombre ha pasado a la historia. Superó a todos los pájaros del equipo, ¡mató tres liebres! Y de regreso a Inglaterra, capturó 76 perdices y 5 faisanes.

Tablas de algunos días de caza, afortunados:

24 de septiembre de 1881

	Perdices	Faisanes
«Belfry»	2	—
«Butcherboy»	2	—
«Parachute»	3	1
«Vanquisher»	1	—
«Mosstrooper»	1	—
	9	1

19 de agosto de 1882

	«Grouses»
«Parachute»	5
«Angela»	2
«Aide-de-camp»	1
«Amesbury»	2
«Vesta»	2
	12

30 de septiembre de 1881

	Perdices	Chovas
«Aide-de-camp»	1	—
«Belfry»	1	—
«Butcherboy»	2	—
«Heroine»	—	1
«Parachute»	3	—
«Vanquisher»	2	—
«Mosstrooper»	1	—
	10	1

25 de agosto de 1882

	«Grouses»
«Parachute»	4
«Angela»	1
«Aide-de-camp»	3
«Amesbury»	2
«Vesta»	2
«Virginia»	1
	13

LA CETRERÍA EN NUESTRO TIEMPO

Como hemos ido viendo, la inexorable desaparición de las presas adecuadas y la parcelación de los terrenos aptos fue la causa más importante para la disolución de las sociedades que mantuvieron vivo el deporte durante todo el siglo XIX.

En el siglo XX, los Clubs de Cetrería ya no cuentan con la ayuda de halconeros profesionales y, generalmente, no disponen de equipos, de terrenos, ni de instalaciones comunes. La caza montada ha sido sustituida por la caza a pie; con ello, la cetrería ha perdido comodidad, belleza y eficacia. Los socios practicantes —que son los menos— tienen sus propios pájaros, que adiestran y manejan personalmente, siendo halconeros en la verdadera acepción de la palabra. Estos deportistas, difícilmente se avendrían a formar parte de un Club, cuyos halcones fueran manejados por otras personas y permanecieran lejos de sus casas durante la mayor parte del año. El halconero moderno es, ante todo, ¡halconero! Prefiere cazar a pie, recorrer incansablemente terrenos pobres en caza, a desprenderse de su querido pájaro, que, en el fondo, constituye su verdadera pasión.

Las sociedades actuales, generalmente con carácter nacional, tienen como misión principal la defensa de los intereses de la Cetrería ; obtener ayudas y facilidades oficiales, proteger y estudiar a las aves de presa en su medio ambiente ; y propagar la noble finalidad del arte mediante exhibiciones y Congresos. Todos los halconeros de hoy día son un poco ornitólogos y muchos buenos ornitólogos son, a su vez, halconeros. Los socios, habitantes en ciudades y pueblos muy lejanos unos de otros, se mantienen unidos mediante las revistas y boletines editados por el Club. Estas publicaciones, en las que alternan los artículos históricos, científicos o puramente técnicos, son del más alto interés, y en ellas se sustenta muy sólidamente el entusiasmo internacional por el deporte. Los esfuerzos encaminados a unificar a todos los halconeros del mundo son cada día más fructíferos ; los últimos Congresos internacionales han resultado muy brillantes. Conviene que, para reflejar con mayor claridad el estado de la cetrería en los diversos países, estudiemos sus manifestaciones por separado.

LA CETRERÍA EN ALEMANIA

En Alemania quedó demostrado palpablemente lo importante que es una eficaz protección estatal, en el desarrollo de un deporte tan delicado y difícil como la Cetrería.

Durante el siglo XIX —según Walter Schluter— sólo se conoce un practicante del deporte en el país: el barón Christoph von Biederman, con un equipo de 20 pájaros, entre ellos tres gerifaltes árticos. Fue después de la Primera Guerra Mundial cuando los aficionados alemanes aunaron sus esfuerzos y fundaron en Leipzig, en 1923, el Deutscher FalkenOrden. En los primeros años, la Orden Alemana de Halconeros hubo de superar muchas dificultades, derivadas de la falta de experiencia que aquejaban casi todos sus miembros. El Old Hawking Club y después el British Falconers Club, ayudaron mucho, en este sentido, a los halconeros alemanes.

En 1932, Renz Waller, un sensible pintor, aceptó el cargo de Maestre de la Orden. Y a su entusiasmo, a su capacidad como halconero y a sus dotes de organización, se debe el posterior éxito de la cetrería en Alemania. Su nombre quedará para siempre entre los de los halconeros más meritorios. No sólo por su capacidad para el manejo de los pájaros, por su magnífico tratado de cetrería, por sus bellos cuadros y dibujos, exponentes de una técnica depurada y un conocimiento profundísimo de todos los lances de caza, sino porque, en menos de diez años, hizo que la modesta cetrería alemana ocupara el puesto de honor entre todas las naciones de Europa. Del auge, de la perfección que el noble arte ha alcanzado en Alemania, pueden beneficiarse hoy todos los halconeros del mundo.

En el año 1933, el Deutscher FalkenOrden consiguió una decidida protección oficial, patrocinada por el Mariscal Goering, que llegó a entusiasmarse por la Cetrería. Al año siguiente, un Centro de Cetrería Estatal fue construido en Riddgshausen, Brunswick, según las instrucciones y planos de Renz Waller. En 1939, el Reichsfalkenhof (halconera del Reich) estaba dotado de un águila real y gran número de halcones, especialmente sacres, así como de azores y gavilanes. Por otra parte, el centro de cetrería del ejército ale-

Renz Waller.

mán poseía tres equipos de halcones perfectamente adiestrados.

Los miembros del Deutscher Falken Orden se reunían una vez al año, en el mes de octubre, durante una semana. El Congreso tenía lugar en un buen terreno de caza, donde los halconeros demostraban el grado de eficacia de sus pájaros. En el año 1937, la reunión tuvo carácter internacional, y en Dusseldorf se encontraron halconeros ingleses, franceses, italianos, egipcios, japoneses, yugoslavos y árabes. El British Falconers Club fue premiado con la medalla de plata del Congreso.

La guerra mundial interrumpió temporalmente el ejercicio de la cetrería alemana, pero una vez reorganizado el país, el Deutscher Falken-Orden prosiguió en sus funciones. Hoy, la cetrería es más pujante y perfecta que nunca en Alemania. Nuevas generaciones de halconeros han recogido la semilla sembrada por Renz Waller, actualmente Ehrenordensmeister (maestre de honor) de la Orden, y, mediante la ayuda y los esfuerzos de mecenas y personalidades como Walter Schluter, Canciller de la Orden, el Dr. Brüll, Maestre de la Orden y otros entusiastas y benefactores, practican el deporte con una perfección sin precedentes.

Siguen celebrándose las reuniones anuales, que han tomado un carácter internacional. En ellas, los miembros de la Orden, uniformados con sus trajes verdes y sus sombreros adornados con unas plumas de overa de azor, los toca-

265

dores de trompas de caza, los invitados extranjeros, las autoridades, en un marco donde los halcones y los perros ponen una nota de color, viven unas jornadas semejantes a las de los mejores tiempos de la cetrería. A la hora de la caza, pueden verse toda clase de pájaros nobles, desde gerifaltes hasta esmejerones, pasando por las diversas especies de águilas. Son particularmente numerosos los azores, cuyo adiestramiento es perfecto; cazan con ellos conejos, perdices y faisanes. Las grandes liebres alemanas no suelen ser presa frecuente. En los últimos años, disminuidos los conejos por la mixomatosis, se ha introducido con éxito a los azores en faisanes. El Dr. Kollinger ha conseguido superiores rendimientos con sus pájaros que, si no alcanzan al faisán en los primeros metros, lo persiguen doscientos o trescientos y lo traban en pleno vuelo.

Entre los halcones, gerifaltes, sacres, lanarios y peregrinos, éstos últimos se han llevado la palma. Y ha sido un joven veterinario de Berlín, el Dr. Saar, quien ha conseguido los mayores éxitos. Principalmente con dos torzuelos, llamados «Life» y «Eric», especializados en la caza de perdices pardillas. Estos pájaros trabajan en perfecta coordinación con el perro de muestra, volando en círculos perfectos sobre él, a una altura superior a los cien metros. «Eric», un torzuelo excepcional, mataba seis perdices seguidas en sus jornadas normales; una tarde llegó a cobrar ocho, en ocho vuelos. Esto ya es un récord difícilmente superable. La mecanización de los pájaros del Dr. Saar es asombrosa. Entra en el campo precedido por el perro, da un vuelo a las perdices, y, en cuanto se posan, avanza unos metros y lanza el halcón. Este asciende en círculos concéntricos. Cuando está en su sitio, manda al perro hacia la herida. El halcón le sobrevuela en la perpendicular. Y, naturalmente, raramente falla el ataque. Si la perdiz, acuchillada, llega a esconderse, el halcón sobrevuela y el perro la cobra. Se ha visto a «Eric» posarse sobre la cabeza del perro y retirar la perdiz de su boca con una mano. El gran braco alemán, sentado, no opuso la menor resistencia; tal es su compenetración con el pájaro. «Eric» murió repentinamente, después de haber cazado cuatro perdices seguidas; seguramente, de una crisis cardíaca.

El Dr. Saar ha obtenido también éxitos con peregrinos primas, con los que vuela córvidos en verano y perdices en otoño. Las tablas de caza de sus pájaros, que el insigne halconero ha tenido la amabilidad de enviarme, son toda una promesa para quienes se inician en la Cetrería:

«LIFE» - PEREGRINO, TORZUELO, NIEGO - 1955

	Perdices	Faisanes	Picazas	Varios	
1957	17	4	1	2	24
1958	42	1	19	15	77
1959	7	1	—	—	8

Total presas 109

«ERIC» - PEREGRINO, TORZUELO, NIEGO - 1959

	Perdices	Faisanes	Picazas	Otros	
1959	88	1	6	4	99
1960	106	6	1	3	116
1961	60	3	—	—	63
1962	42	—	—	—	42

Total presas 320

«MARA» - PEREGRINO, PRIMA, NIEGO - 1960

	Perdices	Faisanes	Picazas	Grajas	Otros	
1960	—	1	3	58	1	63
1961	73	12	5	9	1	100

Total presas 163

«SALLY» - PEREGRINO, PRIMA, NIEGO - 1962

	Perdices	Faisanes	Grajas	Otros	
1962	5	30	25	1	61

Total presas 61

El Deutscher FalkenOrden está dividido en regiones, cada una de las cuales tiene su propio cuadro de mandos, dependiente de la administración central. Para obtener el grado de halconero o azorero, es preciso probarlo cazando correctamente con aves de alto o de bajo vuelo, adiestradas por el aspirante. En este sentido, para formar y seleccionar buenos halconeros no se regatean esfuerzos, así como para estimular el estudio y la protección de las rapaces salvajes. El Ordenmeister, Dr. Brüll, ha dado una verdadera profundidad científica a la cetrería, con el estudio detenidísimo de la alimentación del azor y el gavilán en estado salvaje. Este trabajo, que se considera como clásico, y hemos transcrito en el capítulo correspondiente, fue expuesto magistralmente por su autor en el Congreso Internacional que, para la protección de las rapaces, tuvo lugar en Caen, en el mes de abril de 1964. Allí se puso bien de manifiesto que los halconeros, lejos de ser un peligro para las rapaces nobles, son sus más acabados defensores y quienes mejor conocen sus verdaderas costumbres. Los Brüll, Woodford, Terrasse y otros verdaderos amantes de la naturaleza, llevan hoy día las armas que velan por la continuidad de las más hermosas y ya escasas de las aves.

El boletín anual del Deutscher FalkenOrden es un modelo en cuanto a edición y alcance de sus artículos. Sin

El famoso torzuelo «Life», del Dr. Saar.

duda, es la revista más lujosa de cetrería que se edita en el mundo.

La contribución de verdaderos mecenas, enamorados del deporte, como el señor Lautmann, de Koblenz, que mantiene a sus expensas una escuela de cetrería en Bad Ems-West, facilitan a los jóvenes el aprendizaje del deporte y el acceso a una Orden, cuyo alto espíritu queda bien manifiesto en el código del honor del halconero alemán:

1.ª El miembro de la Orden no matará ningún ave de presa.

2.ª Protegerá a todas las que necesiten protección, incluyendo azores y gavilanes, donde y cuando no sean demasiado numerosas.

3.ª La Orden de halconeros cultiva y anima el antiguo y honorable arte de cetrería.

4.ª El miembro de la Orden no caza por el valor de la presa, sino por la belleza de la persecución.

LA CETRERÍA EN LAS ISLAS BRITÁNICAS

En Inglaterra, ningún esfuerzo espectacular hubo de hacerse para resucitar el tradicional deporte. Allí, siempre disfrutó de vida pujante. Y una sucesión ininterrumpida de excelentes practicantes, una literatura didáctica y copiosa, ponen al alcance del neófito las más sutiles técnicas del arte. Otras son las dificultades que han de vencer los halconeros ingleses. Por cierto, no menos graves que en otras latitudes.

En la sociedad inglesa proliferan más que en ninguna otra, esas candorosas criaturas —señoras, carentes ya de otras preocupaciones más vitales, en su mayor parte— que, sin dejar de adorar el «Roast-beef» y otras suculencias de origen animal, consideran la muerte de todo ser como un crimen horrendo, condenan todo género de caza y, naturalmente, piensan que la cetrería es un refinamiento abominable y perverso. El hecho de que el halcón sea un arma perfectamente natural, que si no cazara para el hombre seguiría haciéndolo en estado salvaje; las muchas posibilidades que tienen todas sus presas de salvarse, en un combate perfectamente equilibrado; otros razonamientos, en fin, de todos sabidos, y que los halconeros ingleses tratan de exponer en su defensa, carecen de importancia para las ilustres damas de la Sociedad Protectora de Animales. Quien entrene sus halcones con presas precapturadas, quien les dé de comer aves, «haciendo ostentación de su crueldad», está expuesto a que lo metan en la cárcel.

Por si esto fuera poco, los terrenos abiertos para la caza del «game» —altanería— son cada día más escasos en Inglaterra. Las rapaces nobles han sido barridas por el uso de insecticidas letales. Los mirlos y alondras están protegidos y ya no se puede practicar su tradicional vuelo con gavilanes y esmerejones. Sólo quedan algunos córvidos —cornejas y picazas—, faisanes, liebres y unas pocas perdices pardillas; eso sí, resta aún la espléndida caza del «grouse» en los «moors» de Escocia.

En el año 1926, se creó el actual British Falconers Club, a raíz de la clausura del Old Hawking Club. La nueva institución se diferencia de todas las anteriormente existentes en Inglaterra en que carece de instalaciones propias y de un equipo común de pájaros. Su estructura y funcionamiento es semejante al del resto de las asociaciones actuales. Emite una revista, «The Falconer», cuyos artículos son siempre de verdadera importancia. Su actual editor, J. G. Mavrogordato c. m., vicepresidente del Club, es un halconero de mucha experiencia, conocedor profundo del alto y del bajo vuelo. Sus sacres, que cazan cornejas con magnífico estilo, mantienen en toda su pureza el tradicional «rook hawking».

El secretario honorario del British Falconers Club, Michael Woodford, joven veterinario, es también un entusiasta halconero, autor de un interesante tratado. Su esposa confecciona bellísimas caperuzas y guantes de cetrería, está presente en casi todos los Congresos Internacionales y pone bien de manifiesto, con su singular participación en el deporte, lo importante que es la colaboración de la mujer en la moderna cetrería.

Mención especial merece el gran Ronald Stevens. Por los libros trascendentales —Observations on Modern Falconry— o amenos —The Taiming of Genghis— que ha escrito, por su profundo conocimiento y dedicación a la Cetrería, es conocido y admirado por todos los halconeros del mundo. Muchos, de Europa y América, le visitan en Fermoyle Lodge, su vasta posesión de Irlanda, donde, lejos

J. C. Mavrogordato, con el autor.

Ronald Stevens.

de la perturbadora civilización, se dedica de lleno a su gran pasión: los halcones; auténticos reyes y señores de las tierras de Ronald Stevens. Dueños también de su corazón, protagonistas de su obra literaria.

Pero el gigante indiscutible de la actual cetrería inglesa, el continuador de las hazañas de los halconeros de estirpe, que se escriben en el pardo «moor» de Escocia, en el duelo asombroso entre el «grouse» y el peregrino, es Jeoffrey Pollard, joven abogado de Londres, discípulo predilecto de Mr. Stevens. Solamente un halconero nato, de excepcionales cualidades, es capaz de alcanzar los éxitos de este hombre. Más que por sus ricos «tableaux» de caza, por las increibles condiciones en que practica el deporte: ¡sus pájaros vuelan un mes al año! Los once meses restantes permanecen inactivos, en su pequeño jardín de Londres o en su halconera. En agosto, se traslada a Escocia con todo su equipo; lo ejercita en una semana de vuelos continuos y constantes; pone a sus pájaros en altanería mediante técnicas muy particulares; y durante tres semanas consecutivas, mata algunas docenas de «grouses». Jeoffrey Pollard es un especialista en el vuelo del Lagópodo escocés, como el propio Ronald Stevens, que será el halconero viviente que más «grouses» ha matado con gerifaltes. Para ellos, no hay presa que pueda compararse con estos sólidos y rapidísimos pájaros y, realmente, parece que hubieran sido creados para el deleite del buen halconero. Son bastante más grandes que la perdiz roja, de vuelo más rápido, de más alcance, dotados de un endiablado poder pico a viento. En el «moor», su «habitat», se mimetizan perfectamente entre brezos y hierbas; aguantan muy bien la muestra del perro. En verano, se pueden lanzar «a perro puesto». Toda la dificultad estriba en conseguir que el lagópodo vuele viento abajo, porque con la fuerte brisa reinante en Escocia o Irlanda, pocos halcones lo alcanzan viento arriba. Cazar

con dos perros y una buena cortina de ayudantes, disciplinados y silenciosos, es imprescindible para llenar el morral. Con esta pieza que, contrariamente a nuestra perdiz, siempre sale delante del perro, los halcones se hacen muy altos y redondos. Solamente tienen éxito las primas, más apreciadas si son grandes.

El señor Pollard viene cazando «grouses» desde el año 1948; hasta hace dos años, solamente con peregrinos niegos, generalmente con crianza campestre. Tuvo un pollo excepcional, llamado «Gela» que, en septiembre de 1953, cobró 44 cabezas, siempre desde gran altura. En el mes de agosto de 1962, con seis halcones, cinco de ellos niegos y en compañía del Sr. Stephens Frank, cobró 104 «grouses», en Escocia.

En agosto de 1963, volvió al moor de «Caitness», y aunque los lagópodos eran más escasos, consiguió un magnífico «tableau» que transcribo:

«The Pross»	22	«grouses»
«Lochdhu», niego entremudado	21	»
«Lady Sue», pasajero entremudado	18	»
«Ailsa», niego entremudado	13	»
«Houbara», pasajero entremudado	8	»
Gypsy», pasajero entremudado	1	»
	83	»

Jeoffrey Pollard considera como el mejor de los halcones que ha manejado al «Pro», un corpulento pasajero nór-

Jeoffrey Pollard.

dico —seguramente un «leucogenis»— capturado en Pakistán, que ha matado ya, según mis informes, 56 «grouses». En general, este halconero prefiere los pájaros del aire; porque tienen mejor estilo de caza —dice—, mucha más seguridad en la cuchillada, y recogen la pieza en tierra con la ligereza de un azor. Reconoce que hay niegos muy matadores, como «Lochdu» que, según su tabla, ha aventajado a tres pasajeros.

LA CETRERIA EN FRANCIA

Hace veinte años, cuando me decidí a realizar juveniles ilusiones, enfrentándome con las grandes aves nobles, busqué consejos, libros, asesoramiento, por donde pude. Y así cayó en mis manos una revista francesa, donde se afirmaba que, en Francia, todavía quedaba un halconero: Abel Boyer, poseedor de cuatro halcones, capturados y adiestrados por él mismo. Tal vez, dos o tres hombres más cazaran con aves por aquel entonces, en el país vecino. Pero el adelantado el gran maestro de la moderna cetrería francesa, ha sido Abel Boyer, un hombre de condición modesta, forjador de profesión; adornado de una inteligencia y una cultura, de un amor hacia las bellas tradiciones y una pasión por la cetrería, que hicieron de él un personaje excepcional. Con orgullo, me considero discípulo suyo. Y guardo un paquetito de cartas, de letra firme y apretada, en las que, con amorosa paciencia, me exponía los rudimentos del arte y me animaba para resucitar el deporte en España, «un país —me decía— donde cada señor es un caballero y un cazador nato». La semilla no fue aventada, aunque hubo de soportar violentos huracanes. En estas líneas, honro la memoria y agradezco el consejo del viejo halconero francés, ya fallecido.

Con Maurice Planiol, abogado francés que vivió en Teherán, practicó un poco la cetrería persa, y estudió los más importantes tratados orientales, escribió Abel Boyer un librito de Cetrería; Claro y elemental en la parte correspondiente a la cetrería clásica; lleno de amena erudición en la cetrería oriental, descrita por Planiol. Este tratado ha sido el A B C de todos los halconeros franceses; y el de un servidor.

Los esfuerzos de Abel Boyer, secundado por aficionados de rango, como M. Noël, Devaulx, de Chambord y otros, dieron lugar, en 1945, a la creación de la Association Nationale des Fauconniers et Autoursiers Français. Actualmente, cuenta con más de 160 miembros, entre ellos, practicantes expertos, como Philippe Rambaud, «maître de vol» de la Asociación, Alfred de Lauventhal, Michel Mallet, Morel Gonse y otros jóvenes que se inician en el deporte con auténtico éxito.

Pierre Branda, halconero con quien he compartido, durante dos temporadas, los avatares de la caza de perdices rojas, es hombre de mucha experiencia cetrera, discípulo directo de Abel Boyer, dotado de este tacto especial, de esa intuición que sólo los elegidos llegan a alcanzar. Tuvo un halcón llamado «Durandal», cuyo nombre debe quedar entre los de los buenos pájaros. Con él cazó muchas perdices, grises y rojas, y codornices. Era un niego, procedente de Alemania, muy seguro y compenetrado con los

El finado, Abel Boyer.

perros. Actualmente, posee un azor, premiado en las jornadas internacionales de España, que puede calificarse de excepcional. En el año 1963 cobró 100 presas; entre ellas, muchos faisanes, algunos patos, perdices rojas y grises, picazas y, sobre todo, conejos. En España ha cazado ante mí dos perdices rojas y, lo que es más raro para un pájaro puesto «a lo que salga», dos liebres.

En la cetrería francesa, no podía faltar la nota femenina; la única verdadera practicante que, sin ser esposa, hermana o hija de un halconero, cultiva el deporte con éxito y constancia. Me refiero a la señorita María Teresa Goës, belga, que vive en Longueville, en Brabante, tierra que fue de los mejores halconeros del mundo. Miembro activo de la Asociación francesa, «fauconnier maitre»; la cetrería gala puede enorgullecerse de encuadrarla entre sus filas. Ella ha seguido la tradición de infantas y princesas de antaño. Ama a sus halcones y a sus magníficos perros, Setter Lowelin, y no para pasearlos o embellecer su jardín. La señorita Goës trabaja de verdad con sus halcones y perros. Y pone tal amor y tal romanticismo en la descripción de sus pájaros, que aún me parece estar leyendo una carta suya en la que me describía la pérdida de «Caballero Lanzarote», su pájaro preferido, un torzuelo peregrino de 10 mudas, que volaba a plomo sobre los perros y mataba muchas perdices. La señorita Goës lo encontró colgado por las pihuelas en un alambre de espino. Nadie sabe las horas o los días que permanecería el pájaro en aquel cepo mortal antes de terminar su brillante historia. No habrá otro halcón que ocupe el lugar que «Caballero Lanzarote» dejó en el corazón de la halconera de Brabante.

Y no podemos terminar esta somera exposición de la moderna cetrería francesa sin hacer una mención muy especial a Jean Francois Terrasse, joven farmacéutico de París, discípulo de Abel Boyer, alma de la «Association Nationale des Fauconniers Français». A su afición por la cetrería suma una verdadera pasión por la ornitología, rama ésta en la que, en colaboración con su hermano Michel, también farmacéutico, cultiva asiduamente, habiendo conseguido verdaderos éxitos, tanto en sus observaciones de campo, publicadas en boletines y revistas, como en sus películas documentales acerca del águila real, el buitre leonado y el quebrantahuesos.

Algunos halconeros franceses, residentes en Argelia y Marruecos, han practicado el deporte en el Norte de África, alternando con los últimos halconeros tradicionales marroquíes. Éstos, ya muy escasos, son miembros de una cofradía religiosa; sus técnicas para el adiestramiento y mantenimiento de los pájaros recuerdan a las de los antiguos halconeros españoles. Mantienen a los halcones encaperuzados constantemente, excepto para comer, roer, o cazar. A la puesta del sol los desencaperuzan, hasta las primeras horas de la mañana. Sometidos a esta existencia, sin duda monótona, los pájaros se conservan en muy buen estado de salud; ello se debe a que cazan diariamente —como los halcones medioevales— y matan numerosas presas. Los últimos halconeros marroquíes, generalmente de condición modesta, se ven obligados a buscar en el pájaro un abastecedor de su exigua despensa.

Antaño, se utilizaron mucho los halcones alfaneques en todo el Norte de Africa, porque la presa favorita era la liebre, que se volaba con halcones pasajeros o zahareños. Hoy, se ha abandonado completamente el vuelo de estos roedores, sin duda complicado, exigente de un verdadero despliegue de halconeros montados, numerosos halcones, y largas expediciones a las llanuras del Alfa, donde se practicaba esta real caza.

Marie Thérèse à Goës.

El humilde alcaraván es ya la única pieza que se vuela en Marruecos, y para su captura resulta mucho más adecuado el peregrino que el lanario. Peregrinos de berbería —los antiguos tagarotes— son ya los únicos protagonistas de la cetrería en el Mogreb. Y uno de sus más acabados defensores es Robert Bonnaud, halconero francés, entusiasta practicante, con la casa llena de pájaros y el corazón repleto de ilusiones cetreras. Cada año nos visita en septiembre y alegra nuestros vuelos con la «grita», al estilo marroquí, que pone una nota antigua y viril en la caza de las perdices rojas. A este halconero debemos la información sobre la Cetrería marroquí y esperamos poder acompañarle, en breve, en su caza favorita, el alcaraván, en las planicies africanas. Siempre fue la cetrería un vínculo entre los hombres y entre los pueblos y permanece como imperecedero eslabón entre los buenos amigos.

LA CETRERÍA EN LOS PAÍSES BAJOS

Los Países Bajos fueron, sin duda, el escenario de la más bella y perfecta cetrería que se haya cultivado en Europa. La abierta llanura holandesa y, sobre todo, la afortunada situación del país en las rutas migratorias de halcones y palmípedas, ponían al alcance de los notables halconeros flamencos y bravanzones las condiciones necesarias para la práctica de la altanería. Todas las normas dictadas para esta caza por el más didáctico de nuestros halconeros, el Canciller, son de origen holandés. La altanería, en la Edad Media, se refería exclusivamente a la caza de los ánades, y los parajes más apropiados para este lance eran precisamente las pequeñas charcas llanas tan frecuentes en los Países Bajos. La obra de Pedro López de Ayala abunda en interesantísimas referencias a la cetrería de los Países Bajos:

> «...así lo hacen los brabanzones, que son gentes de Brabante, hoy los mejores halconeros del mundo, y que más saben en este arte, y tienen razón, porque lo usan más que ningunas otras gentes, pues la tierra de Brabante es una tierra muy llana y de muchas lagunas, que llaman ellos «fluches» por lagunas, y hay muchas aves. Cuando vienen las cocas a Flandes, que traen los halcones de Alemania y de Noruega, luego van allí los halconeros de Brabante, porque está muy cerca de allí y compran muchos halcones para educarlos en su tierra, y cuando llega la Cuaresma, que los halcones son ya volantes y concertados, van con ellos a París, otros a Inglaterra, otros a Colonia, y al Imperio, a venderlos a los señores; quien quisiere altaneros, quien quisiere garceros, de todo hallará.
>
> Vale un neblí pollo altanero cuarenta francos de oro, y si fuese garcero, sesenta, y si han mudado valen más; porque todo el peligro mayor de los halcones que vienen de aquellas tierras de donde los traen, está en la muda, señaladamente al derribar las tijeras, porque mueren de filandras. Y por esta razón son los brabanzones buenos halconeros, porque lo tienen por oficio, y a mí me aeció comprarles los halcones en París, y los halco-

El Dr. Ernesto Coppaloni con Fulco Tosti. a la izquierda. dialogan con el Dr. Saar.

neros de Brabante que me los vendieron venirse conmigo a Castilla, por sus soldadas.»

Otro tanto ocurría en lo que se refiere al vuelo de la garza real ; zancuda nidificante en Bélgica y Holanda, otrora en grandes colonias, sobre las que se desarrollaron las últimas cacerías al gran estilo que ha conocido Europa: las del Royal Loo Club.

Hoy, ha cambiado mucho la situación para la práctica de la Cetrería en los superpoblados Países Bajos. La mayoría de las lagunas y marismas han sido desecadas, el flujo de palmípedas y, sobre todo, de halcones pasajeros, ha disminuido mucho, algunas colonias de garzas reales han desa-

parecido, otras han perdido la mayor parte de sus efectivos. Y la industrialización de estas naciones, el aumento incesante de su red de carreteras y vías férreas, así como la profusión de sus canales, han dejado muy pocos espacios libres para la práctica del alto vuelo.

No obstante, agrupados en el Club Nederlandsh Valkeniers verbond «Adriàan Mollen», practican la cetrería un grupo reducido pero entusiasta de halconeros, entre los que he tenido el placer de conocer a Henk Dijkstra, uno de los últimos cetreros que ha sido capaz de cazar la garza real. Sus pregrinos, perfectamente puestos en altanería, mantienen la línea de la tradicional alcurnia en la cetrería holandesa.

LA CETRERÍA EN ITALIA

Hablar de la cetrería moderna, en Italia, es lo mismo que referirse al Dr. Ernesto Coppaloni. Él es el gran maestro de los actuales halconeros italianos; quien haya leído su capítulo —el halcón lanario—, en esta obra, no precisa explicaciones acerca de su sensibilidad, sus conocimientos teóricos y prácticos y su entusiasmo por la cetrería. Depositario de una tradición que viene desde Federico II de Hohenstaufen, poseedor del tacto y sutileza del halconero mediterráneo; dibujante, escultor, artista polifacético, este farmacéutico de Roma es un verdadero hombre del Renacimiento. Y tuvimos el privilegio de cazar en su compañía durante una semana.

«Morgan», un torzuelo baharí, capturado en una isla del Mediterráneo, por Fulco Tosti di Valminuta, discípulo de Coppaloni, nos asombró con la potencia de su vuelo y el ardor de sus persecuciones. En una tarde de mucho viento, mató una picaza de manera magistral. «Bárbara» y «Rosario», dos primas corpulentas, perfectamente adiestradas, volaban altas y obedientísimas al señuelo. Viendo los halcones italianos en el campo, me vinieron a la memoria las palabras clásicas, impresas por el doctor Coppaloni en su capítulo: «Pauci, sed tamen electi».

LA CETRERÍA EN NORTEAMERICA

En los Estados Unidos han concurrido las mejores circunstancias para el nacimiento de una pujante cetrería. La población de rapaces nobles norteamericana ha sido hasta hace muy poco —hasta la aparición de los nefastos insecticidas— variada y abundante. Tres razas de halcones peregrinos pueden ser capturadas en el país. El «Annatum Falcon», nidificante común, pájaro corpulento, generalmente muy oscuro, es un gran cazador de patos, en estado salvaje. Esta hermosa raza debe de estar en estos momentos al borde de la catástrofe, estériles la mayor parte de las parejas, por ingestión de aves intoxicados por Aldrin, Dieldrin y otros insecticidas letales, cuyo uso está ya reglamentado o prohibido en muchas naciones.

El «Tundra Falcon», nidificante en el Canadá, particularmente en la Tundra Artica, de hábitos migratorios, es más pequeño que el «Annatum», de tonos generalmente más claros, dotado de un vuelo ligerísimo y ágil. Esta subespecie no ha sufrido tan rudo golpe a consecuencia de los insecticidas, y los halconeros americanos capturan buen número de ellos en época de paso, a lo largo de ciertas playas.

El «Peale's falcon» es un verdadero gigante entre los peregrinos; estrictamente marítimo, anida en los cantiles de las costas pacíficas del Canadá, Columbia británica y Alaska. Se alimenta de corpulentas aves pescadoras, que caza sobre el océano. Aunque de color muy oscuro, por sus formas, parece la edición americana del «leucogenis». Se han capturado hembras de 1.300 kgs. de peso. En sus áreas de nidificación es abundante, y no tengo noticias de que haya disminuido su población en los últimos años.

En todo el Oeste americano habita el halcón de las praderas, muy semejante al halcón lanario, tanto en su aspecto como en sus cualidades para la caza. Los halconeros americanos lo manejan mucho, sobre todo para hacer exhibiciones de vuelo al señuelo, ejercicio en el que estos halcones hacen muy bonitos «stoops».

Al Canadá, a Alaska, y hasta Groenlandia se desplazan algunos cetreros de los Estados Unidos para capturar gerifaltes. No cabe duda de que, hoy día, protegido férreamente el gerifalte en los Países Escandinavos, inaccesibles los Siberianos, en América se encuentra la última esperanza del halconero moderno para adquirir gerifaltes.

De Accípitres, los americanos se proveen en los bosques del Canadá y sobre el propio territorio de los Estados Unidos. Además de azores, muy semejantes a los de Europa, tienen el «Cooper's Hawk» de cuyas características ya hemos hablado en su momento. No obstante, se importan numerosos azores de Holanda, Alemania y los países Escandinavos.

A la abundancia de rapaces y a las facilidades para su adquisición, corresponde la riqueza y variedad de especies de caza menor y los grandes espacios abiertos que facilitan la práctica del altó vuelo. Por otra parte, la copiosa literatura cetrera inglesa ha puesto al alcance de los principiantes toda una fuente de conocimientos. Algunos buenos halconeros ingleses viajaron por los Estados Unidos, donde, mediante exhibiciones y conferencias, crearon una verdadera escuela.

Todo ello ha cristalizado en la actualidad, con la magnífica organización «North American Falconers Association», que agrupa a todos los halconeros norteamericanos y cuenta ya con más de 200 miembros, divididos en seis regiones, cada una de las cuales tiene su correspondiente director. Los miembros de la Asociación se reúnen actualmente en buen terreno para cazar conjuntamente durante algunos días. A este congreso acuden algunos buenos halconeros de Europa; la variedad de rapaces que participan y la perfección de su doma han llamado la atención de los halconeros del viejo Continente. La revista anual de la Asociación está a la altura de las más importantes que se editan en Europa. Temporalmente, emiten boletines informativos, titulados «Hawk Chalk», con muy interesantes anotaciones.

Entre los practicantes de la halconería, al otro lado del Atlántico, destacan hombres de la calidad del Dr. Stabler, el Coronel Meredith, F. L. Beebe, Morland Nelson, A. Webster, que, con sus aportaciones para el tratamiento de las enfermedades de los pájaros, mejoras de los antiguos métodos de captura, introducción de ciertas drogas para el adiestramiento, y excelentes trabajos con los gerifaltes, han marcado ya verdaderos jalones en la historia de la cetrería contemporánea.

Halconeros participantes en las Jornadas Internacionales de Cetrería de 1964.

De izquierda a derecha, *arriba*: H. Dijkstra, Sra. de Dijkstra, Mlle. Parmentier, Dr. Witt, Sra. de Witt, Sra. de Saar, Dr. Saar, R. Weinsmeyer, Dr. Coppaloni, Fulco Tosti di Valminuta, Mr. Woodford, Dr. Vital Aza. *Abajo*: Francisco José Gallo, R. Bonnaud, Dr. Rodríguez de la Fuente, J. G. Mavrogordato, J. L. de la Serna.

VOCABULARIO CETRERO

A

Abajar. Desainar, adelgazar al ave.

Acorredor. Halcón de inferior calidad que ayuda al halcón maestro.

Acuchillar. Golpear a la presa, con las garras, en una pasada.

Adiestramiento. Proceso completo de la doma de un ave. Incluye el amansamiento, señoleo y la introducción.

Afeitar. Adiestrar o hacer un ave.

Aguaderas. Rémiges secundarias de las aves de cetrería.

Aguar. Obligar a las ánades, mediante una pasada del halcón, a refugiarse en el agua.

Agüero. Pájaro de cetrería que caza bien en el agua.

Albo. Pájaro de cetrería de tonos claros.

Alcahaz. Cesta para transportar las aves.

Alcándara Percha alta para las aves.

Alcaravanero. Halcón empleado en la caza de alcaravanes.

Alfaneque. Halcón Lanario africano.

Altanería. Lance de caza en el que se suelta al halcón para que tome altura, antes de que la presa se haya levantado.

Alto vuelo. El que se realiza con cualquier especie de halcón, bien sea en altanería o en mano por mano.

Amansamiento. Primera fase del adiestramiento.

Anadero. Halcón empleado en la caza de ánades.

Apiolar. Poner las pihuelas al ave de cetrería.

Araniegos. Reciben este nombre los azores capturados con araños, después de abandonar el nido.

Araño. Red empleada para la captura de azores.

Armar. Apiolar.

Asentar. Bloquear.

Asombrada. Dícese del ave que está atemorizada.

Atalaya. Ayudante que tiene la misión de observar el vuelo de las aves de caza y de sus presas.

Atrainar. Soltar traínas, es decir, piezas precapturadas, a un ave, para su introducción en la caza.

Ayudas. Complementos alimenticios o terapéuticos que se dan a las aves para acelerar la muda.

Azorada. Pieza atemorizada por el azor.

B

Babero. Mancha clara que presentan los halcones peregrinos en la garganta y parte alta del pecho.

Baharí. Subespecie del halcón peregrino de «habitat» generalmente mediterráneo.

Bajar. Abajar. Desainar.

Bajo vuelo. El que se realiza con cualquier ave de Cetrería que no pertenezca a la familia de las falcónidas.

Banco. Percha baja para las aves.

Berkutchi. Hombre que caza con Berkutes.

Berkute. Aguila real asiática, perteneciente, seguramente, a la subespecie «Aquila chrisaëtus Daphanea».

Bigote. Manchas oscuras que presentan los halcones a ambos lados del pico, entre éste y las mejillas.

Bloquear. Acción del ave de caza, cuando, tras perseguir a una pieza, se posa cerca de donde ésta se ha escondido, en espera de que se la levanten. Asentar.

Borni. Halcón Lanario europeo.

Brazo tornado (a). Lanzar a brazo tornado, o en mano por mano; consiste en soltar al ave de presa después de que la pieza se haya levantado.

Buche. Estómago del ave.

C

Caída. Llámase caída al acto de la pieza que, para esquivar el ataque del halcón, se deja caer en tierra.

Cajeta. Cestita de mimbre para el transporte de las traínas.

Calzas. Plumas que cubren la región tibial y tarsiana de las aves.

Campestre. Procedimiento de crianza para los halcones niegos, teniéndoles libres totalmente, durante cuatro o seis semanas. Los pollos así criados se llaman halcones campestres.

Cañón. Parte hueca del raquis de la pluma.

Caperuza. Cofia de cuero que cubre la cabeza del ave.

Carrera. Vuelo del halcón de altanería, pico a viento, para tomar altura.

Cebar. Introducir en la caza. Dar de comer a un ave sobre la presa que acaba de cobrar.

Cebadura. Acción de cebar.

Cera. Zona desnuda que presentan las aves de presa en la base del pico.

Cerradero. Correíta que cierra la caperuza.

Clavos. Enfermedad que afecta a las manos de las aves rapaces.

Coberteras. Las dos plumas timoneras centrales que cubren a las demás de la cola.

Cobertoras. Pequeñas plumas que cubren el cuerpo de las aves.

Copla. Pareja de halcones que cazan en compañía.

Correón. Correíta de cuero que sujeta el cascabel al tarso.

Cortesía. Premio que reciben las aves sobre cada pieza cobrada, al permitírseles comer una pequeña parte de la misma.

Corva. Rémige secundaria de los halcones.

Cuchillos. Rémiges primarias de las aves de cetrería.

Curalle. Bolita de plumas o algodón que se da a los halcones para que hagan bien la digestión o para medicinarles.

D

Doncella. Halcón peregrino nórdico, de la subespecie «Falco peregrinus leucogenis».

Desainar. Hacer perder la grasa o saín a un ave de cetrería, mediante una disminución de su comida.

Desbuchar. Administrar al ave carnes poco nutritivas para que adelgace.

Descañar. Criar un ave hasta que pierda los cañones.

Desemballestar. Perder altura y tensión en el vuelo de altanería.

E

Egagrópila. Plumada. Concreción de materias indigestibles, generalmente plumas, que las rapaces expulsan por vía oral después de la digestión.

Embarrar. Acción de la pieza que se deja caer en tierra para esquivar al halcón.

Empuesta. Lance de caza en el que se suelta al ave mientras la pieza está posada, para que la sorprenda.

Encaperuzar. Poner la caperuza.

Enjardinar. Poner un ave en el césped, al aire libre.

Ensainar. Engordar.

Entremudado. Pájaro que ha hecho su primera muda y todavía conserva algunas plumas de pollo.

Estirar. Aumentar la resistencia de un ave en el vuelo.

Estropajo. Grupo de plumas infracobertoras caudales.

Excremento. Deyección, tolledura.

F

Fiador. Cordel de unos 25 metros, empleado durante el adiestramiento.

Filandra. Filaria. Parásito intestinal de las aves.

G

Garcero. Pájaro empleado en el vuelo de la garza.

Gastar. Digerir la gorga.

Gentil. Halcón capturado fuera del nido, antes del mes de septiembre.

Gorga. Ración de comida completa, para un ave de cetrería.

Grita. Voz peculiar, generalmente gutural, que emite el halconero cuando se levanta la pieza.

Güérmeces. Tricomoniasis. Enfermedad que afecta al tramo bucofaríngeo de las aves.

H

Hacer. Hacer un halcón es lo mismo que adiestrarlo o afeitarlo.

Halconera. Establecimiento para las aves de cetrería. Roca o paraje habitado por halcones.

Halconería. Caza con halcones.

Halagar. Dar pedacitos de carne a un ave de cetrería.

Hamez. Imperfección en el plumaje.

Herida. En cetrería, llámese herida al lugar donde se oculta una pieza atemorizada por el ave de caza. Particularmente la perdiz azorada.

I

Innoble. Villana. Ave de presa que no pertenece a las Falcónidas o Accipitrinas.

Introducción. Cebadura. Preparación de un ave para cobrar una determinada pieza de caza.

J

Jaldado. Pájaro que presenta la cera y los tarsos de color amarillo o dorado.

L

Letrado. Halcón gerifalte de tonos claros, con pintas negras como letras.

Liar. Trabar. Acción del halcón al agarrar a la presa en el aire.

Lonja. Correa de un metro y medio de largo, terminada en un botón. La más larga de los aparejos del ave.

Lúa. Guante para manejar las aves.

LL

Llaves. Las uñas interna y posterior del azor.

Llevar en mano. Sopesar. Vicio del halcón que consiste en levantar el vuelo, transportando la pieza, cuando el halconero se acerca.

M

Mano por mano. Lance de caza en el que se suelta al halcón después de que la pieza de levanta.

Maestro. Halcón maestro es aquel que, después de la primera muda en poder del halconero, está perfectamente adiestrado.

Montar. Elevarse tras de la presa o en la caza de altanería.

Montar sobre cola. Particular manera de elevarse, propia del Gerifalte, que sube en línea recta, sin hacer tornos, casi en ángulo recto.

Muda. Cambio estacional de la pluma. Cámara en la que se encierra a las aves durante la muda. Territorio ocupado por una pareja de rapaces salvajes.

Mudado. Pájaro que ha terminado la segunda muda y ha perdido todas las plumas de pollo.

N

Neblí. Halcón peregrino nórdico.

Negras. Llámanse así a cada una de las cuatro franjas oscuras que presenta la cola de los azores.

Niego. Pájaro de cetrería capturado en el nido.

Noble. Ave de cetrería perteneciente a la familia de las falcónidas o de las accipitrinas.

O

Olearse. Acción de engrasar el plumaje que realizan las aves, tomando una secreción grasa de su glándula uropigeal.

P

Papo. Dilatación esofágica de las aves, donde almacenan la comida.

Pasajero. Halcón pollo, capturado después de septiembre y antes de la primera muda.

Pegar. Chocar en el aire con la presa.

Pelota. Plumada, egagrópila.

Pescar. Se dice que las aves de cetrería pescan, cuando se meten en el agua para capturar un ánade, que se resiste a emprender el vuelo.

Pico a viento. Viento arriba, lance en contra del viento.

Pihuelas. Correítas de piel de perro, que se fijan a los tarsos del ave de caza.

Piñones. Plumas del ala bastarda. Piñoncillos.

Placear. Llevar el azor a las plazas, al bullicio, para que se amanse.

Plumada. Egagrópila.

Polaina. Parte de la pihuela que rodea al tarso.

Pollo. Halcón que todavía no ha hecho la primera muda.

Presión. Presa de gran tamaño, como la grulla, la avutarda, el ganso, etc.

Prima. Ave de cetrería hembra.

Punta. Se dice que el halcón de altanería hace una punta cuando, tras dar una pasada a las perdices, se mantiene volando en torno sobre ellas en espera de que se las levanten.

Q

Quebrada. Dícese de la presa que está atemorizada y agotada por la persecución del ave de cetrería.

R

Rabo a viento. Viento abajo. Lance a favor del viento.

Ralea. Ave no apta por ser cazada por los halcones de altanería. Cualquier pieza inconveniente.

Ramero. Azor pollo, capturado después de abandonar el nido y antes de que pueda volar con soltura. Cuando anda por las ramas.

Rapela. Llámanse halcones de rapela a los pasajeros que se capturan en el mes de febrero y marzo, en el retorno migratorio.

Real. Llámase halcón real al niego perfectamente introducido en la caza.

Recazador. Recibe este nombre el pájaro que repite los ataques a una pieza difícil.

Remera. Ave que mueve las alas a un ritmo rápido durante el vuelo; cual si remara en el aire.

Rémiges. Cuchillos. Grandes plumas del ala, imprescindibles para el vuelo.

Roedero. Carne correosa con la que se prolonga la comida de las aves; generalmente un rabo de buey o un miembro de volátil.

Roquero. Halcón capturado después de abandonar el nido y antes de que comience a cazar por sí mismo.

Roquez. Pájaro de tonos oscuros.

Rojo. Halcón pollo.

S

Sacar. Extraer un pollo de la cámara donde se ha descañado.

Salto de las pihuelas. Correa que une las pihuelas a la lonja.

Señolero. Halcón que conoce el señuelo.

Señuelo. Artefacto de cuero y plumas que se emplea para llamar al halcón.

Shahin. Halcón peregrino meridional de talla muy pequeña.

Sopesar. Llevar en mano.

Soro. Pollo, rojo, halcón que no ha hecho la primera muda.

T

Tagarote. Halcón peregrino africano.

Templar. Poner a un ave en condiciones óptimas de vuelo.

Tercia. Sesión alternativa en el adiestramiento de un ave.

Tijera. Primera rémige primaria.

Timoneras. Grandes plumas de la cola.

Tira. Vuelo a la tira es el vuelo en línea recta, sin hacer tornos.

Toghrol. Ave de presa del género Spizaëtus.

Tolleduras. Excrementos.

Tornillo. Emerillón o doble anillo giratorio, que une las pihuelas a la lonja.

Tornos. Llámanse así los círculos que describe el halcón para tomar altura o mantenerla.

Torzuelo. Cualquier ave de cetrería, macho.

Trabar. Liar, agarrar a la presa en el aire.

Traína. Presa precapturada para cebar a un ave.

Trastejar. Recorrer detenidamente un paraje, para levantar la caza.

V

Varal. Percha para las aves.

Veleras. Aves que pueden volar sin batir sus alas muy reciamente, dejándose elevar por las columnas térmicas de aire.

Ventana. Orificio nasal de las aves de cetrería.

Viento abajo. Rabo a viento.

Viento arriba. Pico a viento.

Villana. Innoble.

Y

Yarak. Se dice que un azor está en «yarak» cuando se encuentra óptimamente templado para la caza. Es palabra de origen indio.

Z

Zahareño. Halcón capturado después de su primera muda.

Zanco. Tarso.

Zorzaleño. Neblí con el pecho pintado como un zorzal.

CLUBS DE CETRERÍA MÁS IMPORTANTES

BRITISH FALCONERS' CLUB
Presidente: Major General A. G. O'Carroll Scott.
Secretario: M. H. Woodford. Summer Lodge. Evershot. Dorchester (Dorset).

NEDERLANDSH VALKENIERSVERBOND «ADRIAAN MOLLEN»
Presidente: Heer. J. W. R. Van de Wall
Secretario: Heer G. A. Van Nie. Wilhelmina St. 4. Aalst. N. Bt (Holanda).

ASSOCIATION NATIONALE DES FAUCONNIERS ET AUTOURSIERS FRANÇAIS
Presidente: M. Christian Antoine de Chamerlat.
Secretario: J. F. Terrasse. 60, rue Sartoris. La Garenne (Seine).

DEUTSCHER FALKENORDEN
Presidente: Dr. Heinz Brüll.
Secretario: Dr. Walter Schluter. Dortmund. Markische Str. 59.

OSTERREICHISCHEN FALKNERBUND
Presidente: Dr. O. Savera.
Secretario: M. Hoffmann. Wien 4. Wiedner Gurtel 12.

CIRCOLO DEI FALCONIERI D'ITALIA
Presidente: Dr. Ernesto Coppaloni.
Secretario: L. Jarach. Via Academia Albertina 37. Turín.

NORTH AMERICAN FALCONERS ASSOCIATION
Presidente: Mr. E. W. Jameson.
Secretario: Mr. George T. Kotsiopoulos. 7301 North Hamilton Street. Chicago (Illinois) 60645.

BIBLIOGRAFÍA

ANON: «A Perfecte Booke for Kepinge Sparhawkes and Goshawks». Quaritch, 1886.

ARCUSSIA, Carles d': «La Fauconnerie». París, 1598.

AUBUSSON, L. M. d': «La Fauconnerie au Moyen Age et dans les temps modernes». París, 1879.

BERNERS, Dame Juliana: «The Booke of St. Albans». 1486.

BELVALLETTE, Alfred: «Traité de Fauconnerie et d'Autourserie». Evreux, 1903.

BERT, Edmund: «Treatise of Hawks and Hawking». Quaritch. 1619.

BLAINE, Gilbert: «Falconry». Allen, 1936.

BLOME, Richard: «Hawking or Falconry». Cresset Press, London, 1929.

BOISSOUDAN, J. E. M.: «Le Fauconnier Parfait». París, 1866.

BOJO, T.: «Falconry in Japan».

BOYER, Abel: «Traité de Fauconnerie et Autorserie». Payot. 1948.

BRODRICK, William: «Falconers' Favourites». Londres, 1965.

BRULL, Heinz: «Das Leben Deutschen Greifvögel». Jena, 1937. «Die Beizjagd». Berlín, 1962.

BULLIARD, Pierre: «Aviceptologie Française». París, 1778.

BURTON, Sir Richard: «Falconry in the Valley of the Indus». Van Voorst, 1852.

CAMPBELL, James: «A treatise of Modern Falconry». Edinburg, 1773.

CARCANO, F. S. DA: «Dell'Arte del Strucciero». Italia, 1547.

CERELY, Stanley: «The byr Falcon Adventure». Londres, 1955.

CERFON, C.: «De la basse volerie». Vincennes, 1887.

CHAPPEVILLE, P. C. de: «Petit traité de fauconnerie». París, 1885.

CHARAVAY, Etienne: «Etude sur la Chasse à l'oiseau au Moyen Age». París, 1873.

CHENU, J. C. et DESMURS, O.: «La Fauconnerie Ancienne et Moderne». Hachette, 1862.

COX and LASCELLES: «Coursing and Falconry». Londres, 1892.

CRAIHEAD, Frank and John: «Hawks in the Hand». Boston, 1939.

DANCUS: «Le livre du Roi Dancus». París, 1883.

DELME-RADCLIFFE: «Notes on Falconidae used in India in Falconry». Edición privada, 1871.

DEMENTIEV, G. P. y S. A. BUTURLIN: «Sistema avium rossicarum».

EL ACH'ARY: «Traité de Fauconnerie».

ENGELMANN, Fritz: «Die Raubvögel Europas». Neumann, 1928.

FERRIERES, H. de: «Le lure du Roy Modus». París, 1932.

FISHER, Major C. H.: «Reminiscences of a Falconer». Nimmo. 1901.

FLEMING, J. A.: «Falconry and Falcons, The sport and flight». Londres, 1934.

FOREST, Antonia: «Falconer's Lure». Londres, 1957.

FOYE, G.: «Manuel Pratique du Fauconnier du XIX siècle». París, 1886.

FEDERICO II de Hohenstaufen: «De Arte Venandi Cum Avibus» (1194-1250) 1596.

FREEMAN, G. E.: «Practical Falconry and How I became a Falconer». Londres, 1869.

FREEMAN and SALVIN: «Falconry; its claims, history and practice». Longmans, 1859.

FREEMAN and BRODRICK: «Falconry in the British Isles». Van Voorst, 1855.

GLOURET, de: «Histoire des vieux temps». Saumur, 1866.

GORDON, Seton: «The golden Eagle». 1955.

HALLER, C.: «Hawking with Peregrine and Goshawk». St. Petersburg, 1885.

HARTING, J. E.: «Hints on the management of Hawks». Cox, 1884. «A perfecte booke for kepynge of sparhawkes». Quaritch, 1886. «Bibliotheca accipitraria». Quaritch, 1891.

HEATHERLY, F.: «The peregrine falcon at the Eyrie». Londres, 1913.

HENNICKE, C. R.: «Die Fänge der in Mitteleuropa vorkommenden Raubvögel». Dresden, 1900.

HUMPHREY AP EVANS: «Falconry for you». Northumberland, P., 1960.

ILLINGWORTH, F.: «Falcons and Falconry». Londres, 1947.

JAMESON Jr., E. W.: «The Hawking of Japan». Davis, California, 1962.

JUAN MANUEL, Don: «Libro de la Caza». Edit. Gutiérrez de la Vega. Madrid, 1879. Biblioteca Venatoria. Consejo Superior de Investigaciones Científicas. Barcelona, 1947.

KAMP, J. J.: «Monograph of the Falconidae». Traducción inglesa. Londres, 1849.

KNIGHT, Captain Charles: «The book of the golden eagle». Londres, 1930.

LATHAM, Symon: «Falconry» (2 vols.). Londres, 1614.

LEWIS, Ernest: «In search of the Gyrfalcon». Londres, 1938.

LINDNER, Kurt: «Die deutsche Habichtslehre». Berlín, 1955.

LOPEZ DE AYALA, Pero: «Libro de la Caza de las aves e de sus plumajes e de sus dolencias e medicamientos». Biblioteca Venatoria. Madrid, 1869.

MAVROGORDATO: «A hawk for the Bush». Witherby, 1960.

MERCIER, Louis: «La chasse et les sports». Marcel Rivière, 1927.

MICHELL, E. B.: «The Art and Practice of Hawking». The Holland Press, 1900.

MELLOR, J. E. M.: «Notes on Falconry». 1949.

MOHAMED IBN MANKALI: «Traité de Vénerie» (traducción de un tratado árabe). París, 1880.

PUÑONROSTRO, Conde de: «Discurso sobre el falcón esmerejón», publicado en la Ilustración Venatoria.

RUTTLEDGE: «Falconry for beginners». Edición privada, 1949.

SAHAGUN, Juan de: «Libro de las Aves de Caça». Ilustración Venatoria.

SALVIN and BRODRICK: «Falconry in the British Isles». Londres, 1855.

SCHLEGEL and WULVERHORST: «Traité de Fauconnerie». Primera edición, Leyden, 1844. Segunda, Düsseldorf, 1853.

SEBRIGHT, Sir John: «Observations upon hawking». Londres, 1826.

SOURBETS ET SAINT MARC: «Précis de Fauconnerie». Niort, 1887.

STEVENS, Ronald: «Laggard». London, 1953. «Taming of Genghis». Londres, 1956. «Observations on Modern Falconry». Edición privada, 1956.

STULCHEN, Karl: «Das Buch vom Sperber». Colonia, 1958.

SWAEN, A. E. H.: «De Valkerij in de Nederlanden». Holanda, 1937.

SWANN AND WETMORE: «Accipitres or Diurnal Birds of Prey». Londres, 1924.

TARDIF, Guillaume: «Le livre de l'Art de Fauconnerie». 1492.

TAYMUR MIRZA: «Baz Nama Yi Nasiri» (traducción Phillott) Quaritch, 1908.

TJERNELD, HAKAN: «Traité de Fauconnerie». Estocolmo, 1945.

TURBERVILLE, George: «The book of Faulconerie or Hawking», Primera Edición, Londres, 1575, segunda, 1611.

VIETINGHOFF-DIESCH AND PFEIFFER: «Falken über uns». Berlín, 1937.

VOGELE, Hans-Heinrich: «Die Falknerie». Neudamm, 1931.

VON MICHAELIS, H.: «Birds of the Gauntlet». Londres, 1952.

WALLER, Renz: «Der Wilde Falk ist mein Gesell». Neudamm, 1937.

WHITE, T. H.: «The goshawk». Londres, 1951.

WOOD, Casey A.: «The art of falconry», siendo el libro de Frederick II de Hohenstaufen, traducido al inglés. California, 1943, 1955, 1961.

WOODFORD, M. H.: «A manual of Falconry». Adam & Charles Black, 1960.

ZUÑIGA SOTOMAYOR, Fadrique: «Libro de Acetrería de caza de azor». Bibliófilos españoles. Madrid, 1953.

REVISTAS

«The Falconer». Revista anual del British Falconers Club.

«Chasse au Vol». Revista de la Association Nationale des Fauconniers et Autoursiers Français».

«Deutscher Falken Orden». Revista del club de cetrería alemán «Deutscher Falkenorden».

«Hawk Chalk». Revista del North American Falconers Association.

CONCLUSIÓN

Terminamos un libro de caza; el animal es en él protagonista, figura central. Es esta una obra técnica, pero nos dolería que, por ello, dejara de ser una obra cordial. Porque, en difinitiva, nuestro deseo, quizá demasiado ambicioso, ha sido el de poner un eslabón más en la larga cadena narrativa que desde Altamira viene acogiendo a la fauna en el corazón y en la mente del hombre.

Por fortuna, cada día son más numerosos y brillantes los libros de zoología, los artículos en las revistas ilustradas, las películas animalistas, las conferencias. Y es que el hombre de la Era tecnológica, prisionero en las cárceles de asfalto y cemento de sus ciudades, separado del aire y del sol por la piel metálica de su automóvil, sigue siendo en el fondo, el más poderoso cazador del planeta; enamorado, con fervor casi mítico, de la pieza que persigue.

Y si, como opinan los más prestigiosos antropólogos, las primeras manifestaciones del arte y de la mentalidad superior del hombre aparecieron en el paleolítico; si la caza de grandes mamíferos —bisontes, mamuts, caballos salvajes— ininterrumpida durante decenas de miles de años, permitió a nuestros antepasados sobrevivir al terrible período glacial y, por otra parte, les proporcionó la energía, la disciplina y el espíritu de colaboración, que, hoy día, están a punto de permitirnos la conquista de los astros, es perfectamente comprensible el amor y el deseo de un más profundo conocimiento, que nos inspira el animal salvaje.

La Cetrería no solamente es un diferenciado sistema de caza sino el arte que ha llevado al hombre a la más profunda y libre alianza con el animal. Por ello, hermano halconero, cuando una vez más, ave al puño, al amanecer, salgas a la caza de esa pieza que siempre parece la primera y, en verdad, puede ser la última, piensa que, en tu emoción palpitan y perviven cien mil años de poderosos cazadores.

ÍNDICE